FAR FROM THE TREE

Parents, Children and the Search for Identity

背離親緣（下）

那些與眾不同的孩子、他們的父母，以及他們尋找身分認同的故事

Andrew Solomon

安德魯・所羅門 — 著

簡萱靚 — 譯

獻給約翰。

為了他的異，

我甘願放棄這世上所有的同。

——安德魯·所羅門

不完美是我們的天堂，
看，在苦澀之中，有歡欣，
因著我們內在的不完美如此炙熱，
歡欣就在缺陷的文字與固執的聲音之中。

——華萊士．史蒂文斯〈時代氣象之詩〉

編輯及體例說明

本書原文共計十二章，中文版分上下冊各六章。上冊處理的主題為聽障、侏儒、自閉症、唐氏症及思覺失調，下冊處理主題為身心障礙、神童、遭姦成孕、罪犯及跨性別。

原書頁碼依序置於正文下緣。全書注解位於書末，注解句首的參照頁碼為原書頁碼，讀者可依此翻查書中正文下緣的原書頁碼。

CONTENTS
目錄

I

第一章　身心障礙

DISABILITY

搭火車

有人說山上比較適合他
於是我們搭上早班火車，
希望能在絢爛的午後，
抵達明亮、白潔的城市。
我帶齊他全部所需：
有漂亮照片的雜誌、
他盼了一整年的耶誕糖果、
他的水壺，以及造型奇特的湯匙。
兒子安靜而快樂，打著盹。

355

他發育中的胸膛起起伏伏，
無聲讚頌著上天，他的氣息冒著泡，
乳白如初生之犢。
火車在岩堆與橡木叢中挺進
數小時，突然間，右側有
海洋凶惡的眼睛粼粼閃爍。
這不是上山的路
又為何人人都說著西班牙語？
我以前懂西班牙語
穿著制服的列車長比手畫腳
表示要驗票，但
我皮包裡只有地圖兩張
畫著德州海岸。
列車長停下火車。不能這樣任由我們。
高聳的桃花心木亭
隱約現身於棕櫚樹綠蔭下。
車廂裡三排座位憑空消失。他們原來所站之處，滿地是沙。
我得找到我的行李箱。
裡頭有幾把刀子、一部相機
能記下我們的遭遇。
我們前方的座位
消失了。

我們後方的座位
也不見了，座位上的人不見了。
沙塵窸窸窣窣上漲，直逼我的雙踝。
我在隔壁車廂找到行李箱。
箱釦一開，刀身碎裂成鏽，
相機沾滿了沙。
只剩下五個座位。
在我們那兩個座位上，坐著另一個深色頭髮的女人
正把毯子塞入
另一名智障男童的膝下。
我想起一句西班牙片語：
¿Dónde está mi hijo?（我兒子在哪？）
一個年輕女人回答：
他們已經趕他下車。
車子又開了，速度很快。
車廂內的沙子已漫上我的膝蓋。
車外，沙漠一望無際。
在無垠沙丘的某處，
兒子獨自爬行。
甚至沒帶助行器。
這輩子每天早上，
我們都搭上這班列車

一路前行，直到分開為止。

——伊蓮．帕倫西亞

「身心障礙」一詞可用來稱呼腳踝不好導致走遠路十分辛苦的老人、失去手腳的退役軍人，也可以用來稱呼被歸類為心智遲緩的人，或任何官能嚴重受損的人。多重障礙指的是有兩種或更多障礙的人，重度障礙是指損傷程度非常嚴重的人，重度多重障礙人士則指必須面對極多困難的人。有些重度多重障礙者肢體不聽使喚、缺乏移動能力、不具語言思考能力以及自我意識。他們的外表雖然多少與一般人相似，卻可能無法習得自己的名字、無法抒發感情，或無法表達憤怒或快樂等基本情緒。他們甚至可能無法自行進食。即便如此，他們不容置疑仍是人，且多半都有人愛。那是一種不帶個人動機、不求回報的熱愛。愛他們的人選擇一種不同的愛，而不是詩人威爾伯所說的「有理由的愛」。他們因為這些孩子的存在而看到美與希望，而不是因為這些孩子的成就。養兒育女大多不免需要努力改變、教育自己的孩子，希望孩子變得更好，但重度多重障礙人士可能無法改變，父母投注的心力，不是基於孩子可能會、應該要或將來會變得如何，而是單純基於他們現在這個樣子，這當中帶著一種動人的純粹。

重度多重障礙不具清晰的判定標準，因此要收集相關資料，就比定義清楚的單一殘疾人士還要困難。不過大致上，美國每年出生的新生兒中，約莫有兩萬名是重度多重障礙寶寶。由於醫療進步，許多原先必然無法活過嬰兒期的寶寶都活得比以前久。

這些孩子顯然活得痛苦，照顧他們的人也會受到拖累，即便如此，我們還是得盡力延續他們的生命嗎？大家為此爭吵不休。若在三十年前，父母得到的建議不外是放棄重度障礙的孩子，方法多半是任其自生自滅。然而近二十年來，人們卻會告訴父母要留下孩子，並珍愛他們。對於要照顧重度多重障礙的孩子而被迫放棄工作的家庭，大多州政府都提供收入津貼，並安排喘息服務、健康照護，以及居家服務。重度多重障礙人士如果還有學習能力，現在的教育制度也較為接納包容。這麼做不僅出於慷慨慈悲，而是因為他們越能自理，一生的生活成本就越低。社會安全局每花一塊錢為障礙人士提供職業復健，就能省下七塊錢。

・・・

大衛・哈登與莎拉兩人在二十歲出頭結為夫妻，準備在紐約展開光明的人生。大衛在全紐約市最頂尖的達維律師事務所工作，莎拉婚後不久便懷上第一胎。兒子傑米在一九八〇年八月出生，產後三天，一位實習醫生走進病房對莎拉說：「孩子剛才全身變藍，我們不知道是怎麼了。」醫生診斷不出任何異狀，只好讓他們帶部呼吸中止監測儀回家，傑米只要呼吸一停止，監測儀就會發出警鈴。但警鈴從未大作，大衛與莎拉也認為孩子應該沒問題。孩子三個月大時，小兒科醫生說傑米的頭部大小未跟上正常的生長曲線，建議孩子接受顱部X光檢查，看看嬰兒頭骨上有彈性的顱縫是否過早癒合。檢查後，確定顱縫並無問題。莎拉回憶當時說道：「我們大大鬆了一口氣，也就不再猜疑為什麼他的頭一直沒長大。」

幾週後，醫生建議兩人去找神經科醫生。他們去了紐約市哥倫比亞長老教會醫院就診，那裡的神經科醫生在傑米的視網膜上發現胡椒鹽狀的病變。他說：「這麻煩大了，你們如果還想再生，我建議先暫緩。這孩子眼睛看不到，而且智力很有可能嚴重遲緩，還有，他大概活不久。」說完便拿起話筒，說道：「我這兒有一對夫妻，兩人麻煩大了。不過好消息是……」兩人一聽到「好消息」便滿懷希望地湊過去——「……我要跟你說另一個病人……」於是大衛和莎拉一言不發走出診間。

隔天早上，莎拉對大衛說：「不知道為什麼，但我強烈認為，應該要讓傑米受洗。」兩人好幾年沒去教會了，不過仍然翻開黃頁，找到附近一間教堂。莎拉說：「那時我還不懂，但我想我承認他是有靈魂的。曾經有人拍拍我的頭，告訴我：『上帝自有祂奧祕的旨意。』我聽了和他翻臉。我相信生命是個奧祕，但我不覺得世界上會有某位神，基於某個原因，讓我們遇上這個情況。不過話說回來，教會給了我們安定的力量。」大衛說：「故事就從莎拉要求讓傑米受洗開始。」

當時莎拉能接受的，僅止於傑米雙眼看不見。她認為他之所發展遲緩，全是視力造成的。她不肯相信傑米的大腦已經停止發育。看完神經科一個月後，她和大衛帶傑米去做腦電波檢查。檢查師把電極貼上傑米頭皮時，不停戳他頭骨。大衛說：「就在那一刻，我們決定成為倡權者，挺身而出。我們對她說：『住手！該死的，不准這樣對我們的孩子。』那是第一次。我一直都是循規蹈矩的乖乖牌，但傑米改變了我，讓我成為更出色的律師。他逼我發展出爭取權益的能力，那靠的是激情，而非論理。我們很注重隱私，卻同意接受訪問，正是因為這是爭取權益的一種方法。而傑米是這方面的先驅，從一開始看醫生的時候就是這樣，我們很以他為傲。」

傑米兩歲時可以自己坐起，但三歲時又不行了；他十一歲前還有辦法翻身，但現在也無法了。他從未發展出說話與自己進食的能力，剛開始還能尿尿，但排尿的神經鏈結很快也喪失功能，只能一輩子插導尿管。莎拉說：「當我們得知傑米心智遲緩時，我很害怕。我一直想著海倫凱勒的故事，想著只要能找到那把關鍵的鑰匙、只要我不停在他手上畫符號，他就能學會說話。他的每個老師都督促我，對我說：『對對對，這就是妳該做的，繼續繼續，激發他所有的潛能！』這樣的鼓勵雖然很重要，但又給我帶來罪惡感。」

傑米的醫生都頗為確定他的狀況很反常，於是哈登夫婦在他四歲的時候，決定再生一胎。女兒莉莎出生時十分健康。四年後，兩人覺得應該再為莉莎生一個弟妹，將來好幫她照顧傑米，因此又生下了山姆。山姆六週大時，某天莎拉要把他放上床，突然間，他開始抽搐，莎拉立刻知道那是痙攣發作。

莎拉解釋：「有了診斷就會評估預後，有了預後，至少比較心安。」但醫生檢查不出個所以然，即使他們很快便知道兩兄弟的症狀顯然是一樣的。哈登夫婦在醫療期刊與《非常父母》雜誌上刊登廣告，尋找有類似症狀的兒童，也帶兩兄弟到紐約大學兒童醫院、波士頓兒童醫院以及麻州眼耳醫院檢查。兩人也聯絡了約翰·霍普金斯醫院的醫生。傑米和山姆的這一連串症狀似乎很獨特，沒人知道這兩個孩子該怎麼治療、病徵會如何惡化，又能活多久。

山姆的情況比傑米嚴重，他的骨頭太脆弱，腿經常骨折，後來終於動了脊椎融合手術。他靠餵食管進食的時間也比傑米早，且終日嘔吐。兩歲時因為不停痙攣，在醫院躺了六週。入院前，山姆的大腦認知功能比傑米健全，但待了六週後，便喪失功能了。

大衛與莎拉被壓得喘不過氣來。莎拉說：「大家一直問：『為何不找人幫忙？』但需要別人幫忙的這個想法就和所需的幫助一樣可怕。」她告訴莉莎，山姆會跟傑米一樣，莉莎回答：「把他送回去，換個寶寶回來。」莎拉無法接受這段話，因為那正是她心裡所想的。莎拉說：「並不是我不愛他，而是我實在太沮喪了。我當時每天設定的目標就只是把整堆衣服洗完，卻仍然無法每次完成。」山姆診斷後幾個月，莎拉心情盪到谷底。她說：「我坐在廚房地板上，努力說服自己，把兩個孩子帶去車庫，發動車子，讓一氧化碳把我們三人一起帶走。」

當然，也有開心的時候。莎拉說：「早知道同樣的事情會再度發生，我們當初就不會冒險再生一胎。但話說回來，如果有人跟我說：『我們可以為妳抹去一切經歷。』我也不願意。山姆身為弟弟，擁有許多優勢。我已經知道該怎麼做，照顧起來比較得心應手。他也比較惹人愛。傑米是戰士，懂得為自己爭取權益，山姆則是百依百順。我每次都會想到伍迪艾倫電影裡那顆能引發情愛感受的銀色球體。」大衛也同意道：「家裡有張照片很可愛，是他還小的時候，莎拉跟他一起跳舞時拍的。照片裡他是真的站著，跟著莎拉一起搖擺。他隨時都有可能倒下去，可是兩人就像佛雷德與琴吉，在一起時就變得很不可思議。我大開眼界，一個看不見、心智遲緩、不會說話、沒有行動能力的人，竟然可以這樣感動他人、使人卸下心防，遠非我們所能及。看著他不斷感動別人，我們就這樣撐了下來。」

傑米快九歲的時候，莎拉有次想把他拉出浴缸，一不小心害自己受傷，導致椎間盤突出。當時三個孩子都長水痘，兩兄弟又包尿布，換尿布時困難重重。大衛說：「我覺得每個家庭主婦都應該獲頒獎章，而莎拉應該要拿到十六個紫心勳章。那時我們有山姆，他常痙攣，得成天跑醫院。我們還有個四歲大的孩子。然後還有傑米，他常有突發狀況。這實在超出我們所能負荷。」一九八九年六月，兩人在一家成人照護機構幫傑米爭取到緊急安置。那家機構位於北康乃狄克州，車程約四十分鐘。接著大衛和莎拉加入一場集體訴訟，要求州政府以社區照護機構取代大型醫療機構。「傑米讓心智遲緩部大失顏面，因為他們竟然只能讓這樣一個八歲孩子去一間六十張病床的成人機構。」大衛話中十分以孩子為豪。《哈特福德報週刊》撰文報導這場訴訟，當期的封面就是傑米，後來哈特福德障礙者協會終於在一九九一年成立照護之家。哈登夫婦決定也送山姆進去，並每天探視。那時莉莎已上了小學，兩個兒子也不住家裡，莎拉心想，既然觸摸是她和兩個兒子的最佳溝通方式，不如去上按摩課程。之後她成了按摩治療師，並在其後十五年以此為業。

山姆住進照護之家兩年後的某一天，看護在他洗澡時違反規定，出去幫他拿藥，留他一個人。他平常洗澡都會坐在浴缸內的椅子上，臀部綁上安全帶固定。那天不知是忘了還是魔鬼氈沒黏緊，看護離開不過才三分鐘，回來後發現山姆已經滑入水中。大衛在辦公室接到電話後立即打給莎拉，那時她正開車送莉莎到寄宿學校，於是三人在急診室會合。大衛說：「醫生進來時，我們一看他的表情就知道事情不妙。我和莎拉晴天霹靂，莉莎則非常憤怒，知道有人搞砸了。」莎拉說：「我們曾說希望孩子離開人世，但真要發生時卻還是陷入恐慌。這對山姆來說是最好的安排。我極度想念他，失去他我心很痛——但這場艱苦的抗戰，他也奮鬥夠久了，我相信他現在有了更好的歸宿。」

哈登夫婦當晚去了照護之家看傑米，那位留山姆一人坐在浴缸裡的看護也在那裡。莎拉說：「她大受打擊，坐在沙發上啜泣。我抱了抱她，對她說：『瑪維嘉，我們誰都有可能犯這個錯。』她是不該留他一人在浴缸裡，但要做到一刻也不鬆懈實在太難。我們也是，總是搞得一團糟。如果他當時在家中，我可能也會把他留在浴缸裡，跑去拿條毛巾什麼的。這種貼身照顧工作真的很艱苦，要找到合格的人一直做下去幾乎不可能，而且薪水又低。如果犯錯就要鬧上法院，這樣對事情有幫助嗎？這個行業已經夠吃力不討好了，我不想再讓其他有心入行的人卻步。更何況傑米還在那，我們還得回去。這些人全天候照顧我們的孩子，是我們的救星。」

那位看護以過失致死罪遭到起訴，大衛說：「我們對檢察官說：『希望你不要追究。她會因此失業，而且再也無法做同樣的工作，我想她已經學到教訓了。』我們都想憐憫她，也希望傷痛趕快過去。」瑪維嘉最後被判五年徒刑，暫緩執行，緩刑的條件之一是保證不再從事貼身照護工作。判決出來後，大衛把山姆以前掛在脖子上用來擦口水的領巾送給瑪維嘉。大衛回憶道：「她放聲大哭，悲傷的聲音迴盪在法院的大理石走廊裡。」

山姆的葬禮影片中盡是滿滿的愛，是對山姆的愛，也是對大衛、莎拉、莉莎與傑米的愛。「我想過山姆總有一天會離開，覺得屆時應該會有解脫感。的確是有這樣的感覺，但除此之外，卻也深深感到失去的痛苦，覺得如果時間能倒流，讓我回去救他，說什麼我都願意。我沒預料到自己會有這樣的感受。」四年後，兩人終於要埋葬山姆的骨灰。莎拉說：「我一直覺得老天虧待我兩次：一次搶走我想要的孩子，一次奪走我愛的孩子。就讓我在此埋葬我的憤怒吧。」

我第一次看到傑米時，他已經二十歲出頭，乍看下一臉呆滯。我注意到他的房間很漂亮，牆上掛滿了裱框的照片與海報，床上鋪著圖案精美的棉被，衣櫃裡吊著體面的衣服。我覺得給盲人挑選這些好看的東西有點奇怪，但莎拉說：「這是尊重的表現，也讓他身邊的人知道我們很照顧他，希望他們能一樣照顧他。」傑米個子高，骨架也大，上下床都得靠滑輪。要讓他感到舒服，得費莫大心力，而雖然他看起來可以忍受不舒服，但我第一眼看到他時，卻覺得他沒有能力快樂。然而，當莎拉和大衛與兒子共處一室，我看到了熠熠生輝的人性。莎拉說：「山姆離開後，傑米變溫和了。不過也可能是我們變了。」

之後幾次拜訪，我發現傑米有時會睜開眼睛，像在盯著人看。他會哭，會微笑，偶爾還會發出幾聲像在笑的聲音。我試著把手放在他肩上，因為他主要靠觸覺溝通。莉莎抱著萬一他能聽懂的希望，請假兩週為他朗讀《納尼亞王國》。用這種方式表達情意有點怪，不過我發現，妹妹的出現和她的聲音，都能平撫傑米的情緒，而她能接受他的本質，對她也是好事。大衛說：「他活得很原始，不會刻意表現或追求或完成任何事，就只是單純當個人。他是純粹的存在。他無意間展現了人類最根本的樣貌。我發現，這樣的想法讓人有能量面對隨之而來的要求。」

照護之家的員工後來團結起來罷工抗議。莎拉說：「我完全支持他們的訴求，但想到他們隨時都能一走了之，就覺得難過。我希望他們能真心愛傑米，跟我一樣無法丟下他。他們工作做得挺好，也很喜歡傑米，但他們不愛他，再加上之前山姆的遭遇，讓我很難信任他們。」幾年後，傑米搬去另一間較遠的照護之家，莎拉來信說：「去米德爾敦市就像去賞鯨，往往我們抵達的時候傑米已經睡著了，只能聽到裡頭的人說：『你們應該早一個小時來的，他剛才玩得好開心！』比較不好的時候，就是我們看著他不舒服，然後想辦法找出原因，於是又變得跟以前一樣七上八下。我們總期待能有快樂時光，希望能像兩週前，看到他『浮出水面』享受生命的樣子。」

莎拉和大衛說，兩人的婚姻常是輪番陷入低潮，然後互相為對方打氣。大衛說：「把對方拉出來很費心力，但伴侶就是這樣。」我第一次見到哈登夫婦時，兩人正開始接受完形治療，第一個練習是用蠟筆畫出人生的時間軸。莎拉說：「畫的時候，我標上三個孩子的出生時間，之後就再也不想填上任何東西，接著我哭了出來。悲痛是那麼多，我們勉強才把生活打點好，根本沒有時間去感受。我們得把很多事情吞下肚，才能活下去。」

艾倫．羅斯在《不平凡的孩子》一書中提到，父母「不免會期望孩子超越自己，或至少擁有跟自己同樣的社經地位」。他接著寫道：「如果孩子不符期望，父母往往需要他人協助，才能調整行為、適應現實，他們得學著接受『他們的孩子』與心中『某個孩子』的理想形象間有一段差距。」導致親子關係緊張的，往往不是孩子的缺陷有多嚴重，而是父母的適應能力、健康的家人間的互動關係，以及父母是否在意外人的眼光。投注在孩子身上的金錢、時間，以及外界的支持等，也是很重要的要素。人際孤立或許是最大的壓力來源，有可能是朋友疏離，或是父母自己因朋友的同情或不理解而與之疏遠。健康的孩子通常能為父母拓展社會人脈，身心障礙的孩子則往往縮小了父母的人脈。」

蘇珊．艾波特是親子依附理論的權威，她曾撰文提到，在非身心障礙的家庭中，「並不是父母單方面為無助的孩子提供照顧，而是父母與孩子仔細地同步舞出繁衍與生存的舞蹈。孩子一生下來就知道自己的舞步為何，但就像跳國標舞一樣，需要舞伴配合。而父母生下孩子，受到荷爾蒙的牽引，很自然會展現出撫育的行為，但要讓這行為持續，就需要舞伴好好配合。」相同的概念常出現在依附的研究文獻中。演化生物學家赫迪說：「世界上所有的哺乳類動物，母愛的表現其實都斷斷續續，而且不斷根據外在刺激而改變。育兒這件事需要不斷嘗試，還要有外力強化及維持。育兒這件事本身就需要培育。」喬治和所羅門在醫界極具重量的《依附手冊》中，提到親子依附之情「是交互的，並不是單向的線性發展」。重度多重障礙兒童往往只能表達食欲與痛苦，吃飽了、舒服了，便能讓人看出滿足，那麼，這樣的孩子與父母的相互交流，又是何等樣貌？

然而父母對重度多重障礙兒童的親子依附之情卻屢見不鮮，這跟所有的愛一樣，多少是一種投射。人們認為，自己愛孩子是因為孩子可愛，愛父母是因為父母曾經照顧自己。然而，很多被父母冷落的孩子還是一樣愛父母，很多孩子並不討喜，父母也一樣全心全意付出感情。小兒科醫師諾爾提過一對夫婦，兩人的女兒經診斷發現患有前腦發育畸形症，腦部只具有原始的功能，形同一具空殼。諾爾寫道：「兩人一直相信孩子非常正常。」孩子只活了幾週便過世。「我打電話致哀，發現兩人悲痛的程度並不亞於其他父母。對兩人來說，她就是自己的孩子。」

．．．

路易．溫洛普和妻子葛瑞塔在女兒梅希出生那天十分高興。隔天傍晚，梅希喝過奶後，看似在媽媽胸前沉沉睡去。護士本來決定就讓她這樣睡，但葛瑞塔因生產不順而感到不適，便對護士說：「還是把她抱回育嬰室吧。」護士走在醫院燈光明亮的走廊上，發現寶寶變成藍色。在接下來的二十四小時，梅希不停痙攣，當時醫院無法確定她是因為缺氧才發作，還是因為發作所以無法呼吸。痙攣停止後，她的腦細胞嚴重出血，出血可能是大腦受損的結果，也可能是原因。路易說：「她可能完全沒問題，也可能生命垂危，兩者間有無盡的灰階。如果當時我們能提早發現她根本不是在睡覺的話……唉，但這也說不準會怎麼樣。」

路易問醫生，梅希是否會平安無事。醫生回答：「是我的話，不會趕著現在就去哈佛捐錢幫她保留名額。」路易和葛瑞塔怒不可抑。路易說：「我不敢相信他居然用這種方法告訴我，我女兒可能會重度智障。」兩人接著向聽力師求助，而對方表示梅希會失去部分聽力。這時醫生對路易說：「我不是情緒很外顯的人，但當時聽他這麼說，我的眼淚馬上就掉下來。這時醫生說：『你得堅強起來，否則無法度過這一切，她也是。就算無法為自己堅強，也要為她堅強起來。』我振作起來，停止流淚，當時我想：『對，我得當堅強的那個人。』」但其他父母總是——

避著他，讓他很受傷。「如果你帶著有特殊需求的孩子去中央公園，其他父母總裝作沒看見你，絕不會主動接近你，不會邀請你的孩子去跟他們的孩子一起玩。我知道他們是怎麼想的，因為在梅希出生前，我也跟他們一模一樣。」

路易與葛瑞塔之後又生了第二個女兒潔寧，潔寧很健康。路易說：「梅希改變了我們對待潔寧的方式。我深怕自己為了照顧梅希而冷落潔寧。但另一方面，潔寧每學會一件小事，我們都格外開心，覺得潔寧的一切都是奇蹟而深受感動，因為我們知道，健康成長並非理所當然。」雖然溫洛普夫婦挫折不斷，卻也偶有所得。路易說：「我們知道，一直還有另一個梅希。其他人跟梅希只有短暫的接觸，都覺得我們瘋了，但我們得到足夠的閃光。我們非常愛她，從來沒想過自己可以付出這麼多愛。一直到現在，我還是惦記著另一個幽幽存在的梅希，那個未曾暫時終止呼吸的梅希，那個和我們相處了一天的梅希。有那麼一兩次，我想過，或許梅希走了對大家都好。我實在不曉得我這是在同情她所受的挫折和痛苦，還是自私作祟。我白天作夢也想，夜裡作夢也想，想著梅希身體健康，在跟我說話。」

・・・

哲學家王蘇菲的哥哥患有唐氏症，她問：「當父母究竟有什麼好？換句話說，他們犧牲自己、拉拔孩子長大，是希望獲得什麼回報？」大半個二十世紀，一般人普遍認為家有殘疾兒童的家庭是得不到任何回報的，這些家庭所經歷的情緒，可用復健諮商師歐山基著名的概念來總結：「慢性悲傷」。心理學界往往借用佛洛伊德的〈哀悼與憂鬱〉文中那滿懷情緒的語言，以各種與死亡有關的詞彙來描繪這些孩子出生。父母若表達出自己的正面情緒，就被解讀成為了掩蓋憤怒及自責的過度補償，以及難以壓抑的想要傷害孩子的願望。一九八八年一份回顧文獻便如此作結：「發展障礙界的研究人員與提供相關服務的人認為，這家人會一同經歷重大困難，並長期感到悲傷，所以必須透過家庭支持，一家人才能從愁雲慘霧中走出。」

對於王蘇菲的問題，各家有各家的答案，不同時代也有不同的解答。一如本書所探討的許多身分認同族群，障礙族群在社會上已獲得極大進展，而「愁雲慘霧」也稍見消散。研究顯示，觀察障礙孩童父母的人，觀察到的壓力往往比父母自身感受到的來得多。這就跟障礙這件事一樣，對於只能以想像來理解障礙的外人來說，事情似乎慘得無法想像，但對於許多終日與障礙為伍的人而言，其實沒那麼可怕。同樣，照顧障礙兒童雖然辛苦，但父母終究會習慣。只不過這跟唐氏症、自閉症與思覺失調症的孩童一樣，安置問題可能會很棘手。

重度障礙人士可能有嚴重的健康問題，或發生駭人的痙攣，但他們所需的照顧有一定的節奏，而只要有節奏，人類便能適應，必定可以勝任照顧工作。相較於強度較低但不定時發作的壓力，強度高但穩定的壓力比較容易處理。這就是為什麼唐氏兒的父母反而比思覺失調症或自閉症兒童的父母還要輕鬆。唐氏症兒童較穩定，照顧工作變化較小，但思覺失調的兒童卻不然，怪事隨時會發生。至於自閉症兒童，你不曉得事態何時會急轉直下。

父母對孩子的期待若是不加節制，或是因無知而產生錯誤期待，便形同毒藥，而具體診斷一個人究竟有哪些障礙，則可帶來莫大助益。古柏曼在《紐約客》裡寫道：「語言對醫術而言，便跟聽診器和手術刀一樣重要。醫生所使用的詞彙中，又以他對疾病的稱呼最具影響力。疾病名稱會成為患者身分認同的一部分。」預後再不好，都比沒有預後而一團渾沌來得好。只要未來的路是明晰的，多數人都有辦法接受。由於知識就是力量，即使未來並不樂觀的症候，只要是已知的，和患上所知不多的症候相比，也能活得更有尊嚴。身分能建立幾分認同，得看有幾分確定性。

・・・

保羅．唐諾文與克莉絲在一九九〇年代中期結婚，並搬到保羅科技業工作所在的灣區定居。不久後，克莉絲懷了連恩，生產過程頗為順利，連恩出生時體重三千六百公克。但連恩並沒有睜開眼睛，醫生開始覺得不對勁，檢查後發現他的眼球只有豆子般大小。克莉絲回憶道：「生活從此開始走下坡。」當時連恩還得立即動手術，鬆開堵塞的腸道。一週後，他又動了心臟手術，接著又發生血栓，差點因此喪命。連恩六週大時，已動過六次重大手術，醫療費用超過百萬，所幸保羅的保險能支付一切。

保羅說：「我們唯一能確定的是，他以後會看不見。除此之外，他會不會好轉、能否安然無恙、之後還會發生什麼狀況，我們一概不知。照顧有特殊需求的孩子時，其中一個目標就是要幫助他們發揮潛力，所以最好能弄清楚他們的潛力究竟在哪裡。但我們從沒弄清楚過。這真的很糟，因為這麼一來，我們就無法設立目標，也沒法實現。但從另一方面來說，這樣也不錯，因為我們會鍥而不捨一再嘗試。」連恩最後經診斷確定患有「聯合畸形」(CHARGE)症候群，也就是重度多重障礙患者的統稱，C代表貓眼，也就是眼睛結構中有個洞；H代表心臟缺陷；A代表鼻後孔閉鎖，也就是鼻腔通往喉嚨的通道是關閉的；R代表生長／發展障礙；G代表生殖系統／尿道異常；E則代表耳朵異常和耳聾。連恩雖然看不見，但他並沒有貓眼症狀，聽力也十分良好。不過，他仍然符合聯合畸形症候群大部分的診斷標準，另外還有其他不包含在此症候群中的症狀。然而保羅說：「要知道事情到底怎麼了，有個簡單的答案總是比較方便。」

連恩不肯進食，吃了也會吐出來。肺中積水導致他肺部發炎。雖然裝了鼻胃管，但出生後第一年的體重幾乎沒有增加。他不開心的時候，會故意屏住呼吸，導致昏迷，這種行為是他表達痛苦的溝通方式，經常發生。保羅與克莉絲幫連恩做過五十幾次的CPR。保羅說：「好友問我：『你什麼時候才要送他去機構安置？』他敢問我這個問題，我很尊重。這個問題很傷人，但是個好問題。之後我決定不這麼做，這也是我的選擇。生命自有一條理路。等他十八或二十二歲時，應該就會讓他住進照護之家之類的地方。我們的責任就是讓他有最好的生活品質，並幫助他發揮潛能，不管他的潛能有多少。」

連恩將近一歲時，體重只有六・三公斤。動手術裝了直接餵食管後，前三個月他長了三・六公斤。他需要裝永久引流管解決腦水腫。他的腦幹受到脊髓壓迫，醫生以手術削去他一部分的脊髓，讓腦幹能正常移位。另外，因為他的二尖瓣開始閉合，因此又動了心臟手術，於是引流管就得開刀拿掉。連恩十八個月大時已經動過十五次手術。保羅得醫院公司兩地跑，克莉絲則直接住進醫院。她一想到那段日子便開始流淚，語帶歉意說道：「我記得自己當時並不常哭。那段日子危機一直沒斷過。」

保羅與克莉絲一開始還盼著連恩有一天說不定會說話走路。等他兩歲大時，兩人知道連恩一輩子都會有問題，但還是期盼情況多少能改善。再過幾年，保羅終於明白連恩的生活只會越來越困難，他說道：「我記得自己只崩潰大哭過一次，就是第一天晚上哭的那一回。當然，之後也偶爾會掉淚，可能是某個週二，看到別人家六個月大的孩子雙腳又踢又蹬的時候，會難過地流下一兩滴淚水。」克莉絲說：「早期療育的那些人讓我們活了下來，接著，他們覺得我們準備好了，於是希望我們加入分享團體和其他小孩一起遊戲，但我那時還沒準備好加入。」保羅記得，夫婦倆第一次為連恩設下目標時，洋洋灑灑寫了三十頁。他說：「到了第二年，我們只求三件事：能走、能吃、能說話。」

我第一次看到連恩的時候，他漂亮的眼睛似乎凝視著遠方，然後見他往眼窩輕輕一撥，一下子便取下一顆眼珠。她一邊為連恩更換眼珠一邊說：「造這對眼珠子的人真的是藝術家，他仔細看過我和保羅的眼睛，然後造出我們的孩子可能會有的眼睛。這對眼睛不只是為了美觀，更是要讓眼窩的骨骼正常發育。」連恩當時七歲，坐在輪椅上，很難判斷他對於外界刺激有多少反應。保羅貼上連恩耳邊溫柔哼著：「這是連恩，最棒的連恩，連恩連恩連恩，我愛你。」連恩笑了，我們無從得知連恩是因為聽得懂而回應，是對這樣親密的溝通報以微笑，還是因為他微微變形的耳朵單純感受到空氣吹拂而有所反應，但總之，保羅知道如何逗連恩笑，也讓自己開心。

沒人料想得到，一個孩子四年內必須動二十次手術，父母所能做的，也只有見招拆招。沒有經歷過的父母很難體會這種循序漸進的必要。雖然這些介入性治療的累積效應可能很殘忍，但少做任何一個，又有致命之虞。保羅坦承，自己有時也不確定該不該讓連恩動手術，但他總覺得連恩能感受快樂，而他和克莉絲相信，一個人只要能有正面體驗，就應該接受醫療協助。保羅說：「連恩的笑容支持我度過許多夜晚。」他拿出連恩十七個月大時的照片給我看，那時連恩命在旦夕，鼻子裡還插著餵食管。但照片中，連恩的確在笑，看起來幾乎是幸福洋溢。

連恩出生幾年後，保羅和克莉絲決定再生一胎。這次兩人做了產前檢查，照了胎兒心臟照超音波——胎兒心臟如果有缺陷，就代表患有和連恩一樣的症候群。然而，兩人早已決定，無論如何都要生下孩子，做檢查只是讓自己有心理準備。大女兒克拉拉健康出生，幾年後，小女兒艾拉同樣健康降世。

連恩逐漸長大變重後，生活起居越來越倚重保羅幫忙，於是保羅換了一份較輕鬆的工作，每天趕在五點前到家，陪連恩做二到三小時的復健療程。唐諾文夫婦必須清楚知道，自己對於體制、家人、連恩以及自己，可以抱持什麼期望。兩人深思熟慮之後，決定不讓全部的生活都繞著連恩的問題轉。保羅說：「有些父母乾脆辭去工作，做起特殊教育，於是過去的生活就此結束。但我們有自己的人生，而連恩只是我們人生的一部分。我們的婚姻哲學是，夫妻的關係優先。沒有健康的婚姻，孩子也無法擁有健康的人生。」克莉絲補充道：「有人或許覺得我們的教養方式不對，但我還沒研究過一切，我也不可能什麼都知道。我不打算重新思考我們的決定，事情就這樣吧。」

夫妻倆在家時，常讓連恩待在咖啡桌下。他會滑進那裡，而兩人則在桌下掛滿玩具，正好是他觸手可及的距離。某次聚會中，新朋友對兩人說：「嘿，你家小朋友在咖啡桌下，他還好嗎？」遇到這種情況，保羅和克莉絲總是樂於解釋。如果小孩子問了起來，兩人也不隱瞞。保羅說：「我會說：『他看不到。』孩子則問：『什麼？』我就會回答：『這樣說吧，你的鼻子能看到什麼？』他們說：『什麼意思？』我說：『這就對了，鼻子連看的知覺都沒有，甚至不會想要去看，所以他是完全沒有空間感的。』他們聽了就會跑去問母親：『媽咪，妳的鼻子能看到什麼？』」保羅形容七歲大的連恩是「一個美麗的靈魂、一副尚全的心智，配上一具令人沮喪的殘缺軀體」。連恩無法爬行，但若有支撐物便能坐著，甚至能在平滑的木地板上拖行，夫妻倆於是不鋪地毯。連恩的肌肉大多過於無力，無法使用，而有些韌帶又太緊，手永遠彎著，兩腿也無法伸直。但若向他輕輕丟出一顆大球，他接得住。他無法咀嚼，只能吃流質食物。保羅說：「真希望我也能跟他一樣吃這麼多巧克力布丁。」

我去拜訪的那幾天，連恩有時會哭。保羅跟我解釋：「當他覺得自己不是大家關注的焦點時，就會這樣哭。」保羅認為，連恩只要聽到自己的名字就足以感受到歸屬感，克莉絲則相信連恩知道身邊一切動靜，她說：「你要跟他相處夠久，才有辦法看出他所發出的智性訊號。他的老師和助手喜歡他這樣鬧脾氣，因為這代表他會思考。」連恩聽到笑話會笑，似乎也喜歡某些電視節目，聽到《芝蔴街》與《美國偶像》的節目時會靜靜躺著，一副心滿意足的樣子。保羅正努力引導他愛上曲棍球。他說：「這是可以學習的。」連恩雖然無法自行更衣，但知道要伸出手臂，讓父母順利幫他穿衣服。保羅說：「他接收進去的比表現出來的多。但他的人真的在。」

我和連恩見面時，他在特殊日間學校上課，保羅和克莉絲希望換個環境，讓他學習更多知識。克莉絲說：「不挑戰一下，怎麼知道他有多少能耐？」但相較於其他身心障礙兒童的父母，唐諾文夫婦較少跟體制抗爭。兩人奮戰了一年，還是無法為連恩爭取到輪椅，最後乾脆自己付錢買。夫妻本來找到一間屬意的房子想買，但該區負責特殊需求服務的人不肯提供協助，最後兩人選了現在的房子，因為這區的社會服務很完善。保羅說：「畢竟連恩不可能這星期二就去跑馬拉松，也不可能下星期四就去哈佛念法律。但這不代表我們不為他爭取權益、不努力為他取得所需的資源，只不過這得靠協調合作，而非一味競爭或採取負面手段。因為有個依賴的孩子，我學會如何讓另外兩個孩子獨立。兩個女兒想做什麼就做什麼，而無論她們做什麼，我都引以為傲。這樣大家都自在一些。」

唐諾文一家都是虔誠的天主教徒，保羅每週日帶女兒上教堂，有時也會帶上連恩。連恩狀況差的前幾年，保羅和克莉絲天天去望彌撒。保羅說：「連恩躺在醫院時，望彌撒就是我的心靈寄託。不過，與其說我們很虔誠，倒不如說是習慣了那種儀式。」克莉絲接著說：「儀式有一套程序，能夠安定人心，讓我有力氣面對混亂的每一天。」保羅列出十項讓他堅持下去的力量，第一項便是「保持信仰」，他指的是最廣義的信仰，「不一定得是宗教信仰，只不過對我來說恰好是宗教。我覺得神對我們的生命自有計畫，但有幾次負擔真的太沉重，我們只得更加奮力硬撐。我的信仰因此變得更切身，也更真實。」帶連恩上教堂也有社會功能。保羅說：「我們教會的孩子全都沒有缺陷。他們必須知道並不是所有事情都符合常理，而連恩就是一個例子。」

我和唐諾文一家相處了一個週末，快結束前，克莉絲說她對於新年新希望充滿信心。我問她有什麼新希望，她說：「這跟你也有關。我立志做以前不敢做的事。和你分享我的事以及我們生活的難處，就是我回饋世界的一種方式。我決定要這麼做，也很高興真的做了。這讓我能夠這樣傾吐一切，也讓我得以回顧一路走來有多麼辛苦，而我又有多愛兒子。」

• • •

家有障礙兒可能導致社會孤立，但也能開拓新人脈，並習得適應這些過程的方法，畢竟過去數十年來已發展出系統化的知識。撫養障礙兒有助於重新檢視夫妻與朋友關係，夫妻若不夠親密，或與友人情誼不夠深厚，將走得很辛苦。某項研究發現：「社會孤立依舊和落落寡歡、更多沮喪與疏離感有止相關性。」參加支持團體、發聲組織以及醫療研究計畫，都能幫助父母重整所遭遇的經驗。與孩子的照護人員互動往來，也能加強與社會的聯繫。對於外部現實已定、必得接受的人而言，要走下去，就得調整內心的現實去適應。許多因應方式都如禪修般簡單而純粹，與其試著解決混亂，不如在混亂中找尋美與快樂。我想起一個朋友曾說過，當她發現丈夫無法滿足她的需求時，便選擇改變自己的需求，最後兩人走得長久又美滿。」

除了懂得同理與同情，你還必須相信自己仍能為自己與家人創造有意義的生活。確切的術語稱為「內在控制源」(internal locus of control)，與「外在控制源」(external locus of control) 相對。前者指能自行控制行為，後者指個人感受到自身行為完全受外在情況與事件控制。要建立內在控制，必須根據生命的優先價值，積極尋找適合的生活方式。舉例來說，若一個人把自己身為丈夫或父親的角色視為最優先的價值，一週卻工作高達上百小時，就是不適當的生活方式。說來諷刺，障礙兒的父母往往會斬釘截鐵地告訴自己生活無法掌握，以此獲得控制感。最重要的事情，往往是相信世界上有比自身經驗更偉大的力量，而最常見的凝聚力來源就是宗教，但也有其他機制。你可以相信神，相信人性本善，相信正義，或單單相信愛的力量。

究竟是正面經驗帶來正面觀感，還是正面觀感產生正面經驗，這是雞生蛋蛋生雞的問題，難以斷定何者為真。推崇苦難的高貴，固然是一種對策，但有些父母與障礙疾病學者頌揚奇蹟的觀念，視養育障礙兒為奇妙的經驗，到最後這經驗不但很有意義，甚至變得比其他教養經驗更吸引人。於是障礙兒便如同家中火光明亮的壁爐，凝聚了家人，一同團結歡唱。但這種氛圍有其危險，倘若父母覺得生活苦不堪言，遇上這種論調會更難過、更自責、更受打擊。然而，這個論點對抗的畢竟是對身心障礙家庭的歧視，想想這類家庭自古以來所受的各種嚴重歧視，就會覺得在所難免。

・・・

馬克思・辛格一出生便一眼向左歪，另一眼瞳孔擴大。蘇珊娜和彼得帶兒子去看神經內科，被轉介給紐約一位頂尖的小兒神經內科醫生。檢查後醫生對彼得說：「帶你漂亮的妻子回家，再生一個吧，這個孩子對你沒任何好處，我不確定他這輩子能不能走路、說話、認人、活動，甚至是思考。」神經內科醫生說馬克思患有「丹迪－沃克症候群」，這是一種先天性腦部畸形，患者小腦及其周遭充滿液體的區域發生異常。其他醫生進一步診斷出馬克思患的是「朱伯特症候群」，也就是丹迪－沃克症候群的一種亞型。之後的檢查又顯示他並沒有朱伯特症，所以現任醫生再次將他的症狀歸類為較廣的丹迪－沃克症候群。蘇珊娜評論道：「都到了這個地步，是哪一種已經沒有多大差別了。」

蘇珊娜說，獲知診斷結果的那天，是她人生的谷底。她說：「我不確定立即發現問題對我們到底有什麼好處，反而讓我無法很快和他建立感情。」辛格夫婦接著帶馬克思去看神經眼科，想確認他的眼睛究竟出了什麼問題。醫生診斷後確定馬克思看得到，其餘則一概不確定。蘇珊娜說：「第一個醫生說他會變植物人，第二個則說他會有輕微的發育遲緩。我們聽了一堆檢查結果，卻沒人能預測他的未來。醫生說不到驗屍的那一天，我們無法知道他發生了什麼事。沒有明確的預後，日子實在很難過。」

馬克思還小時，蘇珊娜選擇不公開談論他的病情。「當時我並不曉得接下來會發生什麼事，也不希望萬一馬克思的問題並不顯著，卻得感受他人的異樣眼光。」蘇珊娜從事藝術經紀，代理許多知名藝術家，包括勒維特與曼戈爾德。她說：「我不帶他出席藝術界活動。我把他藏起來。當時不該這麼遮遮掩掩，我們兩人都因此感到寂寞。」馬克思三個月大時，辛格夫婦雇用了來自千里達島的保母薇若妮卡，她從此與這家人共同度過二十年的歲月。蘇珊娜說：「她就像第三個父母，也許還不止。如果馬克思得在我們與她之間選擇，他大概會選她。她無時無刻陪著他，從沒失去耐性。」夫妻倆聽從建議，試著再生一個，但蘇珊娜一直流產，後來兩人決定領養。兩人坐在領養機構時，接到薇若妮卡的電話，說馬克思發了高燒，剛從學校回到家。蘇珊娜於是取消會面，帶馬克思去看醫生。「他不常生病，除了他的障礙所造成的問題，他其實很健康。但領養機構說我們被馬克思占去太多心力，無法再照顧一個孩子，拒絕了我們的申請。或許有個像馬克思這樣的手足，生活並不容易，但我想兩人都會因此獲益良多。」

只要有人以手臂環抱著撐住馬克思，他就能走。蘇珊娜說：「除非他不想走。這時候他會停下來，雙腿交叉，別人拉也拉不動。如果他想看電影或看電視，還真的能跑起來。」馬克思能上廁所，左手臂與右腿也能自由活動。蘇珊娜解釋說：「他能做的比表現出來的還要多，卻常常不做，等你去幫他，看誰撐得久。」馬克思聽得懂，只是無法開口。從許多層面看來，這已經遠比無法表達也無法接收還要進步，但仍然帶來許多挫折。聽得懂卻無法回應，會讓人發狂。馬克思能點頭搖頭，彼得和蘇珊娜因此期待他能學會手語，便到美國手語機構上了兩年課。不久兩人確定馬克思控制肌肉運動的能力不足，無法學習手語。他能比出「多一點」「好了」「音樂」以及「對不起」。他不喜歡人工發聲機器，但逼不得已時，能用機器將打字與其他符號轉為聲音，表達頗為複雜的意思。他也能讀懂短句，還會寫自己的全名。

蘇珊娜說：「不管做什麼事，馬克思幾乎都樂在其中。他好奇心強，什麼都不怕，只怕大狗。他調適得很好，也感受到我們對他滿滿的愛。他念的是特殊學校，不會遭到排擠或嘲笑。

另外，他的外表沒有殘缺，不會讓人不敢接近，這點很有幫助。老實說，我長得還沒他端正，但我認為他是真的很好看。他也和人十分親近，雖然無法控制肌肉親你一下，但常常給人大大的擁抱。每次我們和薇若妮卡坐在一起，他都會伸出手抱著她。如果我們笑，他會朝她看去，確認她也在笑。他這方面真的很貼心。」

馬克思九歲那年第一次參加特殊夏令營，蘇珊娜天天打電話到營區關心他的狀況。最後，一位同營隊的小朋友接起電話，和氣地建議她：「辛格媽媽，馬克思玩得很開心，我露營時爸媽從不管我，或許妳也應該試試。」之後，馬克思又參加「希伯來特殊兒童學院」舉辦的營隊。辛格夫婦是猶太人，但並不信教，不過特殊兒童專屬夏令營常常都由宗教機構主辦。蘇珊娜說：「我不喜歡宗教，但我也學到重點不是我。馬克思每年都參加那個營隊，每次回來都變得更成熟，收穫多得驚人。」

與其他案例相比，馬克思算是非常社會化，心理也相當獨立。他第一次坐巴士去觀看特殊奧林匹克比賽時，還推開蘇珊娜。蘇珊娜說：「那讓我很驕傲。我從一開始就想讓這孩子覺得自己是全世界最棒的，我成功了。他有時實在很自大，讓我不禁有點後悔。但我就是做到了。」她笑著說：「不管怎麼說，照顧障礙兒都不是愉快的事，但馬克思給我們帶來許多歡笑。因為他的到來，我得改變自己對成功的想法。成功對我及對他來說代表什麼，已經變得不一樣。他的快樂就是他的成功，而我的快樂就是我的成功。我希望他在學校能更用功，希望他能有更多成就，而不是凡事過得去就好。但或許他注定就是這樣一個孩子。他個性跟我很像，或許我就是愛他這點，我們都很快活平和，基本上是快樂的，也樂於調整。」

馬克思有幽默感，喜歡金凱瑞的電影，同時也是古典音樂迷。蘇珊娜說：「我父親對歌劇非常著迷，我的名字蘇珊娜就是來自《費加洛婚禮》。有人送我一張芭托莉的唱片，我放來聽，馬克思從此便迷上她。」蘇珊娜曾帶馬克思去紐約的大都會歌劇院與卡內基音樂廳看芭托莉演出，也到亨特學院看她接受採訪，甚至參加她的唱片簽名會。蘇珊娜說：「他是超級粉絲。芭托莉為她的狗取名費加洛，我必須說，她這些年來對馬克思一直很好。」她為他簽唱片，甚至還送他簽名照。蘇珊娜有隻脾氣不好的老狗，在馬克思十二歲那年過世。她說：「沒人真的喜歡牠，馬克思卻愛牠如兄弟。馬克思去夏令營之前，我問他：『我真的很想再養一隻，可以嗎？』他一直說：『不行不行不行。』最後我說：『那如果我們叫牠塞西莉亞・芭托莉呢？他才說：『好。』我們養了狗，但那是公狗，只能取名巴托利，我們都叫牠巴特。」

我第一次與辛格一家見面時，馬克思二十歲。蘇珊娜說：「青春期對這樣的孩子來說很辛苦。他不再是我從前那個小天使，至少大部分時候不是。他愛女生，特別愛漂亮女生，但在她們面前常有不禮貌的舉止。他有朋友，但不是非常親。我想他知道自己跟我們並不一樣，他對誰都很依賴。」

那年年初，事態急轉直下，彼得和蘇珊娜也不知道原因。馬克思行為脫序，嚴重到得帶去給神經科醫師檢查，開的藥卻讓事情變得更糟。最後兩人才知道，原來是薇若妮卡告訴馬克思，她夏天結束後要離開了。當時她還未向蘇珊娜和彼得提及此事，馬克思則無法解釋出了什麼事。「孩子能思考、有反應、能愛人，也跟我們一樣有情緒，唯獨無法向我們訴說想法，這最令人難受。要是我面對這麼大的恐懼與悲傷，卻無法向人表達，我沒法想像會是什麼樣子。後來我們好好談過，他就接受了事實，等他從夏令營回來之後，我們請了新人，他也很喜歡她。他調適得比我想像的好，也比我們好。我自己就哭了好多次。」

薇若妮卡之所以離開，是因為二十年實在太長，她累了。馬克思的體型很大，要搬動他非常吃力，而且她想回家，也害怕馬克思總有一天會離開她住進照護之家。蘇珊娜說：「每次一談到這件事，她就哭。我不斷告訴她：『妳知道的，這是對馬克思最好的安排。』她自己也很清楚。我覺得馬克思到了上大學的年紀就該離家，每次看到孩子四十多歲了還跟年邁父母住在一起，我都覺得難過。我希望能陪他度過轉換期，從旁幫助，以免我和彼得走了以後，他會一團亂。」

要找到適合馬克思的地方並不容易，他雖然行動不便、無法開口，卻具備理解力，工作人員不但要照顧他，也要跟他說話，理解他的想法。辛格夫婦最後終於找到看似適合的選擇，但在我拜訪兩人時，該機構仍在施工，兩人只能耐心等候。蘇珊娜對於照護之家是就事論事。「他離開時，我不會覺得是莫大的失落，他去營隊時我也不會。他不在家時，我和彼得處得比較好。週末沒人幫我們照顧馬克思，如果彼得要出去打一整天高爾夫球，我就得照顧馬克思一整天，反過來也一樣。空巢期對我們應該不成問題。如果孩子很正常的話，事情大概就不是這樣了。想到自己居然一點也不難過，反而讓我難過。」

・・・

我聽過不少孩子健康的母親說，多麼希望孩子能永遠柔弱、依賴，不要經歷青春期的叛逆，也不要經歷長大後的離巢獨立。但願望最好還是別亂許，障礙兒是父母一生的責任，八十五％心智遲緩的孩子一輩子與父母共同生活或受父母照料，直到父母行動不便或去世為止。這些孩子的狀況，會讓父母在老去時極為焦慮，成了父母永遠無法卸下的責任。家中有需要特殊關照的孩子，有些父母一開始會十分積極，之後卻漸漸無法負荷，邁入中老年後更會陷入絕望。有些一開始想把孩子送養的父母，最後反而漸漸愛上孩子。

身心障礙人士的預期壽命不斷增加，一九三〇年代時，住進照護機構的心智遲緩男性平均壽命為十五歲，女性為二十二歲；到了一九八〇年，男性平均壽命增加至五十八歲，女性則是六十歲，其中行動不便者過世較早。至於父母，最後會習慣日常照護，也與孩子建立起情感，而想像中的健康孩子已成追憶。但在此之前，父母往往難以招架初期的壓力。不過，一項研究發現，若家中有發展遲緩的成年人，將近三分之二的年邁父母覺得，持續照顧孩子能讓自己活得有目標，而超過二分之一的人覺得與孩子同住較不寂寞。

• • •

比爾和茹絲是密西根安娜堡「瘋狂智慧」書店的老闆，兩人在一九九四年迎接第一個孩子，紅髮男孩山姆。山姆出生時很健康，但幾個月後，問題接踵而來。他胃口差、肌張力低，成長速度也落於人後，不會坐也不會翻身。小兒科醫生一開始以為他感染病毒，但在他六個月大時為他檢測了神經與內分泌系統，才發現兩者嚴重失調。小兒科醫師說他「有預感」山姆大概活不久，說他的病情很可能惡化，神經系統可能發生髓鞘脫失的問題，進而損害感官、認知與行動能力，還有可能變得「像植物人」。依照茹絲的說法，當她聽到這些資訊時，「心裡彷彿壓著鉛塊」。

比爾和茹絲投入所有精力，想找出問題。比爾說：「這六個月來，我們一直以為兒子只是長得比別人慢。然而，才一個週末的時間，我們就得接受他跟別人完全不一樣，還得找出解決辦法。」夫妻聯絡了一個又一個小兒科醫生，每個都說兩人找錯人了，自己只看「正常小孩」。最後，茹絲聯絡了名單上的一位醫生，她向護士描述兒子的狀況，對方回答道：「溫布雷醫師最喜歡這種案例。」接著兩人又到哥倫比亞長老教會醫院拜訪德維沃醫師，這位神經科醫師後來陪伴兩人走過這段漫漫長路。比爾記得：「我們問他：『山姆有機會過正常生活嗎？他還有這個可能嗎？』德維沃醫生緩緩說：『看起來大概沒有機會。』那時我就知道，我們面對的，是無法治癒的疾病。」

比爾的大姊有腦性麻痺，所以他覺得自己受過足夠訓練，有辦法照顧障礙兒。茹絲說：「如果他在一出生就診斷出來，事情可能就不是這樣。那六個月所建立的感情非常重要，我當時已對他投注了所有感情。我印象很深刻，剛得知消息後的幾週，我不知道自己能不能再快樂起來，一心只想用我的命換他的命。只要他能好好的，我甘心放棄一切。這兩種心情都很深刻，我以前也從未有過。」

山姆永遠無法行走、說話、進食，也聽不到聲音。他得靠胃造口管進食、坐輪椅，還會不時痙攣。他將近十歲時，只有十四．五公斤重，常胃食道逆流，身體也痛。他的退化性神經代謝異常經確認是一生無法診治的。比爾說：「過去幾年來，有些親戚可能見過山姆或聽說過他的事，而他們對山姆的印象，用他們的話來說，就是『植物人』，簡直是停留在一九五〇年代的想法。還有許多朋友和親戚雖然未必了解他的意思，但知道他實際上能感受的比看起來還要多。另外大約有二十%的朋友會真正花時間與山姆相處，嘗試認識山姆。他們會看著他的眼睛，跟他玩遊戲或念書給他聽。山姆就像一面鏡子，能反映出每個人對意識的概念。」有人問茹絲，是否認為山姆知道她是誰，茹絲說，山姆其實認得很多人。山姆喜歡視覺刺激、喜歡泡入水裡，還喜歡騎馬復健。比爾說：「他騎馬時，臉上總掛著微笑。他心情好的時候，感受真的很豐富。」山姆有許多家庭照片，其中一張攝於他兒時看護的結婚典禮。看護邀請山姆當戒童，他去了，身體固定在輪椅上，手裡捧著絨布戒枕與婚戒。茹絲說：「那個週末他的狀況很不好，痙攣不斷發作，我們得用藥物控制他。但婚禮一到，他卻振作起來，穩穩走上紅毯，臉上容光煥發。我想他知道婚禮是很特別的。」

由於山姆的失調部位依然成謎，所以也無法預測問題什麼時候會再次發生。他四歲時，比爾和茹絲決定再生一胎。朱莉安娜一開始看起來很健康，但她四個月大時也開始出現難以進食的模式。到了第五個月，茹絲和比爾帶她去給溫布雷醫生檢查。我和這家人第一次見面時，朱莉安娜就要七歲了，失調程度比山姆輕微。她聽力嚴重受損，但並非全聾，走路雖然吃力也走不遠，但確實能走。她也不需用手術在腹部插進胃造口管直通胃部，而是使用侵入性較低的鼻胃管。朱莉安娜如果把管子拔掉，茹絲也知道該如何裝回去。她沒有痙攣，整體看起來比山姆健康。她和山姆一樣體型嬌小，雖然我們見面時她已經七歲，看起來仍像兩歲大的孩子。比爾說：「她是小仙女，像是從另一個星球來的小女孩，快樂、有趣。她也跟山姆一樣非常敏感，雖然認知發展有限，情緒卻日漸豐富。面對許多事情，兩人的情緒反應就跟同年齡的孩子一樣：會愛、會嫉妒、會興奮、會黏人、會悲傷，也能展現同理心、欲望與希望。」

茹絲比比爾更清楚意識到，孩子不會活太久。朱莉安娜病情雖穩定，山姆卻顯然不斷惡化，一天比一天難受。一般說來，一週裡他會好兩天，胃痛三天，往往痛上數小時，要不就是輕微痙攣，或是嘔吐，其餘兩天則陷入低潮，需要人整天抱著撫慰。茹絲說：「我真的很希望別人能了解，我們的生活並非只有悲慘。山姆對我來說一直是美好的禮物，未來也不會改變。有些人選擇放棄像山姆和朱莉安娜這樣的孩子，我不會怪他們，這件事真的太難了。但我從未想過放棄。」兩個孩子都曾與比爾的父母一同在長島的海邊別墅度過夏天，當時山姆病情不斷加劇，他們便聯絡了當地的小兒科醫生。醫生提到，在紐約，只要拒絕使用維生裝置，讓孩子就此離去並不難，然而一旦接上維生裝置，要再拿掉就很難。兩人聽了勃然大怒，比爾說：「我們感覺被侵犯，她根本不了解，我們覺得山姆是想活下來的。」比爾和茹絲出去散步，走了好久。茹絲說，山姆會讓他們知道該怎麼辦。她說：「在外人看來，山姆的生命早已殘缺不堪，但我們跟他相處了九年，知道他能感受快樂，感受愛，能享受身旁的事物，喜歡上學。如果這些都還沒變，就不該讓他走。」

幾年前，比爾與茹絲決定領養孩子，而就在山姆病情加劇的同時，兩人接獲通知有適合的女孩可領養，夫妻其中一人得到瓜地馬拉完成領養手續。這件事兩人一直拖著沒去辦，但山姆已經在醫院待了三十五天，而新女兒還在等，最後兩人決定，比爾留守醫院，茹絲去瓜地馬拉。茹絲說：「要離開真的很難，但他一直等著，等到我回來那天他才走。」

山姆過世兩年後，我與比爾和茹絲見面，兩人又去了一次長島。領養的女兒梨拉當時才兩歲大，個頭已經比七歲的朱莉安娜高。朱莉安娜那時也只有十公斤重。領養前，社工曾擔心正常的孩子會無法適應這家人，但事實證明擔心是多餘的。茹絲說：「我們用另一種方式愛梨拉。我不停設法兼顧兩種愛。梨拉會說話，能跟人互動，會逗人開心，自然能吸引大家注意，我覺得朱莉安娜會因此受冷落。但接著我又擔心，自己是不是花太多時間在朱莉安娜身上？要兩全的確不容易。」比爾則說：「很多人會把注意力都放在梨拉身上，這時朱莉安娜就在一旁看。不停地看、不停地想。有時看她這樣靜靜看著別人那麼注意妹妹，實在令人心痛。」

朱莉安娜與山姆不同，她不用坐輪椅，嬌小的體型也與她遲緩的認知相符。這樣的認知能力若是搭配七歲女孩應有的身軀會很奇怪，但落在一個看來不到兩歲的身軀，便顯得沒那麼怪。除了插了一根鼻胃管，她看起來跟別人沒什麼不一樣。比爾與茹絲等她離開，確定她聽不見兩人說話後，才坦言不曉得她還能活多久。我問兩人，她是否能聽懂別人的話，比爾想起某次全家人去看神經科，他念出自己為山姆的死所做的筆記，念到一半，朱莉安娜突然哭了起來。比爾說：「朱莉安娜不見得是對語言產生反應，但她的確感受到些什麼。可能是感受到父母的情緒，或是身邊的氣氛。我們一直小心翼翼，在她面前從不討論會令她不開心的事，就跟對待認知正常的小孩一樣。以防萬一。」

我離開長島兩年後，朱莉安娜過世了，年紀與山姆差不多。當時她的病情不斷惡化，去世前先是無法走路，接著無法控制其他運動功能，最後甚至無法坐起。比爾在電子郵件中寫道：「但感覺得出來，朱莉安娜對自己的命運並沒有非常不滿。她不時沮喪，有時會自怨自艾哭出來，但她也有某種天賜的智慧，心平氣和、逆來順受，真是好樣的。然而，她還是受了許多皮肉之苦，不只是她，我們也覺得痛苦。」我稱讚比爾一直給予朱莉安娜如此良好的照顧，對此他回道：「遇到這樣重度障礙的孩子，我想我身邊每一個人都會這麼做。我得這麼相信，才能建構出美好的世界。」

朱莉安娜死後，比爾說：「如果能重來，我會選擇好走一點的路。但現在我已經歷了這一切，如果要選，我還是會選擇生下山姆，也會選擇生下朱莉安娜。我在這兩個人身上經歷的愛，要怎麼交換？我跟山姆，比跟這輩子的任何人都親。我陪他躺在床上，看著他眼睛的時間比這輩子跟任何人相處的時間都長。我花了很多時間陪朱莉安娜，就只是跟她在一起，就只是好好愛她。所以，這個問題就像是在問父母願不願意拿這樣的愛換取一個虛構的『比較好的』孩子。我願意一切再來一次。」茹絲握住比爾的手，臉上是深切的憐憫。她說：「其實我認為，我們有這些想法，並不是因為相信上帝。大家總愛跟我們談上帝，說什麼：『上帝給予你們的，不會過於你所能承受的。』但像我們家這樣的孩子，從來就不是上帝命定的禮物，是我們選擇讓孩子成為禮物。」

・・・

許多人都研究過重度障礙兒的同胞，但目前尚無定論。有份研究指出，這些人「覺得與重度障礙的兄弟姊妹生活，讓自己變得更負責、更有耐心」，也更能發現「別人的好，自己也更有幽默感、對事情更有彈性」。但也有研究發現，他們會感到「難堪、歉疚、孤立，也對身心障礙手足的未來感到憂慮」。另一份臨床研究則比較重度多重障礙兒的手足只是「單純不好受」，還是有臨床憂鬱症。結果發現，雖然這些人普遍較不快樂，但是經診斷罹患心理疾病的情形，卻不比同儕嚴重。障礙兒的情況越明顯或越嚴重，大家就越不期待他們將來能正常行動，他們的手足往往也就越好調適。反之，一開始看似正常、後來才出現問題的孩子，就需要更多解釋。看來，障礙兒的病情越嚴重，手足就調適得越好。一份報告指出：「顯然是因為，孩子的障礙越顯著，家人就越能看清情況，也調適得較好。」還有一項研究發現，若有明確的診斷，障礙兒的弟妹就比較容易向朋友解釋狀況，會活得輕鬆許多；若是手足的病情沒有清楚的診斷，則會活得較辛苦。

照護機構曾經流行一陣子，當時最普遍的說法是家有障礙兒，對於健康的手足並不公平，因為障礙兒會占去父母過多精力與注意力，並讓健全的手足覺得難堪。近期的研究則指出，其實兄弟姊妹往往不喜歡父母把障礙兒送到機構安置。肖恩在《雙胞胎》一書中詳細描寫雙

381

胞胎姊姊被送走時自己感受到的痛苦。現今一般認為，把障礙兒留在家中，對健康的手足往往較好，而這對障礙兒可能也較好。值得注意的是，這些討論都把健康兒童的利益置於障礙兒之前。

・・・

伊芙和約翰．莫里斯就讀康乃爾大學時，在舞會上一見鍾情。兩人早早結婚，搬到聖地牙哥定居。伊芙說：「那時我真的好愛他，我誰都不要，連孩子也不想要。」她一直到三十歲才決定懷孕。她說：「我也不想放棄自由，沒想到事後證明，我喜歡當母親更勝於享受自由。」

兩人的婦產科醫師是虔誠的摩門教徒，當地醫院剖腹產率高達二十％，對此他深不以為然。艾莉克絲出生前，他曾對約翰和伊芙說他「不認為大自然有那麼容易出錯」，夫妻聽了很感動。伊芙準備生產時，醫院為她裝上胎心音監測器，多位醫生事後看了監測結果，發現當時已有胎兒窘迫現象，伊芙應該立即剖腹生產，但顯然兩人的醫生當時並未發現。孩子生下時，已經「近乎死亡」，愛普格新生兒評分是〇，身體呈現可怕的深紫色，醫護人員馬上抱她到新生兒加護病房。約翰說：「我本想當普通的父親，結果夢就這樣在我眼前粉碎。」

孩子剛出生時，所有醫生都小心翼翼，不敢對艾莉克絲的症狀下任何定論，或許是擔心新生兒的病況會影響父母對寶寶的疼愛，或許是不想背負醫療責任，又或許是無法預測艾莉克絲的問題有多嚴重。雖然他們應該早就知道孩子是腦性麻痺兒，但直到數個月後，才有人告訴伊芙與約翰診斷結果。新生兒舉凡生產前、甫出世或三歲以內因大腦受損而導致障礙，都稱為腦性麻痺兒。腦性麻痺有千百種症狀，導致各種行動不便。艾莉克絲還是嬰兒時，伊芙每次餵她，她就尖叫、嗆奶，這是因為她喉嚨裡常有逆流的胃液，但當時莫里斯夫婦並不曉得艾莉克絲的障礙有多嚴重。約翰說：「我們花了很長一段時間，才知道出了大問題。」伊芙說：「我當過啦啦隊長，書念得好，後來考進康乃爾大學。父母很疼我，從沒對我施暴。我這輩子都很順遂，當時實在很難相信順利的日子就這樣終止。也因為如此，我一直拒絕接受事實。等到我終於面對艾莉克絲的問題時，對她的愛已經勝過世上任何事物了。」

約翰是律師，有一些處理過失責任的經驗。艾莉克絲十八個月大時，他和伊芙對醫生與醫院提告。兩年後，雙方達成和解，院方必須支付一筆鉅額賠款，之後每年還需再償付定額賠償，由法院嚴密監督，至於約翰與伊芙，則必須每年繳交年度開銷報告。結案後，兩人立刻買下客製化的跑步型嬰兒車與復康巴士，並雇用一名年輕看護愛瑞卡，由她兼職照顧艾莉克絲。約翰說：「愛瑞卡不完全是我們的女兒，也不只是朋友，更不是單純來幫忙做事的人。她統統都是。」我初見愛瑞卡時，她剛結婚，艾莉克絲在婚禮上擔任伴娘，盛裝打扮，坐著輪椅走過紅毯。伊芙說：「為了把她留在我們的生活中，我們願意為她做任何事。希望她能生孩子，我會為她照顧孩子，讓一切就這樣繼續下去。」愛瑞卡住的地方離莫里斯家約一兩公里，房子則是約翰與伊芙的。約翰說：「記得《同村協力》這本書嗎？我正在努力打造一座小村落，讓艾莉克絲身邊永遠都有親人、至交、好友、同學。」艾莉克絲兩歲時，約翰與伊芙生了兒子迪倫，與約翰最愛的歌手同名。迪倫和善、健康、熱情，夫妻倆的痛苦因此減輕不少。伊芙說：「我的建議是再生一個，這樣你才會知道一般有孩子的感受應該為何。」

兩人最重大的工作，是在聖地牙哥的洛瑪角蓋一棟房子，除了原有儲蓄外，還用了艾莉克絲一部分的賠償金。房子坐落在山坡上，遠眺海景，由伊芙親自設計。走廊與轉彎處寬敞，方便輪椅行動，客廳一角掛著一具大鞦韆——艾莉克絲很喜歡移動的感覺。屋頂的澡缸已幾乎沒有使用，因為要把艾莉克絲搬進搬出澡缸變得越發困難，但她小時候非常喜歡泡澡。她有間設備齊全的專屬浴室，以及一間符合人體工學的臥房，床鋪嵌在牆間，能防止她滾落床下，還有塊「感應區」，充滿噴泉、光線、聲音與震動設備，只要按下按鈕就能開啟（但她若能按，也只是剛巧碰到）。房子美而低調，空間寬敞舒適，功能齊全，還帶有質樸的手作氣息。屋樑是外露的樹幹，櫥櫃門則是用伊芙在娘家附近收集的柳枝製成。這棟房子也象徵夫妻倆已經接受殘酷的事實。伊芙說：「艾莉克絲六歲時，我們終於承認並接受她的病情與一切，這就是她的狀況，以後也不會改變。我們把某些復健療程給停了，不再試著教她新東西。」

383

伊芙很早便加入腦性麻痺兒的媽媽團體，但從來不去看治療師。伊芙說：「我們提出訴訟之後，我有時會希望她已經死去，於是我開始考慮接受治療。但在訴訟期間，對方就有權知道你對治療師說了什麼，但我不想讓任何人知道我對這件事的感受。我在白人盎格魯撒克遜新教徒社區長大，社區的每個人原本都應該一樣，行為也要遵循同一套規範。我和她在家裡反而輕鬆。但我們全家從來不一起出外用餐，因為她的行為太難預料了。每當約翰有朋友來訪，或是有慶生活動，或是我去看我父母時，我都希望她能呈現最好的一面。我甚至希望她在你面前也能好好的。」伊芙一臉悲傷。「有時我真的萬分難過。當我聽到朋友說自己的女兒有多麼不乖時，我發現自己竟然說：『真慶幸我沒女兒。』但我確實有女兒，只不過她幾乎是另一種生物。沒人能理解這種感受，就連我也只能確定現下這一刻的感受，此外無法預測。你來採訪時，我心想：『我很樂於和你談談，但請不要問起過去或未來的事，因為我所知的，也只有當下。』」

我與莫里斯一家人初次見面時，兩人剛擬好遺產規畫，指名由愛瑞卡擔任兩個孩子的監護人。迪倫二十五歲後，照顧艾莉克絲的法定責任就落在他身上，而法院判定的年金也應足夠負擔看護的費用。伊芙對迪倫未來的角色憂心忡忡。她說：「我不希望他必須扮演約翰現在的角色。」迪倫當時十六歲，堅定表示自己很愛姊姊，永遠都樂意照顧她。迪倫跟我說：「我想她應該一場棒球賽都沒錯過。我就是這麼長大的，這輩子受這件事影響很深。」迪倫的教練表示，他知道迪倫家裡一定有障礙兒，因為除非辛苦照顧過某人，否則他從來沒看過這麼成熟的孩子。

伊芙一直反對以手術幫艾莉克絲裝上胃造口管。我和艾莉克絲見面時，她十八歲，沒有胃造口管也過得很好，但必須每四小時進食一次，以防胃食道逆流。腦性麻痺患者很少像艾莉克絲這麼嚴重。伊芙參加了媽媽團體，其他成員家裡的腦性麻痺兒都能走路，也至少有基本的語言能力，其中一個已經上大學，還有一個在社區的超市打工，負責將結帳的商品裝袋。約翰說：「事情總是有好有壞。那些孩子知道自己格格不入、交不到男女朋友，還常被其他孩子嘲笑。但沒人嘲笑過艾莉克絲，她的障礙太嚴重、狀況太無助，就連最粗魯的四歲小孩都不會笑她。至於我們，我們得擔心她會痙攣發作，但不必擔心她在學校偷抽大麻。父母的角色基本上大同小異：扶養、付出愛、隨時提供孩子最好的機會。就這方面來說，我們對艾莉克絲和對迪倫是一視同仁。」

約翰和伊芙逐漸習慣照顧女兒的需求，且習慣成自然。艾莉克絲生理狀況比以前穩定，但隨著她的成長，一家人也漸漸無法享受從前的樂趣，像是帶她去游泳，或抱著她在屋裡走動。光是協助她上下床和如廁，對於逐漸年邁的約翰與伊芙就已十分吃力。伊芙說：「心情越來越輕鬆，但肉體負荷則越來越重。」同樣是無助，在嬰兒身上看起來很無辜，但出現在成人身上卻變得非常奇怪。她的舌頭不受控制、四肢胡亂揮動、身體扭曲歪斜、肌肉擠在一起。但除了動作不受控制，艾莉克絲的打扮總是無可挑剔。伊芙解釋道：「我幫她擦指甲油、留長髮、穿漂亮衣服，讓大家可以找出話跟她講。他們會走過來對她說：『妳的指甲真漂亮！』而不是談論她哪裡有問題。」伊芙最無法忍受別人的同情，而大家常卻只是同情，沒有感情。「我討厭那種憐憫的表情，討厭人家說：『妳真是好媽媽。』」

和莫里斯一家相處一週之後，我大為震驚：兩人要做的事這麼多，生活卻鮮少受此影響。約翰有跑步習慣，艾莉克絲則喜歡風吹拂臉頰的感覺，所以他總是把她放進輕量推車，每天推著她跑八公里。伊芙則以輪椅推她到碼頭散步，並在每年萬聖節為她製作與輪椅相襯的裝扮，她扮過乘著太空船的外星人、冰淇淋車，最近一次則是甜甜圈專賣店。伊芙學的是藝術，製作的戲服令人讚歎。談到教養，約翰與伊芙分別扮演不同角色。約翰韌性較強，伊芙則較能體察女兒的感受。有天下午伊芙對我說：「他不會受她的哭聲影響，甚至可以躺在她身旁，讓她哭個十五分鐘，他就只是靜靜陪著她。我的話，則會想辦法解決。」伊芙說明，如果是可以解決的問題，她的焦慮就有用，但多數問題都無法解決，這時約翰安然處之的態度就發揮重要作用。伊芙負責打理艾莉克絲的個人衛生，包括每兩天幫她洗一次澡，約翰在家時則負責餵她吃飯。艾莉克絲無法咀嚼固體食物，吞嚥流質食物則容易嗆到。約翰必須為她調製食物，混合高蛋白營養補充品與穀片，有時拌點嬰兒副食品調味，一天餵她五次。約翰和伊芙每天早上五點半起床，幫艾莉克絲準備好上學。把她叫醒換裝大約需要四十分鐘，還得餵她吃東西。校車六點半到，親自開車送她上學會輕鬆些，但兩人希望讓她搭乘校車，感受同學間的互動氣氛。艾莉克絲十八歲時，醫療保險制度的健康維護組織把她轉出原本的小兒醫療系統。我拜訪兩人時，伊芙正要帶她去見新的家庭醫生與精神科醫師等等。幾天後，來了一位輪椅師傅，全家人一同討論艾莉克絲現在的輪椅需要如何調整改裝，才能更適合她。為了訂一張新椅子就花了三個多小時。

伊芙在艾莉克絲還小時有寫日記的習慣，但她從來沒拿出來回顧。她說：「我們記得對她的所有期望，還有那些教她自己翻身、抬頭的復健課程，每個時刻我們都記得。」伊芙想起不久前骨科醫生告訴她，未來艾莉克絲吞嚥會再次出現問題，最終還是得插胃造口管。伊芙說：「我原本以為艾莉克絲已經不會再進步，也不會再退步。看來實在沒有鬆懈的機會。」約翰同意道：「社區的腦性麻痺聯合協會多次邀我擔任董事。有些人不是說『我為工作奉獻』嗎？我是為家庭奉獻。但話說回來，如果父母都能替孩子許個願，我會要求什麼？不是上哈佛，而是活得快快樂樂。艾莉克絲大多時候都很開心，所以，如果我只能有一個願望，我希望她快樂，而這個願望已經實現。」

• • •

重度障礙界少有驚世醜聞，但艾希莉的遭遇可說是震驚了圈內人。艾希莉的姓氏從未公開，一九九七年出生時看似十分健康，三個月後卻變得常常哭鬧，父母一開始以為是腸絞痛，後來才知道是靜止性腦部病變。這種病和腦性麻痺一樣，都是病因不明、狀態穩定的腦部損傷。艾希莉的身體功能因而十分有限，一輩子都無法說話、走路、自行進食，也無法翻身，只能睡覺、醒來、呼吸，以及微笑。

為了保護個人與家庭隱私，艾希莉的父親拒絕與任何媒體面對面接觸，只稱自己為「艾爸」（艾希莉的老爸）。電話中他告訴我，自己和妻子一開始拒絕給艾希莉插胃造口管，因為一想到要動手術就反感。艾爸說：「她沒辦法咀嚼，也一直不能好好用奶瓶。我們一天得花六到八小時幫她補足營養。」最後，兩人終於還是同意動手術插入胃造口管。艾希莉雖然腦部功能受限，卻也並非毫無反應。她的父母在書面聲明中表示：「艾希莉喜歡我們的陪伴、我們的聲音。對她說窩心話時，她總會綻放出大大的微笑。她喜歡浸淫在音樂中、出外散步、在暖天游泳、盪鞦韆等等。」艾希莉的父母改稱她為兩人的「枕頭天使」，因為她總是躺在枕頭上，從不惹麻煩。兩人也提倡以此來稱呼重度多重障礙患者。

艾希莉逐漸長大，照顧工作也越加困難。父母每小時都得幫她變換姿勢、調整支撐背部的枕頭。艾爸對我說：「我們要確認她是否蓋好被，把衣服拉下蓋住肚子，還要幫她擦口水等等。另外還得換尿布、以胃造口管餵食、換衣服、洗澡、刷牙、伸展，還要逗她開心。」艾希莉越長越大，這些工作也越來越繁重。艾爸說：「活動時想要帶著她越來越困難。我想要有能力背她，但全身痠痛。她體型越來越大，體重越來越重，這成了她最大的敵人，我們這才明白，得想辦法解決這個問題。」艾希莉六歲那年，某天她母親（艾媽）與自己的母親聊天，突然想起一位鄰居曾靠施打荷爾蒙預防自己長太高。這種療程在一九五〇年代並不罕見，畢竟當時沒人喜歡身高超過一八〇公分的女性。

艾希莉的小兒科醫師建議艾爸艾媽去西雅圖兒童醫院找內分泌醫生岡瑟。幾週後門診，岡瑟表示注射雌激素確實能使生長板合起，延緩艾希莉的成長速度。艾希莉只要一不舒服就哭，打個噴嚏就能哭上一小時，艾爸想她一定無法適應月經與可能的經痛，便提議摘除子宮。另外，未來她要翻身還有固定在輪椅上時，胸部可能造成不便，所以他也請醫生把女兒的乳蕾（呈杏仁狀，在青春期會膨大成為乳房的微小腺體）一併割除。如此一來，要搬動艾莉克絲就會容易許多，而他堅稱，這有助循環、消化，並改善她的肌肉狀況，減少褥瘡與感染的機率。用她父親的話來說，讓艾希莉永遠保持兒童體型，她的「身體會更符合她的心智發展」。

艾媽與艾爸必須說服院方的醫療道德委員會，讓他們同意這套療程是可行的，艾爸為此還做了簡報投影片。委員會花了大量時間研究討論，主席迪科馬說：「這對父母的要求主要分成兩部分。我們討論是否該核准生長抑制療法，以及是否該動子宮切除手術。第一個問題：這些做法是否可能促進這個小女孩的生活品質？第二個問題：這些做法可能帶來哪些傷害？而這些傷害是否遠勝過可能帶來的益處，因此不應執行手術？委員會努力釐清這樣的手術會對一個小女孩造成哪些負面影響。像艾希莉這樣的小孩，真的在乎自己比常人矮三十公分嗎？最後的結論是，對於艾希莉這種案例來說，長高的益處並不大。」岡瑟說：「到後來，委員會是被艾希莉與其父母之間明顯的情感和愛所感動，才認定這麼做是對的。」

二〇〇四年，西雅圖兒童醫院切除艾希莉的子宮與胸部，那時她六歲半。摘除子宮必須切開腹腔，醫師將闌尾一併割除，以免未來發生闌尾炎時艾希莉無法表達。最後她身高一百三十五公分，體重二十九公斤，永遠不會有月經、乳房永遠不發育，也不會和家族中許多人一樣罹患乳癌。她的父母寫道：「手術成功實現我們所有的期望。」

艾爸建議岡瑟與迪科馬醫師將此事公諸於世，於是該案例在同年十月刊載於《小兒與青少年醫學期刊》，引起軒然大波。賓州大學生物倫理學中心的卡普蘭形容這場手術是「以藥理手段解決社會問題，但問題的根源是美國社會沒能妥善照顧重度障礙兒與其家庭」。他認為若有更好的支援服務，艾希莉的父母根本不必走上極端。女性主義者與身障社運分子則在美國醫療協會總部前聚集抗議，要求協會發表正式的公開譴責。一個部落客寫道：「假如『艾希莉』是個『正常』兒童，而父母要求執行殘廢手術，絕對會被關進牢裡，那正是他們該去的地方。而那些『醫生』則應該被吊銷執照。」另一個部落客也寫道：「與其這樣一次切掉身體的一部分，不如殺死她，豈不更乾脆俐落？」另外，「身心障礙社運女性主義觀點組織」則表示，她們「不意外『艾希莉療法』的第一個對象是個小女孩，畢竟女孩，特別是身心障礙的女童，最容易遭受去性化與殘廢化的對待。」《多倫多星報》則指控這是「設計殘廢」。

388

其他障礙兒的父母也加入抨擊行列，「身心障礙權利教育與防護基金會」的公關部長艾波斯坦本身也是障礙兒父母，她說「枕頭天使」一詞將障礙兒「永久幼童化」。另一人寫道：「我兒子十一歲了，他不會走、不會說話，不會這個，不會那個。他也會越來越難抱動。但我不懂，為什麼要移除健康的組織與器官？」還有一個家長說：「照顧一百五十多公分高、五十公斤的成人障礙者並不容易，這點我很清楚，因為我的椎間盤因此受損。但一想到以手術停止孩子生長，竟是獲准實施的醫療行為，我就覺得反胃。按照他們的邏輯，是不是也可以把她的四肢切除？我說真的，反正她也用不到手跟腳。」生長抑制術引發的種種意見，某方面也呼應了社會大眾對侏儒患者實行骨骼延長術的態度。

一連串的抨擊嚇壞院方行政人員和艾爸艾媽。艾爸說：「那些言論太極端、太暴力。有些人還寄電子郵件威脅我們。」聯邦委任監督機構「華盛頓保護與倡議系統」對此做出裁決：非自願的絕育手術須事前取得法院同意，否則不得進行，故醫院此舉違法。西雅圖兒童醫院根據報告，指派中立第三方人士為代表，為被建議做生長抑制手術的障礙兒辯護。兩派人馬自此辯論不休，許多評論者表示，問題早已超出醫療倫理範圍。到了二〇一〇年末，「西雅圖生長抑制與道德工作小組」不得不妥協，發布新的行為準則：「就道德層面而言，生長抑制法可能是可接受的決定，重度障礙兒的父母為了其他決定而採取的醫療處置，也會有類似的益處及風險，而這些決定，一般人都難以接受。然而，醫療人員及機構不得僅因父母要求，便採取生長抑制手術，而須訂立標準，如適用條件等，且應經過周全的決策過程，並邀請道德顧問或委員一同參與。」

工作小組的某個成員在醫學倫理期刊《哈斯丁中心報告》中抱怨社會對艾希莉療法的抨擊，他寫道：「這種侵犯私人醫療決定的行為完全是無的放矢，僅僅表達出這樣的療法頂多傷害了第三方的感受，使其了解到一己的道德或政治觀點並非普世皆同，除此之外，何傷害之有？按照這些人的標準，若父母想為聽障兒植入人工耳蝸，以手術矯正內翻足與脊椎側彎，或為絕症病童簽下放棄急救同意書，也應注意可能會使他人不快。」但在同期期刊中，另一個投稿人則認為：「如果有此類障礙的病童不應接受生長抑制，則任何兒童都不應該接受，否則就等於歧視。」

過去五十年來，艾希莉這類案例引發的道德爭論不斷增加，且越變越複雜。身分認同問題難解，病人的醫療急需或社會要務也不容忽視。艾爸架設網站，從自己的角度敘述故事，瀏覽人次高達三百萬人。我採訪時，艾爸說他現在一週花十小時左右經營部落格。他說目前對他表達強烈抗議的都是少數人，他和艾媽收到的電子郵件有九十五%都表達支持。「微軟全國廣播公司」曾調查過七千多人，其中高達五十九%的人支持艾希莉動手術。艾希莉的父母寫道：「一千一百多個照顧過枕頭天使的看護與家屬寫信來加油打氣。如果家裡有情況與艾希莉相似的孩子，父母若相信手術能增進孩子的生活品質，就應該極力爭取手術機會。」但鬧出爭議之後，很多醫院已不提供這樣的手術。

岡瑟說：「因為怕濫用而禁止有益的手術，這種主張本身可能就犯了滑坡謬誤。如果有手術可用，卻因為怕濫用而不用，那麼大部分的醫療行為都應該停止。」普林斯頓大學生物倫理學教授辛格在《紐約時報》上說：「對艾希莉的生活而言，最重要的應該是不讓她受苦，讓她盡可能享受人生。再者，她不是因為身為艾希莉而珍貴，而是因為擁有愛她、在乎她的父母與手足而珍貴。接受手術對她與家人來說，都是最好的安排，不該被侈言人類尊嚴的高調所阻礙。」

和艾爸談過後，我確定他深愛艾希莉，也對艾希莉的手術深信不疑。為了這本書，我拜訪過無數家庭，許多人都不曉得該拿日漸長大、難以照顧的孩子怎麼辦。身心障礙運動人士強調，手術剝奪艾希莉的尊嚴，但我親眼看過許多障礙人士得靠裝設鐵鍊的滑輪起重器才能上下床，還得穿上金屬支架維持肌肉張力，並得靠吊掛繩索系統才能洗澡，我並不認為這樣就活得更有尊嚴。亞瑟．卡普蘭等人強調，障礙兒的家庭需要更多社會支持。但艾爸艾媽並非裝不起繩索和滑輪系統，也不是請不起看護，兩人之所以選擇手術，是喜歡親自抱著孩子的親密感。多數人，無論是小孩還是大人，無論是有身心障礙還是健康，都喜歡身體接觸勝過機器輔助。值不值得為這樣的親密感動手術，可以討論，但若無視親密需求，認為提供更多輔助器具就能解決問題，就畫錯重點了。

有些運動人士說，這手術並不是為了艾希莉好，而是為了減輕她父母的壓力。但這兩件事原本就是一體兩面。艾爸艾媽生活若能輕鬆一點，就能從容不迫地給她更多正面關懷，她也就能過得更好。她的痛苦一減輕，父母的生活品質也能改善。兩者就像太極陰陽。比接受手術更重要的，是艾爸與艾媽從未離開艾希莉，也無意這麼做。艾希莉喜歡坐車兜風，聆聽各種聲音，也喜歡有人抱她起來、擁她入懷，而這項手術能讓她盡情享受這些樂趣，無需住進照護之家。父母的照護往往最無微不至，或許她也能因此多活幾年。

「會改變的愛不是愛」，此話不然，愛隨時在改變，像流體一樣，源源不絕，也隨著生命不停變化。我們還未認識自己的孩子，就已愛上孩子；而了解孩子後，愛的方式也隨之改變。社運人士為艾希莉失去的東西而憤怒，她長不高，性徵不會成熟。長高、發育，這些都是自然的生命歷程，但並不會因為是多數人的經歷就擁有無上價值。這只是一場精密的得失計算，權衡「長大、發育」與「生長抑制、摘除子宮」之間的輕重。從來沒人說明顯有認知能力的人也適合接受艾希莉這種手術。

在安妮．麥唐諾的案例中，前述的輕重權衡則變得複雜得多。安妮也是枕頭天使，一輩子 391
無法走路、說話、自行進食，也無法照顧自己。她在一九六〇年代住在澳洲的醫院，因為營養不良，體型一直很嬌小。安妮在《西雅圖郵訊報》專欄中寫道：「我和艾希莉一樣，生長也遭到抑制。全世界大概只有我能說：『試過了，不喜歡，寧可長大。』後來有人教我如何溝通，生活從此不一樣。我十六歲時，有人教我用手指著字母板上的字母拼字。兩年後，我靠著拼字與律師溝通，爭取到人身保護令，才得以離開待了十四年的醫院。」安妮最後進入大學，取得科學哲學與藝術的學位，還到世界各地旅行。安妮說：「艾希莉注定成為長不大的彼得潘，但她還有機會學習與人溝通。讓她永遠躺在枕頭上非常不道德，應該積極讓她為自己發聲。」

從安妮的故事與文章可知，我們很難了解無法表達意見的人在想些什麼。然而，安妮之所以成長受阻，是因為父母遺棄、收留機構失職，而艾希莉則有愛她的父母相陪、悉心照料。安妮原先沒有機會發展智能，艾希莉則備受鼓勵。安妮寫道：「希望她不知道她身上發生了什麼事，但我想她恐怕是知道的。」艾爸的確不該斷定艾希莉的心智毫無發展空間，即便是大腦最基礎的部分也有可塑性，也就是說，隨著時間過去，多數人都能發展。一位小兒科醫師抗議：「沒人能斷定三歲小孩未來在『精細』的溝通能力上會有何進展，孩子的發展深受父母的撫養與照顧方式影響。很多人即使當了三年的父母親，仍然充滿疑惑與挫折，不知道未來該如何面對。」對於艾希莉的故事，德雷格以一則感人的親身故事回應：她母親在祖父晚年仍每天細心為他擦拭眼鏡——「搞不好他還看得見」。

自主能力較高的障礙人士必然是為能力較低者發聲，他們的意見非常珍貴，畢竟與一般人相比，他們的遭遇與自主能力較低的障礙人士較為相近。像安妮這樣自主能力由低轉高的人，則更有資格說話。然而，推己及人很多時候也可能是一廂情願的自我投射。安妮看起來只是在重述自己的故事，而不是真正在回應艾希莉的例子。無論是艾爸艾媽，還是宣稱代她發言的聲援團體，都無法真正了解艾希莉的心意。身心障礙權益推動團體不滿社會拒絕提供配套措施，但艾爸卻也有相同的感受：一群手握權力的人非常專制地否決他與孩子的特殊需求。

艾爸寫道：「所有障礙人士都被迫吞下集體的理想與意識型態，無論個體是否得到裨益。在強調兒童福祉與個人權益的現今社會，這種做法令人無法苟同。艾希莉過得好不好，我們每天感同身受。我們設法以此幫助其他情況類似的孩子。很多批評者本身也是障礙人士，他們套用自己的經驗，認為手術不適合他們。艾希莉與那些有能力寫部落格、寄電子郵件、為自己做決定的人顯然完全不同。將艾希莉和這些人隔開的，是道巨大的鴻溝，而不是某些人所害怕或聲稱的滑坡謬論。牛頓定律適用於多數情況，但並不適用於極端案例。愛因斯坦便指出，牛頓定律無法解釋高速環境，相對論則能善加解釋。同理，身心障礙族群的意識型態有其道理，我們也予以支持，但在這個極端案例中，它錯得一場糊塗。」

人類對大腦的了解既深入又淺薄。關於大腦的可塑性、神經元新生，我們所知仍太少。面對沉默的個體，我們也只能不斷猜測。無論做多做少，都曾犯錯。昆庫生下來就有腦性麻痺，現在已成為身心障礙議題的顧問與講者。他曾說，障礙治療雖然立意良好，卻也可能導致嚴重的負面效果。他提到自己早年所接受的物理治療近乎強暴，「在我三歲到十二歲那段期間，一週三次，會有比我年長、有力、有權勢的女人把我帶去她們的房間、她們的空間、她們的場子，脫掉我部分的衣服，入侵我的個人空間。她們會抓我、碰摸我，操控我的身體，讓我疼痛不堪。我不知道自己除了配合，還有什麼選擇。這件事雖然與性無關，但對我來說，就是一種性侵害。過程中的權力與操控成了凌虐。治療師的初衷當然與強暴犯不同，但是照護歸照護，方法不見得都適宜。許多專業照護人士都以為，既然自己是在提供照顧服務，做什麼都是對的，質疑他們的行為適不適當，就是在質疑他們關愛別人的心。」

昆庫強調，並非所有出於愛的行為都是好的。即使無關身心障礙，我們在家裡都是這種行為的受害者與加害者。而水平的身分認同族群，則可能受到更多、更大的傷害，原因就在於立意即使良善，認識往往不足。如果我不是同志，而跟我父母一樣是異性戀者，父母就不會這樣傷害我，但兩人並非故意，只是不夠了解身為同志的感受。然而，追根究柢，兩人立意還是良好，這點對我成年的身分認同極為重要。我不確定艾爸究竟是幫了女兒還是害了女兒，但我相信他的本意良善。所有父母一路走來都是跌跌撞撞、不斷犯錯，良好的立意無法消弭過錯，但多少能減輕錯誤的程度，在這一點上，我的想法與昆庫不同。被你所愛的人傷害並不好受，但若知道他們只是想幫忙，感覺就會好一些。

393

・・・

「種族屠殺」一詞在提倡身分認同的社運圈很常出現，聾人認為，現今這麼多聽障孩子接受人工耳蝸植入手術，等同於種族屠殺。唐氏症者與其家人認為，選擇性墮胎是種族屠殺。但很少人提倡殺害聾人與唐氏症族群，或是任其自生自滅。雖然有些父母殺害自閉兒，一般大眾仍認為這種行徑駭人聽聞，而且是錯誤的。但若說到重度障礙族群，能接受以死作為解決方案的人則多上許多，部分原因是重度障礙兒通常得靠極端的醫療介入才能生存。重度障礙兒是現代的產物，讓他們就此死去的想法則可視為一種「順其自然」。

辛格在《重思生與死》一書中，引述了澳籍小兒科醫師尚恩的話。尚恩提到自己照顧過兩名兒童，其中一人腦部嚴重出血，導致大腦皮質全毀，身體只剩自律神經的功能。鄰床兒童的身體大致健康，但心臟功能受損，若不接受心臟移植，就無法存活。前者血型正好與後者相符，能提供後者所需的心臟，救他一命，但若要這麼做，就得在前者推定死亡前摘除器官，這當然不可能，最後兩個孩子在幾週內相繼去世。尚恩說：「大腦皮質一旦壞死，人就死了，我認為從死者身體摘下移植器官應該合法。」辛格則不同意，他認為皮質壞死不等於人死，不過他也覺得這兩個孩子白白去世是場不幸。身心障礙倡權者主張，犧牲重度身心障礙兒的性命來挽救非身心障礙兒，就跟犧牲一名健康兒童來挽救另一名健康兒童一樣不可思議。與活人相比，死人的權利顯然較少，而尚恩就認為上述案例中，第一名孩子已經不再享有活人的種種權利。從科學的角度而言，尚恩說的或許沒錯，但說一個能呼吸、打鼾、打呵欠，甚至露出疑似輕鬆微笑的人已死，聽起來還是不太對勁。

辛格堅稱問題的核心是「何謂人格」。他認為並非只有人類才稱得上人，具高度覺知的有情動物也算是人。同樣的，並非所有人類都是人。他在《實踐倫理學》中寫道：「就道德而言，殺害身心障礙嬰兒的意義與殺害一個人並不相同。很多時候這種殺害行為絲毫無錯。」他在別處又寫道：「舉例來說，若比較重度障礙人士與狗、豬等非人類動物，後者往往具備更多能力，諸如理性、自我意識、溝通等能力與潛力，以及其他可說是具有重要道德意義的能力。」辛格的主張其實是「我思，故我在」的反面，也就是凡不會思考的，即不存在。

幾乎所有人都同意，若是父母不願意，我們不能奪走他們孩子的性命。但如果父母不願意留下孩子，是否該讓孩子繼續存活？這個問題就難多了。一九九一年，懷胎五個月的卡拉·米勒出現陣痛，緊急前往休士頓的醫院。醫生說她是「嚴重流產」，並問她與先生是要順其自然，還是要試試仍在試驗階段的最新手術，術後孩子有希望存活，但腦部會嚴重受損。兩人禱告之後，決定不冒險一試。院方接著又告訴這對夫婦，醫院的政策是要救活所有出生體重在五百公克以上的新生兒，如果兩人無意救活孩子，就得立即離開醫院。由於卡拉當時正嚴重出血、性命垂危，所以兩人選擇留在醫院。很多州允許卡拉在這個懷孕階段墮胎，但孩子一旦出生，她便不得拒絕院方對孩子施救。最後嬰兒出生了，重達六百三十克，醫護人員在新生兒喉部插入管子，輸送氧氣到她發育不全的肺部。她眼睛看不見，而且至今無法走路或說話。

米勒夫婦細心照顧她，但也同時以「錯誤生命」的罪名控訴醫院違反自己的意願，因此應

394

賠款補助孩子終身的治療費用。法院裁定院方須支付米勒夫婦四千三百萬美元的損害賠償費，但判決在上訴時被推翻。官方政策保全了孩子的性命，官方政策也說這對夫妻這輩子得自行負責孩子的需求。

米勒案引起廣大抗議，更有十七個身心障礙組織聯手向法院提交法庭之友意見書，內文寫道：「多數成年障礙人士，包括天生就有障礙的人士，都選擇活下來，過著有品質的生活。多數身心障礙兒的父母也珍視孩子，相信孩子能活得有品質。」重視障礙族群的《接納每日快報》寫道：「許多身心障礙權利運動人士認為，米勒夫婦的訴訟案鼓勵殺嬰，特別是身心障礙兒。」身心障礙運動圈子以外的人，意見則較不一致。范德堡大學的小兒科醫師克雷敦表示：「我認為違背父母意願是十分不適當的，尤其他們面對的是這樣的孩子。」波士頓大學的衛生法與生物倫理專家安納斯則說：「對這樣的孩子來說，什麼才是最好的，其實根本沒人知道，也不應硬定公式。」

就法律層面而言，一九七八年紐約曾有一判例，法官寫道：「究竟是生而殘廢好，還是一開始就別出生好，如此大哉問，恐怕只有哲學家與神學家能回答。法律顯然無法解決這個問題，尤其法律與人類社會皆認為生命幾乎全具崇高價值，不存在的生命則否。任何相關說法的牽涉層面都極其深廣。」

• • •

歌劇是挖掘悲劇之美的藝術。對茱莉亞．霍蘭德來說，歌劇倒是讓她準備好面對人生。她在英國國家歌劇院擔任總監，早在二女兒伊莫珍出生前，就想深入思考疾病的意義，更在德蕾莎修女於加爾各達設立的「垂死之家」當過志工。她懷伊莫珍時一切順利，但在二〇〇二年六月十九日懷孕第三十八週時突然半夜急產，疼痛異常劇烈。茱莉亞回憶道：「我以前難產過，但跟這次比起來，上次那二十四小時根本是小事一樁。」她打給助產士，對方建議她去牛津的急診室。醫院的行政人員說她已在別家接生中心登記，他們無法收她。爭執到一半，茱莉亞羊水破了，行政人員建議她立即前往接生中心。茱莉亞的另一半，也就是孩子的父親傑．亞登，開了四十分鐘的車送她到接生中心，接生中心再打電話請助產士幫忙。此時寶寶的心跳率只有正常的一半，助產士要兩人立刻前往鄰近醫院。茱莉亞這時已在痛苦哀號，得知孩子情況危急後，儘管產道口只開了三公分，仍使勁想把寶寶生出來。一到醫院之後，幾分鐘內孩子就出來了。兩週前，茱莉亞胎盤曾經出血，但因伊莫珍當時已頭位朝下，堵住了血，血液因此沒有排出茱莉亞的體外。

留在子宮內的血形同毒藥。每一百個孕婦中就有一個會孕期出血，通常孩子不會有事。但伊莫珍似乎時有癲癇發作，於是茱莉亞和傑帶她去原先拒絕收留他們的牛津醫院，醫生則安排伊莫珍住進新生兒特殊照護病房，差一點就要進加護病房。事後茱莉亞寫道：「在地獄邊緣的靈薄獄裡，這些寶寶已死，現在則在陰陽兩界之間徘徊。他們已經出生，但尚未擁有生命。」到了週末，伊莫珍眼睛張開了，十天後，她跟著父母回家。

小小伊莫珍的嘴巴老叼不到茱莉亞的乳房，而且無時無刻不在哭喊。茱莉亞說：「她哭得沒道理。我另一個女兒也哭，但我一靠近就會停下來。她通常是為了找我才哭。但伊莫珍並不是因為需要我而哭，我不管做什麼都安撫不了她，讓人十分厭煩。」伊莫珍越來越難照顧，她似乎睡得很少，而醒時幾乎總在哭喊。如果傑使勁甚至狂暴地搖晃她，能讓她暫時安靜下來，但幾週後，他必須回去上班。茱莉亞回憶道，伊莫珍六週大時，「我曾經把她摔到床上大喊：『我恨妳！我恨妳！』現在回想，當時上天似乎是要我放棄這孩子。」醫生語帶機鋒，又有幾分保留，依舊表示伊莫珍應該不會有事。茱莉亞和傑試了按摩療法，請教哺乳專家，做了腸絞痛治療，還做了哭鬧和餵奶紀錄。伊莫珍偶爾會靜下來或乖乖睡著，但從來沒表現出開心的樣子。之後她開始一餵奶就吐。茱莉亞在網路上看到兩個讓她晴天霹靂統計數字：重度障礙兒的父母，十個有八個「瀕臨崩潰」，而英國這類家庭的父母，有十六%把孩子送去機構照護。

國民保健署派員探訪茱莉亞後稱她為聖人。茱莉亞說：「她當然要設法讓我和寶寶建立感情，畢竟保健署不想照顧這些孩子，能免則免。伊莫珍哭鬧不停，我的確有資格被封為聖人。」茱莉亞除了偉大，也很憤怒。她寫道：「有天深夜，沒月光也沒燭光，小伊嚎個不停，我在黑暗中來回搖著她的小小身體，漸漸地，我覺得自己越搖幅度越大。要是抓她的頭去撞牆，大概就是這種感覺吧。其實也很簡單，我只要搖得再用力一點，她頭骨那麼軟，就會像水煮蛋殼一樣裂開。我沒跟別人提過這種幻想，但我深受其擾，我在真的幻想弄死自己的孩子時，心情竟然那麼自在。」伊莫珍遲遲不笑，可見腦部的確受損了，茱莉亞和傑一直想阻卻的絕望終如暴風般直撲而來。

幾週後，因為政府有喘息照護補助，茱莉亞得以在週末休息，把伊莫珍留給看護人員。她一直期待這樣的自由，但後來發現，把女兒留給「比自己更知道如何愛她」的人，簡直是一種侮辱。雖然沒有診斷出病名，但小兒科醫生還是開了一堆藥給伊莫珍，並且提醒將來會有「大麻煩」，但這些話並不足以為未來指明方向。傑開始退縮。茱莉亞解釋說：「我氣他不愛自己的孩子。這只會讓我想到我被困住了，再不可能也得付出這種得不到回報的愛。」這樣充滿矛盾的感情，吞沒了所有她本來能給傑的愛，於是他威脅要離開。茱莉亞寫道：「我們逐漸發現，原來傷痛能讓人變得如此自私。」

傑提議悶死伊莫珍，讓她解脫，也讓兩人解脫，反正看起來跟猝死差不多。茱莉亞一聽嚇壞了，但她的確也希望伊莫珍死掉。她說：「我無法跟她一起生活，但沒了她，我也無法活下去。對她來說，到底怎麼做最好？她有權利活下來嗎？『權利』聽起來好沉重，不是嗎？我覺得我們一點也不了解孩子與生命到底是什麼。」後來茱莉亞決定悶死孩子，但這次換傑勸退她，說她一旦坐牢，大女兒伊蓮娜這輩子就毀了。當時伊蓮娜才兩歲，已變得越來越孤僻，也越來越不開心。茱莉亞試著調整心態，做好準備。她寫道：「為一個還在世的人哀悼，感覺很詭異。妳知道自己不該這麼做。」當時兩人也討論過向保健署提出控訴。茱莉亞與傑有機會爭取到三百萬英鎊的費用，用來照顧伊莫珍，直到她二十歲為止。但兩人得先證明牛津醫院的人把他們送到接生中心是醫療疏失。院方的確有疏失。但除此之外，還要證明當初茱莉亞如果能順利入院，伊莫珍的大腦就不會出這麼大的問題。相關評估工作得費時六年，茱莉亞很怕長期抗爭，也怕最後沒有經濟來源，卻得為一個腦損的孩子負起全責。

伊莫珍將近五個月大時，眼睛突然開始眨個不停，父母帶她去看小兒神經科，醫生為她檢查後，小心翼翼地說：「她這輩子可能沒辦法走路或說話。」茱莉亞心想，如果新生兒特殊照護病房是地獄邊緣，現在就是地獄了。進一步的檢查要數日才能完成，醫護人員以為茱莉亞會和其他母親一樣，留在醫院過夜。這家醫院就是當初不讓茱莉亞入院生產的那家。茱莉亞說：「第一天晚上，我的態度極度惡劣。我說：『我不會留下來。』這個偉大的地方對不起我，我還說了：『去你的！』我走過其他父母身邊，不和任何人對上眼，我不要再當聖人了。我上車，回家。」茱莉亞一直希望能讓伊莫珍死去，還向醫院申請「放棄急救」聲明。那個週末，茱莉亞從醫院載伊莫珍去受洗，受洗只讓她更確定自己希望伊莫珍走。對她來說，醫生對生命的執著簡直是種折磨。

到了週二，神經科醫師讓茱莉亞與傑看了伊莫珍的斷層掃描結果。他抬頭道：「你們看，原本橢圓形的灰色部分正在萎縮，逐漸變黑。」茱莉亞寫道：「他手指向眼睛的位置，那裡一片漆黑，外圍看起來像餐墊的蕾絲花邊。醫生解釋，黑色部分是大腦皮質原來的位置，蕾絲花邊則是伊莫珍的皮質殘骸。」醫生說：「嚴格來說，她沒有智能。」

茱莉亞告訴醫生，她需要時間來接受這一切，醫生也同意讓伊莫珍留在醫院一週。茱莉亞一心想著，孩子永遠無法認得她，可能只知道餓，也許還有一點軟硬的觸覺，此外無他。接下來到底該怎麼辦，全看茱莉亞的決定。她和傑沒有結婚，雖然出生證明上「父親」一欄填的是他的名字，但過時的英國法律並未賦予他任何權利（之後便修改了）。傑一直問醫生，伊莫珍有沒有可能和閉鎖症男孩克里斯多夫．諾蘭一樣。克里斯多夫出生時缺氧，他母親執意自行教育他，後來新藥出現，他因此能使用一小部分肌肉，打字作出美妙的詩。茱莉亞說：「當醫生說『她不可能像他一樣』時，我竟然多少鬆了一口氣。在這之後，傑斬釘截鐵地表明他不會照顧她，不是伊莫珍走，就是他走。我當時想，真正需要我的是伊莫珍。我要看到證據，否則我不相信她不需要我，而她對我的需要，也是我自尊的來源。」後來茱莉亞寫道：「那不是我以往想像的那種得不到回報的愛。實情是，我的愛只存在於真空內。」

伊莫珍回家前兩天，茱莉亞不再天天去醫院報到，既然伊莫珍永遠也不可能知道她有沒有去探視，她就算出現了，看起來也只像在做樣子。茱莉亞蜷曲在漆黑的房間裡，躺在床上。保健署的人來探訪，這位探視者曾收養過一名腦性麻痺兒。茱莉亞說：「她很有智慧，講話很有哲理。當時我問她：『如果已經下定決心放棄孩子，什麼時候是最佳時機？』她這麼回答：『不管什麼時候，那都將是妳所做過最可怕的事。』這個回答很有幫助，因為根本沒有最佳時機。」

保健署探訪員一走，茱莉亞立即打給律師，想知道如果把伊莫珍留給體制照顧，她會不會失去伊蓮娜。對方向她保證不會。她請教該如何對醫院說，並寫下說詞。到了伊莫珍該回家的那天，茱莉亞沒去醫院，她和傑坐在電話旁等著電話響。護士打來說伊莫珍狀況很好，並問茱莉亞什麼時候去接她。茱莉亞說：「我不會去了。」護士很震驚，沉默了半晌，接著請茱莉亞和傑隔天到醫院會面。到了醫院，茱莉亞照著律師的話回答：「我不適合當這個孩子的母親。」主治醫師沒有質疑她的決定。茱莉亞說：「那場會議很平和。」醫生問兩人是否想過傷害她，語氣暗示了兩人該如何回答。傑說：「我不能說沒有。」醫生接著說：「那就把重擔交給我們吧。」臨走前，兩人去看伊莫珍最後一眼，茱莉亞抱著她，向社工說：「你知道，我確實是愛她的。」離開醫院時，茱莉亞想回頭，但傑堅持離開，他說：「我跟她，妳選一個。」車子駛離醫院，茱莉亞靜靜掉淚。到家後，兩人把衣服、搖鈴、奶瓶、哺乳護罩、嬰兒床、奶

399

瓶消毒鍋、嬰兒椅統統丟掉。

幾天後，寄養母親妲妮雅．畢兒到醫院接伊莫珍。妲妮雅是信心堅定的基督徒，獨自撫養一名身心障礙兒。妲妮雅日後為《衛報》撰文寫下自己的故事：「我走進伊莫珍的房間，看到她躺在嬰兒床上，我感覺到房內有股困惑、失落與混亂的氣氛。我和她的父母彼此打量。究竟是什麼人忍心丟下這個漂亮而破碎的小人兒？伊莫珍有種不一樣的氣質，她很堅定。她不會被人忽視。我有一條背巾，之後就成了小伊的棲身之處。她躺在我心上，吸著我的手指。在這之後的數月，我只要醒著，走到哪兒都帶著她。」初次見面的第一天，傑與茱莉亞把嬰兒推車和汽車安全座椅交給妲妮雅，茱莉亞對妲妮雅印象深刻，覺得她既堅強又可敬。茱莉亞說：「我覺得她並不把我看成可悲又失敗的母親，為此我很感謝。」根據英國的社福制度，自小就被送去照護之家的孩童應安排收養，官方說法是，孩子有人收養，情況較穩定。然而，養父母和寄養父母不同，養父母不會獲得補助，所以國家設計這樣的制度，動機並不單純。對茱莉亞來說，另一個人有能力愛她的孩子，是解脫也是侮辱。收養一旦成定局，就無法回頭，茱莉亞與孩子的親子關係與權利也就正式終止，對此她感到害怕，希望能維持母女關係。

幾年後，茱莉亞告訴我：「我想，妲妮雅現在也覺得，我們對伊莫珍的感情對伊莫珍也有好處。而我，我現在也變了，我樂見由妲妮雅來當養母。」但妲妮雅不想收養伊莫珍了。茱莉亞說：「時機已經過了。」她本來希望能和妲妮雅做朋友，但並不成功。伊莫珍來訪時，傑總愛搔她癢，直到她笑出來，他還會把她抱上鋼琴椅，彈鋼琴給她聽。茱莉亞寫道：「小伊聽到音樂便停止哭叫，抬起她重重的頭，彷彿專注於欣賞音樂。看她睜大眼睛，嘴巴微開，似乎表現出對音樂的敬畏。」她開始為身心障礙兒籌畫募款活動，並積極參與伊莫珍生病時所待的收容所。她把自身經驗寫成書出版。這家人無法與伊莫珍同住，卻也無法不以她為重。

妲妮雅寫道：「我知道我看到小伊的家人所不曾認識的小伊。有一天，她笑了，雖然只有一下，但她真的笑了。我發現她對口哨聲有反應，聽到會笑。小伊第一次過生日時，坐在她的椅子上踢著鈴鐺。她聽到鈴鐺聲就笑，還張大嘴巴要吃搗碎的巧克力蛋糕。她慢慢會體會到，活著，很值得。」茱莉亞說，那樣的微笑只是肌肉的反射動作，醫生也這樣說。她所認識的那個孩子，與妲妮雅描述的實在太不一樣，簡直是兩個不同的人。我第一次與茱莉亞見面時，伊莫珍還能咀嚼食物，茱莉亞稱之為她的「技能」。一年後，她失去這項技能，只能靠胃造口管進食。伊莫珍現在得服用貝可芬，許多患有陣發性疾病的兒童都靠這種藥物舒緩肌肉。除此之外，她還服用三種抗驚厥劑、兩種消化系統的藥物，以及助眠的鎮靜劑。她睡在睡眠架上，板子的形狀能順應她的手腳，睡覺時要綁上綁帶，避免四肢失控扭曲。她一週接受三次物理治療，在這樣的安排下，伊莫珍能有二十年的壽命。

茱莉亞說：「這一次次嚴重的癲癇發作原本會讓她沒命。大自然要用這種方式摧毀她，但不成，有種藥能抑制痙攣發作。希望自己的孩子死去，這很痛苦。某方面來說，我氣的是他們發明了這些孩子。在我出生的年代，這樣的孩子根本不能存活。由於現在的醫療介入越來越進步，也越來越霸道，因此出現了越來越多的伊莫珍。」而另一方面，妲妮雅則寫道：「伊莫珍一直有重度障礙，但她認得她的家人，生的養的都認得，就連祖父母來探訪她，她都會很興奮。」妲妮雅的氣質平靜篤定，相較之下，茱莉亞則大起大落，經常不知所措。伊蓮娜曾問：「媽咪，如果我大腦也壞掉的話，可不可以也去跟妲妮雅一起住？」茱莉亞應妲妮雅的要求，撤銷伊莫珍的放棄急救聲明。除非妲妮雅收養伊莫珍，否則這些決定權仍在茱莉亞手上。茱莉亞表示：「不過我不會擅自作主，那樣太殘忍了。」

茱莉亞把自身經驗寫下，先是發表在報紙上，之後出版成書。她在文中懇求贖罪，大眾的反應則正反不一。有些人稱讚她勇敢，有些人說她只愛自己。在最後一次訪問那一天，她告訴我：「昨天我推伊莫珍上街，推輪椅走過六個路口真是噩夢。人行道上停滿大車，我只能在兩輛車之間找夠大的縫隙穿過，然後再走上大馬路，車子在身邊呼嘯而過。能走過六個路口，夠稱為烈士了。每次帶著伊莫珍，就是我體驗障礙兒之母的時候，行人會微笑讓路給妳，那種

『真可憐，還好我不是妳』的微笑。我都能想像每天回家時又當了一回聖人，但同時我又是世界上最憤怒的人。」

• • •

根據辛格的定義，伊莫珍、艾希莉等都稱不上「人」。但依我的採訪經驗，所有同住且照顧過這些孩子的父母所描述的孩子，都展現人的許多特質。任何個案，我們都不可能確知這些人格特質有幾分是真的在那裡，又有幾分是想像或投射出來的。辛格並不是要這些相信孩子有人格特質的父母不把孩子當人看，倒是開啟了一個道德框架，讓人們認為這些孩子是可以割捨的。我想，這不至於像身心障礙人權運動團體所說的那樣，讓許許多多的障礙人士遭遇納粹式的種族屠殺，但我也覺得，辛格的論點恐怕沒有他所以為那樣理性。他錯就錯在假定自己和科學都是全知的。

澳籍障礙社運人士博威克就撰文指出，倫理學家在思考這個問題時，「重點在於如果真有一群非人的『人類』，要怎麼界定這一群人的身分」？博威克說，當一個人無法說服醫生自己意識清醒時，我們便接受他是植物人。換句話說，重點不在於有沒有意識，而是如何清楚展現意識。博威克認為意識多半難以捉摸，並引用《神經學檔案》上的一篇文章，文中寫道，在八十四個「植物人」中，有將近三分之二的人在三年內「恢復意識」。他寫道：「我們一定要問，既然有這樣的證據，為什麼當資料顯然有其他同樣說得通的解讀時，這些理智、懂倫理、有道德的作者，卻彷彿自己從中得出的結論永恆不變、千真萬確。」博威克堅稱，就算真有非人的人類，我們也無法確切認出。說到這裡，很難不想到安妮與克里斯多夫。許多專家認為此二人不具人格，但兩人最後都展現出人格的光輝。我們總說除非罪證確鑿，否則一個人不該被判死刑。同理，這些看似清楚的案例，也值得我們再好好想想。

402

在思考辛格與博威克的話時，我想到唐氏兒亞當．德里—波菲的母親蘇珊．安斯坦，以及她堅定的猶太信仰：上帝並不存在人的身上，而是在人與人之間。我也想到聾人文化的研究發現，兩個人只要需要溝通，就會很自然地開始用起手語，但如果一個孩子長期孤立，就無人喚醒這樣的能力。我也想起傑．紐伯倫，他弟弟的思覺失調症被定位為體內化學物質的問題，和個人無關，和靈魂也無關，這件事令他無比憤怒。辛格的理論，背後的科學觀太自以為是，但要我們一律平等看待所有人的生命，又太濫情，兩者我都不喜歡。當然，我們得找出一套實際的解決辦法，但若相信有一清二楚的標準答案，未免太過天真。我們賦予彼此人格，並賦予或否認身心障礙兒的人格。與其說人格是被發現存在，不如說是經人引介而生。精神分析師羅賓斯說：「意識不是名詞，而是動詞。如果把意識當成一成不變的物品來理解，只會釀成災難。」妲妮雅在伊莫珍身上看見某種基本的東西，某些我們或許會視為上帝恩典的特質，但茱莉亞卻沒看到。然而宣稱任一方是在做夢，都是傲慢不公的表現。

・・・

蟻后的女兒會照顧母親與手足，某些鳥類會協助父母照顧弟妹。但總體來說，人類之外的生物，在養育的行為中很少有互惠關係。人類養育後代並非短期的單向關係，而是持續一生的雙向關係。即便父母尚未老年失能，尚無需由成年子女撫養，雙方能否展現互惠，也會影響父母的社會地位與自我肯定。父母究竟能否得到這種回報，通常可從孩子幼年給予的回饋窺知一二，例如孩子滿懷崇拜的凝視、依賴所隱含的情感，還有牙牙學語的孩童口齒不清表達出的愛意。但對於重度多重障礙兒的父母來說，這類幼年時期的互惠並不常出現，而最終的互惠更不可能發生。

然而照顧兒童的快樂不僅僅來自互惠。法國作家蕾克蕾曾談過「我們對孩子的深切熱愛」，女性主義心理學家瑪妮夫也說過，母親回應孩子需求的能力「不僅促進她對孩子的認同，也為自己帶來快樂、成就感，更是一種自我展現。」精神分析學家很久以前便提出，在某種形式上，母親照顧幼兒就是在照顧自己。佛洛伊德對此的描述是：「父母對孩子的愛十分感人，但追根究柢又是如此幼稚。說穿了，不過是父母自戀的重現。」

為了撰寫此章，我採訪了許多父母，他們幾乎都因為這種共同利益而變得更堅強，但也不是所有人都能做到。有些身心障礙權利運動人士、反墮胎人士、宗教基本教義派認為，那些不願意撫養障礙兒的父母一開始就不該懷孕。但現實是，準父母總是非常樂觀，即便有人冷靜設想過最壞的狀況，也無法在事情發生前充分預測自己的反應。

人與人的關係總是有矛盾之處，親子關係亦然。安娜．佛洛伊德堅信，母親永遠無法滿足小寶寶的需求，因為這需求是無止境的，但總有一天，雙方都能脫離對彼此的依賴。然而，重度多重障礙兒的需求遠遠超出一般小寶寶，他們永遠需要幫助。英籍精神分析師帕克在《撕裂》一書中寫道，在開放的現代社會中，母親的矛盾有多重，可是挖不得的祕密。多數母親偶爾都想擺脫孩子，而她們大多將這種想法與謀殺畫上等號。帕克則認為養育是兩種衝動的結合：緊抓不放的衝動，與放手的衝動。若想當稱職的母親，除了愛孩子、教養孩子之外，更要給孩子空間、懂得放手。根據帕克的說法，「過度干預是海妖，疏於關心是漩渦」，教養孩子得在兩者間闖出一條航道。她說，一味追求親子和諧，是過於感情用事，「這可能會留下陰影，讓人不斷懊悔為何兩人永遠無法達到合而為一的喜樂境界」。完美永遠在地平線彼端，我們越是追求，越顯得完美遙不可及。

母親對正常孩子的那一份黑暗矛盾，對於孩子獨立自主非常重要。但對於永遠無法獨立的重度障礙兒來說，父母的負面情緒沒有任何好處，這些孩子需要的，是世間難有、純潔無瑕的愛。然而要求重度障礙兒的父母降低負面情緒，要求他們比健康孩子的父母更樂觀，實為荒謬。根據我的經驗，這些父母會同時感受到愛與絕望。人無法選擇不要矛盾情緒，只能選擇如

404

何面對矛盾情緒。矛盾情緒有兩面，多數父母選擇這一面，而茱莉亞則選擇另一面，但我並不認為各個家庭所面對的左右為難有太多不同。受時代思潮陶冶的我，要讚美那些選擇留下孩子的父母，及其偉大的犧牲奉獻。但我同時也尊敬茱莉亞誠實面對自己，也讓其他家庭所做的一切看起來都像是出於選擇。

II

第二章　神童

PRODIGIES

說來或許很難相信，但天賦異秉與生而殘障竟十分類似：孤立、神祕、嚇人。藉由研究，[405]我發現了一些模式，其中最驚人的是，很多人原先排拒顯然的異常，最後卻懂得重視。同樣，很多人原先渴望顯然的優異特質，最後卻發現這些特質常讓人退避三舍。許多準父母害怕生出身心障礙的孩子，卻渴望孩子是資優生。這些孩子可能為世界創造美好，有可能因成就非凡而極感快樂，也可能把父母的人生推向奇妙的新格局。聰明人的孩子往往也聰明，但絕頂聰明卻是一種異常，一如本書中那些迥異於父母的水平身分認同。雖然心理學與神經學在上個世紀已有重大突破，但我們對於天才與神童的理解，還是跟自閉症一樣淺薄。天才兒童與身心障礙兒的父母都一樣得照顧孩子，但永遠無法理解孩子。

天才兒童在十二歲前，就在某個領域展現與成人無異的優異能力。只要是從小展現驚人天賦的孩子，我都廣泛以神童一詞稱之，即使其中有些孩子並非典型的神童，其天賦能力是不太為人所知地逐步養成。「神童」（prodigy）一詞源自拉丁文「prodigium」，指違反自然常規的奇人異物。這些人實在過於異常，差異之大，不亞於天生殘疾。但人類對異於常態的焦慮，不僅來自詞源。幾乎沒人想被當成神童，更何況神童往往讓人聯想到小時了了、怪咖等負面字詞。許多神童自己都認為身為神童既可悲又古怪，一輩子無緣融入社會，事業也難成功，即使表演出色，也只被當成娛樂，而非藝術。

神童一詞通常反映了時機，而天才則反映一般人所沒有的能力。許多天才都很晚熟，而神 406
童長大也未必是奇才。法國詩人拉迪蓋說：「世上有神童，正如世上有出眾的成人，但兩者鮮少相同。」不過在本書裡，我所接觸到個案大多從神童一路長成具備超凡能力的天才，因此我並未嚴格區分這兩個名詞。本章重點在探討一個人無論處於哪個階段，一旦展現異於常人的能力，會對家庭的互動關係帶來什麼樣的改變。這就跟思覺失調與身心障礙一樣，無論出現在人生哪個階段，都有影響。不過自幼聰穎過人與最終達成非凡成就，確實為兩種非常不同的身分認同。

養育天才兒童就如同撫養身心障礙兒，父母得配合孩子的特殊需求調整生活重心。除此之外，兩者也都需要尋求專家協助，而且專家祭出的主要對策也常會削弱父母的權威。天才兒童的父母需要向有相同經驗的團體求助，而且很快就得面臨是否接受主流教育的抉擇。若把孩子送去智力程度相近的班級，與同學年齡就會差異太大，交不到朋友；若把孩子送去跟同齡孩子一起學習，則可能會因為表現太突出，被當成怪人孤立起來。天才橫溢跟任何發展障礙一樣，都會阻礙親密關係，而比起書中提到的其他家庭，天才兒童的家庭也不會比較快樂或健康。

天才兒童最常都出現在體育界、數學界、棋藝界及音樂界。我把重點放在音樂神童，因為比起運動、數學與棋藝，我更懂音樂。音樂神童如何發展，全看父母能否配合。再怎麼天賦異稟，也要有人訓練，父母不支持，孩子就永遠不可能接觸樂器或訓練。正如圈內專家費德曼與葛史密斯所說：「神童是一門團體事業。」

孩子的行為大多從父母身上學來，父母反覆告訴孩子，以前自己如何，現在如何，將來可能如何，希望能同時保有成就與純真。在建構這些說法時，父母往往會把學得快與學得精深搞混，前者並不尋常，後者才是目標。支持與壓力往往是一線之隔，而深信孩子有能力和逼孩子照你的藍圖走，往往也是一線之間。無論是一味培養天賦而不顧人格發展，或是追求均衡發展卻忽略孩子的特殊才能，都會毀掉天才兒童。孩子可能以為你只愛他的優異表現，也可能以為你並不在乎他有什麼才華。神童往往得犧牲當下，才能成就假想的未來。若說社會大眾對於極度異常的孩子期望太低，對於天才兒童的期望則往往高過了頭，有害無益。

樂感並不是種演化優勢，但只要有人的地方，就有音樂。人類學家米森在《聽尼安德塔人唱歌》一書中主張，音樂對於認知發展至關重要。人們對嬰兒講話時喜歡用誇張的語調，近來也有研究探討此一行為，發現嬰兒喜歡像旋律般抑揚的發音。學者布萊克說，音樂「存在每個人體內，等著被喚醒與發展」。一個人聽到另一個文化的音樂，也能分辨樂音是悲是喜。雖然人類先天便具備分辨音樂的能力，但音樂跟語言一樣，需要後天環境的塑造。我們吸收自身文化中最具特色的和弦進行，並感受一段音樂是否符合習得的期待。社會學家賈非亞提出，音樂與語言是同一套系統，嬰兒很早便習得其中奧祕，而且音樂是「幫助我們不斷社會化的主要方法」。

正如聾兒會以肢體開始溝通，音樂神童也很早就開始用音調表達自我。對音樂神童而言，音樂即語言。據說韓德爾在開口說話前早已會唱歌，鋼琴家魯賓斯坦想吃蛋糕時便哼起馬祖卡舞曲。音樂心理學家史洛波達專門研究人類為何對不同的音符與節奏組合有不同的情緒反應，他寫道：「音樂和語言不同，不像英文那樣具有指涉意義。但音樂的確有多層次的複雜結構特性，類似語言的句構和文法。」這表示，一如語言學家喬姆斯基所說，腦內深層的音樂結構一旦接觸外在音樂就受到刺激活化。紐約州巴德學院的院長伯恩斯坦幼時也是神童，他說：「要成為傑出的音樂家，首先得偏好以音樂作為語言之外的另一種溝通方式。」音樂一如口語或手語，不但是一種表達的工具，也需要有人接收、反應並鼓勵，因此，父母的參與對於孩子嶄露音樂天賦至關重要。

美國孩子的英語自然非常流利，但不見得個個都能成為詩人。同理，即便音樂是孩子的第一語言，也不保證他日後能有精湛的發揮。

・・・

認識艾夫根尼．紀辛的人都喚他「桑亞」。毫無疑問，桑亞的第一語言是音樂，而這個語言他父母也懂，他母親愛蜜莉亞是鋼琴老師。一九七〇年代中期，愛蜜莉亞的朋友會去莫斯科拜訪她，聽她兒子彈鋼琴，但愛蜜莉亞一直不肯讓孩子去專業學院上課。（她說：「他們在那裡過得很苦，沒有童年可言。」）一位朋友對此深不以為然，於是在一九七六年桑亞五歲時，安排這家人與坎特爾見面。坎特爾在知名的格涅辛音樂學院任教，一開始也百般不願，她回憶道：「那時已經九月，我說考試早就結束了，這個朋友回答：『妳只要見見那個小男孩，就知道一切才正開始。』一週後，那個母親帶著兒子出現，他頂著一頭天使般的鬈髮，睜著一雙深邃的眼睛，我在他身上看見靈慧的光。他看不懂樂譜，也不曉得音符名稱，卻什麼都會彈。我要他把故事轉換成音樂，我告訴他：我們現在要走進漆黑的森林，裡面充滿野生動物，非常可怕，接著太陽漸漸升起，小鳥也開始唱歌。他聽完，從低音彈起，象徵黑暗危險的地方，接著越彈越清脆飛揚，小鳥醒了，第一道曙光升起，最後是近乎狂喜的快樂旋律，手在琴鍵上飛舞。我不想教他，這樣的想像力可能很脆弱，驚擾不得，但他母親說：『不用擔心，妳是聰明可靠的幫助者，只要是新東西，他都有興趣，試試吧。』」

紀辛一家過著蘇聯政權下猶太知識分子的典型生活：物質貧乏，困頓不斷，經常挨餓受凍，意識型態又往往侵擾心靈，精神上的快樂多少帶來一些彌補。這家人設想桑亞的姊姊艾拉會跟母親一樣當鋼琴老師，桑亞會跟父親伊戈爾一樣當工程師。桑亞十一個月大時，就能完整唱出姊姊練習的巴哈賦格曲。他開始把所有聽到的東西都哼唱出來。愛蜜莉亞回憶道：「帶他上街其實很尷尬。他一旦開始這麼唱，就會持續下去，停不下來，最後我被他這能力嚇著了。」

桑亞兩歲兩個月大時，在鋼琴前坐下，用一根手指彈出唱過的一些曲調。隔天他又重複了一次，到了第三天，他左右開弓，十指並用。黑膠唱片一播完，他就能立即重彈。他母親說：「他能用那雙小手彈出蕭邦的敘事曲、貝多芬的奏鳴曲，以及李斯特的狂想曲。」到了三歲，他開始即興創作，特別喜歡以音樂刻畫人物。他回憶道：「我會叫家人猜猜我彈的是誰。」

坎特爾按照俄國傳統教法，教導桑亞表演者的想像力與精神應該與作曲家一致。愛蜜莉亞解釋：「坎特爾最成功的地方，在於保留了他的天賦，她知道如何補充原有的，而非取而代之。」我問桑亞，他如何避免燒盡幼時天分，他回答：「很簡單，父母把我帶得很好。」桑亞七歲時開始譜曲，彈琴時，看起來就像那是一種必要的釋放。他說：「我放學回來，常常連外套都不脫，便坐上琴椅彈奏。我也讓母親了解到，這就是我需要的。」桑亞常把自己想學的列出給坎特爾看，他說：「如果想學的曲子很難，我會在後面加上括號寫下：『列寧說困難不表示不可能』。」

他在一九八三年五月開第一場獨奏會，那年他十一歲。他回憶道：「我有種解脫的感覺。中場休息時，我迫不及待想趕回臺上繼續彈。」音樂會結束後，作曲家工會裡某個高層人士的妻子向師徒致意，並承諾將邀請桑亞演出。這在當時困頓的蘇聯時代，等同於成名致富的入場券，但坎特爾卻感到不安。她回答：「他還很小，不應該太常公開露面。」旁邊一個自稱是醫師的人插嘴說：「看到這孩子急著回臺上表演安可曲，就知道，對他來說，強忍著內心的渴望不抒發，反而更危險。他需要舞臺。」一個月後，桑亞便到作曲家聯誼廳表演。

隔年一月，著名指揮家巴倫波因來到莫斯科，聽了桑亞演奏後便安排他到卡內基音樂廳表演。演奏家在蘇聯藝術界享有特殊地位，因為詮釋性表演不像創作性表演，不會涉及意識形態的問題。但蘇聯當局一直想把天才藏在國內，因此卡內基一事，桑亞與老師都被蒙在鼓裡。幾個月後，桑亞在莫斯科表演了蕭邦的兩首鋼琴協奏曲。表演結束後，桑亞的父母說要給他一個驚喜：到國內的一個小鎮玩。幾年後，他才知道那趟旅行的目的：父母知道演奏將會造成轟動，所以帶他出城，以免他受到過多讚美。

　桑亞開始巡迴演出後，也同時接受家教課，學習「歷史、文學、數學、辯證唯物主義、列寧思想、軍事科學等一般學科」。他一直沒有年紀相仿的好友，而不必到普通學校上課對他是種解脫。一九八五年，他首次離開蘇聯，到東柏林為領導人昂納克演奏。桑亞回憶：「前一個節目是雜技表演，接著換我彈奏李斯特改編自舒曼的作品《奉獻》，以及蕭邦的《E小調圓舞曲》，我的節目之後則是魔術表演。」兩年後，新的開放政策放寬了旅遊限制，桑亞為舉世[410]聞名的指揮家卡拉揚演奏。卡拉揚眼泛淚光，指著桑亞說：「天才！」桑亞與許多神童不同，他並不哀嘆童年消逝。他說：「有時我會遺憾自己的人生這麼早就定型，毫無抵抗的機會。不過就算我的職業生涯更晚展開，音樂仍然會是我唯一重視的事。」一九九〇年十九歲時，桑亞首度在卡內基音樂廳登臺演出，震驚樂評。一九九一年，桑亞舉家移民紐約，坎特爾也一起過去。

　一九九五年，我首次與桑亞見面，在那之前只聽過別人描述他是「月亮的孩子」——古怪、封閉、難以理解。初次見面，他就清楚表示除了已知事實，自己沒太多事可說。他一直不愛說話，對記者沒好感，也不像許多名人那樣喜歡受到矚目。功成名就對他而言，除了能讓他繼續表演，毫無意義。桑亞過高又過瘦，頭大得誇張，有雙棕色大眼，皮膚蒼白，褐色頭髮亂成一團，東西不小心放進去可能會找不到。整體看起來高瘦得不是很好看，氣質融合了緊張與安詳。看著桑亞坐上鋼琴椅，就像看著檯燈插上電：原以為只是擺在一旁的裝飾品，真正的功用突然顯而易見。與其說他是傾注能量給樂器，不如說他是從樂器接收到能量。他說：「如果突然無法彈琴，我不確定自己活不活得下去。」桑亞彈琴的神態，彷彿能以崇高德行救贖世界。

九〇年代，桑亞不論到何處巡迴演奏，都有母親與坎特爾相伴。兩個女人既親密又相互尊重，在評論桑亞的表現之前，一定先和對方商量。每到一個新的表演場地，桑亞會先排練一次，坎特爾坐在一旁聆聽、指點，愛蜜莉亞則會到處走動，確認聲響效果正常。她們不給桑亞任何驕傲自大的機會。他說：「她們不想讓我自視為偉大天才，但如果我表現得好，她們也從不吝於誇獎。」桑亞的父親與姊姊退到後方，陪在他身邊的是母親及老師，某個評論家稱三人為「三頭怪獸」。

若說桑亞彈琴之流利一如我開口說話，那麼他說話便笨拙一如我彈琴。他流露出絕頂聰明和細密的心思，但並非由言談表達出來。桑亞有輕微的言語障礙，說話時總愛拉長爆破音的子音，就像氣球砰地一聲破掉。他講話時常停頓，字與字之間的連結也不自然。他年幼時，坎特爾向他解釋概念，他若不回應，她會更詳細地說一次。最後她問：「你懂了嗎？」桑亞就會回答：「嗯，我老早就懂了。」他沒有想過聽懂就要說懂。他二十幾歲時與某個管弦樂團共同演出，演出前樂團首席看到他休息時間也在練習，便說她自己得偶爾休息才能有好表現。桑亞回答：「所以妳才當不了獨奏家。」他天生很關心人，但言談中洋溢著這種機敏的直白。評論家米基特在《華盛頓郵報》寫道：「正因為他精湛的技巧搭配樸拙而感人的尖銳，表演才如此引人入勝。」

我從前就反覆思考音樂是否有可能是人的第一語言，在與桑亞首次見面一年後，我決定問他。當時我們坐在他曼哈頓上西城區的家中，我只是一時興起，約了他請教拉赫曼尼諾夫裝飾奏的結構。「這個嗎？」桑亞問，一邊彈了六小節。在我們會談的錄音裡，談話瞬間轉為音樂彈奏，但最令人驚奇的是他情緒的轉變：言語沒有表達出的情緒都在音符裡了。那讓我聯想到魚，從本來在船頭甲板上跳動，一翻身投入大海悠游。桑亞音樂的最美之處，是那渴望受到理解的呼喊，除了高超的彈奏技巧外，這一點也格外特出。雖然他只彈奏出我指出的片段，但那是我第一次覺得與他聊得盡興，那種親密感像是傾吐祕密，又像擁抱。

桑亞告訴我：「音樂能表達我的感受，我完全不懂如何用言語傳達自我，也不喜歡討論音樂。音樂自己會說話。」他透過音樂理解世界，所以觀眾似乎也能透過他的音樂理解世界。

在首次見面十多年後，我問他是否已完全彈出自己的領悟，桑亞僅僅回答：「還沒。」之後又補充：「小時候彈琴，就只是單純喜歡音樂，照著感覺彈而已。我發現隨著想法越成熟清楚，就越發了解要完整表達是多麼困難。以前曾想要學指揮，但現在不想了，正是因為我發現彈琴原來這麼難。這也是我現在上臺前總比以往緊張的緣故。」我所聽過的神童成長經驗，沒有比這個說法更貼切的了。

• • •

對桑亞來說，音樂是親密感的來源，其他人則用音樂來表達囿於境況或性情而無法傳達的想法。鋼琴家葉芬．布朗夫曼（人稱費瑪）是一鳴驚人的天才原型。一九五八年出生於蘇聯塔什干，父親納伍被蘇聯軍隊徵召入伍，後來成為德軍俘虜。他逃出監獄，跋涉將近一千公里回到莫斯科之後，被史達林打入監獄拷打。費瑪的母親寶琳娜在波蘭曾被關入納粹監獄。納伍以前是小提琴手，在塔什干音樂學校任教，寶琳娜則在家教鋼琴。費瑪說：「我們一直懷疑遭人監聽，只能透過音樂表達想法，所以我們才這麼認真練習。」音樂成了一種自由的國度，在布朗夫曼遭監聽的屋子裡，這個媒介讓大家得以表達無法言說的一切。費瑪成熟的表演之美，有部分是因為那種纏綿不去的不吐不快。如果有些音樂家是因為大腦天生不善於處理語言，而選擇用音樂與人對話，那麼一生未婚且（和紀辛一樣）與母親同住的費瑪，就是因為童年有重要的話想說而無法說，一直未從被壓抑無法說話的狀態走出，因而以音樂表達那種迫切感。曖昧不明能道盡千言萬語，二十世紀的俄國音樂家一直善用音樂這種特性，如此政府便無從指證顛覆分子。一個人無論被囚困於何種沉默，總能透過音樂獲得解放。

・・・

天才起源為何，過去至少兩千五百年來，一直是哲學家喜歡辯論的話題。柏拉圖相信天才由諸神授予人類，人是被動的接受者。朗基努斯則認為天才來自作為，也就是天才並非由上天賜予神性，而是自己創造神性。洛克認為父母能創造天才（他沒生過孩子，這也難怪），他說：「在我的想像中，孩子的心智如水一般，能輕易導引而定向。」這樣的想法起於理性時代，「天才」也是在這個時代轉變成現今的詞義。到了浪漫時期，天才的形象轉而染上一層神祕色彩。康德說：「若創作乃出自個人天賦，此人便無從得知作品的構思是如何得來。」叔本華則說：「才華讓人命中他人無法命中的目標，天才則命中他人看不到的目標。」

一八六九年，高爾頓在《遺傳的天才》一書中表示，天才無法靠後天養成。優生學家特曼是高爾頓的信徒，他在一次大戰時開發出測量智商的「史丹福—比奈智力量表」，以此為徵召的士兵分級。協議停戰後，他堅持用該表測量學齡前兒童，以預測學業表現。由於這種量化的智力測試本身就帶有偏見，低智商的評分結果大多展現了「不受歡迎」族群的劣等特質。

測驗問世後，世人不斷爭辯高智商與天才的關聯。特曼追蹤了一千五百名高智商兒童，七十年後，批評者表示，這些人後來的成就，並不比當初他們的社會經濟地位所能預測的還要高。特曼排除了一個他認為不夠聰明的孩子蕭克利，此人後來共同發明出電晶體而贏得諾貝爾物理學獎。儘管如此，優生學家仍力倡心理測量法。普本諾提倡強迫「劣等」族群節育，他認為「低技術勞工的孩子，從來沒有成為美國傑出的科學家」。希特勒熟知高爾頓與普本諾的學說，而普本諾也與這位納粹夥伴積極合作，不停為納粹辯護，直到情勢不利才罷休。「生而優越」的觀念因猶太大屠殺而聲勢銳減，一九四四年，人類學家克魯伯更主張環境造就天才。公元五世紀的雅典人、義大利的文藝復興及中國宋朝為何天才輩出？天才所占的人口比例難道不是固定的嗎？

如果天才來自遺傳，菁英治國就沒有比天賦君權公正多少，兩者都以神祕色彩包裝世襲的優勢。倘若天才來自人為，那麼有能之人的聲望與財富就是應得的。共產主義認為，只要努力，人人皆可成天才。法西斯主義則認為，天才比凡眾等而上之。許多人空有才華而一無所成，是因為缺乏自律，但只消往礦坑一探，便能得知光靠努力無法成就天才，也未必保證致富。一部天才史，就跟智力障礙或精神疾病的歷史一樣，政治意味濃厚。

・・・

里昂．佛萊雪一九二八年生於舊金山，父親是移民，日後成為女帽製造商，專為喜劇演員露西兒．鮑爾設計帽子。里昂的哥哥被逼學彈鋼琴，他則靜靜坐著旁聽。里昂回憶道：「哥哥出去打球，我就坐上鋼琴椅，按照老師所教的彈奏。」父母隨後改讓里昂上課，不久他開始跟隨俄裔老師修爾學琴。「他是舊金山一帶的神童製造機，覺得不把我弄哭，就是他教得不好。但下課後，他會帶我出去吃羊排大餐。」

一九三七年，舊金山管弦樂團的指揮聽完里昂的第一場獨奏會後，認定這個孩子應該去義大利跟隨名鋼琴家許納貝爾。許納貝爾委婉拒絕了，他沒興趣教九歲小孩彈琴。幾個月後，指揮邀請許納貝爾共進晚餐，偷偷讓里昂現身，強迫許納貝爾聽他彈琴。結果許納貝爾當下就收里昂為徒，條件是他不得再繼續開演奏會。許納貝爾知道里昂的母親只想成名，而他得確保孩子專心學習音樂。里昂和母親在一九三八來到義大利科莫，在許納貝爾門下學習從未學過的一切。里昂說：「神童製造機把音樂和技巧分開，許納貝爾則堅持，技巧就是隨心所欲的能力。他主張在彈一首曲子前，先找張舒服的椅子坐下，仔細研讀樂譜，而非想都不想就埋頭猛彈。」許納貝爾收學生從不超過六個，並要求每個人旁聽其他人的課。里昂回憶：「他一整堂課只教十二個小節，每個人上完課都像喝醉一樣脫力，站不住。我們腦袋裡不止裝滿了資訊，還有靈感。許納貝爾處理的是超脫。」

在二戰爆發前夕的義大利，這對猶太師徒的處境堪憂，許納貝爾很快就把里昂送回家，自己則隨即移民紐約，里昂的父親只好到美國東岸的工廠工作。里昂說：「這責任對孩子來說過度沉重。」但他母親早已鐵了心，他莫可奈何地說道：「她給我兩條路：當史上第一個猶太人總統，或是成為偉大的鋼琴家。」

里昂一九四四年首次在卡內基登臺演出，當時他十六歲，事業從此一飛沖天。三年後，許納貝爾宣布他的課程結束了。里昂說：「他叫我離開時，我非常失落。之後，我在收音機裡聽到他彈了一首貝多芬的奏鳴曲，彈得美極了。但換作是我，可能不會那樣處理那首曲子。」

里昂過了二十年的光輝歲月。三十六歲那年，他得了局部肌張力不全症，那是一種神經疾病，肌肉會不由自主地收縮，導致他右手第三與第四指不聽使喚。患者初次發覺疼痛後若置之不理，繼續重複練習精細的肌肉運動技巧，便會患上此病。里昂的兒子朱利安是爵士樂手，他解釋道：「他母親叫他練，他就死命不斷反覆使用右手，用到再也不能用。」里昂歷經一段憂鬱期，婚姻也隨之破碎。他說：「我沮喪了好幾年，才發現我追求的是音樂，而不是當用雙手彈琴的鋼琴家。」他東山再起，這次當的是指揮家、老師，以及左手鋼琴家，表演曲目雖有限，卻技驚四座。

里昂的成熟之處在於具有充分自覺。他說：「演奏時，你可以置身其中，也可以只當說書人。就像是說：『從前從前，有一個……』這種方式反而能表達得更豐富，讓聽眾的想像力任意馳騁，而不是從旁下指示：『這是我的體會，你也應該一樣。』這件事天才做不到，但成熟的表演家做得到。」他說聰慧的年輕學生，就像要以一個裝飾品為中心蓋起一棟房子。里昂說：「我教他們：『臥室在這裡，廚房在這裡，客廳在那裡。你要先讓這些就定位，才能開始裝飾。結構第一。』」他兒子挖苦道，里昂這種極度細膩的思考方式並未擴及人際關係：「不是說他人不好，而是他無法理解他愛的人在想什麼。但換作音樂，他該有的全有了。」

我問里昂，肌肉病變是否帶給他任何好處。他說：「我被迫，也得以拐個彎，讓自己擴展一些——那個跟『眼界』相應的詞叫什麼，『耳界』？如果我有機會重活一次，而且沒有得病，我可能不會想做任何改變。」局部肌張力不全症讓他看到，許納貝爾教的果然沒錯：音樂家必得謙虛。里昂說：「許納貝爾把表演家比喻成高山嚮導，目的是帶你攻頂一覽美景。嚮導本身不是目的，景色才是。」

里昂七十多歲時，以注射肉毒桿菌來放鬆手部長久以來的緊張肌肉，並以羅夫按摩療法協助軟組織運動。他再次以雙手彈奏，之後的錄音得到極高評價。朱利安說：「技巧已不若以往，但音樂性極佳。他彈的不是音符，而是背後的意義。」里昂說：「我離痊癒還遠得很。彈琴的時候，八九成的注意力都在手上。關節的軟骨幾乎都磨損了，只剩手指的骨頭磨來磨去，感覺有點像小美人魚。她愛上人類，並如願變成人類，代價是每走一步都跟走在刀山上一樣痛苦。這個童話故事我一直牢牢記得。」

• • •

音樂神童有時會被拿來與童星比較，但童星演的是兒童，畢竟沒人想花錢看六歲小孩演哈姆雷特。孩子表現得再超凡入聖，都不曾永遠重寫任何領域。伯恩斯坦說：「神童確立舊有智慧，從不加以改變。」音樂表演有規則、結構和形式可循，可以很快吸收。演奏深度則來得較晚。莫札特是典型的神童代表，但他若沒活過廿五歲，就不會以知名作曲家傳世。英籍律師巴林頓於一七六四年仔細審視了八歲的莫札特，之後寫道：「他通透樂曲的基本原則。此外，他也是轉調高手，可以從一個調變換到另一個調，渾然天成且有見地。」但莫札特也是不折不扣的孩子。「他彈奏大鍵琴給我聽時，愛貓一走過來，他就立刻跳下椅子，我們得花費一番工夫才能哄他回去彈琴。有時他還會兩腿夾著棍子當馬，在房裡跑來跑去。」每個神童都既幼稚又成熟，音樂造詣極高，個性卻不成熟，對比之強烈令人驚奇。我訪問一個小提琴神童，她七歲時轉攻鋼琴，並說如果我能對她母親保密，她就告訴我原因。她說：「因為我想坐下。」

從小就接受嚴格訓練的人，日後成為傑出音樂家的少之又少。茱莉亞學院的卡普林斯基在年輕學生之中堪稱舉世最有聲望的鋼琴老師，她說：「孩子在十八九歲之前，很難看出是否擁有足夠的情感能力來表達作品內涵。」成熟的孩童最後可能成為幼稚的成人，麥可·傑克森就是最好的例子。日本有句諺語說，十歲神童，十五才子，二十凡人。

短跑選手若縱容自己輕視馬拉松選手，實為不智，同理，父母若助長孩子的自戀習氣，對孩子也毫無好處。一個人最好先有成就，再成名。若成名在先，往往就難有成就。名經紀人哈姆蘭協助過許多音樂巨星發展事業，實在看夠了童星父母急於讓孩子十二歲就進卡內基音樂廳登臺，倦厭地嘆道：「你不該靠到卡內基音樂廳表演來發展事業，而是先有了事業，卡內基音樂廳自然會邀請你去表演。」

在許納貝爾眼中，里昂就是身懷絕技的孩子，而非一組不巧依附在孩童身上的高超琴藝。然而，許多父母無法分辨兩者細微的差異。專門研究神童的精神科醫師孟倫表示：「當孩子天賦驚人時，父母往往只看到天賦，看不見孩子。」范·克萊本是美國二十世紀的著名神童，不過一直到廿三歲才一舉成名。當時正值冷戰，他在柴可夫斯基鋼琴大賽中奪冠，美國人夾道熱烈歡迎他凱旋榮歸。他的母親就是他的鋼琴老師，上課時總是說：「你很明白，現在我不是你的母親。」談到童年，克萊本說：「除了練琴，我還有想做的事，但我知道母親要我做的事是對的。」克萊本與母親同住，直到她逝世，但他在身兼經紀人的父親去世後承受不了壓力，得了憂鬱症，又酗酒成癮，放棄了大半事業，變成德州沃斯堡當地的社會賢達。他慷慨、親切，一心維護傳統，以他為名成立的鋼琴比賽，日後地位也與柴可夫斯基鋼琴大賽一樣崇高。

一九四五年，全球僅五項鋼琴比賽，現今則有七百五十項。哈佛大學音樂教授列文說：「最受歡迎的，都是些技巧難度很高的曲目。三十年前，只有不到一％的鋼琴家彈奏這些曲子，現在卻高達八十％。這不叫進步，這叫炫技，徒有形式，毫無內涵。我們不該要求年輕學子先彈出音符才加上感情，這就像要求廚師『先煮食物，再來調味』。」

・・・

比起天賦，彼得森夫婦蘇與喬更重視兒子德魯的個人需求，不過兩者往往重疊。德魯一直到三歲半才會講話，但蘇從來不認為他發育遲緩。他一歲半時，蘇念書給他聽時漏念了一個字，德魯會立即湊過來，在書頁上指出漏掉的字。德魯當時不太出聲，卻對聲音十分敏感。蘇說：「他對教堂鐘聲很有反應。一聽到鳥叫，就停下腳步。」

蘇小時候學過鋼琴，她在一架老舊的直立式鋼琴教德魯基礎樂理，他從此愛上樂譜。蘇說：「他想看懂譜，我只好靠僅存的一點記憶，教他認識高音譜表。」德魯說：「那就像學了十三個字母後就開始認字讀書。」他靠自己摸懂低音譜表，到了五歲開始正式上課時，老師說他已經可以跳過前六個月的課程內容。一年後，德魯登上舞臺，在卡內基獨奏廳演奏貝多芬的奏鳴曲，還飛到義大利參與青年表演，其他表演者都比他大上十歲。蘇說：「我很高興，但也覺得無需過於小題大作，畢竟他還只是個小男孩。」

德魯的家人對於該找誰來教授鋼琴各持己見，於是有人建議蘇去找羅托。羅托當下表示自己無暇教他，但願意聽他彈奏一曲，再為他轉介適合的人。德魯一彈完，羅托便說：「我每週二下午四點有空檔。」幾年後，她回憶道：「他只能勉強搆到踏板，彈起琴來卻細膩如成人。我當時想：『天哪，這就是天才。那不是模仿，也不是被動填鴨的成果。他那音樂性完全發自內心。』」

但她的熱心並未獲得接受。蘇說：「那太極端，嚇到我了。」喬則說：「這樣的安排太荒謬。」蘇無法每週帶德魯去曼哈頓上課，但她幫德魯在紐澤西報名了羅托所推薦的老師。羅托每幾週就會寄電子郵件給蘇關心近況，每幾個月就邀請德魯彈琴給她聽。蘇說：「當時覺得一切很隨意，但現在回想起來，這都是她有意安排的。」

某天，在去幼稚園的路上，德魯問母親：「我想學東西，可以待在家就好嗎？」蘇愣住了。她說：「他那時已經在讀這麼厚的教科書，而老師還在教大家認字母。」德魯說：「一開始感覺很寂寞，後來漸漸習慣，知道自己跟其他人不同，不過大家還是會跟你做朋友。」父母改帶德魯去蒙特梭利學校，後來又轉到私校，幫他買了新鋼琴，因為他七歲時宣告家裡的直立鋼琴音色太平板。蘇說：「除了房屋頭期款，我們從未花過這麼多錢。」進入中學之後，他開始頻繁表演，還加入游泳競賽隊，一週練習九小時。德魯十四歲時，蘇為他找到哈佛設計的在家自學課程。我見到德魯時他十六歲，已經上完一半的哈佛學士課程。

我和彼得森一家相處時發現，這家人不只用心為彼此付出，舉手投足也沒有一般學習古典樂家庭那種高高在上的氣息，我十分驚訝。蘇是學校護士，喬則是福斯汽車的工程師，德魯將全家帶往從未想過的生活，但兩人既不害怕，也不一味追求，只當那是一門技藝，勤勉去學。喬說：「你會如何形容一個普通家庭？我大概只能想到，普通家庭就是快樂的家庭吧。我的孩子就為這個家帶來許多歡樂。」我問他，德魯這麼優秀，是否會影響兩人對弟弟的教養？蘇說：「的確會有不同，也會讓人分心，情況就好像艾瑞克有個身心障礙或裝義肢的哥哥。」

音樂對德魯的吸引力強到難以抽離。他說：「我以為能在哈佛找到真正吸引我的科目，比音樂更吸引我，結果沒有，而且我好像也不想找到。」當時羅托正在曼哈頓音樂學院任教，德魯便轉至該校接受音樂教育。蘇回憶道：「他說：『我不要經紀人，不要現在就出名。我不要沉浸在音樂裡的童年，我要沉浸在音樂裡一輩子。』」她曾接到邀請，要德魯上歐普拉秀。蘇回想道：「他當時七歲，他說：『我又不是表演雜技的。』」到了十六歲，德魯仍然不想有經紀人。他的說法是：「要懂得為自己爭取。」

我問德魯，以他如此有限的生命經驗，為何能表達出如此豐富的音樂內涵，他說：「我不會用言語表達，只會透過音樂，也許我也只能透過音樂去感受。」我們一直以為，要表達特定的親密感，有時要透過言語，有時透過性，有時透過運動，但有沒有可能音樂才是親密感的所在，語言只是形式？我見到他一年之後，德魯獲選入大師班，由廿八歲的中國鋼琴家郎朗授課，我從旁觀察兩人互動。郎朗能言善道，手下有六個學生，他對德魯話最少，德魯的回應也最少，然而，德魯彈奏的方式改變了，他把郎朗的音樂領悟表現得淋漓盡致，全班無人能及。

蘇說：「他的天賦凸顯我的責任所在，說實話，除非問他，否則我根本不曉得自己做得對不對。」德魯對她說：「妳總是不斷質問。我天生不墨守常規，妳天生就愛質問。」蘇回答：「幸好，你的答案都很有說服力。」

• • •

音樂天賦可分成三部分：肢體活動、模仿能力以及詮釋能力。肢體協調，才能精準運用手部或嘴部演奏樂器。音樂家得擅於模仿，才能重現其他人展示的技巧。《紐約》雜誌的樂評家戴維森說：「不能以為這只是複製就輕忽了。我們也是這樣學會說話、寫作以及表達想法。擁有模仿天賦的音樂家，年紀輕輕就能將曲子詮釋得十分細膩。這是從老師、從唱片、從聆聽其他鋼琴家那裡學來的，還是發自內在？實情是兩者都有。」列文說：「一個人如果還不會發音，就很難表達意思。絕頂聰明但忽略技巧的人，就跟技巧精湛但腦袋空空的人一樣，都不會成功。若想成功，得先結合這些看似互不相容的元素，再加上嚴格訓練，並融入人生經歷，才算完成。」正如印象派畫家雷諾瓦所說，磨練技巧並不妨礙天賦。

音樂表演就如同比手語，得靠靈活的雙手來表達情感上與知性上的意義。某些人從一開始就看到意義，例如德魯；有些人則是日後才豁然開朗。身兼老師的大提琴手伊瑟利斯曾跟我抱怨，太多老師把音樂當競技運動在教。他說：「傳授音樂應該是信仰與科學的結合，能快速舞動手指的確很厲害，但那跟音樂無關。是音樂改變人，而不是人改變音樂。」

・・・

米克黑．佩列姆斯基與娜塔莉這對夫妻都在蘇聯擔任公職：米克黑在蘇聯原能署工作，娜塔莉則在物理工程研究院。女兒娜塔莎在一九八七年出生，從小就對鋼琴展現過人的興趣，弟弟米夏則不然。娜塔莉回憶道：「有天我在廚房，納悶著『是誰在彈琴？』回頭一看，發現是寶寶在彈兒歌。我丈夫說音樂家都過得很慘，求我別讓她上課。」但娜塔莉心想上個幾堂應該還好。六個月後，娜塔莎在兒童演奏會上表演蕭邦的馬祖卡舞曲。娜塔莉說：「她四歲就決定要當鋼琴家！」娜塔莎在學校一直名列前茅。「我們不擔心，她數學、物理、化學都學得很好，就算音樂才華後繼無力，她還是有很多事能做。」

蘇聯解體後，蘇聯時代的特權人士都成了可疑分子。一九九三年某日深夜，米克黑在下班回家路上遭人毒打，當晚醫生告訴娜塔莉：「要有守寡的心理準備。」有間美國公司多年來屢次挖角米克黑，但佩列姆斯基一家人不願離開俄國。娜塔莉在攻擊事件後改變心意，「三天後，我帶文件去醫院，握著米克黑的手，幫他簽名。他差點陷入昏迷，等他醒來，我告訴他：『你要去加州了。』」

米克黑先行，其他人在一九九五年出發。娜塔莎上四年級，所有同學都大她兩歲。幾個月後，她已能說一口標準流利的英語，每次考試都拿第一。這家人買不起好鋼琴，最後終於找到一架廉價鋼琴，娜塔莉記得：「聲音聽起來好空。」為了讓娜塔莎演奏，娜塔莉說服校方讓她自學。娜塔莉說：「每個人都說：『妳一定很以她為榮！』我以前都會說，該感到光榮的不是我，是娜塔莎自己，但後來才得知美國人不這樣應對，所以現在我都回答：『我深以女兒為榮。』這樣對話才能進行下去。」娜塔莎也認為，是自己的本能驅使自己成功。她說道：「父母做了哪些事情讓我練習彈琴？這就像是問父母做了哪些事情讓我吃飯睡覺一樣。」

娜塔莎十三歲到義大利比賽，一位評審看到她的參賽曲是普羅高菲夫的《第六號鋼琴奏鳴曲》，便說：「妳彈不來，這首曲子談的是監獄，妳沒進過監獄。」娜塔莎很憤慨，她說：「我不會為了要彈好曲子而去坐牢。」她認為，即使沒有親身經歷，音樂家仍能詮釋各種情感。「就算經歷過，也不見得能讓我彈得更好。我是演員，不是故事中的人物，我的工作不是親身體驗，而是重現。蕭邦寫了馬祖卡舞曲，某聽眾想聽，我就得把音符解碼，讓他聽懂，這並不容易。但這跟我的個人經歷無關。我們要繼續讓世界充滿音樂，如果你除掉某樣東西，例如消滅了布拉姆斯《第二號鋼琴協奏曲》的世界，就會不對勁。有那位布拉姆斯在的這個世界，才是我的世界，而這個世界的一部分也要經由我完成。」

娜塔莎十四歲時高中畢業，拿的是最高榮譽獎，並獲得紐約曼尼斯音樂學院的全額獎學金。她簽下經紀人合約，搬到東岸，展開全職學生生涯，週間住在紐約市的寄宿家庭，週末則在郊區與經紀人待在一起。母親擔心紐約讓人心靈匱乏，娜塔莉說：「那裡的人無暇拓展視野，人們只忙著求生存，跟莫斯科一樣。」女兒回答：「我就是靠視野在生存的。」初到紐約時，娜塔莎常和母親通電話，但娜塔莉說：「那是我送她的禮物，讓她過自己的日子。」

我第一次見到娜塔莎時她十五歲，開始訪問時她十六歲。一年後的二〇〇四年，我到卡內基音樂廳聆聽她的首演，曲目是拉赫曼尼諾夫《第二號鋼琴協奏曲》。她出落得亭亭玉立，長髮披垂，身材頎長，身穿無袖的黑天鵝絨洋裝好讓雙手自由擺動，腳踩著高得嚇人的高跟鞋方便她輕鬆踩踏板。她的衣著柔美，音樂卻氣勢如虹，贏得滿堂喝采。她父母並沒有出席——「他們就是因為支持我才不來。」娜塔莎演出前這麼告訴我。娜塔莉解釋道：「如果我去了，一定會坐立不安，擔心每個音符，這對娜塔莎沒幫助。」

娜塔莎在曼尼斯迅速竄紅。她二十歲時告訴我：「老師要我清楚知道自己究竟在做什麼。但這樣有礙自發性。如果你知道自己現在要冒險，知道要冒什麼險，就不叫冒險了。彈琴應該是百分百的直覺加上百分百的邏輯才對。」在場的弟弟調侃她：「好有邏輯的陳述啊！」娜塔莎反擊：「但同時也很直覺！彈奏的同時，我也在動腦，也在呼吸之類的，但我並沒有——」她一時語塞，這並不常見，她母親便把話接完：「——沒有在想自己。」娜塔莎點頭同意。「所以我才不放心，她一彈琴就忘了吃飯，越變越瘦。」

娜塔莎搖頭道：「人生其他事都會害我分心。」

二〇〇五年，她受邀與英國歌手史汀共同參與查爾斯王子的公益演出。母親說：「她和瑪丹娜變成好友。」娜塔莎反駁：「我沒有跟她成為好友！她跟我說：『妳們這些玩古典樂的都太正經了，妳應該改穿熱褲。』」《紐約時報》拒絕評論她的首演，卻報導了她之後的某次演出：「年輕如她，自有其清新質樸，卻又如剛砍下的新柴生青青的。她縱身躍入譜中，待她再度浮現，帶出的是你從未聽過的全新音符和樂段。」娜塔莎如此成功，卻依然毫無架子。娜塔莉說：「每個人都把我叫住，跟我說：『妳女兒好有親和力！』一開始是『妳一定很以她為榮！』現在則是『她好有親和力！』這種讚美很美式。」

・・・

有些人聽到某個音就能輕鬆辨音，就如同多數人看到某個顏色也能說出顏色名。每一千人到一萬人之中，只有一人具備這種絕對音感。多數人只有相對音感，也就是能辨認音程。因此，雖然大家都會唱生日快樂歌，但只有少數幾人能聽出唱的是否為降E大調。有絕對音感的人，能正確無誤地辨識出每個音符，因為對這些人而言，每個音符都有特色。某個研究提[423]到，母親用鋼琴彈音階給三歲女兒聽，邊彈邊唱出音名。一週後，家裡微波爐鈴響，女兒問：

「微波爐每次都唱F調嗎？」還有小孩抱怨某個玩具聲音不準，低了四分之一個音階，其實那是因為電池快沒電了。

有些人並非天生擁有絕對音感，但經訓練後便能辨音。例如，先學會準確發出G，再以此向上或向下計算出其他音符，有這種潛在能力的人就多得多了。傳統上，能唱出音名才表示有絕對音感，若一個人沒學過音名，就無法得知他究竟有沒有絕對音感。耶魯大學的精神科醫師羅斯發現，有些人雖未學過音名，聽到樂隊表演自己喜歡的曲子時，仍能分辨是否降了半調。麥基爾大學的心理學家列維廷則發現，有非常多人能準確唱出自己喜歡的流行歌曲的第一個音。另外一位研究學者則證實，許多人能正確指出哪個是電話的撥號音。

絕對音感未必能增進音樂能力。一位歌手曾說，合唱團其他人唱的音低了四分之一個音，讓她很困擾。她直覺想照樂譜唱，但這導致她跟其他人的音不合。還有一個音樂家則說，青年管弦樂團指揮告訴他：「你每次都只顧著吹出升Fa，沒顧到其他事。升Fa在不同調裡扮演不同音符，在D調是第三音，在G調裡則變成導音。」為了成為音樂家，他只好學著壓抑自己的絕對音感。

音樂力與許多異常現象一樣，有其對應的生理機制。有絕對音感的人，大腦聽覺皮質的顳葉平面較大。小提琴手控制左手的大腦區域比一般人大，許多音樂家控制運動協調與語言的大腦部位都比常人更有分量或代謝更快，這表示音樂兼具運動和語言的特性。不過這些大腦特質究竟是音樂能力的基礎，還是經反覆練習而得，目前還不得而知。

• • •

羅伯·格林柏格是語言學教授，妻子歐娜則是畫家，雖然兩人都不特別擅長音樂，兒子傑還是嬰兒時卻會全神貫注地聆聽鵝媽媽童謠錄音帶，歌曲一停就哭，兩人就得從頭播放給兒

424

子聽。傑兩歲開始拉大提琴，三歲時自己發明記譜法，幾年後就拿到茱莉亞音樂學院獎學金。「如果有個八歲小孩能作曲，而且沒有鋼琴的協助，也能一小時內在你眼前譜出整整半個樂章華麗的貝多芬風格鋼琴奏鳴曲，你要怎麼辦？」茱莉亞音樂學院的作曲老師山繆．奇曼寫道。

傑十四歲時，在電視節目《六十分鐘》說明自己腦中隨時都有多軌運作，而他只是把聽到的聲音寫下來。他說：「我的大腦能一次控制兩到三軌音樂，同時處理日常生活與各種事情。腦袋會下意識以光速發出指令，在我聽來，這些指令就像一首早已寫好的曲子，流暢地演奏出來。」養育這樣的神童是種全職工作。羅伯說：「我們得貸款並犧牲自己的事業，但這不是為了送他上臺表演。為了兒子的幸福、精神健康、自信，還為了他能交到朋友，並跟對老師，這些都是必要的改變。」

神經科學家奧卓森曾提出：「科學家與藝術家的創造過程相差無幾，兩者都高度仰賴直覺，而且靈感常來自潛意識或夢境等心智狀態，大腦的聯合皮質在這些時候產生新連結。」傑形容自己作曲時的狀態的確符合上述觀察。我問他如何找到音樂靈感，他說：「是靈感來找我。通常都來得很不是時候，身邊沒筆沒紙，更沒有裝載了音樂軟體的電腦。有次我走路走到一半，突然聽到一個終止式，有兩支雙簧管、一支低音管以及一支迪吉里杜管的聲音，於是我回家了，接著有更多靈感湧現，最後所有旋律結合成一首完整的作品。」

傑十四歲時與索尼古典樂簽下唱片合約。其中一張是他的《第五號交響曲》與《弦樂五重奏》，唱片封套上有他的一段文字，足以一窺他偏離常人的心智：「全曲除了〈終曲〉還有幾處需稍作修改以外，〈幻想曲〉是最後寫成的一章。這是整個作品裡結構最完美的一章，原因是依循了方程式 $y=1/x^2$。這個方程式的圖形以 x 軸與 y 軸為漸進線，圖形非常趨近但不等於零，在 $x=1$ 與 $x=0$ 之間穩定地緩緩上升，幾乎要觸及 y 軸，卻未真正觸及。座標另一側的圖形則是這一側的鏡射。五重奏表達的是佛洛伊德理論中人類心理的三個面向：超我，又稱良心，負責克制作品中的其他部分（慢板），自我，與現實接觸，符應古老格言所說的『對於感受者，人生如悲劇；對於思考者，人生如喜劇』（詼諧曲）；以及本我，代表衝動與直覺、潛意識與終極的滿足（最急板）。」從這些文字，你根本無從想像他的曲子有多麼抒情又多麼扣人心弦。

傑舉止羞怯客氣，有時甚至是無禮。如果你話不多，他便一臉無聊；如果話很多，他又一臉輕蔑，似乎在說彼此無需多費力氣，不如去做別的事。一個記者跟我說，採訪他「彷彿對井投石」。他父親說：「他喜歡聽現場音樂表演，從中吸取養分。但他討厭被大家拱上臺。舒伯特不需要上臺，為什麼他就要？」傑獨來獨往，身上散發著勝利的氣息，恰似在證明那些社交活躍的音樂家可想而知缺少了他才有的正宗味。羅伯說：「他比較能應付大人，但很多大人就怕他這種少年英才，覺得備受威脅，會感到不悅或卻步。」傑表現出來的，顯然只是一小部分的他。他的音樂甚至是他的部落格所呈現的他，比本人討喜。他沉靜好思、自負又不諳世事，不禁讓人想到集天才和障礙於一身的自閉症患者尼爾曼。傑說：「不管有意或無意，我的音樂總能表達我的情感。」許多人藉由音樂向他人傳達情感，傑則是透過音樂向自己表達情感。

• • •

過去，人們大多認為天才是著了魔。亞里斯多德相信，凡天才必瘋狂。帕格尼尼遭人指控把自己交給魔鬼。一八九一年，義大利的犯罪學家隆布羅梭就說：「天才是一種退化性精神疾病，屬於悖德症的一種。」近來神經科學證實，創造力與精神疾病都來自大腦的相同區塊，兩者都與丘腦中第二型多巴胺的受體變少有關。創造力與精神疾病位於連續光譜上，之間沒有明顯分界。

行為神經學之父賈許溫德觀察發現，神童除了天賦異秉，也常有讀寫障礙、語言發展遲緩與氣喘等問題，他稱之為「優越者的病症」。這些症狀有時很嚴重。曾有一家人告訴我，兒子兩歲時就能分辨五十首以上的曲子。他會大叫「馬勒第五號！」或是「布拉姆斯五重奏！」到了五歲，男孩經診斷接近自閉症邊緣，由於強迫行為已漸漸出現，為了防止惡化，他們聽從小兒科醫生的建議，生活中完全杜絕音樂。後來自閉症狀趨緩，但男孩也失去對音樂的熱愛。有些研究人員宣稱，熱中於音樂是一種對聲音極為敏感的自閉型態。以色列精神科醫師諾伊認為，音樂是這些孩子對抗外界噪音、鎮定心神的方式。本章談到的音樂家有許多人都可能符合臨床自閉症光譜障礙的標準。

天才瘋狂一線間，許多父母因此戰戰兢兢對待天賦異稟的孩子。澳籍天才兒童專家格羅斯認為，有天賦的孩子抗壓性比一般孩子好，但天賦極高的孩子抗壓性卻較差。紐約愛樂樂團總裁梅塔表示，他與妻子常對彼此說：「還好我們家沒有這麼傑出的孩子。」天才鋼琴家阿巴斯十四歲便耗盡才華，但三十多歲又重返舞臺，他說：「孩子的肩膀太瘦弱，有時撐不起他的才華。」

與神童合作過的人都知道，人的智性、情緒與生理年齡一旦不同步，很可能會崩潰。擁有成人心智的孩子，日子並不比擁有孩子心智的大人好過。茱莉亞音樂學院院長波利希說：「一個原本正常的小孩，一拿起小提琴或坐到琴鍵前，就立即在你眼前變了個人，實在嚇人。」他的同事卡普林斯基補充道：「天才是種異常，而異常的症狀往往不止一種，很多天賦異秉的小孩也同時有注意力缺失症、強迫症或亞斯伯格症候群。父母在面對孩子這兩面時，往往很快就承認孩子光明、具天賦、特出的一面，其他卻一概否認。」音樂表演就是持續練習敏感度，而敏感則常常導致脆弱。對於一般被視為病患的特殊孩子，父母必須學會在疾病中找到身分認同，而天才兒童的父母則得學習在面對天才的身分認同時，辨認出可能伴隨而來的疾病。有些人即使沒有診斷出疾病，但情感上最親密的對象是沒有生命的物體，其實是很寂寞的，對此他們也得學會調適。精神科醫師孟倫說明：「如果你一天花五個小時練琴，其他孩子卻都在外面打棒球，你就跟他們不同。就算你深愛練琴，也不會想做其他事情，也不代表你就不覺孤單。」伯恩斯坦直言：「獨處是創造力的關鍵。」

自殺的風險揮之不去。音樂神童布雷默高中畢業時才十歲，他在訪問中坦言：「美國是要求完美的社會。」他十四歲那年，父母外出購物，留他一人在家，回來時發現他已對著頭部舉槍自盡，沒留下任何遺言。他母親說：「他生下來就是成人。我們只看著他的身體一天天長大。」賈德十二歲與倫敦愛樂管弦樂團同臺表演，十八歲在李斯特鋼琴大賽奪冠，廿二歲跳崖自殺。小提琴手拉賓一度崩潰，之後「恢復」，最後卻在卅五歲跌倒過世，血液中驗出高濃度的鎮靜藥物巴比妥酸鹽。知名荷蘭神童克里恩斯精通小提琴、鋼琴、指揮與作曲，後來朝自己頭上開槍，遺言中自認音樂生涯再也撐不下去。

朱利安·韋博拉撰文描述天才兒童的情感需求時寫道：「天才兒童的自殺問題越趨嚴重。」即便如此，仍有人堅持目前毫無研究證實這些孩子的情感比其他人脆弱。這不代表優秀與自殺無關，而是有些人可能因能力過人而自殺，也有人則因為擁有相似的能力而拒絕自殺。天才既是保護罩，也是罩門。天才自殺的機率較高也較低。雖然兩個機率經過平均之後的數值是相等的，但不代表兩者在本質上是相同的。驅使某些人自殺的，何以讓另一些人活著？兩者之間的微妙差異，仍有待進一步探索。

天才一旦自殺，父母往往受盡責怪，有些孩子也的確是受父母所逼。追求名人光環的母親，或永遠不滿意的嚴父，在專業文獻中常常出現。有些父母以幫助孩子為重，有些則只想幫助自己，更有許多人分不清兩者的差異。有些父母一心追夢，卻沒看見孩子。曼哈頓音樂學院院長席洛塔說：「文藝復興時期，義大利有許多母親趁小閹割兒子，以成全他們的音樂事業。現代天才所經歷的精神毀損，殘暴程度並不亞於他們。」天賦異秉雖與心理健康、獨立思考及智慧完全無關，卻格外需要這些能力來保護自己。天才兒童若是失敗，就得一輩子背負曾經前途看好的記憶，並飽受折磨。關於神童人生的記述總是被推向輝煌或悲劇的極端，但大多神童其實是在兩個極端間苟安一隅。小提琴手海飛茲曾形容天賦異秉是「通常會致命的疾病」，而自己是「少數能僥倖存活的人」。

為圖錢財而行的剝削，是各種剝削中最不體面、最直接的一種。巴別爾在〈覺醒〉一文中，描繪了戰前俄國的神童次文化，在當時，神童常被視為全家人走出貧窮的機會。「男孩四、五歲時，母親就會帶他去見薩格斯基先生。薩格斯基有座神童製造工廠，製造出一個個身穿蕾絲領口與漆皮皮鞋的小小猶太人。」鋼琴神童露絲．史蘭倩絲卡在自傳《琴緣一生》裡敘述自己遭受毒打：「我只要一彈錯，他的老方法就是湊過來，不發一語，狠狠賞我一巴掌。」她在一九三一年首次登臺，當時才四歲，獲得熱烈好評。她記得拉赫曼尼諾夫對她說：「一年後妳會非常傑出，兩年內就會變得不可思議。想吃餅乾嗎？」某天，她無意聽到父親說：「我教露絲彈貝多芬，是為了賺錢。」她心情跌入谷底。她放棄鋼琴時，「我才十六歲，覺得自己五十歲了，看起來卻像十二歲。」父親趕她出門，狠狠撂下一句：「妳這沒用的賤貨！沒有我，妳別想再彈什麼！」

有位心理學家緊跟著匈牙利鋼琴家爾文．尼爾哈齊，研究他的完整童年，並詳細記錄下來。爾文的父母從不叫他自己穿衣、切食物，他吃的比家裡其他人好，也從來沒上過學。父母擅用他的天才獲得特權，也曾受邀帶爾文為歐洲皇室演出。日後爾文說：「我就像張名片。五歲的時候，才發現自己身邊盡是陌生人。」他父親不停跟各個贊助人鬧緋聞，母親則拿兒子賺來的錢揮霍。

十二歲時，父親去世，母親把他最主要的快樂變成煩人的勞務。爾文說：「我媽恨我。」他也因此恨她，有次還稱讚希特勒了結她的性命。他和許多從小被捧過頭的天才一樣，展現出受傷的自戀者那種混合著自負又極度缺乏安全感的特質。他說：「不管遇到什麼阻礙，我都直接放棄。」他結婚十次，離婚九次，有一陣子還無家可歸。他活到很大的歲數，卻久久才表演一次，結果總是好壞參半。他彈琴是為了討好或對抗母親，少了母親，爾文便失去表達真實情感的動力。

・・・

羅倫·哈蘭德的父親是傳奇指揮家托斯卡尼尼的樂團副首席，脾氣也跟老闆一樣差。羅倫告訴我：「我從小被打到大。如果我彈的不是他要的，就會被打或揍下琴椅。」一九五五年他十一歲，首演大為成功，人生從此加速前進。「我十四歲的時候一年要表演五十場，一年錄一張唱片，十六歲開始出現重度憂鬱症，右手掌與手臂也逐漸失控。」在卡內基音樂廳首演五十二年後，他說：「上臺令我害怕，甚至是恐懼，讓我大傷元氣。我不知道自己能有所選擇，也不知道人生還有其他事可做。我沒有一件事做得滿意，不只技巧不夠完美，音符也無法透顯出人類情感、靈性探問以及對美的追尋的完整色彩。」

羅倫的私生活漸漸變亂。他說：「我不確定這算不算性成癮，不過在性這方面，我無法對我的婚姻忠誠。我沒有任何藉口，就是蠢而已。沒人能聽我傾訴那些渴望、欲求、需要。天賦的配備是煉獄，但沒人警告我。於是音樂失去控制，越跑越快、越跑越快，我把持不住。每次表演後我都會躲起來，音樂會一結束，觀眾還站著鼓掌歡呼，我就下臺，找到後門溜出去，沉溺在羞恥中。」羅倫曾與天才兒童的父母合作，警告父母可能面臨哪些危險。他說：「想了解天才，不能從我們對一般人的了解來推斷。我們能先了解天才，再回推常人，但反過來則行不通。」換句話說，托爾斯泰能教我們了解農場工人，農場工人大體上則無法帶我們領略《安娜·卡列妮娜》中隱喻的複雜現象。

・・・

控制欲強烈的狠心父母自古就有。對小莫札特來說，父親就是「上帝之下，萬人之上」。

帕格尼尼談到父親時說：「如果他覺得我不夠勤奮，就不給我食物，以迫使我加倍努力。」十九世紀初期，克拉拉·維克的父親一心要訓練她成為浪漫時代的獨奏鋼琴家。她父親每天檢視她日記，裡面還有許多段落出自他的手筆，有的是他親手所寫，有的則是他逼迫女兒抄下。克拉拉的傳記作家寫道：「他堅持要使用第一人稱，彷彿整本都是克拉拉自己寫的。他似乎逐漸取代了她的人格。」他發現克拉拉愛上作曲家舒曼時說道：「我跟他，妳選一個。」她嫁給了舒曼，而她父親則拒絕把日記還給她。

・・・

一九六〇與一九七〇年代間，美國俄亥俄州克里夫蘭市的旅館數量還不足，著名的克里夫蘭管弦樂團安排客座音樂家住在董事會成員的家中，帕爾曼、祖克曼與阿胥肯納吉因此住進斯科特·法蘭科父母的家。斯科特五歲開始學鋼琴，有絕對音感，很快便能以任何調子進行即興創作。他說：「我母親以前常寫些通俗小曲，她希望我能在這個領域發展得更好，父親則對自己的工作毫無興趣，鑑賞能力也無處發揮，所以他很能體會，我若能做自己有興趣的事會有多好。」

斯科特的第一個鋼琴老師知道他天資優異，他自己也知道。他說：「能力有如神聖天命，那感覺好似觸摸得到，而且立即把你與其他同學區隔甚至疏遠開來。」他為父母而彈奏，「於是我開始認為，父母愛我，是因為我能做到這些事，或許不是因為我這個人。這種壓力使音樂變成敏感話題。我和另一半最近邀朋友來家裡享用午餐，席間一個友人請我彈琴，我回答：『不要。』語氣真的很無禮，而且那種憤怒又回來了，甩都甩不掉。」

斯科特認為母親的控制欲已超出音樂的範圍。「無論我要去哪裡上課、交什麼朋友、將來要從事哪一行、跟誰結婚、穿什麼衣服、說什麼話，她都想主導。如果不順她的意，她就大發雷霆。她性情多變，嗜血無饜，完全不在乎跨越別人的界限，並把我視為她的延伸。我父親沒辦法保護我，也可能是不願意，或者兩者都有。」

斯科特開始在克里夫蘭音樂學院跟隨一位俄籍鋼琴老師學琴，這個老師非常瞧不起美國中西部。他說：「每堂課都冗長又痛苦。如果哪裡不對，她最難聽的批評就是『聽起來很西班牙』，她會說：『你彈的巴哈，怎麼聽起來這麼西班牙？』但我參加了克里夫蘭管弦樂團舉辦的協奏曲比賽，拿到第一名，她完全無法相信。」獎品的一部分是與交響樂團同臺首演。不久後，斯科特去耶魯了，並在那裡找到畢生志業：寫音樂劇。

斯科特告訴父母自己是同性戀時，兩人怒不可遏。他說：「我無法忍受那種狹隘的愛。愛一個人就要全盤接受，不能只愛光鮮亮麗的部分。」二十多歲時，父母讓斯科特氣到不再作曲。他說：「父母逼得我想把那個神童吃掉，這樣他們就沒辦法為了自身的目的，到處拉皮條宣傳。當然，這麼做也有副作用，那就是我也害了自己，我的事業與靈性都因此遭殃。我當時人生失去重心，什麼事都毫無意義，生活只剩嗑藥、性愛以及看心理醫生。」斯科特有十年不碰鋼琴。「但音樂仍不斷侵擾我，一站在鋼琴旁，心中就湧上無法宣泄的情緒。」最後，斯科特終於重拾紙筆，譜寫音樂劇，也因此登上百老匯。

他說只要歌詞對了，靈感就會立即浮現，我說這聽起來是頗為愉悅的過程。斯科特說：「音樂本身反映各種難以置信的高低起伏，但我的創作大體上從痛苦出發。那些鮮明的悔憾、絕望與無望來自我的人生經歷。」他讓我看手機裡一張五歲的照片，照片裡他笑容滿面。「這是證物一。」接著他給我一張清單，上面羅列他服用的抗憂鬱藥物。「證物二。那個在笑的小男孩，我覺得是我原本的天性，他若沒被『破壞』、完好如初地長大，我現在寫的就是樂天的音樂，而不是這種狂飆激盪的風格。」他甩甩頭，我在他這段聲明裡，聽到的是悲傷多於怒氣。他又說：「那曲調一定也一樣美。」

・・・

小提琴手陳美的生活，各方面都由她母親掌控，包括銀行帳戶、衣著，甚至十七歲發專輯時拍攝的性感撩人封面照。為了怕割傷手，她連麵包都不准切，也不能交朋友，以免分心。她母親說：「我愛妳，因為妳是我女兒，但如果妳不拉小提琴，妳對我而言就毫不特別。」陳美廿一歲時換了新的經紀人，原因是她「極度希望擁有正常的母女關係」。她想要的是陪伴，而不是監督。從此之後，母親再也沒跟她說過話。BBC拍攝團隊邀請陳美的母親接受訪問時，她寫道：「我女兒將近三十，我生命中的那段歲月早已結束。」陳美紅得發紫，名下財產據估計高達六千萬美元，但她說：「我覺得十二歲的自己，比現在的我更蒼老。」她解釋道：「我隨身帶著她寄給BBC的那封電郵，只要一開始對我們的關係感到悲痛，並設想著或許可以不用這麼差，我就把信拿出來看，然後明白，事情不可能改變。」

・・・

尼可拉斯．霍奇斯出生在音樂的世界裡。母親是歌劇演員，曾在倫敦柯芬園演出，為了家庭而放棄事業。尼可六歲開始學鋼琴，九歲就開始創作一齣以希臘神話的帕爾修斯為主題的歌劇。十六歲時，他告訴父母自己想當作曲家，而不是鋼琴家。尼可說：「他們一副被我捅上一刀的模樣，我一直以為一切都是為了我，後來才知道都是為了她。那時我才驚覺，母親根本不在乎我想要什麼。」

尼可長大後，與音樂的關係越發緊密，也越明白自己無法兼顧鋼琴家與作曲家的身分，而彈琴比較賺錢。他想「專心發展自己已經扮演的角色，而且要更上一層樓」。母親很高興。

432

「於是我寫信告訴她，我再也不想跟她說話，之後我們一年沒聯絡。」現在，他所彈奏的大多是母親不喜歡的當代音樂。即使已過了廿五年，他表示：「那感覺幾乎像一個人出軌後，另一半很難完全忘懷失去信任這件事。當我彈奏十九世紀的音樂，她就會說：『噢！真好！噢，你確實喜歡這音樂！噢，沒錯，就是如此！』有次她來找我，我放了蕭邦的音樂，她就說：『噢！所以你還是喜歡蕭邦？』這就如同跟人說：『噢，你喜歡男生，但也還是喜歡女生吧？』她希望我能做點為她而做、能滿足她的事。」

尼可最後決定重返舞臺，半是抵抗，半是默認。他說：「我回歸了她最初對我的計畫，但這次是我自己選擇的。在十六歲時突然讓她那麼失望之後，我更容易看清自己真正想要什麼。」

・・・

以音樂為志業需要極大的決心。鋼琴家魯道夫・塞爾金還在全球聲望最高的柯蒂斯音樂學院擔任總監時，有學生告訴他：「我一直思考該去念醫學院，還是當鋼琴家。」塞爾金說：「我建議你去當醫生。」男孩回道：「但你還沒聽過我彈琴。」塞爾金說：「會問這個問題，就表示你當不成鋼琴家。」但下定決心當音樂家的人，仍應懂得質疑自己的決定。即使是在樂壇一直屹立不搖的天才大提琴手馬友友，也於神童歲月結束後考慮過其他職業。他寫道：「我的人生看似已然注定，但我非常希望有機會選擇。」他十分感謝父母，他們知道「天賦的琴藝必須與發展成熟的情感結合，才能創造出健康的音樂」。聲樂家泰瑞莎・馬勒是作曲家古斯塔夫・馬勒的後代，她也同樣慶幸未被逼著走上音樂一途。她說：「若是被逼，我或許會更成功，但我或許就不會發現自己有多需要音樂。因為沒人逼我，所以我知道一切都是我自己的選擇。」

神童經歷光輝歲月後，要決定放棄音樂，也同樣需要決心。卡普林斯基表示：「他們長大後，就很難清楚區分職業與自我。即使很不想當音樂家，也無法想像自己從事其他工作。」有些傑出的音樂家就是不想靠演奏為生。鋼琴神童范皇就告訴我：「年輕時，成功可望而不可及。慢慢長大後，眼看著想觸及的目標越來越近，才發現，那跟你想像的不太一樣。你在一片艱辛的大海中泅泳，每件事都比看起來還要棘手，先前那個東西遠望覺得很美，就近一看才發現很粗糙，而且就要崩解了。但你已經游了這麼遠，也只能繼續游下去。」

・・・

野田健的母親野田貴代在《村聲》週報上看到鋼琴班招生廣告，便幫五歲的野田健報名。兩年後，老師建議他參加茱莉亞音樂學院大學先修部的徵選。貴代一直想當舞者，但她出身東京政要家庭，父親不讓她跳舞，她想給兒子她所失去的機會：投身藝術。野田健回憶道：「突然間，母親開始坐在我身旁，看我練習，確認我一天練兩小時，犯錯就處罰我。我愛音樂，但我開始痛恨鋼琴，鋼琴是不會振動、頑固又難搞的樂器，根本和打字機沒兩樣。」父母婚姻觸礁那段期間，練習變得更痛苦。野田健說道：「怒吼不斷，簡直是場噩夢。天才兒童的父母應該也要有資格考。我努力說服自己，她不是愛慕虛榮，因為她一天到晚跟人說她不是想當星媽。但她就是。我表現好的時候，她就充滿母愛，表現不好時，就變得很可怕。」與此同時，野田健的父親無異於拋棄了他。「他常瞧不起我做的事，其實並不是針對我，而是針對她。因為我沒時間交朋友，又需要有人愛我，所以我拚命練習，如此她便會愛我，就算只是偶爾也好。你知道，我跟她之間有兩條臍帶，一條是大家出生時都有的那條，另一條則是音樂。」

野田健稱他的「第一份事業」起於十六歲，一九七九年他首次亮相，與指揮巴倫波因同臺演出，大受好評，哥倫比亞藝術家管理公司立即與他簽約。巴倫波因對野田貴代說：「他彈

433

琴時，內心有好多感情，有好多心事，但身體卻非常緊繃，幾乎要扭曲變形。我擔心他會傷到自己。」野田健拜巴倫波因為師，雖然磨練技巧很吃力，但他彈奏時卻有深刻的洞澈世情的悲懷。他說：「我是老靈魂。」但靈魂再老，也需要青春的滋潤。野田健說：「我很早就開始受訓，被推上某條道路，不停拜見名人大師，十個裡有九個人看到的我，是他們一心想塑造的我。這會令人陶醉，讓人害怕，最後可能要你的命。」母親在他十八歲那年為了一個義大利畫家而離開他的父親。「一切豁然開朗，我明白她自己也被困住了，只能把我當成她的出口。」

他廿一歲出櫃，為了心理健康，也為了音樂，他必須這麼做。他說：「年輕人喜歡愛情故事、戰爭故事、正邪對抗的故事與老電影，因為他們的情感生活大多十分絢爛，而且本該如此。他們把這些渲染過的情緒帶入表演，效果也總是動人心弦。但隨著人逐漸老去，絢爛的情緒不再新鮮。曾有段時間，我能夠描繪這種絢爛的生活，知道什麼叫失去、什麼叫失敗的愛情、什麼是死、什麼是性的狂喜。我曾有能力憑想像揣摩這些情緒，這也是才華的一部分。但這能力會逐漸枯竭，每個人都是。因此許多天才在二十歲前後陷入『中年』危機。想像力如果沒有人生歷練的澆灌，表演時會越來越無法重現這些情感。」

野田健與許多指揮大師合作演出，經紀人幫他排定好幾年的行程。廿七歲時，他遇到危機，險些自殺。「我喘不過氣來，彈琴變得小心翼翼，像是有精神潔癖，一個音都不放過。我的音樂一直都很乾淨，但到後來，乾淨卻變成神經兮兮，無法傳達任何東西。」他去見了哥倫比亞藝術家管理公司的總裁，表明要解約。他的經紀人說：「但你未來五年的演出都排好了。」野田健回答：「那麼我想取消我的人生。」十五年後，他告訴我：「那是我這輩子做過最刺激的事。」

野田健的存款夠他過上一段舒服的日子，不用工作。「所以一整年間，我就在紐約走來走去。坐在公園內、上博物館、去圖書館，所有我以前做不了的事。人們問我：『接下來要去哪表演？』我總回道：『哪裡都不去。』那是我這輩子最棒的一年，因為我是誰、我的自我價值感，都跟我的天賦完全無關。」

隨後，紐約大都會歌劇院的藝術總監詹姆斯·李汶邀請野田健擔任副手，健的第二段音樂人生就此展開。健負責訓練歌劇演員。李汶有點難親近，野田健則溫暖開朗，打動了許多表演者。他說：「我現在的音樂人生就像一場美夢。我愛舞臺劇、愛歌劇演員，我愛大都會。」他偶爾會參與表演，通常是上臺伴奏。他喜歡較不受矚目的位置。他表示：「上臺只是要向自己證明，我不是因為怯場才停止表演。」

435

野田健花了好幾年才明白新事業與舊事業一樣累人。他每天早上五點前起床研讀歌劇，六點半抵達大都會，花幾個小時練習、排演、訓練，深夜十或十一點才回家。他四十五歲時一度感染葡萄球菌，急診醫師要他填緊急聯絡人，他赫然發現自己並沒有想通知的人，於是陷入憂鬱。他感到身體內的音樂再次枯竭。音樂一向引領他往前走，唯有當音樂衰微時，他才會發現底下的自己精神衰弱。「你每天都在重現這些情感，非常非常容易以為自己都經歷過。邁入中年後，我開始渴望人生，那些我在書上、電影裡或他人的家庭裡看到的人生。」

四十七歲那年，野田健第一次認真談感情。他說：「以前談過很多場戀愛，都是有點戲劇化的愛，像流星一樣一閃即逝。終於開始認真生活後，我很怕自己的藝術生產力消逝不見。」這種恐懼不時讓他退縮。健說：「第一次和韋恩分手時，他心都碎了。第二次分手後，過了三週他就回來找我。」健還描述他有一種社交障礙，那是他經年累月的孤立所造成的。某次同志遊行途中，他告訴韋恩自己要去大都會練習，韋恩說：「你是我的伴，不能就這樣離開。你不可以就這樣跑回歌劇院躲進練習室。」健告訴我：「我從不跟其他小孩一起玩，又何必在四十七歲跟伴侶一起玩？」不久之後，健把鋼琴與琴譜捐出去。「回家沒鋼琴可彈的感覺很單純，單純得美好。」

野田健與父親疏遠了一陣子之後，又和父親恢復友好。貴代也表示，她對於自己在健孩童時期的所作所為十分悔恨，而兩人後來也重修舊好。健說：「我對她的愛，有時強烈而無法遏抑。我從不恨她，但這份關係實在太過強烈，我得奮力抵抗，才能找到人生的其他重心。」他頓了一下，又說：「我人生的驅力及重心，都來自母親的鞭策。她的鞭策讓我走了很遠。她給了我第一段音樂人生，而我恨那段日子，為此我永遠無法原諒她。但若不是她，就不會有第二段我鍾愛的音樂人生，為此，我感激不盡。」

• • •

有些人喜歡獲得掌聲，卻以為自己是熱愛音樂。卡普林斯基說：「可惜，這些人以後都會很慘。因為大多時候，和你在一起的是音樂，而不是觀眾。」樂評家戴維森說：「十四歲時，你選擇音樂是為了滿足他人期待，而且你也擅長音樂，能由此獲得回報。但到了十七、八歲，如果缺乏其他動力，你可能會崩潰。若說音樂是為了表達，此時的你該開始表達自己的感覺，而不是他人的。」

天才兒童想取悅的大人有時會相互競爭。許多音樂家與老師之間存在著彼此珍視的語言，是父母無法掌握的，一如聾兒在學校學習手語的情況。師生關係往往會介入親子關係，里昂與母親及老師許納貝爾的關係正是一例。這種關係可能像離婚，離得剪不斷理還亂，父母與老師各下各的指令，各有各的目標，孩子夾在中間，十分尷尬。有個老師跟我說，他有個學生為了母親與老師給她的建議背道而馳而深感焦慮，最終因此放棄大好前程，轉攻數學。

• • •

德州天才兒童肯蒂．鮑康比的潛力就同時受到父母與老師認定，但為了讓她發揮潛力，所有人都受了傷。那時是一九六〇年代，肯蒂住在德州克利本市，各方面都顯示出與其他小孩的差異。她是養女，父母都是美國北方人，喜歡在收音機上聆聽芝加哥交響樂團演奏。兩人帶肯蒂去上芭蕾舞，她討厭芭蕾舞，卻深受為芭蕾舞課鋼琴伴奏的老師吸引。她告訴父母：「如果你們讓我停上芭蕾舞課，我願意改練鋼琴，而且絕不會放棄。」牧師借肯蒂的父親一架一八九三年的史坦威直立式鋼琴，當年教區居民是用篷馬車將這架鋼琴載到德州。

肯蒂的老師曾和達拉斯男聲合唱團到德州四處演唱，肯蒂七歲時，他帶她一同表演。肯蒂說：「在米尼奧拉市，有位女士說：『我想要妳的簽名。』我說：『可是我還不會寫草體。』她說：『親愛的，那不重要，妳就要成為下一個范．克萊本了。』」之後大家開始私下戲稱她為「范．克利本」。肯蒂說：「我開始覺得自己像表演馬戲的人，最後，我跟父母說：『我不舒服，肚子好痛。』」

八歲時，父母幫她把表演給停了。有人介紹他們認識沃斯堡一帶德高望重的蘭克福女士，范．克萊本國際鋼琴大賽實質上可以說是她創立的。蘭克福願意幫助肯蒂到沃斯堡的私校就讀，並讓她週間與自己同住，接管她的音樂教育。肯蒂的父母拒絕，但認真看待女兒的才能評鑑結果，蘭克福於是成為肯蒂的老師。肯蒂的母親規定肯蒂一天練習四小時，但肯蒂原本就下定決心要這麼做。她說：「我四歲就說過：『我要當鋼琴演奏家。』而且我沒有其他選擇。」那年，她在沃斯堡一場比賽中獲勝。十歲時，蘭克福診斷出大腸癌末期，只剩三個月壽命。大家不想讓肯蒂目睹絕症，她從此未再見到她的恩師。她告訴父母，沒有蘭克福，她無法彈琴。隨後他們接到一通電話。蘭克福在臨終前請知名的匈牙利鋼琴家莉莉．克勞絲收肯蒂為徒，那時她是德州基督教大學的駐校藝術家。

肯蒂說：「我受寵若驚，莉莉．克勞絲可是歐洲天后，穿的是織錦禮服，平時頸間都戴著三圈式珍珠項鍊。小提琴家加里米爾後來跟我說：『歐洲每個男人都愛莉莉．克勞絲。』」肯蒂那時已學過孟德爾頌的g小調鋼琴協奏曲，心想新老師應該會賞識。「她聽了一下，說：『好啦，親愛的，讓我來教妳如何彈鋼琴。』她把我琴架上所有的譜撤下，全數扔到地上，然後說：『彈個音階。』我彈了C大調音階，接著她說：『彈g小調。彈降B大調。彈對反音階。彈四個八度。』她要求的都是我未曾聽過的東西，我整個人生被打敗、崩潰了。」

肯蒂的母親有點怕蘭克福，但她非常崇拜莉莉．克勞絲，甚至把她的衣裳拿回家縫補。肯蒂將許多感情轉而投射到新老師身上。她說：「如果聞名世界且性格強烈的演奏家在妳十一歲時走入妳的生命，母親怎麼可能不相形失色？克勞絲的一舉一動我都想模仿。」肯蒂與克勞絲建立起的深厚關係，是母親無法打入的。但母親也成了肯蒂的訓練官，確保她每天練習數小時。肯蒂說：「沒有什麼事比練習重要，永遠。」

一年半間，肯蒂一首曲子也沒彈，就只是練習琵音、顫音、音階、徹爾尼、三度音音階、八度音音階。「我覺得自己要瘋了，協奏曲去哪裡了？」終於，克勞絲認為肯蒂可以彈莫札特奏鳴曲了。她們發展出一套模式：克勞絲整個夏天都在歐洲巡迴演出，這段時間肯蒂要把譜背下來。等夫人九月回來，肯蒂就能用「正確方式」重新學習這些曲子。當時肯蒂的父親有機會升遷，但如此一來就必須搬家，而只要肯蒂還跟著克勞絲學琴，搬家就想都別想。

後來大家都戲稱肯蒂為「莉莉．克勞絲的學生，范．克萊本大賽的下屆冠軍」，這只會讓肯蒂被「鎖上螺栓、越扭越緊」。她想進茱莉亞音樂學院，卻又離不開克勞絲。她說：「我是唯一學到克勞絲真正技巧的學生，我跟著她十四年才學到。」肯蒂決心要以舒伯特《流浪者幻想曲》的協奏曲版本一戰成名，克勞絲卻說：「那首曲子只有我能彈。」麻煩開始出現。肯蒂說：「克勞絲夫人用盡一切方法延續她的事業。她渴望青春如我，但沒有辦法。」

母親的關注與父親的犧牲讓肯蒂倍感壓力，她感覺到克勞絲想把她推向成功，要既能成就自己的美名，又不致於超越自己。蘭克福的遺願猶言在耳，而她身為養女，更覺得必須證明自己價值非凡，以免遭到棄養。從德州的餘興表演時期就開始的那股嚴重焦慮感又出現了。她到德州基督教大學註冊入學，努力在維持課業與健康之間掙扎，越來越辛苦。最後，她終於開始準備以普羅高菲夫《第二號鋼琴協奏曲》參加范．克萊本大賽。

比賽前不久，她生了重病，一個月瘦了十四公斤。醫生診斷她有厭食症，而往後的五年，她越來越瘦，最後一百五十二公分的她只剩卅九公斤重。她的腎臟也逐漸失去功能，一度得仰賴機器維生。克勞絲日記裡甚至寫到她在肯蒂死前向她道別。肯蒂則在醫院思考自己的絕望。「好幾次我怪母親：『就因為我沒贏范．克萊本大賽，所以妳不愛我。』我認為她只視我為鋼琴神童。克勞絲夫人愛我，我是她的寶貝，她喚我肯蒂寶貝。但世人總把我當成『鋼琴手肯蒂．鮑康比』，為什麼不能就只是『肯蒂．鮑康比』？」最後她得知自己患了克隆氏症，一年後，雙腳才能再次行走。

接近三十歲時，她寫信給莉莉．克勞絲：「克勞絲夫人，我必須離開妳，我必須離開沃斯堡，離開我父母，以及我所知的這個世界，到紐約市去。」為了念茱莉亞音樂學院，肯蒂變賣了所有東西。她說：「我父母哭個不停。他們知道我得去完成某件事，但並不清楚那是什麼。」

她在茱莉亞找到的，是人。「我受夠了孤單一人，不管是巡演、事業還是人生，各方面都受夠了。」在茱莉亞時，肯蒂開始與小提琴手夏斯特談戀愛。安德魯受邀進入達拉斯交響樂團，肯蒂嫁給他，回到德州。沒多久，婚姻開始出現裂痕。肯蒂說：「他是備受尊重的指揮，而我卻無所事事。」她與克勞絲的關係因克勞絲自視優越而變質，而現在她發現自己很難不與丈夫一較高下。她說：「我準備好要離開他了。」接著她發現自己懷孕了。為人母這件事意外地再度把兩人結合起來，也讓肯蒂得以將精力從自己身上轉移出去。她說：「身為神童，妳總是房間裡最重要的那個人。我一直扮演完美小姐，但現在，重點不在我身上了，我才發現，這才是我一直以來真正想要的。」

肯蒂後來成為當地聖功會教堂的管風琴樂師與樂團指揮。我參加該教會的禮拜，問了教會成員對教堂的音樂有什麼看法。大家都知道肯蒂是優秀的音樂家，但許多人出了教會就不聽古典音樂，還有些人在加入這個教堂之前根本不喜歡古典音樂。他們覺得聽肯蒂彈奏有點像在觀賞《芭比的盛宴》，信徒起立、坐下、手忙腳亂地拿出詩歌本，而這時崇高和諧的樂音就在身旁傾瀉而下。

・・・

神童的父母無法得知，孩子的能力是否足以支撐音樂事業，也無法得知孩子究竟想不想過這種生活。以音樂為業的壓力太大，即使喜歡表演，也不見得想終生四處巡迴，那樣的生活無法與人維繫穩定關係。父母是否為孩子打算，讓他／她長大後能真正喜愛自己的人生？許多天才兒童的父母執著於獨奏，對於音樂這行的其他形式（如加入管弦樂團或室內樂團等）不屑一顧。

・・・

大衛．華特曼的姨母芬妮．華特曼有「英國最知名的鋼琴老師」之稱，「里茲國際鋼琴大賽」就是她創辦的。大衛的兩個姊姊都是神童，父母已經沒有足夠的精力把第三個孩子也推上音樂一途，而是期望他當全才資優生。他自己也決意不當神童，只把大提琴當興趣。青春期時他愛上室內樂，也喜歡和團員往來。在劍橋讀哲學時，他加入業餘的四重奏團，為了保留學生宿舍，又繼續攻讀博士，一邊思考未來是否要當專業大提琴手。

一九七九年，大衛與其他三位神童出身的音樂家共同創立「安德里昂弦樂四重奏團」，三十多年來，團員只換了一人，並發展得越來越好。大衛表示，接受廣泛的教育讓他知道自己能在很多領域有所發揮，這讓他大鬆一口氣。當然，起步得晚還是得付出代價。「如果四重奏團一週沒練習，我就會嚴重退步，其他人就沒這個問題。我確信這是因為他們的技巧都已經深植於心。」不過他也承認，更廣闊的教育有助於他的人際往來，他說：「清晰表達的能力對於四重奏團非常重要。」

我想知道，大衛是否後悔沒有早點開始練習。他說：「那我可能會變成失敗的獨奏家，而不是成功的室內樂音樂家。如果十幾歲時就能下定決心，或許我現在會是個更傑出的大提琴家，但我想，我會失去很多快樂，因此反而會讓我比現在遜色。」

・・・

像野田健、肯蒂和大衛這樣的音樂家其實仍以音樂為生，只是沒有父母想像得那麼轟轟烈烈。還有人決定繼續演奏，但放棄登臺表演。我大學認識了麥卡蘿，她當時便展現出鋼琴家的天分，二十出頭就要登上甘迺迪表演藝術中心首演。她的父母包下一輛巴士，要帶親朋好友一同前往觀賞。上臺前兩天，大家接到通知，麥卡蘿因受傷而無法演出。我以為她是練習過度對肌肉造成重複使力傷害，結果只是小指痛。此後廿五年，麥卡蘿再也沒有公開表演。她獨居在公寓裡，家裡有兩架鋼琴，每天練琴八小時。約會結婚都免談，因為她必須「放棄一切」來追求藝術。偶爾出席聚會，即使她從未開過演奏會，她仍以鋼琴表演家自居。

・・・

神童父母一旦嘗到名利的滋味，就有可能轉為剝削，但即使如此，這些人多半不是真的貪財，只是沒有自我覺察，也沒有能力區分自己的期待和孩子的願望。孩子總能反映父母的野心。如果你的夢想是生下天才兒童，就會在孩子身上看見天分。若你相信名聲能解決一切不幸，就會在孩子臉上看見他們對成名的渴望。雖然許多表演家都非常自我中心，但最自戀的往往是神童的父母。他們將自己的願望、野心與身分認同投資在孩子的作為上，而非孩子本身。比起探索孩子是誰，他們更想追求名利。在我看來，他們有時雖顯得十分無情，但很少懷著憤恨。他們施加在孩子身上的傷害，反映出他們對於兩個人生之間的界限抱持著可悲的錯誤認知。絕對的權力造成絕對的腐敗，而世界上擁有絕對權力的人，就是父母。這些天才兒童的父母雖然極度關注孩子，卻又看不見孩子。孩子之所以傷心難過，往往不是因為練習很苦，而是因為不被看見。追求成就代表必須為了預期的勝利犧牲當下的快樂，而這種驅力只能後天習得。放任孩子為所欲為，孩子就不可能在十歲之前成為世界級樂手。

・・・

我打電話給瑪麗安．普林斯敲定訪談時間時，也邀請她帶小提琴家女兒蘇蘭達一同前來共進晚餐，但瑪麗安回答：「我們家對吃非常挑剔，所以會吃飽再過去。」普林斯一家抵達時，我示意要為他們掛外套，瑪麗安代替丈夫與女兒回答：「我們作息很固定，現在不是喝東西的時段。」於是在受訪談。問他們想喝什麼，瑪麗安說：「不用。」三人就這樣全程抱著外套接訪談的三小時內，二人滴水未進。我事先擺上了手工餅乾，蘇蘭達不斷偷瞄，每瞧一次，瑪麗安就瞪她一次。我問蘇蘭達問題時，她母親不停插嘴代答。偶爾蘇蘭達自己回答時，又總是邊說邊焦慮地看著母親，似乎擔心自己答錯。

音樂才藝是普林斯一家人的生活重心。桑德拉大蘇蘭達十歲，是鋼琴家。維克拉大蘇蘭達四歲，是大提琴家。蘇蘭達五歲時，父母把三個小孩都送進兒童管弦樂團，現在三人則自成三重奏。瑪麗安是非裔美國人，蘇蘭達的父親拉維是印度人，以譜寫彈奏柔滑爵士樂為生。瑪麗安說：「別人看了都說他們有天分、有音樂性。我們看到這三個孩子一起練習時，彷彿一人在彈奏。」英文裡，孩子為了趣味而做，與音樂家為了謀生而做，用的正巧都是「玩」（play）這個字，雖然同音異義，但很容易讓人誤把表演和練習當做娛樂活動。

瑪麗安說：「懷上蘇蘭達時，生活中就已經充滿音樂了。」蘇蘭達四歲開始學鋼琴。「但後來她愛上帕爾曼和小提琴。蘇蘭達將近五歲時獲得她那把小提琴。雖然她從小耳濡目染，但她一拿到小提琴便能立即拉出音樂，這裡面肯定還有天賦。」蘇蘭達說明：「我選擇小提琴，是因為覺得小提琴聲聽起來跟我的聲音很像。」她未滿六歲就開始在茱莉亞音樂學院上課，但根據瑪麗安的說法，老師「只能勉強跟上蘇蘭達的需求」。她說：「蘇蘭達所有東西都是一學就會，她想彈貝多芬D大調、布拉姆斯D大調、孟德爾頌e小調協奏曲。音樂理論對她來說就像呼吸一樣自然。」

普林斯家三個小孩都在家自學，課程由瑪麗安設計，拉維指導。我問蘇蘭達的交友情況，瑪麗安說，兄姊就是蘇蘭達最好的朋友。我問蘇蘭達平常的娛樂，她回答：「基本上就是到茱莉亞上課。」

蘇蘭達曾受邀到首都一場重要典禮表演。蘇蘭達說：「我很緊張，現場真的非常非常嚇人，但我盡力彈到最好，沒有搞砸。」瑪麗安說，蘇蘭達與三重奏團受邀到國內各地巡迴演出。「她在『宓多里與朋友們』的系列活動中表演，宓多里本人也在現場，有照片為證。我們正在尋找更多機會。」拉維難得插話，他補充：「我們得再更上一層，開始有固定收入。」提到錢，瑪麗安顯然很尷尬，她說先前有一兩場表演有酬勞，但孩子表演多半是為了好玩。她解釋道：「他們覺得快樂的事，剛好也能為別人帶來快樂。我不認為我們是緊迫盯人的父母。我們是投入、支持的父母，但我想我們並沒有緊逼不放。我知道逼太緊是怎樣。我認為我們只是有能力回應孩子的需求而已。」

我通常不會要求受訪的音樂家順便表演一曲。但瑪麗安腿上就放著小提琴琴盒，於是我問蘇蘭達想不想表演。瑪麗安說：「蘇蘭達，妳想拉什麼？」蘇蘭達說：「我想我就拉巴哈的夏康吧！」瑪麗安說：「林姆斯基—高沙可夫如何？」蘇蘭達回：「不不不，夏康比較好。」聽到蘇蘭達說選擇小提琴是因為覺得琴音與自己的聲音很像時，我很驚訝，現在看來，那顯然是不讓自己的聲音被母親蓋過的唯一方法。蘇蘭達拉了夏康舞曲，曲終，瑪麗安說：「好了，拉一下林姆斯基─高沙可夫吧。」蘇蘭達拉起每個高手都一定得會的《大黃蜂的飛行》。瑪麗安又說：「韋瓦第呢？」蘇蘭達拉了《四季》的〈夏〉。她的琴聲清澈明亮，但天分並未好到足以解釋為何要為這門技藝犧牲童年。我本來希望蘇蘭達一拿起琴就充滿活力，但她反而拉出了小提琴的灼人悲悽。

443

・・・

父母的言行舉止可能傷害孩子，但父母本身也可能與孩子同受古典音樂產業所害。許多經紀人似乎都認為，他們必須不斷推出青年音樂家，觀眾才會繼續掏錢。神童市場一直都在，但過去三十年的模式是每週都要找到新人上場。共同打造這部賺錢機器的星探都短視近利，就連保持孩子心理健康也只是為了錢，戴維森說：「這就像在燃燒化石燃料，不停供應神童，導致市場氾濫，新人供過於求，每一個能表演的內容都很有限，其中又有許多是觀眾不再抱濃厚興趣的曲目。這些經紀人為孩子畫的前程藍圖，還沒展開就已是過去式。」

鋼琴家內田光子對我說：「這是種匪夷所思的執念，你去問那些觀眾，願不願意讓七歲小孩為他們出庭辯護？願不願意讓天賦異秉的八歲小孩幫他們開刀？」評論家尼慕拉說：「神童不過是較為文雅的怪胎秀。在怪胎秀上盯著狗臉人身的男孩直看叫做剝削，但盯著電視脫口秀節目裡六歲的鋼琴演奏者看卻似乎沒問題，甚至還很激勵人心，證明了人類潛力無窮。」盯著侏儒看是不禮貌的行為，侵犯神童的隱私卻沒人在意。

・
・
・

把天賦異稟的孩童逼得太緊，後果可能不堪設想，但不推他們一把，也可能會有問題。伯恩斯坦的父親被問及為何反對兒子的職涯選擇時回答：「我哪知道他會變成伯恩斯坦？」為了撰寫本章，我採訪了許多人，過程中漸漸覺得，這些父母有一半是強迫孩子走入不快活的音樂生涯，另一半則是無理阻礙孩子發展。喬納森．弗洛利爾則不幸地兩者都經歷過。

喬納森於一九九〇年代初期誕生於厄瓜多，他渴望上音樂課，但母親伊莉莎白覺得音樂不重要。父親傑米在喬納森出生前就放棄這段婚姻。他經營自己的音樂學院，但認為兒子不值得接受訓練。傑米最後在喬納森十一歲時讓步，讓他學鋼琴。短短三個月內，老師便告訴傑米，喬納森才華過高，在厄瓜多恐被埋沒，必須去歐洲接受訓練。

喬納森的母親一聽到兒子要出國便大發雷霆，為了留下他而上法庭爭取監護權。喬納森回憶道：「她這是在害我，因為我對音樂的熱愛便是我的全部。」兩個月後，傑米關閉音樂學院，帶兒子遠赴歐洲。伊莉莎白告訴警察，丈夫要綁架兒子，兩人只好連夜開車，越過安地斯山脈無人管控的邊界地帶進入哥倫比亞，再搭飛機到馬德里。喬納森學琴不到六個月便通過測驗進入魯道夫．海夫特音樂學院就讀五年級。

母親仍不放棄，嘗試各種辦法要他回來，喬納森得不斷向西班牙警方解釋自己想留下。喬納森說：「母親施加的諸多壓力，讓我不清楚自己做的到底是對是錯，父親也沒辦法告訴我。」為了尋求道德指引，他開始閱讀，亞里斯多德的倫理學、柏拉圖的《理想國》、聖多默、奧特嘉等。二十歲時，我問他對於搬到西班牙有何想法，他回道：「母親說音樂會奪走我的童年，但我並不想要童年。」十一到十六歲間，喬納森贏得二十多場比賽。父親找不到音樂老師的工作，便改做行政工作。喬納森說：「我的神童歲月充滿諸多壓力。」離開厄瓜多四年

444

後，他在十五歲首度回國，參與一場大型音樂演奏。儘管母親興高采烈地迎接他，不過兩人間已有難以跨越的鴻溝。

隔年，他取得曼哈頓音樂學院的全額獎學金，不久後在瓦倫西亞舉行首演，獲評「表演曲目與技藝都顯示，他並非只是神童」。閱讀學習改變了他。他說：「我開始發展出音樂家的其他特質。父親總是要求我不斷練習演奏曲目，但我認為那毫無意義。他選擇與我對立，我恨他這樣，我得做點得獎以外的事。」他在厄瓜多離開母親，現在則離開了父親。「他要我練會最受歡迎的曲目，然後錄製唱片，我則認為這樣做音樂太膚淺，會讓自己迷失，於是他把我踢出馬德里的家門，只給我兩個小時收拾行李，非常戲劇化。」我問二度放逐對他有什麼影響，他說：「幾乎像是一場朝聖之旅，我就是這樣以音樂家的行跡度過人生。有時我覺得手在琴鍵上移動，就像是盲人在讀點字，只有摸著樂器時，才能感受到眾多意義。我不斷追索，想為這個世界帶來一些高貴的事物，跟基督之愛一樣高貴。我不特別虔誠，但我相信冥冥之中自有事物在我們之上，所以音樂才得以成為音樂。雖然我無法看見，也不知道那是什麼，但我能服事它。」

喬納森二十歲時，堅持要先了解民間的馬祖卡曲才能彈奏受其啟發的蕭邦馬祖卡舞曲，他也堅持要先研究美聲唱法的年代，才願意彈奏夜曲。他告訴我：「最近我開始聽一九三〇年代的厄瓜多音樂。畢竟我的人、我的想法，都根源自家鄉，所以我必須保持這部分的自己。」我問到他離開母親、家鄉與父親的創傷是否仍隱隱作痛。他說：「我不覺得我有其他選擇，我懂他們為何反對我。人都討厭自己不懂的事。」

• • •

美國作家戈爾．維達爾寫道：「對雙親其中一人的恨，能造就恐怖伊凡，也能成就海明威。而一對父母對孩子全心全意呵護的愛，則能毀掉一個藝術家。」早期的創傷與剝奪，點燃了許多孩子的創作靈感。有人研究過許多名人的故事，發現名單上有超過半數的人在廿六歲之前便失去父親或母親，機率是一般大眾的三倍。殘酷的成長過程能抹殺天分，也能成就天分，重點在於父母的所作所為要能符合孩子的需求。席洛塔說：「天分要毀掉很容易，要完全靠後天培養則難多了。」

・・・

郎朗常被稱為世界最知名的鋼琴家，他體現了不打不成器這句話。他父親郎國任夢想成為音樂家，卻在文革時期被指派到工廠工作。當他十八個月大的兒子展現神童潛力時，希望再次燃起。郎朗從三歲起每天早上五點起床練習，他說：「我熱愛鋼琴，愛到想吃了它。」他一週能背四首大曲子，記憶力令老師讚歎。他說：「老師總要她的學生多學點，但總叫我慢點。」他七歲那年參加中國在太原市舉辦的首屆全國兒童比賽，得到優秀獎，他衝上舞臺大喊：「我不要優秀獎，我不要！」另一位選手跑過去安慰他，說自己得的也是優秀獎，郎朗回答：「你以為能跟我比？你彈那什麼垃圾？」郎朗的獎品是一隻狗玩偶，他把玩偶丟到泥地上猛踏，但父親撿起玩偶，放在他瀋陽家中的鋼琴上，要郎朗別忘記自己哪裡不夠好。

郎國任曾擔任特警，那是受人敬重的工作，但他卻決定帶郎朗去北京，想把他送進北京中央音樂學院的附屬小學，郎朗的母親周秀蘭則留下來賺錢養家。郎朗說：「我當時九歲，離家真的很苦，我也知道父親為了我辭去工作。我感受到莫大壓力。」郎國任把自己的座右銘告訴郎朗：「別人有的，我一定要有；而我有的，別人卻一定沒有！」

郎國任形容辭職「像被截肢」。他租下最便宜的公寓，沒暖氣、沒自來水，還對兒子謊報房租，報得比實際高上許多。「這麼貴？」郎朗嚇了一大跳，「那我真得好好練習了。」他思念母親思念得發慌，還常常哭。郎國任從前一向不屑做家事，現在卻開始煮飯打掃。他們特地到北京拜見的老師對郎朗的評價十分苛刻。他回憶道：「她說我彈琴像種土豆，還說我應該喝喝可口可樂，說莫札特應該是可口可樂，我彈的卻像沒滋味的白水。她說：『你們東北來的傻大黑粗。』最後她說：『回去，別彈琴了。』就這樣把我退掉。」

之後不久，郎朗為了在中華人民共和國國慶表演上伴奏而留校，晚了兩小時回家。郎朗一到家，郎國任抓起鞋子就是一頓毒打，隨後給他一把藥，說：「你這懶惰的騙子！你憑什麼活著！你還有什麼臉回瀋陽！你只剩死路一條，把藥給吃了！」郎朗不肯吃藥，郎國任把他推到陽臺上，要他跳樓。郎國任後來說，當時這麼做，用一句中國俗話說就是：「捨不得孩子套不著狼。」換句話說，慣孩子只會給大家慣出麻煩。但郎朗氣極了，幾個月不碰鋼琴，後來還是父親放下自尊，求他彈琴。

郎國任還求了另一位老師為兒子上課。為了回家後能監督進度，他整堂課都坐在旁邊聽。郎朗說：「他從來不笑。他嚇我，有時還揍我。我們日子過得像僧侶，音樂僧侶。」他們家有個朋友說郎國任從不表達關愛，滿意時也不讓孩子知道。那個朋友寫道：「只有等孩子入睡後，他才會在他身邊坐下，靜靜看著他，幫他拉拉被子，摸摸他小腳。」

父子倆回瀋陽過暑假，郎國任只當是換個地方訓練鋼琴，周秀蘭為此與他吵架，質問他：「當不當『大師』到底哪裡重要？你到底在幹什麼，每天都準備打仗嗎？這哪裡像個家？」郎朗會試圖用音樂轉移兩人的注意力。一個朋友說：「每回兩人一吵，他的琴藝就會進步。」他用功過頭，最後身子垮了，得每天到醫院打點滴。即使如此，每天該練的琴仍舊得照練。郎朗說：「我父親是實實在在的法西斯主義者。神童有時非常寂寞，與世隔絕。」

最後他終於進了學院的附小，接著在十一歲參加甄選，想代表中國到德國參加國際青少年鋼琴大賽。他沒有獲選。郎國任告訴妻子，她得籌錢讓郎朗私下報名，但此舉會惹人非議，也可能為此蒙羞。比賽開始前，郎國任認定郎朗最厲害的對手是一位日本盲人，他要郎朗去向他套話，問他彈琴的技巧。郎朗試著把對方的技法融入自己的演出。奪冠時，郎國任高興得啜泣。其他人告訴郎朗他父親的反應，他回應說父親沒有眼淚可流。

一九九五年，郎朗十三歲，參加了第二屆柴可夫斯基國際青少年音樂大賽。父親會偷聽其他選手練琴，若聽到有人與兒子曲目相同，便催促郎朗加緊練習。郎國任認為，如果前一個人彈得氣勢磅礡，你就該彈得細緻靈巧；若前一個人彈得輕柔溫婉，你就該氣勢萬千。這一招能讓評審印象深刻，也能抓住觀眾的注意力。有人後來問郎國任，十三歲的小孩怎麼有辦法在決賽彈出蕭邦《第二號鋼琴協奏曲》這般悲傷的曲子，他回答說，他要郎朗想想離開親愛的母親與鍾愛的祖國的感覺。最後郎朗贏了。

幾個月後，郎國任幫兒子辦理退校，離開中央音樂學院。他安排郎朗與柯蒂斯音樂學院的葛拉夫曼面試，爭取入校。郎朗回憶道：「我爸說：『彈蕭邦要輕巧如風，貝多芬則要渾厚沉重。運用爆發力時，要堅定、慷慨而自然，就像英國足球隊加上巴西足球隊。』」郎朗當場錄取，與父親一起遷居美國。在柯蒂斯上第一堂課時，郎朗說：「我想贏得世界上的所有比賽。」葛拉夫曼問：「為什麼？」郎朗說：「為了成名。」葛拉夫曼聽了只是笑，但其他學生告訴郎朗，他應該專心當優秀的音樂家，而不是一心想著比賽。他不了解兩者有何不同。雖然從此他說話更謹慎，但他始終沒有放棄這種奧林匹克競賽模式。葛拉夫曼告訴我：「大部分的學生，你要做的是激起他們對曲子的情感共鳴，但郎朗正好相反，我得讓他冷靜下來，他才學得進去。」

郎朗十七歲開始雇用經紀人，對方幫他爭取了一次重要的亮相機會：到芝加哥市郊參加拉維尼亞音樂節，樂評家如痴如醉，之後兩年，他的音樂會場場爆滿，也錄製了多張唱片，還登上各家雜誌的閃亮封面。他告訴我：「期望越高，我彈得越好。卡內基音樂廳的演奏是我的顛峰之作。」

每個偉大的神童故事就如同政治人物的生涯，主角都得經歷一連串突來的逆境。聽眾對音樂家的情感在從幼稚的熱愛進展到成熟的景仰之前，也得經歷一段抗拒的青春期。但旁人的幸災樂禍往往使這樣的逆境更傷人。郎朗很能與人打成一片，無論哪一類聽眾，他都知道如何投其所好。有時他這種作風更像碧昂絲，而非李希特。雖然這些特質與深刻的內涵並不衝突，但他這種迎合大眾的做法顯然冒犯了某些講究文化品味的人。郎朗熱中行銷自我，甚至把名字登記成商標，以「郎朗」為名演出。他還與奧迪、萬寶龍、索尼、愛迪達、勞力士及史坦威簽訂贊助合約。《芝加哥論壇報》的萊茵早年曾幫助郎朗發展事業，幾年後他表示：「音樂變成這位獨奏家特技表演的裝飾，他只需要一套白色的亮片西裝和一座燭臺，拉維尼亞就能把他包裝成二代利伯拉契。」《紐約時報》的托馬西尼在郎朗二〇〇三年卡內基音樂廳獨奏首演結束後，撰文評論該場表演：「不連貫、自我耽溺、哄鬧又粗拙。」

在作曲家的名作與演奏者對這些名作的詮釋之間有股敘事張力，而由於郎朗生長在非西方文化，這股張力更大。郎朗說：「中國的西方古典樂常常就像西方的中國菜，很像，但不正宗。」他能先完美詮釋孟德爾頌的協奏曲，接著再自我陶醉地彈奏莫札特的奏鳴曲，誇大所有的情緒與節奏。但接著，他又能回到優雅細膩。評論家只能承認他神乎奇技。托馬西尼曾嚴厲批評郎朗，但五年後他形容郎朗的彈奏「能精準控制，喜悅之情讓人卸下心防」。我每回觀賞郎朗的演奏會，他總是樂在其中的樣子，我十分驚訝。他說：「身為表演家，我不只在付出，也在獲得。我父親內向，母親外向，我是兩人的總和，我遺傳了父親的紀律與母親的快樂。」

二〇〇五年，地方是芝加哥，郎朗廿三歲，我首度與他坐下長談。當天下午我聽了他一場格外優美的演出，郎朗彈奏了蕭邦《b小調第三號鋼琴奏鳴曲》。表演結束後，四百多人耐心排隊，等著拿光碟給郎朗簽名，郎朗由頭至尾神采奕奕。簽完名，郎朗邀我到他房間坐著聊。進到房間，郎國任正在看電視，他心直口快又不拘小節，與我握手寒暄幾句之後，脫了衣服便躺下午睡。根據我的經驗，大家都愛郎朗，沒人愛郎國任。但郎朗並沒有表面看到的那麼溫暖，而他父親也沒有表面看來那般嚴厲——兩人其實是合力完成一樁美事。郎朗說：「二十歲功成名就時，我開始愛我父親。他很懂得聽我傾訴，又會幫我洗衣、打包。我都被他寵壞了。除了他，還有誰願意在表演結束後的凌晨兩點一邊幫我按摩一邊和我討論表演？」

我曾告訴郎朗，按照美國人的標準，他父親的管教方式算是虐待兒童，而他們現在感情竟然這麼融洽，我很驚訝。郎朗說：「如果父親這樣逼我，我又做不好，那就是虐待兒童，而我會心靈受創，甚至完蛋。他不需要這麼極端，我們或許還是能達到相同成就，畢竟當藝術家不見得要犧牲一切。但我們目標一致，所以既然他這樣逼我，把我逼成了世界知名的音樂家，而我也樂於當這樣的音樂家，那麼我認為，對我來說，最終能這樣長大是非常好的。」

• • •

近期有許多書老調重彈，回頭探討「熟能生巧」這個概念，主張一萬個小時的練習才能達到技藝精熟的境地。這個數字來自瑞典心理學家艾瑞克森的觀察，他發現柏林音樂學院的頂尖小提琴手，在二十歲之前的十年間平均練習時數高達一萬小時，大約比表現次一級的組別多出兩千五百小時。技巧須透過反覆練習才能發展，神經系統可能也是。近期有些研究以天分高低為受試者排名，之後再追蹤各自的練習時間，結果顯示練習時數比天分更重要。評論家布魯克斯在《紐約時報》裡寫道：「最重要的特質不是神祕的天分，而是能有毅力地反覆刻意從事無趣的練習。人透過行為建構自己。」

毫無疑問，這樣的說法有其道理，否則教育就徒勞無益了，而累積經驗也只是在浪費時間。搭飛機時，我當然偏好有十年飛行經驗的機長，沒人想搭新手駕駛的處女航，也沒人想吃別人第一次做的舒芙蕾。但不斷推崇一萬小時的練習，並奉之為成就的基礎，不免帶著霍瑞修．愛爾傑①那種濫情。上個世紀的偉大小提琴老師奧爾就告訴學生：「如果你表現不錯，一天練習三小時。如果有點笨，一天四小時。如果你得練得更勤，就別練了，去別的行業試試。」

願意勤奮練習可能是種天性，但後天養成的勤奮或許至少也跟培養基本天賦一樣重要。史丹佛的心理學家米歇爾在一九六〇年代發展出所謂的棉花軟糖測試。給一名四到六歲的兒童一個棉花軟糖，他可以選擇馬上吃掉，但若是能忍著不吃，十五分鐘之後便能再獲得一個。結果能等待的那些孩子，大學學測的成績平均比等不了的孩子高出兩百一十分。近來賓州大學的心理學家達克沃思讓高中生選擇當下拿走一塊錢，或是一週後拿走兩塊錢。結果再次證明，無論智商如何，能抗拒誘惑耐心等待的人，學術成就都比另一群人高得多。她說：「聰明才智的確實重要，但重要性仍不及自制力。」

艾倫．溫納專門研究天才，她詳細描繪了兩種迷思之間的角力，一種是認為天分來自天生的「大眾迷思」，另一種是天分來自努力和學習的「心理學迷思」。評論家羅史斯坦寫道：「現代人如此打壓天才，本身就是種迷思，他們企圖以貶低或矮化來掌握無法掌握的事物。」羅史斯坦建議那些強調單靠練習就能成功的人去聽聽巴哈與貝多芬，想想他們是否能單憑足夠的努力便作出這些曲子。卡普林斯基打趣道，她聽過某位精神科醫師對於性與婚姻的說法，「若婚姻性福，性的重要性就只占十%；若不性福，性的重要性就占九十%。」她解釋道：「若有天分，天分的重要性就占十%；沒有天分，天分的重要性就占九十%，因為缺乏天分的鴻溝是無法跨越的。但要在音樂界出人頭地，天分就只占很小的部分。」

音樂家常和我討論，要拉好小提琴，究竟是要每天勤奮練習數小時，還是要多讀讀莎士比亞、學學物理和談場戀愛。小提琴家曼紐因說：「不論音樂還是人生，想要成熟，都必須透過生活才能達成。」創作歌手卡漢說：「若要比勤奮，永遠會有個被關在地下室的韓國女孩練得

1．十九世紀美國作家，小說秉持的一貫風格，是困苦的少年如何透過努力不懈和正直的人格最終獲得成功。——譯注

比你還久，要比這個是比不贏的。」但說得更深入些，此處的「正常生活」，其實是「更豐富的人生」的委轉說法。全心致力於某項樂器固然能造就精熟，但音樂擁抱的是人生歷練。

・・・

一聽到我要寫的書與神童有關，大家就不斷跟我提到余峻承這位七歲鋼琴家。他上過傑雷諾、艾倫．狄珍妮和歐普拉的脫口秀節目。我受邀參加他在紐約的首演，地點是公園大道上一位上海社交名流的公寓。峻承剛滿八歲，但身材瘦小，看起來像六歲。他會帶著嚴肅神情以不甚清晰的口齒念出下一首表演曲目，接著以驚人的力量與音樂性進行演奏，之後轉身望向美麗的母親許海慧，想知道自己表現得如何。

因為峻承的腿還不夠長，小表演臺上裝了踏板輔助器。彈奏蕭邦的《夜曲》時，輔助器歪了，踩了沒反應。海慧爬進那個小空間，在兒子舞動的雙腿間想調正輔助器。峻承一個音也沒失誤，海慧則一直修不好裝置，只能不斷把輔助器抬起又砰地放下。那畫面實在詭異：小男孩的心思全放在指尖，而穿著禮服的美女則蜷縮在他腳邊不斷發出噪音，任由音樂流出。那情景像是兩人在對話，而我們則無意闖入。諷刺的是，那樣私密的對話卻只有觀眾在場時才會發生。

音樂會結束後許久，早已超過多數八歲小孩上床睡覺的時間，此時峻承卻宣布自己剛學了貝多芬的《皇帝》鋼琴協奏曲，然後當場表演給我們幾個人聽。進入管弦樂演奏的長樂段時，他大聲數出無音樂的小節，如此才能一絲不差地扣入樂團合奏。他顯得很不耐煩，急著展現自己，我的八歲姪女要我稱讚她的泳技時也是如此。大人雖對峻承的天分嘖嘖稱奇，卻對他想說的話不感興趣。看著他與這些人聊天，我猜他只有和母親在一起時才顯得和尋常孩子無異。

許海慧出生於澳門，十七歲到美國求學，廿五歲結婚，一年後在加州帕薩迪納生下峻承。

452

從那天開始，海慧便每天彈琴給他聽。她回憶道：「他一直到兩歲才開始說話。我本來很擔心，結果他一開口，就能講英語、廣東話、普通話，和一點點上海話。我鬆了一大口氣！」峻承快三歲時，能用兩根手指在鋼琴上彈出幾首小曲調，一年後，海慧就再也沒東西能教他了。五歲時，他又學了大提琴。海慧說：「不久之後，他又要求學更多樂器。我說：『夠了，峻承。實際點，兩種很夠了。』」

海慧放棄正在攻讀的碩士學位。她當時已經與峻承的父親離婚，但因為沒錢，最後還是與峻承一起住在前公婆的家裡，兩人給了這對母子車庫上方的房間。峻承的祖父母不贊成孫子對鋼琴熱中「過頭」。海慧說：「他的祖母非常愛他，但是她只希望他當一個正常的五歲小孩。」峻承上幼稚園時，海慧覺得他可以上臺表演了，便與當地的養老機構和醫院洽談免費演出，讓峻承可以沒有壓力地表演。不久，這個小天才便登上各家報紙。海慧說：「當我了解到他多麼有天分時，我非常興奮，但同時也很害怕！」

峻承六歲時，獲得一筆優秀青年獎學金，足以支付一架史坦威鋼琴的頭期款。八歲時，峻承與海慧每兩個月飛往中國一次，向音樂教授李民鐸學習。海慧表示，美國老師教峻承的是寬廣的詮釋想法，讓他自由探索，而李教授則強調按部就班。「峻承以後會告訴大家：『我生在美國，但在中國受訓練。』中國人聽了一定高興。」我問峻承，覺不覺得為了上課飛這麼遠很累，他說：「嗯，幸好我沒犯『殘餘嗜睡症』。」我揚起眉毛表示疑惑。他不好意思地說：「其實，就是時差啦。」

為了配合表演和練習時間，峻承的課業是在家自學。海慧說：「他早餐都吃得很飽，然後就會昏昏欲睡。所以我們會排輕鬆點的，練練基本功，做做功課等。接近中午時，他會睡個午覺，接著就做需要動腦的事，學學新曲子。重點在於時間管理。照理他現在應該上三年級，但他各科進度都超前了。」峻承已經在上大學預備課程和學測課程。海慧扮演他的經理人，和他一起過濾演奏邀約。海慧說：「我會先問老闆的意思。」峻承不可置信地看著她說：「我是你——

453

老闆？」後來海慧說：「如果他改變心意，想當數學家，我也接受。或許剛開始會不高興，畢竟我們花了這麼多時間在這上面——這就像跟男朋友分手，並不容易，對吧？」峻承向她保證道：「我喜歡鋼琴，就是要走這條路。」海慧微笑。「對啊，現在是。但這種事很難說，你才八歲。」

想彈得跟峻承一樣好，必須有超凡的專注力。峻承說：「我練多練少，全看心情。例如，如果我真的想完成某件事，或是即將要表演了，一天就練六到八小時。但如果沒什麼心情練習，大概就練四到五小時。我之前對作曲很有興趣，但現在已經下定決心要專心在演奏上。」除此之外，海慧的紀律嚴謹也成就了峻承的琴藝。我問她是否想過從前的雄心壯志，她笑了笑，摟住峻承說：「這就是我的工作。」我到洛杉磯拜訪兩人時，海慧剛再婚，峻承也在婚宴上表演。不過海慧不肯搬進第二任丈夫家中，擔心峻承的練習會受到影響，所以夫妻隔著幾條街住。這讓我想到那些因為身心障礙兒的特殊需求而分住兩地的夫妻。

小孩子都需要偶像，而峻承的偶像就是郎朗。峻承在《洛杉磯時報》雜誌的訪問中提到這件事，郎朗看到便主動與他聯絡。海慧說：「我很欽佩郎國任。我不想聽到人家說我逼迫孩子。但為了峻承，我想變得堅強，就像郎國任為了郎朗那樣。」幾年後，郎朗安排峻承與他在皇家阿爾伯特音樂廳同臺演出。我前往聆聽，會後與他們見面時，我看到郎朗是那樣溫柔呵護他的後輩，深覺觸動。我從未見過他如此易感的一面。

我問海慧對一萬小時的練習有何看法。她說：「我相信後天培養比天分重要。峻承的父親對音樂毫無興趣，所以他的天分來自我，而栽培他的，也是我。」她對美式教養很有一套自己的見解：「在美國，每個孩子都要均衡發展，他們參加十種活動，但每一種都不特別擅長。美國人希望每個人都擁有相同的人生，執著過頭，形成普遍平庸。這對身心障礙兒是很好，若非如此，他們很多東西都學不到。但對天才兒童卻很糟。既然峻承天賦異秉，又從中獲得許多快樂，那為何還要花時間學他沒有興趣的運動呢？」

在加州時，我問峻承對於正常的童年有什麼看法。他說：「我的童年本來就很正常。你想看看我房間嗎？很亂，但你可以進去，沒關係。」於是我和他一起上樓。他拿了架黃色的遙控直升機給我看，那是父親從中國寄來的。書架上除了有滿滿的《蘇斯博士》、《野蠻遊戲》、《柳林中的風聲》等童書，也有《白鯨記》，此外還有芝麻街的影片以及《布拉格音樂》、《威尼斯音樂》等系列的影音光碟。我們坐在地上，他拿出最愛的蓋瑞．拉森漫畫與我分享，接著我們一起玩桌遊「捕鼠器」。他有一雙魔術橡膠手指套，指尖上有燈，把一根手指放進嘴裡，看起來就好像吞進嘴裡的光經過腸胃，再從屁股跑出來。

我們下樓後，峻承坐在琴椅上，並墊上一本電話簿，讓他能以舒服的高度彈琴。他扭動了一會兒說：「感覺不太對。」便起身撕掉一頁後重新坐下，彈起蕭邦的《幻想即興曲》，琴聲中充滿了細緻的渴望，很難想像書架上擺滿芝麻街餅乾怪獸影片的人能彈出如此優美的琴音。海慧說：「看到了吧？他不是正常小孩，何必要擁有正常的童年？」

・・・

古典音樂大多只問實力，因此是階級流動的合適途徑，勤奮的人正可由此打破地理、國籍或貧困造成的阻隔。多年來，多數神童都來自東歐猶太家庭，現在，則轉由東亞人主導。葛拉夫曼幼年時也是猶太神童，他只收了六個學生，全是中國人。對於亞洲主導古典音樂界的現象，一般都單純以人多勢眾來解釋。葛拉夫曼說：「在中國，學樂器的小孩超過三十萬人。在成都，如果你看到一個小孩手上沒提著小提琴盒，表示他學的是鋼琴。」漢語等聲調語言能強化嬰幼兒聽力的敏感度，而典型華人的手掌寬、手指間距大，特別適合彈鋼琴。許多亞洲文化都崇尚紀律與競爭，並不斷強化。中國在文革時期禁絕學習西洋音樂，反而使西洋音樂帶有禁忌之樂，更加誘人。

許多西方人則不信任「虎媽」式的教養。但匈牙利心理學家齊克森米哈里就寫道：「人無法既卓越又正常。」究竟應該何時開始發展專業，各地有各地的做法。歐洲學生選定主修學科的時間比美國學生早了很多，但仍比亞洲學生晚。若說音樂是種語言，培養文法直覺與純正口音就得趁早。葛拉夫曼說：「十六歲開始學小提琴或鋼琴，也能彈奏得不錯，但若想當一流獨奏家，就太晚了。」及早發展某項專業，必然有所犧牲。耶魯音樂學院院長布洛克爾說：「上流家庭的父母希望孩子能學習藝術、運動與社區服務，但孩子若志在音樂，這些事情就分掉了時間精力。若想追求卓越成就，往往必須及早認清志向、專精發展。」

若賭對了，對於先前的犧牲就較能釋懷。郎朗告訴我，他已經接納了自己的成長過程，那時我想到有些人要到很久以後才慶幸當年父母鼓勵他們接受骨骼延長術。我想到許多事情，當下看似虐待，但最後若是成功，便又未必是虐待。另一方面，又有多少小孩當初是多麼痛恨練鋼琴，長大後卻又感嘆父母當年不該任由他們放棄？及早把孩子推向某個專業有其危險，孩子可能會以為邁向成功唯有此途。孟倫說：「完全沒有備案就太不負責任了。」神童最後若無法成功，意味著過去疏忽了其他的謀生技能，而唯一著魔苦練的技藝卻無法賴以維生。布洛克爾曾在韓國一場會議上對著殷殷企盼把孩子送進西方音樂學校的父母演講。解釋完甄選流程後，他放下演講筆記說：「在這裡看到各位，我真的感到很遺憾。在座許多人會在孩子十二、十三、十四歲就把孩子送出國，由一位父母陪著過去，妻離子散。學生年紀輕輕就經歷這些事情，等他們到了我們這兒，會是一片空白。我的意思並不是說他們缺乏情感、渴望、才識或音樂，而是成長過程中，沒有人抱抱他們，無法全家一起團圓吃飯，少了那樣的滋潤。」語畢，全場一片死寂。

・・・

若說許海慧對「正常童年」的概念不以為然，周善祥的母親梅就是不得不認清兒子不可能有正常的童年。許海慧重視後天栽培，兒子的超凡本領或許可說是她逼出來的，相較之下，梅則是被兒子逼向不可避免又令她驚心的發展。周善祥生於一九九二年，十五個月大就能數數，梅在他兩歲時教他加減法，後來他自己弄懂乘法與除法。他曾經在花園中一邊挖土，一邊向母親解釋槓桿原理。三歲時，他問的問題已經是相對論才能解答的問題了。身為經濟學家的梅對此感到不知所措。她說：「具備這種能力小孩是能夠自我學習的。保護孩子是母親的天職，但他太強了，根本不需要保護。這一路走來，不能說不辛苦。」

梅廿二歲離開臺灣到美國念書，假日總是一個人過。善祥的父親從未參與兩人的生活。她說：「我非常了解寂寞是什麼，而我覺得他需要培養興趣才能自得其樂。」於是雖然她本人對音樂毫無興趣，還是讓善祥從五歲開始學鋼琴。第一堂課，善祥看著老師讀譜，回家後，他自己畫了五線譜，接著開始在上面創作，完全不用任何樂器。完整的音樂書寫語言自己找上了他。梅買了一架二手鋼琴，善祥整天坐在鋼琴前面，不管在收音機上聽到什麼，都能立即彈出來。

梅為他註冊上學。她說：「其他母親都說希望孩子能在幼稚園長大，我則希望他能長小。老師跟我說，他在學校任由其他孩子推擠他，於是有一天我去了學校一趟，正好看到有個孩子搶走他手上的玩具。我告訴他應該反擊，他說：『那個小孩兩分鐘後就會厭煩了，到時候我就能再拿回來玩，沒事何必打架？』他已經那麼有智慧，我還能教他什麼？但他看起來總是很快樂，我也只要他快樂。他以前常常看著鏡子就自己笑出來。」

小學二年級快結束時，善祥已經學完整套高中數學。到了九歲，他已經準備好上大學。

梅想了想，認為乾淨安全的猶他大學適合九歲小孩展開大學教育，於是去了那裡。梅說：「其他學生都覺得他在那裡很奇怪，但善祥從不覺得。」同時，他的琴技也不斷進步，能找經紀人了。

善祥十歲那年與經紀人哈姆蘭一起參觀洛沙拉摩斯國家實驗室的物理研究部門。一位物理學家把哈姆蘭拉到一旁，說善祥跟一般來參觀的博士後物理學家非常不同，他太聰明了，沒人知道「這個孩子的知識有多深多廣」。幾年後，善祥進入麻省理工學院，幫忙編輯物理、化學與數學領域的論文。梅用一種幾乎是認命的口吻說：「他什麼都懂。有朝一日，我希望能和身心障礙兒的父母合作，因為我知道我們都一樣迷惘。我完全不知道該怎麼當善祥的母親，也不知道該去哪裡學。」

為了讓善祥能跟著喜歡的老師學琴，雖然梅在倫敦沒有工作許可，也無法在那裡找到工作，她仍帶著善祥搬過去。她說：「這不是我所願，但我感到別無選擇。」不久之後，善祥便與受人敬重的鋼琴名家布蘭德爾見面。布蘭德爾從未收過學生，卻答應收善祥為徒。他不肯收鐘點費，而當他得知梅因為買不起像樣的琴，所以善祥都用店裡的展示鋼琴練習時，立即送了一架史坦威鋼琴到兩人家中。善祥十三歲時，一位堅決反對將小孩打造為表演家的英國記者聽了他的演出，在《衛報》中如此寫道：「他的琴音如此深具修為，而他又是如此樂在演奏，彈至低音時小小身軀全力傾向一側，這一切都讓我的反對顯得惡意。」

梅感謝布蘭德爾為善祥塑造了音樂家特質。她說：「我的耳朵不夠好，幫不上善祥什麼忙。我能做的只有提醒他，他的一切不是自己努力得來的。」梅在善祥還是青少年時嚴格限制他的行程與曝光率，一年只准他表演十二場。「但現在，布蘭德爾先生說，善祥已經足以展開全年表演的生涯，而且他也十八歲了，決定權已不在我身上。我比較希望他能當數學教授，那樣的生活比較好，不需要到處巡迴，但善祥已下定決心要把數學當興趣，鋼琴才是他的工作。」善祥在巴黎攻讀理論數學的碩士學位，說是為了「放鬆一下」。我問梅擔不擔心善祥與其他少年天才一樣會精神崩潰，她大笑：「在這種安排下，如果有誰要崩潰，那也是我！」梅與許多資優生的父母一樣，放棄了自己的抱負。她原希望能取得經濟博士學位，再找份舉足輕重的工作，但善祥出生後，她只能放棄未完成的學位。她說：「身為父母，尤其是華人母親，犧牲是責任的一部分。我很想學會樂在犧牲，但到目前為止都還做不到。我一個中年人，在巴黎騎著腳踏車跑來跑去，氣喘吁吁，是在幹什麼？但我也承認，他為我帶來了精采的生活。」

・・・

神童並不在《美國身心障礙者法案》的保障範圍裡，聯邦也沒有法令強制施行天才教育。但如果我們相信，大腦異於常人而較難融入大眾的學生需要特殊教育，同理，大腦異於常人而能力極佳的學生，我們也該為他們發展適合的課程。辛格爾在《大西洋月刊》中寫道：「問題不在追求平等，而是伴隨而來對於卓越的偏見。」教育學家克勞德二〇〇七年在《時代》雜誌中針砭《有教無類法案》背後的「極端平等主義」導致教育無法支援天才學生的需求。二〇〇四年的《坦伯頓全國捷進報告》斷言，學校教育制度的設計只會阻撓資優生的發展，這會使得父母又得自行面對不友善或冷漠的體制，自行替孩子的需求發聲。波特斯坦冷冷地評論道：「倘若貝多芬生在當代，他在幼稚園一定會被迫吃藥，最後變成郵政人員。」

上個世代，反菁英主義的論調點燃了美國政治圈與文化圈的戰火，而這樣的論調反映出大眾偏好看似與普通人無異的卓越人士。這偏好被冠上民主之名，實則帶有無趣的同化主義色彩，與因觀念差誤而要同性戀孩子舉止變得更像異性戀的做法如出一轍，常是自欺欺人。許多天才兒童不是被排擠，就是得隱藏自己。許多人為了獲得同儕認可，只得拋棄自我認同，設法裝得較普通。一項針對超高智商學生的研究指出，這些學生中，五個就有四個會持續監控自己的表現是否與一般的孩子一致。另一項研究則指出，九十％的受訪者並不願意被歸類為「有腦」的人。

過去大家相信，宣揚神童的學業表現會破壞他們的社交機會，即使許多人早因資優而遭排擠。有些天才兒童的父母會開玩笑說，孩子只能跟七十多歲的人當朋友。格林伯格就說，他兒子傑的人際關係主要都在網路上，那裡沒人知道他的年紀。網路讓許多特定族群有了安身立命之處，神童也是。那裡能淡化可能孤立他們的差異，讓他們與志同道合的人交流。

一九九〇年代，格羅斯針對學習進步神速的兒童進行研究。這些人在十一到十六歲之間進入大學，而多數都與較年長的同學成為一輩子的好友，無人對於資優跳級一事感到懊悔。相反的，與同齡族群困在一起的天才兒童通常會經歷憤怒、沮喪與自我批評等負面情緒。目前大多數的資優課程有時會把資優的孩子和同齡孩子放在一起，其他時候則把能力相同的人集合起來上課，但孩子往往兩邊都無法完全融入。數學神童維納就撰文提到，神童都了解「在一半屬於成人世界、一半屬於兒童世界中成長所帶來的痛苦」。他進一步解釋：「與其說我是兒童與成人的混合，倒不如說我在需要陪伴時，就是完完全全的孩子；鑽研學問時，就近乎徹徹底底的成人。」

在「神童」這個分類下，有兩種完全不同的族群：動機強烈、心志專一的天生小表演家，以及愛音樂入骨，因此較可能延續事業的年輕人。後者的才智往往較廣泛，好奇心旺盛、表達清晰、具幽默感，對自己也很有想法。他們在青少年時期追求的社交生活和一般人大同小異，長大後往往進入大學而非音樂學院。除了對音樂的熱情與資質，他們也非常實際、聰明、沉穩且健康。

• • •

約夏·貝爾什麼都擅長。他是同輩中最著名的小提琴家，十歲參加全美網球比賽，奪得第四名。他也是電玩比賽風雲榜上的固定班底，更是魔術方塊頂尖快手。他在麻省理工學院媒體實驗室擔任要職，在脫口秀上的表現也十分幽默。他長相俊美、有魅力，不管跟誰講話，看起來都很感興趣，但又和很多想保持隱私的公眾人物一樣，讓人覺得看不透。第一次見到他的人，都很訝異他竟如此平易近人，而與他熟識的人，則感嘆他竟如此難以捉摸。

約夏的父母並非天生一對，兩人相識時，雪莉剛從以色列某個集體農場出來，亞倫則是聖功會的神父。亞倫後來離開神職，取得心理學博士學位，在印第安那州布魯明頓的金賽研究院擔任要職，進行性學研究。雪莉回憶：「跟我比起來，他是如此公正客觀，不像我，對所有事情都早有定見。」雪莉個性鮮明，與人相處不分你我。她想餵你吃東西、跟你一起喝飲料、一起玩牌、一起聊到深夜。她膚色深、肢體靈活、長相漂亮，看起來很有活力，卻又易感動人。她對別人，對自己，都同樣誠實。

亞倫待過少年男聲合唱團，雪莉則會彈鋼琴，兩人打算要所有孩子都學音樂。約夏一九六七年出生，兩歲在梳妝臺抽屜的手把間綁上橡皮筋，再推拉抽屜，製造不同張力，彈奏出高低音階。長大後，他戲稱說自己是「從櫥櫃（credenza）晉升至裝飾樂段（cadenza）」。他四歲學小提琴，很快就學會新曲目。雪莉說：「音樂一入耳，便留在腦海裡。」音樂成了家人親密分享的世界，但他的創意總帶著悲傷。雪莉說：「他會半夜哭著醒來，其他孩子若這樣，我總能抱著安撫，但若是約夏，我什麼也幫不上。」

約夏七歲時與老師及布魯明頓交響樂團合作，演奏《巴哈雙小提琴協奏曲》，在當地一炮而紅。他的琴音悲戚哀婉，但技巧並不純熟。他說：「母親雖然很投入，總陪我練習，但並不講究紀律，父親也是。我總在考試當天早上抱佛腳，演奏前一天才拚命練習，而且做事全憑直覺。有時我好幾天不碰琴，還在練習時間偷溜出去，玩整個下午的電玩，等母親來接我時才趕回去。」事後看來，他相信無人監督對他有益。他說：「整天只泡在音樂裡，其他什麼也不做，有礙心理健康，對音樂本身也沒好處。」

十二歲那年暑假，約夏加入「草山音樂學院」的弦樂集訓夏令營，並在那裡首次接觸金格的課程。金格是二十世紀最偉大的小提琴老師之一，貝爾一家請他正式收約夏為徒。約夏說：「他們一直很關心我的教育。如果母親放手不管，我就不會成為音樂家了，至少不會像今天這樣。」

雪莉得知《十七》雜誌要贊助一場高中生音樂比賽。約夏在學校曾跳過一級，勉強過了參賽門檻。雪莉太焦躁，不敢去現場陪他。她回憶道：「他們打來說他得冠軍時，我在電話裡放聲尖叫。」接著她嘆口氣說：「有孩子真的很棒，他們就是我的生活，可惜最小的女兒被冷落了。如果約夏在她生日那天有表演，我們會去聽約夏演出。在她成長的階段，我正陪約夏四處巡迴，沒聽到她內心的吶喊。但天才兒童也有需求，這又要誰來回應呢？」時間分配不是唯一的問題。雪莉說：「約夏的音樂讓我快樂無比。他每一次的成功都讓我感到快樂。其他孩子看得出來，也因此受傷。」約夏也很遺憾幾個妹妹因自己的事業而受影響，但他覺得母親的參與實在太重要，「大概也沒別的辦法」。

約夏的表演越排越多，母親開始擔心他要如何留住觀眾。她說：「他十四歲雖然拉得比十二歲好很多，但感覺就不這麼神奇。」另一方面，約夏在學校的日子也越來越難過。他說：「樹大招風。某些老師看到有人表現不平凡，覺得備受威脅。他們讓我日子很難過。」他十六歲時高中畢業。約夏說：「高中畢業後還待在家裡，這對我來說是想都不用想的。」這意味著雪莉的角色也得跟著改變。

她說：「要共生，得有兩個人；要分離，也得兩個人共同面對。」聽到約夏不想讓她管理行程，她很難過。約夏搬進父母在布魯明頓的公寓，雪莉常過去幫他洗衣服，「以維持參與感」。約夏回想道：「以往，管理我的生活是我母親生活的全部。後來我們分開了。漸漸地，我們終於感覺像兩個不同的個體，我能跟她分享我的成功，互動時也比較像兩個成人。」他廿二歲時，搬去與第一個認真交往的女友麗莎同居，她是小提琴家。他說：「我們交往了七年，我對母親的依賴有一部分轉移到麗莎身上——有點不太健康。」

約夏在印第安那大學順利取得藝術家文憑，修完表演藝術、音樂理論、鋼琴專業與德語，不久後在卡內基音樂廳舉辦個人首演，十八歲贏得著名的艾維理費雪職業大獎，當年另一位得主就是野田健。他現在一年表演高達兩百多場，除此之外，更是聖保羅室內管弦樂團的首席小提琴手。約夏是率先嘗試跨界演出的古典音樂人，與VH1引領潮流，合作推出布拉姆斯《匈牙利舞曲》音樂影片，也與玩藍草音樂的低音提琴手邁耶爾及爵士樂手柯瑞亞和馬沙利斯合奏。此外，他還與史汀、蕾吉娜．史派克特以及創作歌手喬許．葛洛班聯手錄製唱片。約夏．貝爾每一張專輯都登上音樂雜誌《告示牌》前二十名熱門唱片，專輯《小提琴的浪漫》銷量超過五百萬張，為年度最佳古典樂專輯。他得過一次葛萊美獎，並多次入圍，手上擁有一支價值四百萬美元的史特拉第瓦里名琴。他說：「在演奏喜愛的音樂時，我會想像一些顏色，這把琴能幫我把那些顏色演奏出來。感覺就像遇到想娶回家的女孩。」他喜歡這樣光鮮亮麗的生活，他就是古典樂界的搖滾巨星。但搖滾巨星的生活就近看起來並不那麼亮麗。他母親說：「約夏壓力太大了，什麼東西都吸引不了他的注意力。」她哀嘆約夏尚未四十歲便開始吃藥控制血壓。我問她對這些負面影響是否感到難過。她說：「當他打來問我對某件事有何看法，就是我最開心的時刻，這讓我覺得自己還是母親。我們因音樂緊緊相連。我天生愛操心，所以得時時注意別過度介入。現在的我不再那麼了解他了。」

我把這段對話告訴約夏，他很氣憤。他說：「她很了解我。即便是現在，我最信任的仍是她的意見。規劃表演節目的時候，我還是會跟她一起順過。音樂會結束後，我還是需要她的肯定。如果我覺得某次是我最好的表現，她卻說她比較喜歡上次的演出，我會非常難受。」約夏在二〇〇七年與前女友麗莎生了一個兒子，他形容母子「基本上是黏在一起。這在嬰兒時期很正常，但十五歲了還跟母親這麼黏，就不健康。我二十幾歲時，我媽還在幫我報稅」。他沒有事先徵詢母親就決定生小孩。他說：「我太在意她同不同意，重要的事情還是不要讓她過問比

462

較好。」

孩子擁有水平身分，父母總會害怕孩子孤單，雪莉也是。她說：「他有親密障礙。他不想受任何人拘束，這我很清楚，因為他不想要我管他。他在公開場合非常自在、好笑又風趣。他不想要他出現的場合，其他人都黯然失色。天知道他等一下又要蹦出什麼話來？我每次都很期待。只但內心深處，其實藏著一個謎樣的他。我想人們就是受他這一點吸引，他們摸不清他，我也摸不清。他還在襁褓中時我就安撫不了他，而某方面來說，情況從未改變。我想那是他天才本質的一部分，而這也讓我心痛。」

• • •

錄音器材在一八七七年首度現身之後，便對社會帶來全面的重大影響，音樂自此得以普及，即使不懂樂器、沒錢看表演，也能享受音樂。今日，聽音樂不再是特權，只要會操作iPod、買得起收音機，就能聽音樂。從前只能在宮廷聽到的華麗音樂演出，今日在超市、車上或家裡就能聆聽。在留聲機出現前，現場表演帶有不同的迫切感，一如人工耳蝸和照相技術出現之前手語和繪畫的地位。喜歡現場演出的音樂家，可能覺得受制於這些科技帶來的改變，然而希望自己的音樂能廣為流傳的音樂家，則可能大感興奮。雖說因果關係還不明確，科技發展正遮蔽了音樂神童的前程，一如科技也同樣威脅聾人、同志文化，以及自閉症光譜的「神經多樣性」概念。天才兒童與許多所謂的身心障礙族群一樣，都面臨適應與滅絕的問題。

雖然優秀的音樂家越來越多，懂音樂的聽眾卻越來越少，原因很多，包括二十世紀後期音樂刺耳不和諧的迥異風格、反菁英主義興起、音樂會票價持續調漲、兒童音樂課程停開，此外，科技進步讓閱聽者細分為各有專精的小眾群體。這與其他身分族群所面臨的現況很類似，雖然大眾越來越能接受，卻也因醫療的進步而面臨滅絕的威脅。現代人的生活和很多事物脫節，包括音樂。挖掘神童則是嘗試讓音樂重新進入生活。舉例來說，看余峻承表演，是見證活生生的奇蹟，這與在網路上聽到他彈得多美妙是完全不同的兩件事。戴維森說：「八歲小孩坐在音樂廳，現場透過音樂傳達某種東西，也在那個瞬間表達出所有的自己。而『他才八歲』是其中很大一部分，那才是大家有感覺的地方。除卻表演者所做的事，就沒有所謂表演。你能把舞者與舞蹈分割開來嗎？不能。試圖分開就顯得做作。」

・・・

陶康瑞，生於美國，一般常說他是華裔。他年紀比余峻承大，比周善祥小。父母都是中國科學家，一九八〇年代早期為了到普林斯頓攻讀研究所而移民美國。一九八九年發生天安門大屠殺，當時女兒剛出生，於是兩人決定在美國多留一陣子。如果回去，就得遵行一胎化政策。母親田名芳（音譯）說：「就是因為我們留下來，才會有康瑞。」後來她成為科學研究人員，在伊利諾大學製作預估氣候變遷的電腦模型，康瑞之父的英文名字是山姆，在阿爾卡特—朗訊貝爾實驗室當工程師。兩人都追求成就，但都與藝術無關。名芳說：「我們生長於文革時期，唱的是愛國歌曲，我們也只聽過這種音樂。」音樂對兩人來說是奢侈品，一種希望孩子能享受的奢侈品。康瑞十八個月大時，有朋友抱他坐上鋼琴椅彈琴，康瑞不斷推開那個朋友，自己彈了起來。朋友說：「如果你們沒能把他拉拔為音樂家，那就是你們的錯。」康瑞不停不停地彈，父母擔心他手指受傷，老師則建議把琴鎖上。

名芳並未被兒子的天分嚇到，但她擔憂「神童」稱號伴隨而來的各種影響，盡量讓康瑞發展其他無法立即掌握的才能。她說：「他的天分不是我的功勞，但他的謙卑是。」康瑞琴技不斷進步，但她也開始擔心兒子錯失發展琴技的良機。她說：「伊利諾州香檳郡的神童，到了別的地方不見得還是神童。」於是她在康瑞將近五歲那年休一年長假，全家搬往芝加哥，一年後又搬到紐約，康瑞到茱莉亞音樂學院拜卡普林斯基為師。之後，康瑞都在隔音的小琴房內練習。名芳說：「大家說這樣他不會有在音樂廳表演的感覺，但如果我們也能好好享受我們的人生，這樣也不錯。」

他們鼓勵康瑞放棄比賽，他母親說：「比賽讓人傷心。贏了，覺得對不起朋友；輸了，又覺得對不起自己。」康瑞的理由略有不同，但同樣出於對他人的關懷：「我已經有不少演出機會了，但很多人還沒。如果我去比，就會剝奪他們的表演機會。」名芳同意自己一家的看法與典型華人不同。「如果我們留在中國，我可能會想要兒子參加每場比賽，失敗了可能也會比較不愛他。但我已經美國化，我現在相信，內心不平靜的人，無法真正創造出美。」名芳認為自己是混血母親，對華人來說太開明，對美國人來說又太嚴謹。康瑞則還沒想清楚，他說：「我並不想抗拒亞洲人這個標籤，那樣感覺太自卑了。但美籍華裔鋼琴神童本來就帶有太多標籤。比起某些我認識的美國人，我父母因為成長時未經歷自由，所以反而更崇尚自由。他們成長時也沒有音樂，所以他們更推崇音樂。而我，則因此獲益。」

由於康瑞的表演行程繁多，難以配合一般學校進度，所以他選擇自學。他坦言，自己社交生活不多，但也認為學校生活不見得那麼好。他說：「大家都說我只會耍小聰明，我也無從反駁。」卡普林斯基擔心他一旦讀文科，會無法專心投入音樂，但名芳鼓勵他一邊就讀哥倫比亞大學，一邊繼續茱莉亞音樂學院的課程。名芳說：「音樂就像氣候，是充滿無限變數的龐大系統。康瑞的工作跟我的非常類似，都要在一團混沌中找出結構，才能理出頭緒。」

一個人的才智剛受啟發時，會自覺新奇，康瑞十五歲時就是這樣。他說：「我覺得這個世界可以教我的，就跟《吠陀經》一樣多，還有很多我不認識的人也是。書裡有好多知識等著我學習。影片也是，藝術、生活、科學、數學，樣樣都等著我挖掘。我像海綿。生活在後現代，孩子隨時聽得到各種風格的音樂，也什麼都想放來聽，邊聽邊傳簡訊。我也是那樣。」他認為他得開發新的聽眾群。他嘆氣道：「我一直哀嘆古典樂界沒有獨立搖滾樂界那麼勇於嘗試。我

464

對音樂的看法每週都在變。我是青少年，容易荷爾蒙失調。我盡量什麼都碰。政治人物能把任何說法變成對自己有利的論調，這我做不到。我是藝術家，能做的只有把我的看法講清楚。」

・　・　・

古典樂與流行樂之間的差距不斷擴大，首要的解決辦法，是由古典樂作曲家主動跨過這道鴻溝，寫出兩方聽眾都想聽的音樂。戴維森說：「一方嫌做作，另一方嫌不夠專業，但無論如何，中間總有些非武裝區。但無論兩方的美感如何結合，你都得同時應付兩個世界，一個是資本化的商業世界，另一個則是非營利世界。要在兩個這麼不同的經濟模式間找交集，真的很難。」

眼看自己的語言即將滅亡，作曲家與演奏家紛紛加入過去一度瞧不起的主流，以求再次獲得廣大聽眾的認同，並從中獲利。流行廣告中常見郎朗身影。約夏跨界演出，從電影主題曲到藍草音樂都有。陶康瑞則認為，替自己的音樂開發觀眾也是工作的一部分。年輕的創作型演奏家如克里斯丁．桑德斯、尼可．慕禮以及卡漢皆致力於拉近古典與流行樂的距離，創作廣受雙方認同的樂曲。他們無一不為自己的身分族群奮鬥，以免遭到抹滅。

・　・　・

克里斯丁．桑德斯聽福音、爵士和流行樂長大，三歲在教堂的才藝比賽中奪冠，當時他才學了一年的鋼琴。四歲贏得康乃狄克州紐哈芬市的創作獎。他父親席維斯特在嘉吉公司上夜班，克里斯丁和母親史蒂芬妮總是一起度過黑夜。她說：「音樂讓我覺得安全，當我們得自立自強，就會訴諸音樂。」上了幼稚園後，老師說她兒子總是神遊他方，無法靜下來好好坐著。

史蒂芬妮說：「他不是在神遊，他是在腦中作曲。讓他在午睡之前彈個搖籃曲之類的音樂給其他小朋友聽，他就不會扭來扭去了。」克里斯丁的房間就在主臥室隔壁，晚上他上床之後，因為夜深不適合彈琴，他們會聽到他的手指敲擊書桌的聲音，彷彿桌上有琴鍵。

克里斯丁從開始學琴便引入即興表演。席維斯特：「他會彈巴哈彈到一半，突然插入一段蕭邦。」七歲時，老師要克里斯丁改學爵士。克里斯丁回憶道：「我可以隨興彈奏，不會有人說：『不可以這樣。』我總覺得我的手能獨立思考，我都叫他們「小人們」，因為每根手指都不聽話，想做什麼便做什麼。」

老師為克里斯丁在耶魯的大型演奏廳斯普拉格紀念廳安排了一場表演。克里斯丁說：「那是一場三重奏表演。貝斯手六十五歲，鼓手大概五十八歲，我九歲，還是領奏。我完全沒注意觀眾，那比較像是小時候玩玩具，大人有朋友作陪，你根本不在意他們是不是也在那兒，你只忙著玩小火車，或是把積木城堡蓋好。鋼琴就是我的玩具，我就在自己創造的世界中玩耍。」表演後觀眾全體起立鼓掌，他的父母則發現克里斯丁人在後臺，穿著燕尾服躺在地上看書。

各種邀約接踵而至，十一歲時，克里斯丁的音樂上了電臺，自製光碟也上市販賣。隔年，他為全紐哈芬市一萬五千名六年級生表演。耶魯祕密社團「骷髏會」還邀他在派對上演出。當時知名爵士鋼琴家布魯貝克的醫生也在場，他事後安排布魯貝克為克里斯丁上課。十五歲時，克里斯丁認識了爵士樂手比利．泰勒，他為克里斯丁錄製了第一張專輯。克里斯丁高中時，一週最多有四場表演。

克里斯丁的謙遜態度讓人不知不覺心生敬意。他外型俊美又有親和力，再難的事都喜歡裝出輕鬆的樣子完成。朋友抱怨他沒時間陪他們，他回答：「你是我朋友，但音樂是我的愛，愛永遠在第一位。」史蒂芬妮說：「他得孤立自己，連我們都被排拒在外。有時這很痛苦。掌舵的人永遠是他，我們只負責不要沉船。」席維斯特說：「我們告訴他：『先禱告再彈琴。把天賦用來利人，而非利己。』」史蒂芬妮談到，她是看談論年輕明星的脫口秀，從中學習如何扮演克里斯丁的父母。「我不曉得自己懂不懂他的天賦，但我知道，不給他鋼琴彈，就等於不給他氧氣呼吸。」但兩人也不希望克里斯丁失去年輕孩子的快樂。克里斯丁夜間演奏會中場休息時，兩人會溜到後臺陪克里斯丁玩玩抓人遊戲，打鬧一番。

二〇〇六年，克里斯丁十七歲，受邀到葛萊美頒獎典禮為傳奇爵士鋼琴手奧斯卡．皮特森演奏，他事前得知皮特森會坐著輪椅上臺。克里斯丁上臺彈了皮特森的《凱莉的藍調》，克里斯丁說：「我第二段副歌彈到一半時，聽到一些掌聲，本以為是為我鼓掌，結果我突然聽到一個和弦，心想：『等等，我沒彈這個和弦啊！』趕緊抬頭看是怎麼回事。」原來，皮特森勉為其難地下了輪椅，移坐到臺上另一架鋼琴前。接下來兩人時而對彈，時而合奏，最後在觀眾的歡呼聲中畫下句點。

後來克里斯丁到曼哈頓音樂學院學習，根據席維斯特的說法，許多技巧他早就會了，只是不知其名。我問道，在克里斯丁發展音樂感受力時，夫妻各扮演什麼角色？席維斯特認為，克里斯丁喜歡的某些和聲得歸功於他，史蒂芬妮則說，自己教了克里斯丁如何說故事。我到桑德斯家中拜訪時，克里斯丁廿一歲，正在寫一部歌劇，風格融合了爵士與古典，故事的雛型是他與一位杜拜次女高音的感情故事。他說：「她的生平跟我一樣怪。我的歌劇是在描述當其他人都選擇運動時，我選擇了爵士樂；其他人忙著購物和信奉伊斯蘭教時，她潛心歌劇。」他又笑著說：「究竟我想創作的是歌劇音樂、生猛有力的爵士、非洲古巴爵士，還是新的拉丁風格？人類自古就喜歡分類，把棍子放在這裡，把莓子放在那裡。事情總是如此進行，所有東西都會被歸類，所以音樂才會有這麼多類型和次類型。我的音樂是不受馴服的變種野獸，在紐約街頭上自在奔馳。」

美國多數公立學校已無音樂教育。然而，我們的教育不僅讓大家對古典音樂一無所知，還避之唯恐不及。二〇〇七年的選秀節目《英國星光大道》上，身材矮胖、神情陰鬱的帕茲演唱普契尼的〈公主徹夜未眠〉，曲畢全場起立歡呼，表演片段放上YouTube後點閱次數近億。嚴格說來，帕茲演唱的專業性顯然不足，儘管如此，粉絲仍大受普契尼音樂之美和帕茲深切動人的表達感動。幾年後，八歲的小賈姬在美國類似的選秀節目上詠唱了普契尼的〈親愛的父親〉，同樣震驚全場。當然，普契尼的作品本就通俗，但從這些例子能看出，一個人即使對古典樂不感興趣，也能深受感動。

弔詭的是，古典音樂在大眾教育中逐漸消失的同時，真正音樂家的教育卻一成不變。席洛塔說：「本質上，音樂學院大概從法國恐怖統治時期之後就不曾改變。我們需要一個願意打破傳統的人，重新檢視所有曲目，重新定義演奏會，以及重新檢討音樂到底要怎麼聽。」

· · ·

邦妮·哈維與法蘭克·慕禮是自然而然成了夫妻。邦妮的前男友被布朗大學退學，他於是把女友託給好友法蘭克照顧。邦妮課餘時間兼職舞孃，並在那裡交了女友。她說：「但我心裡那個怪胎想，跟他玩玩、試一下也不錯。結果吃到苦頭：我愛上了他。」法蘭克研究所沒念完，對工作沒什麼遠大抱負，偶爾拍拍影片，接接案子。一九七四年，邦妮在羅馬獎繪畫競賽中奪冠，兩人搬到義大利住了兩年。

468

回家鄉後，兩人決定生孩子。她說：「當時我不知道父母到底要怎麼當。現在，我覺得那就跟藝術一樣：有了材料後，盡力發揮創意和愛就是了。」尼可在佛蒙特州出生，九個月大就能模仿鳥叫，很快還能辨認出紅尾鵟的叫聲。慕禮一家冬季待在羅德島州的普羅維登斯市。尼可在那兒有位四年級同學是合唱團成員，一天，他邀請尼可跟他一起去合唱團，尼可一聽到合唱團的伊莉莎白時代音樂，立即覺得自己找到了歸宿。他說：「普羅維登斯的市區已死。在市中心有座古老雄偉的聖公會教堂，主持教堂的人古怪又難懂，卻能安排出最有趣的音樂。」幾個月後，邦妮帶尼可到波士頓的三一教堂，音樂總監問尼可喜不喜歡管風琴。尼可坐上琴椅，憑印象彈了巴哈的前奏曲與賦格曲，邦妮當場激動落淚。她說：「他連腳踏板都踩不太到！我常聽到他哼唱，但根本不知道他會彈管風琴。這小天才一直瞞著我。」當天離開教堂後，尼可坐在哈佛廣場的咖啡館，在餐巾紙上開始創作起垂憐經。他頓時找到人生的重心。

法蘭克說：「這就如同小鳥唱歌，一觸即發。」邦妮開始到衛斯理圖書館借光碟和樂譜回家，尼可從此迷上音樂。他說：「今天研究法國作曲家梅湘，明天我又想著：『要把馬林巴琴摸透！』我要的音樂，早期的要夠早，現代的要夠現代，就是不要十九世紀的音樂。音樂讓我快樂、讓我著迷，簡直是迷藥！」

尼可十二歲那年，邦妮回羅馬的美國學院擔任客座藝術家，尼可則進入義大利的公立學校。美國學院的作曲工作室供人免費使用，那裡有位學者同意教尼可彈鋼琴。邦妮說：「在家裡，他是平凡環境裡的特殊孩子。但在那裡，每個人都很特殊，所以他在那樣特殊的環境裡，應該能當平凡的孩子。」尼可說：「整件事都讓我入迷，每個人都盡力配合我。我變成了音樂家。」

尼可回到普羅維登斯上高中後，學校裡所有音樂劇都由他導演，還在歌舞喜劇《歡樂今宵》裡加入幾段史特拉汶斯基與ABBA的音樂。這段期間，家中財務相當吃緊，尼可出現強迫症症狀，強烈的憂鬱症狀蠢蠢欲動。十四歲時，他獲選加入檀格塢的夏季音樂營，在那裡認識許多年輕作曲家，其中許多人師出名門，這是尼可第一次浸淫在全音樂的環境裡。雖然他的訓練不及他人，卻有他們所沒有的經歷，因此不覺得差人一等。尼可說：「我懂外面的世界，知道怎麼訂前往那不勒斯的車票。很多人被管得很緊，遠在韓國的家人會一天打兩通電話到宿舍。」之後，尼可到哥倫比亞大學雙修英語和阿拉伯語，並同時在茱莉亞音樂學院受訓。他說：「我進入癲狂的神遊狀態，所有你能想到的自我毀滅行為都出現了，只不過我不是去公園跟男人搞，而是寫曲。我會半夜起床，把螢幕亮度調低，躲起來作曲。那種感覺就像偷吃東西之類的。後來我發現了停止強迫行為的辦法，也是最糟的方法：酗酒。後來只好找了個很可笑的心理醫生，把自己搞定。」

尼可是聽覺的動物，邦妮則是視覺的動物，不過兩人也有共同的語言，就是飲食。邦妮廚藝高明，自己種菜，還能宰殺並清理肉類。我認識尼可不久後，他寄來一張他喜愛的照片，照片上邦妮舉著對剖的豬隻。邦妮的母親是法國人，無懈可擊的家管，家中有兩部用來榨鴨血的機器，還會自己做糖漬紫羅蘭。尼可搬進哥倫比亞的宿舍時，外婆寄松露切片器送他。尼可說他上大學前都不知道原來美乃滋有現成的可買。邦妮說：「我覺得最自豪的地方，就是他喜歡這部分的我。我一直希望他快樂。音樂讓他快樂，但我也教他如何在廚房中動手作菜、盡情犯錯、專心玩耍，並從中獲得樂趣與安全感。而這對他和他的音樂都有助益。」兩人偶爾吵架了，和解方式就是在電子郵件中討論食物。尼可說：「她會洋洋灑灑寫上二十段，跟我聊她的瑞士莙菜，然後我們就沒事了。」

從邦妮話中能感覺她對事實的專注追求，而尼可則偏愛誇大，認為事實不光亮。因此，他們既喜歡彼此，也常惹惱彼此，但也都認為過程很重要。尼可說：「雖然你不見得聽得到，但音樂中確實有個小機器按照設計的目的在運作。有些作品中，它就大剌剌地在那裡；有些作品中，它則藏得很好，甚至不見蹤影。」他的第二張專輯《母語》中，有一段樸實美好的旋律。「雖然是民謠，裡頭還是有套我好不容易理出的數學式，我按著式子作曲，然後再徹底忘掉它。世界萬物背後，總藏著創造者的隱密敘事。」

尼可受託為美國芭蕾舞劇團寫芭蕾劇、為冰島歌手碧玉的專輯編曲。有些評論家認為他的音樂太過挑逗，對尼可影響至深的作曲家約翰．亞當斯就說：「年紀輕輕就這麼在意聲音的吸引力，恐怕不是好事。」對尼可來說，「好聽就不厲害」這樣的觀念，根本是蠻橫霸道的後調性遺毒。他說：「現代的古典音樂有種又醜陋又無孔不入的共通語言。《擲地有聲》這張專輯美得很刻意，只是為了證明我能做到這個程度，又能同時保有音樂的意義和情感。如果要問我的音樂有什麼情感深度，大概就是先不斷反覆哄你安心，然後再來點出其不意，奪走你的安全感。或是讓音樂美得甜膩，讓人不禁懷疑那是不是巫婆的糖果。」

尼可平常都開著兩部電腦，一邊作曲，一邊玩拼字遊戲和寫電子郵件。他說：「我沒什麼野心，我有的只是執著，我從未企圖往前邁進。」他坦言，大家在誇讚他的音樂美不可言時，也誤以為這表示他尚未找到自己專屬的聲音。「如果我直接承認想法『偷』自何處，整段對話會容易許多。只要他們說我的作品並非原創，我就會說：『我乾脆讓你聽聽我抄襲的那一小節吧。』」但他不確定用語言描述音樂是好是壞。「有些人就愛大談藝術的本質。他們會說：『可是聽你的音樂有害無益。』一場音樂會不該讓人聽不懂。說實話，我覺得我這麼做的部分原因是：我不是混蛋。我想為大家帶來快樂。音樂是糧食，是拿來攝取的。我喜歡『勝過無聲』這個說法。這段音樂是否有聲勝無聲？這是一門藝術事業，但也是一門娛樂事業，更是心靈和情感的滋養。這點不能忘記。」

家有神童，光環勢必勝過父母。有些父母能坦然接受，邦妮則不太行。我的意思不是她嫉妒尼可的天分或成功，對此她顯然驕傲又開心。只不過，兒子的成功凸顯了她在藝術上的缺陷，而她又必須負擔兒子的開銷，不得不提前結束藝術工作。這是經典的女性困境：若不是因為當了母親，她的事業能更多采多姿；又若非為了工作，她或能成為更稱職的母親。面對母親為自己的犧牲，尼可感到歉疚，更因而感到憤怒。而尼可如此獨立，又讓邦妮感到黯然失色。她本想當有孩子的畫家，結果卻成為會畫畫的母親，而尼可則得背負她對自己的失望。兩人的關係就像一首長長的《愛之死》，尼可得不斷謀殺母親，以成為她畢生最好的藝術作品。他說：「我再也不想聽她叨唸為了讓我成為藝術家，自己如何犧牲了當藝術家的機會。這爛透了。但另一方面，我完全承襲她對烹飪的愛，而且對所有事情的看法都受此影響。」對於尼可的勝利，邦妮有些置身事外。她說：「大家都說：『恭喜妳，尼可好厲害。』可是我又沒做什麼。大家該恭喜的，是我和法蘭克教會他如何讓自己開心。雖然他選擇了不致於失控的憂鬱人生，但那是他選擇的。」

尼可對於自己的生平經歷很坦然，同時卻小心翼翼保護自己的靈魂。他故作神祕，不讓人看穿。尼可說：「早期英國教堂音樂中，你和事物的本質之間隔著層層帷幕。班傑明．布瑞頓的曲子不論多激昂歡暢，總帶點迂迴的意蘊。但你還是看得到那顆跳動的心，那遺骸。」大家最常形容尼可看似快樂，實則憂鬱——跳動的心滿是哀傷，前面的帷幕則快樂可愛。這種說法太簡化他了。他融合了各種情緒，讓我們能同時聽見歡樂與哀愁，卻未把這些情緒平均掉。有時你聽見他的快樂，伸手一探，竟抓出一把憂愁，但好好端詳，卻又發現，憂愁中充盈喜悅的粒子。

・・・

修正對天才的歧見是整體社會的責任，部分原因是，天才大部分的成就取決於社會境況——從某些方面來說，這是最終的水平身分認同。在瓜地馬拉貧苦家庭出生的滑雪天才，可能一輩子沒機會發現自己的長處。天生精通電腦程式設計的人，在十五世紀也沒辦法有什麼發展。達文西若生為因紐特人，會怎麼打發時間？伽利略若出生於一九九〇年代，是否會對弦論有所貢獻？理想來說，天才要施展長才，不僅需要工具與外在條件，也需要同儕的接納和大眾的仰慕。克魯伯在一九四〇年代時說，天才激發天才。牛頓也坦言：「若說我看得比別人遠，那是因為我站在巨人的肩膀上。」天才與聖人一樣，需要經歷不少時間與多次奇蹟，才能冠上美名。我們幫助身心障礙者，是為了成就更人性化的美好世界，我們或可以用一樣的精神來看待卓越。憐憫只會讓身心障礙者難以建立自尊，厭惡也同樣會阻礙天才。憐憫與厭惡都反映了我們多麼害怕極端異常的人。

茱莉亞音樂學院院長波利希發現，對古典音樂的熱忱來自「後天習得的聆賞能力」。美國流行音樂在二十世紀後期席捲全球，而「多元文化」則成了非營利組織申請補助的關鍵字，在這樣的背景下，一向被視為「菁英專屬」的古典音樂與實驗音樂便以令人憂心的速度流失聽眾。許多人說古典樂與實驗音樂不歡迎大眾欣賞，這樣的說法蔚為風潮，這是語義上的詭辯。沒人阻止非菁英分子進入古典音樂的神聖殿堂，但要能欣賞古典樂的確需要後天培養，而這樣的培養大多來自歐洲貴族文化與宗教傳統的薰陶，且越富裕的家庭越可能習慣並熟悉這些傳統。努力培養古典音樂的鑑賞究竟值不值得？這才是大哉問。羅馬時期哲學家盧克萊修定義高尚之為藝術，是犧牲簡單的快樂以交換難得的快樂。近兩千年後，叔本華認為受苦的相反是無聊。未受啟發的人或許覺得古典音樂很無趣，但對浸淫其中的鑽研者而言，古典音樂的內涵高深複雜，令之嘖嘖稱奇。面對各種我們認為的缺陷，人類已懂得在那些困境中找到意義。學習欣賞普羅高菲夫儘管不易，比起克服聽障與唐氏症帶來的挑戰仍相形見絀，但兩者也不盡然沒有相同之處，兩者都是盡力追求意義。而在這兩種情況中，積極贏得的快樂也終將取代不費工夫的消極愉快。

提供身心障礙者更好的服務，能讓他們更能自理、提高能力，這種投資可產生數倍的投資報酬。同樣，給予天才兒童適當的教育也對大眾有利。我們如果視此一身分群體為推動科學與文化進步的功臣，卻又不承認他們的付出並加以支持，整體社會都會蒙受損失。在現今傾向反智的社會中，成就非凡的人有時會被推崇為英雄，但也可能被視為怪胎。人類學家米德在一九五四年曾說：「當代絕頂聰明的人才在美國都被白白浪費了。不管是老師、其他孩子的父母，

472

還是同儕，都不能忍受神童的存在。」選民喜歡的總統，是那種能和他們一起自在飲酒的人，而不是傑出的領袖，擁有他們所不具備的獨特特質。名人一旦靠才華出頭，大眾很容易再也看不見他們的才華。這種現象毫無益處，社會評論家嘉蕾莉克稱之為「仰慕的危機」。

我發現天才長大為人父母後，竟然有許多人不知如何養育家裡的小天才。我採訪肯蒂時，她女兒凱蒂已將近十六歲，擁有絕對音感、會彈琴、學聲樂。肯蒂說：「凱蒂三歲開始學琴時，我非常嚴格。『每天三點半彈琴，就這麼辦。』結果產生嚴重摩擦，我不得不放棄堅持。」我不懂這是為什麼。肯蒂一向小心翼翼，避免批評自己的母親，她回答說：「因為我不希望她未來怪我害她過著自己不想要的人生。」尼可拉斯也遇到類似的難題，他說：「六歲就學琴會帶來壓力，這說法未免太不懂得感恩。如果我母親當初沒這樣對我，今天我就不會成為音樂家。而我根本無法想像，不當或不想當音樂家是什麼樣子。」現在，換他面臨了教養難題。他說：「如果你把一輩子都投資在家庭事業上，自然希望下一代也能傳承下去，希望他們成為藝術家，知道所有你知道的事，並從你的經驗中獲益。天下父母皆然，但這從未實現。」

・・・

傑弗瑞·卡漢的父親出身貧苦移民家庭，一家九口擠在兩個房間，後來他成為受人尊敬的心理學家，也決心要兒子走得跟自己一樣遠。傑弗瑞在家時，常被叫去表演：「彈琴時，我能感受到真實的撫慰與快樂，但這一切都被汙染了。我不想看到自己對音樂的愛被拿來餵養永不饜足的父親。」傑弗瑞與女孩瑪莎在某個夏令營相遇，當時兩人都十歲，寫長信給彼此，誓言要早早結婚，生兩個孩子——結果兩人真做到了。瑪莎在柏克萊大學主修音樂，最後變成心理治療師，傑弗瑞則成為廣受敬重的鋼琴家與指揮。

兩人在一九八一年生下兒子嘉百利，瑪莎發現他兩歲就能唱歌完全不走音，四歲時他問她：「妳剛剛有沒有聽到火車發出的聲音很像爵士樂的聲音？」然而他的才華並沒有受到嚴謹栽培，小提琴老師最後表示沒有必要再學下去。嘉百利回憶道：「母親很嚴格，而到處表演的父親則幾乎沒有參與到我的音樂教育，兩人的做法說對是對，說錯也是錯。」

嘉百利聽的音樂非常多元，他聽德瑞博士、墓園三人組、痛苦泉源，也愛父母聽的音樂：保羅・賽門的《優雅莊園》、瓊妮・蜜雪兒的《藍色憂鬱》、披頭四等。他彈爵士鋼琴、唱合唱團，也參加音樂劇演出。想學什麼，他就去學。瑪莎說：「他十幾歲時，學鋼琴的進度簡直神速。」但嘉百利就是對學業不感興趣，瑪莎為此擔心不已，傑弗瑞卻完全不以為意。瑪莎說：「我覺得他該做功課，傑弗瑞則不太相信教育制度。我記得他有次對我說：『嘉百利是超級天才。』我大概懂他的意思，但不像他那麼懂。」

嘉百利高中時被死當。瑪莎說：「這麼聰明的小孩畢不了業，實在令人氣惱，但有這種感覺就代表我是緊迫盯人的母親嗎？」嘉百利有次順道拜訪了新英格蘭音樂學院，考了聽力測驗，立即被錄取，但念了近一年後，他覺得學院過於封閉狹隘。那時他跟布朗大學的一個女生交往，於是他向布朗提出申請，獲准入學。他說：「我的自大幫了我。我申論為什麼之前的功課念得那麼差，打動了他們。」就讀於布朗大學時，他開始想留下永恆的成就。他說：「詮釋型藝術無法超越死亡，創作型藝術卻能。」於是他開始作曲，第一部音樂劇就榮獲甘迺迪表演藝術中心頒發的獎項。

嘉百利畢業後搬去紐約，著手創作後來的作品「Craigslistlieder」。這部聯篇歌曲以線上個人廣告作為唱本，在二〇〇六年舉行首演。他說，他曾在「髒兮兮的酒吧裡，以一架破破爛爛的鋼琴表演，臺下觀眾都是布魯克林的文青小鬼，壓根不懂古典音樂。結果他們都為之瘋狂。」不過他的音樂，古典音樂家也愛。二〇〇七年，娜塔莎・佩列姆斯基委託他作了人生第一首奏鳴曲。二〇〇八年發行同名專輯後，又收到洛杉磯愛樂委託創作。嘉百利首次登臺時我有幸參與，當時他與林肯中心爵士樂社合作演出。雖然音樂本身帶有古典情緒，又是一群音樂家共同演奏，但表演以他為中心，仍帶來一股不可思議的親密感。

他說自己只能寫擅長的曲子，畢竟他做不到的事太多了。我問他是否後悔自己未接受完整的音樂教育，他說：「每個童年被逼得很緊的藝術家，若非發展有限，就是和藝術的關係總有些變質，我覺得那不值得。我跟父親關係深厚，而且毫無矛盾的情結。如果我還從他身上承襲什麼，那就是他對知識的渴望，以知識為基礎和根基，決定我們為什麼要做我們所做的事。」

他父親最不想看到的，就是天才兒子與自己一樣，深受父母控制。傑弗瑞說：「為了不插手他的成就，我退了好大一步，甚至退過頭。嘉百利跟我說：『真希望你多逼我練習一點。』但我仍不禁想，正是因為我給他機會去尋找方向，才能成就他今日非凡的藝術表現。」瑪莎說：「嘉百利心地非常善良，他的音樂也是。他告訴我，他作曲時總想到我會如何反應，也很感謝我不吝於流露真情。」

嘉百利與溫萊特、「最閃亮鑽石」及史蒂文斯等流行樂手同臺演出或錄製專輯，也與大提琴手薇勒絲坦及男中音夸斯朵夫等古典樂明星合作，《紐約時報》稱他為「全才的知識分子」。他說自己「想造就一種統一語言」，並表示：「當個跨類型音樂藝人實在了無新意，但我在音樂廳裡越來越覺得受壓迫。我討厭那個體制守舊的菁英主義，完全沒有玩諷刺的空間。古典音樂界根本不懂，約翰藍儂和保羅麥卡尼對和弦與旋律的敏銳度並不亞於舒伯特。」

• • •

多數大人做不到的事，小孩更做不到。放遠來看，天才這件事，並沒有比成長發育厲害多少。小孩能在兩年內學會說話，五年內學會讀寫，還能同時精熟多種語言。他們能把字母的形狀與聲音及意義相連，能抓住抽象的數字概念，並學會以數字來理解身邊各種事物。同時，他們還學著走路、咀嚼，可能還要學丟球、培養幽默感等等。神童的能力總嚇傻了父母，但普通小孩的父母也一樣有理由被孩子的發展嚇到。要記住這一點，才能在養育能力大幅超越自己或與自己天差地別的孩子時保持理性。

養育神童本身就是一場風險極高、結果又難預料的偉大投資，往往犧牲社交發展，嘗到難以忍受的失望，不斷搬家，甚至關係永久決裂。這一切的一切，竟是為了追求一種難以捉摸的生活形態，而且還不見得是神童長大後想要的。有些父母把孩子逼到崩潰，有些則無法支持孩子對自己的天賦的熱愛，剝奪了唯一能讓孩子快樂的生活。兩種錯誤都有可能。前者較顯而易見，在現代社會也較常見，但後者也同樣嚴重。既然大家對如何教養普通孩子都沒有共識，對教養資優生自然也不會有任何結論。神童對於快樂的定義與常人有天壤之別，許多父母因而茫然失措。

歌德的母親提到她為兒子說故事時，「我把地、水、火、風比喻成美麗的公主，讓自然界裡的萬物都有更深層的含意。我們想像星星之間有道路，還有未來會遇到什麼偉大的智者。他熱切盯著我，如果他最愛的事物結局不如預期，臉上便寫滿憤怒，或得強忍淚水。有時他會插嘴：『媽媽，那個倒楣的裁縫師就算殺死巨人，公主也不會嫁給他。』這時我便暫停，把悲慘的禍事留給隔晚。如此一來，我的想像常被他的想像所取代。隔天早上，我照著他的建議安排結局，告訴他：『你猜到了，就是這樣沒錯。』這時他便會興奮不已，我都能聽見他心兒怦怦跳。」

「我的想像常被他的想像所取代」這句話，道盡了教養資優生的美妙之處。父母的想像被取代的同時，便能幫助孩子發展想像力。對於神童的父母而言，如此埋沒自我很有智慧，但代價往往十分高昂，不過若能藉著孩子的才華照亮前進方向，便能在孩子重塑的世界裡找到無上的安慰。

III

第三章　遭姦成孕

RAPE

遭人強暴後懷上的孩子，與侏儒和唐氏兒一樣，在起跑點就已困難重重。懷上這樣的孩子，往往被視為災難，原本家裡的生活可能早已千瘡百孔，現在更難以度日。作母親的不確定自己是否有能力撫養孩子，也不知道忘不忘得了孩子的來歷，身邊還往往沒有可靠的伴侶能提供協助。初為人母就夠徬徨了，遭人強暴生子的母親往往還得面對許多的敵意與嫌惡，親人甚至可能讓事情雪上加霜，而社會大眾很可能苛薄評斷母親和孩子。 477

對大部分的身心障礙者而言，若不是身處同樣的處境，要很努力才能看見其中的人性，若身處於相同處境，往往就能彼此關照、支持，產生集體認同。但若是遭強暴所生下的孩子，這樣的缺憾是外人看不出來的，有時就連親友甚至孩子本人也不知道，但孩子最終必然要面對它對心理造成的陰影。這種水平身分既深刻又不直坦，往往變成家裡的祕密，和領養同一情況。不管是誰開口、該說什麼、何時開口、對誰開口，都得費盡思量、斟酌再三。孩子有聽障、是天才兒童，或有自閉症情況時，父母瞞不了太久，其他人一定會發現，孩子自己通常也會發現。

遭強暴所生的孩子則可能一輩子都不知道自己的真實身分，這也意味著，孩子怎麼看待母親、母親怎麼看待孩子，隨時都可能動搖。領養情況中，許多專家相信即使孩子無法在當下完全理解，養父母也應盡早告知真相，然而，強暴與領養畢竟不同，強暴太複雜、太可怕，實在難以對小小孩解釋。要孩子想像父母也有脆弱的一面是很可怕的經歷，遑論自己還跟這件事有關。

水平身分往往是由孩子先發展，再影響到父母。然而，遭強暴生下的孩子，卻是從母親的創傷獲得水平身分，這時孩子處於第二順位，往往也很難找到和自己一樣特別的人，共同強化這份認同。母親的水平身分較強，而孩子則因為這樣的水平身分感到人生在世十分孤獨。思覺失調症患者的母親可能從來無意擁有這個身分，是孩子把她拉進這個身分；但強暴後生子的母親原本就有切身的重大傷害要處理，而為人母的身分，則直接源自強暴受害者的身分。那是恨不得盡快忘卻的傷痛，孩子的存在卻永久昭顯了原先加諸於她身上的暴力。她們不是事後才突然驚覺孩子有異，而是在尚未發現懷孕前，就知道出了什麼事。她們跟其他生了與眾不同的孩子的母親一樣，很快便得捫心自問，孩子與希望的、想像的差這麼多，到底還能不能愛他。

許多人，包括母親本身在內，都認為強暴生下的孩子天生有缺陷。而這種身分與本書其他身分不同，尚未匯聚成活躍的群體，畢竟要大聲高呼自己遭否定之處，並不容易。即使孩子知道自己的身世來歷，也不容易找到其他相同背景的人。要關注一般顯而易見的身心障礙者已屬不易，更遑論這群與眾不同、其不同之處又總不為人知的孩子。「汙點公司」是少數專門解決這個問題的組織，它持守著這樣理念：「強暴倖存者是受害者……她們的孩子，則是遭人遺忘的受害者。」

• • •

從古到今有史以來，世人往往不把強暴視為對女性的侵害，反而像是丈夫或父親的財產遭竊奪，令其蒙羞，帶來經濟損失（例如因此嫁不出去）。漢摩拉比法典就把多數強暴受害者歸為姦淫者；一千年後的雅典城邦為了維護血脈，甚至將強暴與姦淫視為同罪；十七世紀的英國法律也抱持類似立場。

在充斥強暴情節的古典神話故事裡，強姦多是縱欲的神所為。天神宙斯染指了歐羅巴與麗達、酒神戴奧尼修斯強暴奧拉、海神波塞頓玷汙埃特拉、太陽神阿波羅則對歐阿德涅下手。其中值得玩味之處，是幾乎每一段強暴故事中，受害者都生下孩子，而孩子們不僅不是恥辱的化身，反而都是半神。貞潔的女祭司被戰神馬爾斯強暴後，產下雙胞胎羅慕路斯和雷穆斯，兩人日後建立了羅馬帝國。羅慕路斯後來又安排大規模強暴薩賓婦女，為自己的新城市增添人口，日後這個故事也常作為裝飾出現在文藝復興時期的嫁妝箱上。然而，自古以來大家也清楚這些孩子的身世可能會招惹敵意，例如上古與中世紀時期就默許婦女讓強暴生下的孩子自生自滅。

史書中提及強暴時，則往往充滿厭女傾向。羅馬帝國的醫學家蓋倫聲稱，強暴不可能導致懷孕，如果懷孕，一定是同意且享受性交而達致高潮的結果。雖然聖奧古斯丁曾向婦女承諾「因淫欲而野蠻對待女性者，必受懲罰」，他同時也宣稱有了強暴，婦女才知謙卑：「無論早先是否因自詡貞潔而高傲，或沉浸於他人之讚美之詞，亦不論倘未受侵是否可能自視甚高。」

在美國的殖民時期，遭強暴的婦女不能自行申告，須由丈夫或父親負責向地方的法官提告；若受害的是僕人，則須由主人代勞。這背後的想法是，婦女有可能假借遭強暴來掩飾兩情相願的不法性愛。這些婦女若無法證明自身清白，便被認定是有罪之人。清教徒時期的麻州，女人若是遭強暴而懷孕，是會遭通姦罪名起訴。將罪名怪到女性頭上的習慣，一直到十九世紀初社會正義運動興起後才開始改變。一八三五年，《金斯頓不列顛輝格報》寫道：「不該以婦女品行不良為由，論其不該受法律保護。」過去美國並不承認黑人婦女遭強暴算是性侵害，畢竟人對自己財產的任何作為都不能算是強暴，而因此生下的孩子自然也是奴隸。被控強暴的黑人男性若未遭私刑處決，也多被判有罪。反觀白人男性，往往只要付錢了事與受害的白人女性和解，便能規避法律制裁。十九世紀法庭主要關切的重心是保護白人男性免遭誣告，若要控告強暴犯，女人必須證明自己曾試圖抵抗，除了常以肢體傷害作為證據，另外還得「證明」此人確實在其體內射精。

到了二十世紀中期，登記在案的強暴案件數仍低於實際發生數，原因是女人害怕揭露真相對自己不利。一九五〇年代，一名遭強暴而懷孕的婦女說：「男人若不想被孕婦指認為孩子的父親，會找來五個好友一同發誓與那女人有染。至於被貼上淫亂標籤的女人則早因未婚生子極度蒙羞，根本無力與一夥人對抗。」心理分析雖日漸盛行，卻沒有幫上忙。佛洛伊德對於強暴幾乎沒有著墨，但他的信徒卻認為強暴犯有變態、無法克制的性癖好，且恰好符合女性「天生的」受虐癖。一直到一九七一年，犯罪學家阿米爾仍形容女人有「被男人強行擁有、粗暴對待[480]的欲望，舉世皆然」，並認為「犯罪原因永遠出在受害者身上」。

一九七〇年代的女性主義者對於此番論點甚感震驚，開始主張強暴並非性行為，而是暴力與侵害行為。布朗米勒在一九七五年的鉅作《違背我們的意願：男人、女人和強暴》中強調，強暴行為關乎支配控制，而非欲望。由於男女權力不對等，強暴事件發生次數遠比當事人承認的多，她呼籲社會應建立「無性別差異、不限特定行為」的法律，不再將強暴設想為雙方主動參與的性行為。

美國法律將強暴定義為「男性對妻子之外的女性，不顧其意願所強行施加的性交行為」。女性主義者對此定義多有批判，認為夫妻、情侶間的非合意性行為也應屬之，且不一定要性器交合，只要是非自願的性接觸都算強暴。另外，受暴者不需提出曾極力抵抗的證據，對於施暴或受暴者也無性別限定。就此角度，熟人性侵也是強暴，而就算兩方口頭同意後，若發生強迫行為也算強暴。對於所有性關係，傅柯有句名言：「霸王硬上弓的性行為與朝他人臉上揮拳，在本質上並無二致。」只是後者使用的是純粹的暴力手法，前者則是以玷汙愛的器官為手段。然而，強暴不僅傷害了那個對外與人互動的自我，也傷害了受害者親密、隱私的一面。強暴不是單純的性，也不是單純的暴力，而是強悍地結合這兩種動機和行為，以凌辱展現權力的不對等。

現今的醫療專業人員與執法人員多接受過良好訓練，能妥善處理強暴證據。美國各州法律對強暴的定義仍有出入，有時也與聯邦調查局等聯邦機構不同調。國際間定義差距更大，許多國家認為與強行侵入陰道相比，雞姦罪行輕微許多。由於我的重點對象是強暴後懷孕生子並撫養的母親，所以並沒有採訪被強暴的男性、兒童以及更年期後的婦女。然而，不管對誰來說，強暴都是以羞辱方式展現權力的手段。

正如社會覺醒運動轉變了養育障礙兒童的經驗，女性主義也改變了養育強暴之子的歷程。不過才數十年前，「自豪的被害人」還是個可笑的念頭，遭人強暴就如同傷殘、畸形等，只會使當事人蒙羞。正因為這件事太少人願意承認或討論，因此遭到起訴的案例也不多。女性主義者則試圖藉由重新定義強暴，使其不再暗示受害者也要負擔部分責任。性侵害、性犯罪行為等詞彙，都強調了暴力，讓大家理解，強暴關乎的並非女性的經驗，而是男性的作為。

即便有偌大進展，強暴案仍舊常不為人知。我們警告女兒別隨便上陌生人的車、別跟夜店認識的男人回家，但八十%的強暴案件都是由熟人所為。美國有一半以上的強暴受害者不到十八歲，其中四分之一的人（相當於總人數的八分之一）甚至未滿十二歲。親密虐待、婚姻暴力之中若發生強暴，往往是慣常行為，因窮困而必須依賴男人維生的女性，往往無法主宰自己的身體。美國疾病管制中心曾表示：強暴是「通報率最低的罪行之一」，估計性侵案通報率只有十～二十%。

養育遭強暴生下的孩子，相關著作並不多，即便有，也多半是以發生在國外的種族屠殺衝突為主軸，或是被包裝成反墮胎的偏頗作品。我的採訪對象願意幫助他人，所以熱心分享自身故事。但令人心痛的是，她們顯然為此付出高昂的代價。許多人只願意和我在非常開放的公共場所見面，因為她們無法完全信任我，不敢和我在較為隱密的場所共處。有的人則堅持在極私人的場所見面，因為話題太沉重，在無意間可能被他人聽見的地方，她們開不了口。

• • •

瑪琳娜．詹姆斯住在巴爾的摩，她向我保證她家附近的圖書館很安靜、適合深談，但我們抵達時，圖書館關了。三月春寒料峭，瑪琳娜卻帶我們到公園，坐在長椅上。在這裡，別人能看見我們，但聽不到我們在說什麼。廿六歲的瑪琳娜常以「很顯然」這個口頭禪來強調她自覺最驚人的想法，彷彿只要是稍有智識的人，都能同意她的決定。

瑪琳娜在二〇〇〇年進入安提亞克學院就讀，她說：「他們很強調力爭上游樂善好施，而我也一直很看重這些事。」大一結束後，她和男友到紐約度假，期間不小心懷孕，決定墮胎，兩人關係也宣告結束，之後她回到安提亞克。二十歲時，她參加學校裡一場派對，學生ＤＪ在她的飲料裡下安眠藥並粗暴地強暴她。她說：「身體比腦袋記得更清楚。腦中沒有畫面，身體卻有感覺。」

她沒有提起告訴。她說：「我知道辯護律師都怎麼看強暴受害者。我喝酒、嗑藥、玩樂。我最後能討回什麼公道？這麼難過好像根本不值得。」但後來瑪琳娜和學校其他女生提到這件事，才有人吐露自己也被同一個人強暴過。她們全都不想提告，但寫了書面聲明，由瑪琳娜提交給校長，強暴犯才因此被開除學籍。但因為沒有報警，所以每回想到他未來可能再犯，瑪琳娜都感到滿心愧疚。

後來瑪琳娜發現自己懷孕了，本以為自己會再次墮胎，但到了第三個月，她改變心意。她不想再經歷一次墮胎手術，她想生下孩子，再交給他人領養。但隨著時間流逝，她對領養的幻想也破滅。她知道自己懷孕前服用過娛樂性藥物，有個負責領養業務的行政人員要她別在表格上透露太多，以免嚇跑有意願領養的父母。她不喜歡說謊。她說：「仲介人是唯一拿到好處的人，其他的利益相關人都只能任他擺布。我生下來的孩子會是混血兒，而當時所有的認養家庭都是白人，也很高興我是受過良好教育的白人女孩。我的孩子要怎麼建立種族身分認同，會是很重要的事，但我覺得這些人都沒辦法為她幫上忙。」

於是瑪琳娜決定把孩子留在身邊。「現在我有了雅繆娜（Amula），我也是個很成功的母親。很顯然，當初的決定沒有錯，但當時我對此還很不確定，因此很苦。」瑪琳娜那年生下孩子，並根據「amulet」（護身符）一字為孩子命名，希望能為她帶來好運，並保護她遠離她所從出的那股惡勢力。瑪琳娜有嚴重的創傷後壓力症候群，或許還有點產後憂鬱症。她說：「我覺得自己像變了一個人，我甚至不記得自己過去是什麼樣子。」

瑪琳娜繼續攻讀社工碩士，帶著女兒一起上課，但她開始頻頻作噩夢，吃不下也睡不好。雅繆娜上了托兒所後，看到其他孩子都有父親接送，不到兩歲，她就問：「為什麼我沒有爸爸？」瑪琳娜聽了很想哭，但又不想在女兒面前掉淚，於是開始接受諮商輔導。她說：「但他們一直要我談談遭到強暴的事。大家都想要妳鉅細靡遺地去談這件事，但我不想不斷重複人生中那半個小時。人生還有這麼多部分更值得我活。」

廿六歲的瑪琳娜是個理想主義者，事事追求高標準，彷彿決心炫耀自己既不軟弱，也不自我耽溺。她充滿魅力、神態優雅，還有點嚴厲。她能大方談論自己的軟弱，卻從不表現出來。究竟她原本就如此，還是遭受強暴後性情才有所轉變，實在很難猜測。瑪琳娜與其他我遇過因強暴生子的婦女一樣，對於自己懷孕的原因滿懷憎恨，對孩子卻有萬分喜悅。「我每天都感謝主讓我擁有這個孩子，但也無法忽視她何以存在、忽視那段痛苦的經歷。」

要到雅繆娜出生之後，瑪琳娜才讓母親知道自己遭強暴。儘管如此，她還是帶著雅繆娜搬到巴爾的摩，因為父母住在那裡，能幫忙照顧孩子。她說：「很顯然，雅繆娜現在就在那裡。」瑪琳娜的姊姊妮娜搬來和兩人一起住。瑪琳娜說：「過去我媽媽經常不在，所以姊姊就像我媽。而現在我像她媽媽，因為她不想再帶頭了。我對雅繆娜說：『妳沒有爸爸，但我們有妮妮阿姨。』我在安提亞克有很多同志朋友，所以我告訴她，很多小孩都有兩個媽媽或兩個爸爸。我試著積極為整個情況找個說法。」

最後，瑪琳娜答應雅繆娜要幫她找個爸爸，但她自己卻沒興趣擁有另一半。她說：「我覺得自己沒什麼性欲。在這一切發生之前，我有。雅繆娜沒有父親我很難過，但不是為自己難過。」當然，從生物學角度來說，雅繆娜是有父親，瑪琳娜也知道他的名字。「我能為她做的最好的事，就是保護她不受他威脅。朋友一直說：『妳要先原諒他，才能接受事實，然後繼續生活。』每次聽到都想揍人。」

強暴和後續創傷考驗了瑪琳娜的信仰，但為了追求更遠大的洞見，她越發信靠上帝。她是基督徒，但兒時玩伴都是猶太人，回到巴爾的摩之後，她和這些玩伴重新聯絡上，也開始改信猶太教。她說：「我有好多年都過得毫無感覺，但接觸猶太教之後，我又開始有了喜怒哀樂。猶太教讓我感受希望與信心，也真的讓我心裡好過得多。這是我與世界維持互動的方式。」

身為社工，瑪琳娜常得面對性暴力的故事。她說：「在女人每日經歷的痛苦中，我個人的痛苦只是汪洋裡的一點漣漪。」她也教導其他女人如何養育孩子。「這讓我更重視回家後，要好好擁抱孩子、坐下來陪孩子玩。這不只是享受親子時光，更是要讓自己知道，我做得很好。」

瑪琳娜也把雅繆娜的出身告訴老闆和幾個同事。她說：「大家會問，我又不喜歡說謊。但這件事讓人們不自在。」瑪琳娜不願說謊，但隨著雅繆娜的問題越問越複雜、越問越急，要回答問題就更難了。瑪琳娜說她並不覺得丟臉，但仍很擔心雅繆娜要如何把強暴納入她自我認同的一部分。「我只想讓她知道，她絕對不是沒人要的孩子。我做了正確的決定，選擇留下她。即便是當時，我走過強暴，每日痛苦萬分時，也從未想過：『真希望沒懷上這孩子。』」瑪琳娜和雅繆娜在一起時，並不會想起被強暴的事。「我想的是：『明天游泳要穿的衣服洗了嗎？』我是在當媽媽。只有入夜時躺在床上，我才會想起那些事。」瑪琳娜說自己和伊拉克回來的老兵很像。「他們經歷過很可怕的事，言語永遠無法傳達。他們回來之後變了個人，再也不知如何運用自己的肢體。他們不為任何人理解，並發現身邊的人對他們的期待都變得毫無道理。這就是我的感覺。」

她猜想，在強暴後不久就生下孩子，或許真的拖慢了復原速度。她說：「我才剛經歷一切，就得馬上進入狀況，好好照顧孩子。」但她承認，如果沒有雅繆娜，她的復原方式大概就只能是想辦法忘掉一切，她說：「這樣未來某一天，一切會再度爆發。」她擔心開朗迷人的女兒可能和當年那個強暴犯擁有類似特質。瑪琳娜說：「她有一半的邪惡基因。身為母親，我會窮盡所有努力讓她成為令人喜愛、完美又體貼的人。可是，她擁有那個病態的人的ＤＮＡ，而我會不會敵不過那些ＤＮＡ？」

・・・

強暴與受孕機率之間的關係究竟如何，各方數據不一，再加上支持墮胎和反對墮胎兩個敵對陣營的拉鋸，讓問題變得更加複雜。有人主張恐懼會引發身體釋放化學物質，促進排卵，因此每十個遭強行性交的女性中，就會有一人懷孕，也有人估計受孕機率只有三％。雖然暴力性侵可能對女性的生殖能力造成一時甚至是永久的傷害，但反覆遭受性侵害者，在受害過程懷孕的機率仍較高。當然，若受害者非值生育年齡，或是有使用口服避孕藥或子宮內避孕器，或者受害者是男性，則不會懷孕。若是非陰道性交的強暴，也不會懷孕。

研究發現，美國每年約有兩萬五千至三萬兩千起強暴導致懷孕的案例。一九九六年一份研究遭姦成孕的報告指出，半數受訪者選擇終止懷孕，另一半中有三分之二留住孩子、四分之一流產，其餘受訪者則將孩子交由他人領養。根據這個數據推算，可知美國每年約有八千名女性選擇留下遭強暴後所懷上的孩子。

由於現在有安全的墮胎方式可採用，這讓留下孩子的女性能感到這麼做是出於自由選擇而非受迫於現實。此外，即便是反墮胎人士，往往也認為「遭強暴者例外」。在這方面，被強暴的婦女需要自主的權利，要墮要生、要自己養還是由他人領養，應能全權決定。選擇養大孩子的女性，和身心障礙者的父母一樣，願意為了孩子勇敢面對他們的特殊身分。他們和孩子都可能得面對社會的諸多譴責。

許多女人之所以把強暴懷上的孩子留下來，可能是因為墮胎無門，可能是礙於宗教信仰，也可能是受伴侶、丈夫或父母控制。我也遇過經歷深刻自省之後，才做出不墮胎決定的人。有些人對我說，她們當初遭強暴時是受迫處於被動，而現在決定把孩子生下來，乃是以無聲的方式重演過往。有人則說孩子就像活生生的證據，彷彿墮掉他們就是在否認遭強暴的那段過去。由於終止懷孕的決定，都與女性主義息息相關，許多人只能從反墮胎運動尋得支持論據，加入一場原本不需加入的道德論戰。許多強暴受害婦女想留住孩子，卻表示感受到社會各方期望她們墮胎的沉重壓力。

遭強暴後又生產，是雙重危機。哥倫比亞波哥大市的心理學家吉爾表示：「強暴後受孕，不僅意味著無法甩開這場受暴的噩夢，還意味著這場噩夢通過她體內復活。強暴的行為剝奪了婦女對自己身體的認同與掌控權，故強暴後受孕形成一個痛苦的循環。若強暴使婦女受到創傷、人生破滅，那麼懷孕則令她們進退維谷。與子宮內的暴力證據共存，等同把性侵者留在自己身體裡。」

因強暴而懷上的胎兒，結合了母親與侵犯者的基因。對有些女性來說，這胎兒象徵自己的身體曾遭外人強行征服；有些女性則認為胎兒延續了自己的存在。《美國新聞與世界報導》有篇文章提到，一個平時反對墮胎的女性，如此開導自己因強暴而懷孕的姊姊：「如果妳被人開槍打中，會留著體內的子彈走來走去嗎？」但另一名情況類似的女人則說：「孩子是無辜的，跟我一樣是受害者。」除掉體內的「子彈」絕對必要，但「無辜孩子」的生命也絕不能剝奪。[486]

討論這個話題時，各方的遣詞用字總隱含道德的價值判斷。反墮胎女性主義者坎普寫道：「大家每每稱強暴懷上的孩子為『強暴犯的孩子』，而不是『強暴受害者的孩子』。強暴犯幾時稱得上是『這孩子的父親』了？」我們應該改變用詞，以「合理的」說法解釋事發經過。根據坎普的說法，有名遭衛兵強暴的女人「認為孩子是她的。若拒絕接受孩子，則形同臣服於父權主義」。在這種觀點下，母親體內那顆象徵性的子彈，已轉化為她的力量來源。

有些人在依戀與排拒兩種情緒間不斷擺盪，還有人一開始的恨最後被愛所取代，那可能是在母親首次感受到胎動的瞬間，也可能直到孩子長大成人後才發生。逐漸學會愛這些孩子的母親，往往成為活躍的反墮胎分子。反墮胎組織「性侵後生命聯盟」的創辦人齊柏斯基就提到自己十六歲時的懷孕經驗，她說：「孩子是我療癒過程的一部分，當她開始在我肚子裡動來動去，我便把她視為我的一部分，而不是那男人的。」德齊烏在受侵害後，也同樣想盡辦法否認自己懷孕的事實，不僅穿上束腹隱瞞身體的變化，還試過要讓自己流產，但是當胎兒在她體內踢一下、動一下時，她說：「我這才明白，體內的小生命也在掙扎。不知怎地我突然改變了心意，從此不再把孩子視為強暴犯的孩子了。」貝莉則說：「基本上我的感覺是：『孩子，就只有我倆了。』我認為我們兩個都是受害者。」

然而，知道孩子與自己受侵犯一事無關，跟把孩子視為毫無汙點，是不同的兩件事。德齊烏坦承：「第一次抱起他時，我立刻憶及他的身世來歷。有好多次，都覺得恨他入骨。我親愛的小兒子一笑，就讓我想起那男人強暴我時發出的猥褻笑聲，於是我就拿兒子出氣。」另一人絕望地說：「我一度努力要說服自己從來沒遭強暴，但看著她時便立即明瞭：是，我真的遭強暴了。」帕皮雷妮專門研究因強暴受孕的女人，她寫道：「強暴倖存者往往比常人更害怕親密關係，更不喜歡他人靠得太近，也更害怕遭人遺棄。母親拒絕接受嬰兒，可能進一步引發孩子的各種心理問題。『孩子不斷讓母親想起遭人強暴的恐怖經歷，最終也影響了兩人的關係。』」

487

・・・

一九七五年八月某日，住在紐約市皇后區的布蘭達出門去領薪水，當時她在城裡一個夏令營當輔導員。為了與母親露德唱反調，她把襯衫前角綁起，露出曬成古銅色的肚皮。出了地鐵後，途經一輛停在路邊的計程車，此時車門突然甩開，裡頭一名男子把她拉進車裡。「事情來得太快，轉眼我人就在車地板上。地板中間有個地方隆起，我的臀部就在那上頭，臉朝下對著地板。」駕駛移到後座，兩個男人輪番強暴她後，把牛仔褲丟還給她，再把她推回街上，此時鮮血順著她的兩條腿往下流。

回家後，她洗了很久的澡，隻字不提這件事。她說：「我媽警告過我襯衫別這麼穿，我偏不聽，結果妳看吧。所以我怪自己。我覺得所有人都知道了，彷彿我身上寫著：『不再是處女』或是『強暴受害者：自找的』。」月經第一次沒來時，她把事情始末告訴她最好的朋友，兩人趁下課時間去家庭計畫中心驗孕。之後她打去詢問，得知是陽性反應，整個人在電話亭崩潰大哭。當時十六歲少女不需父母同意就能自行決定墮胎，但她「覺得墮胎不是能靠撒謊蒙混過關的事」。她先告訴了男友，結果他說再也不想看到她，接著又向父母坦白，結果父親維森特說：「真的是這樣嗎？那妳為什麼沒有報警？」事隔多年，她仍然顫抖著說：「為什麼？為什麼？為什麼？我突然問起自己為什麼。我說：『媽，我當時穿的就是妳叫我別穿的那件衣服。』但我母親回答：『就算妳全裸站在那裡，也沒人有權對妳這麼做。』我卸下心中的大石頭，大哭起來。」

不過他們仍然想保密。篤信天主教的父親要她去波多黎各和親戚住，孩子生了再讓人領養。祖母則告訴所有人布蘭達已經偷偷結婚，老公在軍隊裡。她就讀的學校表演藝術中學要她別再來上課，她的一個朋友四處找人連署抗議，後來校方妥協，但把她換到交響樂團比較不顯眼的位置。此時布蘭達覺得，自己應該為孩子奮力一搏。

布蘭達在高二的最後一週生下孩子，她想以祖母的名字為孩子命名，但她的父親說：「我不希望我母親的名字出現在那孩子身上。」布蘭達說：「我想讓孩子有個榮耀的名字，一個不會讓她覺得丟臉的名字。我翻遍聖經，看到利百加這個名字有『迷人』的意思，當下就決定是這個了。」當布蘭達的父親看到孩子，便立即改變心意，寫了卡片給布蘭達：「謝謝妳給了我第一個孫女。」

布蘭達則陷入產後憂鬱症。她說：「我猜一部分是生理因素。但另一部分是，每個朋友暑假都去玩了，只有我跟這個孩子關在家裡。」家庭醫師鼓勵她接受心理諮商，但即便心理醫生也是女性，布蘭達要好幾個月之後才有辦法敘述強暴經過，而醫生聽了之後問：「這過程中，是否有任何一點讓妳感到舒服？覺得享受嗎？」布蘭達走出診間，從此不再去看那個醫生。維森特是汽車維修技師，露德是護士。布蘭達的志願是當醫生，但家裡有個孩子，她做不了太多事。她說：「於是我加入救護車隊當志工。我拖著女兒去受訓，把她放在攜帶式的兒童圍欄裡，就這樣考到救護技術員執照。」布蘭達很愛救護車上的工作，最後也成為合格的護理人員。

我問布蘭達是否曾把對強暴犯的恨意投射到利百加身上，她說：「從來沒有。看著她時，我看到自己，完全沒看到其他人。她出生前，我不曾打算剝奪她的生命，出生後也絕對不會。」但她當時努力想處理強暴的記憶。她度過了幾年亂性的放蕩日子，後來遇見在皇后區開魚鋪的奇普。八個月後，在利百加四歲那年，因為布蘭達想搬出父母家，而奇普願意當利百加的父親，兩人於是結婚。之後他們又生了兩個小孩，三個孩子都一直以為奇普就是他們的父親。

布蘭達和奇普在利百加十五歲那年分開，布蘭達後來的一位男友強暴了利百加。此時布蘭達認為該讓利百加知道自己被強暴的過去，她對我說：「她不能再繼續活在謊言裡。」利百加聽完非常憤怒，變得越來越叛逆。她懷上第一任男友的孩子，因此布蘭達三十五歲就當上祖母。兩年後，利百加又和別人生了一個孩子。之後她又懷了第三個男人的孩子時，布蘭達帶她去墮胎。布蘭達說：「我不允許妳這樣葬送人生。或許我會因為這樣下地獄，但我不得不插手。」最後，利百加加入了空軍。

我第一次和布蘭達見面時，利百加被派駐到伊拉克，兩個孩子都交由布蘭達撫養。她說：「他們是我的心頭肉。我從不知道自己能付出這麼多愛，也沒這樣愛過自己的孩子，或許是當時我太年輕，也或許是因為經歷強暴。但是當我感覺到那份愛時，我就知道我得放下強暴的記憶。我曾經問自己：『如果在街上遇見那兩個強暴犯，我認得出來嗎？』誰都可能是記憶中的那兩個影子，但我把這件事情去人格化了。強暴的記憶猶在，但記得的是那件事，不是人。我只知道，我擁有他們永遠不會知道的事物，他們永遠不會知道他們有個漂亮的女兒，不知道他們有漂亮的孫兒。他們永遠不會知道，但我知道。所以到頭來，幸運的人是我。」

・・・

美國的墮胎法從殖民時期到十九世紀中，都以英國普通法為根據，認為生命始於胎動初覺，也就是準媽媽第一次感覺到腹中胎兒的動作，這通常發生在懷胎四到五個月時。一八五七年，剛成立的美國醫學會開始宣揚反墮胎理念，認為即使在胎動初覺前，婦女也不應墮胎。一八六〇到一八八〇年間通過的法律便認定，除非母親生命垂危，否則任何時刻墮胎都是違法的。一九〇四年，美國醫學會刊認定「真正的強暴很少導致受孕」，並宣稱無論如何，胚胎權先於母親的權益，因為「強暴罪行再重大，也無法合理化謀殺」。

一九三〇年代經濟大蕭條時期，大家庭養家餬口不易，導致非法墮胎不斷增加，未經訓練的密醫非法祕密執行手術，許多婦女因此死亡。一九三六年，重量級醫師道契格致力為「應得保障」的婦女爭取墮胎權益，同時也極力避免墮胎權遭人「濫用」。他擔心，未婚婦女與寡婦若能墮胎，將導致「道德淪喪」。他倡議的法案雖從未實施，卻影響甚鉅。根據該法案，下列人士有權墮胎：強暴受害者、智能障礙者、十六歲以下少女，以及所有「營養不良又家中食指浩繁的女性，其因各種外在因素使懷孕生養成為重擔」。一九三八年，英國一名醫師因替一名十四歲的強暴受害少女墮胎而遭審判，後來法院宣判無罪，反映了當時大眾追求解放墮胎權，尤其強暴受害者更不應受限的整體社會氣氛。此次審判在美國獲得媒體大幅報導，大眾也因此開始公開討論墮胎議題。

一九三九年，第一個美國醫院墮胎委員會成立，以逐案審理方式，決定准許墮胎與否。到了一九五〇年代，類似的委員會已到處林立。他們只准許「治療性」墮胎，也就是若以保護孕婦生命，或避免生出重大殘疾嬰兒為目的，則可批准。不過，若病人因懷孕導致精神情況惡化，醫生建議墮胎，委員會批准的案例也日益增加。人面廣的婦女要拿到精神科醫師的診斷證明比較容易，但強暴受害者若沒錢請精神科醫師為她們開立診斷書，則必須證明她們近乎精神失常。還有些人被診斷為生性放蕩，必須結紮。結果墮胎反而變成上層人士的特權，與道契格的立意完全相反。有個經典案例如下：一名女性在戰後遭人強暴，個案報告裡提到：「她成了被動之物，無力說『不』。這裡我們看到，女孩失去父母的愛之後，仍然不斷尋愛，所作所為都是為了滿足自己依賴他人的需求。」文中顯然暗示，精神穩定的女性絕對不會遭強暴。

一九五九年，美國法律協會提議墮胎合法化，但僅限於因強暴或亂倫而懷孕、胚胎嚴重異常，以及母親性命垂危者。一九六〇年，伊利諾州讓強暴懷孕者墮胎合法化，接下來十年內，共有十二州依據法律協會提議的模式開放合法墮胎。然而，當時各州若有未婚女性遭強暴後懷孕，標準做法大多是把她們送到待產中心，那裡的人則會盡量說服她們把孩子送人領養。院方總說這樣對孩子最好，免得因跟著未婚母親而一輩子蒙羞。至於想墮胎的婦女會視為殺人兇手，想留住孩子的則被視為自私。於是當時許多人被迫放棄扶養權。索林根專門研究這些案例，他談到一九六九年遭約會強暴的凱瑟琳抱怨自己被當犯人對待，她說：「我只是一個被迫幫某個有錢人家生了個小孩的人，完全不把我當人看。」另一名女性凱在一九七一年遭人強暴並懷孕，在她把孩子交由他人領養後企圖自殺，她說：「我無論情緒和心理都羞愧不已、受盡打擊，只想趕快了結一切。」

一九七三年，最高法院在「羅控訴韋德」一案中判定女性擁有墮胎權利。一九七六年的《海德修正案》停止女性墮胎的低收入戶醫療保險，但孕婦性命垂危者不在此限，而一直要到一九九三年，才進一步開放讓強暴與亂倫懷孕者享有補助。自一九七三年羅控訴韋德案肯定女性的墮胎自由後，無論是企圖削弱或強化該自由的立法，總會提起強暴議題。胚胎若有身心障礙，選擇墮胎，是為了讓孩子免於受苦受難；對強暴案網開一面，則是為了母親著想。到一九八〇年代晚期，民調顯示雖有半數美國人反對墮胎，但反對強暴與亂倫後墮胎的只剩下一小部分的人。不讓受強暴者墮胎的禁令多遭廢止。一九九〇年，愛達荷州州長安德魯斯儘管反對墮胎，卻否決了一項禁令，因為根據這項禁令，遭強暴後尋求墮胎者「會從受害者轉為罪犯」。某些案例中，反墮胎方也同意強暴受害者可以墮胎，前提是孕婦乃「無辜的」，和那些因管不住自己欲火搞大肚子的人不一樣。

反墮胎運動主張胎兒皆無辜，強暴後懷上的孩子亦然。一名聲援者寫道：「孩子有不可剝奪之生命權，亦有權受法律正當程序的保障，若因父親的罪便予以剝奪乃大錯特錯。雙重錯誤並不會變成對的。」一名強暴後生下孩子的母親說：「我的孩子不是能任意拋棄的人生例外。看著她的眼睛，沒有人忍心相信，就因為某個我們甚至永遠都不會認識的男人做出的錯誤選擇，她就不配活下來。」有些人相信懷孕乃上帝旨意的展現，在聖經的〈耶利米書〉一章五節提到：「我未將你造在腹中，我已曉得你；你未出母胎，我已分別你為聖。」多數人將此理解為，生命早在受孕前便存在。許多堅決反墮胎人士主張，女性決定墮胎並不會感到自己獲得權力，而反對女性墮胎是為了維護她們權益。國際生命權利聯合會創辦人威爾基說：「這些女性已經歷一次嚴重創傷，難道我們還要她們再參與一次暴力行為，要她們墮胎嗎？」基思琳寫了一本小冊子《強暴後懷孕：希望的故事》，裡面有段話言之鑿鑿：「我不是強暴後的產物，我是上帝的孩子。」一名部落客諷刺回應：「強暴不是虐待！而是另一種聖靈成孕！」

所有爭議重重的議題，正反方都選擇性採用有利自己的動聽故事與數據來支持論點，墮胎論戰也是。兩方最大的差別在於，支持婦女有墮胎選擇權者，與威爾基所言不同，並不會「要求」別人墮胎，但認為胎兒有「生存權」的一方，則打算強迫所有強暴後懷孕的女性生下孩子。英國心理分析師拉斐爾—雷夫就撰文指出，因強暴而懷上的胎兒可能一直是「體內的外人，受母親勉強容忍且可能隨時遭她驅逐，出生後也是半個陌生人，可能被排擠或處罰。」一名遭強暴的女性在路易斯安那州議會健康福利委員會前作證，把兒子比喻為「活生生、會呼吸的刑具，讓強暴的過程在我腦內不斷重播」。另一人則形容養育強暴之子是「言語無法形容的困境」，感覺「孩子一出生就受詛咒」。她的兒子出現嚴重的心理障礙，最後由社會福利機構帶離原生家庭。

坎普認為墮胎是「太強調父系制度、不夠重視個人價值的社會」所想出的解決方式，她根據這套論點，把支持墮胎者歸類為反女性主義者。有些強暴後懷孕的女性認為，把孩子生下來形同「二度強暴」；反墮胎的女性主義者則認為，這些女性若選擇墮胎，才是受到「二度強暴」。對某些女性而言，墮胎可能比生下強暴懷上的孩子更具傷害。有個女性便以卡拉斯基為筆名寫下自己的故事：她被父親強暴後，父母為了保護自己的聲譽，強迫她接受麻醉並墮胎。在受害者毫無選擇的情況下墮胎，顯然構成了另一次的傷害。

在所有反對強暴懷孕者有自由選擇的聲音中，最堅定者莫過於「艾略特機構」的創辦人理敦。艾略特並無其人，根據該組織的網站說明，之所以以艾略特命名，是因為這個名字聽起來正式又公正。自一九八〇年代初，某些支持胎兒生存權者甚至反對強暴懷孕者墮胎，理由是可能造成他們口中所謂的「墮胎後症候群」，主要病徵有沮喪、懊悔，以及出現自殺傾向。當時最高法院在羅控訴韋德案件的判決中斷言墮胎是安全手術，祭出這一病症就是要作為反駁最高法院的證據。艾略特機構的最終目的是立法，讓所有孕婦都能向為她施行選擇性墮胎而「損害其心理健康」的醫師提出民事訴訟。針對因遭強暴或亂倫交而懷孕者，理敦在他的著作《受害者與勝利者》中寫道：「許多女性表示，墮胎像是一種侮辱人的『醫學強暴』。女性在墮胎過程中，性器官遭到蒙著臉的陌生人侵入，苦不堪言。」理敦與其他死忠反墮胎者常引用馬虹的文章〈懷孕與性侵〉，文中主張，強暴後懷孕帶來的情緒與心理負擔「若經適當協助，能獲得減緩」。另一名反墮胎人士馬洛夫寫道：「亂倫導致的懷孕為世界帶來一絲慷慨的光，帶來一個新生命。若把孩子墮掉，等於是在對孩童的性虐待再加上肢體虐待。我們索性預期母親墮胎後順便自殺，用這種方法解決個人問題，豈不簡便快速。」

對未來尚無明確想法的年輕女性與女孩，若遭人強暴後懷孕，對於孩子是否留下的決定，往往是為了反抗或屈從於家中長輩。其他女性則拒絕面對真相，有三分之一的強暴懷孕者，直到孕期中期才發現自己懷孕。太晚發現或採取行動，都會縮減女性的選擇，但仍有許多女性在不得不下決定時，尚未從強暴的傷痛中復原。無論最後決定如何，強暴後懷孕都可能導致孕婦沮喪、焦慮、失眠，並引發創傷後壓力症候群。強暴是永遠的傷害，它留下的不是疤痕，而是永遠不會癒合的傷口。我採訪的一位女性就這麼說：「妳能墮掉孩子，卻墮不掉那段經歷。」

哲學家布里森自己就曾遭人強暴，她說：「創傷不只停留在意識與潛意識裡，更殘留在身體上，滲入妳所有感官，一旦受到觸發，創傷的經歷便又活了過來，伺機浮上表面。」懷孕把這樣的傷痛化為實體，一直留在孕婦體內，直到孩子出生或墮掉。談到治療強暴婦女時遇到的問題，克羅埃西亞的精神病學教授弗戈維克斯馬克說：「個案常失去重要直覺能力，甚至想尋死，自殺傾向尤其明顯。」

梅琳達從小就知道自己想投身聾人教育。她父親是聾人，母親是聽人。她本身聽力沒問題，也比得一手流利手語，是父親的翻譯員。她父親只讀到小學五年級，母親高中畢業，梅琳達則一心要念大學。她出生在印第安那州，當地只有波爾州立大學有聾人教育學位，於是梅琳達就到那裡就讀。大一那年她住在校區外，搭學校接駁車上下學。接駁車司機也是學生，梅琳達偶爾會和他們閒聊，其中一人叫瑞奇，主修兒童教育。

一天傍晚回家路上，梅琳達發現有輛未熄火的車停在她住處前。由於室友常在那個時段從排球場練習完回來，她以為是載室友回家的人，於是沒有鎖門。等她聽到腳步聲靠近時，轉身發現瑞奇就在身後。「他一把推我上床，說：『妳敢尖叫，我就殺了妳。』記得當時我看了一眼時鐘，是八點四十七分。」電話響起，他便剪斷電話線，後來她才知道是母親打來的。「我搥牆壁、用力踢他，但他隨後亮出一把刀，而我還不想死。他離開時，時間是十一點廿三分。」

梅琳達坐在床上，動也不動，直到隔天早上五點半，才請朋友帶她去醫院。護士不相信是強暴，沒幫她緊急避孕，但還是叫了警察來幫梅琳達作筆錄。警察問梅琳達要不要提告，她說她做不到。梅琳達該學期的學業成績一落千丈，接下來的學期更因過度焦慮而生活停擺，半途休學。她回憶道：「我甚至不敢踏出公寓。」

梅琳達搬回家和父母住，到長春藤科技社區大學註冊，不過那裡沒有聾人教育課程。她發現自己懷孕後便告訴母親，但為時已晚，無法墮胎。不過，梅琳達本來就不忍心墮掉孩子。她解釋：「我只能改變，只能適應，否則只能繼續困在恐懼裡。所以我就改變和適應了。」適應過程痛苦連連，她因為焦慮和重度憂鬱，住院兩次，其中一次院方還得派人看著她，以免她自殺。當時有人請她到其他州教聾人學生，但她實在不敢一個人住。

兒子馬古斯出生時，梅琳達的父母拒絕把他當孫子看待。梅琳達說：「住處的客廳，圍出一塊我們的專屬區域。」當她父親在家時，馬古斯必須待在她身邊一百五十公分的範圍裡。她說：「有一天馬古斯碰了電視，我爸便想出手打他，我大喊：『你敢打他！從今以後就別想看到我。』」後來她妹妹領養了一個女兒，梅琳達的父母都會帶這個小孫女去公園，也會到她學校參加祖父母日。但她母親的同事問到孫子如何時，她母親回答說：「哪來的孫子？我沒孫子。」

大學畢業後，梅琳達找到一份先鋒計畫的工作。當時她已患有強迫症，無法忍受不同食物相碰，有自殘傾向，且無法單獨前往沒去過的地方，連星巴克都不行。她警告說：「要是有人踏進我的安全範圍，我就發脾氣。」有一天，一個先鋒計畫的學童戴了一頂和瑞奇雷同的針織帽來上課，她把帽子從他置物櫃拿出來扔掉。她說：「他才四歲！我不能再這樣下去。」

梅琳達開始和一位自己也曾遭強暴的諮商師會談。剛開始，梅琳達根本開不了口。終於能開口時，她要求諮商師先把門鎖上。諮商師建議她在明信片上寫下她對瑞奇的控訴，並匿名寄給他，好宣洩心中的想法。她每兩天就寄一次，每次都在不同城鎮寄。有時是電腦打字印出，有時從雜誌上剪字拼貼，有時則模仿兒童字體。一部分寄到他工作的地方，一部分寄到他家裡。

寄了六個月的明信片之後，瑞奇告梅琳達跟蹤他，於是她被先鋒計畫開除，因為該計畫規定員工不得有犯罪調查紀錄。她說：「我工作了兩年，從不惹麻煩，從不遲到，也從不請假，現在為了明信片就要開除我？」瑞奇隨後又說要上訴取得孩子的監護權，梅琳達就此崩潰。她帶著馬古斯到兒童保護服務中心，說要簽名放棄他。諮商師在那裡和她見面，說服她帶孩子回家，但梅琳達的母親說，如果她改變心意，她願意載她回服務處。

梅琳達在一個幼兒日托中心找到工作，精神狀況依然脆弱，且似乎越來越分不清馬古斯和瑞奇兩人。她說：「我覺得他們是相連的，不是兩個人。當他碰我、跟我說話時，我會想：『這是你爸。』萬一哪天我把他當成他爸，傷害他怎麼辦？我嚇壞了。馬古斯長相簡直是那個強暴者的分身。」她露出迷惘的眼神。「有時他做了某些事後，我心想：『好棒！我以你為榮！』接著他跟我說話，突然間，我又變得甚至無法承認他。但沒有了他，我早上要為了什麼起床？我想如果他在身邊，我比較不會自殺。」

一年後，梅琳達來信說自己已跟一個男人交往八個月，且已有喜了。她說：「馬古斯迫不及待要當大哥哥。我很快樂，諮商也很順利，最棒的是，我父母再也不能指使我們了。」兩個月後，她又來信寫道：「之前在一起的那個男人覺得我不適合他，現在和新婚妻子搬到密西根住了。我把女兒取名為伊莉莎，壞消息是，她出生時已經死了。懷她的感覺和懷馬古斯完全不同。懷伊莉莎時，我做什麼都會先考慮到她，有點怪吧？想忽略馬古斯，希望他流掉，他卻平安生下來；我盡力照顧好自己和伊莉莎，卻失去了她。」六個月後，她放棄馬古斯的監護權，他被送到打算領養他的寄養家庭去。梅琳達信中寫道：「我想見他時就盡可能去見他，但我應該要更常去的。我給不起的，他現在都有了。我現在不准單獨和他相處，我覺得這樣規定很明智。失去伊莉莎讓我很痛苦，她生日那天，我打算和朋友一起下廚，我等不及要幫她做個『爛兮兮』蛋糕，一個九吋×十一吋的黃色蛋糕，表面塗滿花生醬，撒上鳥飼料，再寫些字上去。我會把蛋糕放在她墳前，讓所有野生動物都跟我們每天一樣，享受她的存在與生命。」於是梅琳達繼續掙扎，一邊愛著死掉的孩子，一邊愛不了活著的孩子。強暴帶來憤怒與悲傷，雖然強暴使梅琳達將氣轉嫁到馬古斯身上，卻也得以讓伊莉莎成為她絕望情緒更安全的出處。

・・・

近年來，學者根據演化理論，推斷強暴是一種繁衍策略，天擇時這類基因也比較容易保留下來。強納森和蒂芬妮兩人任教於華盛頓與傑弗遜學院，他們認為強暴犯「挑選受害者時，不只挑年齡，還依據各項生理與行為特徵，挑選出最容易受孕者下手」，其中許多特徵，也是一般吸引力的來源。《強暴自然史》的作者桑希爾與帕爾默主張，施暴的男性廣為散布精子，滿足自私的基因追求永生的驅力。

強暴犯腦子裡滿是強迫繁衍的幻想一說，恰符合女性主義理論。學者麥金儂便撰文強調此說：「強迫懷孕始於強暴，又因無法墮胎而繼續懷孕。這一切是如此眼熟，早在奴隸時期便有此現象，對於現今沒錢墮胎的女性依然如此。」布朗米勒說過，繁衍後代是許多強暴犯的主要動機。她說：「自從發現性交會導致懷孕後，男人便開始強暴女人。」在已開發國家，強暴可能是親密虐待的關係中一種有效的繁衍策略。但在此之外，強暴是挺糟的策略：多數性侵受害者不會懷孕，懷孕的，也多選擇墮胎。此外，強暴犯還可能被關，繁衍機會因此下降。亞歷桑納大學公共衛生學院的臨床心理學家柯斯專門研究性暴力，她說，分析強暴行為時，不應只在演化論與社會理論中擇一使用，而應該結合兩者。

強暴犯常常再犯，但很多人不知道，十八歲前遭強暴的女性，成年後再次遭強暴的機率會是一般人的兩倍。性侵害本身就能自我繁衍，前述兩項統計形成對稱，實在嚇人。強暴犯透過強暴獲得侵略的快感；同樣的，受害者自尊受損、身心脆弱，她覺得世界並不安全，一語成讖，世界因此就真的變得不安全。

• • •

蘿莉在密爾瓦基市長大，她和弗雷德關係很不錯，弗雷德和妻子與三個子女住在對街。蘿莉十二歲時，弗雷德開始買糖果請她、開車載她兜風。取得她的信任後，有天他帶她到車庫，手拿一把九釐米手槍對著她的頭，逼她幫他口交，並在數個月內重複了四次。後來弗雷德和家人搬到芝加哥，蘿莉也從未將此事告訴任何人。

蘿莉十九歲時，弗雷德搬回密爾瓦基。當時和蘿莉住在一起的人也認識弗雷德，因此有時她半夜醒來，會發現弗雷德就在她房裡，手上拿著槍。他把她帶到當年那個車庫，反覆長達一年多。蘿莉對此事一直保持緘默，深怕母親柯拉貝兒知情後難以接受。某天晚上，房東的妹妹說：「蘿莉，弗雷德炫耀他和妳睡過，妳是自願的嗎？」蘿莉回答不是。對方說：「我想也是。他對我女兒金潔做了一模一樣的事。」金潔當時十四歲，她母親幫蘿莉報警，蘿莉帶警察去車庫，而金潔早就帶他們去過那裡。蘿莉說：「天曉得還有哪些受害者？」

不久後，蘿莉發現自己懷孕了，他告訴男友巴德，孩子的父親可能是他，但也可能是弗雷德。弗雷德是黑人，蘿莉和巴德是白人，所以她想等孩子出生就知道了。蘿莉一直很怕母親知情之後會責罵，但柯拉貝兒聽說了此事之後並沒有這麼做。柯拉貝兒問：「妳要墮掉、讓人領養，還是自己養？如果要自己養，絕對不能把情緒發洩在他身上；如果不想要了，最好一刀兩斷，現在馬上解決掉。」柯拉貝兒幫蘿莉列出未來所有的問題，首先，如果是弗雷德的孩子，會面臨種族歧視問題，又說當單親媽媽很辛苦。蘿莉思考了一天之後，告訴柯拉貝兒她要把孩子留下，她母親說：「我知道妳一定會這麼做，只是希望妳在做好選擇前先想清楚。」

蘿莉搬回家住，但她陷入憂鬱，懷胎八月時割腕自殘。巴德發現後馬上打九一一求救。蘿莉堅稱是因為強暴害她沮喪，跟懷孕無關，要不是懷孕，她會真的自殺。她說：「兒子是我向前走的動力。」這說法就跟許多強暴後懷孕的母親一樣。蘿莉被強暴，隱忍多年從未自殺，卻在懷孕時企圖自殺，令人不禁質疑她的邏輯。男嬰出生時，膚色看起來很白，蘿莉說：「後來我幫他換尿布，看到陰莖是黑的。於是他們告訴我：『黑白混血寶寶出生時都是身體白、陰莖黑。』」蘿莉為孩子取名為巴比並帶他回家，而照顧的責任則大多落在柯拉貝兒肩上。

弗雷德因強暴蘿莉和金潔而遭到起訴。他被判刑兩年半，兩年後因表現良好提早出獄。基因鑑定結果顯示，巴比是弗雷德的孩子，他爭取孩子的監護權，結果不成，但他妻子屢次騷擾蘿莉，要求和巴比見面。蘿莉、柯拉貝兒和巴比最後離開威斯康辛州，搬到西南部去。幾年後，弗雷德再度入獄，因為他遭人控訴強暴五名女孩，以及性侵一名女孩至重傷，性命垂危。地方檢察官求處兩個無期徒刑，及十五年有期徒刑，但因文書作業疏失，案件遭駁回。弗雷德馬上搬家，從此行蹤成謎。蘿莉說：「他的強暴一次比一次暴力。結果現在他逍遙法外。」

我在蘿莉和家人住的拖車場區與他們見面，那時巴比十二歲。蘿莉說她看著巴比時，很少想起弗雷德。她說：「我姊姊稱弗雷德為『精子捐贈者』，我相信巴比是我的奇蹟男孩。」其他家人也逐漸接受巴比。蘿莉補充道：「我們家人，老一輩的都有種族歧視。但他們對巴比卻很不一樣。我的曾祖母有次脫口叫他黑鬼。接著她看著我，差點哭出來，之後就再也沒叫錯了。」蘿莉和許多任情人的關係都不好，巴比則從小在出現家暴時負責保護母親。她的工作紀錄也不佳，部分原因是因為她領有社會安全局的創傷後壓力症候群補助金，如果工作薪水太高，就會喪失補助資格。所以她只在漢堡王、塔可鐘等速食店工作，卻又很容易厭煩，也無法和同事和睦相處。因此，他們一家主要靠著柯拉貝兒在沃瑪百貨賺的薪水過活。

柯拉貝兒認為，等巴比開始問問題，就該把他的來歷告訴他。於是在他七歲那年，蘿莉告訴他，他父親曾經拿槍指著她的頭，強暴她。巴比告訴我：「我不想認識他。」巴比長相端正、態度友善，以十二歲的孩子而言，算頗為成熟自持，同時又非常敏感與情緒化。他經診斷，患有注意力不足過動症等學習障礙，很可能是遺傳自不識字的弗雷德。有個醫生說巴比可能還有雙極性情感疾患。他和老師處不來，學校一間換過一間。但他是外祖母的心肝寶貝。柯拉貝兒說：「週末或每天一大早，他都會過來坐在我床上，我們一起看國家地理頻道之類的自然影片。」但一家人還是很常情緒失控，蘿莉說：「我常常大吼大叫，每週二晚上都去上情緒管理課程。我們接受家庭諮詢，我持續吃藥，要吃到我回歸正軌為止。」巴比常對朋友發脾氣，有次跟母親吵架，還拿起電視亂砸。蘿莉說：「諮商師說他不會打我，但他畢竟看過這麼多暴力場合。」

蘿莉某天因為男友叫巴比黑鬼，清晨五點把他趕出家門。三天後，她在線上聊天室和朋友聊這件事的時候認識了了林哥，林哥在訊息中寫道：「答應我，別再回到這個人身邊。」她和巴比去林哥工作的遊藝場找他，林哥負責管理遊樂設施。巴比求母親給林哥一個機會。我認識蘿莉時，兩人已經在一起將近一年，都是彼此交往最久的對象。

但林哥的背景讓蘿莉擔心。林哥說：「我的家人都是罪犯。我父母在妓院相識，她吸毒。我在遊藝場上還看過很多更糟的事，所以要嚇倒我還滿難的。」林哥講到一半突然打住，要我用力打他。「我的手臂沒有痛覺，因為我爸以前拿它當菸灰缸。」他捲起袖子，肩膀到手腕間到處都是白色傷疤。

林哥雖不相信心理治療，但同意加入家庭諮商，討論關於和蘿莉結婚並領養巴比等事情。首先，他得先找到尚未離婚的妻子，才能簽離婚協議書。蘿莉和林哥兩人都負債累累，但林哥自從認識蘿莉後有了重大改變。他說：「我怕熱，討厭拖車，討厭貓。現在我人在亞歷桑納，和五隻貓一起住在拖車場區裡。」我問他是不是全為了蘿莉，他說：「是啊，為了蘿莉，也為了巴比。」我前去拜訪時，他為了和他們待在一起，已辭去遊藝場的工作，在百貨公司值大夜班。

蘿莉說：「我不常想到弗雷德，但林哥的某些性行為，總讓某些畫面一閃而過。我有時過得好，有時過不好，有時一整週都覺得很不好。但我們有很多家庭活動。我並不想回到過去改變什麼，如果改變了，我可能會有別的孩子，但那不會是我的巴比。我有這兒子很滿足。」

• • •

「我從哪裡來？」是孩子最迫切想知道的一個問題。答案中若透露出恐懼或無力感，可能會破壞孩子的安全感。許多強暴後生子的受害者，都得解釋為什麼會在不適當的年齡生孩子、身邊沒固定伴侶，或者為什麼經濟來源或心態尚未就緒就生養孩子。女性越是感到遭受批判，就越容易隱藏祕密或否認真相。孩子若原本很有安全感，並未詢問關於自己的身世，那麼主動告訴孩子實情就可能形同暴力。無法保護自己的母親，以能保護孩子為傲，而不讓孩子知道這麼可怕的事，也是一種保護。有個母親就在網路上這麼矢言：「我兒子永遠不會知道自己是怎麼生出來的。我不想讓他覺得自己沒人要，或覺得自己不是在愛中來到世間。」[500]

面對這樣的創傷，隱忍與揭露同樣沉重。常見的狀況，是孩子無意間從非直接相關的第三人身上獲知實情，覺得自己這輩子都被瞞著而深感遭受背叛。簡而言之，吐露實情永遠沒有最好的時機或最安全的方式，但隱瞞卻可能招致災禍。領養諮商師高登說明道：「家族中若有祕密，特別是兩代之間有所隱瞞，便意味著這件事見不得人。」母親若選擇不告訴孩子身世為何，究竟在什麼範圍內才叫保護，在什麼程度下則會變成否認事實而釀成大錯？即使經過深思熟慮，決定講或不講都可能導致意料之外的後果。有個男人，成年後得知自己是強暴後生下的孩子。他說這讓他鬆了一口氣，不用再想著母親可能是「『壞女孩』或『蕩婦』等與未婚媽媽有關的形象」。他的母親因為擔心不被接受而選擇隱藏祕密，反而造成兒子對她產生負面看法，進而影響他對自己的看法。孩童對於丟臉一事十分敏感，也容易內化，而如果他們成了父母羞恥的主因，他們將因此背上沉重負擔。

若知道自己是多數母親連想都不會想要的孩子，可能會既憤怒又自我懷疑，就好像有些有基因變異的人認為，選擇性墮胎等於宣稱他們的生命毫無價值，還將消滅他們的同類人口。有些強暴之子成年後大力推動反墮胎，以此標誌著他們出生在世的事實。依佐十八歲時遭上司強暴，一生下女兒茱莉，連看都沒看一眼，便放棄親權，由人領養。廿一年後，茱莉找到了她，兩人開心團圓。茱莉說：「我好慶幸一九六三年時還沒有墮胎這個選項，否則依佐很有可能會輕易結束我的生命。」依佐和女婿見面時，他對她說：「我想和妳握握手，我要感謝妳沒有把茱莉墮掉。」

有些人夸夸其談自己幸運逃離墮胎的命運，彷彿當年自己在子宮裡是聰明的雙面間諜，卻往往忘了對那段和他們有關的創傷表達一絲同情。雪莉是強暴之女，一出生便送養，她撰文描述自己四十七年後與生母團圓時有多麼失望。她去拜訪生母十天，雙方這才建立的關係卻一日比一日緊張。母親說見到她後，許多痛苦再度浮現。雪莉寫道：「我真的這麼糟糕，讓她這麼痛苦？我一直這麼問自己。當時我根本不知道，放棄孩子與重新團圓，對生母來說有多麼煎熬。那時我還在處理自己的痛苦與待解的悲傷。」雪莉認為母親的悲痛全然來自與孩子分離，卻顯然沒有察覺到遭強暴之後的人生有多麼痛苦。

501

・・・

多年來，莉莎一直以為人生最大的祕密，是祖父自她五歲起就開始對她性侵。升上七年級時，她在戶籍資料上看到父親認她為「繼女」。母親露易絲對莉莎說，她父親不想讓她知道此事，因為他怕莉莎知道後就再也不愛他了。露易絲說，她十五歲時懷了學校某個男同學的孩子。對此莉莎表示：「當時我很生氣，現在也是。全家人都知道他不是我真正的爸爸，卻沒人告訴我。」

隔年，莉莎和幾個朋友與他們的「智障」朋友唐尼一掛人混在一起。那時唐尼二十歲，莉莎八年級，兩人親熱過幾次，但她從未過要更進一步。某日她跟著他上樓看東西，接著就遭強暴。她放聲尖叫，但沒人有反應。她邊發抖邊走下樓，質問最好的朋友為何沒伸出援手，對方說：「喔，我以為妳只是終於做了遲早會做的事。第一次都會痛。」

諷刺的是，要到莉莎被強暴之後（對此她一直保密），祖父性侵她的事才爆發出來。母親偷聽到她和朋友說這事，逼她全盤托出。莉莎要求母親別告訴繼父。「她跟我說：『去睡覺，沒事的。』接著她一定是下樓去跟爸爸說了。我聽到他摔東西、大罵髒話。」他們報警處理。

繼父的父親認罪，被判五年緩刑。莉莎收到他的道歉信，但看起來「像律師寫的」。她說：「對我來說，那根本沒有意義。」莉莎的繼父和他父親從此斷絕關係。

雖然有這段經歷支持，莉莎和露易絲兩人的關係還是莫名地緊張。莉莎說：「爸爸用盡方法，讓我覺得自己是有人愛的孩子，是家裡的一分子。反倒是媽媽，什麼都怪我，而妹妹都沒錯。」在遭到強暴後，莉莎開始濫交。她和許多性侵受害兒童一樣，對於肢體親密的界線毫無概念。她說：「我跟誰都能上床。雖然被唐尼強暴，我還是持續自願和他發生關係，一直到十一年級才停止。」隨後她又彷彿十分困惑地說：「我想，自從祖父開始性侵我，我就分不清楚性和愛的差別了。」

502

在莉莎二十歲那年，露易絲對她坦承自己也曾遭強暴，而且不知道莉莎的生父是誰。兩人的遭遇類似得詭異。露易絲和最好的朋友與兩個較年長的男人出門。她們進到那兩個男人的住處，好友和其中一個男人不知道去了哪裡，而另一個男人則邀露易絲進到另一個房間，然後強暴了她。接著先前那個男人也進門強暴了她。後來她發現自己懷孕，但不知道哪一個是孩子的爸。莉莎逼母親說出名字，露易絲顯然亂掰了兩個。莉莎說：「我認為她只說了一部分。有些小地方搭不起來。我也不能跟她說我很氣她從未跟我提起，因為她的聲音聽起來很難過。我永遠不想再提到這件事。我到死也得帶著一堆疑問吧。」

所有的祕密和謊言不斷侵蝕著莉莎，她現在三十多歲，仍不覺得自己是家裡的一分子。她花了不少時間在線上論壇閒晃，讓自己不覺得那麼寂寞。她最後終於拿到社工學位，負責主持團體治療，為有相同遭遇的女性提供諮商服務。無論是私人生活還是工作，都奉獻給了走出傷痛。她說：「我刻意淡化自己的經歷和問題。但我卻得告訴我的個案：『不要淡化妳的問題。』」她和一個女伴住在一起，也有個前一段感情生的女兒，她非常疼愛她。她說：「我覺得自己得隨時照顧自己，因為沒人會照顧我。我希望女兒能擁有和我完全不同的人生。」

我們初次見面時，莉莎正在和一個治療師諮商，她很喜歡那個治療師，卻從未和對方談到強暴的事。她不認為這幾件事情有關連，那不過是可笑的巧合罷了。她說：「我覺得沒人會相信我，就連我自己，也覺得一個人遭祖父性侵、又被他人強暴，然後又發現自己的母親也曾遭強暴，實在太離奇。知道所有事情的，只有我母親和我的伴侶。還有你，你現在也知道了。祖父的魔掌以及之後事情所帶來的創傷，我統統都想逃離。但我現在知道，這些事會永遠跟著我，我永遠不可能完全復原。我能做的，只有通過自己的經驗，成為一名更好的社工人員。我懂我的個案，能體會她們的心情——是用健康的方式體會，而不需揭露我自己遭性侵的——往事。」

503

• • •

強暴受害者與他們的孩子在社會上受到的偏見，雖不理性，卻是真切屬實。有部落客寫道：「噢，好多小孩都是強暴和亂倫生下來的啊。兒福機構可要忙壞了，也措手不及啊。怎麼辦？跟流浪貓狗一樣安樂死啊！」即使不那麼極端的人，也抱持很深的偏見。多數人對強暴犯都感到害怕且不齒，因此也很容易以相同的態度看待他們的後代。我有幾個自由派的朋友，全力支持聾人權益與神經多樣化，卻對撫養帶著「那種基因」的孩子表現不安態度。「孩子是否天真無邪」在這個脈絡中變得得視情況而定。對母親來說，孩子是強暴事件的具體化身；對世人來說，孩子就是強暴犯的血脈。

面對這些偏見，母親若還能把這份親子關係視為心靈的快慰，這要不來自真實的宗教狂喜體驗，要不就是為了逃避心裡的矛盾。德齊烏在《受害者與勝利者》中說：「我兒子派翠克是強暴時懷上的，我曾想把他拿掉，但是他教會我如何原諒。他不僅願意原諒生父，更願意原諒我（我曾在他年幼時施加肢體和言語上的虐待）。」同一本書中，另一位母親表示：「女兒的身分何在？她是上帝的孩子。她是我的禮物，帶領我走出恐懼與黑暗，迎向真愛之光。」這類奇蹟總有兩個層面：孩子戰勝了他生父的可怕基因，母親則戰勝了最初的恐懼。熱切的喜樂對於母親和孩子都很有幫助，一位反墮胎人士寫道：「我是強暴之子，而且不僅強暴，還是亂倫。母親為我犧牲自己，懷著不屬於她的羞恥，讓寶寶來到這個世界。若是在今日，寶寶可能根本無法降臨。但她做的不僅止於此。她無法滿足孩子的所有需求，例如安全、食物、棲身之地、教育等，所以決定放棄她的孩子，也就是我，的撫養權。我七歲那年，她無私地把我送人認養。」要把家人放棄自己，視為奉獻的表現，多少需要堅強的意志。

・・・

媞娜三歲時，對母親叫了聲「媽」，馬上遭怒斥。母親說：「不准再這樣叫我，我不是妳媽。」媞娜問：「那我要怎麼叫妳？」母親答道：「妳可以叫我唐娜」。後來，媞娜的曾祖母告訴她：「不是妳的錯，她被強暴才懷上妳的。」媞娜根本聽不懂曾祖母在說什麼。她說：「開始認字後，我查了字典，但只看得懂暴力的部分，看不懂性的部分。即便如此，我仍然有好長一段時間覺得很受傷。」媞娜看著姊姊珂里娜一遍又一遍叫「媽媽」，看她至少零零星星受到一點愛與關懷。媞娜回憶道：「我得不斷提醒自己，我可說就是個繼女。」母親唯一對她做過的美好事物，是在她睡前幫她熱甜牛奶。不過，說來諷刺，唐娜有傷害傾向，媞娜與她不親，或許反而多少保護了自己。

唐娜大學時精神崩潰，曾虐待當時年紀還小的媞娜與珂里娜。媞娜出生時，唐娜住在佛羅里達州，朋友打給唐娜的母親，說有小孩出生了。朋友在電話裡說：「大女兒可能來不及了，但妳得過來帶走孩子，這樣小的這個才有機會獲救。」於是媞娜的外祖母去接兩個女孩。她發現珂里娜的指腹有部分沒了，那是因為唐娜曾把她的手放上火爐懲罰。

媞娜和珂里娜在密西西比州長大，外祖母對她們的關愛遠比母親來得多。她白天在學校教書，晚上做打掃工作，以此養活一家人。唐娜有時會來，說自己一旦生活穩定，就要接走珂里娜，但她從來沒對媞娜許過這種承諾。媞娜也很快就不再奢望得到母親的認可，並把重心轉到外祖母和阿姨身上，她們遠比母親可以信賴。正因如此，媞娜比珂里娜更能看透母親的偽善。媞娜說：「看電視的時候，珂里娜坐在唐娜的腿上，而我只能一個人坐在旁邊地板上。」

媞娜八歲、珂里娜十歲時，五十八歲的外祖母去世了。當時唐娜年近四十，顯然無法照顧兩個孩子。一個她們幾乎不認識的舅公認為兩人不應被拆散，同意照顧她們，於是她們就搬到康乃狄克州。蘇珊舅媽與湯瑪士舅舅給了她們衣食無缺的生活，但管教嚴格，感情也不親，兩個女孩很不快樂。唐娜給珂里娜寄了愛心包裹和聖誕禮物，媞娜則什麼都沒有。湯瑪士舅舅告訴唐娜，如果不能同時寄給兩個女兒，就什麼都別寄。於是唐娜之後只寫信來，寫給媞娜的冷淡而客套，給珂里娜的則充滿感情，不斷承諾要接她回家。珂里娜曾企圖燒掉她們在康乃狄克州的住處，兩年後，她企圖再次縱火，於是被送進少年感化院。她出來後，另一個舅舅短暫收留她，但她想回唐娜那裡住，而唐娜不願意，珂里娜大受打擊。蘇珊舅媽與湯瑪士舅舅也不願意再收留她，於是十五歲的她，開始在密西西比街頭流浪。

舅舅不准珂里娜回來，讓媞娜覺得住在他們家很痛苦，她於是決定到寄宿學校去。媞娜說：「或許我一直都有一點生存的本能。」她到女子學校就讀，全校一百六十人中只有七個黑人學生，她是其中之一。後來她吸食大麻被學校抓到遭到管教，舅舅和舅媽從此和她斷絕關係。媞娜回憶道：「學校其他人開始稱我為『那個孤兒』。」在這同時，珂里娜開始賣身和吸毒，媞娜申請上紐約大學時，珂里娜已染上愛滋。媞娜回憶道：「唐娜打來跟我數落珂里娜的不是。我說：『我能了解她為什麼這麼做，其他人要負大部分的責任。』唐娜說：『哪些其他人？』我說：『妳和其他人。』於是她就不打來找我了。」但兩姊妹仍保持聯繫，在珂里娜人生最後一年，媞娜常去探望她，那年珂里娜廿三歲。

媞娜說：「無論唐娜說過什麼、做過什麼，珂里娜總說我應該和她聯絡、原諒她。我真的打給她，因為我知道這對珂里娜來說意義非凡。我請她聯絡珂里娜，說她愛她，會為她禱告。我請她去找她，她都要死了。唐娜說：『我覺得我做不到。』然後又說：『我知道我過去的選擇不見得正確，但如果有機會，請讓我知道我能怎麼補償妳。』我說：『只要妳打給珂里娜，所有事情就一筆勾銷。』她說：『我聽說她在當妓女，還吸毒。』我說：『首先，妳不知道這是真是假。再來，這很重要嗎？她都要死了。妳不需打來跟她討論她的人生、她的所作所為。她只需要妳打給她，說妳為她禱告、妳想著她，隨便做點事，什麼事都好，這就對她意義非凡了。』她說：『我不知道自己做不做得到。』最後她什麼也沒做。」

媞娜申請上哥倫比亞法學院，隨著成就不斷累積，唐娜開始來找她。媞娜以優異成績畢業，唐娜打來問她會不會邀她參加畢業典禮，媞娜說：「我們好幾年沒聯絡了，上回聯絡時，我請妳幫忙，妳卻連那個要求都做不到。現在妳又何必要來參與我的人生？」

媞娜成為一名公設辯護人。她出生後經歷了種種不公平的待遇，現在她透過為人辯護，得到慰藉。我和她見面時，她已懷孕七個月，我問她害不害怕為人母。她說：「儘管發生了這麼多事，從很多方面來說，我還是覺得自己很幸運、滿有祝福。外祖母給我們很多的愛，雖然我們只一起住了八年，我對她還是印象非常深刻。」媞娜的未婚夫來自溫馨和樂的家庭，「跟我完全相反」。未婚夫天生不吝表達親暱，「有時我會突然變個人，例如突然說：『你不用每次進門，都要碰我。』但他理解我受過傷。」媞娜努力建立人生，吸收過去、不再去想，她說：「我不知道唐娜懷我的時候到底發生了什麼事，但那個詛咒已經發揮過效果，該停了。」她一手放在自己隆起的肚皮上，彷彿是要說那一再被推開的愛，終於找到了歸宿。

・・・

遭強暴後，把孩子生下並留在身邊的母親，從此與強暴犯有了永遠的連結。某些案例中，是由憎恨與恐懼維繫了這個連結，但在某些案例中，也有母親做好心理準備，預期孩子或強暴犯哪天可能會想辦法聯絡對方。基於某種超乎常理的生物本能，受虐兒童依賴虐待他們的父母；同樣的，這些女性也仍受到強暴犯的束縛，無法完全掙脫那可怕而強烈的關係。對她們來說，無條件拒絕面對強暴犯，形同無條件拒絕孩子。如果她們在遭受強暴後沒有感受到應有的憤怒，會毀了自己；但如果表現出這份憤怒，她們又覺得會對不起孩子。這與離婚後的伴侶所面對的情境類似，只不過更加極端。這種矛盾的情緒得有時得等到再下一個世代出生，才得以解決。有人告訴我，她的孩子出生時，眼睛與強暴犯的一模一樣。她說：「而她漂亮的孩子也擁有她那雙眼睛。現在這是我們家的眼睛，不是那個強暴犯的眼睛了。」

對這些女性來說，最苦的一關，是萬一強暴犯或其家人想來找孩子怎麼辦。強暴他人又逃過刑罰的男人，極少感到羞恥或悔恨，他們滿肚子壞水，有時乾脆打起孩子的主意，要爭監護權。若是強暴受害者從未報案，的確有可能必須與強暴犯共享監護權。「汙點公司」就是針對強暴或亂倫後被生下的子女，在網路上提供協助與支持，網站上有段話是這麼說的：「父親／強暴犯因此被認定無權探望未成年子女或取得監護權。然而，正如一般強暴案，舉證責任常落在受害的女方頭上，最後演變為公說公有理、婆說婆有理的局面。」

• • •

艾蜜莉每次抱住母親弗蘿拉，都會被她推開。艾蜜莉說：「但她每次都要過大概一分鐘，才會意識到她這是在趕我走。我想念她趕我走之前的那一片刻。」弗蘿拉來自牙買加，膚色不深，為了追求更好的生活而移民紐約。艾蜜莉十二歲時，弗蘿拉已經換到第四任老公。艾蜜莉：「她非常有魅力，很漂亮、很風趣。其他人都很喜歡她。她很虛假，但看她演戲還是很有趣，好像在看科學實驗一樣。」身為獨生女，艾蜜莉很寂寞。父親菲爾不跟她們住在一起，但她每天都會和他見面或講話。她十一歲那年，父親突然消失。沒人告訴她發生了什麼事，所以她以為他死了。就在她即將十三歲時，她迷上了帥氣的十九歲男孩布萊克。他開始開車載她上下學，某天在車上，他靠過來親她。一年兩年過去，她越來越依賴他。十五歲時，雖然知道他有女友，艾蜜莉還是把第一次給了他。

就在那年，有天艾蜜莉接起電話，是父親打來的，她已經四年毫無他的音訊。他要她把手邊的錢收一收，到中央車站和他見面。艾蜜莉帶著兩百元去車站，此時菲爾突然出現，從柱子後面拉住艾蜜莉，把錢拿走，跳上火車離開。艾蜜莉心碎不已，還試圖自殺。她說：「我的心神突然如搭雲霄飛車暈頭轉向，最後只見眼前是一整櫃的藥。」母親帶她去掛急診。「我不知道該怎麼解釋，只能說：『我過世的父親突然出現在中央車站。』他們真的以為我瘋了。」精神科住院醫師留她住院廿三天後，建議弗蘿拉讓艾蜜莉接受心理治療。出院三週後，弗蘿拉帶著心不甘情不願的女兒，一同搬到維吉尼亞州。艾蜜莉說：「我母親用逃避來解決問題，對她來說，所謂心理治療就是買一棟新房子。」

艾蜜莉的母親在維吉尼亞州替她找了份工作，到朋友的餐廳幫忙管帳，艾蜜莉喚他們艾瑞克叔叔和蘇瑟阿姨。艾瑞克叔叔請艾蜜莉去他哥哥店裡幫忙，結果他哥哥開車載她上班之後強暴了她。艾蜜莉說：「跟電視上演的不一樣。沒有被揍、沒有刀和槍，從發生到結束只有五秒鐘。我嚇傻了。」之後幾天，她在渾渾噩噩中度過，最後終於報警，但那人早已逃走。

接下來幾週，艾蜜莉頭痛欲烈，胸部脹痛。弗蘿拉發現艾蜜莉懷孕時，她鎖上門、拔掉電話線，思考該怎麼辦。艾蜜莉說：「她跟學校說我得了盲腸炎。她每天一回家，就不停尖叫。接著我就會聽到她在浴室一邊淋浴一邊嚎啕大哭。後來艾瑞克叔叔和蘇瑟阿姨來家裡，說我毀了他們的名譽。當時我十六歲，不該懷孕的，整件事情簡直荒唐至極。」

弗蘿拉帶艾蜜莉到診所墮胎。雖然她們並非天主教家庭，但弗蘿拉認為天主教學校的教育品質較佳，所以艾蜜莉上的是天主教學校。當時她已對天主教深信不疑，因此深怕自己會下地獄遭烈火吞噬。她告訴醫師自己想反悔，於是醫師就讓她回家。她回憶道：「和母親開車回家的那趟路，是我這輩子最不堪的回憶。」弗蘿拉說，如果艾蜜莉真的是被強暴，就不會在意失去孩子。回家後，她又安排她去別的診所墮胎。五天後，艾蜜莉拿掉了孩子。艾蜜莉說：「有好一陣子，我都會在腦中默算並想像，從十六歲算起的話，孩子現在幾歲了呢？那陣子我看到嬰孩就會哭。」

蘇瑟阿姨向艾蜜莉保證，強暴犯已經逃到國外去了，但她總覺得他無所不在。艾蜜莉說：「我陷入恐慌。之後某天，我從浴室走向廚房，母親在我耳邊說：『這件事從沒發生過。』然後就結束了，好像腦袋裡某個開關就關掉了。之後我再也沒和人談過這件事，也試著不再去回想。最後，好像就在腦海中自動消失了。」

弗蘿拉又倉促搬回紐約，跟當初搬到維吉尼亞州一樣突然。她們過了幾年正常的生活。艾蜜莉和布萊克再度成為好友。她上了大學，但中途退學，回家照顧得了末期大腸癌的母親。弗蘿拉留給艾蜜莉一小筆遺產。不久她接到電話，布萊克說自己急需現金，請她借錢給他。她給他五千元，然後他便消失了，這件事的詭異，跟當年與父親最後一次的會面如出一轍。

幾年後，艾蜜莉找到布萊克要他還錢。他說他有一些錢可以還她，要她過去找他拿。艾蜜莉回憶道：「他給我一杯飲料，裡面不知道加了什麼東西。接下來我只知道，自己的衣服被脫掉，不斷有閃光和畫面閃過。他把我的身體移來移去，擺出各種姿勢。我簡直難以置信。醒來時，他正在洗澡，而我正在顫抖。」艾蜜莉把衣服收一收，開車回家。當時她正和一名警察交往，她告訴他發生了什麼事，他帶她到警察局報案。布萊克被捕，要準備起訴。「他們要我別跟他聯絡，但我必須知道，我想知道為什麼。我認識布萊克那麼久了，他可是我最好的朋友！」於是她打給他，但他基於禁制令拒絕跟她講話。接著他回撥給她，求她撤銷控訴。

艾蜜莉感覺自己懷孕了，卻無法面對現實。她驗孕驗了七次，希望能驗出一次陰性結果。她和警察分手，一心想著布萊克、強暴與懷孕的事。某次聽證會上，她發現他可能要坐牢，於是趁著休息時間告訴助理檢察官自己告不下去了，因為她懷著布萊克的孩子。檢察官請求暫緩聽證，於是艾蜜莉離開法庭。「布萊克追出來問我：『發生什麼事了？』我告訴他原因，接著立刻上車，猛地轉了一百八十度大彎，駛離現場。」

布萊克先是說服艾蜜莉別墮胎。她回想道：「然後他說我不會希望孩子的父親坐牢。他說：『如果孩子問你他是從哪來的，妳要怎麼回答？』」這個問題讓艾蜜莉想起自己父親消失的痛，她告訴我：「我睡不著、吃不下，快不行了。」最後她告訴助理檢察官她不想再追訴強暴案，也叫布萊克別再來找她。「但他還是不斷來找我，我猜是想確定我沒改變心意。懷孕五個月又一週時，他告訴我他正在和另一個女人交往，而且已經懷孕五個月，打算搬去跟他一起住。」雖然艾蜜莉沒想過要和他一起生活，聽到這個消息還是崩潰了。

當時艾蜜莉在日托中心上班。她說：「我是個很快樂、有趣的人，身旁總是圍著一群孩子，他們就是我的生命。但一回到家裡，我就會關燈上樓，一路哭到隔天早上六點四十五分，再準備上班。」然後狄莉亞出生了。艾蜜莉說：「她像是我的仙丹、我的靈藥。對於一個新生兒，我有好多責任要背負。」她開始思考狄莉亞出生證明書上那行空白，那行父親名字的欄位。她決定填上布萊克的名字，怕未來哪天狄莉亞有緊急醫療需要，得靠有血緣的近親幫忙。但艾蜜莉沒想布萊克會接到通知，因此她去法院拿取修改後的文件時，他也在那裡。法官給了他探視權利。艾蜜莉說：「我這才明白：『我這輩子都要跟他綁在一起了。他第一次探訪前，我失眠了好幾天。」彆扭的和解就此開始。布萊克不定期拿孩子的贍養費來，並探望狄莉亞。這個狀態維持了兩年，之後他又消失了。艾蜜莉說：「我太依賴狄莉亞，真的無法放手。她還小的時候，她就像個玩具，臉頰胖胖的好可愛。但到了四歲，她開始問我跟她父親有關的問題，問我她從哪裡來。那感覺就像有人拿了鎚子把我敲碎，散落一地。」

那時艾蜜莉已開始負責數間日托中心的營運。她說：「突然有一天，我就停住了。就像時鐘突然不動一樣。」各種症狀開始發作：恐慌、暈眩、嗅幻覺、突然失去方向感，還開始掉髮。醫生把病症歸咎於壓力，建議她去看精神科醫師。她說：「醫生希望我能找人談談，接著他走進辦公室，要找幾個推薦人選。之後發生什麼，我完全不記得了，只知道下一刻，我人在學校辦公室，電話一直響，助理在外面用力敲門，她說：『艾蜜莉老師、艾蜜莉老師！醫生說他打了一個小時的電話了，說妳忘了拿外套和鞋子，妳還好嗎？』」艾蜜莉低頭一看，腳上的襪子是濕的。那天外頭下著雪。

艾蜜莉患了嚴重的廣場恐懼症，工作也丟了。她說：「我不記得狄莉亞都怎麼吃飽的，總之有人弄東西給她吃。除了去看精神科醫師，我完全出不了家門，之後甚至無法踏出房門。有一陣子好幾天沒睡，整個人要垮了。」精神科醫師開抗憂鬱劑給她，她定期與他會談接受治療，於是逐漸回到正軌。她說：「他救了我。」正當她開始好轉時，布萊克出現在家門口，說他想見狄莉亞。他又開始偶爾來看看她們，然後再消失不見，同樣的循環不斷反覆。艾蜜莉決定要為狄莉亞振作起來，而且不能老是不讓她見她父親，但布萊克的動機總是令人捉摸不清。艾蜜莉說：「我不知道該怎麼辦，畢竟他是她父親，而她也知道。如果我發生什麼事，她會落到他手上。我得確保他不會傷害她，而唯一的方法，就是讓他認識她，這樣他才會在乎她。」

布萊克的關心時有時無。艾蜜莉回憶道：「他不在時，狄莉亞有時會對我說：『我想要爸爸陪我。』」他有時消失一整年，再突然出現。她問我他去哪兒了，我只能說：『大概在工作吧！』或『他有空就會過來』或『我們來做點別的事吧！』年復一年，我得不斷支開她的注意力，而每次她一問起，我的心情就會跌落谷底。」七歲時，狄莉亞摔斷腿，哭著要找爸爸，艾蜜莉只好打給布萊克。五個月後，他回了電話，開始再度來訪。後來艾蜜莉談了段短暫的戀愛，生了一個兒子吉迪恩，比狄莉亞小七歲。布萊克對艾蜜莉說，她是他的人，生小兒子是背叛了他。他話中隱含的殘酷性暴力讓她害怕，決定逃跑，帶著孩子搬回維吉尼亞州。

我認識艾蜜莉時，狄莉亞十歲，剛贏得全國學業優異獎，已經跳級到資優兒童專屬的磁石學校就讀。她母親說：「她從來不問自己是怎麼來的，但我曉得她想知道。我們聊過關於我為何渾身是刺，關於我為何很輕易就把她推開。我永遠、永遠、永遠不會讓她知道這與她有任何關連。我總說是我自己的問題，說這是因為我的母親總把我推開。但我對她弟弟卻不會這樣。」艾蜜莉最近剛訂婚，她說未婚夫傑很不喜歡她對狄莉亞這麼冷淡。艾蜜莉說不出口，沒辦法告訴他狄莉亞是強暴來的孩子。

「把我治好。」有天深夜，我們坐在她辦公室地板上進行訪談時，她這麼對我說。「為什麼我沒辦法抱自己的女兒？我愛她，但每次她碰我，就覺得有千萬把刀片劃過皮膚，好像要死了。我知道我得由著她，因為她還小，我也盡量。但我的心思卻不在她身上。她察覺到了，我知道。所以現在她都會先問過我，讓我準備好。我們約定好，例如她不能從後面抱我。有時候她會忘記，我就會嚇到跳起來，就像貓碰到水一樣。因為她父親總能突然悄悄出現，妳根本無從察覺他從何而來。她遺傳了這個能力。」

守著這麼大一個祕密非常辛苦。艾蜜莉說：「大概一年半前吧。她寫過一封很哀傷的信給我，上面寫著：『小女孩想念紐約，小女孩想念她的父親』。」傑陪艾蜜莉和兩個孩子去紐約參加友人葬禮，他鼓勵她看在狄莉亞的份上與布萊克聯絡。於是她聯絡他，安排父女共度一個下午。他來接狄莉亞時，與傑見了面，這件事成為艾蜜莉人生的轉捩點。「我一回到維吉尼亞州，當年懷孕、強暴的事，統統浮現腦海，身體的記憶也都回來了。」艾蜜莉說道。她終於把真相告訴傑，他聽了震驚不已。

艾蜜莉補充道：「她有些地方很像布萊克，不過沒小時候這麼像了。她讓我想到自己，我也努力把注意力集中在這點。我不總是愛我自己，但我能愛她身上的我。可是她身上的其他部分卻讓我每天都很辛苦，因為其他母親都能隨著天生的本能走，我的本能反應卻會讓我做出可怕的事。我得不斷有意識地努力不讓自己被本能衝動牽著走。」

• • •

婚內強暴的概念，由黛安娜．羅素於一九七〇年代晚期提出，她強調有十四%的已婚婦女都曾遭丈夫強暴。過去，婚姻導致強暴罪名不成立，但到了八〇年代末、九〇年代初，各州逐漸開始修法去除這項例外。儘管政治上的右派人士大力抗議，有些人甚至提出類似殖民時期厭女論調的說法，表示婚內強暴若成控罪，將被某些妻子當做是報復無辜丈夫的手段。事實上，法庭上的婚內強暴案件，往往是慣常家暴行為的一部分。一九八九年的伯納姆案中，妻子控訴丈夫強暴她七十次之多，該案對促成這項轉變舉足輕重。維克多．伯納姆多年來對妻子蕾貝卡「毒打、以槍托重擊、拿槍指著、威脅害命、綁起強暴、逼迫招引陌生男子和丈夫3P、逼迫擺性愛姿勢拍照、以趕牛棒電擊、強迫與家中寵物狗性交」。審判過程不乏各種圖像證據，也有多名男性出庭作證，他們曾受伯納姆「邀請」與妻子性交，但因看出蕾貝卡的恐懼而拒絕。512

《真實的強暴，真實的傷痛》的共同作者麥可歐蒙—普路瑪本身也曾遭人強暴，她寫道：「被伴侶強暴的女性總是不斷遭人責備，認為既然是伴侶，就不算『真正的』強暴。像我這樣的女人，痛苦總被人說是過度反應。進入一段關係，意味著妳已不再有任何性權利。」

• • •

艾希莉有一頭金髮，像蘆葦般纖細瘦弱，散發出需要人保護的氣質。她生自貧窮的白人家庭，住在賓州西部。父親在各個礦場當臨時工，家裡根本給不了她什麼保護。父母吸毒、忽略她，並對她施加肢體暴力。艾希莉的父親後來因為找不到工作，便舉家搬到佛羅里達州。艾希莉每每放學回家，就看到她憂鬱的母親躺在地板上，跟她早上出門時一模一樣的位置。她從來不曉得今天有沒有得吃、家裡什麼時候會斷電。剛滿十六歲那年，她在派對上認識了三十五歲的馬汀，接下來一年間，他陪著艾希莉上教堂、付錢讓她去參加排球營，甚至暗示給她買車。那時她已經有個十九歲的男朋友，但她從來不拒絕馬汀的善意，而這種「純友誼」，正是所有慣犯欲誘騙受害者上勾的慣用伎倆。

最後馬汀開口了，說他要找人替他打掃公寓，提議艾希莉來幫忙。「我清了好幾個小時，以為自己做得很好，結果他說：『不夠乾淨，再清一次』，對我非常嚴厲。」他給她烈酒喝，她一喝醉，就被他強行肛交兩次。

513

艾希莉現在回想，當時情勢非常明顯。她說：「他很清楚自己一手好牌：這孩子沒人管，家裡對她不好又不穩定，她一心想擺脫。而跟著他有得吃、有車坐，這些都是我父母給不了的。而且他還有個好公寓、好工作。」這些優勢看起來能讓人生前進一步，於是艾希莉與男友分手，高中輟學，就這樣搬進了馬汀的住處，結果他跟她父母一樣是毒蟲。

她十七歲時懷孕，肚子越大，馬汀就越暴力，不斷毒打艾希莉，她兩度逃家到受虐婦女庇護中心。有次他拿刀捅她，她差點沒命。艾希莉說：「我很怕孩子在我腹中就被他打死，或是一出生就被他搶走。那時我常想，真希望能把她從肚子裡拿出來，藏在某個地方，這樣或許她還能平安出生。我會禱告：『神啊，如果祢讓寶寶活命，我一定當個好母親。』」艾希莉的祖母是虔誠教徒，為了不讓她難堪，艾希莉在女兒出生前與馬汀結婚。馬汀繼續餵她拳頭，好幾次害她險些早產，這是壓力可能引發的危險狀況。她的孕期經歷了多次陣痛，最後她感覺到寶寶真的要出來了，她請馬汀載她去醫院。他途中卻還繞路去買古柯鹼，等艾希莉抵達醫院時，已經錯過施打合法麻藥減低分娩疼痛的時機。

艾希莉本能地愛著剛出生的女兒希薇亞，但對於要如何為人母卻毫無概念。艾希莉回憶道：「我怕她。她情緒很不穩定，早晚哭個不停。」丈夫對她的毒打依舊，有時艾希莉甚至被打到無法動彈。阿姨說服她報警，馬汀便帶著一家人搬到阿拉巴馬州，這樣佛羅里達州的法律就管不到他。希薇亞五個月大時，艾希莉帶著她逃到佛羅里達的庇護所去。她們只能在那裡待三十天，艾希莉在三十天內考到駕照、買車、找到工作，還在教會找到人收留她，可以住到她找到住處為止。另外，她還提出離婚申請。艾希莉記得，每當寶寶睡著後，「我會感謝神又讓我多擁有她一天」。

然而，隨著日子過去，艾希莉越來越懷疑自己有沒有辦法靠一己之力照顧希薇亞。一旦開始工作，她就不能再領食物券。希薇亞常常生病，她們需要更好的健康保險，於是艾希莉成為俗稱的「津貼媽媽」，靠政府的補助過生活，她們可以接受較好的醫療照護，卻付不起房租。過了一年苦日子後，她回頭找馬汀。她說：「收行李那天，我還相信他會獲得協助，會沒事的，並且相信我們還能當家人。」結果，馬汀反而性侵她、搶走希薇亞，並提出離婚。艾希莉有整整三個半月沒見到女兒，最後她取得共同監護權，條件是她得繼續留在阿拉巴馬州。她說：「整個情況就像是遭人挾持。」馬汀故意讓她知道自己如何虐待希薇亞。「有一天他開車到我家門口，車裡不斷竄出大麻煙。她三歲時，他還企圖在我面前對她進行舌吻。她回來時身上常常有大片瘀青，頭上還有被敲擊的傷痕。」

希薇亞的潛在性格還讓事情變得更加艱難。艾希莉說：「她是個非常不快樂的小孩，我對此深感罪惡。我甚至害怕幫她洗澡，就是，我怕碰觸到她的生殖器。我很怕自己因為從小受虐，也會對她做出什麼事。她常鬧脾氣、抓我頭髮，有一次把我打到流鼻血。她兩歲時我送她一隻小貓，她會抓住貓的後腳，把牠甩上沙發，還坐到牠身上、拔牠鬍鬚。我不知道她這樣是因為看過太多暴力場面，還是她一直承受著暴力，就是她在我腹中時我一直遭到毒打，還是她就是天生就像他。」

艾希莉覺得很無力。「她五歲那年，有天我和她一起泡澡，她說爸爸和她做過同樣的事。我打給諮商師，她說：『先帶她過來，別再問她任何問題了。』結果比我想的還糟，心理醫師說他不僅跟她一起泡澡，還要她幫他洗下體，並且玩弄她的私密部位。」艾希莉申請保護令，馬汀提出反起訴稱她說謊，申請單一監護權。艾希莉紀錄良好，馬汀前科累累，曾因持有毒品與毆打艾希莉被判刑，且曾因暴力行為被判強制治療。然而，阿拉巴馬法院卻判他贏。判決出來後，艾希莉自殺未遂，之後希薇亞向艾希莉抱怨，馬汀總趁她脫光衣服時進門，擅自爬進澡間和她一起淋浴、毆打她、不讓她吃東西，生病也不讓她就醫。艾希莉回到法院再次上訴爭取監護權，卻又遇到同一個法官。「我把她在電話上跟我抱怨被虐待的對話錄下來，但他不讓我播放，反而還命令我必須負擔丈夫所有訴訟費用，總共一萬四千美元。我現在很怕他們要我坐牢。」

最後她終於放棄女兒。艾希莉說：「實在太痛苦了。不是我不愛她，不是我不想要她擺脫這一切。只是不知道什麼原因，上帝好像覺得她在那裡比較適合，覺得我們最好別往來。能做的我都已經做了。」

515

廿六歲時，艾希莉決定去上大學，最後以ＧＰＡ平均分數三．八分畢業，成為合格的社區諮商師。她和瑪琳娜、布蘭達、莉莎以及媞娜一樣，藉由幫助別人來幫助自己。但她不只服務受害者，也服務犯罪者。「他們多數人，那些比較能打點自己生活的，都很會交際。有些看起來就像你這輩子見過最好的人。他們很有社交手腕，能讓人很自在，他們就是靠這個能力得逞，讓受害者不敢吭聲。所以，我在那裡學到很多，幫助自己復原了不少，我想我也幫助他人復原、幫犯罪者復原。」

後來她認識一名男子，和他生了另一個女兒，是一段「雙方自願，想生孩子，年齡適合，彼此相愛的關係」。愛莉莎出生時，左耳聽力嚴重受損，語言學得比人慢，話也講不清楚。之後醫生又診斷出其他發展障礙，她父親受不了便離開了。艾希莉說：「她需要特殊照顧，有時那真的很累，但我對愛莉莎的感覺和對希薇亞非常不一樣。我覺得因為有她，我才能大學畢業，才能活下來。」但希薇亞的處境每況愈下的陰霾仍揮之不去，特別在愛莉莎到了當年希薇亞被搶走的年紀時，艾希莉更加擔憂。「昨晚我看著她。她睡著了，看起來有點像希薇亞，我忍不住別過頭去，因為我怕她會死掉，或是失去她的監護權。我覺得我們該談談未成年性交罪，還有它造成的傷害有多大。和一個年紀是我兩倍多的男人生孩子太不公義了。我知道這跟被陌生人強暴相比，這聽起來沒這麼嚴重，但我和我的孩子都真的嚴重受害，而且孩子永遠也不會好起來。」

未成年性交罪常遭濫用。我採訪過一人，他和小他六個月的女友做愛，他十八歲已成年，她十七歲，而且女方父母也同意兩人交往。儘管如此，他仍因此被捕。在這類情況下，可能很難堅持原則，要求年滿十八歲以上者絕不得與小於十八歲者有任何性行為。然而，許多情況中，未成年性交確實為強暴。年輕女孩若父母疏於照顧，或者家裡對她不好，像馬汀這種男人對她們的影響說多大就有多大。

而希薇亞，從小受虐，到了十四歲時已經身心破碎。艾希莉說：「她穿得像個男孩。你看不太出來她是女生，全身又髒又臭，還有精神錯亂症狀。」一談起這個，艾希莉哭了起來，說話結結巴巴。她充滿歉意地說：「上次跟她見面時，她說她聽到一些聲音，還說她爸爸會趁她換衣服或洗澡的時候接近她，所以她現在不洗澡，也不換衣服了。」

為了全天照顧愛莉莎，艾希莉沒辦法工作，她每個月只有不到三百美元能花用，住在低收入住宅裡。她雖然再也沒和希薇亞見面，仍然從愛莉莎的育兒津貼裡拿錢出來，支付希薇亞的贍養費給從前那個強暴犯。她把所有希薇亞的照片都收了起來。艾希莉說：「我身上還有傷疤，都是他虐待我的痕跡。他現在把她變成另一道傷疤，我連看著她都受不了。我能敞開雙手迎接她、能陪她去接受心理治療，但我大概不會讓她進我家。我怕她虐待愛莉莎。真希望我從未生下她。如果能回到從前，我會把她墮掉，或讓別人領養。這一切對我不公平，對她也不公平。」

・・・

近期有份研究指出，「強制生產是展現權力與控制的武器之一」。許多遭親密伴侶強暴的女性，都說對方是為了操控她們而強暴，就像傳統的御妻術說，最好讓老婆「足不出戶，多生孩子」。問卷調查也發現許多女性都有類似說法：「他強暴我，讓我一直懷孕，因為知道我不會丟下孩子。」以及：「當妳有了他們的孩子後，妳就是他們的人了。生孩子一部分的目的，就是為了控制妳。」孩子出生後目睹性暴力一再發生，很容易因此受到創傷，未來也可能成為性暴力的受害者或加害者。

雖然沒有人該遭強暴，但女性的一舉一動其實對於自身安全有很大的影響。然而，仍有些女性不斷陷自己於險境之中。多數人能預見壞事將近，但有些人要到事情發生了以後才會有所行動。和這麼多遭強暴後生子的女性談過後，我發現她們對於自己的選擇可能導致什麼危險，實在遲鈍得讓人驚訝。所有遇上的壞事，就連先前曾對她們下手的攻擊者後續的所作所為，都在她們意料之外。她們無法分辨哪些人值得信賴、哪些人不值得。她們缺乏直覺幫助判斷，除非壞人開始使壞，否則她們看不出什麼叫人格有問題。

我認識的這類女性，小時候幾乎都缺乏關愛與保護。她們幾乎無知於何謂關懷的行為，所以就算看到了也無從分辨。有些人亟需愛與關注，因此很容易下手。多數人太習慣被人冷落、虐待，因此遇到時，總選擇默默接受。許多人以為虐待和親密是同義詞。有些人積極想改變現狀，最後卻發現自己重蹈覆轍，不斷落入同樣的泥淖裡。

・
・
・

敏蒂從十歲起不斷遭叔叔性侵，很難想像若沒有這些遭遇，她現在會是什麼樣的人。她住在中西部的小鎮裡，叔叔就住隔壁。姊姊遭他性侵了九年，敏蒂則是每週一次，持續了七年，甚至有時他自己的小女兒就在一旁。他在她們表妹還小時，就對她伸出魔爪，她十三歲時終於反擊報警。有個警探過來向敏蒂問話，但她一個字也沒吐露。叔叔選擇認罪協商，最後只需要社區服務和繳罰款。敏蒂回憶道：「我祖母都看見了，但她只管叫我和姊姊蕩婦——十歲的蕩婦，什麼概念！」照片中三年級的敏蒂還十分瘦小，隔年開始被性侵後，體重多了一倍，到高中最後一年時，已經將近一百廿五公斤。

之後她上大學，但三個月後便返家。廿一歲時結婚，對方「是第一個願意只是抱著我，陪我哭一整晚的人」。她嘗試生孩子，但無法受孕，老公也無法滿足她的性需求。她廿五歲離婚，和網路上認識的一名卡車司機開車全國各處跑，最後自己也拿到卡車駕照。由於渴望被威武的「主人」征服，她加入皮繩愉虐（BDSM）的世界。她說：「是叔叔的影響。他在性的方面塑造了我。我不認為自己是想再次受害，倒比較像是在分析，我想知道那時我的感覺是什麼、在想什麼，以及我到底為什麼讓他這麼做。」

皮繩愉虐理當屬於雙向互動，被奴役的一方同意受主人引導，主人雖是發號施令的一方，按理帶著尊重。敏蒂想要一位這樣的主人，於是網路上認識了一位來自密西根的男人，最後卻發現他心理變態。敏蒂說：「身為一個處罰別人、制定規則要對方服從的人，依舊可以是懂得關愛他人的人。處罰和虐待是不一樣的。主人應該要愛臣服者、尊重臣服者。臣服是一份禮物。」那位密西根男人因患糖尿病而難以勃起，兩人從未性交，他改拿物品強暴她，還用過掃帚。他把她鎖在屋內，告訴她自己已經付錢給鄰居，如果她敢離開一步，他們會打電話告訴他。她花了三個月才逃出來，找到機會上網，最後在網路上找到「一處專門搭救有需要的臣服者」，那裡的人協助她住進安全屋。

離開安全屋之後，她和朋友麥咪一起住。麥咪正準備結婚，並邀請敏蒂當伴娘。她當時已經懷孕，和未婚夫住在一起，對方很愛調情，敏蒂一直當那是友好的表現。敏蒂說：「他都在未婚妻面前這樣，而她看了也笑。所以我想應該沒事。」剛搬去不久，敏蒂就得了嚴重流感，靠可待因咳嗽糖漿緩和症狀。一晚醒來時，她全身無力、腦袋昏沉，卻發現麥咪的未婚夫正在和她性交，一面在她耳邊低聲說要讓她懷孕。她說：「我以為是可待因的關係，以為自己在做噩夢。」敏蒂從叔叔那兒學會被性侵後如何假裝沒這回事，隔天醒來後，她照常過日子。第二次，他拿枕頭捂住她的臉，不讓她叫出聲。第三次，他剛完事，麥咪恰好走進房間，他說自己在幫敏蒂按摩，治療她的背痛。敏蒂一直忍著沒說，默默接受。她說：「我實在太害怕了。他知道我非常脆弱，也知道我沒起訴叔叔，也沒起訴密西根那個白痴——他知道我總是算了。」敏蒂繼續和他們住在一起，並完成伴娘任務。

回到家後，敏蒂去看了婦產科，告訴醫生自己被強暴，隨後發現自己懷孕了。她說：「我沒錢墮胎。父母如果知道了，一定會躲著我。我媽是重生的基督徒。所以如果我還想待在家，就得把孩子生下。」敏蒂陷入重度憂鬱，長久以來的纖維肌痛毛病又不斷加劇，每天從早痛到晚。她回憶：「要不是懷著孩子，我大概早就自殺了。我這輩子一直都想自殺，從我叔叔那件事之後開始。」

懷胎四個月時，敏蒂認識了賴瑞。四年後我認識她時，兩人仍在一起。敏蒂說：「他搬過來和我住之前，已經知道我所有的事。」生下葛莉特時，他也在產房裡，敏蒂在葛莉特的出生證明上填上他的名字。生下女兒讓敏蒂如釋重負。她說：「我和男性的關係一直不順利。」敏蒂體重超過一百三十公斤，脖子上的項圈象徵她臣服於賴瑞，身上的五芒星圖案則來自她信奉的威卡教。她說：「我不是妙廚貝蒂、瑪莎史都華之類，也不像他媽媽和奶奶一樣是那種整潔、賢慧、衣著得體的女人，但她們仍然滿包容我的。」然而她還是覺得自己當不了好母親。「當母親的責任之一，就是要對孩子施展一點權威。我太聽話，不是有權威的人。」

戴項圈、聽令行事的母親，無法幫一個小女孩建立什麼自尊心。在家裡，敏蒂有時叫賴瑞「主人」，葛莉特則叫他「爸爸」。敏蒂說：「如果她叫他賴瑞，我會不高興，叫他主人我也不高興。我覺得當父母就是這樣。」她覺得自己總有一天得告訴葛莉特生父是誰，「但現階段，我只想讓賴瑞當她的爸爸」。

敏蒂的憂鬱症、糖尿病和纖維肌痛都得吃藥。她說：「吃了藥，有時候連話都很難說清楚。我好幾次無法抱起葛莉特。我坐著，她爬上我大腿，但如果她開始亂動，我就受不了，這讓我們的關係越來越糟。」敏蒂和葛莉特的關係，有點像她受制於男人的關係，帶點逆來順受的認命。敏蒂說：「她像是不時在提醒我。她很囉唆，很煩，但哪個三歲小孩不是這樣？好幾次我都想把她丟在路邊，想怪她害我沒法過自己的日子。但仔細想想，我的確正在過自己的日子啊，她就是我要過的日子。一想到這裡，我又愛她愛得要命。」她換了口氣，又說：「但我還是寧可當初流產，沒把她生下來。」

敏蒂喜歡以皮繩愉虐的世界為背景寫詩和小說，寫的幾乎都是年輕女孩慘遭年長男性凌虐的情節。敏蒂總能在殘酷中尋得美麗，殘酷使她意圖反抗、又逼她就範，然後她帶著不幸的歡愉描述著殘酷。她說：「有些情節寫著寫著自己還哭了。」故事裡的小女孩往往受盡凌虐，令人難以忽略其中敏蒂與葛莉特的影子，也很難不看出敏蒂對於女兒那種混雜著憤怒與矛盾的情緒，就如同她氣當年的那個自己，任人施虐。

在敏蒂的世界裡，選擇與無助竟彷彿沒有差別。那些把強暴之子拉拔長大的女性，在我採訪的對象中，有不少已經走出創傷的人，過著至少看似正常的生活；也有些人不斷在邊緣徘徊，敏蒂就是其中一例。她讓我們看到，遭受性侵的女童，長大後能變得多麼怪異。有些女性受害後，變得非常疏離難解，她們展現傷疤的方式，是沒入幽暗之地，那樣的世界和她們當初

520

的遭遇一般，猥褻齷齪而令人不安。有些傷害的影響就這樣持續一輩子。

・・・

我採訪過許多父母與孩子，他們面對過異常特質帶來的諸多困難，總想強調自己的正面經歷，希望能作他人模範。有許多人度過困境而成為更好的人，也亟欲分享自己的勝利。相反的，強暴生子的母親則追求他人的認可。即使擁有圓滿的親子關係，孩子的身分仍無法改造她們。強暴後生下的孩子，大多都知道這點。早在出世之前，他們就能感覺到自己被失落的陰霾所包圍，且日益加深。本身不是聾人或侏儒的外人，或許可以問心無愧地否認自己對當事人予以汙名化，但一聽到強暴，幾乎無人能不覺得厭惡，而被強暴的女人與她們的孩子，也得永遠背負這汙名。在這個基因決定論的時代，有誰能大聲站出來坦承自己的父親是強暴犯，還敢指望眾人不發一語？

就算強暴犯的後代永遠無法成為受到歌頌的身分，但或許社會能慢慢接受。而這要感謝數十年來，教育、法律意識以及心理學在處理強暴議題時的與時俱進。大眾越不把強暴當成禁忌的話題，受害者就越能認識彼此，母親與孩子就越能找到他們需要的水平身分族群。而即便沒有這樣的幫助，有些女性仍能從創傷中孕育出良好的教養能力，其中有些人甚至相信，若非經歷過如此可怕的暴力，他們也無法成為這麼好的父母。

・・・

芭芭拉來自一九七〇年代北內布拉斯加州的農場家庭。她說：「我對童年的回憶，就是充滿了害怕，而且非常非常孤單。」哥哥吉姆和姊姊伊蓮分別大她五歲與七歲，全校只有十個學生，跟她同齡的只有一人。母親有暴力傾向，而且陰晴不定。「她以前常拿木衣架打吉姆，我躲在走廊另一端，只覺得無助。長大能跑贏她後，她會在我面前虐待我養的小貓小狗，迫使我回頭，因為她知道我寧可自己被打，也不想讓動物受傷。就連我所愛的動物，也被她拿來對付我。」

521

父親曾對她性侵。她記得他曾對她露出勃起的陰莖，還有其他更不堪的事，不過她已不復記憶。伊蓮和吉姆上高中後，下午時間經常只有她和父親單獨在家。「爸爸在地下室有間房間，裡頭有張嘎吱作響的老舊嬰兒床。我記得自己曾躺在那張床上，知道門是鎖著的，而爸爸也在那裡。頭上有扇窗，我會想像自己變成一隻白色的鳥，從窗戶飛出去。」她的陰道部位長年紅腫不堪，母親只叫她在上面擦點護唇膏。芭芭拉十三歲時，母親幫她買了一件細肩帶洋裝，讓她參加婚禮時穿。芭芭拉穿上洋裝，坐在廚房流理臺上和母親聊天。「爸爸站起來，向走廊另一端的廁所走去，我看過去，發現他勃起站在裡頭。我轉頭看著母親，然後她說：『去加件衣服。』所以她是知情的。」

芭芭拉記得九或十歲的某天，被母親打得特別慘。「我被打倒在地上，她穿著矯正鞋，朝我頭上踢。我往她腳踝咬，接著跑到地下室，因為我知道爸爸把手槍放在那裡。她追上來，拳頭緊握，一臉憤怒。她一看到槍，臉上的憤怒轉為恐懼，我記得自己說：『妳敢往前一步，我就開槍。』於是她轉身上樓。」母親每次揍完芭芭拉，就會做布朗尼。芭芭拉回憶道：「那是她的道歉方式。如果我不吃，就表示我不愛她。所以我越來越胖。伊蓮又瘦又漂亮，總有新衣服穿，我都只穿她的舊衣服。媽媽會替她打扮，讓她參加啦啦隊和女童軍。不過伊蓮對我很好，印象中幾次睡著後，有人幫我把被子蓋好、抱抱我，都是伊蓮做的。」

芭芭拉最好的朋友是一隻邊境牧羊犬，叫南瓜。父親會命令她拿皮鞭抽牠。芭芭拉九歲時，南瓜生了小寶寶，他把小狗和磚頭一起裝進麻袋，扔進溪裡。芭芭拉以前常爬上家後方的山丘，在那裡尋求平靜。她回憶道：「我常常對上帝說話。我會說：『為什麼要讓我遇上這些事？』我有好長一段時間對祂十分不爽。」

她記得自己小時候是個「壞小孩」，曾剪斷娃娃的頭，還無故亂踢姊姊。「在我們家，生氣不要緊，但不能哭。」十幾歲時，有次她扭傷腳踝哭了，父親賞她好幾個耳光，叫她閉嘴。芭芭拉渴望獲得認可。「有些狗不是寧願被打，也不願被忽略嗎？」於是她開始幫忙搬運玉米種子，一袋都有廿三公斤重，也做了其他粗重的農活。父親便教她玩撲克牌和釣魚，以示獎賞。

芭芭拉後來到林肯市上大學，終於擺脫從前的生活。在各個兄弟會、姊妹會忙著舉辦迎新那週，芭芭拉參加了一場大型派對，一個看上去人很好的男生，邀她去他的兄弟會宿舍。他拿啤酒灌醉她，她說：「之後我只記得，自己躺在床上被強暴。我記得自己大喊：『不要！』努力想反擊，但我醉得太厲害，他又很壯。那時我的處女膜還在，所以流了很多血。」他一放開她，她就爬進浴室鎖起門，出來時，他給了她五塊美金。回到宿舍後，她洗了三個小時的熱水澡，然後在床上躺了兩天。

事發過後，大學新生活很快變得一團糟。她開始暴食，靠食物讓自己忘卻傷痛，就像小時候家裡教她的那樣。她更開始酗酒，課也不上了。幾個月後，她認識了傑佛瑞，是她室友男友的朋友。她說：「我們的關係很快就發展成性關係。那並不溫柔，沒太多情感，我甚至不怎麼享受。」但這仍讓她因此恢復正常生活，最後兩人一起畢業。「那時我隨口一問：『好，你現在打算怎樣？』」於是兩人結婚。她說：「我選擇傑佛瑞，是因為他是個在情感上會保持距離的人。」

他們搬到奧馬哈市，一頭栽進工作裡，芭芭拉一週工作七十五個小時。她說：「那是逃避回家的好方法，家裡沒什麼值得我回去的。」她告訴醫生自己體力變差，醫生開了抗憂鬱劑給她。吃藥讓她能更專心、更有活力，但她又開始酗酒，喝了酒人變鈍就不會過度焦慮。雖然她害怕親密關係，卻又渴望關愛，於是開始找婚外情。她在一個線上性愛聊天室認識一個重生基督徒，她回想道：「他不斷談論著愛，以及很多我沒聽過的事。他讓我開始敞開心胸，接受基督——挺怪的，竟然是在線上性愛聊天室。從那之後，我總覺得神就在某處。」有天傍晚，她走進浴室後哭了起來。「我跪下來說：『求求祢，在我死前，讓我認識真正的愛吧。』」

不久之後，丹出現在她的生命中，她以為禱告應驗了。她換了工作，在一家大型農業公司，負責支援太平洋西北地區的銷售團隊。由於時差關係，她會在公司多留一個小時，而丹是她的一位遠距客戶，他後來開始在下班之際打給她。那時他正在爭取三歲兒子的監護權，總寄孩子的照片給芭芭拉看，也請她給點意見。「他問了我很多非常私人的問題，很多像是：『妳怎麼待這麼晚？怎麼沒回家找老公？你們是不是都沒一起睡了？』」

芭芭拉以為終於找到她的白馬王子了。她對傑佛瑞全盤托出，而雖然他憎恨妻子和其他男人的這段新感情，但那時兩人各過各的，他毫無置喙的餘地。芭芭拉和丹每天晚上都聊上好幾個小時。芭芭拉說：「丹基本上就是我爸，事情又再來一遍。但丹一直誇我有多聰明，讓我很有自信。他愛我，他想娶我，想和我生孩子。他願意搬來奧馬哈，但身邊有個小兒子，所以我得搬去加州。別忘了一件事：我們從未見過彼此。」

最後，她終於告訴傑佛瑞自己要去西部看丹，傑佛瑞則載她去機場。她回想道：「當然了，事實完全不符合我的美好想像。我感覺像局外人一樣，彷彿看著自己演出這套劇本。」兩人一見面就上床，事中不忘戴套，而雖然她還是沒辦法樂在其中，事情仍算在正軌上，但後來他們開始吵架。「他抓起我往地上扔，撕破我的衣服，在我還搞不清楚狀況時，就進來了。他那樣做很傷人。之後他丟下一句：『妳不就喜歡這樣嗎？』然後走進客廳看電視。」

芭芭拉一開始不願承認自己被強暴，但她覺得自己的世界彷彿要瓦解了。她打給傑佛瑞，說她要回家了。回到奧馬哈後，她假裝什麼事也沒發生，但發現自己懷孕後，她打電話告訴丹，仍多少以為或許兩人能展開新生活。他說她懷孕只是為了逼他娶她。她沒認真想過墮胎：「沒有真實懷了孩子的感覺，所以根本沒想到墮胎。」她只是告訴老公：「我們有了。」他們好幾個月沒做愛了，但傑佛瑞跟她一樣拒絕面對現實，於是也就接受了謊言。

芭芭拉的生活越來越超現實。丹怕她爭贍養費，恐嚇她，傑佛瑞則扮演稱職的準爸爸，乖乖去上拉梅茲呼吸法課程、半夜出門買薯餅給她解嘴饞。芭芭拉回憶道：「但沒有愛。我白天出門工作，應付了事，晚上躺在浴室地板上哭，請神殺了我。」一直到被送進待產室，她才清楚意識到自己要生孩子了。「看到寶琳的時候，才回神：『見鬼，有小孩了！』」

母愛並沒有降臨。芭芭拉哺乳、照顧女兒，但心中並沒有愛。「她很可愛，但看著她，我看到的是丹。我只想去死。」有個朋友在諮商師辦公室工作，她看出芭芭拉狀況很不好，擅自幫她預約會談，芭芭拉也沒力氣拒絕。療程開始三個月後某天，芭芭拉讀到一本探討界線的書。「我讀到第八頁，裡頭有個女人三十幾歲，她談到她父親過去做的事，例如趁她裸體時進浴室，或在她面前尿尿等。那就是我，就是我的遭遇。書上說那是『隱性性侵害』。我這輩子一直都覺得自己哪裡很不對勁，這才突然發現，那是過去加諸在我身上的，我無力改變，所以才會變成今天這樣。我去叫醒傑佛瑞，把書拿給他看。他看著我說：『我一直都知道，一定發生過什麼事。』」

芭芭拉開始和諮商師談起童年，接著又談起丹，最後她終於明白自己遭到強暴。她終於開始對丹感到憤怒，而越是生氣，對寶琳的愛就越狂熱。「我會邊餵奶邊哭，因為她的來歷居然這麼可怕，但她又是這麼美麗。」下一步是向傑佛瑞坦承寶琳的身世，傑佛瑞聽完說：「一部分的我想把妳趕出去，再也不要見到妳，但那不是我真正想要的。所以，我們還是一起想辦法吧。」兩人開始接受婚姻諮商，接著傑佛瑞與諮商師單獨會談，等他在理智上了解到她與丹的關係其來有自後，便坦然接受了一切，也負起自己那一方的責任，挽救兩人名存實亡的婚姻。

傑佛瑞向我坦承，如果一開始就知道孩子是丹的，事情必定會很不一樣。傑佛瑞說：「但我知道真相時，寶琳已經六個月大了。我早就愛上她，不管血緣上是誰的，她就是我的孩子，我無法拋下她。這讓我了解，我也愛芭芭拉。」看著他和寶琳相偎相依的模樣，芭芭拉「開始重新認識傑佛瑞，他比我以為的好太多了。也讓我看清丹，原來他這麼糟」。

芭芭拉的父母會知道丹才是寶琳的父親，是因為丹曾叫女友打電話給他們。那年一家人在農場團圓過聖誕，某天晚上，芭芭拉和傑佛瑞抱著寶琳坐在客廳，芭芭拉的母親突然問：「我以前對妳好不好？」芭芭拉說：「不好。」母親回答：「我打過妳一次，那次是妳活該。」說完她叫他們滾，並警告芭芭拉，如果她敢回來，她會一槍射穿她的腦袋。一年後，芭芭拉的父親寄卡片給她，裡面附上一張她坐在他腿上的照片。卡片上寫著：「很遺憾沒辦法看著寶琳長大。」之後他打來說：「如果妳再繼續說我以前怎樣性侵妳，我會殺了妳。」但芭芭拉早已默默踏上權益運動之路，祕密是藏不住的。她接受當地報社的採訪，也參加了一項與強暴性侵受害婦女有關的計畫，並讓他們使用她的照片。最後，為了協助新法案通過，她在內布拉斯加議會發表證詞，議會終於廢止性侵罪的追訴時效。

我到奧馬哈拜訪芭芭拉和傑佛瑞時，寶琳六歲，看來是個開朗的小女孩，很願意和人說話，也老愛向父母討抱抱。她想要獲得他們注意，但對於關係的探索和回報也頗樂在其中。芭芭拉說：「我從來不懂愛，甚至不懂什麼叫做善良。那感覺就像四十歲才開始學新語言。如果從小就聽人說過，一定會容易得多。」接著她打了個顫。「有次我狠狠用手掌打了她一下，結果她的表情讓人心都要碎了。自此我知道：『我絕對不會再這樣對她了。』我不想變成我的父母。」

芭芭拉來自破碎失能的家庭，卻打造了一個快樂的家。我們第一次聊天時，他們夫妻倆已經結婚十八年，她跟女兒一同學習待人處事。她說：「我以前總等著人家來找我。」現在她開始主動出擊，並以身作則，鼓勵寶琳一起。「我會跟她說：『妳認為，交朋友有什麼好方法呢？』我會帶她去公園練習。在教養她的過程中，我也在教養我自己。我現在，得開始活得像個真正的人，不然就乾脆別活了。我給了寶琳生命，但從許多方面來說，她也給了我生命。她有自己思考的自由，我當時也有，我也做了選擇。我大可跟我母親一樣，但我選擇治好自己。

525

想到我的家人，心情就很沉重，就連我父親也不例外。他們都不是壞人，真的。」她想起多年前，自己跪在浴室地板上，請求神讓她在死前認識愛。她說：「我曾經以為丹就是神給我的答覆，但現在我知道寶琳才是。她不僅是答覆，還是途徑。我先對神敞開心胸，接著對寶琳，然 526
後是傑佛瑞。我想著：『好，下一個是誰呢？』」

・・・

強暴懷孕，若是以種族屠殺為背景，一向都會被人另外拿出來仔細檢驗。要滅掉某個種族，你可能會以為最合適的做法是強制節育。然而，在許多武裝衝突中，征服者卻選擇讓被征服的種族懷孕，逼他們為自己生下孩子。這個常見的現象稱作「強制受孕」。「戰爭與兒童身分計畫」就提出一份報告，估計全球目前約有五十萬人的身世就是來自於此。英國精神科醫師塞佛特寫道：「強暴女人可說是男人在對男人傳話，在告訴這些女人身邊的男人：你們無力保護『你們的』女人。」布朗米勒形容這種大規模侵犯女性身體是「主戰場外的廝殺場域」。這類案例與先前探討的案例完全不同，在先進國家、太平盛世，遭人強暴後懷孕並不會給自己惹來殺身之禍，也不會被逐出鄉里，更不會因此嫁不出去。在西方社會，孩子的身世並不難隱藏，更能交給他人領養。勇於面對並將孩子留在身邊的女性，往往也能找到不介意孩子身世的男伴。然而，許多地區都因種族衝突，導致強暴後懷孕的女性無所遁形。家人知道、左鄰右舍知道，她們自此與遭強暴前的生活斷裂開來。

一九九四年四月六日，哈比亞利馬納總統的座機遭人射落，盧安達大屠殺隨即展開。接下來的百日內，少數民族圖西族死亡人數高達八十萬人。這場大屠殺與納粹策畫的猶太大屠殺不同，情緒高張、無精心規劃、不假他人之手，是活生生血淋淋的正面交戰。當地最大民族胡圖族組成青年民兵團，也就是聯功派。聯功派民兵及手執農具的農民發動殺戮，一直到圖西族重新占領首都吉佳利才罷手。今天，胡圖族再次受圖西政權統治，覺得自己被這群討厭的少數民族當做奴隸；圖西族則對胡圖族是如何害他們家破人亡，永遠無法釋懷。盧安達居民在接受官方採訪時都表示：「Plus jamais」（再也沒有下次），但我碰到的許多人都私下表示，下一場衝突遲早會再度爆發。

盧安達有這麼一句諺語：「沒被揍過的女人，不是真正的女人。」文化背後隱含的厭女情節，只要以種族為名煽動，就很容易挑起。根據估計，約有五十萬名女性在這場突發的恐怖衝突中遭人強暴，並生下多達五千名孩子。一名女性回憶自己的遭遇，好幾旅敵軍殺紅了眼，裡頭一名青年把她壓在牆上，拿刀割下整個陰部內襯，血肉模糊地掛上竿子，插在她家門外。圖西族的女人高䠷纖細、雍容貴氣，許多胡圖人認為她們太高傲，決心要教訓她們。強暴不僅僅是為了羞辱受害者，更是一種殺人手段。許多男人都是愛滋病毒帶原者，領導人鼓吹他們將病毒盡情散播給圖西族女性。大屠殺女性生還者中，約有一半的人遭受強暴，其中大多因此感染愛滋病毒。

在盧安達大屠殺強暴行動中生下的孩子，被稱做「les enfants de mauvais souvenir」，意思是「慘痛回憶之子」，有作家稱他們為「死亡時期的活遺產」。根據研究盧安達強暴事件邦尼特博士的說法，盧安達社會怪罪女人，因此，懷上孩子的女性「不願承認、選擇隱瞞，往往拒絕面對，或太晚發現真相」。她發現這些女性常想方設法讓自己流產、企圖自殺或者殺嬰，有些人則把孩子丟在教堂階梯上。一時之間全國孤兒院林立。

為了了解戰亂中大規模強暴生下的孩子與一般個案有何差異，我在二〇〇四年大屠殺滿十年時前往盧安達。我無法得知哪些女性曾拋棄或殺害自己的孩子，採訪的都是把孩子留下的人。許多人被踢出家族，因為家人不想和「聯功派的孩子」有任何瓜葛，多數人連養活自己和孩子都有困難。這些慘痛回憶之子既不被胡圖族接納，也不見容於圖西族群，有些當地醫院甚至拒絕給他們看病。盧安達國立大學心理學院院長納達亞姆班傑說，這是因為當地社會認為，女人若寧願被姦也不願被殺，是非常可恥的事。

穆卡瑪那在盧安達的「種族屠殺遺孀協會」工作，她說這些遭驅逐的母親大多「從未找到對孩子的真愛。她們能為了孩子活下來，但僅止於此」。納達亞姆班傑提到，曾有位女性，直到最後一刻，仍緊緊縮著陰道肌肉，想辦法阻止孩子生下來，醫生只得將她壓制住為她剖腹生產。醫生一將寶寶帶到她面前，她便開始亂吼亂叫，後來被送進了精神病院。有些母親把孩子取名為「戰爭」、「仇恨之子」或「小殺手」等。穆卡瑪那表示：「孩子知道母親不愛他們，卻不知道原因。他們說話，母親不聽，哭了，母親不哄，於是發展出奇怪的行為模式，自己也變得冷漠又不安。」

盧安達的強暴受害者與其他受害者不同，她們這個族群形成了水平身分，與其他相同遭遇的人一起團結療傷。尼拉亞比瑪娜在遺孀協會工作，專門幫助戰亂時期的強暴受害者與她們的孩子，她說：「沒人能忘得了她們的遭遇，所以她們倒不如一起記得。」其中有些女性從彼此身上獲得了勇氣與力量，足以彌補她們失去的傳統社會地位。盧安達國立大學的歷史系主任卡林巴說，種族大屠殺後，意外帶起新一波的盧安達女性主義。他說：「太多男人身亡或入獄，因此許多重要工作不得不由女性接手。」這群母親曾遭強制受孕，以受害者的身分走過戰亂，之後又受到社會文化進一步的加害，然後又得奮力邁向新社會——就算不是為自己，也得為她們的罪兒努力。

・　・　・

三十四歲的瑪麗蘿絲，以平板的聲調、說起自己的故事時一臉認命的樣子。大屠殺開始後，她逃到平時去的教會，但民兵不久也奪門而入，並在神父的同意下，幾乎殺光了在場所有人。她逃出來，但被一名胡圖男子抓住，把她與姊姊占為妻子。這種做法並不少見，許多民兵逼迫婦女作他們的性奴隸，輕率地用了妻子一詞，企圖以此淡化自己的多重罪孽。瑪麗蘿絲雖然逆來順受，卻恨他入骨。她說：「躲在路邊，就會遇到這樣的男人。他會走進村落，一家一家強暴。這男的隨時都可能逼我接受他的朋友，我遭到很多人強暴。他說他把愛滋病毒傳給我了，所以不用浪費時間殺死我。」

強占瑪麗蘿絲的人在圖西族軍隊來臨時逃跑了，姊妹倆虛弱又絕望地留在屋內。她們找醫生做了檢查，得知自己真的染上愛滋病毒，而且還都懷上身孕。瑪麗蘿絲的姊姊在二〇〇一年聖誕節去世，她收留了姊姊的兒子，和女兒一起養大。她對我說：「我努力想忘掉發生過的事，專心把他們肚子填飽。雖然忘不了他們是怎麼來的，但我恨不了自己和姊姊的孩子。他們有時會問我：『我的爸爸是誰？』我告訴他們沒有爸爸，從來沒有。」

瑪麗蘿絲的皮膚已開始產生病變，很怕被鄰居看出是愛滋的症狀。她說：「我不知道自己死後，孩子要誰來照顧。我挨家挨戶問人有沒有髒衣服要洗，也幫有錢有老公的胡圖女人編頭髮。想到自己會死就好難過——不是為自己難過，是為孩子。有一天，我得告訴他們真相，我隨時都在想，到底要怎麼跟他們講。我會告訴他們怎麼做人，告訴他們遇到強暴要怎麼辦。我怕他們跟著我，不會有好下場；但我也怕之後沒有了我，他們也不會有好下場。」

529

· · ·

自古以來，強暴就是一種手段，而近來至少有卅六場衝突事件，包括孟加拉、車臣、瓜地馬拉、非洲數國、東帝汶以及前南斯拉夫等地的衝突，也同樣以強暴作為手段。一份人權觀察報告提到：「這些強暴事件，顯然是為了征服、羞辱與恐嚇，不只是恐嚇受民兵強暴的女性，而是恐嚇當地整個社群。」據西方觀察家表示，一九三七年中日戰爭期間，南京暴行的蹂躪過後，有大批懷孕婦女自殺，許多混有日本血統的嬰兒也遭到殺害。孟加拉衝突結束後，總理尊受強暴懷孕生子的女性為「國家女英雄」，但許多人還是把孩子丟進垃圾桶，留下孩子的，也永遠不受社會接納。科索沃戰爭後，普里斯提納一名年輕人告訴英國的《觀察家報》：「如果我是普通人，我會留下孩子。但在我們文化裡，死了比被強暴好。我無法接受我妻子，她可能變得很骯髒、邪惡，變成敵人的堡壘。很多女人是明白人，她們什麼都不說，在家裡把孩子生下，想得更明白的人，就把髒孩子給殺了。」一名塞拉耶佛戰時強暴受害者說：「那時生得很痛苦，痛死了。但跟切特尼克①對我做的事比起來，這根本不算什麼。」她甚至連孩子都沒看過一眼。「如果剛生完，有人想把孩子拿來給我看，我會把他們跟孩子一起掐死。」

記者史密斯寫過麥薇塔的故事。麥薇塔在科索沃遭人強暴，懷胎生子。她當時二十歲，不識字，老公在她懷孕後拋棄了她。史密斯寫道：「麥薇塔生下他，是名健康男嬰。這是她短暫一生的第五次生產，但生產從未帶來喜悅，只有恐懼。這名阿爾巴尼亞的年輕母親抱起孩子後，下定決心，她把他拉進懷裡，看著他的眼睛，然後往他臉上狠狠敲下去，接著折斷他脖子。」她哭著把孩子還給護士。史密斯又說：「她進了精神病監護所，眼淚再也沒停過。」

．．．

丈夫被聯功派民兵團殺害後，瑪麗安自願到民兵基地獻身，她相信唯有如此，五歲的女兒才有機會活命。之後的幾週內，她被強暴了無數次，他們說有一天會把她殺了，不過最後，圖西軍隊釋放了她。大屠殺結束後九個月，瑪麗安生下第二個女兒，對孩子的強烈憎恨油然而生。瑪麗安已感染愛滋病毒，小女兒也驗出陽性反應。她回憶道：「我想把她丟掉，但心裡突

1．Chetniks，又稱南斯拉夫祖國軍。——譯注

然湧起另一種感覺。」最後，她決定要學著一樣愛兩個女兒。她說自己對兩個女兒的情感並沒有差別，但我問她還想不想把小女兒送走，她回答想。大女兒有純正的圖西血統，看起來也像；小女兒膚色深，有著胡圖人的臉部特徵。鄰居總說她們不可能是親姊妹，但瑪麗安要她們別道聽塗說。「等到我快死的時候躺在床上，她們會問我為什麼這麼早死，我會把一切都告訴她們。」

兩個女孩愛爭寵，根據盧安達的傳統，老么最受寵，但瑪麗安覺得很難照著這套習俗來。她說：「我會因為愛滋病死掉，而老大會變成孤兒。這都是因為強暴害的，而小的那個是因強暴才生下的。知道這一切，怎麼可能不生氣？我努力不去回想過去，因為過去讓我害怕；我也不去設想未來，因為我知道我沒資格做夢。」

・・・

在戰亂地區生養這些孩子，負擔極其沉重，她們喪失了社會地位，嫁人的希望更是渺茫。儘管如此，仍有數不清的女性出人意料地選擇走上這條路。不過，雖然她們真心真意留下孩子，卻不見得能滿足孩子成長一切所需。東帝汶一名受害者說：「印尼軍官輪流強暴我，把我當馬，讓我生了一堆孩子。我現在已經沒有力氣把孩子推向更好的未來了。」

近來有報告指出，強暴之子「象徵全國人共同經歷的創傷，而社會大眾並不想正視他們的需求」。這些孩子常面臨法律上的問題。國籍常是傳承自父親，沒了父親，這些孩子便沒有國籍。歐洲大學和平研究中心的伊斯梅爾說明：「這導致孩子無法享有基本的社會福利，因為 531 國際法假定兒童人權是國家的責任。」在越南，混血兒童在戰後被稱為「生命之塵」，因為沒有父親為他們報戶口，所以無法接受教育、享有醫療照護。有些人選擇整形，讓自己看起來更像美國人或更像亞洲人。波斯尼亞強暴受害人的孩子，到克羅埃西亞尋求庇護遭拒，拿不到公民身分。一九九〇年伊拉克占領科威特，當年強暴受害人的孩子至今仍然沒有身分。伊斯梅爾認為，這些孩子「即使非直接受害，仍是強暴受害人，連基本的權利都遭剝奪」。她接著說：「直至今日，強制受孕仍然被完全歸類為女性議題，絲毫未顧慮到戰禍下出生的孩子。這不但使他們遭受邊緣化，也使他們同為受害者的事實進一步被忽略，未來也因此莫名其妙就進了加害者的陣營。」

聯合國兒童權利公約載明兒童應享有公民權利，卻沒有照顧到強暴之子的權益，也未保證私生子享有平等權益。很多外國人都有意願領養這些孩子，但政府因覺得丟臉，往往以民族認同之名禁止領養，或把領養程序搞得非常複雜。至於那些國人領養意願高的國家，政府制定的相關政策卻助長了這種恥辱的心態，例如英國雖願意幫助人民領養巴爾幹地區的強暴之子，卻不准強暴受害人移入英國。

・・・

瑪瑟琳有對大眼睛，身材嬌小，安靜不起眼，看起來頗為悲傷，舉手投足像個纏人的小孩，神色慌張地抬頭往上看，彷彿是等著人家開口允許她活下去。戰爭爆發那年她十九歲，正在吉佳利探親，住處遭人攻擊。她馬上找到另一家人，跟他們躲在一起，那家的戶長是個老頭，他趕走元配，逼迫瑪瑟琳當他的性奴隸。兩個半月後，他說自己玩膩了。她遭人輪姦，心不甘情不願地追隨另一個強暴她的男人。那男人是個生意人，帶著她一起去剛果。知道戰爭結束後，她求他放她回家，但那時她已有身孕，丈夫決定把她和孩子留在身邊。她等了數月，終於等到他離家出差。她抓了三千剛果法郎（相當於五美元）迅速離家，說動了計程車司機載她到盧安達，盧安達的聯合國難民署收容了她。生下女兒後，她為她取名為克萊曼絲。她的子宮由於受損，生產後不得不摘除。

由於瑪瑟琳的嫂嫂過世，戰爭過後，她便幫哥哥打理家務，而哥哥不准患有愛滋的克萊曼絲踏進家門。但瑪瑟琳說，至少哥哥沒有拋下遭人強暴且染上愛滋病毒的自己。克萊曼絲和瑪瑟琳的母親住在一起，瑪瑟琳一週去看她們一次。向克萊曼絲揭露身世很難，但要向她解釋她們兩人都活不久更難。克萊曼絲的身體已經開始長水泡，她母親稱那是「青春痘」。克萊曼絲病得嚴重時，外祖母就帶她去找瑪瑟琳，讓她帶她去醫院。兩人都健康時，克萊曼絲和瑪瑟琳會一起度過歡笑時光。瑪瑟琳生病時，克萊曼絲會縮在她身旁安慰她。瑪瑟琳常常想，讓女兒先走一步是不是比較好，兩相權衡後，她覺得這樣安排比較好。她說：「大家可憐我，覺得我有個慘痛回憶之子，但她是我生命的光。這樣慢慢死去很慘，但如果沒有孩子在身旁做我的安慰，會慘上千倍。我要死了，但至少我不孤單。」

・　・　・

我在吉塔拉馬市郊採訪了一名女性，她說她們全家人，包括丈夫與三個孩子，都遭一個男人殺害。他把她占為己有，在大屠殺期間待她如性奴，後來逃了。她生了一個兒子，之後發現得了愛滋，孩子倒還健康。她知道自己要死了，害怕孩子沒親人照顧，於是她一路循線找到孩子的父親，那個當年殺了她丈夫與孩子的人正在坐牢。她決定和他保持來往，每天做好飯菜送到獄中給他。她說起現在正在做的事，眼睛只能直楞楞的盯著地板。

・　・　・

東帝汶主教貝洛是一九九六年諾貝爾和平獎得主。談起戰時強暴，他表示：「一九九九年，有三千人死亡，說不清多少女性遭受強暴，還有五十萬人流離失所，其中十萬人至今仍未返鄉。」澳洲國立大學的里默指出，戰爭造成的各種傷害都有統計數字，唯有遭強暴與強迫受孕的女性人數從來無法詳細計算。在她看來，「說不清」一詞，不只是比喻人數眾多，更是事實。

自一八六九年開始，〈日內瓦公約〉保障戰時傷病者接受醫療照護，許多人主張，戰時強暴受害者也應納入保障。聯合國人權委員會指出，不讓強暴受害女性墮胎，是殘酷不人道的行為，但美國持續遵循一九七三年的〈赫爾姆斯修正案〉，修正案內表示：「不得以外援資金，協助以家庭計畫為目的之墮胎，或鼓勵、強迫任何人墮胎。」對於此段文字，目前的解釋是任何接受美國資金援助的國家或組織，都不得討論或幫助任何人墮胎，就連戰時遭強暴而懷孕的婦女也不例外。全球正義中心的主任班修夫表示：「其實，幾乎所有戰時因強暴受孕的女性都會選擇墮胎。剛果有四十%的強暴受害人為兒童，十三歲的小孩要怎麼養小孩？死亡率高得嚇人。聯合國估計，在戰時遭強暴懷孕又被禁止墮胎的女性，有二十%會嘗試自行墮胎，這還不包括乾脆自殺的人。」女性自行以土法煉鋼的方式墮胎失敗之後的治療，使用所謂的善後工具包，是由美國政府出錢供應，班修夫說：「所以我們根本就知道這一切是怎麼回事。這些強暴犯是為了滅絕種族而強暴，我們要這些女人生下小孩，就是在幫忙屠殺種族。」

・・・

埃弗辛長得高，非常戲劇化、表達豐富，擁有典型圖西族女性的深邃五官與優雅氣質。我採訪過的許多女性都因為歷經打擊而死氣沉沉，她卻絲毫不受影響，有時前一分鐘還在大笑，下一分鐘馬上淚流滿面。她住在吉佳利市郊的一棟泥土屋裡，房裡一角放著一張極不相稱的飛機座椅，另外還有兩張破木頭椅。唯一的光源，是從屋頂與牆壁間的細縫射進的自然光。雖然如此窮困，她仍穿著一襲棉質印花長裙，搭配圖色相襯的頭巾，優雅得無可挑剔。

大屠殺那年，埃弗辛二十歲。她以為只有自己住的村莊出亂子，便逃到隔壁村的親友家。但那兒也早就開始燒殺擄掠，她和親戚決定跨越邊境，到蒲隆地避難。就在即將抵達目的地時，背後響起一片槍聲，埃弗辛不停往前跑，家人則紛紛中槍倒地在後。她躲進一間屋子，屋裡的老婦人答應把她藏起來。當晚，老婦人的兒子回來了，他是聯功派民兵團的一員，一看到母親藏在家中的美女，馬上宣布要她當他「妻子」。三週內，他一再強暴她，她則盡可能順著他，深怕沒了他的保護，自己可能喪命。

一個月後，埃弗辛發現自己懷孕了，兒子尚德狄伍出生後，日子變得極為難過，她搬進一個男人的家裡，他命令她「把孩子處理掉」，否則就滾。埃弗辛用盡一切方法，讓兒子知道自己是個累贅，無情的打他，偶爾還把他丟出家門。一起出門時，她總說：「叫我阿姨，不准叫我媽媽。」另一方面，男主人日夜揍她，最後她終於鼓起勇氣離開，搬進貧民窟裡，我就是在那裡與她見面的。她回憶道：「然後，我才發現，兒子是我僅有的一切。有的時候，儘管我們經歷了這一切，他都會笑，我是從此愛上他的。」

・・・

國際刑事法院，又常稱為國際戰犯法庭，其法源是一九九八年的〈羅馬規約〉。規約明定，「意圖藉強暴影響任何族群之種族組成，或意圖進行嚴重違反國際法之行動而違法監禁強迫受孕女性者」，是為違反人權。內文並未提到受害者應獲得損害賠償，主要關切的是處罰罪犯，尤其是位居高層、發起強暴行動的主謀。盧安達問題國際刑事法庭在一九九八年有重大突破，當年該法庭審理地方首長阿卡耶素鼓勵警察強暴圖西族女性一案，最後以違反人權與施酷刑之罪名判他有罪。這是史上首次將強制懷孕當做種族屠殺手段起訴。不過，規約與判例暗示，其判決依據在於存在種族屠殺之意圖，不在大規模強暴。對於遭受強暴並因此懷孕的女性而言，強暴犯意圖究竟為何，並不重要；對孩子而言，也毫無意義。班修夫說：「遭酷刑的男性被社會當做英雄，受虐女性則被當成妓女，害家族蒙羞。」美軍入侵伊拉克後，遭強暴的婦女有超過半數遭自家人殺害。

法律學者一直努力想為戰時遭強暴的婦女，制定一套更好的保護方法，但她們生下的孩子，卻鮮少獲得注意。這些孩子往往遭到虐待、拋棄，或兩者都有。里默呼籲將這些孩子歸類為退伍軍人，「公開認定他們亦有權向政府申請補助，而不是被當做某種罪孽所衍生出的副產品」。這樣歸類，能讓孩子獲得津貼，也是正面肯定婦女的勇敢，並承認孩子處境艱難。「醫治非洲」組織的區域主任加貝卡佑專門幫助這些母親與孩子建立親子關係，她說：「我們想培養這些孩子成為和平大使。」

• • •

克里絲汀抬頭挺胸、舉手投足帶著好強的氣質，完全不像我在盧安達看過的強暴受害婦女。她從前住在吉佳利，十八歲那年遇上大屠殺，一名民兵闖入她家說：「把衣服脫掉，躺下來，不然我就殺了妳們全家人。」他屢次回來，每次強暴後，克里絲汀的父親都會給他錢，請他離開。後來全家上路逃命，但立即遇到路障，無法過橋渡河。他們在路邊坐了兩個小時，一邊看著其他人慘遭殺虐，一邊等待。夕陽西沉，一名民兵殺氣騰騰地走過來，他們拔腿就跑，但克里絲汀的母親已經撐不下去，哥哥想去幫她，克里絲汀轉頭，看著他們兩人被剁成碎塊。她和父親走了九十六公里路到吉塞尼市，兩人白天四處躲藏，晚上沿路悄悄前行。然而等他們終於抵達時，當地也早已淪陷，於是他們又走了十幾公里，一路走到剛果，在那裡等待戰爭結束。就在等待之際，克里絲汀發現自己懷孕了。

她害怕自己染上愛滋病毒，卻遲遲沒有勇氣查明真相。她會因為恨而把還在襁褓中的女兒痛打一頓，後來她把孩子交給她的生父，不想再見到她。即使事情已經過了十年，一想到有這個孩子，她仍深感悲悽。她每天都去探望唯一存活下來的妹妹，一個月卻頂多探望女兒一次。

克里絲汀和其他慘痛回憶之子的母親不同，她之後再嫁。老公是實行一夫多妻制的剛果人，家裡還有另一個妻子。她說：「經過這些事後，我沒辦法再嫁給盧安達人了，連圖西人都不行。剛結婚時，我盡量對他隱瞞自己的過去，最後還是全盤托出，而他一直對我很好。我難過時，他帶我出門散步，我常常作噩夢，有時腦中閃過從前畫面，他會提醒我，我原本可能送命卻活了下來，他也總能安慰我。」他甚至提議把那個孩子接過來一起住，但克里絲汀不想。

有時，尤其是當採訪對象看來彷彿被奪去一切時，我會問她們是否有問題要問我。這種反向邀約，能讓她們覺得自己不那麼像實驗對象。在盧安達時，這些母親問我的問題大多不外乎：你要在這裡待多久？你訪問過多少人了？什麼時候公布研究成果？這些故事有誰會看到？訪問完克里絲汀後，我問她有沒有問題想問。「嗯……」她顯得有點遲疑。「你寫的東西跟心理學有關嗎？」我點頭，她深吸一口氣，說：「可不可以告訴我，要如何多愛女兒一點？我好想愛她，也盡力了，但每次看著她，我都看到自己過去的遭遇，然後就被打斷了。」說完，眼淚滑落臉龐，但接著她又重複了一次問題，語氣幾乎像在厲聲質問：「可不可以告訴我，要怎麼多愛女兒一點？」

事後我才驚覺，這個問題本身就承載了滿滿的愛，只是她自己不知道，但我已經沒有機會告訴她。身為母親，凡是孩子身世有難言之隱，又想解開自己內心矛盾，都會問自己這個問題。這個疑問尖銳地質疑了一件事：一個女人的愛，究竟有多少是來自哺乳類的天性？多少是來自社會習俗？又有多少，是來自個人決心？

・・・

同樣是家有特殊的孩子，與其他父母相比，因強暴而懷孕生子的母親得更努力拋開內心的黑暗，好為孩子帶來光明；而她們所擁有的支持，比其他族群都來得少。這些母親和孩子需要專屬的身分族群，在那裡找到更多尊嚴，而零零星星的線上網絡幫不了他們那麼多。本書其他章節談到的各類孩子身上都帶著傷，而此章談到的孩子，雖然錯不在他們，本身卻就是傷口。這些母親吃盡苦頭才生下孩子，也深怕這些痛苦的遭遇會限縮她們的愛，但事實往往不如她們擔憂的那麼嚴重。即使她們再怎麼豎起心防，母愛總能使其神迷喜極。

IV

第四章　罪犯

CRIME

537

本章探討的是犯罪，而犯罪都是孩子有所選擇的刻意作為，錯在孩子自己，這一點不同於書中大多數狀況。父母也有錯，他們若能給孩子良好的道德教育，又夠警覺，就能預防孩子犯罪——至少社會都普遍這麼認為，也因此罪犯的父母總是活得既憤怒、又自責，得竭力原諒孩子，也原諒自己。在世人眼中，思覺失調症、唐氏症患者及其父母是生逢不幸，罪犯及罪犯的父母卻是人生失敗。身心障礙兒的父母有政府補助，罪犯的雙親卻常遭到起訴。

若你生下侏儒兒，你自己並不會變成侏儒，若你的孩子聽不到，你的聽力也不會受損，但孩子一旦誤入歧途，父母似乎便難逃譴責。父母若為孩子的優秀表現沾沾自喜，那反之當孩子表現不佳時，當然也自覺有錯。可惜，再高尚正直的家庭教養都無法保證孩子不墮落，但這些孩子的父母卻往往覺得自己道德有虧，並沉溺在指責中，因此無法幫助，甚至無法繼續愛他們罪大惡極的孩子。

家有身心障礙兒常是種社會經驗，其他狀況相似的家庭也會敞開心胸歡迎你。家有坐牢的孩子，卻往往陷入孤立。在少年機構的家屬接見日上，父母或許會友好地互吐苦水，但一旦離開這些違法才是常態的團體，多數父母便不願與人傾吐。罪犯父母能取得的資源非常少，沒有彩色印刷的指南述說孩子犯法的優點，也沒有人以優美文筆為他們改寫〈歡迎來到荷蘭〉一文。這種不利處境也有好處：大家不會說你經歷的都是小事，不會打造貼滿五彩紙帶與裝飾的學習中心，要你把悲傷化為喜悅，也不會勸你以歡心回應孩子的罪行，否則便不愛孩子，更不會敦促你頌揚你想要哀悼的遭遇。

世上有數以千計的機構協助許多水平身分解決種種難題，包括啟聰學校、主流化教育，以及思覺失調症的精神科專門醫院。至於安置少年犯的州立機構，大多意在處罰，而非幫助他們改過自新。許多人是不會變好的。幾乎人人都能改過向善的觀念只是自由派人士的幻想。但的確有許多年少罪犯的偏差行為和環境有關，也因此社會有道德責任拯救他們所有人。因為救活的人，腫瘤科醫生面對多數病患的死亡較能釋懷。如果我們能降低可能成為慣犯的人數，即使只有一成，也能減少人間苦難，並降低訴訟與監禁的成本。設置監獄迎合了大眾的信念：刑罰越嚴厲，國家就越安全。這跟孩子不打不成器的邏輯如出一轍。

監禁的三大基本原則是嚇阻、剝奪行為能力以及報。嚇阻確實有幾分效果，有意犯罪者想到未來的牢獄生涯可能就會卻步，但效果不如一般人所預期。「打擊犯罪：投資兒童」組織由二千五百名以上的各州市警察高層、檢察官等執法人員組成，該組織便表示：「站在第一線打擊犯罪的人都知道，光把罪犯逮捕送進監獄，無法解決犯罪問題。」有人蒐集了二百個相關研究進行後設分析，發現行為治療、家庭輔導等效果最好的更生計畫能減少三至四成的再犯率，即使重刑犯也是如此，而以處罰為導向的療法則沒有成果，甚至有負面效果。美國國立衛生院建言：「以威嚇為手段不僅無用，還可能適得其反。」

剝奪行為能力得以收效，乃因人在牢裡，無法輕易繼續犯罪。但除非終身監禁，否則罪犯出獄後的表現仍是問題。監獄就是個大染缸，初犯常從老鳥那兒學到各式各樣的作案手法。哥倫比亞大學全國成癮暨藥物濫用中心的主任卡利法諾近日表示：「少年司法機構已淪為犯罪大學，為再次犯罪及成年監禁鋪好道路。」十八歲以下的受刑者中，有超過八成的人在出獄後的三年內再次入獄。若不想要孩子坐牢，就讓他們遠離監牢，因為一旦待過那裡，未來便有可能一再入獄。

報應是報復一詞的流行委婉說法，意指看到折磨自己的人受到教訓時的惡意快慰。報應是對受害者的寵溺，他們覺得很無力，若看到對方入獄或遭處決，有時會覺得獲得了該有的權力。但這種效果很有限，採訪調查發現，許多要求處死罪犯的人，事後都表示處決並沒有帶來預期中的滿足感。

・・・

蔻拉．奈森兒時住在明尼蘇達鄉間，受過言語與肢體虐待。她早早就結婚，生了兩個女兒珍妮佛和曼蒂，但婚姻悲慘。她在二十多歲罹患子宮頸癌，被告知再也無法懷孕。後來她愛上路克．馬亞，這位俊俏、酗酒的美國原住民並不介意兩人無法生子。結果，蔻拉竟懷了孕，生下彼得，跌破醫生們的眼鏡。她說彼得是她的「奇蹟寶寶」。對大女兒珍妮佛而言，剛出生的同母異父小弟是「我會走會說話的活娃娃」。然而路克越來越嗜酒、殘暴。珍妮佛回憶道：「他不知怎麼了。我母親當初嫁的那個好人，我們都愛的那個人，就這麼不見了。」

路克失控時，珍妮佛會哄彼得一起上床，想保護他，但彼得還是目睹了母親挨揍、被掐脖子。他自己也被狠狠揍過。彼得回憶道：「有些時候真的很糟，但也有好日子。我第一次使用來福槍的時候，我們用水裡的飲料罐當靶，我第一發就射中。他兩隻手一把抱起我，一副很以我為榮的樣子。」路克有次爬上珍妮佛的床，把手放在她大腿上。珍妮佛六歲時曾被請來看家的男性保母性侵過，這次她極力反抗。她說道：「對於這個人，好的回憶多，壞的少。只是，壞的真的很壞。」

一天，路克喝得爛醉，把彼得毒打了一頓後開車去酒吧。蔻拉終於忍無可忍，收拾行李帶著孩子離家，當時彼得六歲，曼蒂已是少女，珍妮佛則早就搬出去了。蔻拉將路克趕出房子後搬回家中。結果路克闖入屋內，剪爛蔻拉的衣物，還把槍帶走。蔻拉申請了保護令並訴請離婚。之後幾個月，彼得週末有時會和父親見面，但路克通常都醉醺醺的。蔻拉開始和公車技師伊森約會。

540 蔻拉申請了無過失離婚，按時程應該要核准的前一週，曼蒂放學回家，發現路克人在廚房。她打給蔻拉，蔻拉叫了警察，但路克在警察到達前逃走了。蔻拉帶著孩子搬去伊森家，幾天後回家，發現門是開的，趕緊報警。這次警察還是沒發現異狀，蔻拉請他們檢查地下室。彼得回憶道：「他們下樓，看到他在地下室，手邊一把霰彈槍、一把點二二來福，還有一把點三三來福。他手持來福槍走出來，看起來像是要對警察開槍，但槍枝卡彈，無法射擊，可是警察不曉得，所以他挨了三槍，死了。」那時蔻拉和三個孩子都在樓上。

路克原本計畫和蔻拉同歸於盡，還留了紙條給兒子，說一切並非彼得的錯，如果彼得想他，就「抬頭看看獵戶星座，因為那就是我，永遠只當獵人，不當獵物」。彼得說：「他有憂鬱症，但不願求助，因為他覺得別人一定會要他戒酒，而世界上他最愛的就是酒。我一直很希望他能把我看得比酒更重要，但他沒有。」

彼得回憶道，事發之後，蔻拉有時正常，但其他時候卻「做不了什麼事，我得努力照顧她」。這對一個傷心的六歲兒童來說，是很沉重的工作，特別是他總想著「如果我做了不一樣的事，說不定他就不會試圖殺我媽了」。失去父親讓彼得心痛，「我父親沒我高，但他有件夾克我穿起來很合，寂寞的時候，我就把夾克穿上。」

一家人搬去與伊森同住，珍妮佛說：「誰想住在家電上有槍孔的房子裡？」她高中時懷孕，生下女兒珊卓後便輟學，之後和珊卓的父親分手，帶著珊卓搬回家住，得了慢性偏頭痛，她說：「我有好幾年都縮在黑漆漆的房間裡，要不是珊卓跟我住同一間房，我大概什麼都不會為她做。」珍妮佛曾陪彼得度過童年，現在則輪到六歲的彼得當珊卓的玩伴。「彼得收拾我的爛攤子，幫我照顧珊卓。」珍妮佛說道。

但彼得常常陰沉且孤僻。三年級的某一天，他覺得某個女生很煩，拿起鉛筆就往她大腿深深刺下去。他得了注意力不足過動症，雖然明顯很聰明，學業卻出問題。後來一家人搬到不錯的中產社區，新學校的輔導員想用「利他能」解決彼得注意力不集中的問題，但除了過動症他又同時有嚴重抑鬱，而利他能加重了彼得的焦躁不安，抗憂鬱藥也激發了輕躁症。這時，學校老師都已經視他為問題學生。

彼得一直不把伊森當父親，日子過著過著，他也開始反抗母親。蔻拉不知如何管教他。珍妮佛說：「母親太愛他，只能不和他見面。」彼得十三歲時闖入店家偷香菸，被控嚴重輕罪。一年後，他在購物中心偷滑板，為此入獄數天。那陣子他也常因為逃學惹上麻煩。蔻拉向她的健保單位為他申請心理諮商，但對方拒絕支付彼得的治療費用。

珍妮佛最好的朋友安妮有個九歲女兒瑪瑟拉。不久後，瑪瑟拉告訴母親，彼得強吻她、隔著襯衫揉她胸部，並暗示珊卓受到的傷害更多。安妮隨即致電珍妮佛，「我記得很清楚，電話一掛，我就吐了。」珍妮佛說道，她當晚就問了珊卓。「嚴重的性侵，從她六歲開始。我照顧過的小弟、願意為他犧牲生命的小弟，竟然對我女兒做出這種事。」她立即報警。

蔻拉對彼得說：「你再怎麼糟糕也不能這樣，我真沒想到你竟然做出這種事，也想不出有什麼事比這更過分。但如今我知道了。我還是你母親，依然愛你，所以你知道嗎？你再也沒有什麼事是不能告訴我的了。」她對他下了最後通牒，如果他還想回家，就得接受協助，洗心革面。珍妮佛說：「母親能做的都做了，他說不出自己需要什麼，我們也不懂讀心術。」

雖然彼得才十五歲，但檢方想將他送上成人法庭受審。珍妮佛為他寫了封信，提到：「我弟弟應當受罰，但更重要的是，他需要幫助。」彼得被判處性侵害罪，必須入獄兩年，之後再由「擴大少年法院管轄權」列管，這意味著，他一旦再犯，就要坐牢十二年。他在服刑期間告訴治療師，珊卓的父親早在他之前就性侵過她。性侵專家仔細問過珊卓，表示她的陳述「太詳細，不可能是編造的」。珍妮佛說：「唉，亂倫。我覺得自己應該住在拖車裡①、嫁給表哥、去上八卦談話節目《傑里·斯普林格秀》。太怪了，我被男保母性侵，之後又被路克性侵。珊卓被父親性侵，之後又是彼得。大家都說同一個地方不會被閃電擊中兩次，一點都不對。」

彼得在亨內平郡立收容學校認真工作，美其名為學校，其實是明尼蘇達州明尼通卡市的少年犯監獄。他在那裡首度為父親的逝世落淚，也對伊森說愛他，「若不是有人逼，他絕對不會這樣敞開心胸。」蔻拉說。彼得在那兒對創意寫作產生興趣，寫了很多十四行詩，對過動兒而言這是驚人的成就。他的體型很嚇人，但在獄中培養出沉靜穩重的氣質。隨著他出獄的日子一天天靠近，珍妮佛說：「我好想念他，但又因此覺得愧疚，這樣似乎背叛了女兒。」她一臉懇切。「我的弟弟再也不會有機會跟我的任何孩子單獨相處，但我希望他回來，真的。」

542

收容學校辦了悔過活動，讓彼得與母親、珍妮佛及曼蒂相見。為防兩個小女孩在這樣的會面中受到進一步傷害，彼得不能和她們見面，安妮則選擇不露面。珍妮佛寫信告訴我：「女兒說，如果耶穌能原諒身旁十字架上的罪人，那麼她也可以原諒彼得。我說：『你要證明我沒有白白信任你。』結果我的所有要求，他都做到了。」但她仍很擔心，怕珊卓被性侵的後遺症要到青春期才顯現。

彼得出來數週後，在珊卓的提議下，全家人在蔻拉家慶祝聖誕節。隔年五月我回明尼蘇達拜訪時，一家人氣氛已不同以往。時值初春，又是週六，彼得、曼蒂的未婚夫及珊卓在草地

1．按刻板印象，美國會搞亂倫、近親通婚、上八卦節目談自家醜事者，多是住在拖車活動房屋的那一類低下階層，故有所謂「trailer trash」（住拖車的人渣）的說法。——審訂注

上玩美式足球，其他人坐在場邊加油。當時彼得十七歲，珊卓十一歲，看到彼得撲倒珊卓時，我心頭一驚，但完全感覺不到現場有任何不安或緊張的情緒，令人憂慮。然而，彼得已脫胎換骨，這點無庸置疑。珍妮佛說：「從前住在這裡的哀傷孩子已經不見了。」

彼得多次回收容學校拜訪，我問他為什麼，他說：「我以前跟學校的某個人很親近，但他出去後就從我的生命中消失了，我很傷心，下定決心絕不這樣對待其他人。所以我每個月都回去，看看那些幫過我的人。」珍妮佛說：「從前他有些需求我們無法滿足，而他呼救的方式是透過珊卓。你知道嗎？那幾乎就像是，這一切必須發生，不然他無法獲救。珊卓這可憐的孩子就像獻祭的羔羊。」一年後，她來信提到：「這禮拜，我終於能告訴彼得我原諒他，要不是親眼見到他真的變了，我說不出口。他真的下定決心要活得有意義。我的弟弟雖有缺陷，卻是個了不起的年輕人。我真的很高興自己能見到這一切。」

我認識彼得兩年後，珍妮佛結婚了。在預演晚宴上，她身上的T恤寫著披頭四的歌詞——LET IT BE（讓它去吧），似乎反映了一家人的心境。用完餐後，我們一起看彼得打棒球，換場時他下場接受大家擁抱，等他回到場上後，蔻拉轉過來對我說：「我終於得到我夢寐以求的兒子。」

安妮是珍妮佛的首席女儐相，瑪瑟拉和珊卓則是伴娘。瑪瑟拉看到彼得仍會不舒服，彼得同意等瑪瑟拉離開餐宴後再來，但瑪瑟拉選擇留下。她和珊卓拿粉筆在車道上畫格子，等大多數客人離開後，幾個人穿著禮服玩起跳房子，彼得也一起。彼得因為親密行為而犯法，他的家人改變了那份親密的本質，程度卻絲毫不減。

• • •

有項大型調查研究了兩百多萬名美國青少年，發現受訪者每四人就有一人在過去一年曾

543

使用、攜帶刀槍或涉入相關活動。還有資料顯示，十分之一的青少年曾對父親或母親動粗。每年約有三百萬名青少年遭拘留，人數比芝加哥的總人口還多，其中有超過二百萬人被逮捕。青少年比成人罪犯更容易被捕，畢竟新手總是比較笨拙。約有七成的青少年嫌疑犯被送往少年法庭，三分之一獲判緩刑，七%遭監禁，或被安置在其他機構。有位評論家曾形容逮捕就如同「校長室約談的延伸」。

雖然這些數字高得嚇人，青少年暴力犯罪率自一九九四年以來卻穩定下降，現今的人均逮捕率只有當時的一半，其中因謀殺罪被捕的比率更下降了七十五%。此現象的原因眾說紛紜，包括廿一世紀初那幾年經濟成長、快克古柯鹼不再流行、拘禁的犯人增多而使許多潛在的暴力犯沒有機會上街頭犯罪、警察改變辦案手法等等。我們不可能蒐集到可靠無誤的犯罪率，只能以逮捕總數為參考，從中大略推估。有些時期社會會給警察壓力，每件犯罪都要逮捕到人，其他時候則比較放鬆。人心惶惶時，僱用的警察人數比較多，而隨之上升的逮捕人次看起來就像是印證了大眾的猜想。

結夥犯下同一起案件的少年，獲判的刑罰會因家庭的參與而異。有位法官告訴我，罪犯的父母看起來若能對孩子有正面影響，她就會判處較短的刑期，因為「這些孩子可能有機會學習，而不會再去害慘別人」。我遇過一名年輕人，他被判十個月刑期，但同黨卻被判五年，多少就是因為沒有家人支持。這樣的想法有理，但也非常諷刺：這些孩子正是因為被剝奪了關愛而犯下罪行，之後又因同一原因而被延長刑期。青少年犯罪是基因、個性、個人傾向、家人的行為態度及整體社會環境相互作用的結果。天生壞胚子的想法似乎已然過時，但有些人彷彿天生就缺乏道德感，就像有人天生就沒有大拇指。我們粗糙的科學還無法解開基因究竟是如何塑造品性。但有些人即使備受疼愛與支持，仍有暴力及破壞傾向、同理心蕩然無存，或弄不清什麼是真實。不過大部分的人之所以犯罪，仍得先有外在刺激，電影中那種骨子裡就是心理變態的罪犯並不常見。

然而多數法律都圍繞著一個觀念建構：少年犯的壞是無藥可救的。比如，少年法庭的檢察官或法官可以宣布放棄管轄權，如此便可將少年犯移送至成人法庭，判處較重的罰則，而近來選擇這麼做的人越來越多。說來諷刺，移送成人法庭受審的青少年，犯的大多並非謀殺或傷害罪，而是涉及毒品或侵犯財產。成人法庭早已案滿為患，法官常駁回這些案子，但有時他們也會依照成人法庭的標準裁量，因此刑罰不是過輕，便是過重。此外，少數族裔、給人觀感不佳或看來無家人做後盾的少年犯，更有可能被法官移送成人法庭。僅因以上狀況便加重量刑，並不合理。一九九〇年代，除了內布拉斯加州之外，各州都立法讓法官能更輕易將少年犯移送成人法庭，在成人法庭受審的少年犯人數自此激增。在二〇〇一年，最高法院還未裁決判處十八歲以下的罪犯死刑為違憲，而當時的死刑犯中，就有十二％不滿二十歲。

對於少年犯的處罰與更生，美國的態度混亂失措，放棄管轄權只是最新一例。美國第一個處決的青少年是十六歲的格蘭傑，一六四二年因雞姦牛馬等動物而處死。此後，共處決了三百多名青少年，其中最年幼者僅十歲，於一八五〇年處死。窮困預防協會在一八一九年發表一份報告，哀嘆：「這是罪惡及絕望構成的大型學校，聚集了積重難返、不知悔改的罪犯。這是讓人悔改的地方嗎？」一八二五年，該協會試圖打造最理想的更生環境，主張讓罪犯從事「簡單的勞動」，習得一技之長，如此日後社會才願意接納他們。十九世紀末，伊利諾州出現國內第一個少年法庭，法官量刑全憑其對少年犯性格之主觀評斷。芝加哥早期有位少年法庭法官說：「法官要下的決斷，往往不是孩子到底有沒有犯罪，而是他是誰、怎麼變成這樣？為了他也為了國家著想，該怎麼做才能避免他繼續沉淪？」一九一〇年，林賽法官寫道：「我國的刑法既不適用於白痴②，同理亦不適用於孩子。」法庭的裁量權過去向來是一種「國家監護」，也就是在成人的制衡系統之外，由國家政府扮演父母角色，全權處置，直到二十世紀初才有轉變。

到了一九六〇年代，開始有人想改革這種毫無準則的系統。一九六七年最高法院審理的高爾特案中，一名年輕人打電話性騷擾鄰居，少年法庭判他到少年管束學校，最長得待上六年，

545

但同樣的罪行若是成人罪犯，最多只會罰款五十美元，或拘役兩個月。最後最高法院推翻下級法院的判決，判定少年罪犯應享有被通知控罪權、律師辯護權、證人對質權與交叉詢問權，以及不自證己罪權。大法官方特斯代表多數意見執筆寫道：「即便是男孩，也不該受到袋鼠法庭式審判③。」一九七四年的《少年司法與犯罪預防法》訂定審判前拘留青少年罪犯的時間上限，並明文規定應將青少年與成人罪犯隔離，不見面也不交談。雷根政府要求回歸「強硬」政策，司法部犯罪預防司司長抱怨，法院竟要聽從「社工那套膚淺無益的心理學說」。各州開始使用放棄管轄權的制度，對青少年罪犯執行死刑，入監服刑的青少年人數也大增。到了一九九○年代末期，幾乎有一半的青少年罪犯被關進監獄，而不是參與社會服務或輔導計畫。

至今，少年司法制度仍很父權思維，警察可自由裁量是否拘留青少年，通常警告一番就由父母帶回家。過去約二十年來，美國公民自由聯盟等組織領導的左派人士為少年犯爭取更多正當程序及更明確的權利，但正規化的結果卻讓體系無法視情節從輕發落。最近一份調查顯示，只有三分之一的青少年罪犯覺得律師確實幫了他們。另一方面，右派人士則要求更為嚴格的判刑。左派人士希望孩子享有大人的權利，但不擔負成人的責任；右派人士卻恰恰相反。案件進行的速度非常緩慢，青少年在審判前可能要在拘留所苦熬將近一年，嚴重影響人際與學業發展。雖然逮捕青少年罪犯時，刑警照例宣讀「米蘭達權利」，但有至少一半的青少年不知道宣讀內容的意義。現在的判決比高爾特案之前更嚴厲。誠如少年司法學者葛利索與施瓦茨在《受審少年》中所寫：「左翼提出與成人法庭相類的程序，右翼則引介懲戒的辦法，兩者相互拉

2．「白痴」（idiot）一詞原僅是醫學和法律的專業用語，指智力重度不足者，今天此詞帶貶義，中英文皆然，除非語境明確，否則應避用。——審訂注

3．「袋鼠法庭」（kangaroo court）一詞來源眾說紛紜，意指私設、不合法，程序或審理不公，恐有損被告權益的法庭或司法體系。——審訂注

動，聯手創造出四不像的少年法庭，嚴厲、拙劣，又自相矛盾。」

青少年還不成熟，人類很早就立法規定飲酒、投票、性行為與駕駛的法定年齡。今日的生物研究證據顯示，青少年的大腦結構與成人不同，所以區分成人與少年犯罪有其道理。十五歲少年的前額葉皮層中，負責自我控制的區域尚未發展，大腦許多部位更要到二十四歲才發展成熟。雖然我們還未能掌握這另類人相學的完整含意，但以成人標準要求兒童，就生物學而言實屬天真。犯罪的孩子在成年後的確可能繼續犯罪，但另一方面，許多孩子就是因為年幼衝動，才犯下罪行。

遭逮捕的青少年，有一半以上毒品測試呈陽性反應，更有超過四分之三的人在犯罪時受到毒品或酒精的影響。被捕的青少年跟同齡的孩子相比，飲酒機率是兩倍，使用大麻的機率超過三倍，服用搖頭丸的機率超過七倍，吸食古柯鹼的機率超過九倍，使用海洛因的機率更高達二十倍。這些數據無法闡明到底是藥物與酒精真的導致青少年犯罪，還是藥物濫用及犯罪同為某一種深層人格障礙的徵兆，還是立法管制藥物會逼得成癮者涉入犯罪行動。不過從數據中可以看出，想要打擊犯罪，青少年毒癮治療扮演重要角色。可惜，被捕的青少年中，只有百分之一獲得勒戒治療。

• • •

蘇菲亞．麥費及喬賽亞．麥費不知道十七歲的兒子查克因古柯鹼毒癮而當上了毒販，更不知道他隨身帶著槍出沒南波士頓。某天晚上，查克帶朋友回家，夫婦倆突然聽到巨大聲響，兩人當然一頭霧水。原來是朋友中有人開玩笑地拿著槍揮舞，提議要玩俄羅斯羅盤，其他人試圖阻止，沒想到他竟扣下扳機，射中自己的頭部。喬賽亞衝上樓，卻只來得及在他斷氣時抱住他。事發二十幾年後，查克說：「戒毒期間，那天發生的事不斷在我腦中重演，我原本可以阻止這一切，卻沒有做到。」

查克在大學染上嚴重的酒癮與毒癮，而且科科被當。喬賽亞說若他不念書，就不再幫他繳學費。之後查克重拾販毒，不久遇到一個女孩，叫蘿倫，她也吸毒。某晚兩人嗑完藥正嗨，拿著槍戴著面具到埃弗里特的加油站行搶，查克還用輪胎撬棒把站長打得頭破血流。喬賽亞為他找了個厲害的律師，法官最後判他緩刑。喬賽亞說：「偷來的錢早被他吸進鼻子裡。」不過他和蘇菲亞還是把錢還給受傷的站長，但令兩人驚愕的是，查克與蘿倫竟在廿一歲那年結了婚，不久便生下第一個孩子瑪肯姬。查克嗑完藥會毆打蘿倫，兩次因傷害罪入獄。這對夫妻都有嚴重毒癮，主要吸食古柯鹼，但有時也用其他藥物。雖然如此，兩人仍很快又生了兩個孩子，麥蒂森及凱拉，接著就離婚了。

孩子跟蘿倫一起住，她入夜就出門走私毒品，不見人影。最後，社福機構威脅要將孩子帶走，於是查克帶著三個女兒搬回家與父母同住，以免孩子被送去寄養家庭。不久，查克又開始吸毒，蘇菲亞與喬賽亞將他趕出家門，並於一年後提出申請，想取得孩子的臨時監護權。蘇菲亞為了自己不得不辭職而憤憤不平。她說：「我以前會埋怨自己——別這樣，好歹她們也是妳的孫女，但這一切都不在我的計畫內。」

之後，查克嘗試戒毒十四次，此外也參加過無數次匿名戒酒會、日間課程，住過中途之家，完成數次排毒療程。每次都撐不到九個月就復發。除了古柯鹼和酒精外，他也吸海洛因和奧施康定。他曾因假釋期間再犯、酒醉駕駛、家暴及小偷小竊而坐牢。不亂來時，他儼然另一人，但他太常亂來，即使真有另一層人格也於事無補。我和蘇菲亞及喬賽亞見面時，查克已年近四十，女兒也和祖父母一起住了將近十年。對於父母的慷慨相助，查克既依賴又惱怒。他氣父母告訴女兒他吸食海洛因，說：「她們聽了會非常難過。」似乎沒想過吸毒本身就令人難受。

喬賽亞與蘇菲亞好不容易才勉強接受自己得照顧三個女孩，想不到九年後，查克的新女友伊娃竟然又懷了孩子，還打算生下來。喬賽亞說道：「這兩人到底他媽的在想什麼？女的吸毒，男的也吸毒，才戒三個月，她就懷孕了？」孩子出生後，蘇菲亞注意到搖籃上只放了伊娃的名字，伊娃說這樣才能申請單親媽媽的政府補助。蘇菲亞說：「我心想：『老天，我們走到這步田地了嗎？』我不想抱孩子，只想著：『可憐的小東西，妳這輩子有什麼指望？』」但瑪肯姬、麥蒂森和凱拉還是滿懷期待。蘇菲亞說：「他又一次戒毒。她們很氣他，但一見到他就心軟。她們一心向著他，我看了就難過。」到了聖誕節，伊娃毒癮再犯，而小嬰兒與她母親同住。「孩子一直對我說：『奶奶，妳會帶貝比回家嗎？我們會照顧她！』現在？我哪裡辦得到？」蘇菲亞回憶道。

喬賽亞與蘇菲亞對三個孫女又愛又痛惜，你很難不動容。我和兩個較小的女孩見面時，祖孫間的溫情很讓我感動，但表象之下暗藏絕望。「我們想知道，這次我們到底有沒有做得比較好？」喬賽亞說。瑪肯姬進入青春期沒多久便開始吸毒，蘇菲亞報了警。瑪肯姬被捕幾次後，蘇菲亞告訴法官，自己無法再這樣下去，法官問她要不要帶瑪肯姬回家，她說：「絕對不要。」瑪肯姬說：「妳對我爸從來不這樣！」蘇菲亞回應：「我要是早知道，當時我就會這麼做，這樣我們今天或許就不會淪落到這個地步。」瑪肯姬先是住進雅茅斯的臨時庇護所，然後又到麻省唯一一個治療青少年毒癮的地方戒毒。蘇菲亞和喬賽亞現在認為老二麥蒂森生來就有毒癮，最小的凱拉看起來狀況比較好，但她才十一歲，一切都還難說。

喬賽亞說：「我母親以前是清潔婦，幫人清潔辦公室地板，時薪一美元三角五分。我們從小就得照顧自己，之後把孩子養大，接著又要養孫女。」蘇菲亞說：「曾經有好一陣子，我以為一切會漸入佳境，也這樣對孩子說。但現在一點希望也不剩了。我們以前都說：『這一切什麼時候才會結束？』現在變成：『會怎麼樣就怎麼樣吧。』我的家族一向嗜酒，某方面來說，這讓我好過一點，畢竟可以把一切歸咎給基因。早知道我就不生了。查克能做得更好，但我也知道他在外面並不好過。有次我對他說：『查克，我想回復自己的人生。』他說：『妳以為我不想嗎？』」

・・・

被關的少年犯中，有高達四分之三的人患有心理疾病，相較之下，一般九歲至十七歲的青少年只有五分之一有此問題。獄中的少年犯有五至八成出現學習障礙。青少年犯罪也跟低智商、性情衝動、自我管控能力差、社交技巧不足、行為失調、情感不成熟有關。這些內因性特性會在極幼齡時便顯現。有一項研究要求父母形容家中的幼兒，十年後再訪談一次。從小就被說「難帶」的孩子，犯罪的比例比從小被說「好養」的孩子高出一倍。另一個長期研究則追蹤八至十歲就被當成「問題兒童」的男孩，發現這些人青春期的犯罪機率是對照組的三倍。當然，每個簡單等式（難搞的孩子長大會觸法）的背後，都有另一種可能的解釋（覺得孩子煩的母親會養出罪犯）。

十二歲以前就犯下重大過失的孩子，跟年紀稍長才做錯事的孩子相比，成年後更有可能成為慣犯，涉及暴力案件的機率也比較高。這可能反映了習慣，兒時養成的習慣特別難改。也可能某些很小就難以管教的孩子生來就缺乏道德感，他們的行為展現了自身某些根本的人格特質，幾乎無法改正。若犯罪是出於習慣，以早期干預來戒除惡習也許有效。如果是基因影響，干預的成功率就小得多。當然，這兩種可能性並不互斥。

在上冊〈思覺失調〉一章，我提到許多思覺失調者都鋃鐺入獄，而在研究本章時，我也發現獄中有許多人都有或大或小的精神問題。把心理狀態不穩定的人與大批犯人關在一起，很可能會加重罪犯傷害自己與攻擊他人的傾向。緬因精神疾病全國聯盟的執行長卡拉瑟說過：「對有心理疾病而需要他人協助的孩子而言，沒有比監獄更糟的地方了。」

• • •

布莉安娜‧甘迪的母親吸食快克古柯鹼成癮，而她則生下來就有胎兒酒精症候群，由祖母扶養長大。她說：「我都叫祖母『媽媽』，以免她忘記照顧我。」父親在她的生命中完全缺席，「他沒工作，也不來看我，不打電話，也不寫信。我不知道他住在哪裡，所以也沒寫信給他。」 550

布莉安娜十五歲就已惹過各種麻煩，尤其喜歡逃學和撒謊。「我常常半夜醒來，從冰箱偷拿食物，然後再跟祖母說：『不是我！不是我！』但家裡也沒其他人。」她十四歲開始逃家，晚上坐在公園，有時會有人過來邀她回家吃飯。她說道：「就是普通路人，有些人生不出來，但一直想要孩子，那段時間我就變成他們的孩子。」她也跟毒梟、遊民往來。「我只是不喜歡被逼著做不想做的事。」

布莉安娜因傷害罪被關進看守所，她生起氣來很可怕。「我在這裡動過一次手。在哈伯庇護所攻擊過主任，在聖喬攻擊過員工，在聖克洛伊則攻擊過主任和員工。」她一一列舉，平靜得令人悚然。「我想當廚師或水電工。」她接著說，彷彿這句跟前一句接在一起很自然。「如果一時間找不到工作，我就織點東西來賣，而不是賣毒品。我以前賣過，但太麻煩了。我已經鉤了兩件衣服、一頂帽子，現在正在鉤錢包。」

布莉安娜的祖母不知道該拿她怎麼辦。布莉安娜說：「自從我被關以後，我們比較常聊私事。很多我通常不會告訴她的事，我都說了，比方被強暴——我想想，一共兩次。一次是三歲，鄰居做的。一次十三歲，被前男友強暴。」祖母建議她去青年職訓局上課，雖然布莉安娜不想跟祖母住，但聽到這個提議還是很受傷。她說：「我一直想，為什麼我從這裡出去以後，她不想要我回家住，是不是她不愛我了？」但又說：「我希望奶奶不要太愛我，別管我，不要再插手了。」對父母的愛既期盼又憎惡，是青春期常見的矛盾，但布莉安娜對於自己話中的前後不一似乎全然不覺。

・・・

551 分不清現實與虛幻，顯然會催生犯罪行為，但除此之外，憂鬱也會。傑克森．辛普森和母親一樣有憂鬱傾向，但他母親的憂鬱是透過退縮與嗜酒顯現出來，而他則是透過失敗及侵犯。傑克森說他向來「對憂鬱的人很有興趣」，對母親的憂鬱症也想過很多，但似乎沒看出來自己很可能也有相同狀況。

傑克森五年級時加入幫派，他說：「結果我開始販毒、吸毒、帶槍、偷竊、搶劫，你想得到的，我幾乎都做過。我不是從小就這樣。我知道這樣做不對，但其實幹了一陣子之後，會真的喜歡上。」不過他一直到落選籃球校隊，才因犯下重大傷害罪而進看守所。他一直想當籃球明星，但成績遠低於校隊開出的最低平均成績。他失望透頂，還因此休學，雖然後來到其他學校就讀，但從此一蹶不振。他以前因犯錯被判緩刑，但籃球夢碎後他惹上更大的麻煩。母親艾樂莎說：「他知道錯在自己，也很氣自己這樣。他自尊心嚴重受創，如果你每兩個月就上法庭，知道不對還一直做壞事，這種狀況對我來說，就是一種憂鬱。」

籃球事件發生六個月後，傑克森因傷害罪被捕，當時他十八歲，法院原本打算把他當成人審判。傑克森最後決定招供以換取認罪協商。他被送進收容學校。他說：「我知道我加重了母親的憂鬱症。她在庭上一直哭，幾乎說不出話，得由我爸在一旁幫她。看她表情就知道了。我爸媽真的很失望。」

艾樂莎說：「我開始喝酒，現在則吃抗憂鬱藥。」傑克森的憂鬱症狀也一直很嚴重，並伴隨著強烈的不滿，進食、睡眠也失調了。他無法勾畫未來，還說：「我愛父母，但一直認為自己是領養來的，因為在成長過程中，我覺得跟每個人都很疏離，連我都不了解自己。我就是這麼格格不入，現在也還是。」傑克森犯下的錯本身就帶著懲罰：母親為他所受的苦、他對自己的失望，都讓他痛苦不堪，相較之下，坐牢監禁都還是其次。任何身體囚禁的隔絕，都遠比不上他陷入的深切孤獨。

・・・

兒童與青少年觸法該如何處置？是勒戒、提供心理治療，還是比照成人受審？大眾為此爭辯不休。然而，美國的青少年司法制度幾乎可說是一部情節重大的虐待史。二〇〇三年《紐約時報》揭露密西西比一座青少年看守所「常把少年少女五花大綁，銬上柱子或綁在椅子上數小時，只因他們輕微違規，如在用餐時聊天，或是沒說『是，遵命』等」。有人把某間看守所告上法庭，原因是「廁所和牆壁上布滿黴菌、鐵鏽、排泄物。到處都是蟲，整棟建築物充斥著排泄物的味道。孩子常常得睡在散發霉味、尿騷味的單薄睡墊上」。很多兒童都表示獄監曾對自己施暴。很多人一天被關在囚室中廿三小時，環境汙穢，導致傳染病猖獗。密西西比監獄還把試圖自殺的女孩剝個精光、關在隔離室中，室內沒有光線、沒有窗戶，只有地面上一道小小的排水孔。

《紐約時報》還有另一則報導揭露了加州的青少年看守所中，「單獨監禁的青少年常吃到獄方所謂的『果汁餐』，也就是把一份波隆那三明治、一顆蘋果和一盒牛奶混在一起打成漿，拿吸管隔著鐵門吸食。」加州政府有份報告指出，加州青少年看守所的體制「完全失靈，設備年久失修，員工訓練不足，暴力為患，連最基本的安全保障都做不到」。美國檢察總署發現內華達的看守所員工「對看守所的男孩施暴，包括：擊胸、踢腳、推他們撞牆或撞置物櫃、揮巴掌、抓頭撞門」。此外還有「言語凌虐，羞辱他們的種族、家人、外表、體型、智商以及外人以為的性向」。佛羅里達州的監察總長在一份報告中寫到，某看守機構內有名十七歲少年因盲腸破裂而向員工求助，但員工置之不理，少年就這樣慢慢死去。類似事件不勝枚舉。卡利法諾說過：「我們有五十一種不同的青少年司法制度，卻沒有一種是正義的，也沒有一套全國標準規定如何執法、問責。」青少年司法體系中虐待情節之嚴峻，反映了其絕對權力使之腐化的程度之深。

為了浸淫在少年犯的世界觀中，我到亨內平郡立收容學校擔任一項劇場計畫的顧問。我之所以選擇這間學校，是因為該校的理念並不典型。明尼蘇達州正是以注重罪犯的重建計畫聞名。[553]

這裡的大多數學生都是重罪累犯，學校也特別著重未成年性侵犯的課程。校方的想法是，剝奪犯人的自由就已經是種處罰。校園整潔，總面積六十八公頃，能容納大約一百二十個重罪少年犯。學校職員幫助青少年了解自己的情緒，以此遏制他們的暴戾。學校提供完整的高中課程，以藝術與體育為重點科目。之所以稱為「學校」，就是為了避免畢業生未來求職時遭雇主歧視。學校並提供密集的個人、團體與家庭治療，也有藥物成癮者專屬的特別課程。在許多方面，這裡都不像監獄，而更像訓練新兵的寄宿學校。有犯人抱怨：「他們要你整天思考，我寧願去劈石頭之類的。」有些孩子離開後和職員仍是好朋友，有些人會回來拜訪，緬懷自己過去所受的處罰。許多人表示自己想上大學，雖然沒幾個人實現，但這種欲望仍反映出校方是以積極樂觀的態度輔導他們。不過，學校也不是只提供心理諮商及工藝課。學生的行動自由仍然受到限制，連上廁所都要先取得同意，必要時還會大規模封鎖，嚴格控制學生的一舉一動。暴力事件雖說很快就被壓下，但也屢見不鮮。

我負責的劇團有二十個學生，幾位大人在旁監督，希望能喚醒他們潛在的才能，也讓他們學著用更好的方式表達痛苦。懷疑者公開譴責這種課程與處罰的精神相牴觸，但讓倔強不羈的孩子了解如何創造更好的人生，對整個社會都有益。這些罪犯殘酷成性，因此看不清自己的內心。劇場計畫的主任狄蒙納為一把損壞的椅子寫了一段動人的獨白，他問孩子，這段獨白想表達什麼情緒，回答包括「暴怒」、「憎恨」、「軟弱」和「氣憤」，過了二十分鐘他們才想到「悲傷」。對於這一屋子悲傷的人來說，悲傷是種陌生的概念。

收容學校透過家庭治療來解決少年犯和父母的衝突、訓練他們在家時與家人用適當方式互動，也訓練父母實施有效管教。這些做法對於讓孩子脫離罪犯的身分認同，幫助父母了解孩子並非無藥可救，可能至為關鍵。貝克是校內的個案管理人，他說：「我讓這些父母知道如何鼓勵孩子。這些孩子只是渴望讚美，不管他們看起來有多堅強，他們仍然需要、想要受到稱讚。」

後佛洛伊德思想認為，人的缺陷都來自家庭關係，這種想法已經過時。然而，大家往往還是會把少年犯罪歸咎到悲慘的童年環境，而恐懼、孤獨、恨意與無人關心也的確可能引發犯罪。我看過許多罪犯的父母，有人只埋首於自己的問題，有人似乎不懂如何愛人，有人眼睜睜看著孩子受罪，絲毫不為所動。有些父母本身就是罪犯，無法想像或不稀罕不一樣的人生。有人沉迷於酒精藥物。有人一貧如洗，覺得為了生存可以不擇手段。有的人對孩子滿懷憤懣，因此無法愛孩子。有些人有重度憂鬱。許多人都自認無能為力，乾脆放棄孩子。

我問孩子，父母對於他們被關有什麼感受，有些人聽了大笑，一人嘲諷道：「他們哪會在意？我在這裡，他們就不用花錢養我了！」其他人並不知道父母人在何方，有人說：「我聽到其他人說父母有多麼恨他們，真希望我也有那樣的父母，總好過連父母都沒有。」另一人說：「出去後，我要找到我媽，為我造成她這麼多麻煩向她道歉，這樣或許她就會愛我——如果有人真的能愛我的話。」一位女職員很親切地叫一個孩子「兒子」，他毫不留情地說：「我沒媽，從來沒哪個女人叫我兒子，妳也不准當第一個。」有人說：「我無時無刻都好想家，這沒道理，因為我根本沒有家。」

虐待與無人關心的故事很普遍，但並不是最常見的。我為本章採訪過的父母中，多數即便不稱職，或太愛自己，仍疼愛孩子，也都知道要為孩子設想，讓孩子遠離犯罪，或至少遠離刑罰。有些人懼怕自己的孩子。許多人不斷自責，表示想彌補前非。有職員告訴我，某些父母在孩子服刑時非常關心，但孩子一出去，又變得非常冷漠。沒有了形式制度，這些父母就無法表達愛。至於能好好愛孩子的，往往也只是一味寵溺，不用頭腦想。話雖如此，愛仍是化解罪行與憤怒的一種良方。破碎的家庭仍是家庭，破碎的家，也仍然是家。

孩子一落入司法體系，與父母的關係通常不出四種模式。有些孩子一坐牢，就被父母拋下，陷入孤獨、失落、孤立無援。有些孩子被父母放棄，反而不得不開始為自己負責。有的父母繼續關心孩子，甚至變得更積極，讓孩子開始期待光明的未來。也有父母繼續關心孩子，或變得更積極，卻因拒絕認清事實、一味溺愛，導致孩子的反社會行為變本加厲。

• • •

達尚・馬康的親友都叫他阿酷，我們見面時他十八歲，是個長相出色、能言善道的非裔美國人，應對的禮儀則同時反映了他的本性和教養。他還會開自己的玩笑。他看起來很值得信任，是可以託付支票簿或姊妹的人，因此也讓人很容易以為他是受人拖累才身陷囹圄。他低著頭說：「這是我第一次犯法，也是最後一次。」雖然收容學校有許多孩子都一副難堪的樣子——被剝奪基本自由的羞恥感令他們窘迫不安，但達尚看起來是真心悔過。

達尚的父親是公車司機，因飲酒引發中風過世，當時達尚才五歲。母親奧德莉靠著父親的接濟關照，在南明尼亞波利斯的貧困社區養大唯一的孩子。她的父親神采巖巖，是明尼蘇達五旬節基督神教會的主教，掌管四十四間教堂，每次與他相見，他散發的威儀總讓我微微敬畏。奧德莉是高大的美女，眼神溫柔，端莊文靜，和人應對時總是笑容滿面，不過就近觀察，會發現她友好的舉止下也有些冷淡矜持。奧德莉和達尚住的地方與父母相隔六條街，兄弟姊妹彼此住家距離不到兩公里，一家人幾乎每天見面。達尚說母親是他最好的朋友，還告訴我，他想把母親的臉刺在手臂上，「這樣她就能永遠陪著我。」

為了讓達尚遠離犯罪，奧德莉搬到另一個社區，離開貧民窟最糟的地區。達尚說：「但我心裡總有個聲音蠢蠢欲動，要我回去那塊是非之地。」他說自己在學校裡很「不好惹」。根據奧德莉的說法，他之所以打群架，「每次都是為了保護別人。」她並補充說道：「我希望他有同情心，只好忍受一些事情。」

三年級時，學校來了個新生達利，來自佛羅里達州州府塔拉赫西。達尚因為他據傳騷擾某個低年級學生，和他大打出手。奧德莉回憶道：「兩人把教室都拆了，桌子椅子飛來飛去。」不打不相識，隔天兩人就變成最要好的朋友。奧德莉不喜歡達利對達尚的影響，六年級時把他轉到另一所學校，拆散兩人。兩年後，達利也轉到那所學校。因為幫派最常在大眾交通工具上吸收幫眾，所以達尚十六歲時，奧德莉買了輛車子給他。達利沒車，達尚喜歡開車載他。結果車子撞壞，奧德莉要達尚改搭公車，但他抱怨幫派因此找上他，向他招手，於是她幫他買了第二輛車。

達尚十八歲前，奧德莉總共幫他買了五輛車，他撞壞其中三輛，每次都說是對方駕駛的錯。「我在腦海中想像這些撞爛的車，一邊繼續聽他的故事。奧德莉說：「達利開始更依賴阿酷，所以我又把他轉到其他學校。」新學校迎新，達利竟也出現。不久後，達尚有天和達利去城裡玩，回來後奧德莉聞到他呼吸裡的酒味。「我告訴他：『你爸如果不是酒鬼，現在就會在這兒陪著你。阿酷，你墮落了，我不會讓這件事發生的，就算要把你一輩子鎖在家裡，我也在所不惜。』」但達尚無法想像沒有達利的日子，「我們就像兄弟。」他說道。

達尚因為加重傷害罪而入獄服刑。他和達利在公車站向一個女孩搭訕，三人想一起去看撞球賽，入場費是七元。達利提議搶劫，而達尚身上有槍。兩人盯上一名單獨行動的男孩，恐嚇他，搶走八十塊美元，還拿走他的外套和球鞋。之後達利穿上搶來的衣物，消息馬上在學校

556

傳開，兩人因此被捕。奧德莉說：「警察打電話來，說『加重搶劫與傷害罪』，我聽了一頭霧水。」她堅稱兒子從來不曾有槍，她不時會搜查他房間，所以知道這一點。她一走進少年看守所，達尚就哭了。她回憶道：「我說：『阿酷，我明天可能會把你打個半死，但今晚我要知道，到底發生什麼事？』這樣他就知道，我對他的支持多過反對。」

到了庭上，達利和達尚都怪罪對方。達尚說：「我們都說『寧死不屈』，但事到臨頭，他還是只顧自己。」兩人我都見過，達尚遠比達利討人喜歡，但槍畢竟是達尚的。被捕之後，他被拘留一週，之後在家監禁兩個月，只要走出車庫，腳上的電子腳銬就會發出警鈴。他和奧德莉夜夜熬夜長談，她一直問他為什麼這麼做，但他說不出來。

兩個孩子都被判處八個月刑期，送進郡立收容學校，奧德莉說：「我覺得，他羞辱了自己。我媽以前常對我們說：『我不管你們是不是殺了人，我要你們回家跟我說。』這就是我想讓阿酷知道的：不管你做了什麼，仍然是我兒子。如果你殺了人，我會拋下你嗎？不可能。我就這樣跟他說。」奧德莉在收容學校很出名，每次參訪日都第一個到，最後一個走。她天天寫信給達尚，每封信末都署名「愛你勝過生命的媽媽」。當時她正計畫要等達尚出來後好好慶祝一番，並為了共度的第一個週末訂了拉斯維加斯的頂樓觀景房。兩人相互依戀。我認識達尚一個月後，他第一次獲准由社工陪同外出四小時。我問他有何打算，他很肯定地回答：「我要去香氛用品店買生日禮物給我媽。」

偉大的愛與刻意視而不見僅一線之隔，而奧德莉兩者皆曾體驗。她告訴我：「他說他甚至沒想過他們搶劫的那個男生真的動怒了，因為他從頭到尾都在笑他們。其實阿酷還想把錢還他，但達利把錢從他手上奪走。」我很想相信這位媽媽所相信的，但獄監和其他犯人都告訴我，達尚是「血盟」的成員。明尼亞波利斯的幫派既多且雜，成員互相重疊，比中國歷代的世襲頭銜還難懂。達尚解釋道：「我的幾個表哥有自己的小幫派。」幫派名為佛格森，我覺得聽起來比較像獨立樂團的名字，而不是邪惡的暴力犯罪組織。「佛格森幫成員的家人都加入血盟，以前我們在學校吃完午餐後，會到走廊上打打架，很好玩，是打真的，但大家都邊打邊笑。」達尚繼續補充道。我向奧德莉提到幫派時，她說達尚一直想受人歡迎，所以假裝自己是幫派分子，好贏得尊敬。

達尚承認自己曾以暴力傷害為樂，「知道自己沒有父親後，我非常憤怒。」我漸漸了解，他加入幫派是因為渴望男性情誼，並以此平衡家族的教會背景，以及和母親極度親暱的關係。他如此形容自己和幫派的關係：「很多人都跟你有血脈關係，要不就是堂姊妹的丈夫，也有完全沒關係的人，但大家感覺就像親人，一起開派對、在公園打混，開開彼此玩笑什麼的，我喜歡這種感覺，為了爭地盤或看不順眼打架只是其次。」

達尚出來前不久，我和他母親一起去以馬內利會幕基督神教會。抵達時，大家正魚貫而入。女士頭戴鐘形帽，與手提包及洋裝搭配無間，腳踩細跟高跟鞋，鞋面上飾有水鑽蝴蝶與絲帶花朵。男士風流倜儻，穿著精緻的打摺西裝，繫上領帶。教堂的氣氛溫暖友善，我見了達尚的外祖母，也就是教會的主教夫人。一位男子已站上講道壇，不久一位女士起立唱起歌來，很快大家紛紛加入，一旁還有電子風琴與一組鼓伴奏。大家輪流說著「讚美主！」或是「主啊，我需要祢」。第一次到這教堂的人受邀起立自我介紹。第一位上臺的女士說：「我在雙城區經商，今天是禮拜日，我不願浪費這麼美好的日子，因為沒有基督，我什麼也不是。」第二個人說了類似的話，最後以「我今天是來脫離罪惡的！哈雷路亞！」接著，麥克風傳到我手上，我溫順順地說：「我受奧德莉．馬康和主教夫人邀請而來，各位的信仰讓我感動。」語畢全場拍手。

當天主教外出主持祝聖儀式去，由主日學校的校長負責講道。他一開場便談到父母不願知道孩子做了什麼惡事，並引用《撒母耳記下》及《哥林多前書》來示範父母應如何警戒。他說：「你們要注意孩子都和哪些人在一起，一旦他們開始和壞朋友來往，就會跟著墮落，為非作歹。」他們譴責「壞朋友」玷汙這座教堂的孩子的純潔心靈，我聽了很是震驚。接著現場一一列舉邪惡。教會人士都有必要起身對抗「同性戀王國」，並將現代的放債人逐出神聖之地。明尼亞波利斯黑人的種種問題，都是同志、猶太人或銀行家的錯，這種想法不禁讓我想到達尚撞壞三輛車的藉口，還有怪罪達利把達尚帶壞的說法。教會信眾的慷慨揉合了好戰及仇視異己，說也奇怪，竟讓人不禁聯想到幫派的作風。基督有無盡的愛，但在最後審判又會展開恐怖裁決，而這群教友認為他們恩威並行的做法，正是基督精神的延伸。

六個月後，我拜訪馬康一家。達尚已經離開收容學校，他外祖母前來探訪，我們四人一起享用檸檬汁和紅蘿蔔蛋糕。奧德莉說道：「雖然我很不想這樣說，但進去那裡的經驗對阿酷來說或許該算是好事。雖然太過火，但嚇嚇他也好。」我聽聞他仍隸屬血盟，但和母親同處一室，他只談自己對未來的美好勾畫：成家、找份白領的工作，倒不像欺瞞，而像老練得體的發言。等到只剩我們兩人時，達尚才坦承：「我永遠想過幫派生活。等我坐在辦公桌前，一定會一直想：『如果我混街頭，現在會做些什麼？』但如果要賣毒品，就得隨時提防，有的時候連堂兄弟甚至媽媽都不能相信。我受夠了。」離開幫派不必大張旗鼓，只需跟同夥漸行漸遠，心情則不無矛盾猶豫。我很想相信達尚的決心，但在那個階段，他的清白感覺就像每天都可以視狀況調整的決定。

後來我發現，奧德莉有項優點：義氣。她跟大多數採訪對象不一樣，總希望和我雙向交流。我終於坦承自己是同志後，她寫了信給我，信中提到：「很感謝你對我們這麼坦誠。在知道你是同志而且有個伴侶後，一切並沒有改變。我們是黑人，阿酷被關，我是獨自撫養兒子的單親媽媽，住在貧民區，而你從來沒有因為這些事而看不起我們。有些人與愛和快樂無緣，我現在知道你有機會得到愛和快樂，我就很快樂。我交朋友看的是對方的心。我確定上帝是在偉大的目的下讓我們成為朋友。」

我逐漸愛上到馬康家拜訪。達尚並未真的做了他之前說的白領工作，但他的確沒惹出大麻煩，也沒再入獄。後來他遇到真心喜歡的女孩，一談起她便喜不自勝，不久後兩人訂婚了。他

559

以前偶爾裝乖，也終究在母親的期盼下成為循規蹈矩的人。事實證明，她堅強的信念不僅能在下一世獲得救贖，這一世也能。

・・・

二〇〇二年，我在電視上看完保羅．豪登的採訪後，決定撰寫罪犯父母的故事。保羅的女兒萊斯莉是「曼森女孩」的一員，曼森女孩是一九六〇年代類似公社的幫派，受魅力十足的首領指使，犯下可怕的罪行。萊斯莉在一九六九年八月往經營雜貨店的雷碧昂卡背部捅了十四刀。三十三年後，保羅上《賴瑞金現場》，為女兒請求假釋。保羅說：「萊斯莉當初若沒有沾染上大麻煙，絕對不會做出這種事。」賴瑞金不可置信：「你怪大麻？」保羅說：「曼森靠著大麻和迷幻藥操控她們。」賴瑞金反駁：「世界上有幾百萬人抽大麻，都沒殺人。」節目上另一名專家也提醒大家，萊斯莉行凶前並沒有吸毒。保羅的女兒是自己選擇殺人，但他視而不見，這點引起我的注意。這讓我想起，有些聾兒的父母怎樣也不明白，孩子永遠無法流利快樂地說話，有些思覺失調症者的父母也仍幻想從前那個健全的孩子總有一天會回來。

不久，我讀到一篇扎卡瑞．穆薩維之母的訪談。扎卡瑞是九一一攻擊事件的成員之一，在報導中，他母親談到兒子開始親近伊斯蘭基本教義派後，自己就與他漸漸疏遠。他曾因為她沒戴面紗而責備她，還聽從堂兄弟意見，拒絕整理床鋪，認為那是女人的工作。即便如此，她仍萬萬沒想過某天會因兒子涉入攻擊事件在電視上看到他的臉。她說：「他怎麼能涉入這種事？我吃不下，睡不著，一直問自己：『怎麼可能？』我的孩子都有自己的房間、有零用錢，還能出門度假。如果他是窮小孩，或一直過得不快樂，我還能理解。但他們什麼都不缺。」從這段話可以看到一個完全不知道兒子變成什麼樣子的母親，以及一個完全無意讓母親知道的兒子。

我認識一個出身中產階級家庭的年輕人，第一次見面時，他正在少年看守所服刑，他說他之所以偷車來砸，是「因為我做得到」。這名年輕人是丹・派特森，東西一旦到手，他就不再珍惜。他曾得意地拿價值三百美元的汽車音響與人交換一包菸。我提到汽車主人時，他說：「去他媽的，他們又為我做過什麼？」他十七歲時第十度因汽車竊盜遭逮捕。提到與父母的互動，他非常絕望，「每次我們交談時，中間都像隔著一層玻璃窗。有一次警察抓到我後放我回家，我爸只說：『喔，上床去，我晚點再跟你談』。我上了床，半小時後，我爬窗再次離家。後來他問我為什麼要這樣，我說：『因為你連談都不跟我談。』」丹出庭當天，母親站在證人席上說：「這不是我兒子，他不是這種人。為什麼不讓我帶他回家就算了？」我問丹什麼時候開始對父母說謊，他回答：「他們不再關心我是誰的時候。」

萊昂納・達莫在著作《一位父親的故事》中描述和兒子傑弗瑞的父子關係。傑弗瑞於一九七八至九一年在密爾瓦基殺害十七名年輕人，這本書既是名人傳記，更是懺悔錄。傑弗瑞顯然是出身問題家庭的失調兒童，不過大多數在問題家庭長大的男孩並不會強迫性性癮，要靠謀殺並將屍體肢解吃掉來滿足。萊昂納寫道：「我這一生從此不斷練習逃避與否認，回想最後那段日子，內心彷彿蜷縮了起來，既是大概料到會突然有個重大打擊，又明知無望還奢望打擊永遠別來。我彷彿早就把兒子關進了隔音房，拉下簾幕，這樣就不需聽見、看見他變成什麼樣子。」

像這樣太過否認事實以至人格解離的例子並不少見。瑞秋・金的著作《死刑結局：罪人家庭訴說自己的故事》寫了九個家庭的故事，他們都面臨死刑判決，其中艾斯特的兒子戴夫凶殘殺人後便回家過聖誕節，絕口不提犯下的罪行。艾斯特說道：「我手上有兩個忙碌的事業，健康又有問題，還要照顧其他人，幾乎忙不過來。我母親和弟弟的身體都很差，那段日子很難熬。他（指戴夫）一直很貼心，不想讓我負擔過重。」提到戴夫的判決，艾斯特說道：「我們一直沒能給他健康有愛的成長環境，家裡常吵架，氣氛很緊張。雖然如此，戴夫一直很善良。」像戴夫這類處境的孩子，最大的心理難題是感到極度疏離，甚至受傷，原因是父母不願承認他們長成什麼樣子。你即使殺了人，母親仍認為你「很貼心」、「很善良」，只會讓你覺得要幹一票更不尋常、更驚心動魄的事，才能「居功受矚」。說也諷刺，父母否認現實，可能使孩子犯下滔天大罪，但之後父母對這些罪行依然視而不見。

・・・

諾艾．馬許從小就經常親眼目睹父親泰隆毆打母親費莉西。費莉西身懷三胞胎時，被泰隆推下樓梯，一個胎兒因此流產。費莉西的首要工作是保護諾艾，她把他當成飽受折磨的犧牲者，這讓兩人後來無法發展出其他關係。諾艾六歲時，她離開泰隆，嫁給史蒂夫。她帶著五個孩子，最愛的就是諾艾。史蒂夫發現自己新的處境非常不妙。「不管諾艾要什麼，她若無法弄到，就會覺得自己做錯事。」他說道。諾艾不停利用她的關愛，只要覺得有利可圖，就著手挑撥費莉西與史蒂夫的關係。

諾艾的行為越來越離經叛道，包括「遲歸、撒謊、偷竊」，史蒂夫如此回憶。費莉西堅信偷她錢的人不是諾艾，史蒂夫總說道：「費莉西，寶貝，這裡沒別人了。為什麼妳不睜大眼睛看清諾艾已不再是諾艾了？」兩人的婚姻無可避免地出現了摩擦。之後，史蒂夫因肺病而住院將近兩個月。回到家後，諾艾的行為更加荒唐。費莉西回憶道：「我曾問他：『諾艾，你這麼恨我嗎？我從沒想過你會把自己的壓力和情緒丟到我身上。』」他要她向警察謊稱他在家。她說：「開始為他撒謊後，我就再也不是我了。」

諾艾認為自己的痛苦大多源於他的懶鬼父親。泰隆常不定期來訪，有次他問諾艾缺不缺錢，「我說：『缺啊！』結果他給了我一些毒品，說：『喏，拿這去賣！』」諾艾這麼告訴我。費莉西說諾艾跟泰隆一個樣。「真想不到，這種事也會血脈相承。」她說道。自從諾艾的哥哥車禍身亡後，他和母親的關係就更加惡化。諾艾說：「她會整天坐在家裡，我則不願回家，兩個人都很鬱悶。」諾艾十六歲時輟學，變成慣竊、毒販。妹妹向父母告密，說他帶槍。

費莉西開始在深夜接到混混的恐嚇電話，事情已不是她和史蒂夫所能掌控。她回憶道：「我不得不向警察舉發他，我覺得身為母親，這是最卑劣、最困難的事，但我知道如果我真的愛兒子，我就得做。」警察在逮捕諾艾時動了粗，結果他被送進急診室，但費莉西認為，既然諾艾以拒捕出名，這次的嚴懲算輕的了。審判時她和史蒂夫全力支持諾艾，三人堅強的陣線影響了最後的判決。法官認為身處如此美好的家庭，他應有機會悔過自新。被捕時，他口袋裡有三千美元，他說那是史蒂夫的錢，史蒂夫心想，諾艾光是持有槍枝就得坐上好一段時間的牢，於是心不甘情不願地配合演出。

諾艾坐牢期間，母子終於打破沉默。一開始兩人間沒多少話題，她總淚流滿面離開。她說：「他讓我覺得自己好糟。」諾艾說：「她要我努力向上，有時她以為我沒在聽，但我有。她說的我統統記得。」諾艾有一百多雙偷來的球鞋，簡直是伊美黛的貧民版。收容學校規定一人最多只能有兩雙鞋，但可以更換，所以寵慣諾艾的費莉西每個週日都會帶來兩雙，再拿走兩雙，讓他在監獄裡穩坐時尚王子的寶座。

在我認識的這些男孩心中，成長過程一路缺席的父親地位似乎勝過其他朝夕相處的家人。沒有什麼能彌補匱乏的父愛，就連達尚強勢的爺爺、彼得與諾艾正直的繼父，也無法填補孩子那椎心的失落感。滿心自責的母親想彌補孩子內心深處的悲傷，卻無能為力，反而讓孩子遲遲不為自己的行為負責，直到政府介入，為她們代勞。但這些年輕人在日後最早建立的關係，卻都是這類童年經驗的翻版，同樣傷痕累累。我心驚膽跳地一次次看見這些坐牢的孩子追求感情，卻又不知如何去愛。他們往往很早生育下一代，就是反映了此一事實。在這些小父母的想像中，人是在當上父母之後變得成熟，而不是在成熟之後決定為人父母。這種關於為人父母的想法天真至極，但也樂觀得讓人感動，彷彿有了孩子，就能修補受損的自尊與無底的絕望。

諾艾十六歲入獄前已育有兩子。他驕傲地對我說：「我女友給兒子用的尿布，都是我買的。」從小到大，他總聽身邊人譴責泰隆疏忽了這件事，但他顯然沒想過，自己買賣毒品還為此入獄或四處躲藏，那樣搞失蹤，對新家庭造成的傷害遠比沒有尿布可用還要深切。諾艾雖然有真心愛他的母親、正面支持他的繼父，卻衷心相信父親應該給予孩子的，便是尿布、毒品和球鞋。

・・・

世人總熱中於辯論犯罪傾向究竟是與生俱來或後天養成，熱切程度與討論自閉症及神童的起因不相上下。國立衛生研究院的尚普與同事的實驗指出，帶有重度侵略基因的新生猴子若改由個性非常溫和的母猴養育，即便體內的攻擊基因仍具有生物活性，長大後仍不會好鬥。人類的犯罪行為源於某個血清素轉運子的功能改變而造成的基因異常。杜克大學神經科學家卡斯比研究體內有此一多態性的人，發現這些人若在平和的環境中成長，發展出反社會行為的機率並不會特別高；這些人若小時曾挨打，則有八十五%的人會展現反社會行為。可見基因並不會使人犯罪，但在某些狀況下，卻可能讓人發展出犯罪行為。家庭能帶來負面影響，也能帶來正面影響。有研究認為「正向的家庭環境是年輕人不從事違法或不良行為的主要因素」，家庭關係親密的孩子，較能抵擋犯罪的誘惑。蘿森邦首開先河，比較多份研究後表示：「比起其他因素，親子關係更能解釋犯罪。」

有的時候雖然不和諧的家庭氣氛看似傷害了孩子，但人們終究發現，其實孩子才是不和諧的原因。單親媽媽撫養的孩子犯罪率較高，但很難說這究竟是因為沒有父親陪同長大帶來傷痛，或因為單親媽媽都是些不善於選擇配偶的女人，當上母親後也做了一些不高明的選擇，還是因為她們為了賺錢養家被迫超時工作，無可避免地難以兼顧親子關係。

家庭關係出問題的孩子，比適應良好的孩子更容易結交不良同儕，到了這一步，已經很難釐清究竟是孩子被朋友帶壞，還是孩子帶壞了朋友。常有母親告訴我：「吉米只是交錯朋友。」然後其他母親告訴我，她們的孩子之所以誤入歧途，就是因為交了吉米這個壞朋友。除了少數例外，大部分我認識的罪犯都不喜歡自己的罪行，這點我覺得值得注意。他們的行為讓自己和被害人同樣痛苦不堪，卻不能自拔。許多時候，犯罪都比我研究的其他「疾病」更像疾病，我們「治好」可能不想被治好的身心障礙人士，卻不去治療這群既有機會也想要恢復的人。

• • •

卡琳娜・羅培茲在一團混亂中出世。她生於明尼蘇達州聖保羅市，是家中的老三，母親艾瑪是墨裔美國人，有毒癮，未成年。卡琳娜一個月大時，全家搬到德州拉雷多市。當時父親已離家，卡琳娜只知道他的名字，其他一無所知。母親不久便懷了剛出獄的毒販凱薩的孩子，於是遷到德州聖安東尼奧市，生下小女兒安潔拉。艾瑪每次一被凱薩打，就帶著四個孩子回明尼蘇達，之後凱薩再將她帶回德州。

卡琳娜十二歲時，已經待過十三間學校，聯邦調查局的探員是家中常客。我認識卡琳娜時，凱薩正在獄中，被聯邦政府判處十年徒刑。卡琳娜告訴我：「我很高興安潔拉和她的父親仍有來往，即便是在獄中相見，也好過我什麼都沒有。」

凱薩入獄後，一家失去主要經濟來源。但他被捕前已幫助艾瑪戒了毒，她找到一份服務生工作，而卡琳娜則得照顧安潔拉。她對此憤憤不平，十三歲起開始叛逆。「很多人是因為沒人愛才加入幫派，但我不是。我有很愛我的媽媽，但我們太常搬家，我到哪兒都沒有歸屬感，加入幫派感覺就能解決這個問題。」

雖然艾瑪長年過著窮苦動蕩的生活，堅強的性格始終不變，而且帶著一股咄咄逼人的自信。多年來，她白天經營清潔公司，晚上當餐廳服務生，努力存錢買房。她在決定信任你之前，就是不信任你；在決定喜歡你之前，就是不喜歡你，好惡十分分明。她發現卡琳娜加入幫派後，打聽到幫眾的集合地點，時間一到就闖入隔壁空屋。她說：「我怒沖沖望去，看到那些女孩子拿著槍，坐成一圈，於是我穿過街道，敲門大喊：『卡琳娜，妳現在就出來，跟我回家！』整個幫派都在那邊，可能會殺了我，但我不管，我的孩子不准搞幫派。」

卡琳娜說道：「我沒有被媽媽帶走，只不過那時的場面很怪。幫派現在對我來說沒有意義，就這樣，但明尼蘇達的幫派更可悲，這些人都搭公車，連買毒品的錢都沒有。」卡琳娜開始跟毒販來往，毒品源源不斷，很快就染上了毒癮，「吸了兩年，天天吸。」漸漸地，她從吸毒變成四處幫毒販跑腿，但在他們的權力結構裡，她從來沒有固定位置。

二〇〇二年十一月廿二號，卡琳娜跟姨母的男朋友札維耶一起行動，取回一個塞滿四磅古柯鹼的馬鞍。包裹上沒有她的名字，她只是幫一個「朋友」的忙。札維耶發動車子準備離開時，她發現有人跟蹤。「我那時吸了一堆，嗨起來什麼都不怕。所以我們就開上高速公路，後面跟了至少十輛車，警示燈什麼的都來了。他說：『我們應該只是超速。』我開始發狂。後來我們就慌了。」他們開出高速公路，結果前面是死路。她說：「所以一切都是命中注定。」

艾瑪出門找卡琳娜，第一站就是那位「朋友」的家，也就是包裹上的收件人。警察在那裡看到艾瑪，認定她與案件有關，逮捕了她。警察不相信一個十五歲的女孩能獨自運作到這種程度。艾瑪回憶道：「我對警察說：『十年來，我辛苦工作，乖乖繳稅，犧牲一切，只為了讓孩子有好生活，你覺得我會為了他們毀了這些嗎？』」她氣憤自己被誣賴，但更擔心女兒。她告訴我：「當時我想：『好，事情不是我做的，但現在惹禍上身了，只希望我能脫罪。』但她卻真的做了，惹出麻煩，還要為此坐牢。」

警方抓到那位「朋友」，他把一切推給卡琳娜。卡琳娜說：「我說了實話，一句不假，但他們不相信我，他們說：『妳如果不告訴我們妳媽跟這件事有什麼關係，就要被關四十五年。』我回答：『那我大概要關上四十五年了。我媽跟這件事一點屁關係都沒有。』」艾瑪和卡琳娜不知道能申請公派辯護律師，便從黃頁簿上選了一名律師。為了付清律師費，艾瑪無法如期繳清房貸，於是她工作一輩子買來的房子就被銀行查封了。

律師成功把卡琳娜留在少年法庭受審，但她一違反假釋條例，就得到州立監獄服刑七年。她進收容學校時，母親的案子尚未開庭，「我不在乎自己入獄，但我媽，我真的很擔心我媽。都是我的錯，小妹要怎麼辦？我是說，她可能要關上很多年，而且是在聯邦監獄。」

五月某個下雨天，收容學校一名執勤人員要卡琳娜打給母親。卡琳娜解釋說：「我媽從沒跟我提過開庭日，她說：『喔，我今天去了法院……』我的心一沉，然後她說：『案子駁回了。』我開始又哭又笑，跪下來感謝上帝，因為我每天都禱告媽媽的案子能夠駁回。這大概比我的事情重要幾千倍。關在裡面時我想：『我回家甚至可能看不到媽媽。』這種判決我無法面對。但現在，我等不及要回家。」

我到收容學校採訪別人時，總能感受到高壓的權威、悔恨的沉重陰影。但卡琳娜卻一副她邀我去玩的樣子，笑聲在陰森森的建築中迴盪。她動輒罵髒話，再可愛地道歉，還拿自己的悲痛自我解嘲。她因濫用藥物而被分進收容學校的奧德賽專案。「說實話，我脫胎換骨了。我還是會永遠愛古柯鹼和大麻，因為我就是喜歡。我會懷念毒品，但不會再吸了。」最大的改變，是她開始意識到那些買走自己協助販賣的毒品的人。「靠，我從來沒想過那些買貨的人。我沒見過那些賣春、不管小孩的人，那些生活被毀掉的人。」

我第一次和卡琳娜見面時，她無比興奮地描述戀情：「自從我被關之後，我男友路易每週都寫信給我，每次開庭也都會到場。」她十四歲時認識了廿一歲的路易。「我知道這不合法，但心理上，我已經不是小女孩。」我們約定幾週後再見面，但等我抵達收容學校時，執勤人員說她不能見我。我以為她違規被關了禁閉，但其實她是受到打擊。

後來她告訴我：「十月四號我回家探親，路易禮拜天跟我媽一起來帶我回家，他坐後座，我爬不過去，只親了親他的手。那天晚上我禱告：『請照顧他。』」隔天早上，她在考場考高中等同學力測驗，得知路易在上班途中遭人槍殺。卡琳娜摀著臉向我轉述這一切。「那是他升職後的第一個早上，以後他可以坐辦公室了，結果他被南方幫的人抓到。我男友十五歲時混過幫派，但他已經退出了。」

卡琳娜的諮商師怕她故態復萌，但這場悲劇反倒震醒了她。她說：「我用他的名字發誓，絕對不再搞砸人生。那樣太不尊重他了。」幾週後，卡琳娜設法考完學力測驗，並順利通過。離開收容學校那天，她面試了兩份工作，兩家公司都錄取她。她和路易的家人仍然很親，假釋官對她的努力印象深刻，加上尿液檢測也無反應，幾個月後便讓她和他們一起去墨西哥。警察抓了涉嫌射殺路易的幾個幫派分子，每次開庭她都會到場，但因為證據不足，所以無法定罪。

之後，卡琳娜跳槽到銀行，薪水比較高。她決心買棟房子給母親，補償過去，把人生獻給路易。「就算一個人，我也只想過得快樂，我要擁有我需要的物質生活，但我也想受人看重。我不想只當搞砸了人生的卡琳娜。」之後兩年間，這個從來沒在一所學校待滿一年的女孩，在銀行努力工作，順利升遷。她還是會冒些愚蠢的險，無照駕駛之類的，但再也沒碰過毒品和酒，而且乖乖與假釋官見面，從不缺席。從收容學校出來一年後，她開始和一位男人交往，他能接受她在背上刺了路易的名字。

我們不時聯絡。她出來五年後，在某天寫了電子郵件給我，信中提到：「我女兒剛滿兩歲，我廿二歲。今年像在坐雲霄飛車。我和她父親分開，之後又復合。我的繼父，也就是安潔拉的爸爸，關了十年後終於出來，七個月後又再度入獄，他今年六十三歲，要在獄裡再待上廿五年。政府應該多花點錢幫助罪犯更生，讓他們有機會翻身。只要能知道方法，我們大多想要改變人生。」

除了天生傾向外，還有三大風險因子與罪犯的形成息息相關。第一是單親家庭，半數以上的美國兒童都曾有過或長或短的單親經驗。全美有十八％的家庭活在貧窮線之下，但若是由單親媽媽扶養的家庭，比例則是四十三％。單親家庭的孩子輟學機率較高，上大學的機率較低，也比較容易濫用藥物。他們的工作地位較低，薪水也較微薄，常早婚，也早離婚，自己也容易成為單親父母。他們變成罪犯的機率也較一般人高出許多。

賈馬．卡森的母親布莉雪兒十四歲時懷了他哥哥，一年後又懷了他，兩人同母異父。賈馬在幫派暴力猖獗的芝加哥南區長大。全家在他十歲時搬到明尼蘇達，我則在他十五歲時認識他，那時他已三度入獄。儘管上臂刺有「THUG」（混混）一詞，他的舉止仍很笨拙，像是幹了傻事被抓到的孩子。布莉雪兒外貌出眾，對什麼事都有見解。有次她觀賞孩子的劇場表演，一時興起，對著職員和其他父母發表演說，說即使孩子「犯過錯」，也不代表他們就不可能是「你所能找到最有才華的孩子」，所以他們值得擁有「我們能給予的一切」。演講雖然精采，賈馬卻抱怨他出庭時她從不到場。

賈馬坦言，母親在他第一次犯法時其實很支持他。「我很感謝媽媽對我從不假裝，也懂她為什麼會這樣。她現在才卅二歲，跟我一樣，還是個孩子。」雖然布莉雪兒已和四個男人生過四個孩子，她看起來的確像小孩，不清楚自己有什麼責任。她坦言：「其實我有點慶幸賈馬這輩子要在獄中度過，那代表有人會給他食物，讓他有地方睡。他不可能好好照顧自己，我看得出來。」賈馬對於自己能當上小藥頭頗為得意，她倒不然。賈馬有點自豪地說：「那很難，得擔心有人要殺你，毒蟲也會搶你、拿槍射你。有人找你麻煩，你要讓他們知道，『別想搞我』。一週七天、一天廿四小時，完全不能鬆懈。」我問他是否想過其他工作，他說：「我不知道，可能寫點東西吧，可能做諮商，給跟我一樣的人一點意見。懂我意思嗎？就是一些不太難的工作。」

第二個風險因子常常和第一個一起出現，那就是虐待或疏忽，每年影響三百萬名以上的美國兒童。依附理論的創始學者鮑比曾說，受到虐待或忽略的兒童覺得這個世界「既不舒服又難以預料，他們要不選擇退縮，就是選擇與之搏鬥」，於是或變得沮喪自憐，或產生攻擊與犯罪傾向。這些孩子犯的罪數目幾乎是常人的兩倍。

在寮國內亂期間，華圭永的母親把他套上輪胎，推入湄公河，讓他和幾個親戚一起逃命。他六歲在美國取得難民身分，到了十二歲，已是威斯康辛郊區活躍的亞洲幫派分子，隔年，他與社區一名十八歲女孩待在外面一整晚，壞了她的名聲，之後在一場不合法的典禮和她「成婚」。對他來說，她既是戀人，也是母親，是他生平第一個覺得親密的人，但他對她很不好，常拋下她和兩個孩子，逕自出門與朋友狂歡。她被打了一次又一次，終於離開他，他則染上重度毒癮，人生不斷往下沉淪。為了賺錢，他幫別人管理一群未成年妓女，給女孩毒品當接客的報酬，之後更因此坐牢。

我採訪他時，他十五歲，難以自拔地反覆懊悔不該那樣對待妻子，更渴望和孩子有來往。他說：「那就像一根針往我心裡鑽，越鑽越深。」但他過去的生命中從來沒有角色模範可以效法，看起來是全然的迷茫。他母親最近剛從叢林出來，兩人通了電話。他說：「我不知道要跟她說什麼。」他母親在對話中不停哭，說他大概已經忘了她，他回道：「我沒有忘記妳，我只是不知道有父母是什麼感覺。」

第三個風險因子也常跟前兩者一同出現，那就是接觸暴力。有一採樣研究調查發現，兒童若遭受身體虐待、目睹父母間的暴力、在社區中遇過暴力事件，成為暴力犯的機率會比和諧家庭的孩子高出一倍以上。此外，受虐兒童當然也可能遺傳到父母的暴力傾向。然而，把這些兒童帶離原生家庭，卻往往無效，因為兒童福利制度也與高犯罪率有關。伊利諾伊大學社會工作學院的麥唐諾坦言：「兒童福利制度等於向少年司法系統供給少年犯。」

收容學校有名十三歲的白人男孩萊恩．諾德史東，他逞強地告訴我，自己就是個法外之徒。「他們要我吃藥，所以我看起來總是這麼乖，這麼無辜。」我問他犯過哪些法，他鄭重說道：「我九歲就抽菸！九歲抽菸完全不合法。」萊恩十歲時在學校持刀恐嚇一名兒童，遭校方退學，被關則是因為性侵妹妹，他說：「從十一歲開始，每天都做，但一直到我十三歲，媽媽報警，才被起訴。」他第一次動手時，妹妹才六歲。「我想要什麼就要什麼，心想她沒有辦法說不。」

妹妹因為陰道破皮，得住院治療。萊恩雖然受過心理治療，但似乎沒有意識到他對妹妹所做的事與未成年吸菸完全不可同日而語。他的父母喜歡看性虐待色情片，經常在房裡播放，而孩子就在房內進進出出。萊恩八歲和父母同睡一張床，兩人也照樣性交。這樣令人不安的經驗後來轉變為犯罪行為，這或許是萊恩天性所致，但父母在他成長過程中的不良行為，無疑助長了他的天性。

・・・

問題兒童常有傷害自己的傾向。劍橋大學犯罪心理學教授法林頓表示，被定罪的少年男犯比普通男孩喝較多啤酒，較常喝醉，使用較多非法藥物，較早抽菸，賭博機率也較高，可能較早開始有性行為，性伴侶類型較雜，卻較少避孕。上述許多行為與衝動控制力較差有關，但也往往顯示他們自信心低落，甚至厭惡自己。

社會評論家哈里斯說過，犯罪行為受家庭環境的影響小於整體社會環境。青少年罪犯與成人不同，幾乎都是團體犯罪，單獨犯罪者不到五％。犯罪模式也常受團體影響，這多少是衝動的驅使，少年總是急於融入團體、讓人刮目相看。影響犯罪機率的因素還包括：身邊是否有槍枝毒品、貧窮程度、與鄰居關係是否疏離，以及人口密度。女性犯罪率已達史上新高，但仍只占整體青少年犯罪率的四分之一左右。與男生相比，女孩更常因為受到傷害而犯罪。有項調查指出，經美國法庭判為少女犯的罪犯當中，有七十五%曾遭性侵。約有三分之二的重度少年犯是幫派分子，二〇〇九年美國有七十三萬一千名幫派分子，其中近半數未成年，分屬二萬八千個幫派。

・・・

克里希納．米拉多理平頭，高帥結實，總有辦法把囚犯裝穿成時裝。他的英文口音很重，有時很難聽懂，且常想不出單字，得問我：「這英文怎麼說？」他告訴我，他出生於洛杉磯南部，一落地就被拉丁裔母親遺棄，連她的名字都不知道。父親勞爾在他出生時才十八歲，是「南方幫十三」④的一分子。幫眾是克里希納僅知的家人。克里希納十一歲那年，父親被遣返回瓜地馬拉，他則留在洛杉磯，與一批批幫派分子住在一起。他有個堂兄中槍死在他懷中，他說：「我從此清醒，因為那個人也可能是我。」勞爾要他離開洛杉磯，他認識一個住在明尼蘇達州的女人，對方欠他人情。我第一次見到克里希納時，他已經在她家住了四年。他從來不知道她究竟欠父親什麼人情，也不想追問。

我在收容學校見到克里希納之後的週末，一位四十幾歲、相當美貌的愛爾蘭裔美國女人向我介紹自己，說她名叫卡蘿，還說：「我兒子克里希納想參與你的研究計畫。」接著克里希納走進房間，說：「嘿，媽，把簽名給他就對了。」一口英語毫無腔調。我站在那裡，十分震驚。卡蘿長得很像克里希納，她告訴我，自己非常擔心兒子，我說克里希納在洛杉磯的童年很艱苦，之後的生活似乎也不好過，她看著我，彷彿我有些精神錯亂，然後說：「克里希納在杜魯斯出生長大。」克里希納隨後堅稱，父親說他生在加州南門，那是洛杉磯外圍的拉丁貧民窟。但幾年後我和勞爾見面，他聽了只是哈哈一笑。

克里希納是我遇過最不令人起疑的騙子，撒起謊來泰然自若。他的謊言幾乎都是氣話，說自己沒有母親的彌天大謊就是一例。我隔天抓他把柄，他回答：「如果她說她是我母親，那就算是吧。」克里希納的父母互相憎恨，所以無法從兩人身上挖出真相。兩人都希望我厭惡對方，但我忍不住喜歡這一家的每個人。我們首次談話時，卡蘿說道：「事情太複雜了，安德魯。我很怕你寫不出來，因為真的太難了。」

卡蘿和勞爾在一九八〇年代晚期因為阿南達瑪迦而相識。阿南達瑪迦，有人稱之為邪教，有人視為靈修活動，有人視為紀律。這群人宣揚身心靈合一、宣揚愛，但也曾遭人指控走私武器。阿南達瑪迦有項教條是「改革婚姻」，原本是用以反抗印度的種姓制度，後來演變成讓背景完全不同的人成婚，以打破布爾喬亞的階級與國籍概念。勞爾有簽證問題，卡蘿的婚姻失敗。勞爾同意付錢幫助她離婚，條件是她要嫁給他。卡蘿說：「如果你找到最大的難題，在導師的眼中是可以加分的。我不太會規劃未來，其實還常常慢半拍，克里希納這可憐的孩子就是在這樣的狀況中出生。」

他們和卡蘿與前夫生的兩個孩子一起住在杜魯斯。卡蘿有間烘焙坊，和勞爾一起經營，但最終還是把生意交給阿南達瑪迦。克里希納五歲那年，勞爾帶著全家人搬到瓜地馬拉，九個月後，卡蘿兩個較年長的孩子終於受不了，搬回美國與生父同住，卡蘿則說要「拋棄愛，選擇意識型態」，和兩個孩子再也沒什麼實際聯繫。她花了「混亂的五年」學習瓜地馬拉的語言與文化。這段期間，她說：「勞爾變得極度大男人主義、專制，也可能他一直都很專制，只是在杜魯斯時，房子、生意都是我的，所以沒這麼明顯。」她要勞爾跟她一起回美國，否則就離婚。

4．南方幫十三，即 Sureños 13。Sureños 為西班牙文的南方人，十三則指第十三個字母 M，代表 Mexican Mafia，即墨西哥黑手黨。——編注她確定自己能取得孩子的監護權。勞爾則在孩子聽得到的地方申明，她早就說過自己已經準備好離開，就算沒有他們也無所謂，勞爾並說為了不害孩子被拋棄，他願意回明尼蘇達試試看。

當時克里希納十歲，妹妹雅修卡八歲，在瓜地馬拉出生的弟弟巴修四歲。卡蘿和勞爾到明尼蘇達的公立學校幫拉丁裔兒童上課，並參加了婚姻諮商。她回憶道：「當時孩子們非常快樂。克里希納九歲時，我會坐在他的床邊，一直念故事，然後聊個不停。我們讀過《唐吉軻德》，讀過詩，讀過好多故事，還有歷史。我們曾經那麼親，他都不記得了。」

573

回明尼蘇達九個月後，卡蘿有天回家，發現家中無人，勞爾已經帶著三個孩子回瓜地馬拉。卡蘿哀傷地說道：「我以為勞爾會和我一起努力。如果失敗了，也會在這裡離婚，然後清理過往，繼續當朋友，但他真的很懦弱。」卡蘿雖然很氣勞爾，但也很氣克里希納，當時他已經夠大，能自己做決定了。克里希納永遠不能原諒母親曾想把他丟在瓜地馬拉，而她則不能原諒克里希納把她丟在美國。我剛認識克里希納的前兩年，他堅稱不記得自己的童年。我向勞爾提及此事，他只說：「孩子們非常氣卡蘿。」

卡蘿透過美國大使館控告勞爾綁架，並前往瓜地馬拉嘗試協調和解。她說：「每次見面都是在勞爾律師的辦公室，房間鎖上，旁邊有兩個配槍的警衛，我以為他們要殺了我。孩子也被洗腦得很嚴重。」最後，卡蘿在兩個國家都取得監護權，勞爾則因綁架的罪名被國際刑警組織關進大牢。「我們把文件拿給勞爾的父母看。進門時，床還是溫的。他們一家人再度拐走我的孩子。」她絕望地離開瓜地馬拉，兩週後，勞爾的父母靠著賄賂讓他出獄。

對卡蘿而言，和勞爾分開有其必要，但她卻為此賠上第二批孩子。她說：「我自由了，但也一無所有。就因為我想離開阿南達瑪迦、想讀研究所，而且我相信自己，所以勞爾想懲罰我。」幾年後，克里希納來信告訴我：「雖然父親不怎麼說，但我知道他愛我；雖然媽媽無時無刻不提，但我知道她不愛我。除了媽以外，我沒看過爸交任何女友，他說他沒時間，但我知道，是因為她害他心碎。」

卡蘿在牛奶盒上刊登孩子的照片，請眾人協尋。這段時間祖父母把克里希納藏在洛杉磯的堂親家將近一年，他也加入了南方幫。他告訴我，自己的第一個任務是偷車，之後他們給他一把烏茲衝鋒槍和一整排子彈，要他開著偷來的車去「找人對決」。他說：「我射光子彈才回來，感覺腎上腺素流進心臟，心想：『對！這就是我要幹的，這就是我的毒品。』」 574

九個月後，勞爾叫克里希納回瓜地馬拉，於是他去了。一年後，十三歲的克里希納到明尼蘇達找卡蘿。卡蘿道：「我也不知道是怎麼回事，只知道當時是聖誕節，有時願望在聖誕夜會實現。我讓他進門，彷彿一切都很正常。」克里希納在那裡度過愉快的兩星期，之後卡蘿又說服某個阿南達瑪迦的人出面交涉，讓雅修卡和克里希納和她一起過復活節。孩子們來到明尼蘇達後，她說他們這回留定了，不准他們走。克里希納說：「她不是因為愛我們才這麼做，而是因為她恨我爸，這是她的報復。」克里希納對母親怒不可遏，但他喜歡美國，不想回瓜地馬拉。雅修卡則過得很不快樂，一心想回家。勞爾魂不守舍，但美國有他的逮捕令，他不敢過來，於是託朋友把雅修卡帶回去。

到了大逃亡當天，雅修卡被卡蘿的男朋友困在家裡，她打電話給父親，低聲解釋自己走不了。他要克里希納把卡蘿的男朋友引開房間，他們一走，雅修卡便往外逃。克里希納說：「我幫助妹妹非法離開美國，感覺有點怪，因為大多數人都是想非法進入美國。」卡蘿非常震驚，但看到克里希納留下，多少感到安慰。克里希納覺得報復的機會來了，他表示：「她太想要一個兒子，我要讓她知道這有多難。我得讓她嘗點苦頭。」卡蘿解釋道，她向來吃素，卻開始和克里希納一起吃雞肉。她打住，絕望地伸出雙手，「為了培養感情，我什麼都願意做，但他不肯分享，也做不到。克里希納永遠不會真的投入，他滿腦亂七八糟的想法，被徹底灌輸，心裡只有瓜地馬拉。」

這對母子的關係非常扭曲，帶著雙方的憤怒與挫折，但某夜克里希納出門買大麻時，這樣的關係徹底變了。當時他十五歲，「我們正在布魯明頓和湖街上嗨，突然一部紅色林肯停了下來，一個傢伙開始對我們掃射。」他回憶道。警察盤問了在場所有人，但懷疑克里希納與上個月一起卅九歲黑人命案有關。將他扣留下來。他說：「一開始我以為他們只是想嚇我。黑人幫派戰黑人幫派，奇卡諾⑤幫派戰奇卡諾幫派，我猜我們就愛自相殘殺吧。所以那不可能是我做的。」

但警察很快就對克里希納提告，卡蘿得知兒子會在成人法庭受審後，發動朋友寫信、抗議，並湧入法庭。她的解釋是克里希納曾被綁架，受過創傷。亨內平郡史上第一次有謀殺案留在少年法庭審判。克里希納有場硬仗要打。「我的律師說：『他們給我們十五年。』我們？他媽的，是你坐七年半、我坐七年半嗎？我說：『沒做過的事，我才不認罪。』」克里希納非常堅決，案件最後終於被駁回，但他那時已入獄七個半月。

575

卡蘿說：「當他們放他出來時，大家都想：『他真的會重新做人。』但他立刻故態復萌。」克里希納這輩子第一次同意母親的說法。他告訴我：「被關以後，我心裡想著：『全都去死！』」家裡狀況並不好，只要有人帶著藍色手帕來，全都被卡蘿趕走。藍色手帕是南方幫的象徵。克里希納說：「我覺得當母親就該當到最後，就算我今天無期徒刑，她也該想辦法陪我。我是在考驗她。」她回答：「克里希納說他留在明尼蘇達是為了讓我的日子不好過，他還為此加入幫派。其實他是想知道我是否真的愛他。我不覺得他有做任何計畫。幫派和邪教一模一樣：階級分明，有幫規。這種嚴格的組織根本沒有意義，但一小群人卻為了幫派奉獻自己，還隨時可以為幫派送命。他是在重製自己痛恨的那個童年。」

案子駁回兩個月後，克里希納因為持槍而入獄一個月。幾個月後，又因違反假釋條例被抓，十六歲時被送進郡立收容學校一年，我們就是在那裡認識的。克里希納告訴我，他女友懷孕了（其實不然），還說：「我甚至不想讓卡蘿看到孩子，不想聽她說些什麼『你剛出生那幾年可不是這樣』之類的話。」母親並未對不存在的寶寶說過這種話，克里希納卻能這麼憤怒，投射的本事確實驚人。過了一會兒，克里希納說：「我只是在想，如果孩子長大後像我會怎樣，那會是我的錯。想想差點哭了，我想哭。我的眼睛有點腫，但沒眼淚。」顯然他的心裡已被憤怒填滿，容不下其他情緒。

卡蘿說：「如果他像某些孩子穿得一身黑、頭髮染成藍色、身上穿環，我還能接受。就算刺青也行，只要跟幫派無關，我都可以。就算他是同性戀，也沒關係。我永遠無法接受暴力，也懷疑他是不是因此選擇了暴力。他們挺他，他們幹什麼挺他？有人挺你嗎？我的醫療保險挺我。他覺得加入幫派很得意，一個原因是可以使喚別人，他總是對著手機用西班牙文吼出指令。我跟他說：『聽著，我整天使喚人，因為我教的是一年級。你要不要考慮一下這個選項？』」但卡蘿也承認自己要為克里希納的性格付起部分責任。她難過地說：「你知道我是什麼樣的人，我也知道你喜歡我。但相信我，當時的我不一樣，你不會這麼喜歡那個我。」同時她也認為，有一半白人血統這件事太複雜，兒子承受不了。「他太怕做自己。要混血兒站起來說『我不屬於這裡，也不屬於那裡，我就是我』，實在很難。」克里希納曾在信中對我說：「我應該告訴你我是誰，雖然有時我自己也不清楚。因為我的語言、文化、外表和行為，我常被歸類為『小西班牙佬』⑥，但拉丁弟兄又總因為我是『雜種』而嘲笑我、排擠我，不願意完全接納我。」

克里希納很愛講解幫派生活，某天傍晚他告訴我：「加州的西班牙幫派在二十世紀初就出現了，我不是瞧不起黑人幫派，但我們更重視義氣和榮譽。幫派一開始並不真的是犯罪組織，是後來才腐化的。但想想安隆那些人，他們偷的可是老人的退休基金。我自己，還有我幫派裡的所有兄弟都有個規矩，那就是不能搞老人，那很卑鄙。」三年後我和勞爾見面，發現克里希

5．奇卡諾（Chicano），指墨西哥裔美國人。——譯注

6．原文為「spic」，指西裔，有輕蔑之意。——譯注

納的口吻是在仿效父親對道德的諄諄教誨。我為此章採訪過許多孩子，多數人一開始都會說標準英語，放鬆後便說起方言。克里希納一開始卻操著一口拙劣的幫派語言，髒話連連，放鬆後則改講文法完全無誤的英語。他是否把幫派作風當成防護，用來掩飾那個敏感的真實自我？還是他其實極度冷酷，只是以表面上的溫和來操控人心？這些問題，克里希納自己也不知道答案。

出獄前倒數一個月，克里希納每天出外工作，晚上還能在成年負責人員的陪同下外出。我提出申請，帶他出外用晚餐。之前我們夜裡在收容學校見面時，他會聊起自己有多麼想上大學。現在他對著沙朗牛排大快朵頤，念茲在茲的卻是幫派。他說：「那都是自己人，我才不會為了活在卡蘿的屋簷下就不講義氣。」我提到自己正在採訪卡琳娜．羅培茲，他笑著說：「你知道她男朋友死了嗎？是我的兄弟幹的。」他甚至拍了拍胸脯。「事發那天我看到她在醫療室哭得死去活來，我笑了。」後來卡琳娜證實了這件事：「他和謀殺案沒什麼關係，但確實以這件事為樂。」

我告訴他，這一切實在很難和那個幾週前才跟我一起玩拼字遊戲的男孩畫上等號，那男孩充滿了夢想。他說：「但他們都是同一個人的一部分。諮商師要我查查什麼是變態人格，看過二十種變態人格特質後，我就停了，因為很可怕。我喜歡自己的恨。我的恨非常強烈，也有幾分純粹、真實。我有些厭惡愛，覺得那一直很虛假、讓人失望。每個人都在想要控制我的時候說愛我。我愛恨，我恨愛。這樣算不算一種變態人格？我不覺得自己很邪惡，希望不是。」

三天後，克里希納外出工作，再也沒回學校。過渡期的生活只剩兩週就要結束，在這時候逃跑實在很荒唐。他本來可以不留案底離開，現在卻成為逃犯。三個月後，他在明尼蘇達南部被捕，回到收容學校。我在那兒碰到他時，對於他待在一個所有警察都認得他長相的城鎮上略表驚訝，他說：「我去過灰狗巴士站兩次，想買票去洛杉磯，但這裡實在太好玩了。」他抱怨卡蘿竟猶豫要不要讓他回家，他問：「我媽有沒有讓我失望？我想她一開始就不讓我有希望。」卡蘿很難過，她說：「他不知道為什麼就是不懂得延遲享樂，但願你能接手當他母親就好了。」

克里希納之後的行為，我後來才發現是個可預測的循環。只要被關，他就很樂觀、充滿希望，但一旦獲釋，這些特質就消失不見。他現在想繼續過著幫派生活，但又不想犯罪，於是他打算寫劇本給幫派分子演出。他要將他們的刀刃化為臺詞，槍枝化為精采舞臺呈現。他向我描述他某個故事的情節後，突然陷入沉思。「我是混混。對我來說，當混混比較輕鬆，能認清自己的處境。相反地，試著積極生活的時候，我不確定自己處境為何，也不清楚自己的積極有多堅定。」

我聽過他父親的許多傳聞，一直想知道勞爾究竟是克里希納所熱愛的那個溫和智者，還是卡蘿形容的那個怪胎控制狂。我認識克里希納三年後，他恢復自由之身，打算去瓜地馬拉一趟。我告訴他父親，自己想在同一時間登門造訪，勞爾回信：「隨時歡迎。你不用花錢待在旅館。我們很樂意接待你，這樣我們就可以隨時見面聊天。」

勞爾溫暖有禮，第一眼就讓人喜歡。他個頭不大，一頭鬈髮又厚又黑，看起來很像亞洲人，站在高大的兒子身旁顯得更加矮小。他們到機場接我，我把行李丟進他們老旅行車的後車廂，一同前往克里希納祖父母家，他們讓我睡平常孫子孫女來訪時住的房間，房裡五斗櫃上散落著聖誕老人燈飾、超大的蛋頭先生以及教宗的畫像。

勞爾告訴我，他和卡蘿曾愛過彼此。「結婚前，我說：『我不接受以離婚收場的婚姻，有孩子後更不行。』但她還是走了，還想帶他們一起走，那不是她應得的，她也做不好。」那天我們聊到深夜，勞爾一再談起道德。他說：「我不覺得我們看到的是真的克里希納。真正的他是五年前去美國玩的那個貼心男孩。好的一面終究會勝出，但不知道會不會在他被終身監禁或在槍戰裡送命之前勝出。」之後他說：「我懂那種願意賠上性命或願意一輩子坐牢的想法，但不是為了幫派。克里希納需要一個目標。」勞爾突然坦白起來，看著我問：「你可以幫他找一個嗎？」

隔天早上，我們去阿南達瑪迦學校，那位在一個叫做「檸檬汁」的貧困地區。三到六歲的孩子在兩間教室上課，教室就在一棟簡陋水泥屋的樓上及樓下，屋頂以鐵皮蓋成。學生唱歌歡迎勞爾和克里希納，還跳了一小段舞，克里希納尷尬地接受這些致意。老師問克里希納願不願意為孩子上英文課，他說自己的刺青和混混外型會在社區裡引起麻煩，他父親聽到這個藉口顯然很不開心。接著克里希納說他得趕到其他地方，於是勞爾和我開車前往鎮郊的一戶小公寓，在那兒與十多個各國阿南達瑪迦信徒見面。我們坐在褪色的禱告墊上冥想，一邊共享一碗扁豆泥，一邊討論善惡。

那晚，克里希納一時愛現，帶我到城裡一塊幫派控制的區域，介紹我與當地的南方幫認識。每個人身上都有槍和幫派刺青，聚會的屋外還一度響起槍聲，但說也奇怪，那感覺就像是在大學校園裡和某人的兄弟會會友見面。我終於明白，南方幫如何讓人感覺既徹底危險又奇特地安全。幫派本身就是一種水平身分，而犯罪對克里希納的人生起的作用，就如同失聰、侏儒症之於我調查過的其他生命，還有同志身分在我的人生中扮演的角色。我一直想起克里希納在信中對我說無法介紹自己是誰，因為他也不知道自己是誰。他母親將此一困惑歸咎於他是混血，但這樣的困惑也反映出克里希納不知道自己是父親的兒子還是母親的兒子，是美國人還是瓜地馬拉人，是好人還是壞人，以及種種數不盡的辯證。在那個醜陋社區的醜陋房間裡，他很清楚自己是誰，也因此得以放鬆——我從沒看他這麼放鬆過。

之前我很訝異自己會受失聰世界吸引，但受這個世界誘惑，感覺又更奇怪了。不過，對圈內人來說，混幫派是豪爽熱情的表現。你說我比較喜歡與南方幫一起混，還是與阿南達瑪迦的人共度早晨、共享扁豆？沒有哪個比較喜歡，也沒有哪個比較不喜歡。我知道在場許多人都殺過人，但他們對我很好，因為克里希納是他們的好兄弟，而這份關心正是他明確渴求的。他們的熱誠感覺很真實、很包容。我以為和幫派兄弟一起在瓜地馬拉的貧民窟裡混，能看到克里希納最強悍的一面，但相反地，我看到他最脆弱的一面。罪犯是一種身分，也和足球流氓、戰爭、套利交易等種種組織暴力一樣，能製造強大的親密感。社會有必要抑制犯罪行為，但我們不該忽略罪犯的身分認同。我譴責暴力，但我不否認，暴力讓原本孑然一身的人建立戰友般的情誼。確實，我不否認今日的世界地圖之所以這麼畫，憑的是征服各地，而征服則源於年輕人的義氣和侵略性。

在瓜地馬拉的最後一天，勞爾安排克里希納的爺爺載我去機場。克里希納說：「嘿，需要我跟你一起去嗎？」然後有點豪氣地提起我的行李向車子走去。一路上，他和我談瓜地馬拉的詩，我提到畢曉普在巴西做的詩，詩中寫出她在南北美洲間移居的感覺。我引了幾段鍾愛的句子，他借筆抄下。我本以為我下車後他就會離開，但到了機場，克里希納又搶過我手中的行李，陪我進去，還幫我挑了一排好隊伍。他解釋說，之所以好，是因為他對櫃檯的女孩很有興趣。他等我完成報到手續，陪著我走到安檢區。我走了進去，轉過身，他正對著我揮手。「謝了！」他大喊。「謝什麼？」我問道。「謝謝你來，謝謝你做的一切。我會想你的，老哥。」他清清喉嚨，看起來很害臊，加緊腳步走了。他那近乎孤苦的身影深深印在我心底。有那麼一瞬間，我看到勞爾和卡蘿口中那個貼心的克里希納。

克里希納搬回明尼蘇達，再次和母親同住，之後我再次聽到他的消息，是他不幸中彈，性命垂危。他失去一顆腎臟和部分膽囊，肝臟破裂，肺葉塌陷，還嚴重大出血。離開醫院時，卡蘿要他找別的住處。她冷冷地說：「如果他們要來做個了結，我不想要這件事發生在我家。」之後，他幾乎都在逃亡，手機號碼一直換，但我打不通電話時還是能連絡上他，因為他會回母親家洗燙衣服。五個月後，卡蘿帶他回家，結果克里希納又向幾個幫派分子挑釁，他們朝他家掃射。那時雅修卡正好來待一陣子，事發隔天就回瓜地馬拉。她留給克里希納一封信，寫道：「我以前以為你只是需要生命重心，但現在我覺得這是慢性自殺，我不想參與。」卡蘿說：「於是我再度失去兩個孩子。」

一個月後，克里希納因為傷害罪被判刑十六個月，這次他去了真正的監獄。我去採訪時，他為之前向我說的假話道歉。那時他已對幫派失望，原因是事件中的某個南方幫成員轉作政府的證人。「我是說，如果不懂就不要入幫。我們有規矩，有幫法，有些事必須做，有些事不能做。」我說既然遵守規矩這麼吸引人，他何不遵守美國政府定的規矩？他笑了。克里希納每週都打電話給卡蘿，她說：「他打給我，只是因為獄方准他打。我真的很蠢，一直相信那些改過向善的說詞，我問：『你之前寫的劇本不是很樂觀正向嗎？』他說：『那不過就是寫寫罷了。』那真相是什麼？只要能知道真相，我可以付出一切。就算真相很醜陋，非常非常醜陋，我也能接受。只要看得到，就算只有幾分鐘也好。這是我的夢想。」她哀傷地看著我。「安德魯，跟我兒子比起來，我還比較懂你。」

克里希納再次出獄後，考了大學入學測驗（ACT），向幾間大學提出申請，其中一間是加州大學洛杉磯分校，也是他的第一志願。但學校還來不及審查申請書，他就和四個幫派朋友開車兜風，最後出了人命，有個墨西哥狂徒幫的人被射殺。他被控為了幫派協助他人行凶，他認罪，被判刑八年，服刑地點是明尼蘇達的史提瓦特監獄，一所高度安全管理監獄。

克里希納若非過於害怕，不願多作嘗試，應該能在另一個地方找到歸屬。他的聰明才智絕對足以上加州大學洛杉磯分校，而他卻以虛張聲勢來面對一切，藉此逃避他害怕的風險。他手上的槍只是過渡物⑦，就像《史奴比》漫畫裡奈勒斯手中的安全毯，只是比較炫。他的大一生活在夢想的天邊發出微弱的光，當他面對「現實如此」時，「可能如何」變得無比龐大，嚇壞了他。尋得水平身分或許是人生最棒的解放，但也可能毀了一個人。在這個例子裡，譬喻中的監禁把克里希納推向實體的監禁。

史提瓦特監獄極為陰沉。克里希納每次進會客室都一副整潔的模樣，但原有的理想主義色彩卻變得晦暗。有天下午他在那兒對我說：「我不恨卡蘿了，我曾經以為是她害我那麼無力，但現在，我覺得她已用盡她所知道的方式來愛我。在成長的路上，我一直覺得很無力，連要住哪兒都不能選擇，最後我終於明白，我加入幫派，是為了覺得自己確實很強大。結果呢？我又再次毫無力量，回到原點。只不過這次，是我自找的。」

卡蘿幾週後對我說：「他想和受壓迫的人一起做事，跟他的人作伴，跟那些弱勢的拉丁族裔待在一起。結果他做了什麼？他讓他們自相殘殺，害他們坐牢。他說那些人是他的人，其實沒有他，他們會過得比較好。」我問她是否覺得沒有他，她會過得比較好，她說：「我從來沒擁有過他，我一點也不懷念現在的他。但從前那個他——我很確定我知道他從前是什麼樣的人，我很想念那個人。還有，我以為那個他之後會變成的樣子，我也很想念，全心全意地想念。」

・・・

我採訪過許多族群，這群青少年罪犯給我的資訊最混亂不清。他們不相信、不喜歡成年白人男性的權威角色，會下意識掩飾自己，而他們之所以入獄，一開始的部分原因也就是這一點。但更重要的是，他們自己也搞不清現實，不確定究竟發生了什麼事，他們的故事總是說不定。

監獄濃縮了人的情緒，因為人類的許多正常行為都受到禁止，囚犯的許多日常決定也不能自己做：吃什麼、何時吃、何時洗澡等等，都不行。你不是在街頭上，不能討生活，不能犯下一樁又一樁罪行，不能嗑藥逃避現實，只好反省。在這樣抑鬱的深思中，囚犯會沉溺於愛與恨、團圓與報仇，盤算著如何報復那個害自己坐牢的人。我遇過的所有罪犯都把入獄怪到別人

7．指毛毯、玩偶等能為孩童帶來慰藉的物件。在孩童邁向獨立的過渡時期，過渡物是母親的代替品，可提供安全感。——編注

頭上，有時連犯罪也怪別人。他們也企求能向他們伸出援手的人：丈夫或太太、男友或女友、自己的子女雙親，這些人較不保留的愛成為珍貴的紀念品，象徵了純真無罪。

在克里希納看來，他所承受的冤屈，比他讓別人承受的冤屈要來得真實。不過，我也遇過其他孩子，他們似乎無法擺脫過往那壓垮他們的罪惡感，乾脆一不做二不休，真的成為罪犯。我和收容學校的一個男孩變成朋友，他叫亨德爾．威爾基，母親是幼稚園老師。他在六歲那年和母親吵了一架後跟學校護士告狀，說母親虐待他，接著又跟學校社工講了一樣的故事。母親並沒有虐待他，他只是想找她麻煩。結果是亨德爾和妹妹被帶走，永久寄養，母親則禁止教書五年。因為這場錯，他往後的人生從此蒙上陰影。

582

米特．艾巴是另一所監獄的幫派分子。他八歲時，母親常常留他在家照顧幾個妹妹，並叮囑他絕對別應門。有天，敲門聲持續太久，他無法不理會，開了門，結果是警察，原來是鄰居檢舉孩子被母親留在家裡無人照護。他們從母親手中被帶走，寄養家庭一家換過一家。米特和《吉姆爺》裡的吉姆一樣，都被一個過錯困住，覺得自己毀了母親和妹妹的人生，道德中心也因此崩毀。日後的罪行，包括販賣毒品與傷害他人，都滿足了他懲罰自我的需求。人說犯罪起因是童年受父母傷害，而犯罪結果則是父母受孩子傷害。做錯事本身帶來的痛苦往往掩蓋了一切悔過之意。

愛不止是本能，也是技能。收容學校等治療型的監禁計畫透過團體聚會、寫日記、寫信等活動，提供省思的制度和動力。孩子進了收容學校後，父母也同時獲得學習機會。在監獄裡，關愛可被化分為各種參數，對某些人來說，這比運作規則不明的日常世界要容易應付得多。你在探訪日現身，待完全程，帶幾雙球鞋來，或協助孩子留住女朋友，待她如家人。你不需要心平氣和也能做到這些明顯又具體的行為。許多人脾氣差、情緒不定，很難做到心平氣和。有的人做不到無時無刻都很堅定，但有時能一週做到一次。「我父母說探訪日會來，也真的來了！」如此以實際作為建立的信任對許多囚犯而言近乎天啟。在某些個案中，孩子一旦出獄，前述支持便煙消雲散，但對其他父母而言，這套做法讓他們得以反覆練習，等到孩子服刑完畢，父母也已經做好準備，以新的自信和能力去獨力善盡親職。

理想上，青少年若能重新融入家庭，應該反映了他或她不久後也能大致上重新融入社會。我第一次參加亨內平郡社區矯正部的家庭探訪日時，和兩個情況看似十分相近的男孩聊過。兩人同齡、判決相似，出獄日期也相差無幾。然而不久後，我得知其中一人的父母每次都會開上兩小時的車參加每場開庭、家庭諮商會議、探親日，母親也早就排隊幫孩子找到出獄後的工地工作。另一個男孩總是意興索然地參與他朋友的家人聚會，因為他那住在兩英里內、受過良好教育的中產階級家人，一次也沒來過。這兩個囚犯獲釋後，會進入兩個截然不同的世界。

我去過門禁森嚴的克斯丁頓少年監獄。監獄位在英格蘭北部的新堡附近，比收容學校更傳統、更簡陋。明尼蘇達的職員會告知院生，他們沒有跟我談話的義務。在克斯丁頓，獄方則邀我出席參觀各種程序，包括新人的脫衣搜身。英國囚犯還未走到認識自己這一步，或至少是自以為認識自己，而這卻是收容學校的特色。法蘭克．巴克蘭因為打表妹男友耳光而入獄，刑期將盡，他看起來卻很畏怯。他說：「我在這裡把自己的暴力傾向克制得好好的。」事實上，他是獄中的模範生。「但我也想和其他傢伙一樣，出去喝一杯、認識一些女生。我不確定自己會不會又走向暴力。」談到自己的未來性格，他的口氣彷彿是在談論一件自己無法控制的神祕事情。他母親也有同感，無助地說：「只能看著辦。」收容學校要這些年輕人思考和規劃出院之後要做什麼，相反地，我在克斯丁頓碰到的囚犯卻沒有一個知道自己獲釋後想要過什麼生活。

在監獄裡思考未來，的確有些幻想的成分，但從幻想是否前後一致及充滿希望，也可看出囚犯出獄後是否有能力翻轉人生。克里希納和我邊吃牛排晚餐邊頌揚幫派生活的美好，那是個警訊。同理，卡琳娜把男友的死當成通過學力測驗的動力，則讓人看到了希望。收容學校以漸進式計畫和支援性服務幫助囚犯重返社會。泰瑞．貝克說：「有的父母在孩子獲釋後出現問題時，都能自在打電話找我談。」卡琳娜和她最喜歡的矯正官一直很親近，還一次次回去找她諮詢。在這些關係中注入人道關懷，能發揮極大的效用。

・・・

水平身分多半都有一個核心議題：集體無辜。有個觸動人心的說法是身心障礙兒不應受責難。這章我們談的是犯罪的孩子，當中某些人的父母也有嚴重過錯。然而，很多罪犯的家庭也遭邊緣化，受到無情對待，情緒和經濟都陷入孤立，既沮喪又挫折。我不斷遇到想幫助孩子卻不知怎麼做或無法有效做到的父母。他們就和身心障礙兒的父母一樣，表面看似有權使用社會服務，實際上卻無法取得。本來應能解決的問題，卻因為社會大力抨擊這些父母而惡化。我們不肯正視他們的真實生活，這不僅賠上我們的人性，更賠上我們的個人安全。

犯罪看來比許多狀況更容易受決心支配，沒人能靠著意志擺脫唐氏症，有些人卻能走出犯罪的過去。要做到這一點，這些人通常需要很多後盾。犯罪預防研究已經舉出各種有效的解決方式，但我們大多視而不見，把社會上這麼多人都視為無藥可救。從事少年犯相關工作的人，有四分之三相信世上有解決問題的有效方法，只有三至六%的人認為少年法庭有幫助。正因我們對這些被社會放棄的兒童缺乏同情，所以他們無法獲得有效的輔導。大眾普遍有個偏見，認為治療干預這種治療計畫太過愛護罪犯，此外，社會還常用另一個藉口來拒絕提供這類輔導：這樣做又貴又無效。兩種藉口都站不住腳。監禁未成年罪犯，一年約花費二萬美元至六萬五千美元，而輔導課程愈多的監獄，暴力事件愈少，因此能降低些許成本，但財務效益最高的，還是預防再犯。一起罪案會產生龐大的後續花費，包括財物損失、審判成本、受傷的醫療費用，以及受害人飽受驚嚇後承受的精神負擔。哥倫比亞大學全國成癮與藥物濫用研究中心主任卡利法諾說：「輔導與究責並不互斥，反而相輔相成。」

加州大學美熹德分校的心理學教授薛狄許收集一百六十三個研究進行後設分析，證明家庭

584

介入是最有效的做法。另一項後設分析則發現：「家庭與雙親介入能大幅降低青少年罪犯待在牢獄與收容所等機構的時間。」青少年犯罪與唐氏兒、自閉兒一樣，早期介入的效果最好。二○○一年美國公共衛生署總署長的青少年暴力報告證實，在產前家訪中教導準媽媽育兒技巧，的確能降低青少年犯罪率，若配合後續追蹤，效果最佳。某位研究人員將此做法比喻為看牙醫，要確保健康就得定期保養。這跟打疫苗不同，疫苗只要在孩子很小時打過一次，就能預防疾病。 585

缺乏耐心的社會往往要求輔導要更有針對性，也因此多數的家庭輔導計畫往往等到高風險兒童長大後才開始，而且只針對已經有人犯罪的家庭。治療方案大多以縮寫出現：BPT、FFT、MST、SFT、BSFT、MFGI、FAST、FET、TFC，其中大多採用認知／行為模型，教導父母如何做到一以貫之、公平公正且坦然表現情感，也教導孩子如何認清自己的感受、管理憤怒、增進溝通能力。孩子與父母攜手加強彼此化解衝突的能力。有些治療方案也處理實際問題，比如幫助家庭獲得足夠的食物、衣物及安置住處，有些則先將孩子安置於模範寄養家庭，讓原生家庭前往見習，之後再把孩子交還給父母。

耶魯教養中心的凱茲丁與研究團隊提倡無暴力、無恐懼的管教方式，把家庭改造為矯正場所，以免年輕人進入國家的矯正機構。有研究指出行為溝通法能降低一半的再犯率。另一份研究指出，對照組裡緩刑中的少年犯與實驗組中參加家庭治療的相似少年犯相比，前者的再犯率是後者的十倍。還有一份報告指出，進機構服刑並參加家庭治療者，再犯率為六十％，相較之下，沒有參加的人再犯率高達九十三％，形同原地踏步。有犯罪風險的孩子，家庭若沒接受早期治療，跟家庭參加了這類治療的孩子相比，在十八歲前因暴力犯罪被捕的機率高出了七十％。儘管有這些數據，當今社會處理青少年犯罪的方式仍鮮少改變，只有十分之一的少年監獄運用家庭治療，當中只有四分之一固定這麼做。我們抱怨少年犯行惡，卻不斷選擇報復以求滿足，忽略預防的效果。

基礎的家庭介入療法，粗略估計每戶花費從二千至三萬美元不等。「高瞻培瑞托兒所方案」執行結果顯示，針對被認定具有風險的新手母親，每花一美元輔導，可省下七美元的後續花費，這還未算入這些未違法人口對經濟的正面貢獻。加州的「三振法」針對累犯大幅加重徒刑，但每預防一樁重罪就要花一萬六千美元，每回假釋的花費則將近一萬四千美元，相較之下，以訓練父母來預防重罪則每件只要六千三百五十一美元。事實顯示，用畢業激勵獎助把孩子留在學校並不用花大錢，成效卻極高。培瑞方案團隊認為，美國若不能成功介入家中有五歲 586 以下兒童的高風險低收入戶，代價可能高達四千億美元。不過，雖然今年用在防堵上的錢能大幅降低未來十年的監禁成本，我們卻很難根據此一等式編列項目預算，尤其政治人物需要的是能在任期內看到成效的項目。

在任何這類輔導的討論中，道德都是一大問題。若以治療來回應暴力犯罪，我們傳達了怎樣的訊息？如果選擇縮短監禁時間，本應關在牢獄內的人將犯下更多罪行。三振法是設計來縮減加州地區廿五%的成人犯罪，這個目標是否已經達成，很難說。目前仍無任何預防或治療方案達成這麼高的目標。另一方面，三振法的費用高得嚇人，州政府已瀕臨破產。我們不可能廢除司法系統，也無法以仁慈來擊敗犯罪，常常得以其人之道還治其人之身。另一方面，有多不勝數的證據顯示，懲罰式的司法若能搭配治療方案，威力更強大。選擇治療性介入而捨棄監獄制度，是無稽之談，但像目前美國大多數州這樣，只有監禁而沒有治療性介入，至少也同樣不可理喻。

有些人無法認清人類的衝動非常多元，他們不會去做一開始就不吸引他們的行為，卻因此自以為高人一等，並產生一種奇特的傲慢心態。有人認為性侵兒童很噁心，洋洋自得地說自己不會在性方面占小孩子便宜，卻沒體認到兒童對他們原本就不具性吸引力。有些人沒有藥物依賴的傾向，卻對成癮的人多有不齒；有些人胃口小，卻看輕病態肥胖者。一百年前，我的同性戀取向會把我送入牢中，幸好我活在這個時代、這個地方，能忠於自己。如果我得否認自己的渴望，而異性戀者沒有這樣的渴望，無從否認，那麼我的經歷當然會和異性戀不同。在和囚犯相處的日子裡，我看過許多人或不善於控制衝動，或軟弱，或愚蠢，或破壞成性，但也看過許多受強迫症支使，身不由己。有些人即使無時無刻都有熊熊燃燒的偷竊欲，卻能展現過人勇氣、克制欲望。這些人努力困住內心那無法殲滅的惡魔，而那些一想到偷竊就覺得厭惡的人則做到了守法，這兩者完全不可同日而語。

罪犯的家庭往往既得承認孩子做了壞事，又無論如何得繼續愛他，兩者都很難。有些人放棄了愛，有些人則假裝沒看見孩子的惡行。理想狀況是以上兩者都別做，這是借用了愛罪人、恨罪行的觀念，但罪人與罪行無法輕易切割，愛一個罪人，就是愛著這個人與他的罪。有人既看見也承認所愛之人黑暗的一面，且反因這樣的認知而更愛對方，這種人實現了最真實的愛。最真實的愛，是即便在一片荒涼的景色中，目光也如鷹眼般銳利。我遇過一家人，他們經歷悲劇後，比其他人更能擁抱上述矛盾。還有一位母親，她的愛似乎既是無比深刻，又把一個千瘡百孔的人看得無比清楚。她的愛，一如李爾王小女兒寇蒂莉亞的愛，既黑暗又真實，既包容又犧牲自我。

· · ·

一九九九年四月二十日，科羅拉多州利特爾頓市科倫拜高中的高四學生（注：美國高中多為四年制）艾瑞克·哈里斯和迪倫·克萊伯德在學校自助餐廳放置炸彈，爆炸時間設定在十一點十七分第一個午餐時段，兩人並計畫射殺所有想逃跑的人。由於引爆器裝設出了問題，炸彈沒有爆炸，但克萊伯德和哈里斯仍挾持全校師生，殺害共十二名學生、一位老師，並隨後開槍自殺。該起事件在當時是史上最嚴重的校園暴力事件。美國右派人士譴責「家庭價值」崩壞，左派人士則將炮口指向電影裡的暴力情節，並呼籲加強槍枝管制法。對美國整體文化面的批評大量出爐，想以此解釋這些難以理解的事件。

當天的死亡人數，一般都列十三人，科倫拜紀念碑也只悼念十三個亡魂，彷彿克萊伯德和哈里斯並沒有一同死於該日該地。從事件那時起，大眾普遍猜測兩個男孩應來自破碎家庭，過去也應有暴力犯罪紀錄，但事實卻不然。世人在看到這樣可怕的事件之後，一心希望良好的教養能預防孩子變成下一個克萊伯德和哈里斯，但惡意的滋長過程並非總是有跡可循，也不一定有辦法解釋。就如同自閉症者與思覺失調症者的父母納悶自己過去所知的那個顯然很健康的人到底怎麼了？其他家庭忙於應付行為變得驚世駭俗的孩子時，也同樣不解，他們自以為了解的那個天真孩子，究竟怎麼了。

我著手準備採訪湯姆．克萊伯德和蘇．克萊伯德的時候，滿心期待與這對夫妻會面有助於我理解兩人之子的行為。但我越了解克萊伯德一家人，就變得越困惑。蘇非常慈愛（迪倫過世前，她的工作是照顧殘障人士），是許多被忽略或受虐待的兒童夢寐以求的母親，湯姆則滿腔熱誠，能鼓舞任何人疲憊的精神。在寫這本書的過程中，我認識了許多家庭，其中有幾家會讓我情願成為他們家的一分子，克萊伯德家就是。兩人陷入自家的希臘悲劇式家破人亡慘劇中，卻從中學會難以置信的寬諒與同理。即使是在最親近的關係中，一個人也總有些隱密是別人無法知道的，這樣的無從得知既深切又恐怖，而兩人就是其中的受害者。愛好人比愛壞人容易，但失去你所愛的壞人，卻可能比失去你愛的好人更難受。蘇曾告訴我：「有天晚上我看了電影《失嬰記》，衷心同情羅斯瑪麗⑧。」芭芭拉．華特絲事發後採訪迪倫班上同學的父親，提到克萊伯德一家，他說：「他們困在玻璃箱裡，手上能解開這個謎題的線索並不比其他人多。」

蘇有兩個兒子，而么子迪倫對她說的最後一句話，是四月二十日他出門上學時，讓身後的門砰地一聲關上之前說的那句「再見」。當天中午，湯姆接到電話，得知學校發生槍擊事件，而迪倫是嫌犯。他打給蘇。蘇說：「我腦海中突然預見他可能會做什麼事，所以那時鎮上每個母親都在祈禱孩子安全無事，我卻必須祈禱自己的孩子在傷害任何人之前先死去。當時我想，如果這一切真的發生了，而他活了下來，他就得進入刑事司法系統，遭受處決，我無法承受二度失去他。那是我這輩子最艱難的禱告，我祈禱他自殺，這樣我至少知道他是自己想死，而不是被警察的子彈射死，在我心中留下許多問號。我希望我的兒子自殺，而他真的自殺了，或許我那樣想是對的，但我花了好多時間後悔自己如此禱告。」

當晚，警察要克萊伯德一家人離家，一方面讓他們搜查整間房子，另一方面也是為了保護他們的安全。「我想著迪倫已經死了，還想著他年輕健康，器官或許可以捐出去，但接著又想，有人會想要謀殺犯的器官嗎？那是我第一次體認到，世人將怎麼看待我兒子。」一家人在湯姆的妹妹家住了四天，在迪倫下葬當天回家。蘇說道：「我們不太清楚發生了什麼事，只知道迪倫死了，是自殺，以及他與槍殺案有關。」

利特爾頓的居民開始哀悼，一位伊利諾伊州來的木工在校園附近的山坡地上立了十五支十字架。湯姆說：「這件事令我好振奮。我也想加入社區。我以為我們可以一起哀悼。」蘇回憶道：「那裡擺了鮮花，迪倫和艾瑞克的十字架下有和其他人一樣多的花。」

之後，部分受害者的父母毀了迪倫和艾瑞克的十字架。當地教會的青年團體種了十五棵樹，結果幾位受害者父母在媒體的陪伴下前來砍倒了迪倫和艾瑞克的樹。一週後，學校在畢業典禮上對受害的學生致頌辭，但校長卻請迪倫和艾瑞克的朋友離場迴避。不久後，相關報導開始使用十三這個數字，而非十五。湯姆說：「簡單說就是：十三個孩子死了，兩個納粹幹的，他們的父母要負責。這是場全民私刑。」蘇省思道：「我覺得其他父母相信自己經歷了喪子而我沒有，因為他們的孩子有價值，我的沒有。我的孩子也死了。他死前下了可怕的決定，做出

8．《失嬰記》（Rosemary's Baby），羅曼波蘭斯基經典恐怖片。劇中女主角羅斯瑪麗做了怪夢後懷孕，最後發現孩子可能是魔鬼之子。——譯注

可怕的事，但他仍是我的孩子，而且他也死了。」

克萊伯德家的律師建議他們別跟媒體說話，但沉默卻讓當地人更加激憤。湯姆說：「讀完某些東西，卻完全不能回應。你明明知道文章是捏造的、誤導的和煽動的。」蘇說：「感覺就像一直挨打，再挨打，卻不能反擊。」為了轉移悲傷，蘇親手寫字條給每個遇害或受傷孩子的父母。她雖然不覺得自己該為事件負責，但想減緩事件的傷害。她後來解釋道：「對我來說，讓這個社區走出傷痛唯一的辦法，就是設法和每個受害者建立一對一的關係。直到我能對這些人說：『如果你想和我談談，我隨時有空。我們可以在你家或在牧師的辦公室見面，如果你需要的話，可有人在旁調停。如果和我說話對你能有幫助，我隨時等著。』那麼我的旅程才算完成。」她從來沒付諸行動，因為有個諮商師警告她，和他們聯絡，可能會再度傷害他們。她說：「但我除了為自己的孩子哭泣，也為他們的孩子哭泣。」這家人面對龐大的敵意，偶爾也收到意外的關愛。湯姆說：「科倫拜事件發生幾週後，家得寶的一位收銀員給了我大大的擁抱。鄰居送食物過來。開車去修歪掉的輪框時，修車師傅跟我說：『至少你們沒改名。』他敬重這一點。」

隨後幾個月，調查發現科倫拜校園有霸凌氣氛。湯姆說：「你得屬於某個圈子，還要有運動員履歷，否則毫無地位。所以迪倫才那麼憤恨，要避免科倫拜事件，只有一個辦法，那就是消除他那鬥狠的氣焰，而那種盛氣正來自學校。他和艾瑞克沒有對我們開槍，也沒有去量販店或加油站開槍，他們是在學校開槍。科倫拜校園的人際互動模式很不公平，而迪倫卻無能為[590]力。這足以激怒一個敏感的孩子，讓他進行報復。」

克萊伯德一家以前從不知道，雖然迪倫身高一百九十三公分，看來不好欺負，卻曾在學校遭人大大羞辱。有天他回家時，衣服上到處都是番茄醬漬，母親問他怎麼了，他說那是他人生最慘的一天，不想多談。他死後幾個月，母親才知道迪倫和艾瑞克在學校公然遭人推撞，同學還朝兩人噴射番茄醬，罵兩人死玻璃。「他當天的遭遇留下的遺害，我後來是看得到，卻沒幫他，這讓我非常心痛。」她說道。事發幾週後，湯姆到警察局把迪倫的車開回來，一名警察說：「有天我兒子從學校回家，有人在走廊放火燒他的頭髮，他的整個頭皮都燒傷了。我想把學校一片片拆了，但他說那樣事情只會更糟。」

校園屠殺事件一年後，警察把迪倫的日記交還給克萊伯德一家，他們不知道迪倫寫了日記。蘇說道：「迪倫字裡行間充滿『我比他們聰明』，他看不起欺負他的人。我想，他喜歡把自己想得很完美，開槍殺人讓他感受那種自命不凡。他在高中的最後兩年變得更內向、神祕兮兮，但這也不是太不尋常。大家有個刻板印象，誤以為他和艾瑞克是那種悲慘可憐的小孩，因為太孤立，才密謀幹壞事。他很聰明、很害羞。他有朋友，朋友也喜歡他。我聽到外人認定我兒子受到排擠時很震驚，就跟聽到他涉及槍擊案時一樣震驚。他以前很關心別人的。」湯姆遲疑了一下，說：「或是看起來很關心。」

蘇說道：「我一直無法判定哪一種想法比較慘，是孩子天生如此，你做什麼也改變不了，還是他本性善良，但某些事情激發了犯罪行為？悲劇發生後，大家對我們避之唯恐不及，也因此我們能體會兒子被排擠的心情。他讓我們經歷了他的現實生活：被唾棄、不受歡迎，面對討厭自己的人也無法為自己辯駁。」律師幫他們過濾成堆的信件，以免他們看到最不堪的來信。蘇說道：「我可能讀了三百封寫有『我欽佩你』、『我為你禱告』等字句的信件，然後讀到一封充滿恨意的信，就被摧毀了。若有人貶低你，這份貶低的分量會遠比所有的關愛還要重。」

湯姆和迪倫一樣，高中時極度害羞，也因此覺得自己憑本能就能了解迪倫。迪倫的心情他感同身受，卻不理解他的行為。蘇則看到種種情勢在迪倫身上交會，形成可怕的組合，包括沮喪、讓人憤怒的校園環境，以及本身問題嚴重、對他影響很大的朋友。她說道：「迪倫有點怕艾瑞克，有點想保護他，又有點受他控制。他被某個我無法了解的東西困住了，做出這些可怕的事。但我不相信、我無法相信他是這樣的人。是，他是有意識地選擇做下這麼可怕的事情，但他的意識出了什麼問題，以致他做出這種決定？他心裡的某個東西壞了。那個害死、傷害了其他人的病因，也害死了我兒子。」

我很驚訝克萊伯德一家人仍待在這個充滿痛苦回憶的城鎮。蘇說道：「就算我們搬了家，改了名，媒體也會找到我們，到時我不論遇到誰，我都是『那個凶手的母親』。在這裡，至少有人喜歡這個我，也有人曾喜歡迪倫，這就是我需要的，尤其是曾經喜歡迪倫的人。」湯姆坦言：「如果我們走了，他們就贏了。有些人想把我們擊倒在地，而留下來，是我對抗那些人的方式。」我試探地說，事發後經歷這一切，要繼續愛迪倫一定很困難。蘇回答道：「不，從來不會。這是比較簡單的部分。試著理解很難，面對失去很難，要讓自己和他的行為引發的後果和解很難，但愛他不難，對我來說一直很簡單。」

跟克萊伯德一家聊天時，我覺得蘇像德國人，湯姆像日本人。蘇不斷自省，背負著無比沉重的罪惡感。湯姆則表明這件事十分可怕，然後便試著向前看。他說：「你能怎麼辦？他覺得他有理由，也承擔了後果：他已不在人世。我兒子造成他人痛苦，我很抱歉，但這件事，我們也很痛苦。我們失去了兒子，還得活著承受我們對孩子的記憶不斷受人攻擊。」他和日本一樣，把原因歸咎於外界，但還算有限度。後來湯姆說：「我想像著艾瑞克對他說：『你要是不做，我就殺了你父母。』但迪倫是自願參與的，這點你永遠否認不了。」蘇則相信，若主因真是艾瑞克，迪倫應有能力阻擋艾瑞克的壓力。她懷疑他是不是受過什麼創傷成為導因，甚至是否曾遭人強暴，但從來沒發現相關證據。她提到他高二的日記：「他的口吻就是個為人著想、懂得內省又憂鬱的孩子，談的大多是他喜歡某某女生，但對方不知道他的存在。悲劇發生前三個月，他談過他想要的死法，還說：『我可能會和艾瑞克一起模仿ＮＢＫ。』」她後來才知道ＮＢＫ是電影《Natural Born Killer》（閃靈殺手）的縮寫。「到了一月，迪倫都還沒真的決定要做。他只想死，但為什麼要炸掉學校？某個禮拜一早上，我坐進車裡，想起迪倫，上班的路上一路哭個不停。我會和他說話，或唱歌。我得面對那份悲痛悔恨。」

這麼重大的事件，會完全擾亂一個人對現實的感受。蘇說道：「我本以為我能了解人，能關心人、深入理解別人。這件事之後，我才明白，我完全不知道別人在想什麼。我們念童話故事給孩子聽，告訴孩子世界上有好人跟壞人。現在我再也不會這麼做了。我會說，我們每個人都有能力當好人，也都能做出惡劣的決定。愛一個人，他的好與壞你都要愛。」蘇工作的那棟大樓裡有間假釋辦公室，她每次跟那些更生人一起搭電梯，都覺得既陌生又害怕。科倫拜事件後，她對他們的看法變了，「我覺得他們就像我兒子一樣。他們也是基於某些原因，做了糟糕的選擇，因此陷入可怕、絕望的情況。我聽到恐怖分子的新聞時，心裡想著：『那也是某人的孩子。』科倫拜事件讓我更能將心比心，其他事情不可能做到這一點。」

在克萊伯德一家收到的信件中，有孩子把迪倫當偶像，也有女孩子愛上他。「他有自己的粉絲。」湯姆說道，嘴角微微揚起嘲諷的笑。出乎意料的善意也鼓舞了兩人。事發幾年後，在一場自殺研討會上，一個男人走向蘇，在她面前跪下並說：「我只想告訴妳，我非常欽佩妳。我不敢相信大家竟然這樣對待妳。我每天打開報紙，都覺得會讀到有人拿著草叉跑到妳家門前的車道上。」還有幾個陌生人擁抱過蘇。但平凡生活仍可望而不可即。她提到近來有次去超級市場，收銀員認出她駕照上的姓，「然後她說：『克萊伯德……妳認識他？』我說：『他是我兒子。』然後她開始談起：『一切都是撒旦的傑作。』我心想：『拜託，趕快把東西裝一裝。』離開時，她在我身後喊著會為我禱告。這種事讓人筋疲力盡。」

在我首度拜訪湯姆和蘇之前，朋友問我怕不怕這家人，彷彿我會染上屋內的某種邪惡。結果證實，兩人打從骨子裡平凡得難以置信。一位迪倫的朋友說，他以前都稱他們為沃德與瓊，典故是《天才小麻煩》的那對陽光夫妻，因為這個家庭就是這麼好相處、容易捉摸。他們讓我看家庭的相本和影片，其中讓我印象特別深刻的是屠殺日前三天迪倫準備動身前往舞會的影片。他有點青少年的粗魯，但也很溫文，看起來是個好孩子。我絕對想不到他正即將展開濫殺。他的長髮往後紮成整齊的馬尾，邊調整租來的燕尾服，邊抱怨袖子有點短，笑著看女伴為他別上胸花，問道：「爸，你錄這幹什麼？」接著又笑著說：「嗯，哪天我會拿出來看，想著

593

我在想什麼。」他掩飾得很好，令人難忘，因為他表現出來的感覺就是這個人在未來某天會記得自己曾盛裝和漂亮女孩一起出發參加人生中最重要的派對。影片最後，他說：「我絕對不生小孩，小孩只會把你的人生搞得一團亂。」憤怒的一刻突然莫名其妙地蹦出，又同樣迅速地蒸發。

從四月二十日校園浴血，到當年十月為止，夫婦對事件的細節都所知有限，只知道迪倫在槍殺現場，且大概是自殺身亡。蘇說道：「我們一直堅持信念，相信他並沒有真的殺人。」之後警方報告來了，「看了之後我的心又再次痛起來，因為我再也不能否認了。報告上面，他們可說出他殺了哪些人，還有個學校的小地圖，上面標注了小小的屍體。」然後他們看了「地下室錄影帶」，那是迪倫和艾瑞克故意留下的，裡面的迪倫滿腔恨意，既憤怒又自大，和舞會影片裡的年輕人判若兩人。蘇說道：「看這些影片的傷害跟事件本身一樣大，所有為了保護自己而堅持的信念全破碎了。我們家沒有仇恨的言論，我有部分猶太血統，但影片卻反猶太，所有貶詞，黑鬼、猶太佬，他們都罵了。我看見我這輩子的創作成果：我養出一個魔鬼。所有我拒絕相信的事都是真的。迪倫是自願參與，整件屠殺並非起於一時衝動，他買的、做的武器，都是設計來盡可能殺死最多人。他開槍是要致人於死。這是我第一次知道迪倫在其他人面前的樣子。看到他對世界的輕蔑時，我幾乎要恨自己的兒子了。那卷影片留下他犯下變態凶殘大錯的模樣，我想毀了那卷片子。從今而後，不管認識他的人記憶中的他有多美好，不管他的性格中有什麼有優點可說，那部片永遠都能反駁。對我來說，這是令人窒息的空虛。」正如同潘朵拉盒底留著希望，這些影片也記錄了一瞬間的善良：艾瑞克提到兩人的父母時，迪倫回答：「我父母對我很好，我不想談這些。」[594]

我一和湯姆及蘇談到迪倫墮落之前的回憶，兩人的聲音便緩和了下來。湯姆回憶起兒子的童年時期，「迪倫好得令人驚喜，自動自發，很好奇。」每年迪倫生日，湯姆總會到過去兩人一起健行的山上，帶一罐迪倫愛喝的胡椒博士汽水，以及他小時候最愛的無尾熊玩偶。夫妻倆花了三年才終於把迪倫的房間整理乾淨，變成舒適的客房。我登門拜訪時都睡那間房。蘇說：「他是很棒、很出色、近乎完美的孩子。他讓你覺得自己是了不起的父母，因為他事事做得好。迪倫有難以置信的組織力，條理清晰，執行能力特別強。」他三歲就能數到一百一，還會用冰箱上的磁鐵計算等式。他比別人早一年上幼稚園，成績優異，上了資優課程。「他很小的時候，會把五六份拼圖混在一起，覺得這樣就能同時玩這些拼圖，非常刺激。他喜歡迷宮，喜歡尋字遊戲。他會和湯姆一起下棋。他就是很討人喜歡。」蘇斜斜看向我，悄悄說：「你絕對猜不到，我有多久沒機會拿兒子出來誇耀了。」之後她又說：「他很有可塑性，只要跟他講道理，說『所以我認為你應該怎樣做』，差不多每次都能說動他改變主意。身為父母，以前我以為這是優點，但現在看來，卻有可能是可怕的致命傷。」

校園屠殺事發的一年前，只有一個事件能看出可能出了問題。迪倫在高三那年春天要求到朋友查克家過一夜，後來查克不得已取消行程，迪倫便乘機和艾瑞克開車出門兜風。兩人開車到峽谷的道路上放煙火，途中在停車場停下，看到一輛廂型車的前座放著電玩，於是抓起石頭，打破車窗偷走，然後回到車上打開車內燈，檢查戰利品。有個警察停下來查看發生了什麼事，迪倫幾乎是馬上就承認自己偷竊，兩個孩子被帶回警局作筆錄。蘇說道：「電話響起，是警局打來的，當時那是我們人生最黑暗的一夜。」他們前往警局，迪倫和艾瑞克兩人都被銬上手銬。警察讓父母把孩子帶回管教，並要求兩人參與轉向計畫。這種計畫會把社區服務、教育指令、損害賠償指派給青少年，用意是協助青少年，讓他們不至於留下犯罪紀錄。這種做法向來被視為寬容，但蘇在事後看來，卻相信這是命運耍了惡意的一招。當初兩個男孩若入了獄，就會分開，並離開那所讓他們覺得自己很卑賤的學校。

一家人直到天亮了才回家，蘇怒不可遏，無法跟迪倫說話。湯姆隔天和迪倫一起出門散步，訝然發現兒子竟然對於被捕十分憤怒。湯姆說：「他深深覺得別人都錯了，認為自己的行為完全正當，絲毫不覺自己做了不道德的事。」蘇也察覺迪倫態度有異，轉向計畫的紀錄也稱

595

迪倫想不通自己的行為哪裡有錯。「我說：『迪倫，我不懂，你跟我說說，你怎麼能做出這麼不道德的事？』他回答：『嗯，對方又不是另一個人，是一家公司，他們買保險就是為了這個。』我說：『迪倫！你嚇到我了！』他說：『喔，我也嚇到了，因為我不知道自己幹什麼這麼做，我們只是突然間就做了。』」蘇如此說道。她把事情歸咎於青春期衝動，要他承諾不會再做這一類的事。「他說：『我答應，但我很害怕，因為這次我並不知道我會做出這種事。』於是我說：『好，你現在知道了。』」

蘇問轉向計畫的人迪倫是否需要接受諮商，他們為他安排標準化的心理測驗，結果顯示他並沒有自殺、他殺或憂鬱的跡象。蘇說：「如果現在我可以向一屋子的父母說幾句話，我會說：『永遠別相信你所見到的。』他心地好不好？體不體貼？在他死前不久，我有一次外出散步，跟他要求說：『如果下雨，你要來接我。』他也做到了。需要他時，他會在你身旁，他也是我所遇過最棒的聽眾。現在我才明白，那是因為他不想講話，他把自己藏了起來。他和艾瑞克一起在披薩餐廳工作。科倫拜事件發生前幾週，艾瑞克的愛犬生病，看起來快不行了，迪倫就一人值兩人的班，讓艾瑞克有時間陪狗。」

迪倫和艾瑞克生前都寫了些東西，文字間透露了艾瑞克有殺人傾向，怒氣都朝外發洩；迪倫則有自殺傾向，精力都用在自我否定和批評上。事情看起來就像是迪倫為了艾瑞克一起殺人，艾瑞克則為了迪倫一起自殺。到最後，迪倫為自己的生命倒數計時。蘇不明白，「他怎麼有辦法保密到這種程度，他是這麼痛苦。」

我問夫婦倆，如果迪倫也和我們一起在現場，他們想問他什麼。湯姆說：「我會問他，你天殺的到底在想什麼，還有你以為自己到底在幹什麼？」蘇先低頭看著地板幾分鐘，然後輕聲說：「我會請他原諒我，原諒我這個做母親的從來都不知道他在想些什麼，原諒我既無法幫忙，也不是他能傾訴祕密的對象。」隨後她又說：「我夢過迪倫千百回，夢到我跟他談話，努力要他跟我談談自己的感受。我夢到我正哄他上床，拉起他的衣服，發現他滿身割痕。他是如

596

此痛苦，我卻沒發現。他把痛苦都藏了起來。」

某些受害家庭對克萊伯德夫婦提告。慘案事發四年後，兩人在其他父母面前做口供，過程照例不對外公開。隔天，丹佛的報紙堅稱全世界都有權利知道他們說了什麼。蘇說：「意思是，在我們經歷一切之後，他們仍然相信我們難辭其咎。好像在問：『你們怎麼可能不知道？怎麼可能不知道？』我想說：『我無法回答，我真的不知道，真的不知道，真的不知道。你還能說幾次？我們事先要是知道，怎會不求救，不找人說？』」

在面對了這麼多沉重壓力之後，蘇被診斷出得了乳癌。她說：「我不相信脈輪，但你想想這一切的心痛、教養失敗、痛失孩子。最後我認識了幾個女人，她們的孩子都自殺了。六個女人中，三個人有乳癌。我以前總笑著說，這是我這齣嚴肅戲裡的輕鬆喜劇橋段，因為在我們經歷了這一切之後，乳癌相比之下顯得挺好、挺正常的。」科倫拜這場大衝擊發生後，有整整兩年她以為自己想死，但現在人生卻把她推向新的明確目標。「那就像是，『等等！我還有事必須先做，我得解釋迪倫是誰、是怎樣的人。』最近我認識一個女人，她一個兒子自殺、一個入獄，我對她說：『現在妳可能不信，也無法體會，但跌得這麼深，妳會從中得到啟發。這不是妳以前會選的路，但這條路會把妳變成更好、更堅強的人。』」

科倫拜事件之後，蘇遇到一名個案，眼盲、只有一隻手、剛失業、家裡問題重重。「她說：『我是有我的問題，但拿世上的任何東西給我，我都不願跟妳互換位置。』我聽了大笑。我為身心障礙人士服務了這麼多年，總想著：『感謝老天，我看得見，能走路，能搔頭，能自己吃飯。』我想著，我們都靠彼此的不幸來讓自己更好過，這件事有多好笑。」

蘇說自己很幸運，「我很幸運，迪倫沒有對我們下手。他對我們做過最壞的事，就是把自己從我們身邊帶走。科倫拜事件後，我覺得迪倫殺了上帝。沒有哪個上帝能跟這種事扯上關係，所以說一定沒有上帝。當你的世界已一無所有，你的所有信仰體系，你的自我概念，對自己、對孩子、對家人的信念統統消失後，就會有一個試問的過程：我是誰？我身體裡真的有個人存在嗎？最近有個同事問我週末過得如何，而那正好是槍擊事件的週年，於是我說不太好，也說了原因，聽完她說：『我每次都忘記妳跟這件事有關。』我抱了抱她，說：『這是這些年來我聽過最棒的一句話。』」但蘇自己並沒有忘記。「不久前，我在火車上跟鄰座聊得很開心，接著我能感覺到，那個問題就要來了：『那妳有幾個小孩呢？』我得搶先一步，我得告訴他我是誰。我永遠是迪倫的母親。」

我對夫妻倆說，我覺得他們把自己的狀況解釋得異常清楚，跟本章採訪過的某些人很不一樣。湯姆說：「我們能開誠布公地談這些事，是因為兒子已經死了。他的故事已經完結。我們沒辦法期望他再做些什麼，做些更好的事。說故事的時候，你要是知道故事已經結束，會講得好上很多。」在我們首次見面幾年後，蘇告訴我：「很久以前，我們差點在加州買到一棟房子，但對方不接受我們提的價格，後來我們看到利特爾頓這棟房子，提出很低的價格，對方接受了，我們非常興奮。當時我們說，加州的房子沒談成真是太幸運了。但是，當時如果談成了，就不會發生科倫拜事件。事情剛發生時，我曾經希望自己沒生孩子、沒結婚。如果我和湯姆沒在俄亥俄州相遇，就不會有迪倫，這起可怕的事也就不會發生。但隨著時間過去，我開始覺得，對我來說，我很高興我有過孩子，我很高興我有過我曾有的孩子。因為雖然代價是這樣的痛苦，但我對他們的愛是我這輩子最大的快樂。當我這麼說時，我說的是自己的痛苦，不是其他人的痛苦。但我接受自己的痛苦。人生原本就充滿苦難，這就是我的苦難。我知道對這個世界來說，迪倫沒有出生會更好。但我相信，對我來說不會。」

V

第五章　跨性別

TRANSGENDER

599

西方文化喜歡二分法：如果善惡可以分明，如果身心可以分離，如果男人皆陽剛而女人皆陰柔，人生似乎就比較不可怕。危害性別形同危害社會秩序。如果沒有既定規則可循，似乎人人都可出手爭取、重新定義一切，因此聖女貞德非得上火柱。如果我們贊同人們任意切除自己的陰莖或胸部，又怎麼可能保持自己身體的完整？著名精神分析師費曼曾戲道：「如果他們都穿上寫著『別擔心——不會發生在你身上』的T恤，可能有幫助。」性別本身就是很難掌握的概念，作家布魯姆說：「男性不是同性戀或異性戀，男性就是男性。構成男性特質的，非因男性是欲望的對象，也不是會喝啤酒或會握緊拳頭。那是由什麼構成，我們不知道，女變男的變性者不知道，他們的心理治療師與手術醫師也不知道。」然而，性別雖然難以定義，卻不難知道。莫莉斯在一九七〇年代勇敢寫下自己轉變性別的歷程，她說：「變性症並不是性模式或性偏好，也完全不是性的行為。變性是一種激烈的、無法根除的終身信念，真正的變性人永遠不會打消此欲念。」她解釋道：「我內在的不確定性就如同五彩的漩渦和雲彩，是我內心的迷霧，我無法確定它究竟位在何處——在腦中、在心中、在胯下、在血液裡。」

跨性別一詞範圍極廣，只要一個人的行為大幅偏離原生的生理性別所假定的行為規範，就能稱為跨性別。變性則通常指一個人透過手術或荷爾蒙改變身體，使身體得以配合非原生性別。變裝則指喜歡穿通常專供異性穿著的服裝。

雖然這些詞有多種用法，跨性別族群最廣為接受的還是「跨性別」(transgender) 與其縮寫 600
「跨性」(trans)。跨性男指生為女性，後轉為男性。跨性女則生為男性，後轉為女性。雙性人則指出生時性器官不明，或一出生就具有兩性生理特徵的人。

我們的語言過於貧乏，用性 (sex) 這個字來同時指稱性別及性愛，兩者不幸「合而為一」，社會由此對跨性別兒童產生諸多反感。跨性別被視為墮落，而兒童的墮落既異常又令人不安。然而跨性別兒童所顯現的並非性欲，而是性別。問題並不是這些兒童想跟誰在一起，而是想當什麼人。跨性別運動人士基就說過：「性別是指我是誰，性欲則指我對誰有反應。」這個區別很重要，但在爬梳跨性別身分的複雜之際，不免揭露出這些事有多難分辨，對孩子、父母及社會大眾都是如此。同性戀與跨性別分屬不同類別，但兩者間存在灰色地帶，在兒童期尤其難以區分。陽剛的小女孩或陰柔的小男孩可能想立刻改變性別，也可能大一點才想，或可能根本不想。有位母親提到，曾有男性友人問她，女兒那麼像男孩，會不會是同性戀，她回答：「她才四歲，我想她還沒有性欲吧。」但這些孩子可能會露出一些端倪，顯示「日後會受什麼人吸引」。事實上，即使孩子對情欲還沒有概念，卻可能是「潛同性戀」。

格林在一九八七年出版重要作品《「娘娘腔氣質」與同性戀之發展》，描寫他十五年來追蹤四十四位陰柔小男孩的過程。其中只有一人變性，多數人長大後只是成為同志。性欲與性別是兩個獨立卻又相互交纏的變數。由於跨性別表現在同性戀間比在異性戀間更普遍，因此此一表現的歧視也是一個同志議題。即使莫莉斯沒這麼主張，同志也是一種身分認同——不是你做了什麼，而是你是什麼。一個人即使從未與同性發生性關係，也可能是同志，而跨性別者也可能只展現原生性別。對同志與跨性別文化一無所知的人常常搞不清楚或將兩者混為一談，這其來有自：恐同者的攻擊對象一直都是性別不協調的人。喜歡時尚與裝潢雜誌且言行誇張出格的男同志，與學校裡恰恰偏好和男人做愛的美式足球英雄，兩者大相徑庭。雖然美式足球員若想與男人結婚會遇到法律問題①，被隊友發現也可能被罵難聽話，但不會如前者那般可能天天受到辱罵攻擊，日子因而生不如死。

跨性別者的政治解放一直扎根於同志權利運動中。雖然同志人數遠多於跨性別者，而跨性別運動也的確需要以人數為後盾，但兩個議題相混也造成許多困擾。有些同志認為他們的跨性別兄弟姊妹與自己有一樣的困境，只是更加艱難，於是為他們奮力發聲；有些人則認為跨性別族群令人難堪，於是試圖和他們切割，這種模式最常見於強調雄性本錢的男同志身上。這樣的畫分在某些層面應和了早期女性主義者與女同性戀的分裂，當時有些女性主義者認為女同性戀是她們身分認同的終極表現，其他人則認為在爭取主流認同的戰役上，女同性戀會削弱她們的戰力。《就業歧視禁止法》旨在保護同志免受工作歧視，於二〇〇八年送交國會，內容卻完全不保障性別表現。全國男女同志工作組織隨後爭取加入性別表現條款，確保沒人會只因不符合性別類型而無法受雇或遭到解雇，結果提出法案的眾議員法蘭克說，他們要求太多了。

性別不調和可能極早出現，兒童在三四歲（有時甚至更早）就可能注意到他們所認知的自己與別人口中的自己並不一致，這樣的落差稱為性別認同障礙（GID）。兒童還年幼時，性別不協調常被認為無傷大雅，但到七歲左右，就會被逼著配合性別刻板印象。跨性別兒童可能會因為這些壓力而變得焦慮沮喪，且常不敢向父母坦承。布莉爾是諮商團體「性別光譜」的創辦人，也與培珀合著《跨性別兒童》一書，她說：「如果不讓他們轉變性別，他們的內在能量都會耗費在性別認同上，以致無法達到成長指標。性別轉換之後，孩子的心思精神就不再那麼投注在這個中心問題上，學習障礙和其他症狀往往因此不藥而癒。」

即使在二十年前，多數跨性別者仍追求徹底轉變到另一性別。現在的分類則模糊多了，有人選擇隱藏，也就是身邊所有人都相信他們一生下來就是現在這個性別，如果別人認定的性別是他們的原生性別，他們會覺得很失敗。有人公開過著跨性男或跨性女的生活。許多人時而隱藏，時而公然跨性別。有人是性別酷兒，覺得自己既非男性，也非女性。有些人的性別是流動的，有時是男，有時是女，有時兩者皆非，有時兩者皆是。有人受性別不安症之苦，因自己與生俱來的身體而身陷地獄，但有些人抵制這個詞，認為該詞很黑暗。有人樂於展現，有人極度保密。

以上這些類別的人可能曾求助手術，或注射荷爾蒙，或接受各種生理介入性治療，也可能沒有。有個作者統稱他們為「性別明暗變化」。根據《精神疾病診斷與統計手冊》，每三萬個基因為男性與每十萬個基因為女性的人當中，就有一人將在一生中接受性別重置手術，但依照這個比例，美國應該只有一千五百個術後變性男與五千個術後變性女。這份數據背後的調查方法非常過時，也反映了對何謂性別重置手術十分極端的看法，比如新造或切除乳房這類手術僅因不涉及生殖器，就不被認可為重置手術。電腦工程師康薇分析了較近期的資料，估計美國國內約有三萬二千至四萬個動過手術的跨性女，但極度無法接受自己原生性別的人當中，只有五或十分之一的人會選擇生殖器手術。全國跨性別平等中心估計全美國有高達三百萬人不認同原生性別，套用名主播華特絲的話：「雙腿間長的和兩耳間想的不一樣。」

究竟是應該改動身體去配合心理，還是調整心理去配合身體？科學家、心理學家、神職人員與學者各執一詞。有人相信透過心理治療，所有不符合性別規範的人都能安於接受自己的原生性別，因此設計了一系列修復療法，以解決身心不協調的問題。有人則支持荷爾蒙療法與手術，認為醫療的角色是協助轉換性別。父母則在醫治及接受間左右為難，這樣的困境在本書處

1．二〇一五年六月起，全美國同志已可合法結婚。——審訂注

處可見。支持修復治療的人堅持身體還是天然完整的比較好，醫療矯正太痛苦、風險太高，又太昂貴，除非萬不得已，否則不應採用。反對方則認為嚴格的性別規範既過時又是種懲罰，不讓跨性別者活在真實的自我中，只會讓他們陷入絕望，甚至往往走上自殺一途。世俗的認知正以飛快的速度演變中。身心障礙的社會模式，也就是跨性人的問題主要都源於社會對他們的態度，這樣的說法尤其有人熱烈倡議。

支持孩子轉換性別（改變原生性別）的父母，必須以新名字稱呼孩子，用新的代名詞（他或她），「兒子」、「女兒」的叫法也要掉換，用詞混亂往往接踵而至。有個母親向我介紹跨性的兒子時，說的是「他是我女兒」。還有一個說：「我選擇用孩子這個詞，因為雖然我可以叫孩子伊蓮，但就是沒辦法接受『女兒』一詞。」社會學家戴弗寫道：「如果採訪對象以男人身分活著，但談的是以前身為女孩或女人時的事，我就用女性代名詞。例如：『他記得以前還是女生時，她就很男孩子氣。』」我們使用的稱呼決定了我們的認知。

我認識的跨性別者大多不喜歡「男轉女」和「女轉男」這類說法，覺得這些稱呼貶低了其所指的人。許多運動人士的說法是這些人出生後一直「被宣告為男性」或「被宣告為女性」，日後才「確認為女性」或「確認為男性」。跨性別者常以「順性別」（cisgender）一詞稱呼非跨性別族群，這是借用了化學中「順」（cis）與反（trans）的概念，拉丁字首「cis」的意思是「位於同一邊」。我選擇依原生性別稱呼性別轉變前的跨性別者，轉變後則依確認的性別來稱呼，與受訪者家人談話時，也盡量這樣影響對方。若有人想徹底遺忘自己轉換性別前的名字，我則一貫使用轉換後的名字。

・・・

單親媽媽凡妮莎懷胎廿七週時，被匆忙推進丹佛的一家醫院，生下一男一女。女嬰看來算強壯，但男嬰體重不到六百八十公克，全身布滿細軟體毛，透過發育不全的皮膚可以看到體內的器官。醫院會為早產兒補充肺表面張力素，以幫助呼吸。因為女嬰比較強壯，所以院方先治療她，結果她出現不良反應，幾分鐘便夭折了，男嬰則活了下來。

一年後，凡妮莎認識並嫁給空軍中士喬瑟夫．洛莫羅。男嬰的生父根本沒看過孩子。喬瑟夫過繼了男嬰，為他改名為喬瑟夫．洛莫羅二世，小名喬伊。孩子二十個月大時，全家派駐到美國在沖繩的空軍基地。喬瑟夫回憶道：「孩子整天哭個不停，但不是因為『我餓了』或是『我要換尿布』，都和生理需求無關。我們無法安撫他。他脾氣鬧成那樣，我們無法帶他[604]出門。」

之後的四年間，醫生發現喬伊有注意力不足過動症、憂鬱、焦慮、依附疾患與氣喘，才三歲就要吃十四種藥。凡妮莎說：「孩子從來不笑，我們整天低聲跟他說話，說：『噢！好棒的小男生，好可愛的小男生！』男生、男生、男生。我每次幫他穿的，都是小男生的鞋子、小男生的外套。」喬伊那時就喜歡穿女孩子氣的衣服，凡妮莎以為他可能是同性戀，擔心軍人丈夫會有何反應。

洛莫羅一家只有軍醫可看，軍醫對軍方不樂見的診斷會非常謹慎，但喬伊五歲時，終於有位軍醫要凡妮莎上網了解性別認同障礙。凡妮莎說：「光說出那個詞，他就坐立不安，像被降級一樣。我從來沒聽過跨性別這個詞。我鬆了一大口氣。別人也有相同狀況嗎？」有了網路以後，跨性別者與家屬能馬上找到聯繫的網絡，獲得資訊與協助，但當然也可能找到錯誤的資訊。創立來保護、幫助跨性別孩子的網站，很容易吸引有變態性幻想的獵手或有殺人意圖的恐跨性人士。不過在此例，旨在協助家庭處理性別變異的「跨性別青少年家庭聯盟」創辦人之一、家裡也有跨性別孩子的金．皮爾森，則透過網路找到凡妮莎。凡妮莎說：「她帶著我和其他父母參加一場論壇，我感激地哭了。」真相大白後，喬瑟夫瞬間陷入重度沮喪。

凡妮莎開始稱孩子為喬絲。「喬絲只願意穿女生的衣服出門。當時我必須決定要不要為了保護喬絲而放棄婚姻？強迫喬絲當男生等於逼她自盡，我不是那種母親。」當時凡妮莎和喬瑟夫已經從中國領養了小女兒玉兒，「我願意放棄喬瑟夫、離開玉兒。這很不容易，但喬絲才五歲，卻已經贖了十世的罪。」凡妮莎還在考量這些時，丈夫已逐漸回心轉意，他說道：「她有種靈光閃動，我這就明白，喬絲是來真的，不會變回去。」

我第一次與喬絲見面時，她八歲，她說：「我是女生，我有陰莖。六歲以前大家都以為我是男生。我穿得像女生，告訴大家『我是女生』，他們花了很久才弄懂。」喬絲越來越堅持自己要隨時當女生，於是有一天，喬瑟夫帶她到基地的學校上學時答應讓她穿著有粉紅兔的牛仔裙和粉紅褲襪。

大多數小朋友都能接受，但父母就不一樣了。凡妮莎說：「隔天，喬絲教室門外聚集了一大群人，又吵又鬧，我嚇到了。」喬絲在自家花園玩，有人搶走她的腳踏車，把車扔進樹林裡。凡妮莎說：「有人對著我們家丟東西，罵我們是戀童的變態，還有小女生尖聲叫罵：『該死的死玻璃。』」基地的軍法署長夫人發起請願，要把喬絲趕出校園。喬絲回憶道：「大家發現我是女生的時候，真的很可怕。鄰居伊莎貝說她要報警把我關進監獄，我好難過，我以為她是我朋友。」

凡妮莎讓喬絲決定自己的穿著，而她每天都不選男生的衣服。凡妮莎說：「她要穿上裙子才肯出門，但她笑得很開心，好吧，那我也要笑。我就這麼做了。我緊緊牽著她的手，牽得比平常還緊，但她只是不停大步往前走。」不久，凡妮莎與喬瑟夫停掉她所有的藥，氣喘、憂鬱、焦慮與依附疾患統統不見了。但軍方表示無法保護喬絲，要他們離開沖繩，一家人於是被調到亞歷桑納沙漠中的基地。

605

凡妮莎不想讓喬絲繼續待在軍校，她在圖森市找到一所公立學校，校長自由開明，兩個女兒都註冊入學。但喬絲的老師不肯以女生的名字稱呼她，還對喬絲說凡妮莎是「壞媽媽」，大家都看得出來她是男生，媽媽竟然逼她當女生。喬絲說：「她是很糟、很沒禮貌的老師，根本不想讓我上她的學校。」凡妮莎說：「我又氣又灰心。喬絲的自尊心受挫，又回復憂鬱。」喬絲嚷著胃痛、頭痛，每天吵著不肯上學，學校則開始寄出曠課通知單。

洛莫羅一家搬到另一座城鎮。為了保護喬絲，在門窗上加裝了警報系統，還買了一頭大丹犬嚇阻攻擊者。凡妮莎寄信給當地某所學校的校長，開場寫著：「我的跨性別女兒今年八歲，我以她為榮。」校方的人事室主任表示：「我們依法行事，本州沒有反歧視法保護妳的孩子。」到了十一月，凡妮莎把女兒送進華德福學校，但學費一年高達兩萬美元，空軍薪水無法負擔，最後只能選擇在家自學。喬絲說：「我很想念外出的時光。」喬瑟夫說：「外界可能會傷害她，為了保護她，我們付出孤立的代價。」

但孤立不是唯一的難題，喬絲說：「陰莖問題一直很困擾我，我想拿掉，但又覺得會痛。人家說我要到某個年紀才能拿掉陰莖，大概是十五歲左右。」凡妮莎說：「十八歲，不過妳可以先服用雌激素長胸部。」喬絲解釋：「等我當媽媽，我要領養寶寶，但我會有乳房可以餵寶寶吃奶。我要穿胸罩、洋裝、裙子和高跟鞋。」她也告訴我，她要和彩虹髮色、人美心也美的人結婚，語氣聽起來同樣斬釘截鐵。她說：「我們會在亞歷桑納這裡領養到寶寶，然後看玉兒住在哪一州，就搬去她隔壁當鄰居。我們要住在樹屋裡，我要留長髮，一直長到加州那裡去。」

之後凡妮莎告訴我：「除非喬絲情緒夠穩定，能承受生理疼痛，否則我不會讓她動手術。但如果她現在就準備好了，我絕對會馬上著手。」凡妮莎計畫給喬絲使用青春期阻斷劑，阻斷身體分泌睪固酮與雌激素，她說：「這樣睪固酮就不會破壞她的身體，她永遠不會長出喉結和鬍鬚，看起來永遠不會像男人穿女裝。」。她在圖森找到一位願意執行這個協定的醫生，喬瑟夫說服病歷室發出新的出生證明，改掉喬絲的名字跟性別。但凡妮莎仍刻意在家裡各個角落留下男生的玩具，她說：「我不想要她為了證明自己是女生，整天玩芭比。」

我遇到的跨性別兒童大多選擇隱藏。我很驚訝，這些孩子中有許多人竟然能從某個偏差

606

（活在自己嫌惡至極的生理性別中），跳到另一個偏差（活在不符合身體的性別中）。喬絲為公開付出了高昂代價，但她給我的印象是，她過得比許多跨性別孩子都要真正自由。喬絲變成一個運動人士。很難想像一個八歲大、還想著住樹屋的小孩竟要擔負這個角色，但是，奇異地集超齡與幼稚於一身，就是她的本質。我們初次見面時，她剛與國家地理雜誌合作拍完第二部紀錄片，也已見過國會議員與亞歷桑納州州長。我在想，喬瑟夫和凡妮莎是否多少助長甚至創造了這樣的運動人士才華？然而，凡妮莎考慮過讓女兒至少在某些場合隱藏身分不無道理，她反問道：「喬絲第一次見面都說些什麼？『嗨，我叫喬絲，今年八歲，我跨性別，你是誰？』」

金後來與這家人變成朋友，二〇〇九年她榮獲社區服務獎，但無法親自出席，於是請喬絲代她領獎。臺下七百個觀眾，凡妮莎回憶道：「她在臺上轉過身來低聲對我說：『媽咪，我現在真的好怕站在臺上。』但這悄悄話麥克風全收了進去，全場聽了哄堂大笑，她反而放鬆了。」喬絲的即興演說獲得全場起立歡呼。凡妮莎說：「喬絲很脆弱、很情緒化，但她想改變世界。」

凡妮莎又說道：「小男生不會沒事到處說自己是小女生。他們相信你願意傾聽，但我們卻不懂得如何傾聽。她有天突然說：『媽咪，為什麼妳以前想要我當男生？』我聽了好痛苦，對她說：『那時候我還不懂，真的對不起。』她說：『沒關係，媽咪，我愛妳，而且現在一切都很好。』」

• • •

人最早有自覺的事當中，性別是其中一項，這種認知包含內在的自我感，往往也還有外顯行為的偏好，比如穿著及玩樂類型。但性別認同究竟源於哪裡，有人假定來自基因，有人說是懷胎時子宮內的男性荷爾蒙多寡，也有人指向幼兒早期的社會影響，但成因至今仍很難解。哥倫比亞大學心理學教授邁耶－巴爾伯格專門研究性別變異，他曾舉出極多種可能的生物機制，並表示有高達四百種的罕見基因與後遺傳學現象都與此有關，這些基因不會影響荷爾蒙分泌，但會影響人格特質。史派克是哈佛大學小兒科助理教授，同時也是首屈一指的內分泌學家，他說道：「現階段我們對大腦的了解，就像第一個太空人在月亮上拍的地球照片，在這些精采的照片上能看到各大洲、海洋與天氣系統。等到我們能看清楚地球上的車牌號碼時，就能解開性別不協調的成因。」性別不協調的案例與自閉症一樣，似乎比以前還要普遍許多，但究竟是案例真的變多，或只是認出的案例變多，也跟自閉症一樣，還無法確定。

有一派人主張跨性別有非關基因的生物因素，但說法非常混亂。合成雌激素己烯雌酚（DES）於一九三八年開發，直到一九七〇年代早期都用在預防流產上，對子宮內的男胎及女胎都造成許多副作用。二〇〇二年有人針對「DES兒子網絡」的成員做了項調查，發現成員中跨性別發生的機率異常的高，達五十%，足以支持孕婦荷爾蒙濃度會觸發跨性別認同的假說。科學家也擔心內分泌干擾素的影響。這一類化學物質從食物到地板拋光劑到包裝材料無所不在，目前已知是造成兩棲動物生殖系統畸形案例越來越多的主因之一。研究人員猜測，人類生殖器官異常以及非典型性別認同可能也肇因於此。

科學歷史學家康居朗專門研究「變異」的概念，他在一九九一年寫道：「多元不是疾病，異常也不是病狀。」跨性別無疑並不尋常，但大家爭論不休的，是跨性別是否也是一種病狀。性別認同障礙在一九八〇年納為一種醫學分類，《精神疾病診斷與統計手冊第四版》內明定兒童必須表現出五項症狀中的四個，才能診斷為性別認同障礙。五項症狀包括：強烈而堅定的跨性別認同，也就是渴望或堅持自己屬於另一個性別；對於原生性別一直感到不安，或對該性別所扮演的角色感到不恰當，常見於兒童某種形式的跨性穿著；玩辦家家酒時偏好扮演與想像自己屬於另一個性別；長期渴望參與刻板印象中屬於另一性別的遊戲與休閒活動；喜歡結交異性玩伴。診斷出性別認同障礙的男孩普遍偏好女性服裝與髮型，辦家家酒時經常扮演母親，會避開打鬧與體育活動，對於白雪公主之類的女性幻想角色有興趣。診斷出性別認同障礙的女孩在被要求穿裙子時經常強烈排斥，偏好留短髮，常被誤認為男生，會找機會打鬧，喜愛運動，選擇蝙蝠俠等幻想人物。在這個女人能去工地工作、男人可以跟男人結婚的時代，醫療界推崇的「蝙蝠俠對白雪公主」的性別認同分類顯得過分簡略，但在醫療文獻中仍時常出現。手冊明言這種診斷方式不適用於雙性別者。

大多數兒童幼齡期會玩男女性別都適合的玩具，跨性別兒童則常常排拒屬於自己的原生性別的玩具。邁耶－巴爾伯格形容這些兒童「一出生就有普遍的性別非典型」特質。性別行為量表的兩端分別為極端陽剛與極端陰柔，一般男孩多落在陽剛那個方向的三．五至五個標準差處，一般女孩也落在陰柔那個方向的相同標準差處，但跨性別兒童卻動輒從原生性別的標準值往另一性別的方向偏離了七到十二個標準差。換句話說，跨性別男童比多數女孩更女性化，跨性別女童則比多數男孩更男性化。「他們選擇玩什麼，幾乎可說是種政治聲明。」史派克說道。有性別認同障礙的成人在社交和職場上表現出明顯的臨床沮喪或功能障礙。有些未確診的兒童會在青春期或之後顯現諸症狀。相反的，確診為性別認同障礙的兒童中，只有四分之一在青少年時期顯現完全的跨性別認同。換句話說，幼齡時玩什麼有時無關未來的身分認同，有時則已道盡一切。因此，父母在決定如何教養這些孩子時，總是憂心忡忡。

許多接觸跨性別兒童的專家都相信，整體社會辜負了他們。「性別認同障礙改革倡權者」的創辦人文特斯寫道：「性別協調的男孩或女孩所做的那些正常或甚至值得仿效的行為，到了性別不協調的孩子身上，就成為心理疾患的症狀。」意思是，在女孩身上被視為健康的行為，到了男生身上，就變成精神疾病的症狀。運動人士討論過，GID診斷不只被用來防止生理男性將自己認同為女性、生理女性將自己認同為男性，更被拿來圍堵和汙名化陰柔的男同志與陽剛的女同志。史蒂芬妮補充道：「如果有個男孩說：『我一定是女生，因為這些事只有女生會想要做。』並不代表他是跨性別者，只代表他有性別歧視。」麥倫與克蕾山卓這兩位社會工作者都有和這個社群接觸的經驗，兩人抱怨生理男性都被「運動矯正」，生理女性則是「禮儀矯正」。在二〇〇九年的美國精神醫學學會大會上，就有抗議者聚集發起「馬上改革GID！」。艾倫瑟任職於加州大學柏克萊分校的兒童與成人性別中心，專門處理兒童的性別認同問題，她說：「精神醫學專家一直在傷害所謂『性別異常』的孩子，他們需要再教育。」

但其他運動人士則大力反對，不願失去這個診斷類別。魯德索在《性別之謎》一書中寫道：「有正式診斷，各種荷爾蒙介入治療及外科手術才於法有據，才能讓數千個變性與跨性別者得以解脫。有些運動人士宣稱，性別變異的『醫療模式』，『等於是把人類的多樣性當作病狀』，這些人往往忽略上述這點。若無某種診斷，性別重置手術充其量就只是極端的整形或美體手術，或在批評者看來，是一種流行、時尚與『熱潮』。」將性別認同障礙列入《精神疾病診斷與統計手冊》，跨性別者的心理治療費用才能納入保險給付範圍。主持《精神疾病診斷與統計手冊第五版》研究工作的奈羅說：「保留的代價是汙名化，移除的代價則是可能無法享受醫療照護。」他說當今的要務，是「讓資源不僅可以取得，還會增加，而歧視也能減少」。這種困境讓人想到聾人和侏儒社群的經驗，他們或許不在意「殘障」這個標籤，但需要以此確保友善設施與服務。

610

然而，跨性別者的外科手術及荷爾蒙介入療法很少符合補助或免稅的條件。為了解決這個問題，許多跨性別者都希望自己的情況能被歸類為生理疾病。治療師安傑羅擁有博士學位，專精性別認同問題，他指出若一件事藉由改變生理便得以解決，就不該被列為精神健康狀況。有些運動人士堅持跨性別就跟懷孕一樣，雖是種醫療狀況，但並非疾病。美國醫學會發出決議，該會「支持性別認同障礙的治療若為醫師所建議，應納入保險給付範圍」，不論是生理還是心理介入都因此有了施行的空間。若要將跨性別重新歸類為內分泌或神經認知問題，一個做法是在世界衛生組織的《國際疾病傷害及死因分類標準》中增列條目。

只要GID還被歸類為精神疾病，專家就會設法治療，父母也會拒絕接納。現在的重點不是這個標籤，而是該回到孩子本身。國家兒童醫學中心的精神科醫師曼伏耶爾說：「我們的目標，是讓孩子適應良好、健康、有自尊，塑造性別並不是重點。」把每個孩子的心理健康放在第一位，而不是以統一的標準預告什麼才能構成幸福，或什麼價值標準才算健康，看來是正確的。曼伏耶爾不認為跨性別兒童天生就有障礙，而是比較容易遇到問題。阿姆斯特丹的性別發展學教授柯恩—凱蒂絲也同樣試圖「診斷並治療功能問題（如分離焦慮、解組的親職與憂鬱）」，如此一來，不管兒童最後展現哪種性別，家庭仍是健全的。」換句話說，性別認同問題不應掩蓋深層的問題，也不應受這些問題干擾。

多數聾人不介意被稱為聽障，多數智能障礙人士也不排斥「唐氏症」一詞，但「性別認同障礙」這個似是而非的詞，卻往往會激怒所形容的對象，而且氣憤的還不只是這個詞本身。本書談論的大多數狀況，既是一種正面的身分認同模式，也是某種負面的疾患模式。沒人想被歸到遭汙名化的診斷類別中，但多數人反的是汙名化，而不是醫界的歸類。把聽障和自閉症視為身分的人，即使別人視之為障礙，仍然能認同這個身分。然而「性別認同障礙」一詞不只暗指跨性別者有障礙，還表示他們的身分本身就是障礙，這種立場很危險。每個人都有多重身分，多數人都對自己的某些身分不滿，但身分就代表我們是誰。同一律是最早的哲學定律之一，主張世事萬物皆等同於自身。亞里斯多德就解釋，「人為何是人，或音樂家為何擅長音樂」這類「單一原因」的問題，答案只能是「因為每樣事物都無法與自身分離」。洛克則宣稱，「人就是人」是我們一切知識的最終基礎。認為一個人事實上不該是自己，破壞了一個人的同一律，就會毀去他未來可能的樣子。「性別認同障礙」一詞的命名無異是意圖消滅身分。我們可以討論有什麼更好的方式展現身分認同，但不該要求任何種類的人拋棄身分。二十世紀在有人試圖消除猶太人、圖西族及受共產黨壓迫的眾多身分認同下陷入了黑暗的深淵。如此大規模地消滅身分是不可能做到的，在細微層次欲抹滅身分差異同樣也不可能成功。

611

・
・
・

貝蒂娜．韋第和格雷．韋第都出身美國東北部的傳統義大利天主教家庭。格雷是航空公司地面機械員，貝蒂娜則是幼稚園老師。後來格雷進了戰機製造商洛克希德．馬丁公司，一家人搬到亞特蘭大以南。次子保羅三個月大時就喜歡粉紅色玩具，到了兩歲，他會把襯衫套在頭上，假裝那是長頭髮，還穿上貝蒂娜的坦克背心當晚禮服。他兩歲半時，貝蒂娜在一場車庫拍賣上答應幫他買一件黃色小花洋裝。貝蒂娜說：「我當時想，在家裡穿著玩，有什麼關係？」那件洋裝讓格雷覺得不太舒服，但他和貝蒂娜一樣，以為過陣子就沒事了。哥哥艾瑞克四歲時，他的幼稚園為學生的兄弟姊妹舉辦參訪日，貝蒂娜帶著保羅參加。「好多小女生穿著蓬蓬裙，保羅驚呼：『媽媽，我想要那件裙子。』」貝蒂娜回憶道：「其他媽媽都咯咯笑了起來。」貝蒂娜告訴小兒科醫師，保羅每次到玩具店都往女孩區跑，醫生說：「那就制止他。」格雷說：「保羅會說：『如果不能買女生的玩具，我們就離開玩具店吧。』」

保羅五歲時告訴貝蒂娜：「媽媽，我想要用女生的樣子去上學，穿得像女生、取女生的名字，玩女生的玩具。我想當女生。」貝蒂娜嚇到了。他們回頭找小兒科醫生，問他對性別認同障礙有什麼看法，他告訴他們「那些小孩」多半會自殺，所以應該多去基督教書店，找書來認識這個問題，還要禱告。貝蒂娜在亞特蘭大找到一位治療師，預約了與格雷一起去的時間。「我已經做好獨自面對的心理準備。」但在開車回家的路上，格雷對貝蒂娜說：「好，我們就做吧。」貝蒂娜致電一位好友，兩家孩子年紀相仿。她建議找一天讓孩子們一起玩。「我跟她說：『請叫她寶拉。』她說：『貝蒂娜，這樣好嗎？其他小朋友會笑他。』我說：『妳能試試看嗎？』」朋友一家來了，大兒子問艾瑞克：「呃，你弟怎麼穿得像女生？」艾瑞克說：「那叫跨性別，意思是男生想當女生或女生想當男生。我不太想討論這個。」對方說：「好，那我們去玩吧。」小兒子則根本沒留意，大概是因為保羅的行為一直都很像女生。

貝蒂娜到她的天主堂與宗教教育主任見面。「我當時非常激動，她說：『好，妳要她以寶拉的身分參加嗎？我們會把書面資料改掉。』我們就這樣在教堂轉換性別。」接下來，貝蒂娜通知校方，校長說：「我們為所有孩子提供安全友善的環境，妳的孩子也不例外。」寶拉只能用幼稚園護士的廁所，但除此之外，她就是寶拉。貝蒂娜的家人一開始就很支持，格雷的父母已經八十多歲，一看到寶拉就接受了。

但貝蒂娜和格雷沒考慮到社區的人。格雷說：「突然間，我們住到了聖經帶②。」貝蒂娜把情況告知鄰居，她說：「兩年來，我每天早上都和一個男人一起到公車站，一直覺得我們是朋友。結果，開學第一週，他在他家車道的出入口等我，手上拿著一疊從網路下載的文章，寫著這有多邪惡。」校車上還有一對兄妹把手放在寶拉頭上，祈禱她變回男生。寶拉回家後說：「我覺得沒關係，但這是不是表示他們不會跟我做朋友？」貝蒂娜拜訪這對兄妹的母親，「她對我說：『上帝不會犯錯。』我說：『如果上帝不會犯錯，你兒子怎麼會近視戴眼鏡？』『這個嘛，那是另一回事。』『怎麼是另一回事？都是身體的一部分，哪裡不一樣？』我說：『聽著，妳是個好媽媽，我打從心底知道如果妳遇到跟我一樣的情況，也會這麼做。妳會聽孩子說話，讓他開心。』」

貝蒂娜在兩個孩子上的幼稚園工作，她把情況告訴每一個人，也警告上司可能會有人反彈。過了幾個月，上司說：「有個家長質疑妳的教學能力，我告訴他：『沒有比她更好的老師了，她的家庭生活並不影響工作，你的孩子運氣好，能被她教到。貝蒂娜會很願意坐下來回答你的任何問題。我要掛電話了，你何不先把你擔心的事寫下來，再打來問我？』」那個人再也沒打來，女兒也繼續待在學校上課。

我在費城的跨性別研討會上首次遇到格雷與貝蒂娜。隔了一會兒，一名漂亮的小女孩與格雷文雅的父母一起走過來，看起來一副已經參加過多次跨性別研討會的模樣。寶拉有點嚴肅地與我握手，接著就蹦蹦跳跳沿著走廊跑，祖父母在後面追著。貝蒂娜說：「這場會議對我們比對她重要，她知道自己在幹什麼，我們卻毫無頭緒。」我問這對父母，他們覺得寶拉以後的認同會是跨性別者還是單純的女生。貝蒂娜說：「格雷已經不再當她是跨性別者，但那有一部分是因為他沒有每天幫她洗澡。」

貝蒂娜和格雷給我看兩人隨身攜帶的「安全資料夾」。許多跨性別兒童的父母都有這樣一個資料夾，萬一碰上麻煩就可以把資料拿出來，因為執法機關與醫療體系因為對性別變異可能不熟悉或不友善。這些資料包括：孩子的小兒科醫師與心理治療師的信函，確認孩子的性別認同；至少三位朋友或家人的信，若有可能，也放入牧師或其他教長的信，證明父母的教養能力；還有孩子的照片或影片，展示孩子出生到現在的非典型性別行為；反映性別或名字曾有更動的出生證明、護照、社會安全卡的影本，若能取得的話，還要一份家庭調查，證明家庭狀況穩定，最後則是刑事資訊局的文件，證明父母並無虐待兒童。

我問兩人，貝蒂娜心懷倡權，這是否也讓她比格雷更能接受一切，還是正好相反。格雷哭了出來，他說：「我很掙扎，因為那是我的寶貝兒子。我希望孩子快樂。但我找到這一切發生以前的家庭照，我想念那個小男孩。只有那麼偶爾幾次，我還是會心痛。」我問貝蒂娜是否有過同樣的感受，她想了一下，說：「沒有。我痛惜的是我和寶拉錯過的時光，我錯過她的嬰兒歲月，花了那麼多心力在一個根本不存在的人身上。」

2．指基本教義派的基督福音教派在社會上及政治上占主導的地區，主要位於美國東南部及中南部，民風保守。——編注

• • •

許多跨性別兒童的父母都對我說，即使得到另一個孩子，還是會為失去的那個孩子哀傷。一位跨性男的母親提出她的心得：「與孩子同性別的父母會覺得自己的孩子拒絕和自己同國，不同性別的父母則沒有這種被拒絕的感覺。」我在跨性別研討會上遇到一位父親，他說：「我理智上接受，但情感上仍對兒子有偏見，就連『兒子』都很難說出口。」他的女兒是自閉兒，太太是聽障。「自閉症和聽障還好，沒人會怪我。但這個——大家都笑我。他有殘缺，為什麼不能自己設法接受？我們每個人都有殘缺與不足，不也都學著接受？」這位父親的兒子對我說：「我還是嬰兒時，就知道自己得隱藏一些事，我甚至久久都不知道那是什麼。但我很快就知道自己不是什麼，然後，剩下的，就是『我是誰』了。」

有位父親很排斥以女性代名詞稱呼跨性的女兒，最後求助於心理諮商。「治療師最後問，你堅持稱他為男孩，那會讓他快樂嗎？答案當然是不會。但當他問我，如果以『她』稱呼兒子，他快不快樂，答案很顯然是快樂。接著他問我，對我來說，有什麼比孩子的幸福更重要，我哭了。我怕被嘲笑，也怕他會被嘲笑，結果是我拒絕給他真正的幸福。」

小孩的性別行為如果不合宜，反映的是父母錯誤的性別觀念，這種貝帖翰式的觀念，是大半個二十世紀的治療所採的理念。一九四〇到五〇年代間，心理學家曼尼主張性別是後天習得的一整套行為與態度，他認為健康的人必須具備堅定的性別認同，並全力鼓勵女性要女性化，全心誘導男性要有男子氣概。曼尼在大衛·利馬身上明目張膽地試驗自己的理論。大衛是同卵雙胞胎，他的陰莖在割包皮時意外燒毀，曼尼建議大衛的父母把這個嬰兒當女孩養，並到場監督他的性別重置手術，還指示父母只給他女孩的衣服及玩具。他要父母永遠別告訴大衛發生了什麼事。多年來，曼尼不斷撰文欺騙大眾，吹噓這項實驗有多成功，以此鼓勵他人嘗試類似療法，造成數千人受害。大衛直到一九九〇年代晚期才接受《滾石》雜誌的採訪，最後內容擴大成一本書，書名為《性別天生：一個性別實驗犧牲者的真實遭遇》。大衛的童年過得既憤怒又悲慘，與曼尼的描述完全相悖。他堅持站著撒尿，對曼尼、對別人逼他玩的娃娃和逼他穿的蓬蓬裙不屑一顧，在學校也變得非常暴力，最後父母終於崩潰，在他十四歲那年告訴他真相。他後來接受陰莖重建手術，以男人身分生活，但嚴重傷害已經造成，他在三十八歲自殺身亡。

近期的科學指出我們幾乎不可能成功抵抗基因的設定，把男孩養成女孩。約翰霍普金斯大學有項研究，對象是先天泄殖腔外翻的兒童（有男性的XY染色體與睪丸，但沒有陰莖），[615]這些人一出生即被閹割，性別欄寫著女性。許多人選擇當男孩、長大後選擇當男人，且每個都有「適度甚至顯著的典型男性興趣與態度」。雷納將研究整理出版，他說：「研究證實，這些小孩即使沒有陰莖，甚至出生時睪丸即被切除，也就是被閹割，之後還明確被當女孩撫養，仍能發展出正常的男性性別認同。即使整個環境都說他們是女生，他們看起來還是發展出認同與性別角色。」

一九七〇年代，柯克．墨菲因為童年期女性化而在加州大學洛杉磯分校羅法斯博士主持的計畫下接受治療。羅法斯博士是理論家，發明了自閉症的獎懲制行為療法，曾遭到一些自閉症者強烈反彈。他站在單面鏡後，指導柯克的母親在柯克展現男性化行為時給予獎勵，出現女性化行為時則加以忽略。雖然柯克在過程中變得很不高興，尖叫起來，但羅法斯博士仍保證她這麼做沒錯。家中也把類似自閉症兒童行為療法的代幣制度融入遊戲中，出現男性化舉止就能得到一片藍色代幣，累積夠多就能換得獎勵；行為女性化則會拿到紅色代幣，集太多父親就會拿皮帶鞭打。最後柯克不再有女性化行為，多年來一直被寫為成功案例。

實驗人員將柯克化名為克瑞格，發表了他的故事，他成了代表人物，證明行為能夠重塑。直接參與柯克療程的治療師瑞克斯創立了「家庭研究會」，一個透過遊說來反對同志權益的宗教團體。最後他被爆料是同性戀。柯克後來加入空軍，以陽剛男人之姿生活，直到二〇〇三年他上吊自殺，那年他卅八歲。他的母親與同胞在二〇一一年公開談論那些療法如何毀了他。姊姊說：「這項研究得加上一條附記：柯克．墨菲就是克瑞格，他是同性戀，而且自殺了。我希望大家能記得這是一個應該受到保護、尊重的小男孩，他應該得到無條件的愛。我不希望大家記憶中的他就是一個實驗對象。」一九九六年柏克出版了著作《性別衝擊》，書中的紀實傳達作者內心的極度驚恐，指證許多毀了柯克的做法當時都還有人使用，也仍受到政府補助。確實，即使在我寫這本書的時候，某些療法都還有人使用。

・・・

湯尼．費拉約洛的儀表一直非常陽剛，因此，當他的名字還叫安妮的時候，所有替他看診的醫生都認為他一定是雙性者。我認識湯尼時，他年過四十，父親已有五年不跟他說話，母親偶爾跟他見面，但還是叫他安妮。湯尼對我說：「他們錯過了一個超酷的男人。」

五歲某天，安妮和雙胞胎姊妹米雪兒一起與兄弟法蘭克及菲力踢足球，安妮把上衣脫了，母親說：「女生不會脫掉上衣。」安妮哭了，說她是男生。安妮的母親也叫安妮，這裡稱之為大安，她回憶道：「她從來不玩娃娃，從來不穿裙子，也不肯拿小提包。我以為她會變成女同志。」兒童有三種早期行為常被當成身分認同已經定下來的指標：孩子選擇穿什麼內衣褲、偏好哪種泳裝、怎麼撒尿。湯尼說：「我記得小時候曾經試著站著撒尿，我從來不穿女生的內衣褲和泳裝，當時我甚至還不知道人會做愛，但已經知道我的性別是男性。」安妮五年級時在紐哈芬一所小學上課，老師問每個人長大想當什麼，安妮回答想當男生，全班爆笑。十一歲時，她開始自殘。湯尼說：「下課的時候有個小孩會跑到戶外，拿玻璃碎片割自己。我割了又割，然後抹上土，想要讓自己感染，想盡辦法傷害自己。我父母都知道。沒有任何人伸出援手。」安妮的姊妹米雪兒很早就確定自己是女同志，但她肌肉發達，很會運動，大家都愛她，安妮有多受排擠，她就有多受歡迎。

安妮的父親安東尼是虐待狂，至於煩寧成癮的大安對此非常消極。多數的跨性別者在青少年時期都過得非常痛苦，安妮則是加倍痛苦，她雖然生理上、基因裡並沒有雙性標記，但體內同時有自生的高濃度男性與女性荷爾蒙。「我同時長出鬍子和乳房，這見鬼的是怎麼了？」到了十三歲，她每天都要刮鬍子。「我吸毒、喝酒，被停學的時間比上學的時間還多。」安妮從十三歲開始被鄰居性侵，對方是父親的好朋友。他會打電話請安妮過去幫忙。「我如果不去，就會被處罰。去了，就被強暴。」最後她終於把事情告訴另一位鄰居，對方轉告她父母。湯尼說：「兩天後，我父親邀那傢伙來家裡喝啤酒，從那天開始，我再也不相信任何人。」父親常常不肯跟她說話。她十六歲時被他趕出家門，走了廿四公里到紐哈芬，與女友同住。兩人關係破裂後，她整整一個月無家可歸。湯尼低著頭回憶道：「後來我打給母親，要求回家，就那樣回到那灘爛泥。」

安妮從二十幾到三十幾歲都在夜店當公關，舉辦幾百人規模的大型女同志派對，還成立了一個樂團「垂直微笑」，但她從來不覺得自己是女同志。之後她開始使用湯尼一名，為了向家人妥協，拼成女性名湯妮。他說：「我曾經向神禱告，希望自己是女同志的T，但T想要有乳房和小妹妹，跨性別者則想要陰莖。」三十五六歲左右，湯尼因為車禍收到一筆保險理賠。家人建議他買房子，但他把錢拿去做了雙乳切除術。

湯尼對下半身手術沒興趣。「那部分的身體沒人看得到，從來不成問題，乳房就人人看得到了。醫生拆繃帶時，我怕得腿都軟了。我帶女朋友柯斯婷去海灘玩的時候說：『每件事對我來說都是全新體驗。』之後我再也不刮鬍子，我他媽的超愛我的山羊鬍。照鏡子的時候，我看到一個早就該出現的人。以前我吃安眠藥，好跳過大部分的人生。但現在，我只想一直醒著。」我看到湯尼時，他瘦了三十公斤左右，「如果你討厭自己的身體，就不可能愛自己。我現在飲食很健康，也愛運動。」湯尼把大部分的心理轉變歸功於他的治療師柯林斯。他說：

「我曾是憤怒的女同志，現在我不想當憤怒的男人。」

湯尼的弟弟菲力克斯說：「我姊現在是我哥了，這輩子沒看他這麼開心過。」菲力克斯的孩子自然而然就從「湯妮姑姑」改成「湯尼叔叔」。湯尼的父親和哥哥法蘭克並不支持，大安則非常難過，他們在手術後一整年都沒有見面。湯尼說：「後來她只說：『好，我要過去了。』我那時想，她會不會一開門就昏倒？她來了，然後說：『天哪，你看起來跟我牙醫好像！』」湯尼手術後，米雪兒開始改稱自己為尼克。湯尼說：「一開始我很不爽，這是我作為雙胞胎第一次獨自做的事，他見鬼了就非得跟風。不過我看得出來，他因為還沒做到像我這樣，所以不開心。他還是有乳房，還沒過關。大家都說：『你確定他不是因為你做了才跟進？』我說：『不管他為什麼要這麼做，我都得支持他。』」

我問大安能不能看出安妮現在已經是湯尼，她說：「有的時候，我會說『湯尼』，但大部分的時候就是會叫成『安妮』。我內心深處還是覺得那是我女兒。看著『他』的時候，我還是能看到她。」她轉身朝著湯尼說：「你以前心裡總是有把怒火，讓你不痛快，但我以前一點也不了解，也算是笨吧。」湯尼把一隻手搭在她手臂上，說：「我不覺得妳笨。」大安說：「我在電視上看過這類介紹，開始了解更多。你不是故意要變成這樣。」她轉向我：「她很反常，我一開始很生氣，但我逐漸理解她們心裡的感受，她現在投入這一切運動，這樣很好。」大安一下轉過去對湯尼說：「你還是我的孩子。」一下又轉過來對我說：「我仍然愛她。」「你知道，我指的是他。」我問湯尼介不介意被稱為「安妮」和「她」，他說：「安德魯，我母親覺得我就是異性戀女，現在這樣只是階段性的。但我也了解母親就是母親，即使我母親叫我「他們」，我也不在意。我在意的是我一年還是只見到她四五次。」

大安默默接受孩子，對孩子顯然有愛，但她更在意湯尼轉變性別後家庭也分崩離析了。每次我問到有關她的事，她大多會提到丈夫。她低調不愛提自己，自然也就不愛提湯尼。我問她對於安妮是同志有什麼想法，她說：「我丈夫能接受她是女同志。」接著對著湯尼說：「他知道你應該當男人，但還是會說：『為什麼她不能跟其他人一樣，乖乖當女同志就好？』」湯尼對母親說：「妳已經能夠好好應付，妳會來看我，跟我聊。」大安嘆口氣，轉身對我說：「我丈夫去見他姨母，她九十幾歲了，聽一聽哭著說：『她還是你的孩子，你該去看她，你會習慣的。』牧師也說：『去看他，他是你兒子，告訴他，你對這件事不高興，但還是要跟他說說話。』但他從不這麼做。過節放假時，我希望能跟家裡所有孩子聚聚，但他不准。他怕別人以為他妥協了。」我很訝異大安同意跟我談。湯尼曾經要她看某一集的歐普拉秀，內容跟跨性別兒童有關。她打給他說：「你如果希望我跟安德魯見面，我可以去。原來節目說的就是你。對不起。我不知道。」湯尼解釋道：「七〇年代誰他媽的能了解？我母親是好人，她心腸很好，但這件事太大了，她僅有的兩個女兒都不是女兒。」我問大安，她回家後丈夫會怎麼說。她說：「他會問我，她過得怎麼樣？他很想她。」

湯尼體內的天然荷爾蒙比例（也就是他長鬍子的原因）夠平衡，而也沒有服用睪固酮。跟所有跨性人一樣，湯尼也常被問起生殖器官。他當他們是在問他的陰莖道具，「很多人問：『你有陰莖嗎？』我都回答：『有啊，我有五根。』然後我就跳到下一題。『你女朋友知道你是跨性別者嗎？』我都說：『愛就要誠實，我並不以自己為恥。』」湯尼說他有次經過超市，看到以前的女同事，「她說：『天哪，是安妮嗎？』我說：『事實上，現在是湯尼了。』她握住我的手說：『你怪胎不是上帝害的。』我只回她：『我這輩子沒這麼開心過。』我知道如果我生氣了，在她口中我就會變成：『噢，你看那個跨性男，混帳一個。』如果你跟我這個跨性人互動良好，下次你嘲笑跨性女或犯下仇恨罪之前，就會先三思。每個人活著都有作用，我的就是這個。我想要成立非營利組織，一年幫助兩個男人動胸部手術。去他的星巴克禮品卡，想送人禮物，就送他們胸部，送他們陰莖吧。」

幾個月後，湯尼真的成立了這樣的基金會，以他摯愛的治療師柯林斯為名。柯林斯幾個月前剛去世，湯尼說：「他啟發我投身運動，我希望能啟發更多人加入，也希望在那之後，大家就不需要再投身運動，因為一切已經他媽的沒問題了。」我們和湯尼聊天時，大安坦承她仍然擔心錯全出在她身上，她兒子回答：「沒人有錯，但我得說，即使是妳的錯，我也感謝妳，因為轉變性別是我這輩子最美好的事。」湯尼講完又笑著說：「人生不是在尋找自我，而是創造自我。」

・・・

轉變為女性的生理男性往往因為長得高、骨架大，即使穿上女裝也常被看穿。不過，手術後的生殖器、性反應、泌尿方式可以幾乎和生理女性一模一樣。反之，生理女性轉變性別後只要長出鬍鬚體毛、聲音變粗，許多人甚至會出現雄性禿，那麼出門便常常可以過關，但他們的性器官還是明顯不同於天然的男性性器，許多人無法站著排尿，且無人能達到男性性高潮。有位術前跨性女跟我說：「身上的這些部位都很好，但就是不屬於我，我很高興它們不必永遠跟著我。」一位跨性男聽我轉述後回答：「我覺得自己就像ＩＫＥＡ的那些家具組，看起來很棒，後來才發現自己少了一些部位。」

想要蓋過女性自然分泌的雌激素，只需要注射一點點睪固酮，分量跟無法分泌睪固酮的男性所需的量差不多。但要蓋過生理男體內的睪固酮，就比較麻煩。女性若身體無法分泌雌激素，一週需打入一至二毫克的雌二醇，以維持絕經前的常態。男性一週則需注射二十八至五十[620]六毫克的雌二醇，身體才會女性化。如此高劑量的雌二醇會增加不少健康風險，因此許多內分泌科醫師都建議生理男盡早切除性腺，如此一來，所需的雌二醇劑量就能大幅降低。

多數跨性別領域的專家都謹守「亨利班傑明準則」，要求病人在動手術或採用荷爾蒙療法前，先以想成為的性別生活最少一年，並接受一整年的心理治療，且由兩位醫護人員（一位是醫師）建議接受醫療流程。雖然有人抱怨浪費時間，認為陷入絕望的人越早轉換就能越早獲得幸福，但這些安全措施旨在避免有人在手術後後悔，也能保護醫護人員免於背負法律責任。

經確認為女性的原生男性可能不只需要動閹割手術和陰道成形術，還需要接受電蝕除毛，療程最長可達五千小時，費用超過十萬美元。臉部女性化手術則包括額部、下巴與下顎削骨手術，還有鼻子整形、縮小喉結、隆乳、植髮蓋過禿頭區域，以及聲帶拉緊術等等。醫生通常採用陰莖內翻術來建構陰道，先在直腸與尿道間清出一塊空間，將陰莖皮膚向內翻形成陰道內襯，有時會輔以肚子、臀部或大腿間的皮膚。第二種方法是乙狀結腸移植法，取一段大腸，做成陰道內襯，這樣造出的陰道不但能自然分泌潤滑液，長度也不受限。這個方法侵入性較強，費用較高，還可能導致黏液滲入陰道。兩種方法都取陰囊皮膚來製作陰唇，並取部分龜頭製作陰蒂。

經確認為男性的原生女性，多半十分排斥婦科檢查，因此可能要切除乳房（雙乳切除術）、子宮（子宮切除術）、卵巢（卵巢切除術）、輸卵管（輸卵管切除術）以及陰道（陰道切除術）。人造陰莖費用高昂，而且效果往往不令人滿意，許多跨性男都選擇不做，如果要做，主要有兩種方法。一是生殖器整形手術，先以荷爾蒙將陰蒂增大，動刀醫師再用皮膚包覆住，形成約大拇指大小的陰莖。術後陰莖可以達到高潮，不過一般都不會大到足以進行性交。陰莖成形術則是從鼠蹊部或中腹部取下皮膚，捲成管狀後接至陰部，看起來有點像提箱握把。第二階段則是增加此皮瓣的血流，二到四個月後再取下，塑形成陰莖的形狀。這樣的陰莖沒有性感覺，但植入矽管或手動幫浦便可勃起。最精密複雜的手術（要價至少十萬美元）是取前臂的肉，連同該處原本的血管與神經一同塑出陰莖形狀，之後再利用微創手術將陰莖的血管神經連上陰部的血管神經。這樣的陰莖看起來最自然，也很敏感。無論是採哪種方法，都是透過縫合大陰唇來製作陰囊。下一步則是尿道成形術，將尿道增長，延伸至新建龜頭的末端，史派克說：「想想那個器官有多複雜，而這樣做竟然行得通，而且人類還仰賴這種手術。」

621

若家人支持，跨性別兒童在進入青春期前，可以使用荷爾蒙阻斷劑抑制青春期發育，免去轉換性別時的某些生理麻煩。這種療法在女孩十歲、男孩十二歲就能開始使用。柳培林是最常見的性腺激素釋放素抑制劑，三十年前為了治療雄性素依賴型腫瘤而開發出來，作為手術閹割的替代治療。柳培林可能會造成骨質密度降低、記憶力減退，使用時需小心監控。此療法能有效替跨性別孩子的家庭爭取時間，如果孩子確定為跨性別者，阻斷劑能避免他們步入「錯誤的青春期」，未來也能省去許多手術。女孩接受注射後，乳房不會發育，骨盆不會變寬，體脂不會增加，卵巢也不會開始排卵。由於雌激素不會激增，身高也不會受其限制，所以能繼續長高。男孩接受注射後，不會長鬍鬚與體毛，聲音不會變低沉，不會長出喉結，骨骼不會變粗，肩膀不會變寬，手腳也不會變大。他們也可算準時間補充雌激素，使生長板閉合，限制長高。

如此一來，兒童期本質上的雌雄同體就能延長。若停止施打柳培林後沒有開始使用異性的荷爾蒙，幾個月後，原本延遲的青春期便會降臨，步上原生性別發育的自然進程。異性的荷爾蒙能使服用者進入所跨性別的青春期。此療程最早由荷蘭訂定，在最初的實務研究中，沒有任何兒童選擇回到原生性別，且大部分的人會持續服用性腺激素釋放素抑制劑，直到十八至廿一歲間接受性別重置手術為止。柳培林延緩了某些事，但施打培林本身也是一件大事，預告了日後的深切轉變。有人擔心在兒童期施打阻斷劑，會讓某些只是一時困惑的兒童陷入萬劫不復，他們若認為自己做錯了，也可能因為太過羞愧、害怕或困惑而無法回頭。

在英國，性別重置手術費用是由國民保健署給付，荷爾蒙阻斷劑的政策普遍非常保守。塔維斯托克診所的性別認同發展服務要求病人得先經歷大半個青春期，才能轉變。診所醫療團隊中兒童暨青少年精神科醫師切列表示，診所治療過的青少年中，有二十％的人度過青春期後便放棄接受醫療介入。這背後隱藏一個現代主義式的謬誤，以為「不為」就是「無所為」，以為延緩轉變是謹慎行事，加速轉變則是操之過急。催促兒童轉換性別，將導致他們在精神上或醫療上終身受困，的確是可怕的錯誤。然而，強迫性別堅定的孩子按照原先的生理性別發育，未來即使耗費巨資經過層層痛苦的手術，也無法重建出符合自我認同的身體，這一樣大有

622

問題。塔維斯托克謹慎做法含有鮮明的殘酷。

在美國，這些都是家庭問題，而非國家政策。布莉爾說：「父母會說：『我還沒準備好，沒法處理這個問題。』但這就是一種處理方式，只是處理得很差。」史派克說：「反對青春期阻斷劑的人抱怨我們在孩子還太小時就進行『介入』，但我認為青春期本身就是最可怕的介入。」因性別不安症而使用柳培林通常無法獲得美國的保險補助，價格又讓人望之卻步，只有父母願意且有本錢支付的跨性別少年少女才用得起，如此便創造了階級間的差異。同樣的，世代間也有落差。我參加的跨性別論壇中，老一輩的跨性別者看到有些孩子便當眾哭了出來，借用其中一人的話來說，是因為這些孩子永遠不需要「按基因所定的性別活在這個世界上」。民權律師敏特是美國女同志權益中心的法務長，身為跨性男，他以前並未享受到柳培林的好處，他說這些年輕人是「超高階級」。

以前的跨性別族群無法配合身分認同改變身體，這些人的感受為何？而未來手術更精良之後，跨性別族群又會經歷什麼？這既是科技問題，也涉及目的論。敏特承認：「為了讓孩子表現出自己的真實認同，必須進行大幅度的生理介入，這挑戰了我們對真實與自我認同的最基本理念。感覺可能會像被科技衝昏了頭。」這不禁令人疑惑，與人工電子耳手術相比，這種手術會更像被科技衝昏了頭嗎？許多沒有這類水平身分的外人認為，人工電子耳手術的目的是為了化不正常為正常，而跨性別手術則是放任不正常。但我們最好記住，反對人工電子耳手術的，是身分認同處於弱勢的族群，而要求動跨性別手術的，也是身分認同處於弱勢的族群。

623

• • •

珍妮佛·鮑蘭將自己的性別轉換經歷寫成兩本書，並在《我的孩子們》與《歐普拉秀》等節目上侃侃而談性別認同。我問她比較希望被當成女性還是跨性人，她說：「面對全國兩千萬觀眾，我很樂意當跨性人。但日常生活中，買東西、吃飯或加油時，我希望別人把我當女人。我以女性自居，小甜甜布蘭妮與芭芭拉·布希都是女性，想想茱莉雅·柴爾德！我的女性化程度一定不輸她。」

我前往費城的高級住宅區梅因萊恩區拜訪年屆四十九的珍妮佛，地點是她母親的家。她的舊房間裝潢破舊，牆上貼滿搖滾海報，看起來像男生的房間。她帶我看了與房間相連的儲藏間，說：「以前裡面放了女裝，我母親的，我姊妹的，我隨手就能從門後抓一件出來穿。」吉姆一直都知道自己是女生，但也知道他若轉變性別，會給他人帶來痛苦。「所以，那時我想，如果當得了男人，就當吧。直到快四十歲時，我才明白自己已經盡力，四十四歲那年終於動了手術。要說希望，與其說希望自己早點轉變，我倒更希望自己生來就是女性。現在的我是個成年女人，但小時候卻是個男孩。如果我覺得失落或感傷，那是因為覺得自己的生命不完整，也不懂自己是怎麼從以前走到今天。」珍妮佛說。

成為珍妮佛前，吉姆得接受一堆手術：陰道成形術，剝開臉部皮膚削低眉骨，讓五官更像女性，還縮小了喉結。她說：「結果手術其實很簡單，沒切掉任何部位。新的陰道看起來有模有樣，也能正常運作，通水也通電。我看過的一些醫生既不知道以前的我，也看不出什麼異樣。」

吉姆當時已婚，太太狄荻選擇留下，但她曾對珍妮佛說：「你當女人有多成功，我就有多失敗。」兩人有兩個孩子，是珍妮佛還是男人時生的。珍妮佛說：「狄荻是異性戀女人，也是我生命的中心，但不受我吸引。每個人都不斷說她是聖人。但我覺得她跟我結婚很幸福，因為我人很好，又愛她，對孩子來說也是個好父母。這樣說是不是太不懂謙虛？家家有本難念的[624]經，小孩得癌症，父母出車禍，全家得搬到德州去，這都免不了心碎，但人生就是這樣。」珍妮佛那兩個六歲及八歲的兒子再也沒辦法叫他爸比，而他們又已經有媽咪，所以宣布要叫他「媽比」。珍妮佛最後一次上歐普拉秀時，長子寫了封信給她，這封信也在節目上宣讀出來。

信中寫道：「有時我的確希望有個正常的父親。但大多時候，我覺得自己是世界上最幸運的小孩。我想不出更好的人生是什麼樣子。」

轉變就是轉換身分，對本人而言如此，對周遭的人也是。珍妮佛說：「我很高興自己的故事能供大家談論，讓大家知道這行得通。你知道的，男孩與女孩相遇，男孩是女孩，女孩與女孩相遇，女孩留在女孩身邊，古老的故事。對我來說，最大的改變並不是由男變女，而是從心裡藏著祕密，變成不再真的有祕密。要是別人覺得你最大的幻夢與最深切的傷悲，第一很難懂，第二很可笑，那人生真是難以想像的艱苦。當雙面人很累，而且最終都很悲慘，因為如果永遠沒人懂你，你又能怎麼被愛？」大家常質疑跨性人自己認定的性別究竟有幾分真實。珍妮佛說：「我稱自己為性別移民。我是女人國的公民，但出生在別的地方，後來我來到這裡，落葉歸根了。」她頑皮一笑，說道：「以這種狀況，或者該說是去根吧。」

珍妮佛在二〇〇〇年的夏天決定向八十四歲的母親坦承一切。她說：「我以為我母親會很堅強，可是堅強是指受了打擊後馬上恢復，而我也很清楚，這樣做會打擊到她。但她一臉困惑，我只好開始解釋，還哭了出來。」我見到她母親希爾德加德時她已經九十一歲，我們幾個坐下後，她對珍妮佛說：「妳當時還一直等到五點，等我們喝起琴通寧，然後就說：『我一直想當女生，但不知道怎麼告訴妳，因為我覺得妳知道以後就不會再愛我了。』那時我聽了崩潰，說：『我永遠都愛你。』」希爾德加德一開始非常痛苦，她很肯定地對我說：「他之前活得非常正常。」珍妮佛反駁道：「我從來就沒有非常正常。」希爾德加德笑著說：「我以前是幼童軍隊長，他是隊員。」希爾德加德花了點時間才準備好跟朋友說，但兩人談過後一年，她竟辦了場派對向大家介紹女兒。她對著珍妮佛說：「妳所有的好朋友都馬上就接受了，讓妳很驚訝，所以我覺得我也可以對朋友試試。我連跨性別這個詞都沒聽過，所以就直接介紹妳是珍妮佛。你如果知道一個人的真實情況，怎麼可能恨他。」希爾德加德傾身靠向我，一副要告訴我天大祕密的樣子。她說她只有一件事永遠不能接受，那就是珍妮佛那頭及肩金髮。她轉向珍妮佛說：「我跟妳說件事，妳聽了一定會在晚上睡覺前就把頭髮剪掉：安・寇特③的髮型跟妳一樣。」珍妮佛氣憤道：「蘿拉・鄧恩也是，她可是電影明星！」

向母親坦承六個月後，珍妮佛對住在英國的姊姊出櫃。她說：「在我人生中最重要的幾個人裡，她是我最後出櫃的人。我寄了一封很長的信，而她的回信基本上只說『我不想認識這位珍妮佛』。一年後，我收到她十歲大的女兒伊麗莎的信，她說：『我不懂，我覺得很可怕。』我回信說：『對不起嚇到妳了，我知道這令人困惑。我對妳的愛沒有變，希望有一天妳能習慣這個我。』一週之後我姊打來，她非常生氣，說我怎麼可以寫那種信給她女兒？最後她說：『希望你以後別來煩我們。』我說：『我永遠愛妳。』七年過去了，我記得自己曾經想過：『這件事，辛蒂以後會很不好受，就像我以前也不好受。』她和所有我愛的人都必須花好幾年慢慢學會怎麼談論這件事。我給予母親和姊姊的，是那些年我所害怕的一切，那些羞愧、遮掩、誰都不能說。」

珍妮佛在以前還是吉姆的時候，曾希望能和女人談戀愛，學著快樂當個男人。珍妮佛說：「我們愛的人，成就今日的我們。」她露出招牌的開朗笑容：「我一直祈禱愛能拯救我，結果愛的確救了我，只不過方式比較奇怪，跟我預想的不同。狄荻的愛與家人的愛沒能讓我繼續當男生，但卻給了我勇氣，讓我知道即使出櫃，也不會有問題。愛沒能讓我維持男兒身，卻讓我有勇氣終於把真相說出來。」

・・・

有些人主張應該讓持續受性別不安症所苦的兒童轉變性別，對此生物倫理學家德萊格撰文回應：「給五六歲的孩子改名、改性別認同？這也把幼童的性別主張看得太認真了，而這事實上得歸咎於嚴苛得荒謬的性別觀。宣稱自己的性別不符合原生性別的幼童，長大後絕大多數不再有這個問題。這世上四處都有小女生或用口頭或用舉止宣稱自己是男生，對我來說，這多少證明了她們多數真的就是女生。以醫學介入換性是件大事，生理風險很高，主要可能會傷及性感覺，還要一輩子設法控制荷爾蒙補充。問題出在我們，我們要求這些孩子確定性別的方式有問題，我們堅持孩子盡早符合兩性模式的方式也有問題。」

喬絲和湯尼幾乎從嬰兒期起就很確定自己是誰，珍妮佛也知道，但試著壓抑。然而，有很多人卻是極度迷惘。父母必須判斷這些孩子只是一時執迷，還是表現出根本的身分認同。他們得猜想孩子長大後怎樣才能過得開心，也猜測怎樣做才最好。父母要指導，但不能主導；要勸誡，但不能苛求；要推動，但不能堅持；要保護，但不能壓制，以上種種平衡都不容易做到。父母得小心不抹殺孩子的身分認同，但在建立孩子的認同時也不能用力過猛，以致創造了自己想要看到的真實。艾弗林在《媽，我要當女生》一書中寫到她的孩子：「我知道他的人生將會艱難又可悲，身為母親能怎麼幫忙？光是母愛夠不夠？」許多父母為了讓孩子開心，做什麼都願意，但不一定都能知道究竟要做什麼。

突然且徹底的轉變在童話故事、奇幻文學與漫畫中很常見，但現實生活中卻少之又少。生活中的改變多半是漸進的，也並不完整。跨性女布蕾瓦德在回憶錄《我注定成為的女人》中寫道：「我很自覺地努力創造一個應該值得人愛的小男孩，試著從周遭男性身上模仿大家喜歡的男性特質，過程苦不堪言。我自己很清楚，這樣的模仿只是場騙局，我父親也知道。」賓姆讓人揪心的著作《透明》描述一位拉丁裔跨性女孩的故事，她給自己取名愛麗兒，即迪士尼《小美人魚》的女主角之名。女孩說：「小美人魚愛麗兒得去和父親談，結果他讓她變成真的人類。我也想經歷和愛麗兒一樣的故事，變成真的女孩，和男孩在一起。」但費盡力氣成為自

626

3．Ann Coulter，美國著名的保守派政治評論家，有「右派女士」（Ms. Right）之稱，大力反對LGBT權益以及同性婚姻。——譯注

己一直以來所認定的人，還要讓別人無論如何都愛你，本來就是個漸進的過程，且往往充滿矛盾。

・・・

韓得利克．庫斯和艾莉希亞．庫斯在南非長大，種族隔離結束不久後移民到加拿大，選擇住在一個極為小巧的社區裡，韓得利克的家醫科醫術在那裡應能派上用場。兩人都知道長女莎里並不快樂，她有注意力缺失症、學習障礙與焦慮症。莎里十四歲時宣布自己「生錯身體」，韓得利克非常難過，彷彿又一次在黑暗中遭人捅一刀。

我們會談時，莎里已當了一年多的比爾，韓得利克看來也勉強控制住情緒了。韓得利克說：「我們開始找資料讀，發現有指導準則，也有年齡限制。他還沒到準則所定的年齡，但他催得很急。我覺得我這父親當得好無力，不知道究竟該怎麼做。我可以跟他說：『你還小，得再等等。』或者就聽他的。我從來不想逼孩子，最大的願望就是讓他們做自己。但我實在很擔心，搞得筋疲力盡。」比爾本人則既焦慮又矛盾，一切就變得更棘手了。我之所以想採訪韓得利克，是因為聽到他在一場論壇上質問跨性別成人。他說：「那些人個個自信滿滿，一臉『這就是我』的樣子。大家都說：『你的孩子一旦可以做自己，你會看到一個全新的人。』」韓得利克笑了，他說：「不是這樣，我們是進幾步，再退幾步。整體來說是前進了，但為了向前邁進，得不斷奮鬥。」

韓得利克說當醫生讓他發展出韌性。「醫學讓我了解生命充滿挑戰，你不總是知道下個挑戰會從哪裡出現。我覺得，『我不會想辦法醫治孩子的心』。」韓得利克的第二個力量來源更驚人，「身為在種族隔離時期長大的白人，我希望自己的人生不再有種族歧視、性別歧視，也不要有性別二元論。我在南非的日子就是要讓我做好準備，去說出『我接受你的一切』。」

• • •

韓得利克的寬厚與雷克斯．巴特及凱倫．巴特的滿腔熱血截然不同，但兩個家庭的孩子對性別卻有相似的矛盾心理。雷克斯與凱倫不認同兒童期就要男女有別，所以會買玩具廚房給兩個兒子，也念波葛賓的《給自由孩子的故事》給他們聽。凱倫說：「我產前辦準媽媽派對的時候，色調不想用藍色也不想用粉紅，結果用了黃色跟綠色。」兩人告訴兒子，凡是男人能做的，女人也能做。

兒子傑爾德小學過得孤單，中學走得顛簸，大學讀的哈弗福德學院也不如他想像中啟發人心。朋友介紹他和布林莫爾私立女子學院的一個女孩約會，他把初吻及初戀都獻給了她。談戀愛不免牽涉到對性的憧憬，傑爾德對此卻感到陌生。某天晚上他女友突然走進房間，撞見他正穿著她的衣服，他說：「我覺得如果我是女生，人生會好過很多。」她回答：「噢，親愛的，你要怎麼當女生，那鼻子就不行！」雖然她只是說笑，但傑爾德因此陷入嚴重沮喪。他高中時拿遍所有學業獎，還是畢業生致詞代表，現在卻成績不及格。他沒有性生活，也幾乎沒社交生活。最後他休學搬回家住。

628

三個月後，他對父母說：「我覺得我是同志。」第一次和男人約會，他就發現自己不是，不過還是參加了一場為高中生辦的LGBT論壇，部分原因是他覺得自己自高中後似乎就再也沒長大，所以即使已經廿二歲，實際上卻仍是高中生。他去到認識跨性別小組。兩天後，和母親出門買東西時，他說有話對她說，要她停車。她問：「是大事，對不對？」他告訴她，自己是跨性別者，那就是他的人生道路。她說：「噢，怎麼會有人想當女人？當女人真的很辛苦。」當天稍晚，他要全家人聚在一起，說有話要講。他表示，即使因此一輩子失去誰，他也願意。弟弟查德說：「放屁，如果有人因為這樣就離開你，那他根本一開始就不在你的人生裡。」雷克斯說：「你這麼憂鬱，我一直很擔心。我不知道跨性別究竟是什麼鬼東西，但至少我不再覺得會永遠失去你了。」傑爾德從此變成凱登絲，她對我解釋道：「我父親的第一個問題是：『如果我們得先存錢才付得起，你有沒有問題？』從這裡就能看出父母有多支持我。」

我和凱登絲見面時，她已經三十歲，邁入轉換的第八年，正在中間階段苦苦纏鬥。她留長髮，體脂肪分布仍是典型男性，又高又瘦，沒有胸部。她戴耳環，穿著中性服裝，已經忍受了好幾個月的電蝕除毛，但還沒結束。唯一動的外科手術是鼻子整形。我問她轉變前是什麼樣子，她說：「聰明、有同情心，沒什麼男子氣概。我一直不怎麼女性化，未來大概也不會。對這一點，我並不真的覺得有問題。我已經調整好，不恨自己了。如果有道性別光譜，我的女性程度大概是六十到六十五%。」

外人總以為生殖器是最迫切的跨性別手術，但跨性人通常不這麼認為。凱登絲說：「動整容手術才能廿四小時當女生。」雷克斯與凱倫找到好幾個生殖器手術的外科醫生，但凱登絲一個也沒聯絡。兩人認為她拖延不是因為不情願，而是不快樂。母親解釋道：「有好一段時間，她憂鬱得無法面對。」雷克斯苦笑道：「有時我們比她還急。」

凱倫在任教的學校談論凱登絲的轉變時並不特別避人耳目，還為此遭到校長訓斥，她怒不可遏。她說：「沒人能不准我談孩子。」雷克斯說：「我從來沒有這樣積極推動過一件事。這真的是我認同自己的方式。」雷克斯與凱倫一同創立同志家屬親友會的地方分會，該組織現在納入跨性別者的親友。上次相見時，兩人擔任二〇〇九年哈德遜河同志大遊行的總司令。雷克斯問主席為什麼找上兩人，她回信道：「因為你們愛你們的孩子。」凱登絲說：「我覺得父母現在比我還能接受我是跨性別者。兩人都很左派，雖然我是徹底的左派，但我沒採取什麼行動。」

629

．．．

雷克斯與凱倫這樣的父母會鼓勵孩子透過療法來探索性別議題，但其他人之所以求助於療法，則是為了終止這種探索。選擇何種方式，著眼的往往不只是孩子的需要，也考慮父母的需求。修復療法仍然無所不在，包括心理治療、宗教治療，甚至還有生物療法，而為孩子尋求這些療法的父母，動機通常都是真切的信念。史蒂芬妮說：「大家都愛自己的孩子，但對於如何幫助孩子，每個人的想法不盡相同。」她鼓勵父母去認識別的父母，再根據彼此的經驗，替「正常」找到新的定義。她說：「父母不必容忍孩子擦指甲油。這不是在吵進了教堂該怎麼做才合宜，而是把愛表達出來，如此孩子會比較安心，父母事實上也會安心。」然而，一生都被傳統性別觀給困住的人，常相信遵守社會規範才能保護孩子不受世界傷害。這種想法本身就可能在家庭裡造成傷害。

．．．

喬那．馬克斯與莉莉．馬克斯住在紐澤西，位於紐約的通勤距離內，但兩人表示自己不認識任何同志，當然更沒接觸過跨性人。從兩人的話中完全聽不出其子加勒想成為女生。他並不堅持穿裙子，不討厭自己的身體，也沒說過自己是女生。我向他們推薦一位能幫助加勒釐清自己是誰的治療師，莉莉回答：「我需要找到能說服別人不動變性手術的人。我想不到別的辦法。兒子現在三年級。這年紀的男生更皮，女生則不太想和男生玩了。」但她隨後又說：「有個母親說：『我們拿到編班名冊時，每個男生我女兒都不喜歡，只有加勒例外。』所以他也沒怪到人見人厭。」

加勒似乎不介意別人偶爾嘲笑他，但父母卻介意。這對父母被迫竭力想像與自己原先認知完全不同的另一種快樂。莉莉說：「他討厭團體運動，但喜歡玩趴板、溜冰和游泳，潛水是選手等級。」喬那說：「這男孩很快樂，對自己感到很自在，喜歡玩陶土和攝影，但未來不想參加小聯盟，也不用小便斗。」莉莉說：「他幾乎沒有男生朋友，上了中學只會更慘。女兒會嘲弄他，老是說：『你真的很像女生！』還有『動作不要這麼奇怪。』」莉莉和喬那決定讓孩子養隻小狗，根據喬那的說法，加勒看到後用「嬌柔」的方式開心地跳來跳去。「他不熟悉興奮的表現方式，因為從來沒和男生一起打贏比賽過。」

630

加勒曾參加獨立營，過得很開心。那年暑假的兩場音樂劇他都參與演出，而且很喜歡指導教練。莉莉說：「我們與教練見面時，他穿著緊身紫色T恤、緊身牛仔褲、紫色布鞋，這人絕對很另類。加勒回家後也吵著這樣穿，我才不幫他買紫色布鞋，我得保護他。」我問為什麼不幫他報名當地劇團表演，她說：「我才不會助長那種事。」喬那補充道：「他體格很好，玩什麼運動一定都會很傑出，只是沒興趣。為了保護他不要受到更多嘲弄，我跟莉莉能做的只有這些，不過看來是難免了。」

兩人對於幾乎必然出現的未來都十分焦慮。「我是指，他喜歡一個男生。」莉莉說道。我們才剛聊到他的朋友都是女生。「他又高又壯，你如果看到他，會以為他是美式足球員。但他跟加勒很像，不喜愛運動。還有一個男生跟他很要好，叫做卡爾，運動神經很好，但他很酷，恐怕哪一天就不理加勒了。我們很喜歡卡爾，但我不知道他什麼時候會不想跟怪孩子當朋友。」莉莉不確定加勒是不是因為知道自己達不到父親的期望，因此不跟喬那玩接球和投籃。莉莉說：「我個人認為他知道自己令喬那失望。如果我叫他跟我玩接球，他會玩。叫他射籃，他也會照做。」喬那說：「既然如此，妳為什麼不叫他做？」莉莉說道：「因為我不玩射籃和接球。」話中只有對自己性別的驕矜，毫無諷刺之意。

加勒從來不是跨性別者，但具備一些多元性別特質。他十三歲時出櫃表明自己是同志，然後幾乎是立即就自殺未遂。有的時候，一個人非得遇上悲劇，才會被完全看見。加勒的青春期過得很絕望，父母受到刺激後才決定收手，不再導正他的童年異常。他們清楚表示他一直值得人愛，也一直有人愛，並辛苦地一步步重建他殘破的自尊，也為自己重建自尊。

・・・

現在，多數專家皆認為用修復療法治療同志有違道德，但用在跨性人身上是否同樣不道德，則眾說紛紜。其中最具爭議的人物是祖克，他是多倫多毒癮與精神健康中心的精神科主任醫師暨性別認同服務的負責人，深具影響力，二〇〇八年獲任命為《精神疾病診斷與統計手冊第五版》中性別認同障礙工作小組的組長。祖克主張跨性別的原生女孩覺得母親屈居弱勢，因此希望成為男人，而跨性別的原生男孩則因為想貼近疏離的母親，所以想成為女孩。運動人士認為被剝奪轉變性別權利的兒童，憂鬱症比例之所以偏高，是因為被迫遵循性別傳統。祖克則認為渴望轉變性別就是憂鬱症潛伏的徵兆。性別認同障礙可能源於社會與家庭，此一假說可能有其道理，但是關於性別認同障礙該如何治療，祖克的觀點則沒有那麼站得住腳。保守的天主教教育資源中心及全國同性戀研究與治療協會都使用祖克的研究，只不過披上了一層基督教的教義。

祖克的技巧衍生自柏克《性別衝擊》所批評的模型，他指導父母擔任性別角色的模範，督促父母的行為符合二十世紀中葉的性別刻板印象，之後還要求父母沒收異性玩具，不准孩子穿著異性服裝，另外要鼓勵孩子結交同性朋友，阻止孩子與異性往來。一位母親提到她沒收了孩子的芭比娃娃與獨角獸，改給他玩具車，但他就是不肯玩，之後他重拾畫筆，結果父母又拿走粉色與紫色的蠟筆，並堅持要他畫男孩。最後，這位母親說，她的孩子變成「雙面人」，在她面前像男生，一有機會就逃到女生的世界中。

祖克宣稱，他所有從六歲開始接受治療的病人，最後都沒有變性。他最近公布另一項追蹤研究，對象為廿五名在兒童期就受他診療的女孩，只有三人後來持續出現性別不安症。同時，由於青少年的可塑性比兒童低，因此祖克有時會向較晚跟他求助的人建議採取荷爾蒙療法與手術，但他是帶著遺憾提出。許多祖克的病患治療到最後都決定維持原生性別，但最近《大西洋月刊》中有篇報導引述一位母親的話，她女兒幼時曾接受祖克的治療，成年後酗酒又自殘，恐怕會比她早死。若這叫做成功，似乎言過其實。布莉爾說：「我收了許多祖克的前病患，根據我和這些人相處的經驗，我認為他的做法只能改變性別表現，卻改不了性別認同。」

問題是，跨性別者究竟是與多數同志一樣，只有一個固定的身分認同，想要改變根本徒勞無功？還是如同祖克的比喻，生為男孩卻說自己其實是女孩，恰如生為黑人但堅持自己是白人，需要的都是接受誘導慢慢接受自己。祖克指出許多跨性別兒童對於異性都有僵化的性別刻板印象。他說：「扮演自己毫不愉快，他們過得很辛苦，遭社會排擠，也很難和與同性的兒童做朋友。」祖克認為將性別認同障礙視為天生、無法修復，是「心思單純的生物簡化論」。他說支持早期轉變的治療師是「自由派的本質主義者」。他解釋：「自由派人士向來批判生物簡化論，但這種時候卻又欣然接受。我覺得這種概念法是驚人的天真及簡化，我認為是錯的。」

蔻茨是紐約羅斯福醫院擔任兒童期性別認同計畫的前主持人，她也同意祖克的看法。她說：「我看過大概三百五十個出現性別問題的孩子，這些人骨子裡很有創意，也因為這樣的創意，他們想像轉換性別就能解決問題。我的經驗是，凡及早治療的人，最後都不會變成跨性人。只要處理病患的分離焦慮與攻擊行為，性別問題就會逐漸消失。焦慮是性別不安症的來源。」祖克與蔻茨都是正直又傑出的學者，但他們和某些抨擊他們的運動人士一樣犯了一個毛病：即使這個領域有各種迥異的故事，他們卻似乎認為人人的狀況都一樣。

不讓跨性人以真實的性別生活，是一種傷害；把有性別認同障礙但無意跨性別的人困在不適合的跨性別認同中，也會造成傷害。治療師安傑羅對跨性別者十分友善，他說：「父母常告訴我，自己是跟著孩子走。這麼說其實有點政治正確——你大概不會讓七歲的孩子選擇晚餐吃什麼，讓孩子選擇是否要轉換性別就更不用說了。有的父母是自己心理健康出問題，而兒子又不是最陽剛的類型，於是就斷定孩子跨性別。這些孩子並不是跨性人，而是被人這麼說，於是就信了，不過這種情況非常非常少見。」史蒂芬妮說：「兒童不能被過度診斷為跨性別，這點很重要。跨性兒童在多元性別族群中只占極小一部分。」

633

• • •

朵洛莉絲．馬第尼斯十四歲時仍是男孩迪亞哥，住在麻省，有天和第一任男朋友約會被母親抓到。朵洛莉絲說：「我正穿著迷你裙和他搞那檔事，後來穿回男裝下樓。她說：『你父親叫你滾，否則就要殺了你。』我在街頭流浪了四年，後來犯下重大暴力案被關，人生從此得救。監獄裡的四年比以前都快樂，在裡面，只要不是很男人，他們都會把你變成女人，於是我成了姊妹，第一次體會百分百做自己是什麼感覺。」出獄後，朵洛莉絲才知道母親騙他。「她告訴父親我跑走了，他一發現真相，兩人就離婚了。我告訴他我變性了，他說：『噢，謝天謝地。』」朵洛莉絲花了十年接受治療，之後才注射第一支荷爾蒙。後來她與古斯塔相遇，這個跨性男是她想廝守終身的愛人，兩人正式結婚，只不過法律上，她是男人，而他是女人。

泰勒．何姆斯從前是困惑的小女孩賽蓮娜，她「想要男生的身體」，但「並不真的想當男生」。她曾和十六歲的弗雷迪短暫交往，並因此懷孕。兒子路易出生後，弗雷迪表現得漠不關心。但路易兩歲時，弗雷迪的母親開始向社福部投訴賽蓮娜。受指派保護路易權益的訴訟監護人拿著文件要賽蓮娜簽名。泰勒說：「我不知道那是什麼，就簽了，後來才知道是放棄監護權同意書，我就這樣失去孩子。」不久她與古斯塔及朵洛莉絲變成朋友，並開始質疑自己的性別認同。後來她因為子宮內膜異位而住院，醫生說可以用雌激素藥物療法，賽蓮娜卻說自己真的很想擁有鬍鬚和低沉的聲音，比較想用睪固酮治療。從此她開始自稱泰勒。

二〇〇八年某個星期四，一向鬱鬱寡歡的古斯塔因自覺有自殺念頭，到附近一家醫院的急診室請求住院，院方表示沒有給跨性人的床位，兩天後他上吊自殺，得年廿七歲。朵洛莉絲提出訴訟，但精神健康委員會判定醫院沒有過失。判決書寫到，由於跨性人不屬於受保護群類，醫院若認為跨性別病患可能干擾其他病患，有權拒收。

古斯塔離開後，泰勒與朵洛莉絲自然而然走到一起。我問兩人是否因為都沒動過變性手術才彼此吸引。泰勒說：「愛與關係的基礎並非一個人脫下衣服的樣子、用男性或女性代名詞、給自己取什麼名字。我和朵洛莉絲的愛與關係取決於她是什麼人、我對她有什麼感覺、我是什麼人，而她對我又有什麼感覺。她說過在某個時刻想動些某種形式的手術，但究竟什麼時候動什麼手術，那是她自己的事。」朵洛莉絲說：「我把泰勒當成男性床伴，他戴陰莖道具，尺寸由我挑選。」

634

泰勒放棄監護權的五年間，路易與祖父母同住，現年七歲。泰勒與朵洛莉絲一週只能見他一次，且不得單獨見面。泰勒表示自己覺得路易並沒有發現他的轉變，我則認為泰勒的大鬍子可能給了路易暗示，更何況朵洛莉絲總以男性代名詞稱呼他。泰勒與朵洛莉絲都對路易的性別行為很有興趣，朵洛莉絲說：「路易可能跟我丈夫以前一樣，一天是女生，一天是男生。他喜歡電視動畫影集《彩虹小馬》，我們偷偷買角色玩偶給他，因為他家不准他玩女生玩具。我不是醫生，但我覺得他現在應該是性別酷兒。」泰勒說：「他從沒說過自己是跨性別者或想當女生，但我小時候也從沒說過。」在我看來，既然路易從未聲明自己想當女生，他大概沒有跨性別傾向。不過他的確很不符合男性刻板印象。他身處兩個極端的世界，一邊性別模糊得驚人，一邊的性別則嚴苛得令人喘不過氣。泰勒說：「他可能還不確定自己是女生，也可能還不確定自己是男生，或許每天都在不斷擺盪，這也沒關係。我不希望他跟我一樣，虛擲廿五年人生。」

也許為人父母最難避免的錯誤，就在於不管孩子要不要，都把自己想要的強加在他們身上。我們以自己想要卻得不到的愛來療癒自己的傷口，卻看不見自己造成的傷口。朵洛莉絲說：「我希望路易的性別不管是男是女，還是在中間，他都能坦然接受自己。我要修正的歲月遠比年輕孩子還多，我不想要他過著跟我一樣的人生。」孩子應該要能做自己，但也需要規則與界線，我擔心朵洛莉絲與泰勒無限縱容的愛反而會嚇壞孩子。孩子渴求的，是有人注意自己，一旦得到了注意，就希望別人愛的是真實的自己。朵洛莉絲與泰勒確確實實注意到了孩子，給予盈滿的愛。泰勒說：「他是我看過最美的男孩，大概是全地球我所知道最漂亮的孩子了。這很酷，感覺我像是跟兒子一起轉變，他比大多數跨性別兒童好過一點，因為他有兩個跨性別父母。我們不會像自己的父母那樣把他丟著不管，他會有人陪著他。」朵洛莉絲說：「他的轉變必須更進一步。我看得出來，他正在過我從前的生活，希望他能從我未來的生活中學到些什麼。」

・・・

以前大家都以先天及後天的二分框架爭辯性別認同，現在則改成易處理及難處理的二分框架，兩者同樣難以辯清真相。先天因素顯然存在，問題在於後天是否助了先天一臂之力？後天能不能及應不應讓先天失效？答案撲朔迷離，教人心急。心理動力學有一系列解釋跨性別認同的理論，但卻自相矛盾。布魯姆在她的書《正常》中嘲諷地指出，這些理論不是父親缺席、母親太過投入，就是父親跋扈、母親溫馴不敢置喙；父母不是鼓勵跨性別的認同和遊戲，就是禁止跨性別的認同和遊戲，使其蒙上神祕色彩。有些小男生想穿裙子，是因為害怕殘暴的父親，而認同慈愛的母親。有些則是受先天基因、腦部發育以及子宮環境的影響。

變性仍然與醫學界及治療界綁在一起，在最好的情況下，這意味著負責任的專家能分辨哪些恐懼與欲望是父母的，哪些又是孩子的；什麼是永遠不變的當務之急，什麼是暫時的神經衰弱。然而，這也可能很可怕，把精神病學、內分泌以及神經認知分開來談，看起來幾乎是過時得可悲。現代精神醫學探求化學物質如何造成情緒障礙與思考障礙，但是我們區分大腦與心靈的能耐仍相當粗糙不成熟，而像性別認同障礙這麼複雜的情況，非得同時從各角度探討不可。精神疾病診斷與統計手冊委員會的邁耶—巴爾伯格承認「無法用純科學」描述性別認同障礙。

邁耶—巴爾伯格根據自身執業經驗，相信轉換最好能免則免。他說：「毀壞健康的身體、剝奪生殖能力是很可怕的事，即使是最好的情況，性功能也只是差強人意，最糟的情況則是慘不忍睹。有時不免讓人覺得那是在加強失調，而不是治療失調。」他相信中間路線的療法，「我們盡量介紹這些人認識更多同性的同儕。如果孩子的父親因為厭惡娘娘腔而與他們關係疏離——在美國這個恐同的國家，這種情況不足為奇——我們會試著讓父親重新正向參與、重建關係。」

許多孩子逐漸適應自己的原生性別，即使不適應，也能擴大交友圈及經驗。話雖如此，他也曾讓孩子十一歲就開始使用青春期阻斷劑。他說：「我有時幫助病人改變，有時柔性勸阻他們改變。一切只能靠自己的直覺，沒有參考公式。」曼伏耶爾說：「來我這裡的幼童大多數並未主張自己的身分認同為何，而是因為性別表現與人不同，才被帶來。關於該不該轉變，你永遠無法真的確定自己做對了。」

636

跨性別族群的成員大都憂心治療師引導兒童背離真正的自我，父母則比較害怕孩子動了手術又反悔。我們無法估計公開轉換性別但沒動手術的人當中有多少人後來又轉變回來。不過我們知道動過性別重置手術的人，每百人就有一人後悔。

丹妮兒．貝瑞以前是丹．邦頓，她在一九九二年四十三歲時接受性別重置手術，後來她說那是一場「中年危機」。她隨後說：「我現在擔心的是，大多數我先前以為的性別失衡症狀，可能不過是神經質的性癖好罷了。從有性生活以來，我一直有扮裝癖，幻想自己是女性帶來很大的快感。我只希望當初在選擇跳下懸崖前，嘗試過其他選項。」

伊拉克裔的山姆．哈許米的太太在一九九七年離他而去，之後他決定在英格蘭接受性別重置手術。他說：「圖蒂一輩子沒工作過，但幾千鎊的衣服，她買得毫不猶豫。我以前一直很想知道如果肩上的責任我再也不用擔，跟女人一樣有人幫忙開門，享有女人看似擁有的種種特權，究竟是什麼感覺。」於是他成為珊曼莎．凱恩。但珊曼莎發現「當女人很膚淺又限制重重」，覺得自己犯下大錯，於是又改名為查爾斯，並再動了一次手術，「恢復」生殖系統，過程痛苦，結果也不令人滿意。他也對當年支持他接受變性手術的精神科醫師提告。

可惜，這些故事被用來非難整個跨性別運動。術後痛切反悔的故事總會登上頭條，而那些若能動完整的變性手術必定會快樂得多卻終究無法如願以償的人，登上新聞的機會卻少之又少。無論動不動手術，都可能犯錯，因而葬送人生。有些小孩活在與自己的選擇相符的性別認同中，旁人也支持他，但日後卻可能覺得受其所困。這些孩子的父母與醫師對於荷爾蒙阻斷劑、荷爾蒙種類與動手術與否等，都有可能下錯決定領錯路。也有不受人支持轉換性別的孩子活在絕望中，或死於絕望。對健康的身體動不必要的手術非常可怕，但拒絕幫助知道自己是誰的人，也同樣可怕。

被轉介接受性別認同障礙治療的男孩遠比女孩多，但這不代表有性別非典型表現的原生男孩比原生女孩多，而是他們較讓父母擔心。女性主義為女人爭取到諸多原本專屬男性的權益。積極強勢的女孩常受到讚賞，雖然自信的女人受到的羞辱並不少，但英文中「tomboy」（男孩子氣）一詞本身就帶有一定的好感。相較之下，卻沒有運動站出來為擁有刻板女性特質的男性說話。女生可以男性化，男生卻只被視為娘娘腔。女生穿 T 恤牛仔褲是「穿著中性」，但男生穿裙子就是「變裝癖」。金提到她曾在父母團體中要曾經很男孩子氣的人舉手，房間裡四處有人舉手，接著她請曾很女孩子氣的人舉手，全場一動也不動。

• • •

史考特·厄爾以前是很男孩子氣的安瑪麗，脾氣很硬，父母認為那表示她性格堅強。兩人都是小兒科醫生，一家住在風氣自由的佛蒙特州。「我喜歡女人可以隨心所欲的想法。」史考特的母親琳·露金柏如是說。史考特幼年深受性別表現不合規範之苦。史考特的父親莫里斯說：「小的時候，安瑪麗有一頭漂亮的金色鬈髮。有天早上我們起床，十八個月大的安瑪麗正在哥哥班的房間。班大概五歲，把她頭髮全剪光，被我們修理了一頓，但後來我懷疑是不是安瑪麗自己要求的。」琳說：「我們買了一件粉紅色的連身雪衣，安瑪麗當時四歲，我母親對她說：『哇，小姑娘穿這身粉紅雪衣，真漂亮。』從此安瑪麗不肯再穿那件衣服，最後我們把衣服染黑，她才肯穿。」

安瑪麗十四歲時第一次在網路上與其他跨性人聊天，史考特這個名字突然出現，她頓時發現自己希望別人這樣叫她。幾個月後，父母出門聚會回來，在五斗櫃上看到一張字條寫著：「親愛的媽咪爹地：我非當男生不可，我是跨性人。」莫里斯回憶道：「我甚至不懂那個詞代表什麼。我們到地下室去，史考特正在看電視，我說：『妳是我們遇過的一個最棒的人，妳以為能有什麼事會讓我們對妳失望嗎？』」

琳打電話向幾個同志朋友諮詢，但他們對跨性別的認識並不比她多。她說：「我找到一位治療師，她曾經協助人不再一心指望手術。史考特討厭她，我才終於明白過來，她是真的要當男生。後來我們找到一位諮詢過七十個跨性人的治療師，她認為史考特已經想得很清楚，不需要再去見她。我過去以為自己養出一個堅強的女兒，但大部分的八歲小女生並不會穿男生的內褲。」對莫里斯來說，接受史考特的新身分並不容易，並不是因為他觀念很傳統，相信男性特質與女性特質之間有道堅不可摧的牆，而是他很理想化地認為男性與女性並沒有什麼天生的差異，既然如此，變性並沒有意義。」但他並未阻撓史考特，他說：「假如有場暴風雪來襲，你不會花時間看能不能趕走它。」

兩人有需要時都把病人轉診至佛蒙特大學的醫院，於是打電話給院內的內分泌專科醫師，但他說他不處理這種案子。琳非常震驚，她說：「身為小兒科醫生，我們看診時應該排除個人意見。醫生的工作都一樣，就是要正視病患自己的主張。」最後她找到費城的一個跨性別健康團體，預約了以後開了七小時的車載史考特過去，看完直接開回家。」幾年後，在佛蒙特議會舉辦的跨性別權益聽證會上，她說：「難受的是妳不知道該做什麼，或做不了任何事。那時我們顯然有很多事要做，所以就做了。」

史考特就讀新英格蘭的聖保羅預備中學，他住校，成績優異。聖誕節假期結束後，琳送他回學校，停在加油站休息時，史考特走進男廁，母親頓時明白他已經走到這一步。返校後不久，他在一場全體集會坦承自己是跨性別者，其他學生與多數老師都支持他，學校的行政部門則不然。行政部門的負責人是個表面上開明的聖公會主教，他對琳表示她女兒該成熟點，放下這件事，還說史考特若到別的地方重新開始，可能會更開心。史考特說：「我知道他只想把我趕走。」於是他離開了。

他在網路上認識了跨性別者，隨後在現實生活中與他們來往。他剪了個公雞頭，並把頭髮染成藍色，說自己並不在意學業，可能不會讀到畢業。琳說：「聽著，我們很努力地尊重你，讓你做自己，而現在我們要求你完成學業，然後上大學。」史考特覺得這要求很公平，接受了。琳建議他提前以男性身分進大學。佛蒙特大學很想收他，所以本該上高三的他，便成了大學新鮮人。

莫里斯帶史考特去參加新生說明會。他說：「他穿了某個跨性別活動的T恤。我心想，『你想當男生就當男生，別穿這種跨性別T恤，一整個怪咖樣。』到了現場，有些志工說『嘿！那場會議我也去了』，或是『T恤不錯喔』。」史考特住進男宿單人房，有獨立衛浴，但他討厭那些喝啤酒的和打美式足球的，於是搬進學校的同志自豪套房，和一群同志大學生同住。隔年他成立了一間跨性人專屬的七人套房，之後更在學校發起跨性別論壇，說服校方准許學生自行決定學生證上的名字，並在宿舍申請表上增加跨性別的選項。

我第一次與史考特一家見面時，他剛上大學，兩年後再訪，他已經脫離跨性別身分，往純男性身分邁進，而且是男同志。莫里斯說：「我還是不懂，這個人以前是我那個喜歡男生的女兒，為什麼就因此成為男同志了？」在一般大眾中，有些男同志之所以是男同志，是因為受男人吸引，這些人成為女人後，仍然受男人吸引。有些男同志之所以為男同志，則是因為偏愛同類，一旦成為女人，就受女人吸引。這些都不是獨立的變數，人和自己的性別及和他人的性別都有複雜的關係，以上變數都是其中的因素。根據一些估計，有一半的跨性女與三分之一的跨性男為同志或雙性戀。

琳說：「我問過他很多問題，想知道他們怎麼做愛。他是體貼的人，而我又想知道，因此他會跟我討論這件事。這些生理結構的事是不一樣的，我擔心他既然不想動下半身手術，那得遇上一個好到沒話說、不會介意這件事的人。不過人的喜好千變萬化。他轉變性別的那幾年，我常順路到大學找他用午餐，也常和他講電話。但從去年開始，他沒這麼掏心掏肺了，行事變得和一般青少年一樣。」史考特說：「公開當同志沒什麼，但我只在很好的朋友面前當跨性人。有好一陣子，我幾乎把全副心思精力都放在自己的性別轉變上。我再也沒興趣把自己的生活給人當模範了。我之後或許會去念醫學院。我知道我如果公開身分，對許多也有跨性別困擾的醫學院學生會很有意義，但這同時也是我的人生。」

史考特的弟弟查理說，他的老朋友知道他的姊姊變成哥哥之後，他並沒有遇上什麼問題，但要對新朋友解釋哥哥從前是姊姊，卻很困難。新朋友如果來家裡玩，查理會把史考特還是小女孩時的裱框照片收起來。史考特不介意父母把那些相片擺出來，也不介意查理把照片收起來。琳說：「丟掉照片等於消滅他的童年。在史考特十四歲以前，我曾經有個女兒。當然，並 [640]

不是真的有女兒，因為史考特一直都是史考特，但同時，我也曾經有女兒。」

• • •

我發現跨性別者有兩種政治參與模式。有些人一肯定自己的性別，便大動作急切宣告自己的跨性別身分，一陣子後，他們自自然然以過關的性別裝扮示人，一心想以一直以來認定的性別好好生活。對他們而言，參與運動是一種宣洩。有些人則選擇默默私下轉變，往往與朋友和至親都保持距離。時光流逝，他們逐漸習慣做自己，開始幫助其他人，讓他們不用再受自己以前所受的苦。對他們而言，參與運動是表達感謝的方法。許多參與運動的人與相關組織積極來往，包括：跨性別青少年家庭聯盟（TYFA）、性別光譜、美人魚（英國組織）、同志家屬親友會跨性別網絡、克里夫蘭跨性家庭、跨活、性別岔路、全國跨性別平等中心、跨性別者法律辯護與教育基金會（TLDEF）以及跨性別兒童紫色彩虹基金會。有些參與運動的人本身並不是跨性別者，但與跨性別社群有間接淵源。有兩個團體特別吸引我，性別光譜和ＴＹＦＡ，分別代表支持跨性別兒童的兩種原型。

布莉爾在二〇〇七年成立性別光譜，善於表述細微差異，有時不免少些明晰。但她也一直承認，性別是各種人類經驗中最複雜的一種。她嫻熟各種性別理論與酷兒理論，能把抽象哲學的艱澀語言轉化為一系列琳琅滿目的選項，供你和孩子選擇。她相信在公義的社會裡，男孩能喜歡娃娃，異性戀可以在家跨性扮裝，職場女強人在親密愛人前也能變小貓，男孩能留長髮跳芭蕾，小女孩也能獨鍾打棒球爬樹。金和夏儂·賈西亞在二〇〇六年創辦ＴＹＦＡ，兩人同樣聰明，但更重要的是，兩人都有跨性別兒童。相較於布莉爾散發的知識分子氣息，這兩人則洋溢著美國中西部典型母親的溫暖。她們塊頭大、嗓門洪亮，默契好到可以接下對方的笑話。半夜有狀況，她們會立刻起床解決你的問題。她們有辦法影響美國中部小鎮保守的高中校長，讓校長了解性別多元有多常見，也需要極為顯著的適應措施。兩人的勇氣能讓別人變得勇敢。

布莉爾在舊金山灣區活動，一手成立的性別光譜專門幫助開明的家庭明智且自信地度過轉變。布莉爾鼓勵父母與個案在從一端跳到另一端之前，先在光譜中段的各處摸索。這個做法在可行的地區非常棒，但在前述小鎮卻完全行不通。光是男轉女（或女轉男）就已經超出所有小鎮居民願意考慮接受的範圍了。性別光譜適合那些想探究身分本質的家庭，但孩子若是無法以原生性別生活，多活一天都寧願自殺，父母最好與ＴＹＦＡ聯絡。

金與夏儂於二〇〇六年在網路上認識，她們與另外兩人在二〇〇七年一月成立跨性別青少年家庭聯盟，一位是同為人母的艾美，主管組織財務；另一位則是跨性女簡恩，她日後又成立了跨活。十個月後，艾美的跨性別兒子伊恩自殺身亡。金說：「我們做事的方式因而改變，因為即使是有人全力支持的孩子，仍可能有莫大危機。在青春期出櫃的孩子都知道自己可能會失去父母、同胞與朋友，他們已經走投無路，父母千萬不要以為自己還有時間自憐自艾。你可以選擇是要哀悼孩子變性，還是哀悼孩子逝世。」我第一次參加金和夏儂的工作坊時，會後有位父親焦慮地對她們說：「可是萬一他改變主意怎麼辦？」夏儂回答：「剛剛你才說他兩歲就在尿布枱上說自己是女生，而這個訊息十三年來不曾變過。你這是在為未來憂心，回家跟孩子談談當下吧，現在就去。」她們只花了十分鐘，就讓這位父親轉念接受十多年來無法接受的事。

雖然父母才是金的工作重點，但她說最難的事情，是幫助跨性別者保持尊嚴。她曾與一位名叫簡妮斯的跨性女見面，對方以「術後跨性者」介紹自己。金回答：「妳把自己當成女人嗎？」簡妮斯說是，金說：「我也把自己當成女人，而我從來不會以生殖器官來介紹自己。我驅策妳以後都稱自己為女人，或是跨性女人，不要再跟陌生人提到手術了。成年跨性人說不希望別人根據衣服底下的東西來評判自己，既然如此，就別再拿衣服底下的東西來介紹自己。」

• • •

有些家庭的性別轉換過程十分煎熬，有些比較輕鬆，有些家庭則視之為喜事，皮爾森家就是一例。尚恩—德里．皮爾森住在亞歷桑納的小鎮上，二〇〇六年五月六日正式出櫃，幾個月後，母親金成立跨性別青少年家庭聯盟，兩人準備順著浪潮，一同攜手改變世界。

金說道：「在成長的路上，我背負著各種期望，而我不想要這樣對待孩子。尚恩三歲時就說：『我不穿裙子。』當時我們想：『如果這件事那麼重要，我們就換成褲子吧。』」但女兒還是一直悶悶不樂。十二歲時，尚恩寫信給父母，說自己是女同志。情況短暫轉好，然後就變得比以前更糟。尚恩成績很差，常常胃痛頭痛。金說道：「尚恩常自己關在黑壓壓的房間裡，蓋起棉被。有時不吃，有時一直吃；有時不睡，有時又睡不停。顯然是出了什麼天大的問題，但我們不知道究竟是什麼。」

皮爾森一家開始接受家庭治療，幾個月後，碰巧看了電影《窈窕老爸》，當時十四歲的尚恩總算找到答案。幾週後，金和尚恩走進諮商室，然後情勢整個逆轉。金說：「我和消沉的女兒進去，和快樂的兒子出來。尚恩說：『我不是女同志，是跨性人，我從頭到腳都是男的，妳知道這就是我。』我說：『打從你一出生，我覺得我一直在玩拼圖，有幾塊一直不合，今天終於發現那幾塊完全沒問題。但我還是不知道我們現在要做什麼，真要命！』他開開心心地說：『媽，沒關係，我一件件都想好了。我要正式改名，請妳幫我到學校註冊成男性，我要去買束胸。』」金很震驚，不怎麼想做那些事。她回憶道：「他說想買男用洗髮精、止汗劑和襪子。我回答：『你說的這些事我一件都不知道該怎麼做，不過買東西我很擅長。來吧，從哪樣開始？』他興致勃勃、容光煥發。我好幾年沒看到這樣的活力了。」

回到家後，尚恩看到父親剛從家得寶上完一整天班回家，開始展示新買的東西。金把約翰帶進房間解釋情況，約翰瞪著牆壁發呆。金說：「你說話啊。」約翰說：「我不知道要說什麼。」他告訴我：「我掉進山洞裡，過了整整廿六天。我自己得先經歷一場轉變。」沉默了廿六天後，約翰終於平心靜氣接受。

尚恩在六月初出櫃，到了盛夏，心理治療師對全家人宣告療程完畢。開學時，尚恩以新名字返校，同時一邊使用睪固酮。金說：「轉變的速度快得要命。」尚恩要求金與校方溝通。她說：「我從醫療角度切入。如果小孩有糖尿病，你會確保他打針時保有隱私。我們得先確認他以後用哪間廁所。」校方讓他用護士的專用廁所。尚恩申請改名還未通過審核，校長一開始拒絕更改學籍資料。金說：「我說越沒人發現，就越不會有父母跑來學校抗議孩子跟尚恩同班，就這樣說服了他。」

這家人寫了封信告知大家。第一個打電話來的，是社區裡的某個人，金一開始以為對方要出言咒罵。她回憶道：「他說：『我們家永遠歡迎尚恩，他在這裡永遠不會有危險。』」我一聽就哭了，我們已經做好心理準備要迎接負面反應，還真沒想過如果有人表示支持，會是什麼樣子。」金原本在電腦產業工作，後來越做越覺得沒有意義，手部纖維肌痛也導致她難以負荷工作。她說：「我的教會是合一基督教會。教會的哲學是相信冥冥中一切自有安排，於是我跟宇宙對話，我說，我想要一份完美工作，要能出外旅行、公開演講，要用得上我的教學與課程設計能力，還要能寫作。兩週後，尚恩出櫃了。三個月後，我成立了ＴＹＦＡ，正是我想要的工作。」

不久後，尚恩與金出發前往聖地牙哥州立大學演講，途中車子快要沒油，尚恩看到一間印第安人開的賭場，場邊附設加油站。金回憶道：「我想上廁所。我說：『我帶著二十塊，五分鐘後回來。』我把二十塊投進吃角子老虎機，一轉，中了一萬塊大獎，足夠應付創會花費還有登記成立非營利組織的費用。」尚恩的哥哥架設網站，用父母房間裡的兩部老電腦當主機。

約翰說：「我從來沒想過太太竟這麼熱中權利運動。上個月我去拉斯維加斯聽她演講，我知道她一向擅長溝通，但那場演講仍然讓我大吃一驚。」後來金寫信告訴我：「我找到我的天職和目標了。我要善用神給我的天賦，滿足自己，服務他人。」她提到自己曾在一週內橫跨美國到五個學校進行教育訓練，多半是開車，當中一場在俄亥俄州，要開整整兩天的車。我問她那場為何不改期，金說：「怎麼能跟十六歲的孩子說我們不能去了？大家都問：『妳怎麼做得了這麼多事？』我都回答：『不這樣怎麼說得過去？』」

• • •

644

夏儂和約翰有六個兒子，至少兩人這麼想。一家人住在印第安那州，夏儂形容那裡是「白人州的白人鎮上的白人社區」。最小的兒子很快就學會說話，十五個月大時說：「我不是男生，是女生。」夏儂隨口回答：「對呀，你是女生。」一邊繼續幫他換尿布。兩歲時，他想要有個芭比娃娃。四歲時，他進入五個哥哥都上過的基督教幼稚園。第一場家長會上，老師說：「以後你兒子不准玩扮裝，男生不穿裙子的。」夏儂非常惱怒。「那是兒子首次發現，外界並不接納他的感受。幾天後，焦慮症狀開始浮現。」

但約翰卻對太太發火。夏儂說：「是我的錯，我太疼他了，他要亡羊補牢。」約翰沒收了所有的女孩玩具，把兒子帶到庭院，對他說：「我要把你變成男子漢！」說完給他一支棒球棒。約翰一次又一次丟球，對兒子說：「把球打出去。」兒子握著球棒，眼淚撲簌簌掉下來。夏儂說：「家裡氣氛變得極糟。我也想解決，但我知道羞辱兒子不是辦法。我覺得約翰應該要有機會按他的想法試試，但結果卻只落得兒子開始恨他。」

到了九月，兒子哭著懇求不去幼稚園，他說：「整天裝男生太難了。」夏儂咬牙堅持，沒答應他。小學一年級開學時，她開始賄賂他：「如果你整週都沒哭，週末我就買芭比給你。」兩人每週都小心背著約翰挑一個芭比回家。後來有一週，小男孩說：「可不可以把玩具換成兩毛五分銅板？」夏儂問他原因，他說：「去學校的路上會經過一棟房子的許願池，我要要問司機能不能停車，這樣我就可以許願當女生。」

約翰一直說：「你有陰莖，那代表你是男生。」有天，夏儂注意到兒子在浴室待得異常久，她推開門，「他手上握著一把我最好最利的縫紉剪刀，陰莖擺在刀間，準備剪下去。我說：「你在幹什麼？」他說：「它不屬於這裡，我要剪掉。」我說：「不可以。」他問：「為什麼？」我亂掰：「因為你如果想要女生的部位，人家需要那裡才能幫你做。」他把剪刀還給我，說：「好吧。」

一家人當時正準備出發到田納西州過感恩節，夏儂認為這是絕佳的實驗機會。丈夫反對，其他五個兒子也很排斥。小兒子宣布她的新名字是綺麗，出發時，綺麗從頭到腳都是粉紅色，小平頭上還夾著髮夾。夏儂說：「開了好幾個小時的車後，我們停下來吃飯，找了張桌子坐下。那孩子從來沒跟陌生人說過話，可是女服務生過來問綺麗『想吃什麼，小美女？』的時候，綺麗說：『一杯巧克力牛奶，謝謝。』我走進公共廁所大哭，淚水灑得滿地都是。接下來四十八小時的改變之大，言語無法形容。丈夫說：「我希望妳查過要怎麼在家自學，她不可能再回學校當男生了。」

兩人把綺麗轉到新學校，學籍資料上填寫的名字性別都換過。她原本符合《教育法第一篇》的資格，這是聯邦政府針對學習出現障礙的兒童所推出的計畫。六個月後，她的閱讀進度超前兩個年級，數學達同年級水準。「十二個月後，我們到醫院檢查，醫生一進檢查室，綺麗便開始說話，我想，我們待在那裡的時間，她的嘴巴都沒停過。醫生下巴都掉了，他說：『這絕對不是我看了六年的那個小孩。』她就是變了這麼多。」

我認識綺麗時她七歲，漂亮、健談、超齡地泰然自若，還有點調皮幽默。之後夏儂來信說道：「我知道這絕對是神的親手傑作，這個抉擇對我來說非常簡單：行屍走肉的兒子，還是生氣勃勃的女兒？大部分跨性別兒童的父母所面臨的選擇真的便是如此。我們一直跟綺麗說，她想跟誰結婚都可以。她告訴我，她不會把自己的狀況透露給她的『那個人』，我說隱瞞這件事不對，如果那個人真的愛她……她把話接過去：『那他就不會在意！』我說：『沒錯。』」

・・・

很多父母遠遠做不到這種程度的接納。超過一半的跨性別者不為家人所接受，即使在多少可以接受的家庭，往往也只有父母其中一人支持。「雙親家庭中，一人害怕、一人接受的情況屢見不鮮。」布莉爾說道。賓姆在回憶錄中記錄與跨性別弱勢兒童接觸的工作經驗，其中有位跨性女孩的母親，「她對克莉絲汀娜說，如果她要這樣表現，她寧願她就得愛滋死掉。」另外一位看似學養較好的母親則寫信給跨性女兒說：「你竟把男扮女裝偷渡為當女人的整個過程及現實，這既傲慢且無禮。不僅是我身為女性的個人經驗，所有女人都因你蒙羞、被你貶低。」

二〇〇九年五月，加州沙加緬度的熱門廣播節目《晨間的羅伯、阿尼與唐》有個時段談到跨性別兒童。羅伯與阿尼稱這些孩子為「智障」與「怪胎」，明明只是「心理失調需要有人設法治癒就好」，卻跑出來「引人注意」。他們還說：「說什麼『媽咪，我是困在男生身體裡的女生，我想穿裙裙』，有夠噁心。」之後他們又說：「如果允許跨性人存在，不久後人類跟動物談戀愛也沒什麼了。」其中一人誇口說，如果哪天兒子穿高跟鞋，就要拿自己的鞋子揍他。

節目一播出，抗議排山倒海而來，引發廣告商杯葛。金與聖地牙哥的跨性別運動人士桑迪受邀上這個節目談論此問題。金說如果有跨性別傾向的兒童在上學途中聽到母親車上播放該節目，將永遠不敢向母親啟齒。開放聽眾來電時，有位聽眾說自己的跨性兒弟已經自殺身亡。金提醒羅伯與阿尼說，他們手上已沾上鮮血。節目一開始，兩人挑明了自己只是為了安撫廣告業主而道歉，到了節目尾聲卻羞愧不已。

雖然富裕家境及良好教育不見得能保證跨性別兒童過著輕鬆日子，但窮苦確實增加了出大問題的機率。海莉・克魯格和珍・李特都因貧困而過得更辛苦。她們長期懷著祕密，都不想向母親坦承自己是女同志，也都和男人結了婚。空虛的婚姻充滿謊言、暴力與問題。海莉在堪薩斯州讀到九年級就輟學，珍在密蘇里讀完高中，但無一技之長。兩人都有個小兒子，珍還有個女兒已進入青春期。海莉是婆，珍則是T，兩人在威奇托的流浪街友收容所相遇。

海莉的丈夫有變裝癖，但他只在家裡私底下變裝，瞞著所有人。兩人婚後很快就生下兒子傑登。海莉說：「我的孩子一直以下體為恥，總是遮遮掩掩，從還是小嬰兒時就這樣。他坐著尿尿，尿完還會擦，跟女生一樣。」傑登五歲時宣布自己叫漢娜，跟迪士尼影集主角孟漢娜一樣。孟漢娜白天是普通的青少年，到晚上則搖身一變為搖滾歌星。我認識許多過著雙面人生的跨性別兒童，這個故事很能引起這些兒童的共鳴。

珍說：「我第一次在收容所見到傑登時，真的以為六歲的傑登是女生。」幾個月後，海莉和珍帶著傑登與珍的小孩布萊恩及莉莉安一同住進一輛拖車。海莉說：「傑登受夠了偷偷摸摸，一住進去就問：『媽媽，我可以把胸罩穿起來嗎？』我說：『穿吧，沒人會看到。』」傑登對珍說有事情想告訴她，「他說：『我穿了胸罩。』」珍說：「我說：『好。』他說：『妳不生氣？』我說：『不會啊，寶貝，因為珍媽媽覺得大家都應該做自己。』他眼睛亮了起來，非常開心。」珍對布萊恩與莉莉安說：「誰都不准嘲笑誰。」傑登不久便開始在其他孩子面前自稱為漢娜，他父親嚇壞了。

珍到麥當勞工作，海莉則在平價超商，兩人搬到威奇托一個非常蕭條的地方，傑登七歲開始塗指甲油到學校炫耀。海莉說：「學校想跟我談這件事，我回答：『小孩子就這樣。』之後他開始想留長髮、穿絲襪和化妝。他常常哭著說自己想在學校當女生。」傑登一回家就換上女裝，有天晚上他對珍說：「我好氣妳。」珍問：「為什麼？」他回答：「因為妳都可以做自己，我就不行。」珍對我說：「我心都要碎了。」

校方要傑登接受治療，但一如珍所說，她和海莉不想讓他被人「解除設定」。她們從來沒聽過跨性別這個詞，也不知道還有其他跟漢娜一樣的孩子，後來兩人得知有位經營支持團體的六十五歲跨性女蓮娜，蓮娜轉而介紹她們去支持LGBT社群的大都會社區教會，她本身就是那裡的教友，並將自己的牧師克莉絲汀娜介紹給兩人認識。教會成為漢娜第一個以女生身分露面的公開場合。

漢娜上一年級時，校方不斷強迫她要表現得更像男生，漢娜自己則越來越想在學校當女生。蓮娜對漢娜說：「為了妳的安全，妳現在最好當雙面人，在學校先遵守規範，不然他們會揍妳、欺負妳。等回到家裡，再立刻換上裙子，坐下來看電視。這個州目前沒有法律能保護妳。」克莉絲汀娜說：「她這輩子得不斷妥協，我們都是。」海莉、珍與學校開了三次會，討論這個狀況。海莉說：「我告訴傑登：『即使妳全身是紫色，而且還是世界上唯一紫色的人，我還是會一輩子愛妳。但妳不能在學校當漢娜。』」珍說：「漢娜說自己是怪胎，我好難過，我說：『漢娜，別這樣說，妳不是怪胎。』」

珍的女兒搬出去了，但兒子還住家裡，布萊恩此後被診斷出對立性反抗疾患，與權威者的互動不良，此外還有嚴重的憂鬱症。十三歲時他經常攻擊母親，最後更自殺未遂，於是珍與社福人員聯絡，讓他接受治療。布萊恩向社工投訴兩位母親，之後被安置在公立護理之家。他對母親有諸多指控，其中一項是她們鼓勵弟弟穿裙子。

二〇〇九年二月廿四日，珍把漢娜打點好，準備送她上學，「我抱抱她，親了她一下，說：『放學後我有驚喜要給妳，我們去吃披薩、打保齡球。』」下午一點半，輪值照顧過布萊恩的社工打給海莉說：「妳的孩子在我這裡，請妳週二早上八點半到法院去。」社工到學校訪

648

談傑登，問他如果有三個願望可許，要許什麼。傑登說：「把我男生的衣服都換成女生的、當女生、把男生部位換成女生部位。」社工把這當成海莉與珍「說服」孩子相信自己是女生的證據。文件上提到海莉有女性伴侶，所以孩子「比其他兒童更容易困惑，更會遇到社交困難」。法官判定漢娜應住進「父母都很健康」的寄養家庭。

海莉與珍在一週內失去兩個孩子，克莉絲汀娜變成她們最重要的諮詢師。克莉絲汀娜告訴我：「海莉與珍的家庭窮了不止一代，受的教育不足，幾個孩子從來沒看過醫生或牙醫，連雙合腳的鞋子都沒有。事情很複雜，但她們愛孩子，漢娜無疑也很愛這個家。」漢娜的寄養家庭不准她自稱漢娜、穿女裝、做任何不符合男子漢形象的事。海莉和珍第一次在監管下探訪時，漢娜說：「如果要當男生才能回家，我會這麼做。為了回家，我做什麼都願意。」

目前這件事由堪薩斯州的社會與康復服務中心接管。克莉絲汀娜說：「該中心挖出一份一九五〇年代的精神科期刊，內容跟跨性變裝有關。我說：『這跟我們現在討論的情況沒有任何關係。』但我的話沒什麼分量，不知道你了不了解這裡的情況有多糟。」恐跨性跟恐同脫離不了關係，服務中心在法庭上堅稱「我們絕不會把孩子還給那些女同性戀」。最後服務中心給漢娜和兩位母親指派了一位治療師米雅，她們都很喜歡米雅。海莉說：「米雅說漢娜可以穿裙子，所以我們會在治療時帶些裙子給她。漢娜說：『喔，我不要穿，我怕養父養母發現。』米雅說：『治療師是我，規矩我來訂。為了妳的安全著想，妳只能在我這裡、家裡，還有教堂裡穿。妳可以在這三個地方做自己。』」還有一次，米雅說：「我知道妳想跟媽咪講話，我出去，妳們聊吧。」漢娜說：「不要那麼做，我不想讓服務中心找麻煩。」海莉直接哭出來。她向我抱怨漢娜變得非常退縮，說：「漢娜怕成這樣。以前的她像隻鳥，自由飛翔，現在，即使在我們身邊，她也像關在牢籠裡。」

蓮娜開車載海莉與珍去和漢娜一起參加治療，後來終於獲准加入。她說：「天啊，我真希望我在她那個年紀就這麼勇敢，即使被迫跟媽媽分開，小小心靈都碎了，我還是好想跟漢娜交換身分。」蓮娜給我看她的名片，上面寫著「專扮女性」，我問她，她是這樣看自己的嗎？她說：「我就只能做到這樣，希望漢娜能做得更好。」

海莉與珍獲准參加漢娜的棒球比賽。海莉說：「我們在場邊時，她好愛我的粉紅色涼鞋。她說：『媽媽，我能穿這個去野餐桌那嗎？』我只想坐在那兒大叫，『讓孩子穿我的涼鞋去把她自己的鞋子拿回來，究竟會傷到誰？』但他們告訴我不行，所以我只能聽命。」遵守那些規則似乎是最好的辦法，如此才能把漢娜接回家，並幫助她在威奇托熬過一切。但這些規定也帶來負面效果，海莉說：「她在治療時，說自己已經厭倦當雙面人，但她又接著說：『可是我得繼續，因為我是壞人。』」米雅診斷她患有情境性憂鬱症。當時海莉說她準備放棄了，或許她和珍應該直接再生一個，不該繼續嘗試把布萊恩與漢娜接回家。雖然是自暴自棄的話，但每個人都嚇壞了。

我和海莉與珍見面時，漢娜已被帶走七個月，兩人一週只能和孩子參加一個小時的治療，以及在監督下做兩小時家訪。她們不能打給漢娜，漢娜也不能打給她們。漢娜八歲生日時，兩人盡力幫她慶祝，海莉說：「我準備了一個小禮物，把禮物送給漢娜時對她說：『拿去吧，寶貝兒子。』她盯著我說：『媽媽，妳再也不接受我了嗎？』當社工走開一下時，漢娜很快看著我說：『妳是要說寶貝女兒吧？』我說：『這些人在場的時候，我不能這樣說。』我當時心情很低落。」珍說：「你要怎麼跟孩子說『你只能在這裡跟這裡做自己，出去就不行？』這話不是讓孩子不知如何是好嗎？」海莉說：「我搞不懂什麼該說，什麼不該說。我最怕的是把她接回來後，又再次失去她。她如果做自己，對我們、對她絕對都很危險。」

• • •

父母是該為跨性別的孩子擔憂，這個世界對這些兒童的偏見之深，外人難以想像。全國跨性別平等中心與全國男女同志工作組織在二〇〇九年公布了一份大型調查，對象是美國各州、各領地的跨性別者，受訪者的種族分布大致比照全國人口。因為是透過網路發放問卷，受訪者自然偏向家境較好的人。其中每五個受訪者就有四人曾在學校受過騷擾、肢體攻擊或性侵犯，近乎一半是老師所為。另外，雖有將近九成的人至少完成了一定的大學學業，相較之下，一般民眾則不到五成，然而，受訪者的失業率卻比一般人高出一倍。每十人就有一人在職場受過性侵犯，在工作上受到肢體攻擊的比例也幾乎一樣高。四分之一的人曾因性別不協調遭解雇。貧窮機率是一般國人的兩倍，每五人就有一人曾流落街頭，其中又有三分之一的人因性別問題無法進入收容所。三分之一的人因為醫療人員的不尊重或歧視，延後或逃避接受醫療照護。有超過半數的跨性別年輕人曾自殺未遂，同樣的情形一般大眾只有二%。吸毒、酗酒與憂鬱症的比例高得驚人。大約二成至四成流浪街頭的青少年是男同志或跨性別者，還有超過一半的跨性別有色人種靠街頭賣淫為生。有位住在紐約皇后區跨性別兒童收容所的性工作者說：「我喜歡引人注目，感覺自己有人愛。」

• • •

亞伯．坎能與羅珊娜．格林很早就發現兒子莫斯不太像男生。他兩歲時就想玩娃娃，對於幫姊姊夏柯娜挑選合適漂亮的衣服比給自己挑玩具還有興趣。全家人住在雪城的低收入區，走在路上經常提心吊膽，亞伯很擔心兒子，但從來沒試著改變他。亞伯說：「上帝把我的孩子弄混了，夏柯娜比莫斯還像男生。」莫斯每天都堅持穿亮面皮鞋上課，同學成天叫他玻璃，動不動就打他。亞伯說：「他能丟美式足球，也能跑。我的老天，簡直是天生能手！不過他沒興趣。」莫斯十四歲時，亞伯終於明白情況。「我在客廳睡覺，他和幾個女生朋友在後面，試著把下面夾緊，看自己能不能像個女人。」

651

莫斯十六歲時寫信給父母：「我要買女裝，要變成女人。如果你們不能接受，我就自殺。」羅珊娜敲了敲莫斯的房門，「我說：『你確定你想這樣嗎？痛恨同志的人很多。』他回答：『媽咪，如果你們覺得丟臉，我就走。』我說：『你永遠不會讓我丟臉。』」亞伯不太開心，但幾天後便讓步了。他表示：「哪個男的敢告訴我，他們沒半點娘味？他們如果這麼說，就是在騙自己。但我對他說：『你確定自己準備好面對社會的反應了嗎？』莫斯說：『問題應該是，社會準備好面對我了嗎？』我說：『寶貝，連我都還沒準備好。』」

莫斯給自己取名為蕾蒂莎，簡稱蒂莎。女同學非常喜歡她的打扮方式，她突然變得很受歡迎。穿女裝一週後，她遭一群人突襲毒打，但意志並未動搖。一名糾察隊員告訴蕾蒂莎，聖經說她會直接下地獄。羅珊娜致電校長，提醒她校園不得傳教，最後事情越來越嚴重，蕾蒂莎終於休學。她幫人做頭髮，還到汽車旅館當房務員。她精神煥發、開開心心，但一直有個心願。她對亞伯說：「爸，在我成為完整的女人前，我快樂不起來。」亞伯說：「你永遠當不了完整的女人，但如果你的意思是想變性，我會盡力幫你。」亞伯開始存錢，並在遺囑裡注明這筆錢是手術費。蒂莎在姊姊婚禮上擔任伴娘，穿著一身紅色的塔夫塔綢洋裝。亞伯說：「我姊警告她幾個也是伴娘的女兒：『妳們完了，蒂莎的穿著會把妳們統統比下去。』」

十七歲時，蒂莎喜歡和一個未出櫃的男人「說話」（羅珊娜的含蓄說法），當他聽說蒂莎拿兩人的關係說嘴時，就用刀子劃過她的臉。亞伯說：「哇，她也很凶悍，她想殺了那男的。」蒂莎在家時跟父母一起睡，擠在兩人中間。羅珊娜說：「這樣我可以盯著她，確保她沒跟那個把她的臉蛋劃花的混蛋在一起。」她和蒂莎常吵架，但也常悍然站出來保護彼此。坎能家變成當地跨性別兒童非正式的聚會地點。亞伯說：「他們說他們用毒品止痛，我說：『痛是止不住的。』蕾蒂莎不是沒吸過毒，但她不會靠毒品來逃避現實。她讓朋友住在這裡，我不會趕他們走，如果他們想坐下來聊天，我就聽。」

蒂莎和不少男人有過關係，但一直到十九歲才戀愛，對方是帥得令人一見傾心的小混混，

652

名叫丹堤。很快，她就開始介紹他為未婚夫。兩人在一起兩年半，亞伯說：「所以他真的以女人身分談過戀愛，至少他擁有過這個。」羅珊娜說：「這一次可不是偷偷摸摸地談，兩人形影不離。丹堤都用『她』來稱呼蕾蒂莎。」蒂莎對丹堤懷抱夢想，丹堤對我說：「她改變了我，我以前做的蠢事很可能會害我坐牢，我現在不做了。我以為這輩子就要靠販毒過活，但她讓我知道感覺自己是號人物的滋味。」後來蕾蒂莎和丹堤分手，回到父母身邊。二〇〇八年十一月十四日星期五，兩人決定再次同居，羅珊娜說：「那天她好樂。這次是要長長久久了。」

當天傍晚，蒂莎的朋友愛麗莎邀她到鎮上另一頭參加派對。之前愛麗莎曾說自己懷孕了，但不想要孩子。她跟蒂莎說孩子可以給她，蒂莎一直希望這個計畫能成真，也已經開口請羅珊娜協助她撫養孩子。蒂莎受邀後就和弟弟馬克一起開父親的廂型車去參加派對，在場很多人兩人都不認識，其中有個男孩叫狄里，以前和蒂莎與馬克同校。他走近廂型車，說：「這裡不歡迎玻璃。」然後直直朝車裡的兩人扣下扳機，馬克肩膀中槍，蒂莎被射中胸部，子彈竄進主動脈。

馬克對我解釋當天狀況：「我們立刻逃跑，蕾蒂莎說她胸部好痛、胸部好痛，還說『我愛你』，叫我不要送她去醫院，她要回家。」車子一到，亞伯人正好在前廊，馬克說：「莫斯中槍了。」亞伯往街上衝過來，一邊打九一一。他拉起蒂莎的上衣，看不到子彈出去的傷口，知道事情嚴重了。他說：「她看著我，對我微笑。我知道她撐不過這一次。」羅珊娜衝過來，「她的表情像是在對我說：『對不起，媽咪，我要走了。』」羅珊娜說。

丹堤接到電話時正在工作。我跟他談到這件事時，事情已過了將近一年，但他還是把頭埋在一雙大手裡，縮著肩膀。「那天我看到她了，但來不及說再見。他們說時間久了會好過一點，騙人。」亞伯伸出一隻手抱了抱他，丹堤抬頭說：「她心胸開朗，愛自己，也做自己。」丹堤與亞伯及羅珊娜的感情依然很好，他說：「這是永遠的。她會希望看到我變得越來越好。工作，上學。我很難受，但她不會想看到我這樣。如果有人對我開槍，拿刀刺我，我也無所 653

謂。我的意思是，這樣我就可以上天堂再度看到她，跟她在一起了。」亞伯伸出粗糙的雙手，彷彿手中有什麼東西，然後說：「我為她存的手術錢都還在。」

狄里的謀殺罪審判讓每個人情緒崩潰。雖然大致上的事實很清楚，但目擊證人的說法相互矛盾，有些人顯然礙於同儕壓力，撤回了證詞。跨性別者法律辯護與教育基金會的執行長席弗曼也參與了審判，他說：「我覺得有些證人看起來要心臟病發了，大家的壓力和負擔都太大了。」由於無法證實狄里有殺人意圖，最後法官判的不是謀殺罪，而是一級殺人罪中的非預謀殺人罪，但由於屬於仇恨罪中的非預謀殺人罪，狄里得坐廿五年牢，是非預謀殺人罪的最高刑期。該案成為全國第二起、紐約州第一起將謀殺跨性人視為仇恨罪的判決。

數月之後，鎮上的跨性別孩子還是會過來拜訪亞伯和羅珊娜，我在雪城那天，短短幾小時就來了兩個。亞伯說：「我要幫助其他孩子，她或許是白來世上一遭，但至少要死得有價值。」樸素的客廳一角擺著蒂莎的骨灰罈，罈子上刻了她的生日與忌日：一九八六年七月四日至二〇〇八年十一月十四日，還貼有她生前最愛的照片，照片裡她在姊姊婚禮當天穿著那身紅色塔夫塔綢伴娘裝。羅珊娜每天都點兩根蠟燭，任蠟燭燒盡熄滅。亞伯說：「她那天想要回家，在我們身邊走完最後一程。所以我們把她骨灰放在家裡。」羅珊娜說：「去領取骨灰時，我問能不能讓我看一下？我想知道她火化的時候是不是穿著靴子，要是穿著，骨灰裡應該會金金亮亮的，她喜歡那樣。」

蒂莎遭射殺時，夏柯娜正懷著身孕，她給寶寶起名蕾蒂莎。

・・・

重度身心障礙兒、自閉兒、思覺失調兒與兒童罪犯等，這些人所面臨的生命危險都比普通的健康兒童大得多，但獨獨跨性兒的父母得面對以下兩難：孩子若不能轉變性別，可能會自殺；若轉變性別，可能會遭他殺。跨性人遭謀殺的案件往往無人報導，即使報導了，也常常不承認那是仇恨罪。一九九九年起，美國有四百多位跨性別者遭人殺害，國際跨性別紀念日指出，美國每個月都有超過一起仇恨殺人罪，全球每三天就有一位跨性別者遇害。[654]

評論人士發現這個問題到處都有。德國跨性別運動分子巴爾澤撰文指出，這些謀殺案「不管是巴西、哥倫比亞或伊拉克等謀殺案頻仍的國家，還是澳洲、德國、葡萄牙、紐西蘭、新加坡或西班牙等謀殺案不多的國家地區，都會發生」。歐洲理事會的人權事務專員韓馬柏寫下葡萄牙跨性女小薩爾瑟的故事，令人動容。她遭人輪姦，被丟入井裡死去。二〇〇九年前半年的數據指出，該年度全球約有七%的跨性別受害死者尚未成年。支持轉變性別的專家也受到攻擊，史派克就告訴我，他收過死亡恐嚇。

光看美國二〇一一年的案件，而且只需看媒體特別報導為恐跨的攻擊事件，謀殺成功的紀錄就已非常驚人。四十五歲的凱希在一月十日於明尼蘇達遭人捅死。廿五歲的泰拉在二月十九日於巴爾的摩遭人勒死。廿五歲的馬薩爾在三月八日於阿肯色遭人射殺拖行至死。四十四歲的奈特奈特小姐（原名尤金）在六月十三日於休士頓中彈。廿三歲的拉希在七月二十日於華盛頓特區遭人射殺。卅八歲的卡蜜拉在八月一日於紐約市被人持刀反覆捅刺背部與頸部致死。卅五歲的高夫拉在九月十日於華盛頓特區因頭部遭受鈍擊而導致蜘蛛膜下腔出血。十九歲的雪莉在十一月十日於底特律遭人砍頭肢解並焚化，母親還得到法醫辦公室憑著焦黑的殘軀認屍。

• • •

安妮．歐哈萊在密西西比一座小鎮長大，父母都有毒癮，安妮得偷食物給弟妹吃。她回憶道：「我們全身髒兮兮，沒人想跟我們說話。」她是父母家族中第一個讀完高中的人，還以全校第二名成績畢業，在畢業典禮致開幕詞，畢業後到斯塔克維爾的密西西比州立大學就讀。她過了一整年以車為家的生活，在潛艇堡三明治店打工，在店裡的廁所擦洗身體。她大學讀了八年，但她成功讀完了，並獲得特殊教育的證書。畢業後她搬回家住，到隔壁州田納西邊界附近的學校任教，然後嫁給克雷，他在當地的塑膠工廠工作，兩人從小就認識。她拿她家的照片給我看，說：「看起來沒什麼，但房子是爸爸親手專為我蓋的。」安妮想改變田納西鄉下地方的特教教學，十年後，她所有二到四年級的特教學生都能上主流的自然課與社會課，有些人還獲得無身心障礙同學的邀請參加派對。

安妮與克雷一直懷不上孩子，於是兩人報名領養家庭。安妮的父親去世當天，幾百公里外，有三個安妮不認識的男孩轉由州政府監護。馬歇爾．卡馬丘、葛蘭．史提夫斯與凱瑞．阿達西原本與母親同住，後來她因虐待兒童被捕。警察發現該名母親為了讓孩子安靜，拿自己的抗精神病藥物給他們吃。三人分別才三歲、四歲及五歲，她把他們綁在柱子上，只餵他們穀片。州政府將孩子交由一個寄養家庭照顧，讓馬歇爾到安妮的學校上課。安妮說：「馬歇爾來我班上六個禮拜後，才開始出現一絲希望。他能說出一個字母的名字及其發音，於是我們辦了場爆米花可樂派對慶祝。」再一週後，馬歇爾能說出三個字母的名字，接著吐出第一個完整的句子：「我的派對呢？」安妮認為他雖然有些天生的問題，其他問題則是受過虐待的結果，因此決心要解決這些問題。她一直排斥藥物治療，直到試遍各種行為療法都不見效才會妥協。她說：「他從智商五十五、極度暴力、不發一語的孩子，變成能讀能寫、智商正常的一年級生。但他的脾氣還是很差，醫生診斷出他有雙極情感疾患與注意力不足過動症，現在正在接受藥物治療。」

馬歇爾才剛到安妮的班級上過幾週課，負責他個案的社工就告訴她，三兄弟要被拆開了，因為馬歇爾有一半的墨西哥血統，凱瑞則有一半切羅基族血統，兩人膚色太深，不會受白人家庭青睞。安妮說：「我該怎麼做才能讓他們在一起？」隔大週五，她發現得搬到田納西州才有辦法，因為寄養系統不允許孩子住在別州。社工以為安妮會就此退縮，沒想到安妮和克雷週一下午就找到新住處。兩週後，兩人搬進新家，領走三個孩子，開始辦理認養手續。安妮說：「兩歲的小朋友不管看到什麼，都會抓起來掰成兩半，丟到地上，或滾著玩，什麼東西都可能遭殃。馬歇爾六歲還是這樣，但他是憤怒的孩子。其實只要任他隨便舔、隨便摸，想撕就撕、愛丟就丟，發洩完就沒事了。這個狀況持續了一年。葛蘭則喜歡把東西塞進身上各個開口裡。」凱瑞舉止陰柔，最不惹安妮擔心。「我以為這跟食物、管教、衛生問題是同一類，但其他狀況都解決了，這一點卻沒變。我本來想，『凱瑞以後會變同志』，這我倒沒什麼關係。凱瑞說：『我有女生的聲音、腳和手。媽咪，我笑起來是不是跟女生一樣漂亮？』」

男孩們會在床下及床墊下藏東西，如果安妮的炸雞或乳酪通心粉不見了，她會去他們房間拿回來，若是一般物品則放著不管。她發現凱瑞常藏女生的東西，都是從他的表親家偷回來的。安妮說：「你不能因為孩子拿這種東西而責罵他，我會說：『啊，愛麗莎的這個那個不見了，她很希望能找回來。』幾天後，東西就會自動回到愛麗莎的房間。凱瑞不想害其他人難過，他只是想要漂亮的東西。」學校其他孩子都欺負他，到了二年級，他開始不寫作業。安妮說：「我做什麼都沒用，去年學期結束前一個月，他坐在前廊上，膝蓋頂著下巴，望著田野的另一頭說：『真希望我是女生。』」

安妮致電當地的幾位心理治療師，最後在諾克斯維爾找到跨性別運動分子兼治療師達林。達林診斷出凱瑞有性別認同障礙，安妮花了整整兩天研究那是什麼。安妮說：「之後我們到沃爾瑪買了衣服、皮包、塑膠珠寶和芭比娃娃，還有幾種顏色的唇蜜，她非常興奮，接下來就是『我想換名字』。剛開始她從《海綿寶寶》動畫裡挑了個名字：珍珠，被我否決，最後決定用凱莉。」之後一切全變了，「她正是我想養的孩子，快樂，又喜歡自己的樣子。」

克雷很生氣，好幾個禮拜凱莉要抱抱，他都不肯。之後他把事情告訴八十歲的父親，父親說：「別怪凱莉和安妮，也別怪你自己，真的有這種事，我在電視上看過。」當晚，克雷抱了凱莉。但安妮的母親卻表示他們別想帶那孩子回密西西比，妹妹也從此不跟她說話。安妮說：

「但實情沒那麼簡單，我的妹妹得非常努力工作，在老家鎮上才能受到尊重，不會被人說：『妳就是那個又髒又窮的小孩。』她會因為凱莉而被人說閒話、受到嘲弄。」

安妮到學校找校長談。她說：「我已跟兩位老師談過。我解釋了半個小時之後，他們都沒有意見。」安妮信心滿滿，覺得受到敬重。「我們鎮上的人會來我們家吃晚餐、邀我的孩子參加生日派對，我跟鄰居變成朋友，也去教會。我真心覺得大家把我們當社區的一分子看待。結 657 果事實是，我根本不知道這個社區是由什麼人組成。」

安妮與校長談過後，隔天就接到電話，她說：「我認不出那些聲音，他們說要把她開膛剖肚，切掉她的生殖器官，說既然她想當女人，就把她當女人對待。說要從學校或在停車場把她抓走，讓我再也看不到她。有人說要用正確的方式把她帶大，還有人說要殺了她。」安妮不知所措，「她才八歲，全班她個頭最小。」安妮從沒把三K黨放在心上，他們一年會在鎮上廣場聚會一次，看起來就像場大遊行。「我以為他們只是一群穿戲服的笨蛋，後來才知道，他們是老大。」安妮隔天想去學校，卻被認識了十年的校警擋在門外。小兒科醫生請她到辦公室找他，「在那之前他一直跟浸信會的人一起坐在鄉村俱樂部的泳池旁。他說：『大家不是在討論要不要傷害妳跟凱莉，而是在計畫什麼時候、用什麼方式、拿什麼傢伙傷害妳們。妳得把孩子送去別處的寄養家庭，不然他活不到下個學年。』」安妮幾乎昏倒，回家後拿出霰彈槍上膛，睡在門口。「鄰居打我手機說：『安妮，有人把車子停在妳家門口，從籬笆外偷看。』當然了，鄰居那時還不知道發生了什麼事，等流言傳到他們那裡，就再也沒人打來了。」

安妮在網路上遇到一位母親莫琳，她說她所住的南方大城情況比較好。安妮決定是該搬去那裡了，她上網把能賣的東西都賣掉，莫琳說她可以先代墊拖車租借的押金。「我刻意放話，說我有武器，誰敢踏上我家前廊一步，就準備送死。恐嚇電話還是一直來，我告訴他們：『我們對你們沒有威脅，我們要走了。』我把孩子帶上廂型車，行李能塞就塞，然後開走。所有東西都塞進了，除了狗。」克雷為了工作留下來，幾天後，他回家發現有群人把狗給開腸剖肚，還把殘骸釘在籬笆上。安妮說：「那是在警告我們永遠別再回去。我們永遠不會回去了，我再也看不到自小生長的城鎮，看不到母親和妹妹。」

安妮在回憶這一切時哭了起來，身體微微顫抖，她說：「我十四歲時確定自己是同性戀，廿一年來都沒告訴任何人，結婚是為了融入社會、受人需要，也為了保住家庭、親人、教會等重要的一切。為了做自己而放棄這些並不值得，我寧可活在謊言裡。為了凱莉，我在一個月內拋下這一切。她就是這麼重要。我兩天前向克雷出櫃了。」658 安妮擔心克雷會說是她和她的性向把凱莉搞成這樣。沒想到克雷怕的，是安妮認為一切都是他這個失職父親的錯。安妮說道：「最後我們都同意，不是我們任何一人的錯。他只說：『妳這一說，很多事就豁然開朗了。』」安妮望向窗外說：「我們現在的友誼比以往更堅定。很有趣，人的優先順序會變。有了這個快樂的小女孩後，突然間，父親幫我蓋的房子再也不重要了。別誤會，我很想念那裡。但當她走下公車，我看著那張開心的小臉，就覺得那就是我的全世界。我拋下的東西，都沒她重要。」

日常生活還是很辛苦。頭一週安妮不讓孩子出門，怕他們被跟蹤。就連我與她見面，她也不讓孩子離開視線範圍。應徵教職需要推薦人，但她不想讓新家這邊的任何人聯絡老家那邊的任何人，所以無法在專業領域找到工作。為了不讓凱莉的祕密曝光，安妮得和幾個孩子套招。馬歇爾和葛蘭抱怨不知道要怎麼守口如瓶，如果有人問他們怎麼辦？於是安妮說她會和他們一起練習，要他們全部在拖車門內坐好，她出去幾分鐘。接著她把門猛地拉開，走進去說：「嗨！孩子們！我叫安妮．歐哈萊，我有陰道。」如她所料，三人全部尖叫跑走。她說：「沒人想聽這個。這不是祕密，是隱私。凱莉的身體也是一種隱私。」

只要克雷能保住工廠工作，孩子的醫療費用就有保險支付。除此之外，他的薪水都用來支付他在田納西的生活，安妮則靠著先前變賣除草機與四輪越野車的所得度日，另外因領養有特殊需求的兒童，政府也有補助。她說：「我們一個月大概有一千九百元可用。住拖車的租金和水電等，一個月是九百元。我一週大約花一百元買食物雜貨、花廿五元加油。我們有很多鮪魚義大利麵料理包、豌豆濃湯、貝果和優格。剛開始，我會早上起床，幫他們打點好準備上學，送他們上校車後，再回去睡覺。我會趕在他們回家前起床洗澡，陪他們玩到睡覺時間，幫他們做作業，再回去睡覺。現在睡得比以前都少，但窗簾還是沒掛上，也還沒裝潢布置，實在沒力氣。」

萬一這裡的生活又崩毀，安妮的心裡還有一個安全的去處。她已經完全想好屆時要如何搬走、有哪些事要做。我建議她與校方談談，讓他們知道為什麼她找新教職卻沒有推薦人，她說：「我寧可到加油站工作，也絕不會告訴別人我的孩子是跨性人。」我們走過拖車的停車場，去接孩子放學。三個孩子興高采烈地跳出校車，奔向安妮，抱住她。她站在那裡，不久前還聲淚俱下地跟我長談，現在則一把抱住幾隻小手臂，笑得開懷。

那天傍晚她說：「我憑弔過去，但不會因此少愛女兒一分。但我想念母親、妹妹，父親的墳在那兒，我只能希望有人會在墳上擺束鮮花。我想念我的狗、我的學生。走了以後還放不下這些事，我心裡很內疚。我該放手，但又很憤怒這些人就這樣奪走我們的人生。」之後安妮又再次微笑，彷彿她就是忍不住想笑。「有了孩子，就不能整天哀傷。他們走了這麼遠，直直走進你心裡。他們跳下校車的那瞬間，是我最開心的時刻之一。還有他們早上剛起床的時候，爭相撲到我身上。所以，後悔嗎？不。我想念舊時的人事物，但假如那時能預知這一切，我還是會認養凱莉。幸運的是我，因為，說實話，若不是人生有她，我不會有機會走進這個更大、更美的世界，認識你們這麼棒的人。若沒有她，未來的二十年我會仍只是某個男人的妻子。你看，凱莉帶給我的幸福，永遠比我可能給她的還要多。」

659

• • •

一九九〇年，茱蒂斯．巴特勒動搖二元性別觀的著作《性／別惑亂》問世。一九九九年，她在新版序中提到：「有人或許會懷疑『拓展可能性』有什麼用，但只要是了解在社會中作為『不可能』、難以辨認、無法實現、不真實和不合法是什麼滋味的人，就不會問這個問題。」此書出版二十年後，社會願意接受的可能性之多，甚至超出巴特勒的預期。我有個朋友在中西部大學當教授，她懷上我教女時，一位學生主動提起她未來想給第一個孩子起名「艾維瑞」，原因是「我覺得這個名字很好、很中性，如果孩子發現自己的性別跟出生時的不一樣，也不用改」。史派克也遇過類似對話，他說這代表一個「『殊異人士不孤立』的新時代」。比起過去，大家現在更能笑著輕鬆談論性別。邁耶—巴爾伯格說：「在某個程度上，跨性別已蔚為風潮。」這個觀點與我的經驗相符，我就見過有人在大學校園裡把自己定義為性別酷兒，以表現革命情感或傳達自己的個性。他們的性別是流動的，卻沒有性別不安症。這個現象可能具有深刻的文化意義，但與那些覺得自己無法以原生性別建立真實自我的人，共通之處極少。

安傑羅看過一名十歲的個案，這名個案說：「我知道我是男生，但我不想要男生的玩具。我不想穿男生的衣服，上學除外。」他的朋友幾乎都是女生。安傑羅問：「你想像一下，長大後的自己會是什麼樣子？」他說：「大概是個有時想當男生有時想當女生的爸爸。」安傑羅說：「這跟一個九歲男兒身的孩子一進門就說『我長大後想當個媽咪』是截然不同的。」這樣的孩子對自己的想像超脫傳統，這種想像在過去會被質疑，但現在更常看到傳統被重新評估。

生命之所以承受得了，是因為有歸屬感，而在一個二元法則當道的社會，若哪一邊都不加入，生活可能會很艱難。有位治療師專治多重障礙兒童，他告訴我，當左撇子比能左右開弓簡單多了。有時特立獨行可能是一種姿態，一種一小群人拒絕加入任何「俱樂部」的立場，但更多時候，人並不是因為很酷而選擇當性別酷兒，而是因為無論在二元性別或性別光譜上都找不到容身之處，讓這些人自覺孤立無援。由這些經驗可知，在歸屬感之外，還有更廣闊的視野。

・・・

我二〇〇九年認識布莉姬．麥考特，兒子麥特當時七歲半，扮女裝已有三年。他有一頭漂亮的金色長髮，舉止則像極了男孩。布莉姬第一次答應在慈善二手商場買洋裝給他時，以為他只是要拿來喬裝打扮，但麥特並不是這麼想。幾週後，差不多該買秋裝了。布莉姬說：「我讓他自己挑衣服，結果他往女裝部走去，堅持要買女生的衣服。我當時想，『我們慢慢解決』。他清楚表示自己是男生，對自己的身體沒有不滿，但喜歡女孩的東西，貼標籤讓他很苦惱。我跟他說：「麥特，如果有人說我不能穿褲子，我會覺得很受限制，所以我懂你對裙子也會有相同的感覺。」

不服從社會對自身性別的刻板印象，卻又認同該性別的人，沒有一條明確的路可走。我與麥特相見時，他看起來像個穿裙子的長髮男孩。年紀大一點的跨性別者若看起來和自身性別格格不入，看起來惹人憐。每次看到穿裙子的中年男性，我心裡總會抽痛一下。同樣的效果在孩子身上，說也奇怪，會令人呆住，彷彿那整個人是他幻想成形的。布莉姬說：「有好一陣子，他很堅持要讓人知道自己是男生。在公園時，他會帶著其他孩子走過來，說：『媽，妳跟他們說。』現在他知道，如果是那種不會進一步熟識的人，那乾脆讓對方把他當成女生，這樣比較好辦。」我問布莉姬擔不擔心他的人身安全。她說：「我比較擔心他沒有信心做自己，如果他退縮了，我會很難過。」

跨性別兒童應該多少程度配合社會的規範，社會又應在多大的程度上接受跨性別兒童認定的常態？兩者幾乎一直在拉鋸。妮可．歐斯曼曾帶女兒安娜可到當地購物中心看聖誕老公公，她很擔心聖誕老公公是會根據安娜可的樣子，稱她為小男生？那會令人難受。還是會看著她的名字，答應給她女孩的玩具？那就更糟糕。她設法向安娜可解釋，但安娜可說：「聖誕老公公知道我是誰，也知道我喜歡什麼。」妮可眼見聖誕節就要毀了，然後發現旁邊有位小精靈，負責娛樂排隊人潮。她把小精靈拉到一旁，拜託他傳話給聖誕老公公：安娜可是女生，但她想要男生的玩具。妮可苦笑問我：「你訪問過的人裡，還有哪個也得賄賂精靈？」

安娜可四歲時想把頭髮剪短，妮可提議鮑伯頭，但她想剃跟父親一樣的平頭。大家開始誤以為她是男孩，妮可擔心安娜可會不開心，但讓安娜可不開心的，其實是妮可不斷糾正別人。安娜可在學校被其他女生排擠，因為她喜歡玩具卡車、愛踢足球，但男生也不喜歡她，因為她是女生。父親班很擔心。他說：「沒人要跟她玩，我只好帶著足球在下課時現身，和她比賽踢球。等大家陸陸續續加入球賽，我再偷偷退場。不久後，大家都願意跟她玩了。」妮可說：「我跟她說：『我不剃腳毛、不化妝、不把自己當公主。有些很棒、很酷的女生也愛運動、喜歡足球。也有些女生會覺得一定是哪裡出了一個很大的差錯，覺得自己真的應該被生成男生。』隨後我們沉默了很久，我毫無懸念預料她會說：『那，我是酷女生。』結果她說：『我覺得是出了大差錯。』」

我和安娜可相見時她十二歲半，儀容陽剛，但認為自己是女生。她在冰上曲棍球中發現了[662]自己。她說：「我打球的時候，更陽剛。但我有時候的確覺得自己在學校比較像女生，因為男生都很怪。我想從兩個性別各揀一些特質。最近我在考慮邊打睪固酮邊繼續跟女生打球，也當女生，只不過聲音比較低。只是想想而已。」雖然安娜可不想轉換性別，也不想以男性身分生活，但她也不想長出胸部，因此正在施打柳培林。「我不瞞著朋友，他們知道我在打針，所以不會進入青春期，不會附帶發生那些糟糕事。」

妮可與班的分工安排一直不太傳統，妮可有全職工作，班則在家照顧安娜可和小女兒。妮可說：「顛覆傳統角色的事我們做得可多了，但性別流動這事確實棘手。安娜可有時用女廁、有時用男廁，這件事還是離主流規範太遠。」安娜可說：「人人都與眾不同，對吧？別人的與眾不同，可能是可以踩著滑板橫跨美國，或游泳半小時不用休息。我與眾不同的方式，就是性別可以流動。如果人生是足球賽，我不是守門員，是中場球員。我就是我，這就是我。」

・・・

維琪・皮爾索和查特・皮爾索帶兒子出門時，兒子總會被人誤認為女生。維琪說：「他爸大學時代獲選為全美大學明星足球員，還是專業滑雪運動員。休從來不愛玩球。他兩歲時，最喜歡做的事情是穿上我的紅色高跟鞋，頭上包毛巾當頭髮，隨手拿什麼當紗麗圍在身上。」休長大後，查特試著設下限制，要休不准穿女孩子氣的衣服外出，休問為什麼，查特說：「你有陰莖。」休說：「那麼，就拿掉好了。」查特聽了不可置信。維琪讀過多數想換性別的孩子都不喜歡自己。但休不是。她說：「休覺得自己棒極了。」維琪和查特加入支援團體，一個月聚會一次。「現場會有父親崩潰大哭，說自己從兒子手中搶過芭比娃娃，扯斷娃娃頭。每個加入這個團體的人都以為自己的遭遇很特別，結果每個孩子的故事都很標準。孩子的行為一模一樣。」維琪比較在意如何預防孩子受到傷害，「我每次都問前來分享的跨性人：『你希望爸媽對你說什麼？』他們一聽就開始抽泣，我很訝異父母的話是這麼惡毒傷人。」

休八歲時開始在意別人對他的眼光。維琪說：「他變得更常調整行為。他算是個快樂的——

663

孩子，但也有很寂寞的時候，四到六年級特別明顯。」十歲時，休成立飾品店，以半寶石為創作材料，很快便在網路上找到市場。兩年內，他也開始設計皮包，維琪說：「大概從十二歲開始，他便很注意自己發出的訊息，倒不是『放馬過來』，而是『我知道自己在幹什麼』。丈夫怕他被揍，我們在他十歲時送他去學跆拳道，今年五月就會拿到黑帶。」休九年級時申請轉學，每次面談前，他都會和母親商量該用哪個包包裝資料，可能是看起來像公事包的包包，也可能很異想天開。某次面談前，他選了粉紅色的普拉達文件包，後來順利錄取。

我認識維琪時，休十四歲，接近一百八十公分高，還是常被誤認為女生，因為他習慣側著頭，肢體語言也像。維琪覺得手術令人不安，但如果休選擇這條路，她也支持，不過他看起來並不感興趣。父母接受他的性別遊戲，但這並沒有把他推上性別轉變之路，就如同父母跟他玩球，也沒有讓他變得四肢發達。維琪說：「他還小的時候，我真的搞不懂。我們一直以為他是什麼人，就反映出我們是什麼人，而我們真正該搞懂的，是如何不再這麼想。」

・・・

韋納是正向心理學的創始人之一，她曾針對性別角色以及韌性和性別角色間的關係發表過大量文章，她發現有韌性的孩子都能超越傳統性別角色。「男生可能很強勢，但必要時也願意哭出來。女生可能很貼心，但同時也很獨立自主。以太過傳統的性別角色教養兒童，可能培養不出什麼能力去面對人生危機。」

在性別的世界裡，兩年前還算進步的概念，到了今天已淪為保守。布莉爾舉了一位奧克蘭母親的例子，她曾提出投訴，指出學校擁抱跨性別學生的政策並未特別留意性別流動兒童的需要。有些跨性別人對於這樣的進展很不安。芮妮・李察在一九七〇年代轉變性別後曾出面爭取參加女子職業網球賽的權利，她說：「性別多元不是上帝造人的本意，我不喜歡那些把性別當

實驗的孩子。」她也說：「我不想當什麼位於中間的跨性人，我對第三性之類瘋狂怪異又不真 664
實的東西也沒興趣。」李察確信上帝有意創造跨性人，但只能是跟她一樣的跨性人，而不是其他人想當的那種跨性人，言下之意彷彿和造物主十分熟稔，讓人難以信服。二○一一年，歌手賈斯汀．薇薇安．邦德談到自己為何轉變性別但不動手術，說道：「我喜歡我的陰莖，我要留著，但我要打造一副跨性別軀體，那是我身為跨性人的生理紀錄，也是醫療紀錄。只做真實的自己，這樣的人令我瘋狂。這不是先天對上後天，而是用後天培養先天。」

．．．

艾利．路德還是艾瑪時，並不討厭自己的女性身軀，也並不認為如果無法施打荷爾蒙或動手術，就必須尋短。艾瑪當女同志T當得很開心。成為男人後，他並不特別陽剛。艾利兼具男性與女性特質，這一點在身體改變後沒有太多不同。他變性並沒有特殊原因，純粹覺得就該這樣。雖然在精神健康上，醫生診斷出他有性別認同障礙，但他自認轉換性別是為了清晰明確。

艾瑪和異卵雙胞胎姊妹凱特在奧勒岡州波特蘭長大，母親喬安娜在戀愛時意外懷孕，選擇留下孩子。艾瑪後來以女同志身分出櫃。她喜歡打領帶、留小平頭，適當纏胸，但不纏緊，兼之身高一七四公分，有半數時間被人當成男生。她十五歲就上大學。喬安娜說：「我知道她是在尋找同類，但還是很想念她。有個天資聰穎的孩子，有時比擁有性別不協調的孩子還來得辛苦。」

艾瑪大學畢業時向母親及妹妹公開跨性別人身分。我們一同回顧這件事時，喬安娜說：「思考『我可能是怪胎』的過程，好像會一直刺傷妳。妳是很棒的女同志，當得很自在。這件事讓妳非常難過，讓妳很害怕。」艾利回憶道：「我一直想，『我真的是跨性人嗎？』典型的說法是，跨性人會覺得很悲慘很悲慘，但我沒有。最後治療師跟我說：『不是只有慘到極點的人，才能選擇讓自己更快樂。』」二〇〇五年夏天，二十歲的艾利搬到紐約，要求別人以新名字與男性代名詞稱呼他。他以男性身分在哥倫比亞大學社工學院圖書館找了份工作。到了二〇〇六年四月，他想動上半身手術，母親用車子辦了重貸，幫他支付一半費用。艾利如同大多數跨性男，留了鬍子，讓性別更明顯，省去別人的竊竊私語。他說：「睪固酮會對情緒與心理造成一些影響，但哪些全是內分泌在作祟，哪些又是心理影響生理，卻很難估量。我變得較沒耐性，更容易沮喪，更難專注，說話也沒有以前流利。直到轉變性別，我才明白以前多不喜歡自己的身體。轉換真的算是第二次青春期。我覺得自己很幸運，在第一次青春期過後馬上轉變性別。我並不懊悔經歷第一次青春期，那豐富了我的人生經驗。」他想了一下說：「如果我生得早，如果變性遠遠比現在難，甚至連想都不能想，我可能不會這麼做。我無法選擇想不想改變，但能選擇要不要改變。人類也決定要不要接受化學治療、要不要吃抗憂鬱藥，這都不代表他們沒有癌症、沒有憂鬱到危險的地步。」

艾利到紐約市民事法院登記改名，過程本應很簡單，但有位法官表示他不想「判定性別」，因此駁回他的申請。按照法律規定，只有兩個原因可以拒絕改名：一是申請人為了躲避債主，二是申請人為了擺脫前科。艾利說：「一天到晚都有人前來要求改名成像『巨星兔兔』這種名字，但我只是要從艾瑪改成艾利略。」法官要求艾利提出醫療證據，證明他打算變換性別。他是能提出，但法官如此要求，讓他大為光火。美國公民自由聯盟接下此案，最後法官准許艾瑪改名為艾利略。

艾利成長過程中那位總是缺席的父親，一向較善於和男性相處。艾利覺得，父親喜歡兒子勝過女兒。他說：「他覺得現在終於能以父親的身分給兒子建議，像『別出去把誰的肚子搞大了』之類的話。他還真這樣說了，那是玩笑話，但還是有些怪。」喬安娜說：「我父母沒幫我太多，我凡事都自己學。我覺得自己很幸運，有能力造就自己，也很幸運生下一個有能力造

665

就自己的孩子。」艾利一直猶豫是要當跨性人還是普通男人。「有人會說：『我是個當過跨性人的男人。』這個講法不錯。我跟一個女人在一起兩年了，她男女朋友都交過，說我們的關係裡有些元素很『女同志』，她覺得很幸運，自己的男朋友很懂女同志的世界。我們都很確定自己不是異性戀，所以雖然我是男的、她是女的，我們談的卻不是異性戀愛。」之後艾利寫道：「我不覺得我的性別有太多改變，我還是多年來那個帶點陰柔的陽剛人物。」

唯一美中不足的地方是他再也不能生育，所有人都覺得惋惜。喬安娜把海馬當做家庭的象徵：雄海馬會先把後代藏在育兒袋裡，之後再產出，生產過程可能長達好幾天。凱特寫道：「艾利曾夢想當上父親，而幫助他實現這個夢想的手術，很快也要讓他無法生育。我們期望未來有一天，科學能進步到把他變成像海馬一樣。」失去生育能力大概是變性最高昂的代價。很多我訪問過的跨性別者都說渴望有自己的孩子，但跨性男通常不喜歡想到懷胎的整個過程，跨性女則大多哀悼自己懷不了孕。跨性人希望能以自己認定的性別生育後代，而人類科學要實現此事，還有很長一段路要走。性別轉變有種種限制，這個問題便是其一。

艾利剛轉變性別時，曾在部落格寫道：「有時，我覺得那個是男人的我，那個男人艾利正在外頭某處，等著我找到他，等著我弄清楚怎麼變成自己。我很擔心，因為一切都感覺很不確定，我不知道去哪兒找路標，也擔心自己永遠找不到他。但有個很重要的人曾對我說過：『沒關係，妳很堅強。至於艾利，他會找到妳的。』」

• • •

國際奧林匹克委員會向來要求選手檢驗性別。最初採用體檢，後來改為檢測荷爾蒙濃度，之後又改用染色體掃描。背後原因很清楚：睪固酮會讓身體變強壯，如果比賽不分男女，冠軍幾乎會被男性運動員包辦。但檢測本身就充滿問題及矛盾。

二○○九年南非跑者瑟夢雅在世界田徑錦標賽女子八百公尺組奪得冠軍，國際田徑總會認為她可能有「醫學上罕見狀況」，恐對其他選手不公。檢測的結果是瑟夢雅體內沒有卵巢與子宮，卻有睪丸，睪固酮含量更是一般生理女性的三倍之多。消息一出，爭議不斷，奧委會表示，雄激素過多的女性之後可能不具參賽資格。但女性體內的雄激素濃度原本就因人而有極大差異，所謂的正常濃度只是無稽之談。委員會要求所有特殊個案都需經專家小組檢驗，小組將按照個別情況做出決議，並絕對替當事人保密。早在此案爆發之前，奧委會的醫療委員會主席楊奎斯特就曾說過：「男女究竟該如何區分，目前還沒有任何具有科學根據並經實驗證實有效的檢測方法。」對於個人所受到的羞辱折磨，瑟夢雅說：「上帝如此造我，我也接受自己。」

人權運動人士敏特在法庭上盡量少談本體論問題，而將重點放在每位客戶的人生故事。[667]在肯特拉夫妻一案中，敏特的辯護對象是正與妻子離婚的跨性男子。佛羅里達並不開放同性婚姻與認養，妻子為獲得監護權，質疑他的男性身分並不合法，連坐質疑兩人婚姻的合法性。此案一登上法庭電視臺，早已融入新性別生活的麥可再無隱私可言。一位由共和黨指定的年長異性戀法官原已退休，為了此案再次出庭。敏特傳喚麥可的父母出庭作證，也看到法官的想法逐日改變。敏特回憶道：「麥可的母親說：『聽到有人叫麥克『她』，即使用的是過去式指過去的事，我就非常難過。』法官對這位女士完全感同身受，所以他再也不這樣叫。」最後法官寫下：「跨性別是極端複雜而困難的議題，值得我們給予最高的尊重與同情。法庭若進一步否定跨性別者的成婚權利，不僅違反憲法所保障的基本權利，也貶低了他們身為人類的價值。」

敏特相信，各種性別運動所面臨的共同挑戰，是如何建立一個解除性別的法律概念的社會。他說：「若無法達成這個目標，一定會導致嚴重的自相矛盾。要如何用種族來將世人分門別類？現有方法既沒道理，在科學上更站不住腳。最高法院已承認這點，我們不會在一個人的出生證明上加注種族，除了自我認同外，種族在法律上不再具有任何意義，性別也得比照辦理。」敏特又補充說明，女性主義者的理想也是廢棄性別，但那個主張已有些過時，不該與眼前這件事混為一談。「人類對自己的性別都有很深的感情，至少我是。這與宗教比較類似，若說政府能界定人民的信仰，這肯定很可怕，同樣的，把人的性別交由政府來界定，應該一樣讓人覺得恐怖才是。」敏特的意志之所以如此堅定，與他個人經驗有關。五十幾歲的他，成就難以盡數，交友也非常廣闊。他說：「我父親過世前一週，首度向人介紹我是他兒子，這對我的意義之深重，勝過這輩子的任何事。」

我在探討身心障礙議題時，一直碰到辛格提倡的優生學概念。他主張不是所有人類都稱得上人。在研究跨性別中，我則是不斷碰到想法激進者認為並非所有男性都有雄性身體。雖然辛格與跨性別運動分子看似位於光譜的兩端，兩邊的主張在某種程度上卻如出一轍：隨著社會推進、科技發展，我們得開始質疑人類社會的基本架構與原則。在〈創世記〉中，世界分門別類依序成形：上帝依序造出花草、樹木，然後是魚、鯨，然後鳥、飛禽，然後牛、昆蟲、走獸，最後造人，由人管理萬物。「祂造男造女」，經文是這麼寫的。根據創世記的故事，人類與動物分屬不同類別，不得跨越，男人與女人也是。廿一世紀有人提出新論點，認為有些人類並不是人，有些人並不是人類，有些男人是女人，有些女人是男人，有些人類雖是人，但既非男人也非女人。全球化模糊了國家認同，通婚也弱化了種族認同。人類自古愛分類及結黨，現在的我們仍是如此，只不過我們發現從前認為不可侵犯的疆界，實非如此，而以前從未想像過的類別，則紛紛出現取代舊類別。

• • •

卡蘿·麥凱羅與羅倫·麥凱羅相遇時，卡蘿是德州小姐亞軍，羅倫則在沃斯堡正要完成眼科實習。兩人結婚後，他帶她回到家鄉，蒙大拿州的赫勒拿。兩人以為無法生育，所以領養了兒子馬寇，把馬寇帶回家後，卡蘿差不多也在那時懷了保羅，也就是後來的金。幾年後，卡蘿又生下另一個兒子陶德。馬寇有些行為問題，卡蘿回憶道：「每次學校打來，不是通知我出席保羅體育或學業表現優異的頒獎典禮，就是馬寇被禁學了。」正當所有人都為馬寇擔心時，保羅正默默在性別認同上苦苦掙扎。金回憶道：「我十歲當報童，送報時間非常早。我常穿上女裝，以為沒人會看見。之後我會把衣服丟掉，祈禱某些力量可以驅逐這件事，讓我跟我認識的人沒有兩樣。」

保羅成為運動健將，高中時是學校美式足球隊裡的四分衛。金說：「那是邁向正常的解方，同時能讓人停止思考。人如果對身體感到不安，就會想加以控制，而運動是真的很好的控制方式。」保羅在赫勒拿高中擔任班長，也是畢業生致詞代表，還被大家評選為最可能成功的人。金說：「有個字 manqué④，artiste manqué 的 manqué。這個字就是在講我，因為它的意思是：『要是你早知道就好了。』」

保羅進了柏克萊，一九八八年大三那年出國一年。「所有人都去佛羅倫斯或巴黎，我卻去了挪威，因為我只想在又長又黑的冬天躲起來，邊讀貝克特，邊喝黑莓茶，斷食。去的時候我想『我不能再這樣下去』，這麼過了幾個月後，卻變成『我沒法不這樣』。」有些人指出自己的轉變是發生在某一天，而金則說她是從一九八九年到一九九六年。她搬到舊金山，盡量不與老朋友和家人聯絡，和舊日生活唯一的聯繫是弟弟陶德，陶德是公開的男同志，很好相處，出櫃時也沒太多波折，但即便對他，金仍保持距離。金是她能想到最一般的名字了，她還把姓氏換成以前的中間名李德，想重新開始。即便如此，她還是覺得自己放不開又不自然。五年後，她才決定開始用荷爾蒙。她說：「我不確定自己是誰，甚至不確定性別是否是正確的門路。性別這條路真的太過複雜、太過花錢、太過孤單，光是實際面就很麻煩了。」不過金現在自然流露女人味，有次我跟她出去，有人過來跟她說：「我朋友的性別轉換得很不順，妳看起來很自在，是怎麼學會這些姿態動作的？」金說：「我剛轉變時，一舉一動都很在意，直到不再刻意去想，真正的我就開始控制自如。」

一九九五年的冬天，卡蘿的妹妹南恩檢查出大腸癌，當時金在家族裡還是保羅，她會打電話給姨母，並跟母親聊兩句，不過兩人已經將近五年沒見過面。然而南恩過世後，卡蘿希望保羅出席葬禮，當時金已經打了一年的荷爾蒙，她與其他人一同抬棺，全身只有馬尾引人議論。卡蘿說：「那天是葬禮沒錯，但他看起來異常憂傷，而我無從得悉到底怎麼了。一個月後，保羅打來說：『在我成長的過程中，妳有沒有想過我對自己的性別感到自在嗎？』我說：『我以為你是金童。』他說：『這個嘛，我穿女裝好一陣子了。』」卡蘿無法理解，她說：「我很難過，他痛苦了這麼久，我卻連想都沒想過。」金寄了一疊醫學資訊給母親。卡蘿說：「我不用看什麼手冊，對我來說，就是『我愛我的孩子，那個聰明、溫暖、幽默的人依然還在』。我只想知道一件事：『你現在快樂嗎？自在嗎？』」不過她不敢告訴羅倫。

金曾說：「轉變後，我覺得自己好像脫下穿了一輩子的潛水衣。想像一下那種洶湧的衝擊、皮膚上的觸感，彷彿身體剛剛甦醒。但同時我也想著，這個全新的人回不了家了，於是我開始切斷所有與蒙大拿的聯繫。當時我不知道這會如此痛徹心扉，為了補償，我開始把家鄉變成一個不回去也無妨的地方。」即便羅倫知道後，金仍然這樣放逐自己，也不得告訴家族其他人。馬寇出過車禍，腦部受傷，行為變得比以前更乖戾，金很害怕他知道後的反應。金說：「我覺得應該告訴馬寇，但又覺得他會傷害我，覺得自己承受不起。」卡蘿說：「馬寇總問：『我還能聽到保羅的消息嗎？』而且狀況越來越差，但金說：『如果馬寇知道了，全蒙大拿的人都會知道，我還沒準備好面對。』金說的沒錯，因為馬寇想知道保羅的弱點，他想對保羅說：『哈，至少我最後比你正常。』」

羅倫在醫學院時感染肝炎，金找回自己時，羅倫的情況則一天比一天嚴重。雖然已經在肝

670

4．指一個人具備足夠的能力或才華，但因苦無機會，導致最終夢想、願望落空。——譯注

臟移植等待名單上，但六十二歲的他很難排得到。二〇〇三年夏天，他決定去看看每個孩子。金已經搬到紐約，她告訴父母自己是女同志，正和克萊兒在一起。卡蘿與羅倫在抵達紐約的當晚和金與克萊兒共進晚餐。卡蘿說：「我開始對一切比較放心。我一看到克萊兒就很喜歡她。本來很擔心金會孤獨一人，然後克萊兒出現在角落，走到眼前，我立刻鬆了一口氣。」

幾個月後，羅倫突然癱倒，被抬上飛機前往丹佛接受緊急治療，金馬上飛過去與父母會合，她在父親去世前幾個小時到達，哥哥和弟弟當時還在安排前往科羅拉多的交通。金在馬寇上飛機前打給他說：「我失聯了好一陣子，不知道怎麼處理這件事。但現在因為爸走了，我們將聚在一起，你得知道我的事。」到了丹佛機場，金把名片給了馬寇，說：「這是我的電話號碼，你什麼時候打來都可以。」卡蘿一聽哭了出來，並不是因為羅倫，而是因為金與馬寇又開始說話了。一家人全在那裡，遠離家鄉到一個陌生的城市，雖然都因為使他們聚首的變故而悲傷不已，卻比過去多年更加團結一心。那天卡蘿、金、馬寇與陶德開車回蒙大拿。旅途中，金與馬寇重修舊好，並試著回答他的諸多問題。馬寇很困惑，但並沒有惡意。橫跨懷俄明平原途中，一到手機收得到訊號的地方，金就打電話給各個親戚。金回憶道：「我父親過世了，他們都不堪打擊，他們也一一得知我的消息。大家的反應都是：『我們很高興你回來了。』」

卡蘿決定辦場聚會，邀請赫勒拿的朋友過來喝茶，請朋友把金的事情告訴大家，這樣她在葬禮上就無需再談這件事。金說：「謝天謝地，我媽一出手就搞定了。大家無法真的耍性子。父親剛走，他們的心都變軟了，被逼得很寬容。」茶會開始時，金正在機場接克萊兒。卡蘿邀請了教會的男牧師與十九位女性教友。她簡短解釋了金的轉變，然後說：「我不為我孩子負責，也不為她變成什麼樣的人負責，不過我要對她負責，她很棒，我愛她。我不曉得各位還需要知道什麼，不過我需要知道的就這麼多。」全場靜默片刻，之後有人說「阿們」。卡蘿接著說：「這件事我現在告訴各位了，之後這個週末我不會再提，我想專心在羅倫的葬儀，要紀念他的人生。」我問卡蘿，我看過許多家庭都要苦苦與社區的恨意對抗，為什麼她沒遇到？她說：「我想這跟我們一直以來的生活方式有關。」金補充說明：「我爸不像我媽這麼臨危不懼。他絕對不會請大家來喝茶，但他會設法做出一件讓大家不得不過來喝茶的事。他如果知道是多虧了他輕推一把，一切才能如我們所願，會很高興的。」

蘇也參加了當天的聚會，她兒子提姆曾是保羅最好的朋友，他也回來參加葬禮。金說：「殯儀館讓大家瞻仰遺容，我所有的朋友聽到消息後都來了。我說我不會在場是因為想要大家把時間都留給我爸，但事實是我退縮了。但想不到，提姆和我高中認識的人，就是足球隊的那些人，全跑進我家門口，手上都拿著好幾箱啤酒，法蘭克說：『沒錯，我夢到過我們個個又胖又禿又老，只有妳是女孩。』我就是在這個客廳長大，克萊兒坐在沙發上狂灌便宜的啤酒，外頭雪地裡還有好幾箱放著保冷。其中一個男的伸手搭著克萊兒的肩膀，大家都在笑，我想：『一切都會順順利利。』」

隔天就是葬禮，卡蘿回憶道：「我對聖經不特別熟，但有一段家喻戶曉的經文，就是〈約翰福音〉第三章第十六節，內容是：『神愛世人，甚至將祂的獨生子賜給他們，叫一切信祂的，不至滅亡，反得永生。』我終於領悟這段經文中「一切」二字的包容，葬禮那天一直想著這段話。如果有人說：『我看到馬寇，也看到陶德，但沒看到保羅。』我就請參加那天茶會的朋友幫我解釋。」

金和克萊兒幾天後從赫勒拿動身回家，金決定做支紀錄片，就以那年秋天她的第二十屆高中同學會為起點。馬寇國小曾留級一年，所以兩人同一年畢業，兩人也都打算參加那場同學會。《回頭浪子》這部電影記錄了金遠離家鄉尋找身分認同的旅程，也記錄馬寇病情惡化的過程，以及家人因此所承受的巨大壓力，更包含了金對哥哥複雜矛盾的感情。片中有大量金與馬寇、陶德共同度過的童年，還剪入一段父親在她還是四分衛保羅時幫他拍的影片。影片開場，馬寇只能向後看，因為頭部受傷，他的一切感覺都停留在過去，而金的轉變則讓她只向前看。她變動的身分認同，遇上他不變的身分認同，讓她決定珍藏那段她一直想消除的過去。金與母親上歐普拉秀宣傳影片，歐普拉放了一小段，影片裡馬寇指責母親，說她接納金就等於踐踏了聖經。歐普拉說：「所以妳信聖經嗎？」卡蘿說：「我信孩子。」

認識金六個月後，有天晚上她打來，興匆匆邀我。那個週末，她在赫勒拿教會的牧師正在籌辦以《回頭浪子》為主題的週末活動：週五晚上放電影，週六舉辦座談會討論片中議題，週日則由金上臺佈道，正好那個週末也是卡蘿的生日。我在活動開始前幾天抵達蒙大拿。卡蘿一年前就在家中播過紀錄片，當時邀了廿六個朋友一同觀賞。她說：「有些人讓我很擔心，所以我事先跟他們的另一半溝通過。也因為這樣，看完電影後他們都很得意地說：『看，沒事吧？卡蘿，妳根本不用擔心。』」其中一人跟卡蘿是老朋友，太太剛過世，影片播完後，他看起來心情很差。卡蘿問他還好嗎，他說不好。卡蘿說：「我一聽，心涼了半截。接著他說，他不知道馬寇這麼嚴重，也沒發現原來我承受了這麼多。」也因為那次對話，卡蘿與唐建立起深厚情誼，等我到赫勒拿時，兩人已是一對，兩年後決定結婚，並邀我參加婚禮。

卡蘿在生日那天早上看起來既憤怒又悲傷，她拿《赫勒拿獨立紀錄報》給我看，只見頭版掛著大大的標題「赫勒拿浪子回頭竟成女」，副標則是「前赫勒拿高中四分衛拍片介紹變性故事」，金當時正在冰島參加影展，隔天才會回來。我和卡蘿到教堂布置時，牧師說她已聯絡警方安排警力保護，以免發生暴動或攻擊。卡蘿高舉雙手，表示驚恐。「影片遲早會在這兒上映，但我不希望到時候片子在鎮上的瑪娜洛伊電影院播放，這樣我毫無主控權。現在這樣，在我的教會播，這樣才對，這裡有愛。但那些報導作賤了這部片。」一個人在小鎮從年輕住到老，現在卻要赤裸裸地被檢視，壓力不可謂不大。卡蘿並不愛炫耀，也不孤單，更不是天生的運動分子，那些激勵了許多人說出自己故事的理由，她身上都沒有。她說：「我知道有人的兒子因為兒童色情或侵占罪等罪名遭逮捕，他們還得讀相關報導，但金從來沒傷害任何人，反倒幫助過很多人。」然而，她明顯還是很震驚。

播映當晚，普萊茅斯公理教會人滿為患，等著領票的人排了好長一排。我和卡蘿並肩坐在後排，她幾乎整部片都在哭，中途還得離席兩次。影片播完後，金站在教會前方，觀眾開始拍手，有一兩人站了起來，之後一些人跟進，最後所有人都起立拍手喝采。鼓掌結束後，金邀請母親上前，當時卡蘿已經收拾好心情，換上笑臉，輕快地踏上走道，觀眾再度起立鼓掌。卡蘿走上祭壇，與金肩搭著肩，全場歡呼不斷，卡蘿的冒險硬將首映化為一場勝利慶典，此時，換金開始流淚。在之後的酒會上，我和教會的一位女士說，金本來很擔心這部電影會激起什麼討論，對方回答：「人生最難的，是和自己談，不是和別人談。只要她想好自己是誰，我們什麼都願意與她談，好確定她知道我們永遠歡迎她。」

週日當天，臺下座無虛席，牧師說除了聖誕節和復活節外，從來沒那麼多人來聽佈道。麥凱羅全家族都來了，有些人還得從農場開上數小時的車。佈道開始，「主啊，我們今日向祢祈求保佑，保佑那些因為做自己而被欺負的人，也保佑欺負他們的人。」大家唱福音、讀聖經裡浪子回頭的寓言故事，隨後是金上臺分享。她說雖然大家在解讀浪子回頭這則寓言時，總以父親為主角，但其實那也是兒子的故事，這個兒子從不敢奢望能這樣受人接納。她說：「前天晚上播放影片時，我到外頭我父親安息的骨灰龕，跪在那個我稱為『爸爸的位置』的一角，一面想起當年，他滿懷慈愛，用一卷卷底片記錄我的足球賽，那些畫面現在正在這座教堂裡播放，當初當然沒人想過這些片子會在這樣的場合中播出，但我知道爸爸一定會很驕傲。就在那時，傍晚的微風吹來一陣聲響，聽起來格外耳熟，原來是從鎮上另一頭的體育場傳來的，場內正在舉辦足球比賽。我聽到樂隊的奏樂聲、播報員的吼叫聲，而這一頭的教堂裡，銀幕上從前的足球賽也正上演。我知道不遠之外，也有人正在拍攝記錄。那些拿著攝影機記錄新回憶的人當中，誰是幸運兒，有機會面對所愛之人帶來出乎意料的驚喜？有機會以最誠摯的愛歡迎他們回家？我想到這些生命的循環如何不斷上演。我這一生的種種，全都凝聚在那一刻，那美好、驚人、幸福的一刻，過去與現在、父母與孩子、男人與女人。人生有時帶來的痛苦，以及漂流異鄉的困倦旅程結束之後，總是張開雙手相迎的那撫慰的愛。」

佈道結束後，我和卡蘿出門走了好長一段。我問：「妳希不希望保羅開心當保羅就好？」卡蘿說：「當然希望，那樣保羅輕鬆，我們也是。但這句話的重點是『開心當保羅』，他並不開心。我只能說我很高興他有勇氣改變。大家當然都希望他能開心當保羅，但既然他不開心——我真的無法想像改變需要多大的勇氣。這週末有人對我說：『卡蘿，保羅死了，我還在哀悼這件事。』我並不這麼想。金的存在遠遠比保羅來得真實，保羅從不無禮，但他就是不太真實，心並不真在我們這兒。」她笑了起來，接著一臉憐愛地開心宣布：「你看看我們現在有的是誰？是金！」這番鄭重宣示之中，她的快樂和得天恩寵，彷彿互為因果、相生相成。

・・・

撰寫本章時，我一直想到丁尼生獻給哈蘭的詩作，詩裡有段是這麼寫的：「男性的氣質融入女性的優雅／而如此，孩子就會伸出／信任的手，不必開口要求，便與你相握／並在你的臉上找到安慰。」我們沿襲的觀念，關於陽剛、陰柔，都是一種現代的奇想。雖然哈蘭不是跨性別者，也不是同志，但他就是因為剛柔並濟、既勇敢又悲憫，才如此吸引人。我十多歲第一次讀到丁尼生的詩，記得當時我想，他讚歎朋友身上的某些特質，而那些特質出現在我身上，卻是我最大的憂慮。我想成為崇高的人，而不是不具真正的男子氣概、只能勉強妥協的男孩。我想迎上父母兩方最大的優點，兼具才智（男人經常占上風）與感情（通常是女人比較在行）。我當時感覺丁尼生那振奮人心的詩詞讚頌的不是雌雄莫辨的臉龐，而是美複雜的本質。陽剛與陰柔在此似乎並不互相對立、此消彼長，而是相互交融、相輔相成。凡是心胸開放的人都該知道，若真恪守兩性之大防，而沒有傳譯者居中傳送男性與女性的意義，世界應早已毀滅。或許將性別傳譯者視為一種身分認同，是近代才有的現象，但真正改變的，是社會對這些人的描述，不是他們永存的價值，也不是他們不尋常卻不可或缺的光彩。

身為男性，我活得很精采，有模有樣，但我知道在我十二歲時，人若已能輕易且徹底地轉換性別，我必然會選擇成為女人。或許只是因為對當時的我而言，當女人比當男同志更受人敬重，而十二歲是最容易盲目從眾的年紀。我並不遺憾自己不是女人，正如我不遺憾自己不是威勇隨和的美式足球明星，或沒有生為英國皇室成員。跨性別兒童多半相信自己屬於另一個性別，但我從未這麼想。我的同志生涯最終是幸福的。既然人活在連續的當下，我不認為過去經歷、今已驅散的那些苦痛是永遠的損失（但話又說回來，我上一本著作談的是憂鬱，畢竟我的人生之路並不平坦）。

但我總愛幻想，在科幻小說般的未來世界裡，想要扭轉性別，並不需要靠手術、荷爾蒙，也不必承受社會責難，社會上人人都能隨時選擇想要的性別。這些人免受生理創傷，認為自己是什麼性別就能完全實現，還擁有完整的生殖系統，以及真正屬於他們的頭腦與心靈。如果他們想在性別光譜中間游移，無論是生理上、心理上，或兩者皆具，也沒有問題。在這樣的夢幻時代裡，我相信許多人都會想體驗另外一個性別。我愛到處旅行，若有人要送我上月球，我一定馬上動身。還有什麼旅程能比真正了解相反的性別人生更迷人、更奇異？或者，活在一片難以捉摸、無所謂相反的地域上，豈不令人神往？若有往返票通往那兒，即便花光所有積蓄，我也在所不惜。

同時我也知道，選擇是件麻煩、累人又可怕的事，面對不熟悉的選擇尤其如此。我的第一本書與一群蘇聯的藝術家有關。他們來到西方社會後，我常與他們接觸。我記得其中有個人在德國超市裡看著二十種不同品牌的奶油，哭了出來——在西方生活有太多決定要做，他實在吃不消。一部分的我認為人並不擅長選擇，那些民主社會中無法善盡投票之責的人、常常離婚的人、因為沒做好生育控制而無法疼愛孩子的人，若有絕對的自由選擇性別，勢必會崩潰。而我同樣相信，選擇才是真正的奢侈，正因做決定前得經歷多番煎熬，才讓決定有了價值。對現代美國人而言，選擇讓人胸懷抱負，雖然選擇總會讓人疲累，但我仍喜歡想像未來有一天我們

676

什麼都能自由選擇。屆時我很可能仍會選擇現在我所擁有的，並因為做了選擇，而更加珍視一切。

VI

第六章　父親

FATHER

我寫作本書的初衷，是為了原諒父母，而在結束時我當上了父親。了解過去，我才得以解脫，往前邁進。我想剖析我的童年為何過得如此痛苦，想理解哪一部分是我造成的，哪些又是我父母以及這個世界造成的。不論是對我的父母或對我自己，我都認為自己有必要證明，問題主要不在我們身上。回想起來我才恍然大悟，研究教養似乎也是為了減輕我對為人父的焦慮。但心智的運作非常神祕，如果這真是我的祕密動機，我也是直到日後才慢慢發現。 677

我自幼就畏懼疾病與障礙，雖自始至終都清楚自己是異類，但看到太異常的人，仍想別過目光。我一直知道這麼做很惡劣，而這本書協助我擺脫如此偏執的衝動反應。我聽到的故事常有不折不扣的哀傷，照理說或許應該讓我對父職卻步，但結果正好相反。這些家庭都面臨教養難題，但幾乎無人後悔。這些父母證明了只要有足夠的情緒控制、充滿愛的決心，人都能愛任何人。我上了一堂關於接納的課，明白艱難的愛絕不下於輕易的愛，這在在撫慰了我。

有好長一段時間，孩子總令我傷感。傷感的源由有幾分晦暗難辨，但我想，那有一大半是因為世界總不斷提醒我，身為同志，此生的悲劇便是注定無後。孩子是世界上最重要的事，也因此，孩子象徵了我的失敗。過去父母鼓勵我與女人結婚、共組家庭，而世界也附和說，這就是人生首要之務。我和男人、女人都交往過，在這兩種關係間漂泊多年。我和女性有過肌膚之親，也的確愛過當中幾位，但若非因為孩子這個因素，我不會考慮和異性交往。一直要到我領悟同志的性向與行為無關，而是一種身分時，我才確認自己真是同志。

678

我剛成年時，同志身分與為人父這兩件事似乎相互牴觸。那時的我認為當個同志父親的可能性渺茫，並為此飽受折磨，因為我以為在同志父親身邊長大，只會讓我假想中的孩子淪為笑柄。這種想法包含了我內心深處的恐同症，但也與社會現實相符。我當時正學著為自己而戰，但又擔心牽連他人。我從小就因為與眾不同而受盡無情嘲笑，我並不想把同樣的經驗強加在任何人身上。往後的二十年間，社會變了許多，消解了我的這些愧疚。現實之所以能改變，主要是因為在我準備好之前，其他同志已放步邁進，開始撫養孩子。然而，之後當我提到想有個親生孩子時，這樣的願望卻一再受到貶抑，人們往往誠心提醒我，世上有許多棄兒需要好的歸宿。我很震驚，提出這種說法的，經常都是那些有自己的親生孩子且從未考慮領養的人。我想要生育後代的願望，對其他人而言只是異想天開，或是自我耽溺。

既然同志的性向看起來並不會遺傳，我若生了孩子，孩子可能會有的不安，便應來自奇特的出身，而非因為自身的奇特。有些批評者認為，這一來問題就較不那麼嚴重，這彷彿是說，既然我的孩子可能是異性戀，因此讓我生小孩沒關係，我不喜歡這種暗示。僅當水平身分永遠不會成為垂直身分才接受，那是沙文主義。我不會因為孩子可能是同性戀就不生，也不會因為孩子可能是異性戀就不生。話雖如此，當同志父親仍然是我心頭大石，遠比親生孩子可能有讀寫障礙、憂鬱症或奪去家母和祖父性命的幾種癌症，都要讓我憂懼。

生育權應列為人類不可剝奪的權利。然而，若是異於常人的水平身分族群想生育自己的孩子，且有可能把異常的性狀遺傳給後代，社會大眾對這些人的偏見便赤裸裸地展現了。身心障礙的成人一旦生下身心障礙的孩子，便會激起許多人的義憤。

布麗·沃克是主播，也是演員，患有先天性缺指（趾）畸形，又稱龍蝦螯狀畸形，患者手腳畸形。她的孩子也患有同樣症狀，一九九〇年她再度懷孕，心知第二胎也很可能遺傳此症狀，後來她選擇留下孩子，遭到輿論撻伐。679 沃克之後回應：「先不論孩子的手腳究竟長成什麼樣子，竟然有人如此公開否定一個尚未出世的孩子及孩子適應這個世界的能力，我實在很震驚。」她事業成功、婚姻美滿、非常上鏡，也有許多能傳承給孩子的美好特質。某個談話節目主持人曾如此問道：「把遺傳性畸形疾病傳給孩子，對孩子公平嗎？別人根據妳的長相來評論妳，根據妳的談吐來評論妳，不消說，他們當然會根據妳的手、妳的身體和臉的樣子來評斷妳。人就是這樣。」這許多批評背後都有個意思：不論沃克有多想生小孩、多勝任母職，她都沒有權利懷孕，甚至懷了就有道德義務要墮胎。沃克後來說：「我覺得我的懷孕遭到了無情的恐怖攻擊。」

在談話節目主持人眼中，沃克的孩子只是一種身心障礙。替小兒痲痺病患與身心障礙人士爭取權益的運動人士霍特說：「僅憑一種生理特徵，就認為沃克不該生小孩，是忽略了她所有美好的地方。為何不說因為她有螢幕上極美的臉、極活躍的才智，所以應該生許多小孩？」媒體譴責她的時候，大多忽略了一點：孩子若真遺傳到父母的狀況，父母以其豐富經驗，將比別人更能了解與體會這些狀況所帶來的好處與風險。與我們的判斷相比，他們做出的選擇更有根有據。

然而，也有些人是用生孩子來肯定自己的人生。英國身心障礙運動分子喬安娜．卡帕西亞－瓊斯選擇生下五個孩子，部分目的是為了表明身心障礙是種社會模式。她說在她家，殘缺並不是障礙。她和丈夫就如同多數人，都想要親生的孩子。她說：「我也不考慮領養，因為如此一來，我就永遠不會懷孕、生子，一想到就心痛。」卡帕西亞－瓊斯因早產導致腦性麻痺，這不會遺傳，但她的另一半有遺傳性運動感覺神經病變，導致肌肉萎縮，骨骼嚴重變形。兩人的孩子遺傳到該病的機率是五十％。卡帕西亞－瓊斯寫道：「總之，我們家幾乎每人都有身心障礙，我、我的另一半、他父親和兄弟、我姑母和叔伯都有。如果孩子也得病，她絕不會覺得自己是異類。所謂的正常是主觀的，對我們來說，有身心障礙才正常。」

家族裡的垂直身分，無疑確保了她的歸屬感，就如同侏儒家庭與聽障家庭。但她如此輕忽孩子可能會因身體而受苦，卻也讓人難過。她寫了很多文章，承認自己和另一半都因身體狀況而得忍受肉體之痛，但對於這些苦痛可能傳給孩子，她似乎毫不遲疑。她為了貢獻給身心障礙的社會模型，辜負了孩子的身體。我見過許多人身體有特殊障礙，但活得驕傲，家庭也和樂融融；我也看過許多人痛不欲生，而痛苦不見得全源於外在環境。其實卡帕西亞－瓊斯的家人也不太接受她的決定。她寫道：「我母親說我們這樣冒險很不負責任，要我去墮胎。婆婆說我一定會流產。我的預產期已過了十一天，完全沒感到一點疼痛不適，真的很開心。我想，這下他們知道了吧。」父母的自尊與子女的自尊，不論在哪一個族群都常常有人分不清楚。能區分什麼是幫助孩子完成夢想，什麼又是把孩子困在自己的夢想裡，是了不起的成就。卡帕西亞－瓊斯的孩子大概不會對自己的存在感到難過，但若是知道母親因為別有居心而生下自己，則有可能心懷怨恨。不過，在足球場上、西洋棋俱樂部裡、鋼琴旁，也四處可見利用孩子、想靠孩子沾光的自私父母。自戀這種短視近利並非身心障礙權利運動者的專利。

一個基因可能有狀況的人考慮生不生孩子，這是個意蘊深長的問題。一九九九年，身心障礙學者艾德里恩．艾許撰文提到：「慢性疾病與身心障礙不能與急症或意外受傷相提並論。許多脊柱分裂、軟骨發育不全、唐氏症等行動不便或感官受損的人都認為自己是健康的，並未生病，還形容這樣的狀況是自己生命的既定事實，是自己認識這個世界的配備。」這番話雖然有道理，卻非全面的真相。二〇〇三年我奉派採訪一名叫做蘿拉．羅森柏格的年輕女性，她是囊狀纖維化患者，因這緣起，我們當了一小陣子的朋友。她的雙親雖然也都帶有相同基因（囊狀纖維化是一種隱性遺傳疾病），但都未顯現出病症，所以她的經驗是水平經驗。她在令人心痛的回憶錄《生命氣息》中，讚美了囊狀纖維化患者這個身分所帶來的許多事物，也表示自己有多珍視生命中的許多東西，然而，她不覺得自己是健康的，更表示但願該病治癒有方，不是因為她拒絕這部分的自己，而是因為她想要開心、想活得長。她在廿二歲那年病情惡化，最終病逝。這樣的人生，與軟骨發育不全的健康侏儒有天壤之別。然而在她過世後不久，她悲不可抑的父親對我說：「懷蘿拉的時候，還沒有檢查囊狀纖維化的羊膜穿刺術，不過後來這種技術問世了。如果我們事先知道，就不會把蘿拉生下來。我現在還是會想：『天哪！她的生命可能會被否定。』還好不是那樣，否則就太悲慘了。」

要不要把自己的重擔放在他人肩上，讓他人受苦，是個人的道德問題。然而所有的父母在某種程度上都決定這麼做。有錢人即使可以用捐贈的超人精子和傑出女性的卵子做體外受精，但多數人還是選擇自己生育。雖然愚笨會讓日子很難過，但不聰明的人還是毅然決然生下了不聰明的孩子。肥胖的孩子可能因為體重而被邊緣化，但病態肥胖的父母卻還是常常生下胖孩子。憂鬱症的父母所生的孩子可能得設法面對長期憂鬱。貧窮的缺點不言而喻，這也沒阻止窮人生子。

・・・

從收到產前診斷卻仍決定留下孩子，到刻意篩選生出與眾不同的孩子，兩者間的距離僅一步之遙。《洛杉磯時報》指出：「特意生出有基因缺陷的孩子看似踏入道德雷區，但對於某些身心障礙父母，例如聽障或侏儒父母而言，這只代表生下和自己一樣的孩子。」胚胎著床前基因診斷已問世二十年，有人調查了全美將近二百間提供該檢查的診所，有三%的診所承認曾運用此技術選用帶有身心障礙的胚胎。涼蔭叢生殖醫學中心在馬里蘭、維吉尼亞與賓州皆有據點，該中心的斯帝爾曼博士表示自己曾拒絕篩檢專選聽障及侏儒胚胎。他表示：「教養的主要使命之一是為孩子打造更美好的世界。侏儒與聽障並不是常態。」

打造美好的世界跟遵從常態有關，其中邏輯何在？貝呂貝的兒子是唐氏兒，他寫道：「問題是我們維護的社會制度能不能接受不可預測性、變異、彼此衝突的道德命令、艱難的決定、私人的決定，甚至違常的決定。」胚胎選擇的爭議涉及最棘手也最受社會影響的人權，那就是尊嚴。二〇〇八年英國修改《人類生殖與胚胎法》，明定選擇有身心障礙的胚胎將違反法律。舉例來說，若利用胚胎著床前基因診斷來避免生下唐氏兒者，會拿到一份完整的基因圖譜，且不得移植任何已知帶有身心障礙的胚胎。聾人權利運動分子非常震驚。一位部落客說道：「無可否認，我們被貶低了，只因不完美，就不配當人。」

雪倫．狄謝諾和凱蒂斯．麥卡洛是女同志，也是聾人，兩人想要孩子，二〇〇二年請一位第五代聽障朋友捐贈精子，生下兩個聽障孩子高文和潔安。她們決定和《華盛頓郵報》的一位記者分享自己的故事，結果社會一片譁然，正如同當年布麗．沃克的遭遇。福斯新聞的報導標題是這麼下的：「天生受害者：在無助的兒童身上設製缺陷，何其過分。」《華盛頓郵報》刊登的讀者來信充滿類似敵意，一名讀者表示：「這三人（包括捐精者）竟然蓄意剝奪另一人的天然機能，太殘忍，太恐怖了，更顯示這三人骨子裡有多厭惡聽得見的人。有些人的父母基於宗教原因不讓孩子就醫，但法律卻保障這些孩子的醫療。我們也應該有類似法案，避免糊塗的父母操弄基因、複製自身的殘疾，以保護兒童不受虐待。」

法律學者科爾維諾指出，大眾的義憤是建立在基本的形上學謬論上。他說：「她們可以選擇另一個捐精者，她們也可以選擇領養，而不是懷孕，但不管選哪一個，高文都不會有聽力，反而結果只會是，高文根本不會出生。」聾人權利運動者布德侯說：「從來沒有人說要故意讓一個聽得到的孩子變聾。」

很少人會因為聾人夫妻的孩子也可能是聾人，便主張聾人不應生子。有些人明確說明區別在於接受和追求，並主張異性戀聾人父母的聾人孩子只能是「自然」生下。然而，愛與規則不見得能和諧相處，所謂的自然本來就是不斷變動、不自然的概念，且常被用來掩飾歧視。反對雪倫與凱蒂斯的選擇的人，很可能也不了解這兩位女士的生命歷程，不知道兩人都有大學學歷，事業成功，明顯很幸福，社交活躍，感情也很好。最初的那篇報導解釋道：「許多準父母篩選出不要的特質，加以剔除，同樣也有許多人選出想要的特質。很多時候，目的不是生出優質寶寶，而只是想要某一種寶寶，白人寶寶、黑人寶寶。男孩、女孩，或一個設想得更精細的寶寶。美國生殖醫學會發言人提普頓表示：『大多時候，小兩口想要的是和自己外型相似的孩子。』就這點而言，凱蒂斯和雪倫就跟許多父母一樣，想要一個符合自己形象的孩子。」

這個說法很難反駁。雪倫說：「如果能有個跟我們一樣的孩子，真的很不錯。」凱蒂斯說：「我想和孩子一樣，我希望孩子享受到我們所享受的樂趣。」在你知道兩人是聾人前，這些話聽起來都不偏激。狄妮絲在《自然》期刊的一篇文章中進一步分析兩人的動機：「溝通和追求親密感是人性中重要的一環，如果你真心相信孩子即使聽不到，情感生活也能同樣豐富，而且這樣你更能和孩子溝通，為何不做這樣的選擇？」凱蒂斯在聽障家庭長大，父母是勞工階級，沒受過教育。雪倫在聽人家庭長大，一直到走進高立德大學的手語世界，才找到自己。兩人都很欽佩受過教育的聾父母的聾孩子，也覺得經過一番努力，終於已經找到自己的幸福，可以把這樣的幸福傳給下一代。父母想要的孩子，是能從自己給予的東西中受惠的孩子。

《石板》雜誌的記者史力頓寫道：「舊患：訂做寶寶；新敵：殘缺寶寶。」當然，這裡的「殘缺」也是訂做的，只不過不是最流行的款式。訂做寶寶不會消失，隨著科技進步，必然會越來越常見。這個詞帶有貶意，但不久前，在上了年紀的中產階級夫妻尚未普遍採用體外人工受精術時，大家也很輕視試管嬰兒。二〇〇六年，約翰霍普金斯大學的基因與公共政策中心調查發現，提供胚胎著床前基因診斷的診所有半數也提供性別篩選服務。二〇〇七年，倫敦橋生殖診所進行胚胎篩選，確保某個嬰兒沒有父親的嚴重斜視。倫敦大學學院最近宣布，藉由基因選擇，史上第一批沒有乳癌風險的寶寶之一出生了。洛杉磯生育研究院宣布該院正計畫讓夫妻挑選孩子的性別、髮色與眼珠顏色，不過接踵而至的炮火讓他們不得不中止計畫。基因選擇在未來必成趨勢。精卵捐贈的標準協定不止篩檢捐贈者是否有不良遺傳性狀，更會提供捐贈者的體態吸引力、身高、體重、髮色、膚色、眼睛顏色，以及大學入學測驗成績等資料。這種做法，與基因選擇又有何異？一個人受另一人吸引，往往就是因為對方有討人喜歡的特徵，我們憑性衝動與人交合，本身就是一種主觀的篩選機制。

684

二〇〇四年約翰霍普金斯大學有項研究指出，生殖基因檢測日漸激烈的爭議主要由兩派對立的論點構成：一派人士認為基因檢測「有機會減少受苦，並認為研究、科技進步與生殖選擇均不應受限」，另一派人則「相信生殖基因檢測將帶來負面的道德與社會衝擊，其發展與使用應受限制」。哈佛哲學教授邁可．桑德爾在《反對完美》一書中寫道：「準父母仍能自由選擇要不要接受產前檢查，檢查出來後又作何決定，但新科技也帶來選擇的壓力，對此他們卻無從逃避。」

人類喜愛解決問題，如果我們學會控制天氣，很快就再無機會見識颶風的凜然氣勢和暴風雪吞沒一切的執拗靜寂。四十年前，毒理學家拉佩警告：「在熱中『征服』基因缺陷的路上，若我們不承認這些被辨識出來、被墮掉的『缺陷』跟我們一樣都是人，就太難以想像、太不道德了。」然而記者鮑爾二〇〇五年在《華盛頓郵報》中提到自己在產前檢查中發現女兒患有唐氏症，最後決定留下胎兒時，卻得面對諸多壓力。她寫道：「有了產前檢查後，把身心障礙的孩子墮掉再也不是權利，而是義務。」沒有人應被迫生下自己害怕的孩子，也沒有人應被迫墮掉自己想要的孩子。無論有沒有接受產前檢查，若父母已準備好去愛水平身分的孩子，便已給予孩子尊嚴。有了生殖科技後，我們就開始猜測什麼樣的孩子能讓自己開心，自己又能讓什麼樣的孩子開心。刻意不去猜想或許不負責任，但若過度美化想像也未免失之天真。假設的愛畢竟不是愛。

哪些人該生小孩，哪些孩子該被生下來，大家永遠不會有共識。我們質疑愛滋帶原者若生下後代將無法活得夠久把孩子帶大，我們想辦法避免青少年懷孕，我們批評身心障礙人士不該把身上的差異傳給下一代。手術刀能讓人絕後，辱罵也能，且殘忍程度不相上下。透過宣導讓人知道孩子可能面臨的難題是合理的，但自以為了解他人孩子的人生價值，並因此不讓人生下孩子，恐有法西斯主義的意味。在美國，要結婚得先取得許可，生孩子卻不用，這並不是偶然。

美國社會階級向上流動的情形不但不如過去，也不如大多數工業化國家。布魯金斯研究院二〇一一年的報告指出：「美國社會階級的流動性非常特殊，最突出的一點是從底層向上流動的範圍很有限。」想要改善生活，你得獨自努力，這是一場單人任務，其餘的人都可以置身事外——就是這種假設釀成了流動的危機，而我所採訪的家庭，幾乎都是這種信念的受害者。事實上，本書所探討的各個族群在半世紀前也不會過得更好。令人目眩的科技進步威脅到書中的許多身分族群，但身分政治也同時覺醒了，把這個世界塑造得更包容。當代社會越來越多元，而多元帶來的包容課題甚至已延伸至無權為自己發聲的族群，這樣的改變，規模甚至超越了女性參政權與公民權利運動的願景。身心障礙人士上電視，跨性別者擔任公職，罪犯、神童與遭姦成孕生下的孩子都獲得專業協助，思覺失調症者與自閉症患者也有專屬的就業計畫。

許多人哀訴我們生活在無恥的年代，為什麼有人能上電視大談並展現自己的愚蠢、悲情，甚至是殘酷？為什麼我們要擁戴靠偷竊致富的人？或許對於不折不扣的卑劣，我們還不夠羞慚，但同樣地，對於一開始就永遠不應該讓我們困窘的東西，我們也越來越能坦然以對。身分政治的反面是羞愧，我們比從前更接近生命權、自由權，以及追求幸福的權利。會以真實的自己為恥的人，也越來越少了。

・・・

不尋常是一種數字遊戲，你可以爭辯一件不尋常的事情是好是壞，但究竟尋不尋常，卻無從爭辯，然而這個詞仍不斷遭到誤用。尋常人堅稱自己獨一無二，不尋常的人認定自己與一般人毫無不同；愚人想被當成非凡人物，鶴立雞群者卻嚮往融入人群的自在舒適。每個普通孩子的父母都能細數孩子做過哪些令人目瞪口呆的事，至於孩子無疑真的很獨特的父母，無論孩子是患重病還是天賦異秉，也總有一套說詞解釋自己的孩子和其他孩子並無太大不同。這種相互假冒的現象，反映出人類更深刻的矛盾：對於與眾不同，我們既嚮往又抗拒；對個人特色既渴望又恐懼。孩子與父母間最棘手的差異，當然會表露在父母不熟悉的領域上。對於孩子本質是否獨特，我們不是過度強調，就是刻意淡化，反映出我們其實很憂慮個體性與快樂的關係。

美聯社在二〇〇八年報導北印度有座小村莊生出一個雙面嬰兒。拉麗．辛格患有雙面畸胎，這是一種罕見症狀，患者在一顆頭上長出兩隻鼻子、兩張嘴、兩對唇，以及兩雙眼睛。她的醫院主任表示：「她過著正常的生活，且無呼吸困難。」無論薩伊尼桑普納村的「正常生活」究竟為何，應該都不包括「過得很好，還被奉為難近母轉世，這位凶猛有如烈火的印度女神在傳統上都被描述成三眼多臂」。每天都有上百人湧入拉麗家摸她的腳、獻金，並接受祝福，村長已向邦政府申請經費，要為她建造廟宇。文章只順帶提到，雙面畸胎症常會有嚴重的健康併發症。

拉麗若生在明尼蘇達州杜魯斯港、堪薩斯州威奇托、北京或巴黎，帶來的就是擔憂，而不是慶祝活動了。拉麗之母蘇希瑪說：「我女兒很好，就跟其他小孩一樣。」父親維諾帶拉麗去新德里一間醫院檢查，卻拒絕以電腦斷層掃描檢查她的體內器官正不正常，也沒有醫治她的唇顎裂，她因此無法好好進食。他解釋道：「我不覺得現在有這個需要，女兒的表現就跟其他小孩一樣正常。」拉麗兩個月後去世，若她能及早接受適當治療，大多數致她於死的問題都可能可以緩解。

若一切早十年發生，我在報紙上看到拉麗短暫人生的報導時會更加驚訝。在本書的研究過程中，類似的故事我看了一個又一個。這對父母很顯然立刻就接受了孩子的不尋常，這是這則故事的美麗之處，但因為兩人把孩子的正當性與是否正常混為一談，所以故事變成了悲劇。拉麗的父母相信，他們的愛與包容可為女兒定調，但愛與包容其實只定調兩人為慈愛的父母。若讓豁達的心胸給蒙蔽了雙眼，看不到孩子的需求，我們的愛也就變成了否認。承認差異並不會威脅愛，事實上，是會豐富愛。

理想上，深刻的包容能讓孩子徹底做自己。在一個家庭裡，孩子的侏儒症、自閉症、天賦異稟或跨性別傾向可能只是次要。理想上，這些人首先是父母的孩子，是在家庭這個小王國裡充分受到認可的公民。父母不必然只是不論孩子有什麼缺陷都愛孩子，他們可能發現，這些不完美竟是令人驚異地正當適切。一位睿智的精神科醫師對我說：「大家都想變得更好，但沒人想改變。」我倒認為，唯有允許生具水平身分的人不改變自己，他們才有可能變得更好。每個人都能成為更好的自己，但沒有人能成為另一個人。

主流化、包容接納、去機構化、身心障礙權利運動、身分政治，種種力量在凸顯差異的同時，也將差異正常化。這些運動將重點放在取得友善設施，讓有特殊需求的族群生活更無礙，但同時又堅稱所有人的基本需求都一樣。這些運動希望改變世界，讓更多人不覺得自己格格不入。我採訪過許多父母，很多人都在家中打造出理想環境，並致力於將這樣的環境推向外界，因此成為社會運動家，有些人奉此為天職，有些人則只是同意讓人訪問、引述。他們希望藉此創造更和善的社會，讓孩子一生都能獲得協助。融合教育的系統不僅對許多水平身分族群有利，教室裡的其他孩子也能獲益。同樣的，打造一個體恤的社會，不僅對於新近受到包容的族群是好事，學會包容的人也能受惠。要讓不尋常的人融入社會，不僅代價高昂、耗日費時，情緒的波折及物資的來回調動也可能令人筋疲力竭。然而，若結果是父母常常感激家中有問題兒童，那麼到最後，我們也會感激這樣的人所代表的勇氣，感激他們教會我們何謂慷慨，甚至感激他們以特殊的方式讓世界變複雜。

照一般說法，多樣性意謂俱樂部應該接受少數種族，大學也該收一些同志學生。社會若要推崇多樣性，不能僅憑大方無私，當我們用多樣一詞來指平衡投資策略，以及森林、海洋、溼地等環境裡的豐富物種時，這一點便不言可喻。我上大學的地方長期以榆樹聞名，確實，該城以前便稱為榆城，但後來荷蘭榆樹病侵襲北美，路邊與公園裡的榆樹就紛紛病倒了。每當有改變發生時，單一文化便成了問題，現代社會轉變得越來越快，社會價值與實際環境瞬息萬變，我們無法預測哪些特質才能適應未來。我並不是主張侏儒症、聽障、犯罪傾向或同志性向能為我們解決所有重大問題，但我知道，把所有人都變成榆樹，絕對是場錯誤。一排排外型一致的榆樹，高聳的樹幹一棵棵整齊對稱，看起來很美，但這樣的規劃未免不負責任。

・・・

我在著手寫這本書的前後認識了約翰，現在他已是我的丈夫。我一直想要孩子，考慮過和某個老朋友共育後代，也粗略研究過生兒育女，但始終不過空想而無具體行動。約翰讓我更有勇氣與眾不同，也更有信心安於平凡，但聽了這幾百個特殊家庭的故事後，我才漸漸了解，這兩個目標並不互相牴觸，反常的人仍有權利及能力當一般人。艾蜜莉幫助唐氏兒上電視，希望不會再有人跟以前的她一樣孤單。推動神經多樣性與聾人權利的運動人士認為，異常理當受包容，那是他們應得的權利。茹絲說：「像我們家這樣的孩子，從來就不是上帝命定的禮物，是

688

我們選擇讓他們成為禮物。」蘇說：「科倫拜事件讓我更能將心比心，其他事情不可能做到這一點。」安妮提到她在幫助跨性別女兒的過程中，她女兒「帶給我的幸福，比我能給她的還要多」。她們話中散發的驚歎使人信服，讓我深感共鳴。

我為沒有孩子這件事掙扎了多年，就在終於和這份悲哀和解時，我開始看見事情有逆轉的希望，逐漸想出自己能如何開枝散葉。當時還不清楚的，是自己究竟是真想要孩子，還是單純想向那些憐憫我性向的人證明他們錯了。一心嚮往月亮的人，若突然得到所有月光，往往會忘記自己想拿月亮做什麼。我得過憂鬱症，那麼，我是為了某些新的快樂而放棄那個鬱鬱寡歡的自己，還是即將困在大量的不快樂裡，必須設法理出頭緒？如果我不能保護孩子，讓他們遠離我絕望的征途，又怎能把孩子帶到世界上？了解教養不是完美主義者玩得起的事之後，我試著向我採訪的家庭學習謙虛。焦慮的時候，我也不斷想起母親在我出門路考前對我說的話：人生中有兩件事人見人怕，最後才發現原來幾乎每個人都在做，那就是開車與生子。

小時候我並不受歡迎，長大後，我還是很害怕小孩。我覺得在孩子的眼中，我仍然不擅長玩躲避球，走路姿勢仍很可笑，情緒也仍很彆扭，我覺得我仍保有這些兒時讓我受到其他小孩排擠的特質，最後我才明白，原來這些都跟我的性向一致。那時我還是很怕被小孩稱作同性戀，這個身分讓我有安全感，但一從小孩口中說出，卻又像是侮辱。我對兒童有太多感受，所以選擇避開。我無法解讀這份感覺，強烈的感覺都很難解讀。我只知道那感覺很強大，但說不上究竟是什麼樣的感覺。和別人的小孩相處幾個小時之後，離開時我常大鬆一口氣，如果自己也有小孩，情況難道會不一樣？我不斷冒出恐怖的想像：我會有自己的孩子，不喜歡他們，卻得和孩子糾纏一輩子。我和父母的關係一直給我也給我父母帶來莫大的歡樂，我希望把這樣的關係傳承下去，不過我的孤冷同樣也大多來自家庭關係，家裡的情緒有時很激烈，讓人分不清楚究竟我經歷了什麼，而他們又經歷了什麼。身為人子，我耗盡了心力，也才剛逃出生天，很害怕當上父親後又重入虎口。我也怕自己會因為孩子不像我而成為暴君，如同我當年時而感受壓迫。

我認識約翰時，他已生有一子，孩子的生母蘿拉是他同事，觀察了他好幾年，才和伴侶譚美一起請他協助她們生孩子。雖然他和她們並不特別熟，但還是答應了。三人簽了法律文件，他同意放棄親權，而她們則同意不索求贍養費。他曾說若孩子與兩個母親願意，他願意盡己所能參與孩子的人生，但為了尊重身為養母的譚美，他不太涉入這家人的生活。一開始他不想馬上介紹我認識譚美和蘿拉，但交往幾個月後，我們在二〇〇一年的明尼蘇達州園遊會遇到她們與年幼的奧利弗。奧利弗還無法理解「捐精父親」（donor dad）是什麼意思，稱約翰為「甜甜圈父親」（donut dad），把大家都逗笑了。但對這家人來說，我又是誰呢？十八個月後，他們請約翰再捐精一次，之後蘿拉生下了露西。約翰和這家人的關係，我既警戒，也著迷。他當上了父親，而我看著他的孩子，想了解他究竟是什麼樣的人。那時我還沒喜歡上兩個孩子，不過那與這份感情和血緣的牽連無關。

我考慮要不要擁有自己的親生孩子，一直考慮了幾年。一九九九年，我因公去了德州，出席了一場晚宴，大學朋友布蕾恩也在場。我一直覺得布蕾恩很迷人，她天性善良，非常聰明但從不炫耀，散發那種永不過時的優雅。那陣子她剛離婚，不久母親又過世，她說自己的童年非常快樂，而向這段童年致意最好的方式，就是讓自己當上母親。當時我沒想太多，就對著一整桌的人說，我願意當她孩子的父親，她開心地回應道，她搞不好會當真接受提議。我無法想像她可能真的想和我生孩子。我的提議是種客套話，就像邀請剛認識的朋友，如果從地球遙遠的另一端來到紐約格林威治村，請順道來我家喝一杯。但回到家後，我寫了封信給她，說我想她可能是在開玩笑，不過我仍然認為她會是全世界最好的母親，也希望有天她能和某個人生下孩子。

四年後的二〇〇三年，布蕾恩飛來紐約參加我的四十歲驚喜生日派對，隔天晚上我們外出用晚餐，發現我們都還想貫徹生子計畫。我從未覺得如此榮幸，也不曾這麼驚恐。我們的計畫

690

與約翰和譚美、蘿拉的計畫有些類似，又有些不同。我會是孩子的法定父親，孩子跟我姓。雖然孩子會與布蕾恩一起住在德州，但和我的親子關係相當明確。

我還沒準備好立即告訴約翰，等我終於說出口，他就如同我所擔心的，氣炸了。他做的是捐精，而我卻將與布蕾恩有一段深刻且持續的關係，他擔心這會嚴重介入我與他之間終致分手。我們的感情就此邁入最艱困的一章，我們談了好幾個月，我和約翰談，也和布蕾恩談，然後協商越趨激烈，緊張得有如巴爾幹半島談判。我們花了三年才解決所有細節問題。約翰總是敵不過自己的慷慨善良，這次他也終究讓步，於是我和布蕾恩到診所做了體外受精。同一時間，布蕾恩認識了她的伴侶李察，達到一個雖不尋常但又合理的平衡。

我們的安排越是奇怪，感覺起來便越是傳統。約翰之前曾向我求婚，雖然我對步入同志婚姻還有疑慮，最後仍決定付諸行動。結婚原本有一部分是為了讓約翰安心，讓他知道雖然我與布蕾恩要生孩子了，他仍是我人生的中心，但很快地，結婚的意義更加深切了，變成我用結婚來禮讚他的英俊、機智、有道德感，禮讚我家人與朋友都很喜歡他，禮讚他和我一樣，都能看到他們心中的美好。我們在二〇〇七年六月三十日結為連理，婚禮在鄉下舉行。我在想，若說是過去所有的創傷讓我得以走到今天，那麼此刻看來，那些創傷也沒當時所想的那麼糟了。在婚禮上致詞時，我說：「從前不敢說出名字的愛①，今日終於得以四處宣揚。」譚美、蘿拉與孩子都來了，奧利弗是約翰的戒童，布蕾恩也在場，肚子裡懷著我們四個月大的孩子，李察陪她一起出席。約翰大膽表示，我們完成了史上第一場奉子女之命成婚的同志婚禮。

十月，布蕾恩出現孕期併發症，於是我和約翰趕到沃斯堡，十一月五日，她剖腹生產，比預產期早一個月。我看著接生醫師把小布蕾恩從她母親圓滾滾的肚子拉出來，還是第一個抱她的人。我不斷努力想著如今自己是父親了，卻不知道該怎麼做，感覺就像是有人突然告訴我，我還是我，但同時也是一顆流星。我抱了抱新生兒，接著換布蕾恩、李察，約翰也抱了。對這個令人激動的小傢伙來說，我們究竟是什麼？她對我們每個人來說，又是什麼？這又會如何改變我們彼此的關係？那時我已經深深投入研究，知道每個孩子都有一點水平身分，也都會改造父母。我在女兒的小臉上左看右看，想搜尋線索，看出她是什麼樣的人，又會把我變成什麼樣的人。

十天後，我和約翰回到紐約。回到家時，我滿腦子都是我的孩子，但仍以為自己只是一路支持布蕾恩做了件很棒的事，並沒想著自己參與其中。那時的我還沒領悟，初為人父那種生物性的興奮感，只隱約暗示了為人父母的激烈情感。過去我父母不斷促使上演的那齣宿命般的悲劇，終於擺脫了，真是讓人鬆了口氣，但慶幸之餘我得看清，眼前更重大的現實是我得對一個新的生命負責。我不想和小布蕾恩過於親近，導致自己無法忍受她遠在德州，也不想疏遠到讓她覺得被冷落。我倒還夠自覺，知道不是自己想要怎樣的情緒就可以怎樣，不是我說了算。

結婚和生孩子都是公開的活動，也和所有公開的活動一樣，經由揭露而變得具體。我對我們的人生有過願景，而突然間，每個人也都對我的人生有個願景。將別人拉入你的現實中，能鞏固你的現實，而我們也用愛建立了家庭，並拉進許許多多親朋好友與我們同行。在這個過程中，內在的真實因此多了一層保護殼，變得更能承受壓力。我很感激我們的婚姻有朋友同喜，也很感激約翰張開雙手迎接他原本不樂見的女兒，同時，我也感激約翰與布蕾恩開始信任對方。我最終注意到布蕾恩與我母親有多相似，她們都能在日常生活中挖掘幽默，小心克制自己的情緒，雖有奔放的想像力，但因端莊優雅、極度內斂的矜持，所以多數人都不知道。兩人也都有敏銳的同理心，同理心也都帶有哀傷的色彩。我跟許多男人一樣，找了母親的翻版生下孩子。布蕾恩的父親高齡八十六歲，我原以為我們的安排會挑戰他的價值觀，沒想到他非常開

1．作者指涉“the Love that dare not speak its name”（不敢說出名字的愛），語出愛爾蘭大文豪王爾德的同性戀人、詩人道格拉斯爵士《兩種愛》（Two Loves）詩作的尾句。王爾德被控嚴重猥褻罪，受審時當庭對此愛所指為何作出精采答辯。——審訂注

心。我父親也十分興奮。

不久，我發現自己想和約翰一起在家撫養小孩，作為兩人對彼此的承諾。約翰和譚美及蘿拉的最初安排是答應一項請求，我與布蕾恩的計畫則更加親密，至於有個廿四小時和我們一同生活的孩子，這樣的可能性則顛覆了我們從前對同志生活的所有預想。從前我不曾想要結婚，婚後的生活卻讓我著迷，我要求養個孩子作為交換，相信孩子也一樣終會讓約翰著迷。我明言自己想要孩子，約翰則沒這麼肯定，我只好在一旁搖旗吶喊。我滿心期待，念念不忘這個尚未存在的人，非常確定當上父親後，我會更珍惜約翰的一切，但對話仍陷入僵局。我們對彼此的愛是撫養孩子的前提，卻不足以作為理由。我們不能把生孩子當成一場社會實驗，或一種政治聲明，或以此讓自己更完整，我也不能一頭熱地單方面做決定。後來在我生日那天，約翰送給我一個繫著蝴蝶結的骨董搖籃，問我：「如果是男孩，可不可以用我爺爺的名字，叫他喬治？」

律師分析道，從法律來說，捐卵人與代理孕母若為不同人，優點是兩者都無法主張完整親權。約翰提議由我當生父，如果有下一次，或許再換他。我們跟許多有生育問題的中年伴侶一樣，開始了求卵版的相親之旅。我們搭飛機到聖地牙哥籠絡我們看中的捐卵中心。我們做的這個決定雖然令我很開心，我仍很遺憾永遠無緣看到我和約翰的基因相混可能會有的成果。能取得卵子我很感恩，卻也遺憾我們都無法製造卵子；能生孩子很高興，卻也難過整場行動有揮之不去的製造業氣息。若非有生殖科技之助，我不可能有我的孩子，但若能透過性愛，在極樂的瞬間造出孩子，絕對比借助耗時費力的行政程序來得有意思。另外，整體過程也所費不貲，雖然值得，我們仍感嘆，縱使我們比較想把這件事當成愛的舉動，但經濟條件優渥卻是必要條件。

由於我所做的種種研究，所以我很清楚搜尋捐卵者這件事帶有優生學的色彩。搜尋捐卵者，就是選出智商、個性、健康與外表都符合我們標準的人。這些個人選擇都帶有政治色彩，

692

令我難以釋懷。在研究中，我逐漸學會尊敬許多非比尋常的人，我並不想貶低他們，卻又無法否認自己希望孩子要和我夠相近，如此我才知道怎麼安撫他。當然，我也了解基因血統不能保證什麼。目錄上列出捐卵者吸引人的特質，這些推銷字眼讓我以為自己是在線上購買要開上一輩子的車。天窗？絕佳的公路里程？紅髮？學術性向測驗高分？祖父母壽命超過八十歲？整趟追尋的過程非常荒謬、令人不舒服，又充滿道德疑慮。然而，在這抽象到令人手足無措的時刻，我們具體能做的，似乎也就是小心選擇捐卵者，那是這龐大的神祕中我們僅有的微弱資訊。

我們把計畫告訴蘿拉和譚美。蘿拉對約翰說：「多虧了你，我們才能有奧利弗和露西。千言萬語都不足以表達我們的謝意，但我能當你的代理孕母，證明你跟安德魯對我們有多重要。」這份心意極其慷慨，而我們也接受了。接著就是蘿拉、捐卵者與我的一系列醫學檢測，取精（明亮的醫療室、假皮手提箱裡有員工給的幾本過期色情雜誌），蘿拉接受生育治療，然後是胚胎移植以及超音波檢查。我的家庭和我認識的許多人家一樣，都受惠於社會規範轉變與科技變遷，兩者同等重要，而若非有兩者的幸運交會，我們無法擁有孩子。

我們的第二次體外受精成功了，雖然在挑選卵子時非常謹慎，但最後還是決定不做羊膜穿刺。我、約翰、蘿拉一起做出決定時，我自己都非常意外。孩子即使可能有身心障礙（根據侵入性較低但準確率也較低的檢測結果，可能性極低），感覺也不再那麼可怕，不足以為了做穿刺冒上流產的風險。我能想像，若穿刺結果是壞消息，我們很可能終止懷孕，但動手寫這本書後，我再也不可能遵照從前的那套思考邏輯了。我的研究打破了那種清晰明瞭，我只能選擇逃避。

693

一個人懷著你的孩子時，你對她的欣賞會大到無以復加。蘿拉將她為了我們打造的新生活，編織入她為自己打造的生活，我看得五體投地。我們與她、譚美及她們的孩子變得無比親密，奧利弗和露西喚著尚未出生的寶寶為弟弟。對於她們的熱情，我一開始很羞怯，但之後我和約翰為了懷孕的最後階段飛到明尼亞波利斯，最後在那兒待了一個月以上，幾乎每天都與她們四人見面，我也因此得以近身觀察奧利弗和露西，發現兩人是如何遺傳了約翰的機智與善良。兩人知道小布蕾恩以爹地和約翰爸爸稱呼我們之後，向母親表示也想這樣稱呼我們。

當時我還沒準備好接受這些孩子也都是我的孩子，只是親疏不一，但約翰對待布蕾恩一家的貼心舉動，向我示範了一個人該如何接納。我原本只計畫要兩個孩子，卻突然開始考慮有四個孩子的可能。我現在也相信，我能深愛每個孩子，即使付出的是不同的愛。蘿拉協助我們生子，部分目的就是拉近我們與她們的距離，這奏效了。約翰堅稱我們都是一家人，我們也因此真的成了一家人。當初若沒我的爭取，小布蕾恩就不會誕生，也不會有這個寶寶，但若沒有約翰的樂觀，我們都會依然各過各的。那條路或許比較容易走，而我過去誤以為容易就是好。我讓約翰學會坐而言不如起而行，而他則教會我在起身做到之後，要如何真正體驗一切。小布蕾恩、即將誕生的小寶寶、奧利弗與露西，以及我至今認識的每個非凡家庭，都一起改變了我，孩子已不再令我傷感。

• • •

喬治在二〇〇九年四月九日出生，開始前就已掀起情緒浪濤。我比蘿拉和約翰清楚生產可能有多危險，我聽過太多這種故事，「孕期看起來好順利，結果她臨盆時，突然間……」我試著壓下焦慮，但喬治的頭一出來，我還是害怕得掌心都溼了。蘿拉選擇不用止痛藥，我再度對她起了敬意。九個月來，我一直覺得她幫我們的忙大約類似幫忙拿一袋不斷變重的食品雜貨，沿著越來越陡峭的樓梯上樓，這時我才恍然大悟，她是為我們創造了一個生命。我看著她分娩，見到最後子宮頸張大、她奮力推擠的疼痛，也感覺她身體透出一股巨大的新生。我第一次清楚看到她狂暴和英勇的一面，那種恢廓的心與大無畏，是我在過去的男性經驗裡不曾見識到的。然後，她推了兩次，喬治蹦了出來，大聲號哭，立即證明肺活量驚人，一邊奮力揮舞手腳。醫生宣布孩子很健康，接著，我們看見他的臍帶打結了。

喬治出來的時間剛剛好，如果生產過程再久一點，或我們又多等幾天才催生，結可能會變緊，讓他接收不到氧氣，導致腦部受損，蘿拉也會因胎盤出血而有生命危險。我像看著命運一般看著那個結，彷彿一不小心便會與之擦身而過，然後在結下的位置剪斷臍帶，這樣危險就永遠威脅不到我們的奇蹟寶寶。我只想抱著他、看著他，努力在那一瞬間幻想他不斷蠕動的小身體只會帶給我們一生的歡喜快樂。

寶寶健康出生後，所有例行儀式，醫療上的、個人的，我們都辦了。拍了很多照片，還脫下衣服讓他貼著我們的肌膚，也看著他量身長體重，看到護士幫他上眼藥膏，然後我們把他介紹給奧利弗和露西。我分了一盒香檳松露巧克力給大家，那是布蕾恩的哥哥從倫敦寄給我的（不能帶真的香檳進產房），我打給父親、繼母、弟弟、布蕾恩，還有幾個我們生命中的重要人士。約翰一看到孩子就著迷了，正如我所預料，畢竟生命的誕生比魔法、星際戰爭都還要神祕、不可思議，讓人瞬間臣服。小布蕾恩出生時我就感受過一次，此時是第二次。這個人從前並不存在，現在出現了，而我記得當時我所想的就如同所有人每次所想的，我想著他的降生足以彌補過去失去的一切。

等我和約翰在醫院房間安頓下來，護士也幫喬治洗完了人生第一次澡，已經是半夜兩點半，我們幸福地躺上床。我一直都是家中睡得比較沉的那一個，在我安然熟睡時，約翰每幾個小時就起來看看喬治，餵他喝奶。等我起床時，約翰已經帶著喬治到走廊另一端蘿拉的房間，譚美和孩子們都在那裡，吃著肉桂卷，一派歡樂。約翰說他要去躺一會兒，要我去跟小兒科醫師談談。家裡負責處理醫療事務的一直是我，我想喬治出生的第一天本來就要做這些事，聽力檢查、要不要注射B肝疫苗什麼的。我坐在那裡開心地吃著東西，幫奧利弗和露西穩穩抱著寶寶，接著醫生走進房間，說她有點擔心。

695

喬治不像一般小嬰兒那樣有正常的縮腳反射，反倒伸得直挺挺的，最長可以一次伸上三分鐘。醫生說那是因為「肌張力過高」，可能表示大腦有損傷，得幫他預約電腦斷層掃描。我問她，這是否不尋常，她只說，這在這個階段並不常發生。蘿拉爽朗地說喬治不會有事，其他人則繼續吃肉桂卷，而我覺得體內通常溫暖的地方變冷了，體外碰到空氣的肌膚卻像瞬間著火一般。醫生鎮定地向我解釋，嬰兒的異常行為可能反映有腦內出血，這樣的出血可能會自行停止，也可能需要開刀處理。她提到臍帶上的結，表示我們必須確定那個結沒造成任何影響，並說他的頭異常地大，可能是水腦症或腦中有腫瘤。她還補充，孩子一隻腳比另一隻腳更僵直，可能是左右大腦發育不對稱，或腦中有腫塊。她是年輕醫師，我可以看出她受的訓練教她在向病人坦白時，要表現出這樣沉穩幹練的態度。

從孕期一開始到那一天，我不斷想著，若在我撰寫特殊兒童的時候，自己也生下這樣的孩子，有多令人哭笑不得。但我也知道，大自然從來就不吝於捉弄人。此刻，我問電腦斷層可以多快做，醫生說她會盡早安排，接著活潑輕快地離開了。我看著喬治，在那當下我突然努力想要不愛他，發現難上加難，因此我知道自己真的愛他。我記起許多父母都提到自己一開始跟大家宣布新生兒有多麼健康茁壯，一兩天後又得拿起話筒，告知相反的狀況。理智的那個我試著決定，在何種狀況下，我要支持醫生不得不為的竭力搶救；驚恐的那個我開始盤算，是不是要棄養，把他送到看護之家。最強烈的衝動是把他抱緊，不讓他做任何檢驗。我想要他安然無事，也希望自己安然無事，而即使我把這兩件事分開來想，卻一敗塗地，我知道一方不好，另一方就不可能好。

我致電父親，也和弟弟說了情況，還寄了電子郵件給一些朋友。弟弟馬上聯絡了紐約的幾位小兒神經科醫師，父親則打給家裡熟識的醫生朋友，我們在電話中徹談整件事。許多父母都告訴我，由於必須處理這類狀況，情緒問題反而退居次位，我也因為進入解決問題的模式而鬆了口氣。我要做對每件事情，這就延緩了傷悲。我記得有些父母說過，醫院不會一開始就告

696

訴你，孩子需要三十種重大介入性治療，而會說孩子需要做一種，不久說再做一種，然後又是另一種，逐步奪走你的意志。我下定決心，在每次選擇時都保持清醒，看看接下來可能要面對什麼。

我打到護理站，問我們何時做掃描，這才發現電腦出了問題，原先申請的紀錄不見了。小兒科護士說她必須先幫孩子抽動脈血，手拿針筒深深插進他的手腕。抽動脈血？我採訪過的五百位父母當中，有誰提過這個嗎？最後終於有人告訴我們，電腦掃描已經排好。唉，原本的護士下班了，換來另一個非常年輕的護士，對待病患有如空姐服務客人，呆板的禮貌隱藏不住她的無聊，令人不耐。我問她之前有無協助過這類程序，她回答：「新生兒電腦斷層掃描？沒，我沒聽過哪個新生兒要做這個。」我心裡升起兩種矛盾的愧疚：一是我生了個可能要受苦的孩子，二是儘管我聽了這麼多故事，故事中的父母都發現撫養特殊兒童意義深重，我仍然不想加入這些父母的行列。當然，這些父母大多不是自己選擇這樣的處境。另外我也想起，勇氣無法事先規劃。

697

電腦掃描室雖然刻意布置得溫馨愉快，仍顯得陰森，其實，室內的溫馨愉快就是氣氛陰森的原因之一，彷彿情況若非如此可怕，根本無需布置得像在過節。我們在一旁無助地看著喬治被放到機器上。他幾乎睡著了，乖乖任醫務人員把他的頭固定住，旁邊擠入幾條毛毯，額頭上拉起一條帶子扣牢。他們讓我們穿上龐大的鉛衣，留了下來。我們試著安撫喬治，我突然意識到，面對一個還沒學會向我尋求安慰的人，我是多麼的起不了安撫的作用！

我們回到不久前還覺得溫馨舒適的房間等候結果，另一個護士來值班，我拜託她幫我們拿檢查結果。待命的小兒科醫生打給放射科，結果還沒出來，於是我們又等了一陣子。最後我打出一條路，跳過護理站，堵住剛來輪班的小兒科醫生，他告訴我，檢查結果出來一小時了。他嚴肅地說：「應該找你的丈夫一起談。」我們走回房間，約翰還在裡面等著，我緊張得汗流浹背，脫口問他：「他腦內有出血嗎？」醫生說沒有，接著便說起他們究竟檢查了什麼，每張影像顯示了什麼，最後終於宣布，掃描沒問題，喬治一切正常。整件事結束了。

我想，所有的愛，都包含三分之一的投射、三分之一的接納，至於了解與領悟，絕不超過三分之一。對於孩子的降生，我投射與接納得太多又太快。我記得莎拉得知孩子的身心障礙有多麼嚴重時，要求要讓他受洗，好讓自己能更堅定地相信孩子仍然是個人。我發現儘管喬治到現在能做過的事只有大哭和吃奶，在我眼中他仍有豐富而永恆的人性，他有靈魂，發生什麼變動都不能改變這一點。樹總長在蘋果落地的不遠處。

在同志育兒還是一種刺激的新進展時，我和約翰就當上了父親。院方宣布喬治一切正常的那一天，我明白希望並非帶有羽毛之物②，而是個哇哇大哭、粉嘟嘟的新生命，也了解到沒什麼事情比擁有孩子更充滿樂觀。我們對孩子的愛，幾乎都根據情況而定，但又是我們所知道最強烈的情緒。本書裡的故事之於我對我孩子的愛，一如寓言故事之於信仰，都是藉由具體的敘述讓最抽象的東西變成真實。在本書述說一則則關於韌性的英雄史詩之後，我成了現在這樣的父親。

我出生的時候，社會普遍認為後天教養幾乎決定了一切，後來的幾十年間，大家開始重視先天本質。最近二十年間，人們更廣泛地探討先天與後天如何以複雜的方式彼此驅動。理智上我相信這種微妙的整合，但有了孩子後，我開始思考其中是否有第三種元素，某種不可知的靈性或神性的抑揚屈折。一個人的孩子是如此明確具體，要是沒有當初那個瞬間的受孕，他就不會存在，想到就覺得不可思議。本書採訪的父母大多表示他們不想要別的孩子，只想要現在這個，鑒於他們孩子體現的種種挑戰，這點乍聽之下頗令人驚訝。我們每一個人仍然更想要自己的那個在某方面有缺陷的孩子，而不要現實中或想像裡的另一個孩子，這究竟是為什麼？如果有散發光輝的天使降臨我家，提議要幫我換一個更好的孩子，更聰明、更善良、更風趣，更有愛心、更有紀律、更有成就，我會緊抓著已有的孩子不放，並且跟其他父母一樣，祈禱邪靈趕快退散。

英國數學物理家潘洛斯曾問，我們的物理世界與柏拉圖的唯心論範疇是否為同一世界？他認為人擇原理或許揭示了宇宙之建構就需要意識，這等於主張任一物的存在就證明其為必然。人擇原理與哥白尼革命恰好相反，主張人類的存在並非偶然，我們的存在證明我們必須存在，而我們的悟性決定了每件事是否可悟，反之亦然。主觀或許比客觀更真實。這個概念與教養有共通之處。我們大多相信，我們的孩子就是我們必得擁有的那個孩子，我們不會擁有其他的孩子。對我們而言，他們絕非偶然。我們愛孩子，因為孩子就是我們的命運。即使他們有缺陷、做錯事、傷害我們、死去，即使如此，他們都是我們用以衡量自己生命的那份正當性的一部分。其實，他們正是那份正當性，是我們衡量生命本身所為用。他們讓我們生命精采，其勢之深切，不下我們賦予他們生命。

・・・

喬治降生之後，所有的關係要如何界定，就成了問題。喬治完全屬於我和約翰。布蕾恩和我事先就約定好，關於小布蕾恩的重要決定，由我們兩人一起作。蘿拉和譚美有獨立的親權，我們不干涉奧利弗和露西的事情，蘿拉與譚美也不會干涉喬治的事。三種安排各有不同，如同多數父母極力避免手足競爭，我們也盡力不互相比較。偶爾因為雙方對輕重緩急各持己見、界線畫在不一樣的地方、資源各異、教養方式有別等等，還是會有摩擦，但見到事情終能順利進行，摩擦頓時相形見絀、不值一哂。其他人在偶然無意間進入的家庭關係，我們可是費盡千辛萬苦努力建立。在我們對彼此的奉獻中，有一種身經百戰的淡然平靜。

2．作者指涉美國詩人艾蜜莉．狄金生的詩句："Hope" is the thing with feathers.（「希望」是帶有羽毛之物。）

如果不需要一直創造這所有角色，按照既定劇本走就好，生活一定容易得多。我們常覺得自己就像哥倫布橫渡重洋，落腳更狂野的愛的新大陸，雖然當先鋒探路很刺激，但有時也寧願所到之處路早已鋪好，還能無線上網。大多人預期會生小孩，這份預期之上依附著某種脆弱善感。我預期自己不會生小孩，結果，隨預期的逆轉而來的情緒，是更加詭異的脆弱善感。我們小心翼翼、深思熟慮作了許多決定，但最後解決事情的，卻往往不是真憑選擇。我和其他父母一樣，只是單純過一天算一天，直到見怪不怪為止。我說過，父母不是在複製生命，而是創造生命。事實上，我們也是在探索。有時我回顧人生，覺得自己就像苦力爬了四十年的陡坡，接著與約翰牽手，然後布蕾恩、譚美與蘿拉也來了，本書裡寫到的人也都以自己的方式加入。我們一行人竟也爬到峰頂，我放眼遠望，腳下全是造物的創作。徒步健行的時候，我絲毫不知自己正爬向此處，在荒野中度過四十年，沒有任何人會準備好看到這樣的風景。

我和約翰做了出生卡寄給大家，上面有我們和喬治的照片。約翰的一個表妹把卡片退回來，並附上短促唐突的便條，劈頭就寫：「你們的生活方式完全違背我們的基督教價值。」結尾是：「我們不想再有往來。」有些人嗤之以鼻，認為五個負責教養的父母、四個小孩、分住三地，哪裡能稱為家庭？也有人害怕我們這種家庭的存在會以某種方式破壞他們的家庭。某天午餐時，一個老朋友跟我說：「你父親這樣接受你的孩子，真的很了不起，對吧？」我提醒她，我的孩子就是我父親的孫子，她回答：「是沒錯，但還是很了不起。」這種假推斷之名而行的否定，實在累人。有些人困於一種執念，以為愛的總量有限，認為我們這樣的愛將消耗他們所能汲取的愛。我不信愛需要競爭搶奪，只相信愛是加成。在建立家庭以及撰寫這本書的路上，我學到了愛是一種擴張的現象，愛每次一變大，都會加強世上其他的愛。若說一個人對家庭的愛也能是對上帝的愛，那麼，存在任何一個家庭裡的愛，也都能鞏固所有家庭的愛。我信奉生育自由主義，因為當每個人都能擁有最寬廣的選擇餘地，愛就能自行擴展。我的家人在彼此身上找到的關愛並不是更好的愛，而是另一種愛，正如同物種多樣性對地球的永續極為重要，愛的多樣性也能強化良善的生態圈。結果是，較少人走的路，卻幾乎都通往同一地方。

一個人解決認知失調的辦法，是去適應早已無法改變的事，基於同樣的精神，我很想知道，如果我是異性戀，或是晚個三十年在風氣更包容的社會中出生，結婚生子因此變得更容易，我是否還能從中獲得這麼多快樂。或許會，或許我過去必須不斷做的一切複雜猜測，能在影響更廣之處發揮用處。然而我也相信，若沒有這些掙扎，我身為父親就不會有現在的眼界。好一部分的我曾把自己獻給寂寞，而現在我再也不寂寞了。現在，孩子讓我感到幸福。若早一個世代，這種愛仍將蟄伏於心、無法實現。不過，本書所描述的許多愛也一樣，許多孩子可能早夭，可能被送走，可能不被認可為完整的人，其父母的愛恐有同樣遭遇。我的家庭激進的理由與我筆下描述的家庭不同，但我們都不畏艱難，為革命性的愛身先士卒。

痛苦是親密感的門檻，災難使奉獻更加閃耀。我知道這個道理，但每見道理的印證仍令我驚奇。一個人能同時因脆弱而沮喪憤怒，但仍受其魅惑。雖然我喜歡朋友的聰明、善良、慷慨與風趣，但卻總是在他們或我最悲傷的時候，愛他們愛得最強烈，因為在淒涼的時刻，人與人心靈的親近，快樂無以匹敵。我的憂鬱拉近了我和父親的距離，若他不曾助我度過難關，我不會知道我們可以這麼親密。當上父親雖讓我品嘗到歡喜的滋味，但我知道周圍陷入黑暗時才能有那種情感羈絆。養兒育女是場安全練習，正因為危險總在一旁伺機而動，父母之愛才比男女情愛更崇高。若是沒有夜半驚恐，不曾高燒不退，少了一連串的傷害悲痛，撫養孩子也不過是二等娛樂。我花了一些時間才明白，留意孩子的需要，正是喜悅的本質。這麼看來，也難怪書中這些艱難的愛都如此深刻。我要孩子快樂，勝過其餘一切。我愛孩子，因為孩子引人悲，而將那份悲傷揉成喜悅，這樣一項無常無律的挑戰，是我身為父親、兒子、朋友，也是身為作者的人生動力。

許多年來，我的主要身分是悲傷世界的歷史學家。悲涼的景色廣受喜愛，一般認為，若筆下蕭瑟至極，反映的是作家誠實不欺。但當我試著刻畫幸福時，卻有了相反的體悟：寫到幸

701

福時，看起來總嫌膚淺。一個人在強調悲傷或喜悅時，都是誠實的，正如一個人在談論上方的藍天時未提到腳下的褐色大地，也並非說謊。我採訪的家庭雖大多強調抬頭往上看的藝術，但依然非常誠懇。我並不羞於分享這些故事中偶爾透出的狂喜，拒絕承認美麗與真相必定勢不兩立，也不信痛苦不能是龜兔賽跑的兔子，最終敗給代表喜悅的烏龜。

寫實主義作家豪威爾斯曾對女作家華頓寫道：「美國大眾就愛以幸福收場的悲劇。」暗指如任發瘋的李爾王流落荒野，毫無救贖的希望，我們會大倒胃口。我倒想提出另一套看法，我認為我們越來越重視尋求蛻變。早期的心理分析模型都要人接受生命的難題，現代治療則注重解決難題、排除困境，或設法重新定義，不視其為難題。這種厚顏的必勝心態是否有些自欺欺人？人常假裝快樂，即使根本不覺快樂；那些精神官能症已化成愁苦的人，不止內心愁苦，更會相信自己失敗了。不過，在像這樣偏向光明的態度中，最大的重點是堅信災難終能妥善消解，而悲劇往往只是一個階段，而非結局。

這本書試圖在豪威爾斯的輕蔑下方搜尋出深埋的高貴，並闡明一種更樂觀的理念，那就是結局幸福的悲劇，帶著一種結局幸福的喜劇所無的尊嚴，這些悲劇的幸福結局不僅超越了豪威爾斯所暗指的濫情，帶來的滿足感比毫無苦難的故事更受珍惜。有的時候，故事裡的人會在最終感謝當初哀悼的事。追求悲劇無法讓人達到這個境界，但你可以用包容的心，接納更多悲傷的豐富內涵，而不是一味沉浸在絕望中。結局幸福的悲劇可能是濫情垃圾劇，也可能體現愛的真諦。若說我寫的是本自我成長的書，它就是本關於接受的指引手冊，介紹如何包容無法治癒的狀況，也主張即使有可行的治療，也不見得是最適當的安排。山勢嶙峋的阿爾卑斯山之於浪漫的宏偉崇高，就如這種古怪難解的喜悅之於這些家庭的風品——近乎不可能、可怕，卻又美得驚人。

若是在五十年前，像我這樣的家庭是無法想像的，因此我不得不擁護進步。時代改變讓我受惠，對此我無比感謝。奔流不息的水把世界粗礪崎嶇的表面磨得光滑細緻，我希望這些故事也能加入這股水流。不過，在地球磨平之前，愛將在重重包圍中繼續壯大。愛正是在威脅中茁壯，即便威脅也讓愛飽嘗痛苦。我的主題與失去有關，在如此嚴酷的時刻，愛為柔軟的心上了鐐銬。看著兒子躺在那個《星艦迷航記》似的電腦斷層掃描儀裡，我既害怕又驚奇，那是我在小布蕾恩身上未曾感受過的，因為她不曾經歷這種逆境，奧利弗與露西也沒有，我認識兩人時，他們早就是現在這個樣子了。這件事改變了我跟他們每個人的關係。在我把為人父與失去連結起來的那一刻，孩子就誘捕了我，但若不是投身這場研究，我恐怕不會注意到這點。見識了這麼多奇異的愛之後，我陷入了愛的種種迷人模式中，見識到即便在最脆弱最無依的時刻，愛的光輝也能帶來明亮。不可承受的重責帶來令人驚恐的喜悅，這我看過，也體會過，並看出愛如何戰勝了一切。從前，我有時覺得書中的英勇父母都是傻子③，自願為相異的孩子一生為奴，努力想從苦難中生出認同，最後我卻訝然發現，我所做的研究居然早已為我搭好登船板，而我，已經準備好和他們同舟共濟。

3．此處作者雖未明說，卻顯然暗指柏拉圖《理想國》裡「愚人船」（ship of fools）的寓言，那是一艘乘客都是傻子和瘋子的船，無舵手掌舵，航行毫無目的。愚人船的文學譬喻歷久不衰，後被布蘭特（Sebastian Brant）、傅科、波特（Katherine Anne Porter）等人論述、發揚，也常見於流行音樂，如門戶樂團及平克．佛洛伊德。——審訂注

謝辭

要完成這樣一本書，得靠團隊合作。我首先要感謝也最感謝所有願意接受採訪的個人與家庭，他們之所以能分享痛苦經驗，有許多是親身付出了龐大的代價。沒有他們，就沒有《背離親緣》，書中所記錄的世界可說就不會被看見。他們的勇氣、智慧、慷慨與真誠，我深感敬佩。 703

這個研究計畫發軔於我為《紐約時報雜誌》撰寫的一篇聾啞文化介紹，感謝 Adam Moss 與 Jack Rosenthal 提出那個主題，以及為我編輯文章的 Annette Grant。為《紐約客》雜誌採訪艾夫根尼．紀辛之後，我開始思考神童這個主題，為此我要感謝鼓勵我創作的 Tina Brown、Henry Finder 與 Charles Michener。Leslie Hawke 在二〇〇一年某晚帶著麗莎．赫德立的精采影片《侏儒：非童話》到我家來播放，當晚的討論讓本書有了雛形。二〇〇七年 Adam Moss 提議我為紐約的神經多樣性運動寫篇文章，那次的工作是個關鍵，讓我逐漸了解我筆下的人物。Emily Nussbaum 是那篇報導的編輯，我要謝謝他們兩人。

我很幸運，能在許多人的引導下，進入我想記錄的這些世界裡。一九九四年起，賈姬．羅斯為我開啟聾啞文化之窗，本書中記錄的多場訪談也是由她安排。伊．吉德．馬薩亞與 I Gede Primantara 是我探訪峇里島聾人村德沙寇洛時的嚮導。貝蒂．阿德森是本書侏儒主題的主要顧問，我也感謝她為我校閱該章初稿。Suzanne Elliott Armstrong 與古德溫力助我完成唐氏症一章。格斯溫德、因塞爾、詹姆士．華生以及斯帝爾曼提供我莫大助益，讓我了解自閉症的科學。利伯曼耐心向我介紹思覺失調症的科學知識，大衛．奈森則不吝花時間與我討論病患的狀況，與協助我與病患會面。在此感謝麥克林醫院的 Colleen Marie Barrett、Bruce M. Cohen、Cathie Cook 與 Scott Rauch，大力協助我在思覺失調症上的研究。賽德教了我關於身心障礙的許多議題，也讓我學習到障礙者權利的相關知識。我特別要感謝 Justin Davidson、Siu Li GoGwilt、Charles Hamlen、Sarah Durie Solomon 與 Shirley Young 在神童一章上不間斷的支持，也謝謝 Susan Ebersole 704 與 Robert Sirota 介紹我認識曼哈頓音樂學院的學生。謝謝 Jesse Dudley 為我翻譯劉元舉的著作《爸爸的心就這麼高：鋼琴天才郎朗和他的父親》。謝謝 Dina Temple-Raston 邀請我到盧安達，協助安排我採訪當地的強暴受害婦女，也謝謝 Janet Benshoof 與我分享她一生投注於生育權的心得。罪犯一章，要感謝 Stephen DiMenna 的啟發，他鼓勵我與他偕同前往亨內平郡立收容學校，也謝謝 Tom Bezek、Thelma Fricke、Shelley Whelan 與 Terry Wise 親切助我採訪該處的學生及其家人。感謝美國監獄安全與濫權委員會的 Alex Busansky 與 Jennifer Trone 為我提供該章所需的豐富背景知識。跨性別族群一章，有賴 Matt Foreman、Lisa Mottet、Rachel Pepper，以及 Kim Pearson 與她帶領的跨性別青少年家庭聯盟團隊的協助與支持。

我很幸運能擁有精實的研究團隊，為我搜尋與整理大量資訊，過去十年來，聰明可靠的 Ian Beilin、聰慧又令人折服的 Stephen Bitterolf、忠實勤奮的 Susan Ciampa、認真負責的 Jonah Engle、創意無限的 Edric Mesmer、謹慎機敏的 Kari Milchman、親切美好的 Deborah Pursh、極具膽識的 Jacob Shamberg 與聰明和想像力非凡的 Rachel Trocchio，不吝為我的研究分享所知，讓我的作品更連貫且洞悉事理。感謝 Pat Towers 為我編輯章節樣本。在此十分感激 Susan Kittenplan 為我校訂最初冗贅的原稿。感謝 Eugene Corey 為我聽寫謄抄早期採訪內容，也謝謝 TruTranscripts 聽打服務的團隊的 Sandra Arroyo、Sonia Houmis、Kathleen Vach 等人員為我製作後期採訪紀錄。

寫作這本書時，我四處為家。我在洛克斐勒基金會貝拉吉歐中心、優克洛斯基金會各住過一晚，麥道爾藝術村住過兩晚，雅多藝術村住過四晚。這些地方寧靜的氣氛，對於我能完成這本書至關重要。我尤其要感謝洛克斐勒基金會的 Pilar Palacia 和 Darren Walker，優克洛斯的 Sharon Dynak 及 Ruthie Salvatore，麥道爾藝術村的 Michelle Aldredge、Nancy Devine、David Macy、Brendan Tapley 和 Cheryl Young，以及雅多藝術村的 Cathy Clarke、Elaina Richardson 和 Candace Wait。

睿智又可靠的 Andrew Wylie 是我的經紀人也是好友，我寫作生涯這廿五年來，有賴他幫助，才能成就今日的我。我對他能幹的代理人，尤其是 Sarah Chalfant、Alexandra Levenberg 和 Jeffrey Posternak 也深表感謝。我同時也得向 Scribner 出版社我所鍾愛的編輯 Nan Graham 致敬，她看稿時胸懷無懼，下筆卻十分仁慈。她善於同理、充滿熱情、無比耐心、目光清明，協助我把這本書從我腦海中的構想落實到最後完成。我也要感謝 Scribner 出版社的 Brian Belfiglio、Steve Boldt、Rex Bonomelli、Daniel Burgess、Roz Lippel、Kate Lloyd、Susan Moldow、Greg Mortimer、Carolyn Reidy、Kathleen Rizzo、Kara Watson 及 Paul Whitlatch。要感謝 Chatto & Windus 出版社的 Alison Samuel 買下這本書的版權，也謝謝 Clara Farmer 一路關照這本書的製作出版，還有 Andrew Essex、Ben Freda、Jonathan Hills、Trinity Ray、Eric Rayman、Andres Saavedra 和 Eric Schwinn 在出版過程中為這本書所付出的努力。

感謝 Cheryl Henson 和 Ed Finn 讓我使用書封上的圖片，至於書封設計則出自 Adam Fuss 之手。謝謝 Annie Leibovitz 為我拍攝作者簡介上的照片，並讓我使用。

我所寫的每本書都有勞我大一的作文老師 Katherine Keenum 改正，她的付出令我感動，而她如此字字細讀，對我而言十分寶貴。

Kathleen Seidel 則為我整理書目、引言，並幫忙確認書中資訊。她自告奮勇找出跟身分、障礙、醫學、法律相關的歧視問題。她的校對工作十分出色，要是沒有她精細的頭腦、對精準的熱切、對正確的執著、對正義的敏銳，這本書就不可能是今天的樣子。

Alice Truax 一次次看過本書的多份草稿，她深刻理解我的寫作目的，總讓我覺得她修改時彷若洞悉我內心的真正意圖。我寫作靠的是聯想，而她則靠邏輯。她有無比的耐心和高超的技巧，能砍去大段雜蕪的文字，清理出當中的理路。

我也要感謝廖克煌接下繁體中文版的審訂工作。他對本書的內容和主題具備深刻的認識，謹慎細心進行修訂，並確保提供臺灣讀者無誤的行文。對此書勉力付出，可見慷慨熱切。

在我寫作此書時，幸有許多人幫助我打理生活，在此我要感謝 Sergio Avila、Lorilynn Bauer、Juan Fernandez、Amalia Fernandez、Ildikó Fülöp、Judy Gutow、Christina Harper、Brenda Hernández-Reynoso、Marsha Johnson、Celso、Miguela Mancol、Olga Mancol、Tatiana Martushev、Heather Nedwell、Jacek Niewinski、Mindy Pollack、Kylee Sallak、Eduardo de los Santos、Elfi de los Santos、Marie Talentowski、Ester Tolete、Danusia Trevino 以及 Bechir Zouay。

這項大工程有太多人曾經參與，實在無法一一致謝。幾乎每天都有人說了某句話讓我更了解我背後想探討的主題：身分與愛。本書的中心概念得以成形，有賴許多了不起的人共同參與和討論，並且不吝針對某些段落賜教，敬列如下：Cordelia Anderson、Laura Anderson、Anne Applebaum、Lucy Armstrong、Dorothy Arnsten、Jack Barchas、Nesli Basgoz、Frank Bayley、Cris Beam、Bill Beekman、Bunny Beekman、Meica de Beistegui、Miguel de Beistegui、Erika Belsey、Alexi Worth、Mary Bisbee-Beek、Richard Bradley、Susan Brody、Hugo Burnand、Elizabeth Burns、Elizabeth Cabot、Blake Cabot、Mario Calvo-Platero、Ariadne Calvo-Platero、S. Talcott Camp、Thomas Caplan、Christian Caryl、Amy Fine Collins、Cathryn Collins、Robert Couturier、Dana B. Cowin、Barclay Palmer、Rebecca Culley、Peter K. Lee、Mary D'Alton、Meri Nana-Ama Danquah、Cecile David-Weill、Justin Davidson、Ariella Budick、Nick Davis、Jane Mendelsohn、Roland Davis、Margot Norris、Miraj Desai、Freddy Eberstadt、Nenna Eberstadt、Alistair Bruton、Nicholas Rollo David Evans、Melissa Feldman、Lorraine Ferguson、Susannah Fiennes、Adam Flatto、Olivia Flatto、Bill Foreman、Reg Barton、Cornelia Foss、Richard A. Friedman、Bob Hughes、Richard C. Friedman、Fran Gallacher、Arlyn Gardner、Rhonda Garelick、Kathleen Gerard、Bernard Gersten、Cora Cahan、Icy Gordon、Ann Gottlieb、Philip Gourevich、Larissa MacFarquhar、Geordie Greig、Kathryn Greig、Guo Fang、Melanie Hall、Martin Hall、Han Feng、Amy Harmon、John Hart、Ashton Hawkins、Johnnie Moore、David Hecht、Cheryl Henson、Ed Finn、David Herskovits、Jennifer Egan、Gillie Holme、Camille Massey、Richard Hubbard、

Ana Joanes、Lisa Jonas、Maira Kalman、William Kentridge、Anne Stanwix、Terry Kirk、Larry Kramer、Søren Krogh、Mary Krueger、Andreas Saavedra、Roger Lacey、Neroli Lacey、Jhumpa Lahiri、Alberto Vourvoulias-Bush、Katherine Lanpher、Paul LeClerc、Michael Lee、Ashutosh Khandekar、Justin Leites、Jeffrey Lieberman、Rosemarie Lieberman、Jennie Livingston、Betsy de Lotbinière、Kane Loukas Rieck、Christina Rieck、Ivana Lowell、Howard Blum、Sue Macartney-Snape、John MacPhee、Jamie Marks、Mary E. Marks、Cleopatra Mathis、Tey Meadow、James Meyer、Juliet Mitchell、Isaac Mizrahi、R. Clayton Mulford、Freda Murck、Christian Murck、John Novogrod、Nancy Novogrod、Rusty O'Kelley III and John Haskins、Ann Olson、Beatrix Ost Kuttner、Ludwig Kuttner、Mary Alice Palmer、Harriet Paterson and Rick Cockett、Julie Peters、Alice Playten、Francine du Plessix Gray、Charles Prideaux、Barbara Prideaux、Dièry Prudent、Mariza Scotch、Deborah Pursch、David Pursch、Emily K. Rafferty、Kim Reed、Claire Jones、Maggie Robbins、Paul Robinson、Susannah Robinson、Marion Lignana Rosenberg、Robert Rosenkranz、Alexandra K. Munroe、Steven Rosoff and Tanis Allen、Ira Sachs、Eric Saltzman、Phillip Satow、Donna Satow、Christina Schmidt、Lisa Schmitz、John Schneeman、Jill Schuker、Alex Shand、Julie Sheehan、Nicola Shulman、Polly Shulman、Michael Silverman、Dee Smith、Doug Smith、Gordon Smith、Calvin Emmett、Abigail Solomon、David Solomon、Sarah Long Solomon、Cindy Spiegel、Moonhawk River Stone、Kerry J. Sulkowicz、Sandra Leong、Ezra Susser、Claudia Swan、Dean Swanson、András Szántó、Alanna Stang、Dina Temple-Raston、Phyllis Toohey、Tara Tooke、Carll Tucker、Jane Bryant Quinn、Susan Wadsworth、Kathryn Walker、Jim Watson、Liz Watson、Caroline Weber、Helen Whitney、Susan Willard、Hope and Grant Winthrop、Jaime Wolf、Micky Wolfson、Doug Wright、Dave Clement、Larisa Zvezdochetova。

感謝 Laura Scher 和 Tammy Ward 在寫作過程中不時替我打氣，也謝謝你們讓我的人生變得如此愉悅。

Blaine Smith 細膩的同情、寬大、智慧，我永遠感懷在心，也感謝她提出對於本書設計的獨到見解。

我的繼母 Sarah Durie Solomon 年復一年陪我討論《背離親緣》一書內容，她給予我諸多見解且不吝於鼓勵。此外，當我需要提筆寫作時，她也極力邀請我去跟她和我父親同住。我們在一起的時光實在美好，沒有這些時光，就沒有這本書。

我父親 Howard Solomon 是我最不離不棄的讀者，從一開始的隻字片語到完稿的各個版本，他不厭其煩地一讀再讀。每次訪談、每個想法，我們都討論過，而他自始至終也一直深信，這本書一定能順利出版。我在本書中記錄了為人父母全心全意的付出，而他一生的奉獻就是我此生對此最初的體驗。

感謝奧利弗、露西、布蕾恩和喬治，在我因忙於寫作而無法陪他們玩耍嬉戲的時候，如此有耐心。本書是對小孩致敬，但本書能完成，有賴這群小孩如此寬容忍耐。

最後，我要感謝我的丈夫約翰，我工作時他總陪在我身邊，而我一工作就無法陪在他身邊。他把我的手稿修得精煉準確，對我助益極大；他把我的人生修得幸福快樂，這種好更是無人能及。

注解 | NOTES

書中所列注解為濃縮版，更詳盡內容請見：http://www.andrewsolomon.org/far-from-the-tree/footnotes

以下針對注解說明。首先，受訪者皆有權選擇以真名或化名出現，使用化名者皆於注解中標出。雖然希望盡量真實呈現化名者身分，但若受訪者要求，部分個人資訊仍經調整以保護隱私。

引用文字如取自出版品，出處皆列於注解中。其他內容則引自一九九四至二〇一二年間所進行的採訪。

為避免本書篇幅過長或充滿刪節號，某些書面文字引用時有稍加濃縮，全文則置於網路版注解中。

卷首題詩

請見《史蒂文斯詩選》The Collected Poems of Wallace Stevens（1990年）第193-194頁。

CHAPTER 1 | 身心障礙 | DISABILITY

355 Elaine Fowler Palencia, *Taking the Train: Poems* (1997), pages 6–7.

356 My definitions of various disability categories come from the National Dissemination Center for Children with Disabilities' FAQ "Severe and/or multiple disabilities," http://www.nichcy.org/Disabilities/Specific/Pages/SevereandorMultipleDisabilities.aspx.

357 "Loving things for reasons" is a line in Richard Wilbur's poem "Winter Spring," which appears on page 453 of his *Collected Poems, 1943–2004* (2004).

357 For basic information on severe disabilities, I have relied upon *Introduction to Persons with Severe Disabilities: Educational and Social Issues*, edited by John J. J. McDonnell et al. (1995); the twenty thousand births per year figure occurs on page 75.

357 This passage is based on my interviews with David and Sara Hadden in 2004 and 2007 and subsequent communications.

363 Quotations from Alan O. Ross come from pages 55–56 and 157 of his book *The Exceptional Child in the Family* (1972).

363 The quotation from Susan Allport ("It is not parent providing care to helpless young . . .") occurs on page 103 of her book *A Natural History of Parenting: A Naturalist Looks at Parenting in the Animal World and Ours* (1997).

363 Sarah Hrdy's observation ("Nurturing has to be teased out, reinforced, maintained . . .") occurs on page 174 of her book *Mother Nature: Maternal Instincts and How They Shape the Human Species* (1999).

364 The characterization of maternal attachment as "transactional, rather than linear and unidirectional" comes from Carol George and Judith Solomon, "Attachment and caregiving: The caregiving behavioral system," in *Handbook of Attachment: Theory, Research, and Clinical Applications*, edited by Jude Cassidy and Phillip R. Shaver (1999), page 659.

364 Carrie Knoll tells the story of her encounter with parents of a child with holoprosencephaly in her article "In parents' eyes, the faintest signs of hope blur the inevitable," *Los Angeles Times*, October 28, 2002.

364 This passage is based on my interview with Louis and Greta Winthrop in 2005. All names in this passage are pseudonyms.

365 Sophia Isako Wong's question (". . . what rewards do parents expect . . .") comes from her article "At home with Down syndrome and gender," *Hypatia* 17, no. 3 (Summer 2002).

365 See Simon Olshansky, "Chronic sorrow: A response to having a mentally defective child," *Social Casework* 43, no. 4 (1962).

365 Sigmund Freud, *Mourning and Melancholia*, vol. 14, *The Standard Edition of the Complete Psychological Works of Sigmund Freud* (1955).

366 The reference to ". . . the deadly pall of tragedy . . ." occurs on page 27 of Jeanne Ann Summers, Shirley K. Behr, and Ann P. Turnbull, "Positive adaptation and coping strengths of families who have children with disabilities," in *Support for Caregiving Families: Enabling Positive Adaptation to Disability*, edited by George H. S. Singer and Larry K. Irvin (1989).

366 Discrepancies between professionals' observations of family stress and family members' actual experience are discussed in Anne E. Kazak and Robert S. Marvin, "Differences, difficulties and adaptation: Stress and social networks in families with a handicapped child," *Family Relations* 33, no. 1 (January 1984).

366 Jerome Groopman's comment about language ("Language is as vital to the physician's art as the stethoscope . . .") occurs in his article "Hurting all over," *New Yorker*, November 13, 2000.

366 This passage is based on my interview with Paul and Cris Donovan in 2007 and subsequent communications.

371 For research finding that social isolation is a risk factor for depression and attachment impairment, see pages 93–95 of *Infants in Crisis: How Parents Cope with Newborn Intensive Care and Its Aftermath*, edited by Glenn Affleck, Howard Tennen, and Jonelle Rowe (1991); see also Glenn Affleck and Howard Tennen, "Appraisal and coping predictors of mother and child outcomes after newborn intensive care," *Journal of Social & Clinical Psychology* 10, no. 4 (1991).

371 The concept of an "internal locus of control" is discussed in Bryony Beresford, "Resources and strategies: How parents cope with the care of a disabled child," *Journal of Child Psychology & Psychiatry* 35, no. 1 (January 1994); and Emmy Werner and Ruth Smith, *Journeys from Childhood to Midlife: Risk, Resilience, and Recovery* (2001).

372 This passage is based on my interview with Susanna Singer in 2006 and subsequent communications.

374 Cecilia Bartoli's website: http://www.ceciliabartolionline.com.

376 The statistic on the percentage of disabled children who live with parents into adulthood occurs on page 460 of *The Parental Experience in Midlife*, edited by Carol Ryff and Marsha Mailick Seltzer (1996).

376 The modern increase in the life expectancy of disabled people is discussed on page 85 of *Mental Retardation in the Year 2000*, edited by Louis Rowitz (1992); see also Richard K. Eyman et al., "Survival of profoundly disabled people with severe mental retardation," *American Journal of Diseases of Childhood* 147, no. 3 (1993).

376 The role of parental caregiving in providing companionship and a sense of purpose is discussed in Tamar Heller, Alison B. Miller, and Alan Factor, "Adults with mental retardation as supports to their parents: Effects on parental caregiving appraisal," *Mental Retardation* 35, no. 5 (October 1997).

376 This passage is based on my interview with Bill Zirinsky and Ruth Schekter in 2005, and on Bill's articles "Sam's story," *Exceptional Parent*, June 1997; "Saying goodbye to our cherished boy, Sam Zirinsky," *Crazy Wisdom Community Journal*, May–August 2004; "Life with my two little girls," *Crazy Wisdom Community Journal*, January–April 2006; and "If you could see her through my eyes: A journey of love and dying in the fall of 2007," *Crazy Wisdom Community Journal*, January–April 2008.

380 References cited in the paragraph about sibling adjustment: Finding siblings more responsible and tolerant: Sally L. Burton and A. Lee Parks, "Self-esteem, locus of control, and career aspirations of college-age siblings of individuals with disabilities," *Social Work Research* 18, no. 3 (September 1994). Finding siblings more unhappy, but not suffering unduly from psychiatric problems: Naomi Breslau et al., "Siblings of disabled children: Effects of chronic stress in the family," *Archives of General Psychiatry* 44, no. 12 (December 1987). Finding the worse the disability, the better the sibling adjustment: Frances Kaplan Grossman, *Brothers and Sisters of Retarded Children: An Exploratory Study* (1972), especially pages 177–78. Finding siblings were helped by a specific diagnosis: Ann Gath and Dianne Gumley, "Retarded children and their siblings," *Journal of Child Psychology & Psychiatry* 28, no. 5 (September 1987).

381 Allen Shawn describes his experience as the fraternal twin of a profoundly disabled sister in *Twin: A Memoir* (2010).

381 This passage is based on my interviews with John, Eve, and Dylan Morris in 2007 and subsequent communications.

385 The discussion of the Ashley treatment and ensuing controversy is based on my telephone interview with Ashley's father in 2008 and subsequent communications; *The "Ashley Treatment"* weblog established by Ashley's parents at http://ashleytreatment.spaces.live.com, which is the source of all quotations from Ashley's father's writings; Chris Ayres and Chris Lackner, "Father defends decision to stunt disabled girl's growth," *Ottawa Citizen*, January 4, 2007; Elizabeth Cohen's report for CNN "Disability community decries 'Ashley treatment,'" broadcast January 12, 2007; Nancy Gibbs, "Pillow angel ethics," *Time*, January 7, 2007; Ed Pilkington, "Frozen in time: The disabled nine-year-old girl who will remain a child all her life," *Guardian*, January 4, 2007; Genevieve Roberts, "Brain-damaged girl is frozen in time by parents to keep her alive," *Independent*, January 4, 2007; Sam Howe Verhovek, "Parents defend decision to keep disabled girl small," *Los Angeles Times*, January 3, 2007; the CNN feature "'Pillow angel' parents answer CNN's questions," broadcast March 12, 2008; and the BBC report "Treatment keeps girl child-sized," broadcast January 4, 2007.

387 The quotation from Douglas Diekema comes from the CNN report "Ethicist in Ashley case answers questions," broadcast January 11, 2007.

387 The quotations from Daniel Gunther come from the CNN report "Ethicist in Ashley case answers questions," broadcast January 11, 2007; and from Nancy Gibbs, "Pillow angel ethics," *Time*, January 7, 2007.

387 For the clinical report of the Ashley treatment, see Daniel F. Gunther and Douglas S. Diekema, "Attenuating growth in children with profound developmental disability: A new approach to an old dilemma," *Archives of Pediatric & Adolescent Medicine* 260, no. 10 (October 2006).

387 The quotation from Arthur Caplan comes from his January 5, 2007, opinion piece for MSNBC, "Is 'Peter Pan' treatment a moral choice?"

387 The reference to "surgical mutilation" occurs in a response to the article "The Ashley treatment," on *Burkhart's Blog*, January 6, 2007; "They might as well kill her" occurs in the article "The mistreatment of Ashley X," *Family Voyage*, January 4, 2007.

388 FRIDA's statement was published in a press release on January 10, 2007, http://fridanow.blogspot.com/2007/01/for-immediate-release-january-10-2007.html

388 Helen Henderson deplored the advent of "designer cripples" in her op-ed piece "Earthly injustice of 'pillow angels,'" *Toronto Star*, June 27, 2009.

388 Julia Epstein's characterization of the Ashley treatment as "terminally infantilizing" occurs in Nancy Gibbs, "Pillow angel ethics," *Time*, January 7, 2007.

388 The two statements by mothers of severely disabled children come from Elizabeth Cohen's report for CNN "Disability community decries 'Ashley treatment,'" broadcast January 12, 2007 (quoting Penny Richards, "Sigh," *Temple University Disability Studies Weblog*, January 5, 2007; and article by "Nufsaid," "The world has gone completely nuts," *Ramblings*, January 4, 2007).

388 The Seattle Growth Attenuation and Ethics Working Group statement comes from Benjamin S. Wilfond et al., "Navigating growth attenuation in children with profound disabilities: Children's interests, family decision-making, and community concerns," *Hastings Center Report* 40, no. 6 (November–December 2010).

389 Norman Fost characterizes public concern about the "Ashley treatment" as intrusive in his article "Offense to third parties?," whereas Eva Feder Kittay characterizes the procedure as discriminatory in "Discrimination against children with cognitive impairments?"; both were published in *Hastings Center Report* 40, no. 6 (November–December 2010).

389 The MSNBC survey was described in the CNN report "'Pillow angel' parents answer CNN's questions," broadcast March 12, 2008.

389 The quotation from Daniel Gunther ("The argument that a beneficial treatment should not be used . . .") occurs in Nancy Gibbs, "Pillow angel ethics," *Time*, January 7, 2007.

389 The quotation from Peter Singer ("What matters in Ashley's life ...") occurs in his op-ed piece "A convenient truth," *New York Times*, January 26, 2007.

390 I here draw from William Shakespeare's Sonnet 116.

390 The quotations from Anne McDonald come from her article "The other story from a 'pillow angel': Been there. Done that. Preferred to grow," *Seattle Post-Intelligencer*, June 15 2007.

391 The quotation about the uncertainties of prognosis for communication in three-year-olds comes from a letter by Miriam A. Kalichman published online as "Replies to growth-attenuation therapy: Principles for practice," *Pediatrics* (June 18, 2009).

391 The quotation from Alice Domurat Dreger comes from her article "Attenuated thoughts," *Hastings Center Report* 40, no. 6 (November–December 2010).

392 The quotation from Norman Kunc ("From the age of three until the age of twelve ...") comes from his interview with Michael F. Giangreco, "The stairs don't go anywhere! A disabled person's reflections on specialized services and their impact on people with disabilities," University of Vermont, September 7, 1996, http://www.normemma.com/articles/arstairs.htm.

393 Examples of references to genocide in the literature of disability include Paddy Ladd and Mary John, "Deaf people as a minority group: The political process," in the 1992 Open University syllabus *Constructing Deafness: Social Construction of Deafness: Deaf People as a Minority Group—the Political Process*; Harlan Lane, "Ethnicity ethics and the deaf-world," *Journal of Deaf Studies & Deaf Education* 10, no. 3 (Summer 2005); and Bridget Brown's letter to the *Chicago Tribune* and *Time* magazine, *Down Syndrome Development Council Forum* 6, March 2007, page 3.

393 Peter Singer's description of Frank Shann occurs on pages 38–56 of *Rethinking Life and Death: The Collapse of Our Traditional Ethics* (1994); the quotation "If the cortex of the brain is dead ..." occurs on page 42.

394 Peter Singer's statement "Killing a disabled infant is not morally equivalent to killing a person" occurs on page 191 of *Practical Ethics*, 2nd ed. (1993). Singer's definition of *person* can be found on pages 86–87.

394 Peter Singer's statement beginning "If we compare a severely defective human infant with a nonhuman animal ..." occurs on page 128 of his article "Sanctity of life or quality of life?," *Pediatrics* 72, no. 1 (July 1983).

394 The story of the Miller family's ordeal comes from the Supreme Court of Texas opinion in *Miller v. HCA, Inc.*, 118 S.W.3d 758 (Tex. 2003), http://www.supreme.courts.state.tx.us/historical/2003/sep/010079.pdf; see also Kris Axtman, "Baby case tests rights of parents," *Christian Science Monitor*, March 27, 2003.

394 See Not Dead Yet et al., "Brief of amici curiae in support of respondents," *Miller v. HCA, Inc.*, Civil Action No. 01-0079 (Supreme Court of Texas, filed March 21, 2002), http://www.notdeadyet.org/docs/millerbrief.html.

394 "Many disability rights advocates believe that the Millers' suit promotes infanticide ..." comes from Dave Reynolds, "Who has the right to decide when to save the sickest babies?," *Inclusion Daily Express*, June 14, 2002.

395 The quotations from Ellen Wright Clayton ("I think that it is really inappropriate ...") and George Annas ("The truth is, no one really knows ...") come from Kris Axtman, "Baby case tests rights of parents," *Christian Science Monitor*, March 27, 2003.

395 The excerpt from the New York Court of Appeals decision in *Becker v. Schwartz*, 46 N.Y.2d 401 (1978), is quoted in Pilar N. Ossorio, "Prenatal genetic testing and the courts," in *Prenatal Testing and Disability Rights*, edited by Adrienne Asch and Erik Parens (2000), page 320.

395 This passage is based on my interview with Julia Hollander in 2006 and subsequent communications, as well as her book *When the Bough Breaks: A Mother's Story* (2008).

396 The quotation from Julia Hollander beginning "In Limbo, the babies have died" comes from her book *When the Bough Breaks: A Mother's Story* (2008), page 22. The quotation beginning "One night in the dark" comes from page 69.

399 All quotations from Tania Beale come from her article with Julia Hollander, "A tale of two mothers," *Guardian*, March 8, 2008.

401 The quotations from Chris Borthwick come from pages 205 and 207 of his article "The proof of the vegetable," *Journal of Medical Ethics* 21, no. 4 (August 1995).

402 For an exploration of the Jewish concept of God in relationship, see Martin Buber, *I and Thou* (2000); e.g., page 49: "Spirit is not in the I, but between I and Thou."

402 The quotation from Maggie Robbins ("Consciousness is not a noun, it's a verb") comes from a personal communication in 2010.

402 For more information on parenting in animals, see Susan Allport, *Natural History of Parenting: A Naturalist Looks at Parenting in the Animal World and Ours* (1997).

403 The quotations from Annie Leclerc ("the profound taste we have for children") and Daphne de Marneffe ("not only to her recognition ...") occur on pages 90and 82, respectively, of Daphne de Marneffe, *Maternal Desire: On Children, Love, and the Inner* (2004).

403 The quotation from Sigmund Freud ("parental love, which is so moving and at bottom so childish, is nothing but parental narcissism born again") occurs on page 91 of *On Narcissism: An Introduction* (1981).

403 For Anna Freud's thoughts on the mother-child relationship, see *The Harvard Lectures* (1992), especially Lecture Five (pages 65–78), "Stages of development."

403 See Rozsika Parker, *Torn in Two: The Experience of Maternal Ambivalence* (1995, 2005). The quotation "the Scylla of intrusiveness and the Charybdis of neglect" occurs on page 140, while the quotation about "a sort of sadness" occurs on page 45.

CHAPTER 2 | 神童 | PRODIGIES

406 The quotation from Raymond Radiguet ("Child prodigies exist ...") occurs on pages viii–ix of his novel *Count d'Orgel's Ball* (1989).

406 The statement "A prodigy is a group enterprise" occurs on page 121 of David Henry Feldman and Lynn T. Goldsmith, *Nature's Gambit: Child Prodigies and the Development of Human Potential* (1991).

407 See Steven Mithen, *The Singing Neanderthals: The Origins of Music, Language, Mind and Body* (2006).

407 Psychologist Anne Fernald of Stanford University has conducted pioneering research in the role of singsong "baby talk" in child development; see Anne Fernald, "Four month olds prefer to listen to motherese," *Infant Behavior & Development* 8 (1985); and Anne Fernald and P. Kuhl, "Acoustic determinants of infant preference for motherese speech," *Infant Behavior and Development* 10 (1987).

407 The quotation from John Blacking (music "is there in the body . . .") occurs on page 100 of his book *How Musical Is Man?* (1973).

407 For a cross-cultural study of musical communication of emotion, see Thomas Fritz et al., "Universal recognition of three basic emotions in music," *Current Biology* 19, no. 7 (April 2009).

407 Robert Garfias's identification of music as a "primary means of sustaining a process of socialization" occurs on page 100 of his article "Thoughts on the process of language and music acquisition," in *Music and Child Development: Proceedings of the 1987 Biology of Music Making Conference*, edited by F. Wilson and R. Roehmann (1989)

407 Géza Révész refers to Handel's singing before he could talk on page 7 of *The Psychology of a Musical Prodigy* (1925). The story may, however, be apocryphal; Handel's earliest biographer, John Mainwaring, does not describe Handel's infancy.

407 Arthur Rubinstein describes his early habit of expressing his desires in song on page 4 of *My Young Years* (1973).

407 The quotation from John Sloboda ("Musical idioms are not languages") occurs on page 106 of his essay "Musical ability," in *Ciba Foundation Symposium 178: The Origins and Development of High Ability* (1993).

407 All quotations from Leon Botstein come from my interview with him in 2010 and subsequent communications.

407 This passage is based on my interviews with Evgeny Kissin, Emilia Kissin, and Anna Pavlovna Kantor in 1996, and on a subsequent interview with Evgeny Kissin in 2008, as well as other communications.

410 Evgeny Kissin's Carnegie Hall debut garnered overwhelmingly positive reviews: see Allan Kozinn, "Recital by Yevgeny Kissin, a young Soviet pianist," *New York Times*, October 2, 1990; Peter Goodman, "Sparks fly from his fingertips," *Newsday*, October 2, 1990; Harold C. Schonberg, "Russian soul gets a new voice at the keyboard," *New York Times*, October 7, 1990; and Michael Walsh and Elizabeth Rudulph, "Evgeny Kissin, new kid," *Time*, October 29, 1990.

411 The quotation from Anne Midgette comes from her review "Kissin is dexterous but lacking in emotion," *Washington Post*, March 2, 2009.

412 This passage is based on my interview with Yefim Bronfman in 2010. For another profile of Bronfman, see Anne Midgette, "A star who plays second fiddle to music," *New York Times*, December 15, 2007. Bronfman is depicted in Philip Roth's novel *The Human Stain* (2000).

412 Peter Kivy discusses Plato's concept of genius throughout the first chapter (pages 1–13) of *The Possessor and the Possessed: Handel, Mozart, Beethoven, and the Idea of Musical Genius* (2001).

412 See Longinus, *On the Sublime*, translated by Thomas R. R. Stebbing (1867), page 4.

412 John Locke's statement "I imagine the minds of children as easily turn'd this or that way, as water it self" occurs on page 2 of his work *Some Thoughts Concerning Education* (1695).

412 Kant's statement "If an author owes a product to his genius, he himself does not know how he came by the ideas for it" occurs on page 175 of *Critique of Judgment* (1987).

412 See E. F. J. Payne's rendition on page 391 of *The World as Will and Representation* (1966), simplified here.

412 See Francis Galton, *Hereditary Genius* (1869).

412 Lewis Terman's research reports include "A new approach to the study of genius," *Psychological Review* 29, no. 4 (1922); *Genetic Studies of Genius*, vol. 1, *Mental and Physical Traits of a Thousand Gifted Children* (1925); and *The Gifted Group at Mid-Life: Thirty-Five Years Follow-Up of the Superior Child* (1959).

413 Scott Barry Kaufman offers a critical review of Terman's work in his article "The truth about the Termites," *Psychology Today*, September 2009.

413 Paul Popenoe's statement "no son of an unskilled laborer has ever become an eminent man of science in the United States" occurs on page 134 of his book *The Child's Heredity* (1929).

413 For in-depth investigations of the contribution of the British and American eugenics movement to the development of Nazi racial policies, see Henry P. David, Jochen Fleischhacker, and Charlotte Hohn, "Abortion and eugenics in Nazi Germany," *Population & Development Review* 13, no. 1 (March 1988); Timothy Ryback, *Hitler's Private Library* (2010); and Edwin Black, *War Against the Weak: Eugenics and America's Campaign to Create a Master Race* (2004).

413 Alfred Kroeber considers the subject of genius in *Configurations of Culture Growth* (1944).

413 This passage is based on my interviews with Leon Fleisher and Julian Fleisher in 2010 and subsequent communication.

416 The quotation from Daines Barrington occurs on pages 285 and 286 of his "Account of a very remarkable young musician" (1780), reprinted in 2008 by the Mozart Society of America.

416 All quotations from Veda Kaplinsky come from my interview with her in 2010.

416 The Japanese proverb "the ten-year-old prodigy becomes a talented fifteen-yearold on the way to mediocrity at twenty" is cited in "Music: Prodigies' progress," *Time*, June 4, 1973.

416 All quotations from Charles Hamlen come from my interviews with him in 1996 and 2007 and other communications.

417 All quotations from Karen Monroe come from my interview with her in 2007.

417 The quotations from and about Van Cliburn occur on pages 182–83 of Claude Kenneson, *Musical Prodigies: Perilous Journeys, Remarkable Lives* (1993).

417 The increase in the number of piano competitions is chronicled in Michael Johnson, "The dark side of piano competitions," *New York Times*, August 8, 2009.

417 All quotations from Robert Levin come from my interview with him in 2010.

417 This passage is based on my interview with Sue, Joe, and Drew Peterson in 2010 and subsequent communications.

418 All quotations from Miyoko Lotto come from Roberta Hershenson, "Playing piano recitals and skipping fifth grade," *New York Times*, July 9, 2009.

419 All quotations from Justin Davidson come from my interviews with him in 2010 and 2012 and prior and subsequent communication.

420 "Craftsmanship has never stood in the way of genius" is an English-language paraphrase of a sentiment frequently expressed by Pierre-Auguste Renoir, as, for example, in a letter to the painter Henry Mottez, ca. 1910, quoted in Jean Renoir, *Renoir: My Father* (2001), pages 415–16.

420 The quotation from Steven Isserlis ("It should be taught like a mixture of religion and science . . .") comes from my interview with him in 2010.

420 This passage is based on my interviews with Mikhail, Natalie, Misha, and Natasha Paremski in 2007 and prior and subsequent communications.

421 Natasha Paremski's performance of Rachmaninoff's Piano Concerto no. 2 was described as both "fresh" and "raw" by reviewer Anne Midgette in "Pinchhitting at Caramoor: Young pianist and Rachmaninoff," *New York Times*, June 25, 2007.

422 For more information on absolute pitch, see Daniel J. Levitin and Susan E. Rogers, "Absolute pitch: Perception, coding, and controversies," *Trends in Cognitive Sciences* 9, no.1 (January 2005); and A. Bachem, "Absolute pitch," *Journal of the Acoustical Society of America* 27, no. 6 (1955).

423 The anecdotes about children's manifestation of absolute pitch come from my interview with David A. Ross in 2010, as do all quotations from him.

423 Acquisition of perfect pitch is discussed in Annie H. Takeuchi and Stewart H. Hulse, "Absolute pitch," *Psychological Bulletin* 113, no. 2 (1993); and Diana Deutsch et al., "Absolute pitch among American and Chinese conservatory students," *Journal of the Acoustical Society of America* 199, no. 2 (February 2006).

423 Daniel J. Levitin evaluates the ability of nonmusicians to replicate the opening pitches of popular songs in "Absolute memory for musical pitch: Evidence from the production of learned melodies," *Perception & Psychophysics* 56, no. 4 (1994).

423 See Nicholas A. Smith and Mark A. Schmuckler, "Dial A440 for absolute pitch: Absolute pitch memory by non-absolute pitch possessors," *Journal of the Acoustical Society of America* 123, no. 4 (April 2008).

423 Both anecdotes about the difficulties encountered in group performance by musicians with absolute pitch come from my interview with David A. Ross.

423 The seminal study on absolute pitch and the planum temporale is Gottfried Schlaug et al., "In vivo evidence of structural brain asymmetry in musicians," *Science*, n.s., 267, no. 5198 (February 3, 1995); see also Julian Paul Keenan, "Absolute pitch and planum temporale," *Neuroimage* 14, no. 6 (December 2001).

423 Thomas Elbert et al. reported the finding of brain enlargement in violin players in "Increased cortical representation of the fingers of the left hand in string players," *Science* 270, no. 5234 (October 13, 1995).

423 For neuroimaging evidence of enhanced motor coordination in musicians, see Burkhard Maess et al., "Musical syntax is processed in Broca's area: An MEG study," *Nature Neuroscience* 4, no. 5 (May 2001); and Vanessa Sluming et al.,"Broca's area supports enhanced visuospatial cognition in orchestral musicians," *Journal of Neuroscience* 27, no. 14 (April 4, 2007).

423 This passage is based on my interviews and conversations with Robert, Orna, and Jay Greenberg in 2007 and 2008 and subsequent communication.

424 The quotation from Samuel Zyman ("What would you do if you met an eight year- old boy who can compose . . .") comes from his article "New music from a very new composer," *Juilliard Journal*, May 2003.

424 Jay's description of his compositional mental process comes from Rebecca Leung, "Prodigy, 12, compared to Mozart," CBS News, February 18, 2009.

424 The quotation from Nancy Andreasen (". . . the creative process is similar in artists and scientists . . .") occurs on page 78 of her book *The Creating Brain: The Neuroscience of Genius* (2005).

424 Jay's description of the mathematical underpinnings of one of his compositions comes from the liner notes to the recording *Symphony No. 5; Quintet for Strings* (2006).

425 "My music does express my feelings . . ." comes from Matthew Gurewitsch, "Early works of a new composer (very early, in fact)," *New York Times*, August 13, 2006.

425 See *The Complete Works of Aristotle*, vol. 2, edited by Jonathan Barnes, translated by E. S. Forster (1984), *Problemata* xxx 1, 953a10–14.

425 For a host of diabolical legends about Paganini, see G. I. C. De Courcy's 1957 biography, *Paganini the Genoese* (repr., 1977); and "Fiddler Paganini's ways: Stories and facts in the great man's life," *New York Times*, July 27, 1891. For a more modern take on the great violinist, see Maiko Kawabata, "Virtuosity, the violin, the devil . . . what really made Paganini 'demonic'?," *Current Musicology*, March 22, 2007.

425 The quotation from Cesare Lombroso occurs on page 333 of his book *The Man of Genius* (1888).

425 The role of dopamine receptors in the creative process is explored in Orjan de Manzano et al., "Thinking outside a less intact box: Thalamic dopamine D2 receptor densities are negatively related to psychometric creativity in healthy individuals," *PLoS One* 5, no. 5 (May 17, 2010).

425 Norman Geschwind refers to "pathologies of superiority" in his paper "The biology of cerebral dominance: Implications for cognition," *Cognition* 17, no.3 (August 1984). Geschwind and Albert M. Galaburda are authors of *Cerebral Lateralization* (1987); Daniel Goleman reports on their work in his article "Left vs. right: Brain function tied to hormone in the womb," *New York Times*, September 24, 1985.

426 Pinchas Noy describes preoccupation with music as a defensive strategy in "The development of musical ability," *Psychoanalytic Study of the Child* 23 (1968).

426 Miraca Gross discusses resilience in child prodigies in her essay "Social and emotional issues for exceptional and intellectually gifted students," in Maureen Neihart et al., *The Social and Emotional Development of Gifted Children: What Do We Know?* (2002), pages 19–30.

426 The quotation from Zarin Mehta ("Thank God we don't have such talented children") comes from my interview with him in 2010.

426 The quotation from Elisha Abas ("Sometimes the shoulders of a child are not big enough to handle his genius") comes from Daniel J. Wakin, "Burned out at 14, Israeli concert pianist is back where he 'really belongs,'" *New York Times*, November 2, 2007.

426 All quotations from Joseph Polisi come from my interview with him in 2010.

426 The quotation from Brandenn Bremmer ("America is a society that demands perfection") occurs on page 142 of Alissa Quart, *Hothouse Kids: The Dilemma of the Gifted Child* (2006); the quotation from his parents ("He was born an adult . . .") comes from the news report "Child prodigy's time to 'do

something great,' Mom says," *Washington Post*, March 20, 2005.

427 Terence Judd and Michael Rabin are both discussed in Richard Morrison, "The prodigy trap," *Sunday Times*, April 15, 2005.

427 Christiaan Kriens is mentioned in Joyce Maynard, "Prodigy, at 13," *New York Times*, March 4, 1973.

427 The quotation from Julian Whybra about suicide among gifted youth occurs on page 40 of his chapter, "Extension and enrichment programmes," in *Meeting the Social and Emotional Needs of Gifted and Talented Children*, edited by Michael J. Stopper (2000). Nancy Robinson takes issue with the assertion that intellectually gifted children are less hardy than other children on page xiv of her introduction to *The Social and Emotional Development of Gifted Children: What Do We Know?*, edited by Maureen Neihart et al. (2002).

427 All quotations from Robert Sirota come from my interview with him in 2010 and subsequent communications.

427 Jascha Heifetz's quip about the dangers of prodigiousness appears in the liner notes of his 1959 recording of Sibelius's *Violin Concerto* (RCA Victor Red Seal/BMG Classics).

428 The quotation from Isaac Babel occurs on page 628 of *The Complete Works of Isaac Babel*, translated by Cynthia Ozick (2002). It has been condensed.

428 The quotations from Ruth Slenczynska occur on pages 31, 137, and 232 of her autobiography, *Forbidden Childhood* (1957).

428 The psychologist who examined Ervin Nyiregyhazi was Géza Révész; his book is *The Psychology of a Musical Prodigy* (1925).

428 All quotations from Ervin Nyiregyhazi come from Kevin Bazzana, *Lost Genius: The Curious and Tragic Story of an Extraordinary Musical Prodigy* (2007): "I was like a calling card," page 44; "By the time I was five . . . ," page 53; "My mother hated me," page 37; and "Whatever obstacles were put in my way, I just gave up," page 41. Nyiregyhazi's praise for Hitler is mentioned on page 40: "Perceiving himself to be emotionally deprived, struggling with the conflicting emotions of youth, he seems, self-defensively, to have projected all of the blame for his anxieties onto his mother, making her the enemy of everything he held dear. She died in the Holocaust, and he was once (while drunk) heard to say that Hitler was a great man because Hitler had killed his mother."

428 This passage is based on my interview with Lorin Hollander in 2007.

429 Mozart originally wrote "Next to God comes Papa" in a March 1778 letter reproduced on page 183 of *The Letters of Wolfgang Amadeus Mozart* (1866); see also Maynard Solomon, *Mozart: A Life* (1996).

429 Paganini's description of abuse by his father ("If he didn't think I was industrious enough . . .") is described on page 13 of G. I. C. de Courcy's 1957 biography, *Paganini the Genoese* (repr., 1977), citing to Julius Max Schottky, *Paganini's Leben und Treiben als Kunstler und als Mensch* (1830).

429 The quotation describing how Clara Wieck's father examined and wrote in her diary occurs on pages 18–20 of Nancy B. Reich, *Clara Schumann: The Artist and the Woman* (1985); the quotation from Robert Schumann occurs on page 64.

429 This passage is based on my interview with Scott Frankel in 2010, and prior and subsequent communications.

431 All quotations in this passage come from an interview by Nikki Murfitt, "The heart-breaking moment I realised my mother had cut me off forever, by violin virtuoso Vanessa-Mae," *Daily Mail*, August 7, 2008.

431 This passage is based on my interview with Nicolas Hodges in 2010 and subsequent communications.

432 The anecdote about Rudolf Serkin was recounted to me in 2009 by Gary Graffman, the sometime director of Curtis, who was with Serkin when he made this remark.

432 The quotation from Yo-Yo Ma occurs on page 265 of Samuel and Sada Applebaum, *The Way They Play*, vol. 13 (1984).

432 The quotation from Therese Mahler comes from my interview with her in 2010.

433 The quotation from Hoang Pham comes from my interview with him in 2010.

433 This passage is based on my interview with Ken Noda in 2009 and subsequent communications.

433 Takayo Noda is an accomplished artist and poet; see http://www.takayonoda.com.

436 This passage is based on my interview with Candy Bawcombe in 2010.

439 This passage is based on my interview with David Waterman in 2010 and subsequent communications.

441 This passage is based on my interview with Marion, Solanda, Vikram, and Sondra Price in 2010. All names in this passage are pseudonyms, and some identifying details have been changed.

443 Mitsuko Uchida's remark about society's bewildering preoccupation with prodigies comes from a personal communication in 2012.

443 The quotation from Janice Nimura ("The child prodigy is the polite version of the carny freak . . .") comes from her article "Prodigies have problems too," *Los Angeles Times*, August 21, 2006.

443 The anecdote about Leonard Bernstein occurs on page 107 of Clifton Fadiman, *The Little, Brown Book of Anecdotes* (1985). In full: "Bernstein's father was criticized for not having given his talented son more encouragement. 'How was I to know he would grow up to be Leonard Bernstein?' he protested." I have heard the anecdote phrased as I have phrased it from other members of the Bernstein family. 443 This passage is based on my interview with Jonathan Floril in 2010.

444 The characterization of Jonathan Floril as "more than a prodigy, not only because of what he performs, but also how he performs" comes from Alfredo Brotons Munoz, "Mas que un prodigio," *Levante EMV*, May 7, 2007. In the original: "Aunque, como luego se explicara, va mas alla de eso, de momento no puede escapar a la calificacion de prodigio. No solo por como toca, sino por lo que toca."

445 The quotation from Gore Vidal ("Hatred of one parent or the other can make an Ivan the Terrible or a Hemingway: the protective love, however, of two devoted parents can absolutely destroy an artist") occurs on page 34 of his collection of essays *Matters of Fact and Fiction* (1977).

445 For the study finding a threefold increase in early parental loss among eminent people, see Catherine Cox, *The Early Mental Traits of Three Hundred Geniuses* (1926). Eighty-three years later, Dean Keith Simonton and Anna V. Song published a follow-up study, "Eminence, IQ, physical and mental health, and achievement domain: Cox's 282 geniuses revisited," *Psychological Science* 20, no. 4 (April 2009).

445 This passage is based on my interviews with Lang Lang and Lang Guoren in 2005 and 2009 and on other communications. Lang Lang maintains a

website at http://www.langlang.com and has published two autobiographies, which I have used as sources: *Lang Lang: Playing with Flying Keys* (2008), with Michael French; and *Journey of a Thousand Miles: My Story* (2008), with David Ritz. I have also consulted David Remnick, "The Olympian: How China's greatest musician will win the Beijing Games," *New Yorker*, August 4, 2008; and made use of *Dad's Aspirations Are That High*, by Yuanju Li (2001) (an unpublished English translation of : / *Ba ba de xin jiu zhe mo gao: Gang qin tian cai Lang Lang he ta de fu qin*).

448 John von Rhein likened Lang Lang to Liberace in his review "Bend the rules, but don't break the bond," *Chicago Tribune*, August 18, 2002.

448 For Anthony Tommasini's caustic review of Lang Lang's performance, see "A showman revs up the classical genre," *New York Times*, November 10, 2003.

449 The favorable comment by Anthony Tommasini about Lang Lang comes from a 2008 review, "Views back (and forward) on an outdoor stage," *New York Times*, July 17, 2008.

449 Popular books promoting the ten-thousand-hours hypothesis include Malcolm Gladwell, *Outliers: The Story of Success* (2008); Daniel Coyle, *Talent Code: Greatness Isn't Born, It's Grown* (2009); and Geoff Colvin, *Talent Is Overrated: What Really Separates World-Class Performers from Everybody Else* (2010).

449 For the ten-thousand-hours study and follow-ups, see K. Anders Ericsson, R. T. Krampe, and C. Tesch-Romer, "The role of deliberate practice in the acquisition of expert performance," *Psychological Review* 100 (1993); K. Anders Ericsson, Michael J. Prietula, and Edward T. Cokel, "The making of an expert," *Harvard Business Review*, July–August 2007; and K. Anders Ericsson, Roy W. Roring, and Kiruthiga Nandagopal, "Giftedness and evidence for reproducibly superior performance," *High Ability Studies* 18, no. 1 (June 2007).

450 For the study finding that practice time matters more than talent, see Michael J. A. Howe, Jane W. Davidson, and John A. Sloboda, "Innate talents: Reality or myth?," *Behavioural & Brain Sciences* 21, no. 3 (June 1998).

450 The quotation from David Brooks comes from his article "Genius: The modern view," *New York Times*, May 1, 2009.

450 The quotation from Leopold Auer ("Practice three hours a day if you are any good . . .") was recalled by his protege Joseph Szigeti on page 4 of *Szigeti on the Violin* (1979).

450 For the original marshmallow study and follow-up reports, see Walter Mischel, E. B. Ebbesen, and A. R. Zeiss, "Cognitive and attentional mechanisms in delay of gratification," *Journal of Personality & Social Psychology* 21, no. 2 (February 1972); Yuichi Shoda, Walter Mischel, and Philip K. Peake, "The nature of adolescent competencies predicted by preschool delay of gratification," *Journal of Personality & Social Psychology* 54, no. 4 (1988); and Yuichi Shoda, Walter Mischel, and Philip K. Peake, "Predicting adolescent cognitive and self-regulatory competencies from preschool delay of gratification: Identifying diagnostic conditions," *Developmental Psychology* 26, no. 6 (1990).

450 The dramatic difference in SAT scores between children who could delay gratification and those who could not was reported in Yuichi Shoda, Walter Mischel, and Philip K. Peake, "Predicting adolescent cognitive and self-regulatory competencies from preschool delay of gratification: Identifying diagnostic conditions," *Developmental Psychology* 26, no. 6 (1990); and noted in Jonah Lehrer, "Don't! The secret of self-control," *New Yorker*, May 18, 2009.

450 The quotation from Angela L. Duckworth occurs in Jonah Lehrer, "Don't! The secret of self-control," *New Yorker*, May 18, 2009; see also Angela L. Duckworth and Martin E. P. Seligman, "Self-discipline outdoes IQ in predicting academic performance of adolescents," *Psychological Science* 16, no. 12 (December 2005).

450 Ellen Winner refers to the "commonsense myth" that giftedness is "entirely inborn," and the "psychologists' myth" that "giftedness is entirely a matter of hard work" on page 308 of *Gifted Children: Myths and Realities* (1996).

450 The quotation from Edward Rothstein ("The contemporary attack on genius . . .") comes from his article "Connections: myths about genius," *New York Times*, January 5, 2002.

451 The quotation from Yehudi Menuhin ("Maturity, in music and in life, has to be earned by living") occurs on page 22 of his biography *Unfinished Journey* (1977), as cited on page 44 of Claude Kenneson, *Musical Prodigies: Perilous Journeys, Remarkable Lives* (1993).

451 The quotation from Gabriel Kahane comes from my interview with him in 2010.

451 This passage is based on my experience attending Marc Yu's New York debut in 2007, my interview with Chloe and Marc Yu that year, and subsequent communications.

454 A substantial body of research supports the hypothesis that tonal languages such as Chinese enhance musicality in young children; see, e.g., Diana Deutsch et al., "Absolute pitch among students in an American music conservatory: Association with tone language fluency," *Journal of the Acoustical Society of America* 125, no. 4 (April 2009); and Ryan J. Giuliano et al., "Native experience with a tone language enhances pitch discrimination and the timing of neural responses to pitch change," *Frontiers in Psychology* 2, no. 146 (August 2011). The observation about typical Chinese hand shape comes from my interview with Veda Kaplinsky.

454 The quotation from Mihaly Csikszentmihalyi ("One cannot be exceptional and normal at the same time") occurs on page 177 of *Creativity: Flow and the Psychology of Discovery and Invention* (1996).

455 All quotations from Robert Blocker come from my interview with him in 2010.

455 This passage is based on my interview with May Armstrong in 2010.

456 Charles Hamlen told me the story about the tour of Los Alamos in 2007.

457 The quotation from the English journalist ("His playing was so cultured . . .") comes from Stephen Moss, "At three he was reading the Wall Street Journal," *Guardian*, November 10, 2005.

457 The quotation from Daniel Singal ("The problem is not the pursuit of equality but the bias against excellence that has accompanied it") comes from his article "The other crisis in American education," *Atlantic Monthly*, November 1991.

458 John Cloud's characterization of the No Child Left Behind Act as "radically egalitarian" comes from his article "Are we failing our geniuses?," *Time*, August 16, 2007.

458 For the Templeton report, see Nicolas Colangelo, *A Nation Deceived: How Schools Hold Back America's Brightest Students* (2004).

458 The finding that 80 percent of gifted subjects constantly monitored their behavior to conform to the norms of less gifted children is reported on page 14 of Maureen Neihart et al., *The Social and Emotional Development of Gifted Children* (2002); the finding that 90 percent of subjects did not want to be identified as a "brain" comes from B. Bradford Brown and Laurence Steinberg, "Academic achievement and social acceptance: Skirting the 'brain-nerd' connection," *Education Digest* 55, no. 7 (1990).

458 Miraca Gross presents the findings of her study of sixty gifted students in Australia in *Exceptionally Gifted Children* (1993); her subjects' satisfaction with radical academic acceleration is discussed on pages 26–27.

458 The quotations from Norbert Wiener ("the suffering which grows from belonging half to the adult world and half to the world of the children about him" and "... I was not so much a mixture of child and man ...") occur on pages 117–18 and 106–7 of his autobiography, *Ex-Prodigy: My Childhood and Youth* (1953); see also his sequel, *I Am a Mathematician: The Later Life of a Prodigy* (1956).

459 This passage is based on my interviews with Joshua Bell and Shirley Bell in 2007 and subsequent communications.

462 For an extensive history of sound recording, see David L. Morton Jr., *Sound Recording: The Life Story of a Technology* (2006). Digital reproductions of Thomas Edison's papers documenting the invention of the phonograph can be found on the Rutgers University website http://edison.rutgers.edu/docsamp.htm.

463 This passage is based on my interviews with Conrad Tao and Mingfang Ting in 2010.

465 This passage is based on my interviews with Sylvester, Stephanie, and Christian Sands in 2010 and subsequent communication.

466 The jazzman's term for this sort of exchange is *trading fours*. Oscar Peterson's and Christian's performances may be seen on YouTube at http://www.youtube.com/watch?v=fYpoWD1qmEA.

467 Paul Potts's performance can be viewed at http://www.youtube.com/watch?v=1k08yxu57NA; and Jackie Evancho's at http://www.youtube.com/watch?v=6ar0r02FZng.

467 This passage is based on my interviews with Nico Muhly, Bunny Harvey, and Frank Muhly in 2010–12, and on subsequent communications; see also Rebecca Mead, "Eerily composed: Nico Muhly's sonic magic," *New Yorker*, February 11, 2008.

471 See Alfred Louis Kroeber, *Configurations of Culture Growth* (1944), page 9.

471 The quotation from Isaac Newton comes from a letter he wrote to Robert Hooke, February 15, 1676, and occurs on page 231 of *The Correspondence of Isaac Newton*, vol. 3 (1961).

472 See Lucretius, *On the Nature of Things* (1851).

472 See *Essays of Schopenhauer* (1897), page 153.

472 The quotation from Margaret Mead ("There is in America an appalling waste of first-rate talents ...") is condensed from a passage on page 213 of her essay "The gifted child in the American culture of today," *Journal of Teacher Education* 5, no. 3 (1954), as cited on page 51 of Jan Davidson, Bob Davidson, and Laura Vanderkam, *Genius Denied: How to Stop Wasting Our Brightest Young Minds* (2004).

472 The quotation from Rhonda Garelick ("crisis in admiration") comes from a personal communication, 2011.

473 This passage is based on my interviews with Jeffrey, Martha, and Gabriel Kahane in 2009 and 2010.

475 The characterization of Gabriel Kahane as a "highbrow polymath" comes from Nate Chinen, "Gabriel Kahane, *Where Are the Arms*," *New York Times*, September 19, 2011.

475 The quotation from Goethe's mother ("Air, fire, water and earth ...") occurs on page 153 of Bruno Bettelheim, *The Uses of Enchantment* (1976). It has been condensed.

CHAPTER 3 | 遭姦成孕 | RAPE

478 The Stigma Inc. website (http://www.stigmatized.org) is no longer online; an archived version can be viewed at http://web.archive.org/web/20070901030454/www.stigmatized.org/about.htm.

478 Rape as property theft is discussed in the entry "Sexual assault" in *Encyclopedia of Rape*, edited by Merrill D. Smith (2004), pages 224–25.

478 According to *Encyclopedia of Rape*, edited by Merrill D. Smith (2004), pages xiii–xvii, the Code of Hammurabi (c. 1780 BCE) "declared that a virgin was innocent if raped, but that her attacker should be executed. Married women who were raped were considered to be guilty of adultery and could be executed along with their attackers."

478 Rape in ancient Greece is explored in Daniel Ogden, "Rape, adultery and the protection of bloodlines in classical Athens," in *Rape in Antiquity*, edited by Susan Deacy and Karen F. Pierce (1997), pages 25–41.

478 For more information on rape in ancient and seventeenth-century law, see "Ancient law codes," in *Encyclopedia of Rape*, edited by Merrill D. Smith (2004), pages 14–15; and Else L. Hambleton, *Daughters of Eve: Pregnant Brides and Unwed Mothers in Seventeenth-Century Massachusetts* (2004).

478 Rape in classical mythology is discussed in "Art," in *Encyclopedia of Rape* (2004), page 15; and James A. Arieti, "Rape and Livy's view of Roman history," in *Rape in Antiquity*, edited by Susan Deacy and Karen F. Pierce (1997), pages 209–29.

478 See "Rape of the Sabine women," in *Encyclopedia of Rape* (2004), pages 196–97; and Norman Bryson, "Two narratives of rape in the visual arts: Lucretia and the Sabine women," in *Rape: An Historical and Cultural Enquiry*, edited by Sylvana Tomaselli and Roy Porter (1986), pages 152–73.

479 The permissibility of infanticide of rape-conceived children is discussed in John Boswell, *The Kindness of Strangers: The Abandonment of Children in Western Europe from Late Antiquity to the Renaissance* (1998), page 200; see also "Pregnancy," in *Encyclopedia of Rape* (2004), pages 154–55.

479 For more information on Galen's ideas of rape and fertility, see "'Blaming the victim' syndrome" (pages 26–28) and "Pregnancy" (pages 154–55) in

Encyclopedia of Rape (2004).

479 St. Augustine's discussion of rape and humility is cited on page 251 of Corinne Saunder, "Classical paradigms of rape in the Middle Ages: Chaucer's Lucretia and Philomenia," in *Rape in Antiquity* (1997), edited by Susan Deacy and Karen F. Pierce, citing to Augustine, *City of God Against the Pagans*, vol. 1, edited and translated by George E. McCracken (1957).

479 Rape in seventeenth- to eighteenth-century America is discussed in "Rape in the United States: Eighteenth century," *Encyclopedia of Rape* (2004), pages 179–81; and Else L. Hambleton, *Daughters of Eve: Pregnant Brides and Unwed Mothers in Seventeenth-Century Massachusetts* (2004).

479 The quotation from the *Kingston British Whig* occurs on page 115 of Patrick J. Connor, "The law should be her protector: The criminal prosecution of rape in upper Canada, 1791–1850," in *Sex Without Consent: Rape and Sexual Coercion in America*, edited by Merrill D. Smith (2001), pages 103–35.

479 For more information on the rape of African slaves and disparate treatment of black and white suspects and perpetrators, see the chapter "Slavery" in Susan Brownmiller, *Against Our Will: Men, Women, and Rape* (1975), pages 153–69; the entries "African-Americans" (pages 5–7) and "Slavery" (pages 234–36) in *Encyclopedia of Rape* (2004); Diane Miller Sommerville, "'I was very much wounded': Rape law, children, and the antebellum South," in *Sex Without Consent: Rape and Sexual Coercion in America*, edited by Merrill D. Smith (2001), pages 136–77; and Diana Miller Sommerville, *Rape and Race in the Nineteenth-Century South* (2004).

479 The legal requirement that women resist is discussed in the *Encyclopedia of Rape* entry "Rape in the United States: Nineteenth century," pages 181–83.

479 The experience of rape-conception in the mid-twentieth century is discussed throughout Rickie Solinger, *Wake Up Little Susie: Single Pregnancy and Race before Roe v. Wade* (2000); the quotation from the mother ("If a certain male wanted to get out of being named the true father . . .") occurs on page 73.

479 See the *Encyclopedia of Rape* entry "Freud, Sigmund/Freudian theory," pages 82–83.

480 The quotations from Menachem Amir come from his study *Patterns in Forcible Rape* (1971). From page 254: "Reflected in women is the tendency for passivity and masochism, and a universal desire to be violently possessed and aggressively handled by men"; and page 258: "In a way, the victim is always the cause of the crime."

480 See Susan Brownmiller, *Against Our Will* (1975).

480 Brownmiller's call for "gender free, non-activity-specific" sexual assault laws occurs on page 378 of *Against Our Will* (1975).

480 The historic definition of rape as "an act of sexual intercourse undertaken by a man with a woman, not his wife, against her will and by force" occurs in the *Encyclopedia of Rape* entry "Rape law," page 186. Marital rape and the marital exception are discussed in Diana E. H. Russell, *Rape in Marriage* (1990); David Finkelhor and Kersti Yllo, *License to Rape: Sexual Abuse of Wives* (1985); Jacquelyn C. Campbell and Peggy Alford, "The dark consequences of marital rape," *American Journal of Nursing* 89, no. 7 (July 1989); and the *Encyclopedia of Rape* entries "Hale, Sir Matthew (1609–1676)" (pages 94–95) and "Marital rape" (pages 122–24).

480 Michel Foucault's pronouncement "There is no difference, in principle, between sticking one's fist into someone's face or one's penis into their sex" occurs in his essay "Confinement, psychiatry, prison," in *Politics, Philosophy, Culture: Interviews and Other Writings, 1977–1984* (1988), page 200.

480 For a discussion of state and federal laws on sexual assault in the United States, see the entry "Rape law" in *Encyclopedia of Rape* (2004), pages 186–89.

480 The relative severity of punishment for sexual offenses is discussed in the entry "Rape law" in *Encyclopedia of Rape*, pages 186–89; and Diane E. H. Russell and Rebecca M. Bolen, *The Epidemic of Rape and Child Sexual Abuse in the United States* (2000).

481 Statistics on sexual assault occur on pages 35–36 of Patricia Tjaden and Nancy Thoennes, *Full Report of the Prevalence, Incidence, and Consequences of Violence Against Women: Findings from the National Violence against Women Survey* (2000). The CDC's identification of rape as "one of the most underreported crimes" occurs in the news item "Sexual Assault Awareness Month, April 2005," *Morbidity & Mortality Weekly Report* 54, no. 12 (April 1, 2005), page 311.

481 This passage is based on my interview wirh Marina James in 2008. All names in this passage are pseudonyms.

484 Wolfgang Jochle originally argued that fear might induce human ovulation in "Coitus-induced ovulation," *Contraception* 7, no. 6 (1973); and Mary M. Krueger in "Pregnancy as a result of rape," *Journal of Sex Education & Therapy* 14, no. 1 (1988); for a recent review of the subject, see Juan J. Tarin, Toshio Hamatani, and Antonio Cano, "Acute stress may induce ovulation in women," *Reproductive Biology & Endocrinology* 8, no. 53 (2010), pages 1–13.

484 The estimate that as few as 3 percent of female rape victims become pregnant comes from Allen J. Wilcox et al., "Likelihood of conception with a single act of intercourse: Providing benchmark rates for assessment of post-coital contraceptives," *Contraception* 63, no. 4 (April 2001), pages 211–15.

484 Melissa M. Holmes et al. report an increased incidence of pregnancy among rape victims who are regularly abused in "Rape-related pregnancy: Estimates and descriptive characteristics from a national sample of women," *American Journal of Obstetrics & Gynecology* 175, no. 2 (August 1996).

484 The estimate that twenty-five thousand rape-related pregnancies occur annually in the United States comes from Felicia H. Stewart and James Trussell, "Prevention of pregnancy resulting from rape: A neglected preventive health measure," *American Journal of Preventive Medicine* 19 (November 2000); the thirty-two thousand estimate is from Melissa M. Holmes et al., "Rape-related pregnancy: Estimates and descriptive characteristics from a national sample of women," *American Journal of Obstetrics & Gynecology* 175, no. 2 (August 1996).

485 For the 1996 study of child-bearing decisions made by rape victims, see Melissa M. Holmes et al., "Rape-related pregnancy: Estimates and descriptive characteristics from a national sample of women," *American Journal of Obstetrics & Gynecology* 175, no. 2 (August 1996).

485 The quotation from Ana Milena Gil ("Pregnancy born of desire and fed by love . . .") comes from her paper (with Ana Maria Jaramillo and Bertha Ortiz), "Pregnancy resulting from rape: Breaking the silence of multiple crises," *Women's Health Collection*, January 1, 2001.

485 The rape victim's question "If someone shot you, would you walk around with a bullet inside of you?" comes from Natela Cutter, "'Anne Smith': A rape victim found relief in the abortion," *U.S. News & World Report* 124, no. 2 (January 19, 1998).

486 The statement "The baby was innocent . . ." comes from Amy Engeler, "I can't hate this baby," *Redbook* 192, no. 4 (February 1999).

486 All quotations from Joan Kemp come from her article "Abortion: The second rape," *Sisterlife*, Winter 1990.

486 The quotation from Kay Zibolsky ("The baby was part of my healing process . . .") comes from Marie McCullough, "Abortion, rape debate," *Chicago*

Tribune, September 26, 1995.

486 The quotation from Kathleen DeZeeuw ("I began to realize that this little life inside me was struggling, too . . .") comes from the film *Children of Rape* (1994).

486 The quotation from Sharon Bailey ("Basically, my feelings were 'It's just you and me, kid'") occurs on page 86 of *Victims and Victors: Speaking Out about Their Pregnancies, Abortions, and Children Resulting from Sexual Assault*, edited by David C. Reardon, Julie Makimaa, and Amy Sobie (2000).

486 The quotation from Kathleen DeZeeuw ("The first time I held him . . .") comes from the film *Children of Rape* (1994).

486 The quotation "I had tried to convince myself . . ." occurs on page 87 of *Victims and Victors: Speaking Out about Their Pregnancies, Abortions, and Children Resulting from Sexual Assault*, edited by David C. Reardon, Julie Makimaa, and Amy Sobie (2000).

486 The passage by Padmasayee Papineni comes from her article "Children of bad memories," *Lancet* 362, no. 9386 (September 6, 2003). It has been condensed.

487 This passage is based on my interview with Brenda Henriques in 2007. All names in this passage are pseudonyms.

489 My primary source on the history of abortion law is Leslie J. Reagan, *When Abortion Was a Crime: Women, Medicine, and Law in the United States, 1867–1973* (1997); and the *Encyclopedia of Rape* entry "Abortion," pages 2–4.

489 The quotations from the American Medical Association come from the organization's position statement "Pregnancy from rape does not justify abortion," *Journal of the American Medical Association* 43 (August 6, 1904), page 413.

489 The rise in illegal abortions during the Great Depression is chronicled in chapter 5 of Leslie J. Reagan, *When Abortion Was a Crime: Women, Medicine, and Law in the United States, 1867–1973* (1997), pages 132–59.

489 The suggestion that offering abortions to unmarried women and widows would result in "lowering of the moral tone" occurs in Frederick J. Taussig's review of *Abortion: Legal or Illegal?* by A. J. Rongy, *Birth Control Review* 17 (June 1933), page 153, as cited in Leslie J. Reagan, *When Abortion Was a Crime: Women, Medicine, and Law in the United States, 1867–1973* (1997), page 142. Taussig's description of social and economic conditions that would justify offering abortions occurs on pages 443–44 of his book *The Prevention and Treatment of Abortion* (1910), as cited in Leslie J. Reagan, *When Abortion Was a Crime: Women, Medicine, and Law in the United States, 1867–1973* (1997), page 142. It has been condensed.

489 The 1938 trial of Aleck Bourne for abortion is described in Leslie J. Reagan, *When Abortion Was a Crime: Women, Medicine, and Law in the United States, 1867–1973* (1997), page 175.

489 Abortion committees are discussed in Leslie J. Reagan, *When Abortion Was a Crime: Women, Medicine, and Law in the United States, 1867–1973* (1997), pages 174–75.

490 The quotation from the pathologizing, victim-blaming social worker ("She became a passive object . . .") occurs on page 133 of Rickie Solinger, *Wake Up Little Susie: Single Pregnancy and Race before Roe vs. Wade* (2000), citing to Marion K. Sanders, "Social work: A profession chases its tail," *Harper's*, March 1957.

490 Early proposals to legalize abortion are discussed in Leslie J. Reagan, *When Abortion Was a Crime: Women, Medicine, and Law in the United States, 1867–1973* (1997), pages 220–21.

490 Coerced relinquishment and maternity homes are central subjects of Rickie Solinger, *Wake Up Little Susie: Single Pregnancy and Rape before Roe v. Wade* (2000) and *Beggars and Choosers: How the Politics of Choice Shapes Adoption, Abortion, and Welfare in the United States* (2001).

490 The quotation from Kathleen Leahy Koch ("I was just someone who had to have a baby for some worthy family . . .") occurs on page 73 of Rickie Solinger, *Beggars and Choosers: How the Politics of Choice Shapes Adoption, Abortion, and Welfare in the United States* (2001).

490 The quotation from Kay Ball ("I was so ashamed and beaten down emotionally . . .") occurs on page 75 of Rickie Solinger, *Beggars and Choosers: How the Politics of Choice Shapes Adoption, Abortion, and Welfare in the United States* (2001).

490 Post-*Roe* abortion politics are explored in William Saletan, "Electoral politics and abortion: Narrowing the message," in *Abortion Wars: A Half Century of Struggle, 1950–2000*, edited by Rickie Solinger (1998); and Saletan's book *Bearing Right: How Conservatives Won the Abortion War* (2003) (results of the poll appear on page 163).

491 Idaho governor Cecil D. Andrus is quoted in Timothy Egan, "Idaho governor vetoes measure intended to test abortion ruling," *New York Times*, March 31, 1990.

491 See William Saletan, *Bearing Right: How Conservatives Won the Abortion War* (2003), page 168 and pages 172–73. See also Michael Baruzzini, "Justice or comfort?: Conservatives and the rape exceptions," *Catholic Lane*, June 16, 2011, at http://catholiclane.com/justice-or-comfort-conservatives-and-the-rape-exception; and the Church of Jesus Christ of Latter Day Saints, "The law of chastity," *Gospel Principles* (2012), at http://www.lds.org/library/display/0,4945,11-1-13-49,00.html.

491 The quotation from the antiabortion advocate ("It would be wrong . . . Two wrongs do not make a right") comes from Bob Ellis, "South Dakota abortion task force studies rape exceptions," *Dakota Voice*, January 20, 2006.

491 Megan Barnett states, "My child is not the exception . . ." in the film *I Love My Baby Who Was Conceived by Rape* (2006).

491 The quotation from John C. Willke ("The woman has been subjected to an ugly trauma") comes from Bob Ellis, "South Dakota abortion task force studies rape exceptions," *Dakota Voice*, January 20, 2006.

491 Rebecca Kiessling's statement "I am not a product of rape, but a child of God" comes from her pamphlet, "Conceived in Rape: A Story of Hope." The sarcastic reply occurs on the January 26, 2009, entry of the *First World Problems* blog, at http://ivytheadventure.livejournal.com/2009/01/26/.

491 The quotation from Joan Raphael-Leff ("an internal foreigner . . .") occurs on page 129 of her paper "Psychotherapy and pregnancy," *Journal of Reproductive & Infant Psychology* 8, no. 2 (April 1990). It has been condensed.

491 The quotation from the rape survivor who characterized her child as "a living, breathing torture mechanism" occurs on page 183 of William Saletan, *Bearing Right* (2003), citing to the Minutes of the Louisiana Senate Committee on Health and Welfare, May 29, 1991.

491 The mother who described the experience of rape-related pregnancy as "entrapment beyond description" is quoted on page 133 of David Finkelhor and Kersti Yllo, *License to Rape* (1985).

492 Joan Kemp describes abortion as a solution "that is imposed by a society that places too much importance on a male lineage" in her article "Abortion: The second rape," *Sisterlife*, Winter 1990.

492 Denise Kalasky describes her abortion experience in her article "Accomplices in incest," *Post-Abortion Review* 2, no. 1 (Winter 1993).

492 David C. Reardon is author of "Rape, incest and abortion: Searching beyond the myths," *Post-Abortion Review* 2, no. 1 (Winter 1994); and coeditor with Julie Makimaa and Amy Sobie of the anthology *Victims and Victors: Speaking Out about Their Pregnancies, Abortions, and Children Resulting from Sexual Assault* (2000). The Elliott Institute website: http://www.afterabortion.info.

492 David Mall and Walter F. Watts first posited the existence of a "postabortion syndrome" in their book, *The Psychological Aspects of Abortion* (1979), a concept further promoted by Joyce Arthur in "Psychological aftereffects of abortion: The rest of the story," *Humanist* 57, no. 2 (March–April 1997). Controversy over the legitimacy of PAS is discussed in Emily Bazelon, "Is there a post-abortion syndrome?," *New York Times Magazine*, January 21, 2007.

492 David Reardon's characterization of abortion as "medical rape" occurs in his article "Rape, incest and abortion: Searching beyond the myths," *Post-Abortion Review* 2, no. 1 (Winter 1994).

492 The quotation from Sandra Mahkorn ("can be lessened with proper support") occurs on page 67 of her chapter, "Pregnancy and sexual assault," in *The Psychological Aspects of Abortion*, edited by David Mall and Walter F. Watts (1979).

492 The quotation from George E. Maloof ("Incestuous pregnancy offers a ray of generosity to the world . . .") occurs on page 98 of his chapter, "The consequences of incest: Giving and taking life," in *The Psychological Aspects of Abortion*, edited by David Mall and Walter F. Watts (1979).

493 Statistics pertaining to the frequent discovery of rape-related pregnancy in the second trimester come from Melissa M. Holmes et al., "Rape-related pregnancy: Estimates and descriptive characteristics from a national sample of women," *American Journal of Obstetrics & Gynecology* 175, no. 2 (August 1996).

493 The quotation from Susan Brison ("Trauma not only haunts the conscious and unconscious mind . . .") occurs on page x of the introduction to her book *Aftermath: Violence and the Remaking of a Self* (2002).

493 Vera Folnegović-Šmalc's description of suicidality among rape victims comes from her chapter, "Psychiatric aspects of the rapes in the war against the republics of Croatia and Bosnia-Herzegovina," in *Mass Rape: The War against Women in Bosnia-Herzegovina*, edited by Andrea Stiglmayer, translated by Marion Faber(1994), pages 174–79.

493 This passage is based on my interview with Melinda Stephenson in 2007 and subsequent communications. All names in this passage are pseudonyms.

496 For a journalistic discussion of evolutionary theories of rape, see Erica Goode, "What provokes a rapist to rape?," *New York Times*, January 15, 2000.

496 The quotation from Jonathan A. Gottschall and Tiffani A. Gottschall occurs on page 10 of their paper "Are per-incident rape-pregnancy rates higher than per-incident consensual pregnancy rates?," *Human Nature: An Interdisciplinary Biosocial Perspective* 14, no. 1 (March 1, 2003).

496 See Randy Thornhill and Craig T. Palmer, *A Natural History of Rape: Biological Bases of Sexual Coercion* (2000).

496 The quotation from Catharine MacKinnon ("Forced pregnancy is familiar . . .") occurs on page 74 of her chapter "Turning rape into pornography: Postmodern genocide," in *Mass Rape: The War against Women in Bosnia-Herzegovina*, edited by Andrea Stiglmayer, translated by Marion Faber (1994). It has been condensed.

496 Susan Brownmiller's statement "Men began to rape women when they discovered that sexual intercourse led to pregnancy" occurs on page 328 of *Against Our Will* (1975).

496 Mary P. Koss is cited in Erica Goode, "What provokes a rapist to rape? Scientists debate notion of an evolutionary drive," *New York Times*, January 15, 2000.

496 The finding that women who have been raped before the age of eighteen are twice as likely as those who have not to be revictimized in adulthood is reported on page 39 of Patricia Tjaden and Nancy Thoennes, *Full Report of the Prevalence, Incidence, and Consequences of Violence against Women: Findings from the National Violence against Women Survey* (2000).

496 Interview with Lori Michaels, Clarabel Michaels, Ringo Smythe, and Bobby Michaels in 2007. All names in this section are pseudonyms.

500 The mother's statement "My son will never know the details of his conception" occurred in a public discussion, "Children born of rape," on the Adoption.com Forums, archived at http://web.archive.org/web/20070508215233/http://forums.adoption.com/single-parenting/128755-children-born-rape.html.

500 The quotation from Holly van Gulden about secret-keeping comes from her 1998 article "Talking with children about difficult history," at http://www.family-source.com/cache/731451/idx/0.

500 The quotation from the man relieved that his mother was neither a "bad girl" nor a "tramp" occurs on page 103 of *Victims and Victors: Speaking Out about Their Pregnancies, Abortions, and Children Resulting from Sexual Assault*, edited by David C. Reardon, Julie Makimaa, and Amy Sobie (2000).

500 The story of and quotations from Lee Ezell come from the film *Children of Rape* (1994).

500 See Sherrie Eldridge, "Unexpected rejection: The subject no one wants to talk about," *Jewel Among Jewels Adoption News* (Winter 1999).

501 This passage is based on my interview with Lisa Boynton in 2007. All names in this passage are pseudonyms.

503 The horrendous recommendation of euthanasia for children of rape occurs in a blog post by Jenifer Ann Cazador, "Lost souls of polygamy central," *The Wrecking Machine*, April 2008, http://the-wrecking-machine.blogspot.com/2008/04/lost-souls-of-polygamy-central.html.

503 The quotation from Kathleen DeZeeuw occurs on page 79, and the quotation from Cindy Speltz occurs on pages 97–98, of *Victims and Victors* (2000). The second quotation has been condensed.

503 The quotation from the anti-abortionist conceived in rape and put up for adoption occurs on pages 148–49 of *Victims and Victors* (2000).

503 This passage is based on my interview with Tina Gordon in 2007. All names in this passage are pseudonyms.506 See Stigma Inc., "Information," at http://web.archive.org/web/20060221101659/www.stigmatized.org/information.htm.

507 This passage is based on my interview with Emily Barrett in 2008. All names in this passage are pseudonyms.

511 This paragraph relies on Diana E. H. Russell, *Rape in Marriage* (1990). The 14 percent statistic occurs on page xxxii, the story of the Burnhams on pages xvii–xviii.

512 The quotation from Louise McOrmond-Plummer ("The woman raped by her partner was routinely blamed") comes from her article "My story of partner rape" (2006), http://www.aphroditewounded.org/loustory.html; see also Patricia Weiser Easteal and Louise McOrmond-Plummer, *Real Rape, Real Pain: Help for Women Sexually Assaulted by Male Partners* (2006).

512 This passage is based on my interview with Ashley Green in 2007. All names in this passage are pseudonyms.

516 The reference to "coerced childbearing as a weapon in the arsenal of power and control" occurs on page 27 of Anthony Lathrop, "Pregnancy resulting from rape," *Journal of Obstetric, Gynecologic & Neonatal Nursing* 27, no. 1 (January 1998).

516 The quotation from the first woman coerced into bearing children ("He raped me to keep me pregnant all the time") occurs on page 23 of Raquel Kennedy Bergen, *Wife Rape: Understanding the Response of Survivors and Service Providers* (1996); the quotation from the second ("They own you when you have a child by him") occurs on page 219 of Jacquelyn C. Campbell et al., "The influence of abuse on pregnancy intention," *Women's Health Issues* 5, no. 4 (Winter 1995).

517 This passage is based on my interview with Mindy Woods and Larry Foster in 2007. All names in this passage are pseudonyms.

520 This passage is based on my interview with Barbara, Jeffrey, and Pauline Schmitz in 2007. All names in this passage are pseudonyms.

526 Statistics on numbers of war children can be found on page 7 of Kai Grieg, *The War Children of the World* (2001).

526 The quotation from Ruth Seifert ("The rape of women communicates from man to man . . .") occurs on page 59 of her essay "War and rape: A preliminary analysis," in *Mass Rape: The War against Women in Bosnia-Herzegovina*, edited by Andrea Stiglmayer, translated by Marion Faber (1994). It has been condensed.

526 Susan Brownmiller's characterization of wartime rape as an "extracurricular battlefield" occurs on page 182 of her essay, "Making female bodies the battlefield," in *Mass Rape: The War against Women in Bosnia-Herzegovina*, edited by Andrea Stiglmayer, translated by Marion Faber (1994).

526 Books consulted on the Rwandan genocide include Alison Liebhafsky Des Forges, *"Leave None to Tell the Story": Genocide in Rwanda* (1999); Jean Hatzfeld, *Machete Season: The Killers in Rwanda Speak* (2005); Elizabeth Neuffer, *The Key to My Neighbour's House: Seeking Justice in Bosnia and Rwanda* (2002); Binaifer Nowrojee, *Shattered Lives: Sexual Violence during the Rwandan Genocide and Its Aftermath* (1996); Philip Gourevitch, *We Wish to Inform You That Tomorrow We Will Be Killed with Our Families: Stories from Rwanda* (1999); and Jonathan Torgovnik, *Intended Consequences: Rwandan Children Born of Rape* (2009). For journalistic coverage, see Donatella Lorch, "Rape used as a weapon in Rwanda: Future grim for genocide orphans," *Houston Chronicle*, May 15, 1995; Elizabeth Royte, "The outcasts," *New York Times Magazine*, January 19, 1997; Lindsey Hilsum, "Rwanda's time of rape returns to haunt thousands," *Guardian*, February 26, 1995; Lindsey Hilsum, "Don't abandon Rwandan women again," *New York Times*, April 11, 2004; and Emily Wax, "Rwandans are struggling to love children of hate," *Washington Post*, March 28, 2004.

526 The Rwandan proverb "A woman who is not yet battered is not a real woman" is reported on page 20 of Binaifer Nowrojee's report for Human Rights Watch, *Shattered Lives: Sexual Violence during the Rwandan Genocide and Its Aftermath* (1996).

526 The role of Rwandan media in inciting genocide is discussed in Dina Temple-Raston's remarkable book *Justice on the Grass* (Free Press, 2005). See also Russell Smith, "The impact of hate media in Rwanda," BBC News, December 3, 2003.

526 Statistics on wartime rapes in Rwanda are supported by the UN Office for the Coordination of Humanitarian Affairs news report "Our bodies, their battle ground: Gender-based violence in conflict zones," *IRIN News*, September 1, 2004. Estimates of the numbers of wartime rapes and births come from the introduction by Marie Consolee Mukagendo, "The struggles of Rwandan women raising children born of rape," in Jonathan Torgovnik's photo essay, *Intended Consequences: Rwandan Children Born of Rape* (2009).

527 See Padmasayee Papineni, "Children of bad memories," *Lancet* 362, no. 9386 (September 6, 2003).

527 The phrase *living legacy of a time of death* comes from Emily Wax, "Rwandans are struggling to love children of hate," *Washington Post*, March 28, 2004.

527 The quotation from Catherine Bonnet occurs on page 79 of Binaifer Nowrojee's report *Shattered Lives: Sexual Violence during the Rwandan Genocide and Its Aftermath* (1996), citing to Bonnet's paper, "Le viol des femmes survivantes du genocide du Rwanda," in *Rwanda: Un genocide du XXe siecle*, edited by Raymond Verdier, Emmanuel Decaux, and Jean-Pierre Chretien (1995), page 18.

527 All quotations from Jean Damascene Ndayambaje come from my interview with him in 2004.

527 All quotations from Esperance Mukamana come from my interview with her in 2004.

527 The loaded names chosen by some women are cataloged in Emily Wax, "Rwandans are struggling to love children of hate," *Washington Post*, March 28, 2004.

528 All quotations from Alphonsine Nyirahabimana come from my interview with her in 2004.

528 All quotations from Celestin Kalimba come from my interview with him in 2004.

528 All quotations from Marie Rose Matamura come from my interview with her in 2004.

529 General information sources on rape as a tool of war include Susan Brownmiller, *Against Our Will* (1975); Maria de Bruyn, *Violence, Pregnancy and Abortion: Issues of Women's Rights and Public Health* (2003); and the Global Justice Center report *The Right to an Abortion for Girls and Women Raped in Armed Conflict* (2011). For further information on rape in specific conflicts noted in this passage, see Nayanika Mookherjee, "'Remembering to forget': Public secrecy and memory of sexual violence in the Bangladesh war of 1971," *Journal of the Royal Anthropological Institute* 12, no. 2 (June 2006); Martina Vandenburg and Kelly Askin, "Chechnya: Another battleground for the perpetration of gender based crimes," *Human Rights Review* 2, no. 3 (2001); Michele L. Leiby, "Wartime sexual violence in Guatemala and Peru," *International Studies Quarterly* 53, no. 2 (June 2009); "Comfort women,"

Encyclopedia of Rape, pages 46–48; the Amnesty International report "Liberia: No impunity for rape" (2004); and Louise Taylor's report for Human Rights Watch, "'We'll kill you if you cry': Sexual violence in the Sierra Leone conflict" (2003).

529 The statement "These incidents of rape are clearly aimed to subjugate, humiliate, and terrorize the entire community, not just the women and girls raped by the militias" appears on page 5 of the Human Rights Watch report "Sexual violence and its consequences among displaced persons in Darfur and Chad" (2005).

529 See "Rape of Nanking," *Encyclopedia of Rape*, pages 194–96.

529 Rape as a weapon during the conflict in Bangladesh is discussed in Robert Trumball, "Dacca raising the status of women while aiding rape victims," *New York Times*, May 12, 1972; Aubrey Menen, "The rapes of Bangladesh," *New York Times*, July 23, 1972; and Susan Brownmiller, *Against Our Will* (1976), pages 78–86.

529 The quotation from the Kosovar husband ("If I were normal, I would keep the kid, accept my wife . . .") comes from Helena Smith, "Rape victims' babies pay the price of war," *Observer*, April 16, 2000.

529 The quotation from the Bosnian rape survivor ("It was a hard birth . . .") occurs on page 131 of Alexandra Stiglmayer, "The rapes in Bosnia-Herzegovina," in *Mass Rape: The War against Women in Bosnia-Herzegovina*, edited by Andrea Stiglmayer, translated by Marion Faber (1994).

529 See Helena Smith, "Rape victims' babies pay the price of war," *Observer*, April 16, 2000.

530 This passage is based on my interview with Marianne Mukamana in 2004.

530 The quotation from the East Timorese rape survivor ("I was used like a horse by the Indonesian soldiers . . .") occurs on page 337 of Susan Harris Rimmer, "'Orphans' or veterans?: Justice for children born of war in East Timor," *Texas International Law Journal* 42, no. 2 (Spring 2007), citing to Galuh Wandita et al., "Learning to engender reparations in Timor-Leste: Reaching out to female victims," in *Engendering Reparations: Recognising and Compensating Women Victims of Human Rights Violations*, edited by Ruth Ruble Marin (2006).

530 The characterization of children of rape as a "symbol of the trauma the nation as a whole went through" occurs on page 16 of Elisabeth Rehn and Ellen Johnson Sirleaf's report to UNIFEM, *Women, War and Peace: The Independent Experts' Assessment on the Impact of Armed Conflict on Women and Women's Role in Peace-Building* (2002).

531 The quotation from Zahra Ismail ("This creates a problem for ensuring fundamental social benefits for children . . .") occurs on page 18 of her dissertation, "Emerging from the shadows: Finding a place for children born of war" (2008).

531 See Robert McKelvey, *The Dust of Life: America's Children Abandoned in Vietnam* (1999).

531 The citizenship status of children conceived in rape during the Bosnian conflict is explored in Joana Daniel's thesis, "No man's child: The war rape orphans" (2003); and "Children born of war rape in Bosnia-Herzegovina and the Convention on the Rights of the Child," in *Born of War: Protecting Children of Sexual Violence Survivors in Conflict Zones*, edited by R. Charli Carpenter (2007), pages 21–39; see also the UNICEF Innocenti Research Centre report, *Birth Registration and Armed Conflict* (2007).

531 The denial of citizenship to offspring of Kuwaiti women raped during the Iraqi occupation is discussed in Kathy Evans, "Kuwait's rape children offer bitter reminder," *Guardian*, July 29, 1993.

531 The quotations from Zahra Ismail about wartime-rape-conceived children as victims occur on pages 13–14 of her dissertation, "Emerging from the shadows: Finding a place for children born of war" (2008).

531 Pursuant to Article 7, part 1, of the UN Convention on the Rights of the Child (full text at http://www2.ohchr.org/english/law/crc.htm), every child "shall be registered immediately after birth and shall have the right from birth to a name, the right to acquire a nationality and, as far as possible, the right to know and be cared for by his or her parents."

531 R. Charli Carpenter discusses UK policy on the adoption of babies from the Balkans in her paper "War's impact on children born of rape and sexual exploitation: Physical, economic and psychosocial dimensions" (presented at the University of Alberta, Edmonton, conference The Impact of War on Children, April 2005).

531 This passage is based on my interview with Marcelline Niyonsenga in 2004.

532 The quotation from Bishop Carlos Belo and Susan Harris Rimmer's commentary occur on page 332 of her paper "'Orphans' or veterans?: Justice for children born of war in East Timor," *Texas International Law Journal* 42, no. 2 (Spring 2007).

533 The technical name for the Helms Amendment is Section 104(f) of the Foreign Assistance Act of 1961, as amended. The full text of the amendment can be found at http://www.law.cornell.edu/uscode/text/22/2151b, and an extensive discussion of its ramifications appears in the Global Justice Center report *The Right to an Abortion for Girls and Women Raped in Armed Conflict* (2011).

533 See the Global Justice Center report *The Right to an Abortion for Girls and Women Raped in Armed Conflict* (2011), page 10.

533 All quotations from Janet Benshoof come from my interview with her in 2011.

533 This passage is based on my interview with Alphonsine Mukamakuza in 2004.

534 The Rome Statute of the International Criminal Court was adopted July 17, 1998, and entered into force on July 1, 2002. For the full text, see United Nations, Treaty Series, vol. 2187, p. 3, http://treaties.un.org/pages/ViewDetails.aspx?src=TREATY&mtdsg_no=XVIII-10&chapter=18&lang=en; see also the website of the Rome Statute of the International Criminal Court, http://untreaty.un.org/cod/icc/index.html.

534 See International Criminal Tribunal for Rwanda, *The prosecutor versus Jean-Paul Akayesu*, Case No. ICTR-96-4-T, Judgment 688, September 2, 1998; a summary of the judgment can be found at http://www.uniurb.it/scipol/pretelli/9%20Akayesu.pdf.

534 A 2004 report by the Iraq Ministry of Women's Affairs found that more than half of the four hundred rapes reported since the US invasion resulted in the murder of rape survivors by their families; see Yifat Susskind, "The murder of Du'a Aswad," *Madre*, May 22, 2007.

534 The quotation from Susan Harris Rimmer occurs on page 324 of her paper "'Orphans' or veterans?: Justice for children born of war in East Timor," *Texas International Law Journal* 42, no. 2 (Spring 2007).

534 The quotation from Jeanne Muliri Kabekatyo ("We want to make out of these children artisans of peace") comes from Danielle Shapiro, "Mothers in Congo get help in raising children of rape," *Christian Science Monitor*, May 9, 2010.

535 This passage is based on my interview with Christine Uwamahoro in 2004.

CHAPTER 4 | 罪犯 | CRIME

538 Popular overestimation of the deterrent effects of incarceration is discussed in Peter W. Greenwood et al., *Diverting Children from a Life of Crime: Measuring Costs and Benefits* (1996).

538 The quotation from Fight Crime: Invest in Kids ("Those on the front lines . . .") occurs on page 2 of the organization's position statement "Investments in children prevent crime and save money" (2003), http://www.fightcrime.org/wp-content/uploads/sites/default/files/reports/Cost-Bft%20Br%20 FINAL%204-30-03.pdf

538 For the meta-analysis of studies on the correlation between rehabilitation programs and recidivism, see Mark W. Lipsey and David B. Wilson, "Effective interventions for serious juvenile offenders: A synthesis of research," on pages 313–66 of *Serious and Violent Juvenile Offenders: Risk Factors and Successful Interventions*, edited by Rolf Loeber and David P. Farrington (1998).

538 The quotation from the NIH on the futility of scare tactics to reduce youth crime occurs on page 7 of the report *Preventing Violence and Related Health-Risking Social Behaviors in Adolescents* (2004).

538 Joseph A. Califano's reference to "colleges of criminality" occurs on page 20 of the Columbia University National Center on Addiction and Substance Abuse report *Criminal Neglect: Substance Abuse, Juvenile Justice and the Children Left Behind* (2004).

538 Statistics on rates of rearrest of juveniles after release from prison occur on page 7 of Patrick A. Langan and David J. Levin's report to the Department of Justice, "Recidivism of prisoners released in 1994" (2002).

539 Crime victims' survivors' lack of postexecution satisfaction is explored in Scott Vollum and Dennis R. Longmire, "Covictims of capital murder: Statements of victims' family members and friends made at the time of execution," *Violence & Victims* 22, no. 5 (October 2007); and Thomas J. Mowen and Ryan D. Schroeder, "Not in my name: An investigation of victims' family clemency movements and court appointed closure," *Western Criminology Review* 12, no. 1 (January 2011).

539 This passage is based on my interviews with Cora Nelson, Peter Makya, Jennifer Stiles, Sarah Stiles, Ethan Heinz, and Marcella Stiles between 2003 and 2006 and subsequent communications. All names in this passage are pseudonyms.

543 Adolescent weapon-carrying was assessed in the National Longitudinal Study of Adolescent Health, with findings published in multiple reports; see, e.g., Robert W. Blum et al., "The effects of race/ethnicity, income, and family structure on adolescent risk behaviors," *American Journal of Public Health* 90, no. 12 (December 2000); and John Hagan and Holly Foster, "Youth violence and the end of adolescence," *American Sociological Review* 66 (December 2001).

543 See Robert Agnew and Sandra Huguley, "Adolescent violence toward parents," *Journal of Marriage & the Family* 51, no. 3 (August 1989); and Charles W. Peek, Judith L. Fischer, and Jeannie S. Kidwell, "Teenage violence toward parents: A neglected dimension of family violence," *Journal of Marriage & the Family* 47 (1985).

543 Statistics on juvenile arrest rates occur on page 5 of Dean John Champion, *The Juvenile Justice System: Delinquency, Processing, and the Law* (2004).

543 Relative chances of apprehension of juvenile and adult suspects are discussed in Monique M. Matherne and Adrian Thomas, "Family environment as a predictor of adolescent delinquency," *Adolescence* 36, no. 144 (Winter 2001).

543 Jennifer L. Truman, *Criminal Victimization, 2010*, Bureau of Justice Statistics Special Report NCJ 235508 (2011). See also statistics on referrals to court, incarceration, and probation on pages 29–57 of Charles Puzzanchera and Melissa Sickmund's report to the US Department of Justice, *Juvenile Court Statistics 2005* (2008); see also Charles Puzzanchera, *Juvenile Arrests 2007* (2009).

543 The characterization of juvenile detention centers as "an extension of the principal's office" occurs in Sara Rimer, "Unruly students facing arrest, not detention," *New York Times*, January 4, 2004.

543 Statistics on the decline in juvenile murder arrests occur on page 1 of Charles Puzzanchera, *Juvenile Arrests 2007* (2009).

544 Waivers are discussed in chapter 9 (pages 297–342) of Dean John Champion, *The Juvenile Justice System: Delinquency, Processing, and the Law* (2004).

544 For information on the expansion of the waiver system, see *Juvenile Offenders and Victims: 2006 National Report* (2006), pages 113–14; see also Melissa Sickmund, "Juveniles in court," National Report Series Bulletin (June 2003), https://www.ncjrs.gov/html/ojjdp/195420/page4.html, page 4.

544 The US Supreme Court decision outlawing the death penalty in juvenile cases occurred in *Roper v. Simmons*, 543 U.S. 551, decided March 1, 2005, available at www.supremecourt.gov/opinions/04pdf/03-633.pdf. For a press report on the case, see David Stout, "Supreme Court bars death penalty for juvenile killers," *New York Times*, March 1, 2005. Statistics on the percentage of juveniles on death row prior to *Roper v. Simmons* come from page 187 of Dean John Champion, *The Juvenile Justice System: Delinquency, Processing, and the Law* (2004).

544 Authoritative modern sources on the history of juvenile crime and juvenile justice in the United States include Dean John Champion, *The Juvenile Justice System: Delinquency, Processing, and the Law* (2004); and Clemens Bartollas, *Voices of Delinquency* (2003). For a nineteenth-century perspective, see Bradford Kinney Pierce, *A Half Century with Juvenile Delinquents: The New York House of Refuge and Its Times* (1869). The tragic story of Thomas Granger was told by William Bradford, governor of the Massachusetts Bay Colony, in his diary, *Of Plymouth Plantation, 1620–1647*, edited by Samuel Eliot Morison (1957), pages 320–21.

545 The quotation from the Society for the Prevention of Pauperism ("Here is one great school of vice and desperation . . .") occurs on pages 37–39 of Bradford Kinney Pierce, *A Half Century with Juvenile Delinquents: The New York House of Refuge and Its Time* (1869); the phrase *simple labor* appears on

page 62; a discussion of the organization's proposals can be found on pages 62–74.

545 The quotation from Chicago judge Julian Mack ("The problem for determination by the judge . . .") occurs on pages 119–20 of his article "The juvenile court," *Harvard Law Review* 23 (1909).

545 The quotation from Judge Benjamin Lindsey ("Our laws against crime are as inapplicable to children as they would be to idiots") occurs on page 133 of Ben Lindsey and Harvey O'Higgins, *The Beast* (1970), as cited in Rachel Aviv, "No remorse: Should a teenager be given a life sentence?," *New Yorker*, January 2, 2012.

545 The full text of the Supreme Court decision *In re Gault*, 387 U.S. 1, decided May 15, 1967, can be found on the Cornell University Legal Information Institute website, http://www.law.cornell.edu/supct/html/historics/USSC_CR_0387_0001_ZS.html. The reference to "Kangaroo Court" occurs on pages 27–28 of the decision.

545 The full text of the Juvenile Justice and Delinquency Prevention Act can be found on the US Department of Justice website, http://www.ojjdp.gov/about/ojjjact.txt. For a discussion of the provisions of the act, see pages 36–39 of Dean John Champion, *The Juvenile Justice System: Delinquency, Processing, and the Law* (2004).

545 The US Department of Justice official's lament about the "psychobabble of social workers" comes from Merrill Hartson, "Juvenile court system too soft on criminals, U.S. official says," Associated Press, September 4, 1985.

545 The paucity of treatment programs for court-involved youth is discussed on page 7 of the Columbia University National Center on Addiction and Substance Abuse report *Criminal Neglect: Substance Abuse, Juvenile Justice and the Children Left Behind* (2004).

546 See, for example, Rosemary Sarri and Jeffrey Shook, "Human rights and juvenile justice in the United States," in *Children's Human Rights: Progress and Challenges for Children Worldwide*, edited by Mark Ensalaco and Linda C. Majka (2005).

546 For a discussion of the study finding that only a third of adolescent defendants thought their attorneys were helpful, see page 126 of Thomas Grisso and Robert G. Schwartz, *Youth on Trial: A Developmental Perspective on Juvenile Justice* (2000); juvenile defendants' understanding of the Miranda warning is discussed on page 114.

546 The quotation from Thomas Grisso and Robert G. Schwartz ("The adult-like procedures introduced by the left . . .") occurs on page 31 of their book *Youth on Trial: A Developmental Perspective on Juvenile Justice* (2000).

546 For more information on brain development and delinquent behavior, see Daniel R. Weinberger, "A brain too young for good judgment," *New York Times*, March 10, 2001; and Laurence Steinberg and Elizabeth Cauffman, "Maturity of judgment in adolescence: Psychosocial factors in adolescent decision making," *Law & Human Behavior* 20, no. 3 (June 1996).

546 Statistics on the association of drug and alcohol intoxication and the commission of crimes come from page 11 of the Columbia University National Center on Addiction and Substance Abuse report *Criminal Neglect: Substance Abuse, Juvenile Justice and the Children Left Behind* (2004); rates of drug and alcohol abuse among adolescent criminal defendants from page 2; rates of substance-abuse treatment from page 56. For more detail on the level of substance-abuse treatment in correctional facilities, see the HHS report *Drug and Alcohol Treatment in Juvenile Correctional Facilities: The DASIS Report* (2002).

547 This passage is based on my interview with Sophia and Josiah McFeely in 2004 and subsequent communications. All names in this passage are pseudonyms.

549 Numbers of adolescent defendants with psychiatric diagnoses come from Linda A. Teplin et al., "Psychiatric disorders in youth in juvenile detention," *Archives of General Psychiatry* 59, no. 12 (2002); and page 35 of the Columbia University National Center on Addiction and Substance Abuse report *Criminal Neglect: Substance Abuse, Juvenile Justice and the Children Left Behind* (2004).

549 The proportion of incarcerated adolescents with learning disabilities comes from page 5 of Ronald D. Stephens and June Lane Arnette, "From the courthouse to the schoolhouse: Making successful transitions," *OJJDP: Juvenile Justice Bulletin* NCJ-178900 (2000).

549 For the study of "easy" and "difficult" babies and later court involvement, see Rolf Loeber and Dale F. Hay, "Developmental approaches to aggression and conduct problems," on pages 488–515 of *Development through Life: A Handbook for Clinicians*, edited by Michael Rutter and Dale F. Hay (1994).

549 For the study on the relationship between youthful "troublesomeness" and adolescent offending, see David P. Farrington, "The development of offending and antisocial behaviour from childhood: Key findings from the Cambridge Study in Delinquent Development," *Journal of Child Psychology & Psychiatry* 36, no. 6 (September 1995).

549 An increased risk for offending for those who start young is found in Richard Dembo et al., "Predictors of recidivism to a juvenile assessment center: A three year study," *Journal of Child & Adolescent Substance Abuse* 7, no. 3 (1998); see also Patrick Tolan and Peter Thomas, "The implications of age of onset for delinquency risk II: Longitudinal data," *Journal of Abnormal Child Psychology* 23, no. 2 (April 1995): 157–81.

549 The quotation from Carol Carothers ("It is hard to imagine a worse place . . .") comes from her testimony "Juvenile detention centers: Are they warehousing children with mental illnesses?," on behalf of the National Alliance on Mental Illness before the Governmental Affairs Committee, United States Senate on Juvenile Detention Centers, July 7, 2004.

550 This passage is based on my interview with Brianna Gandy in 2003. All names in this passage are pseudonyms.

551 This passage is based on my interview with Jackson Simpson, Alexa Simpson, and Jackson's father in 2003. All names in this section are pseudonyms.

552 The description of hellish conditions at the Mississippi juvenile detention center comes from David M. Halbfinger, "Care of juvenile offenders in Mississippi is faulted," *New York Times*, September 1, 2003.

552 The quotation describing filthy, inhumane conditions in a Mississippi detention center comes from the complaint filed in *D.W. et al. v. Harrison County, Mississippi*, Case 1:2009cv00267, US District Court for the Southern District of Mississippi (Complaint filed April 20, 2009; Memorandum of Agreement filed June 24, 2009); see also the Southern Poverty Law Center press release "SPLC sues Mississippi county to stop 'shocking' abuse of children at detention center," April 20, 2009.

552 Stripping and isolation of adolescent female inmates is described in David Halbfinger, "Care of juvenile offenders in Mississippi is faulted," *New York Times*, September 1, 2003.

552 "Blender meals" are described in John Broder, "Dismal California prisons hold juvenile offenders," *New York Times*, February 15, 2004.

552 The characterization of California's juvenile prisons as "a dysfunctional jumble of antiquated facilities" comes from John Broder, "Dismal California prisons hold juvenile offenders," *New York Times*, February 15, 2004.

552 Conditions at the Nevada Youth Training Center are described in Ralph F. Boyd, *Investigation of Nevada Youth Training Center, Elko, Nevada* (2005), as cited on page 20 of the Columbia University National Center on Addiction and Substance Abuse report *Criminal Neglect: Substance Abuse, Juvenile Justice and the Children Left Behind* (2004).

552 The death of a seventeen-year-old inmate and deplorable conditions at the Miami-Dade Regional Juvenile Detention Center are described in the Miami-Dade County Grand Jury report *Investigation into the death of Omar Paisley and the Department of Juvenile Justice, Miami-Dade Regional Juvenile Detention Center*, January 27, 2004.

552 The statement from Joseph Califano ("We have fifty-one different systems of juvenile *in*justice . . .") occurs on page 20 of the Columbia University National Center on Addiction and Substance Abuse report *Criminal Neglect: Substance Abuse, Juvenile Justice and the Children Left Behind* (2004).

553 All quotations from Home School staff and residents come from interviews and personal communications between 2003 and 2005, and subsequent communications.

553 See Stephen DiMenna's website: http://www.stephendimenna.com/.555 This passage is based on my interviews with Dashonte Malcolm, Audrey Malcolm, Bishop Forbes, Mother Forbes, and Darius Stewart between 2003 and 2007, and subsequent communications. All names in this passage are pseudonyms.

557 Comprehensive general resources on gangs include James C. Howell et al., "U.S. gang problem trends and seriousness," *National Gang Center Bulletin* 6 (May 2011); and James C. Howell, *Gangs in America's Communities* (2011); for specific background on the Bloods, see the Virginia Fusion Center, *Bloods Street Gang Intelligence Report* (2008).

559 See "Interview with Leslie Van Houten," *CNN Larry King Weekend*, Cable News Network, June 29, 2002.

560 See Suzanne Daley's interview with Aicha el-Wafi, mother of Zacarias Moussaoui, "Mysterious life of a suspect from France," *New York Times*, September 21, 2001.

560 This passage is based on my interview with Dan Patterson in 2004. All names in this passage are pseudonyms.

560 See Lionel Dahmer, *A Father's Story* (1994).

561 The quotation from Lionel Dahmer occurs on pages 127–28 of *A Father's Story* (1994). It has been condensed.

561 See Rachel King, *Capital Consequences: Families of the Condemned Tell Their Stories* (2005). For a summary of King's work and conclusions, see her article "The impact of capital punishment on families of defendants and murder victims," *Judicature* 89, no. 5 (March–April 2006).

561 The story of Dave Herman and his family is told in chapter 7 of Rachel King, *Capital Consequences* (2005), pages 221–45. The quotations from Esther Herman ("I had two very active businesses . . ." and "Dave had been a good person . . .") occur on pages 223 and 231. They have been condensed.

561 This passage is based on my interview with Noel Marsh, Felicity Tompkins, and Steve Tompkins in 2003. All names in this passage are pseudonyms.

563 Studies of aggression in monkeys include Maribeth Champoux et al., "Serotonin transporter gene polymorphism, differential early rearing, and behavior in rhesus monkey neonates," *Molecular Psychiatry* 7, no. 10 (2002); and Allyson Bennett et al., "Early experience and serotonin transporter gene variation interact to influence primate CNS function," *Molecular Psychiatry* 7, no. 1 (2002).

563 See Avshalom Caspi et al., "Role of genotype in the cycle of violence in maltreated children," *Science* 297, no. 5582 (August 2002). For a general review of research in this area, see Terrie E. Moffitt, "Genetic and environmental influences on antisocial behaviors: Evidence from behavioral-genetic research," *Advances in Genetics* 55 (2005).

564 The quotation about the benefits of "a positive family environment" occurs on page 457 of Karol L. Kumpfer and Rose Alvarado, "Family-strengthening approaches for the prevention of youth problem behaviors," *American Psychologist* 58, nos. 6–7 (June–July 2003). It has been condensed.

564 The statement "The parental attachment factor explains delinquency" occurs on page 32 of Jill Leslie Rosenbaum, "Family dysfunction and female delinquency," *Crime & Delinquency* 35, no. 1 (January 1989); see also Joseph H. Rankin and Roger Kern, "Parental attachments and delinquency," *Criminology* 32, no. 4 (November 1994).

564 This passage is based on my interviews with Karina Lopez and Emma Lopez in 2003 and 2004 and subsequent communications. All names in this passage are true except for "Cesar Marengo," which is a pseudonym.

567 The murder of Luis Alberto Anaya and the prosecution of Jose Monroy Vega, Juan Carlos Ortiz-Mendoza, and Ramiro Montoya Pineda were covered extensively in the *Minneapolis Star Tribune*; see, e.g., Paul Gustafson, "Gang member found not guilty of St. Paul killing," May 6, 2004; "Doubts about witness lead to acquittal in murder case," July 24, 2004; and "Gang member sentenced for shooting death of rival," August 20, 2004. Surenos (also known as Surenos 13) is an alliance of Mexican-American street gangs that originated in Southern California during the 1970s and has since spread throughout the United States. In 2009, the Minnesota Metro Gang Strike Force estimated that Surenos 13 was the region's fastest- growing gang, with 106 members residing in the Minneapolis/St. Paul area; see Metro Gang Strike Force, "2008 Annual Report" (2009).

568 Statistics on single-parent families come from pages 10–11 of Howard Snyder and Melissa Sickmund, *Juvenile Offenders and Victims* (2006); see also Stephen Demuth and Susan L. Brown, "Family structure, family processes, and adolescent delinquency: The significance of parental absence versus parental gender," *Journal of Research in Crime & Delinquency* 41, no. 1 (February 2004).

568 This passage is based on my interview with Jamaal Carson and Breechelle Carson in 2003. All names in this passage are pseudonyms.

569 The quotation from John Bowlby ("comfortless and unpredictable, and they respond either by shrinking from it or doing battle with it") occurs on page 208 of John Bowlby, Margery Fry, and Mary D. Salter Ainsworth, *Separation: Anxiety and Anger*, vol. 2: *Attachment and Loss* (1973). For further

discussion of abuse and neglect as a contributing factor to delinquency, see Frank J. Elgar et al., "Attachment characteristics and behavioural problems in rural and urban juvenile delinquents," *Child Psychiatry & Human Development* 34, no. 1 (Fall 2003). The increased incidence of crimes committed by abused and neglected children is reported on page 3 of Cathy Widom and Michael G. Maxfield, *An Update on the "Cycle of Violence"* (2001).

569 This passage is based on my interview with Huaj Kyuhyun in 2003. All names in this passage are pseudonyms.

570 For discussion of exposure to violence as a risk factor for delinquency, see Cathy Widom and Michael G. Maxfield, *An Update on the "Cycle of Violence"* (2001); Karol L. Kumpfer, *Strengthening America's Families* (1999); Sally Preski and Deborah Shelton, "The role of contextual, child, and parent factors in predicting criminal outcomes in adolescence," *Issues in Mental Health Nursing* 22 (March 2001); and Carolyn Hilarski, "Victimization history as a risk factor for conduct disorder behaviors," *Stress, Trauma & Crisis* 7, no. 1 (January 2004).

570 For the report of the study finding increased risk of engaging in violent behavior in children exposed to violence, see Terence P. Thornberry, *Violent Families and Youth Violence* (1994); additionally, criminologist James C. Howell discusses and analyzes Thornberry's study on pages 113–14 of *Preventing and Reducing Juvenile Delinquency: A Comprehensive Framework* (2003).

570 The quotation from Jess McDonald ("The Child Welfare System is a feeder system for the juvenile justice system") occurs on page 32 of the Columbia University National Center on Addiction and Substance Abuse report *Criminal Neglect: Substance Abuse, Juvenile Justice and the Children Left Behind* (2004).

570 This passage is based on my interview with Ryan Nordstrom and his parents in 2004. All names in this passage are pseudonyms.

570 At least one study has found an association between early exposure to pornography and offending: David L. Burton, George Stuart Leibowitz, and Alan Howard, "Comparison by crime type of juvenile delinquents on pornography exposure: The absence of relationships between exposure to pornography and sexual offense characteristics," *Journal of Forensic Nursing* 6, no. 3 (September 2010).

570 David P. Farrington summarizes a major inquiry into youths' high-risk behavior in "The development of offending and antisocial behaviour from childhood: Key findings from the Cambridge Study in Delinquent Development," *Journal of Child Psychology & Psychiatry* 36, no. 6 (September 1995).

571 See Judith Rich Harris, *The Nurture Assumption: Why Children Turn Out the Way They Do* (1998), especially the discussion of "groupness" on page 128. The tendency of juveniles to commit crimes in groups is discussed on page 370 of *Child Delinquents: Development, Intervention, and Service Needs*, edited by Rolf Loeber and David P. Farrington (2001).

571 For discussion of the contribution of the social environment to juvenile delinquency, see Kenneth C. Land, "Influence of neighborhood, peer, and family context: Trajectories of delinquent/criminal offending across the life course" (2000).

571 Statistics on the percentage of juvenile crimes committed by females come from page 4 of Charles Puzzanchera, *Juvenile Arrests 2007* (2009).

571 For further discussion of precursors to female offending, see Leslie D. Leve and Patricia Chamberlain, "Female juvenile offenders: Defining an early-onset pathway for delinquency," *Journal of Child & Family Studies* 13, no. 4 (December 2004); and Jill Leslie Rosenbaum, "Family dysfunction and female delinquency," *Crime & Delinquency* 35, no. 1 (January 1989).

571 Statistics on the incidence of childhood sexual abuse among female criminal defendants come from George Calhoun et al., "The neophyte female delinquent: A review of the literature," *Adolescence* 28, no. 110 (Summer 1993); and Margaret A. Zahn et al., "Causes and correlates of girls' delinquency," US Department of Justice (April 2010).

571 Statistics on the percentage of chronic juvenile offenders who are gang members come from James C. Howell's report to the US Office of Juvenile Justice and Delinquency Prevention *Youth Gang Programs and Strategies* (2000).

571 Statistics on gang membership come from the National Youth Gang Center, *National Youth Gang Survey Analysis* (2011), http://www.nationalgangcenter.gov/Survey-Analysis/Measuring-the-Extent-of-Gang-Problems.

571 This passage is based on my interviews with Krishna Mirador, Carol Malloy, and Raul Mirador from 2003 to 2009, and subsequent communications. All names in this passage are pseudonyms.

572 For the Indian court decision finding that Ananda Marga was the intended recipient of the arms drop in the Purulia arms drop case, see *State v. Peter James Gifran von Kalkstein Bleach et al.*, Purulia arms dropping case, Sessions Trial No. 1, Calcutta Court of Session, judgment issued June 1997, http://www.cbi.gov.in/dop/judgements/padc.pdf.

576 As Krishna noted, many gangs started out as neighborhood baseball teams; see Robert Chow, "Barrios' rivalry began with sports, cars," *Orange County Register*, August 6, 1990.

579 See Elizabeth Bishop, "Questions of Travel," *Questions of Travel* (1965).

582 This passage is based on my interview with Tyndall Wilkie in 2003. All names in this passage are pseudonyms.

582 This passage is based on the story of Mitt Ebbetts as recounted to me in 2004 by a member of staff at a juvenile facility. All names in this passage are pseudonyms.

583 An official study found that nearly half of Castington inmates anticipate difficulty finding work after release; see Her Majesty's Young Offender Institution, Castington and Oswald Unit, "Summary of questionnaires and interviews," February 16, 2010, http://www.justice.gov.uk/downloads/publications/inspectorate-reports/hmipris/2010_CASTINGTON_YJB_survey_rps.pdf.

584 The survey of juvenile caseworkers is described on page 750 of Rolf Loeber and David P. Farrington, *Child Delinquents: Development, Intervention, and Service Needs* (2001).

584 Figures on the cost of jailing juveniles come from page 16 of Peter W. Greenwood et al., RAND Corporation report *Diverting Children from a Life of Crime: Measuring Costs and Benefits* (1996), estimating $21,000/year; and page 32 of Karol Kumpfer, *Strengthening America's Families: Exemplary Parenting and Family Strategies for Delinquency Prevention* (1999), estimating $34,000–$64,000/year.

584 For more information on prison programming and its role in reducing recidivism, see the discussion on pages 210–11 of James C. Howell, *Preventing and Reducing Juvenile Delinquency* (2003); Cole Barton et al., "Generalizing treatment effects of functional family therapy: Three replications," *American*

Journal of Family Therapy 13, no. 3 (Fall 1985); and Roger Przybylski's report to the Colorado Division of Criminal Justice, *What Works: Effective Recidivism Reduction and Risk-Focused Prevention Programs* (2008).

584 The quotation from Joseph Califano ("Treatment and accountability . . .") occurs on page 9 of the Columbia University National Center on Addiction and Substance Abuse report *Criminal Neglect: Substance Abuse, Juvenile Justice and the Children Left Behind* (2004).

584 The positive impact of family-based intervention is explored in William Shadish et al., "Effects of family and marital psychotherapies: A meta-analysis," *Journal of Consulting & Clinical Psychology* 61, no. 6 (December 1993).

584 The quotation about the effectiveness of family and group interventions occurs on page 255 of Susan R. Woolfenden, Katrina Williams, and Jennifer K. Peat, "Family and parenting interventions for conduct disorder and delinquency: A meta-analysis of randomized controlled trials," *Archives of Disease in Childhood* 86, no. 4 (April 2002).

584 The effectiveness of prenatal home visits in reducing juvenile crime is discussed on page 90 of the US surgeon general's report *Youth Violence* (2001). For more information on preventive programs, see Peter W. Greenwood et al., *Diverting Children from a Life of Crime: Measuring Costs and Benefit* (1996).

585 Delinquency prevention programs are likened to "the dental model" in Robert Nix, "Preschool intervention programs and the process of changing children's lives," *Prevention & Treatment* 6, no. 1 (December 2003).

585 Recent publications by Alan Kazdin on the parenting of defiant children include *Parent Management Training: Treatment for Oppositional, Aggressive, and Antisocial Behavior in Children and Adolescents* (2005); and Alan E. Kazdin, P. L. Marciano, and M. Whitley, "The therapeutic alliance in cognitive-behavioral treatment of children referred for oppositional, aggressive, and antisocial behavior," *Journal of Consulting and Clinical Psychology* 73, no. 4 (August 2005).

585 For the study concluding that behavioral-communication programs could cut recidivism in half, see Patrick Tolan et al., "Family therapy with delinquents: A critical review of the literature," *Family Processes* 25, no. 4 (December 1986).

585 For the two studies finding significantly reduced recidivism among participants in family therapy, see William H. Quinn and David J. Van Dyke, "A multiple family group intervention for first-time juvenile offenders. Comparisons with probation and dropouts on recidivism," *Journal of Community Psychology* 32, no. 2 (February 2004); and Cole Barton et al., "Generalizing treatment effects of functional family therapy: Three replications," *American Journal of Family Therapy* 13, no. 3 (Fall 1985).

585 Statistics on the increased incidence of arrest for violent crimes in youth from families who had received no early intervention come from Arthur J. Reynolds et al., "Long-term effects of an early childhood intervention on educational achievement and juvenile arrest," *Journal of the American Medical Association* 285, no. 18 (May 9, 2001).

585 Meager implementation of family therapy by juvenile institutions was found in Karol L. Kumpfer and Rose Alvarado, "Family-strengthening approaches for the prevention of youth problem behaviors," *American Psychologist* 58, nos. 6–7 (June–July 2003), page 457.

585 For demonstrations of the cost savings resulting from expenditures on family education, see Lawrence J. Schweinhart, Helen V. Barnes, and David P. Weikart, *Significant Benefits: The High/Scope Perry Preschool Study through Age 27* (1993). For documentation of even greater savings with later-stage intervention, see Robert Barnoski, *Outcome Evaluation of Washington State's Research-Based Programs for Juvenile Offenders* (2004).

585 Criminologist Peter Greenwood compares costs of the "three strikes" law with parole and parent training in the RAND Corporation report *Diverting Children from a Life of Crime: Measuring Costs and Benefits* (1996); specific figures cited occur on page 25.

586 Estimates of the total cost of the failure to provide adequate preventive services come from page 6 of Lawrence J. Schweinhart et al., *Lifetime Effects: The HighScope Perry Preschool Study through Age 40* (2005).

587 This passage is based on my interviews with Tom and Sue Klebold between 2005 and 2007, and subsequent communications. My sources on the Columbine tragedy include reports in the *Denver Rocky Mountain News* by Lynn Bartels, Dan Luzadder, and Kevin Vaughan (see the bibliography for all titles); David Cullen's articles on *Salon* and his subsequent book, *Columbine* (2009); coverage in the *New York Times* by David Brooks and Judith Warner; Nancy Gibbs and Timothy Roche, "The Columbine tapes," *Time*, December 20, 1999; Michael Paterniti, "Columbine never sleeps," *GQ*, April 2004; Brooks Brown and Rob Merritt, *No Easy Answers: The Truth behind Death at Columbine* (2002); Ralph Larkin, *Comprehending Columbine* (2007); and Susan Klebold, "I will never know why," *O, The Oprah Magazine*, November 2009.

588 Nathan Dykeman said of the Klebolds, "They're in a glass cage," in an ABC *Good Morning America* interview, "More insight on Dylan Klebold," broadcast April 30, 1999.

CHAPTER 5 | 跨性別 | TRANSGENDER

599 The quotation from Richard C. Friedman (". . . 'Don't worry——it won't happen to you'") comes from personal communication in 2011.

599 Amy Bloom's observation ("Male is not gay or straight; it's male . . .") occurs on page 18 of her book *Normal: Transsexual CEOs, Crossdressing Cops, and Hermaphrodites with Attitude* (2002).

599 The quotations from Jan Morris ("Transsexualism is not a sexual mode or preference . . ." and "My inner uncertainty . . .") occur on pages 8 and 7 of her memoir, *Conundrum* (2006).

599 These definitions, commonly accepted though occasionally debated, are cataloged on pages 4–6 of Stephanie Brill and Rachel Pepper, *The Transgender Child: A Handbook for Families and Professionals* (2008).

600 The quotation from Aiden Key ("My gender is who I am; my sexuality is who I bounce it off of") comes from my interview with him in 2009.

600 The quotation from the mother ("She's four——I don't think she's got sexual desires yet") comes from a personal interview in 2009.

600 See Richard Green, *The "Sissy Boy Syndrome" and the Development of Homosexuality* (1987).

601 My sources on ENDA and NGLTF advocacy include David Herszenhorn, "House approves broad protections for gay workers," *New York Times*, November 8, 2007; and Rea Carey's November 5, 2009, testimony before the Senate Committee on Health, Education, Labor, and Pensions. (I am a member of the Task Force board of directors, which I joined after I began researching this chapter.)

601 Diagnostic criteria for gender identity disorder appear on pages 576–80 of the *Diagnostic and Statistical Manual of Mental Disorders, DSM-IV-TR*, 4th ed. (2000).

601 Stephanie Brill and Rachel Pepper discuss the emergence of gender-stereotypical behavior in chapter 3 (pages 61–72) of *The Transgender Child* (2008).

601 Unless otherwise specified, all quotations from Stephanie Brill come from my interviews with her in 2009 and subsequent communications.

602 See Simona Giordano, "Lives in a chiaroscuro: Should we suspend the puberty of children with gender identity disorder?," *Journal of Medical Ethics* 34, no. 8 (August 2008).

602 "Official" statistics on incidence of gender reassignment surgery appear on page 579 of the *Diagnostic and Statistical Manual of Mental Disorders, DSM-IV-TR* (2000). I have applied those proportions to American population estimates.

602 Lynn Conway offers her analysis of transgender population statistics in her essay "The numbers don't add; transsexual prevalence," GID Reform Advocates (2008), http://gidreform.org/gid30285.html.

602 The quotation from Barbara Walters ("what's between their legs doesn't match what's between their ears") comes from her ABC News report "Transgender children face unique challenges," *20/20*, April 27, 2007.

602 The National Center for Transgender Equality estimates that between .25 percent and 1 percent of the population is transsexual; see page 1 of the organization's brochure "Understanding Transgender" (2009).

603 The quotation from Holly Devor occurs on page xxvi of *FTM: Female-to-Male Transsexuals in Society* (1997).

603 The word *cisgender* is new enough that it still awaits a place in the *Oxford English Dictionary*, but notable enough to have its own Wikipedia page (http://en.wikipedia.org/wiki/Cisgender); a 1991 article by German sexologist Volkmar Sigusch featured the neologism *zissexuelle*, and *cisgender* can be found in Usenet posts as far back as 1994.

603 This passage is based on my interview with Venessia, Joseph, Josie, and Jade Romero in 2009 and subsequent communications.

604 TransYouth Family Allies website: http://imatyfa.org/. (I am a member of the TYFA board of directors, which I joined after I began researching this chapter.)

606 Josie agreed to be profiled in the 2010 National Geographic documentary *Sex, Lies and Gender* and is featured in Stephanie Innes, "Meet Josie, 9: No secret she's transgender," *Arizona Star*, July 25, 2010.

607 A recent study has established that of the 4,508 genes actively transcribed in the mouse brain, 257 are more highly expressed in males and 355 in females; see Xia Yang et al., "Tissue-specific expression and regulation of sexually dimorphic genes in mice," *Genome Research* 16, no. 8 (August 2006). These numbers are far greater than the numbers of genes involved in the differentiation of the gonads. Given the increased size and complexity of the human brain, it is likely that even larger numbers of genes are associated with sexually dimorphic processes other than reproduction, including behavior and disposition. For a useful review of current research on genetic and epigenetic contributions to sex differences in behavior, see Irfan A. Qureshi and Mark F. Mehler, "Genetic and epigenetic underpinnings of sex differences in the brain and in neurological and psychiatric disease susceptibility," *Progress in Brain Research* 186 (2010). For further discussion of genetic and biological contributions to gender identity, see Louis Gooren, "The biology of human psychosexual differentiation," *Hormones & Behavior* 50 (2006): 589–601; Dick F. Swaab, "Sexual differentiation of the brain and behavior," *Best Practice & Research Clinical Endocrinology & Metabolism* 21, no. 3 (September 2007); and Lauren Hare et al., "Androgen receptor repeat length polymorphism associated with male-to-female transsexualism," *Biological Psychiatry* 65, no. 1 (January 1, 2009).

607 Unless otherwise specified, all quotations from Norman Spack come from my interview with him in 2009.

607 The possible influence of DES on development of gender dysphoria is discussed on pages 226–71 of Deborah Rudacille, *The Riddle of Gender: Science, Activism and Transgender Rights* (2005); the survey is described on page 17.

607 For more information on endocrine disruptors and differences in gendered behavior, see David Crews and John A. McLachlan, "Epigenetics, evolution, endocrine disruption, health, and disease," *Endocrinology* 147, no. 6 (June 2006).

Nicholas Kristof's reports on the subject include "It's time to learn from frogs," *New York Times*, June 27, 2009; and "Chemicals and our health," *New York Times*, July 16, 2009.

608 The quotation from Georges Canguilhem ("Diversity is not disease; the *anomalous* is not the pathological") occurs on page 137 of his book *The Normal and the Pathological* (1991).

608 Diagnostic criteria for gender identity disorder appear on pages 576–80 of the *Diagnostic and Statistical Manual of Mental Disorders, DSM-IV-TR*, 4th ed. (2000). For in-depth discussion of gender-atypical behaviors common to children with GID, see Kenneth J. Zucker and Susan J. Bradley, *Gender Identity Disorder and Psychosexual Problems in Children and Adolescents* (1995); and the chapter "Childhood, interrupted," on pages 192–225 of Deborah Rudacille, *The Riddle of Gender* (2005).

608 Heino Meyer-Bahlburg analyzes the statistical variance of children with GID from gender-typical behavior in his paper "Gender identity disorder of childhood: Introduction," *Journal of the American Academy of Child Psychiatry* 24, no. 6 (November 1985).

608 Figures for the percentage of children with GID whose cross-gender identification persists into adolescence are based on the findings in Richard Green, *The "Sissy Boy Syndrome" and the Development of Homosexuality* (1987); Kelley D. Drummond et al., "A follow-up study of girls with gender identity disorder," *Developmental Psychology* 44, no. 1 (January 2008); and M. S. Wallien and Peggy T. Cohen- Kettenis, "Psychosexual outcome of gender-dysphoric children," *Journal of the American Academy of Child & Adolescent Psychiatry* 47, no. 12 (December 2008).

609 The quotation from Kelly Winters ("Behaviors that would be ordinary or even exemplary . . .") comes from her essay "Issues of GID diagnosis for transsexual women and men" (2007).

609 Gerald Mallon and Teresa DeCrescenzo refer to "the sports corrective" and "the etiquette corrective" on page 58 of *Social Services with Transgendered Youth* (1999); and on page 230 of their article "Transgender children and youth: A child welfare practice perspective," *Child Welfare* 85, no. 2 (March–April 2006).

609 The quotation from Diane Ehrensaft ("The mental health profession has been consistently doing harm . . .") comes from Lois Wingerson, "Gender identity disorder: Has accepted practice caused harm?," *Psychiatric Times*, May 19, 2009.

609 Deborah Rudacille's observation about GID ("The diagnosis legitimizes the range of hormonal and surgical interventions . . .") occurs on page 216 of *The Riddle of Gender* (2005).

609 The quotation from William Narrow ("The harm of retention is stigma . . .") comes from Susan Jeffrey, "APA 2009: DSM-V on track for 2019, but difficult decisions lie ahead," *Medscape Medical News*, May 26, 2009.

610 Although gender reassignment surgery generally remains ineligible for insurance reimbursement, in November 2011 the Internal Revenue Service dropped its opposition to a 2010 Tax Court ruling allowing a federal tax deduction; see Jonathan Berr, "Sex change surgery is now tax deductible," *Time*, November 10, 2011.

610 All quotations from Michele Angello come from my interview with her in 2009 and subsequent communications.

610 See "AMA policy regarding sexual orientation" (2007), http://www.ama-assn.org/ama/pub/about-ama/our-people/member-groups-sections/glbt-advisory-committee/ama-policy-regarding-sexual-orientation.page.

610 The quotation from Edgardo Menvielle ("The goal is for the child to be well adjusted . . .") comes from Patricia Leigh Brown, "Supporting boys or girls when the line isn't clear," *New York Times*, December 2, 2006.

610 The characterization of Peggy Cohen-Kettenis's work occurs on page 29 of Alice Dreger, "Gender identity disorder in childhood: Inconclusive advice to parents," *Hastings Center Report* 39, no. 1 (January–February 2009).

611 The quotations from Aristotle ("the single cause" as to "why the man is man or the musician musical" is simply "because each thing is inseparable from itself") occur in *Metaphysics*, Book VII, pt. 17, on page 311 of *A New Aristotle Reader* (1987).

611 John Locke's statement "a man is a man" occurs in "Mr. Locke's reply to the Bishop of Worcester," in *The Works of John Locke, Esq., in Three Volumes*, vol. 1 (1727), page 419.

611 This passage is based on my interviews with Bettina and Greg Verdi in 2009 and subsequent communications. All names in this passage are pseudonyms.

613 The quotations in these two paragraphs from the two parents of trans people and the trans son of one of them come from personal interviews conducted between 2007 and 2010.

614 See Richard Green and John Money, *Transsexualism and Sex Reassignment* (1969). Money first publicly referred to the "John/Joan" case in *Man and Woman, Boy and Girl* (1972).

614 David Reimer told his story to John Colapinto, who published it first as "The true story of John/Joan," *Rolling Stone*, December 11, 1997; and three years later in *As Nature Made Him: The Boy Who Was Raised as a Girl* (2000). Colapinto commented on Reimer's death in "Gender gap: What were the real reasons behind David Reimer's suicide?," *Slate*, June 3, 2004.

614 For reports of the Johns Hopkins study, see William G. Reiner and John P. Gearhart, "Discordant sexual identity in some genetic males with cloacal exstrophy assigned to female sex at birth," *New England Journal of Medicine* 350, no. 4 (January 22, 2004); and William G. Reiner, "Gender identity and sex-ofrearing in children with disorders of sexual differentiation," *Journal of Pediatric Endocrinology & Metabolism* 18, no. 6 (June 2005)

615 The quotation from William G. Reiner ("These children demonstrate . . .") comes from a Johns Hopkins University press release, "Hopkins research shows nature, not nurture, determines gender," May 12, 2000.

615 For the UCLA study of effeminate boys, see George Rekers, O. Ivar Lovaas, and B. Low, "Behavioral treatment of deviant sex role behaviors in a male child," *Journal of Applied Behavioral Analysis* 7 (1974); and Richard Green, *The "Sissy Boy Syndrome" and the Development of Homosexuality* (1987).

615 The incident that ended George Rekers's public career as an academic standardbearer against homosexuality was first reported by Penn Bullock and Brandon K. Thorp in "Christian right leader George Rekers takes vacation with 'rent boy,'" *Miami New Times*, May 4, 2010.

615 The quotation from Kirk Murphy's sister comes from Scott Bronstein and Jesse Joseph's report for Cable News Network, "Therapy to change 'feminine' boy created a troubled man, family says," broadcast June 10, 2011.

615 See Phyllis Burke, *Gender Shock: Exploding the Myths of Male and Female* (1996).

616 This passage is based on my interview with Tony Ferraiolo and Anne Ferraiolo in 2008 and subsequent communications.

619 Jim Collins Foundation website: http://jimcollinsfoundation.org.

619 Information on the amounts of cross-sex hormones required to effect transition come from my interview with Norman Spack in 2009. For a detailed discussion of hormone treatment, see Wylie C. Hembree et al., "Endocrine treatment of transsexual persons: An Endocrine Society clinical practice guideline," *Journal of Clinical Endocrinology & Metabolism* 94, no. 9 (September 2009); and Louis J. Gooren, Erik J. Giltay, and Mathijs C. Bunck, "Long-term treatment of transsexuals with cross-sex hormones: Extensive personal experience," *Journal of Clinical Endocrinology & Metabolism* 93, no. 1 (January 2008).

620 See World Professional Association for Transgender Health, *Harry Benjamin International Gender Dysphoria Association's Standards of Care for Gender Identity Disorders*, 6th version (2001).

620 The various surgeries associated with gender reassignment are described in exquisite detail in the chapter "Medical and surgical options," on pages 196–211, of Mildred L. Brown and Chloe Ann Rounsley, *True Selves: Understanding Transsexualism* (1996). See also TS Roadmap, http://www.tsroadmap.com/physical/hair/zapidx.html.

621 For a scholarly source on hormone blockers, see Norman Spack, "An endocrine perspective on the care of transgender adolescents," *Journal of Gay & Lesbian Mental Health* 13, no. 4 (October 2009). News coverage of the subject includes Lauren Smiley, "Girl/boy interrupted," *SF Weekly*, July 11, 2007;

and Hanna Rosin, "A boy's life," *Atlantic Monthly*, November 2008.

621 Follow-up studies of the Dutch cohort include Peggy T. Cohen-Kettenis and Stephanie H. van Goozen, "Sex reassignment of adolescent transsexuals: A follow-up study," *Journal of the American Academy of Child & Adolescent Psychiatry* 36 (1997); Yolanda L. Smith, Stephanie H. van Goozen, and Peggy T. Cohen-Kettenis, "Adolescents with gender identity disorder who were accepted or rejected for sex reassignment surgery: A prospective follow-up study," *Journal of the American Academy of Child & Adolescent Psychiatry* 40 (2001); and Yolanda L. Smith et al., "Sex reassignment: Outcomes and predictors of treatment for adolescent and adult transsexuals," *Psychological Medicine* 35 (2005). For a handy summary of this work, see Peggy Cohen-Kettenis, H. A. Delemarre–van de Waal, and L. J. Gooren, "The treatment of adolescent transsexuals: Changing insights," *Journal of Sexual Medicine* 5, no. 8 (August 2008).

622 UK policy on hormone-blocking therapy is discussed in Simona Giordano, "Lives in a chiaroscuro: Should we suspend the puberty of children with gender identity disorder?," *Journal of Medical Ethics* 34, no. 8 (August 2008); Naomi Coleman, "Boys will be girls," *Guardian*, August 20, 2003; and Viv Groskop, "My body is wrong," *Guardian*, August 14, 2008.

622 Domenico Di Ceglie reports that 20 percent of his patients choose not to complete gender reassignment in Lauren Smiley, "Girl/boy interrupted," *SF Weekly*, July 11, 2007.

622 All quotations from Shannon Minter come from my interview with him in 2009 and subsequent communications.

623 This passage is based on my interview with Jennifer Finney Boylan and Hildegarde Boylan in 2007. I have, additionally, drawn some passages from Jennifer Finney Boylan, *She's Not There: A Life in Two Genders* (2003).

625 Alice Domurat Dreger's lament about early transition and sex-role rigidity comes from her article "Trans advocates (at least where genderqueer kids are concerned)," *Stranger (The Queer Issue: You're Doing It Wrong)*, June 21, 2011.

626 The quotation from Just Evelyn ("I knew his life would be difficult and sad . . .") occurs on page 6 of her book, *Mom, I Need to Be a Girl* (1998).

626 The quotation from Aleshia Brevard ("I consciously tried to create a boy child . . .") occurs in her 2001 essay, "The woman I was not born to be," on pages 242–43 of *Sexual Metamorphosis: An Anthology of Transsexual Memoirs*, edited by Jonathan Ames (2005).

626 Cris Beam's account of "Ariel" occurs on page 77 of *Transparent: Love, Family, and Living the T with Transgendered Teenagers* (2007).

626 This passage is based on my interview with Hendrik and Alexia Koos in 2009. All names in this passage are pseudonyms.

627 This passage is based on my interview with Rex and Karen Butt and Cadence Case in 2009, and subsequent communications.

629 This passage is based on my interviews with Jonah and Lily Marx in 2008 and 2009. All names in this passage are pseudonyms and some identifying details have been changed.

631 See the American Psychiatric Association's 2000 "Position statement on therapies focused on attempts to change sexual orientation (reparative or conversion therapies)." See also the American Psychological Association Task Force on Appropriate Therapeutic Responses to Sexual Orientation August 2009 press release, "Insufficient evidence that sexual orientation change efforts work." For the "heated debate" about reparative therapy for trans people, see the next note.

631 Kenneth Zucker's publications include: Kenneth J. Zucker and Susan J. Bradley, *Gender Identity Disorder and Psychosexual Problems in Children and Adolescents* (1995); Susan J. Bradley and Kenneth J. Zucker, "Gender identity disorder: A review of the past 10 years," *Journal of the Academy of Child & Adolescent Psychiatry* 36, no. 7 (July 1997); and Susan J. Bradley and Kenneth J. Zucker, "Children with gender nonconformity: Drs. Bradley and Zucker reply," *Journal of the American Academy of Child & Adolescent Psychiatry* 42, no. 3 (March 2003). For journalistic coverage of Zucker's work, see Alix Spiegel, "Q&A: Therapists on gender identity issues in kids," NPR broadcast, May 7, 2008; and Daniel Goleman, "The wrong sex: A new definition of childhood pain," *New York Times*, March 22, 1994. Exemplifying criticism of Zucker's position are Simon D. Pickstone-Taylor's letter "Children with gender nonconformity," *Journal of the American Academy of Child & Adolescent Psychiatry* 42, no. 4 (March 2003); Y. Gavriel Ansara and Peter Hegarty, "Cisgenderism in psychology: Pathologising and misgendering children from 1999 to 2008," *Psychology & Sexuality* 2 (2011); and Stephanie Wilkinson, "Drop the Barbie! If you bend gender far enough, does it break?," *Brain, Child: The Magazine for Thinking Mothers* (Fall 2001).

631 Organizational websites: NARTH (National Association for Research and Therapy of Homosexuality), http://www.narth.com/; Catholic Education Resource Center, http://www.catholiceducation.org/. Works published and promoted by CERC and NARTH principals that cite to Zucker's work include Richard Fitzgibbons Jr. and Joseph Nicolosi, "When boys won't be boys: Childhood gender identity disorder," *Lay Witness* (June 2001); Joseph Nicolosi and Linda Ames Nicolosi, *A Parent's Guide to Preventing Homosexuality* (2002); and A. Dean Byrd and the NARTH Scientific Advisory Committee, "Gender identity disorders in childhood and adolescence: A critical inquiry and review of the Kenneth Zucker research" (March 2007). Proponents of reparative therapy also include orthodox Jews, e.g., Susan L. Rosenbluth, "Help for Jewish homosexuals that is consistent with Torah principles," *Jewish Voice & Opinion* 13, no. 4 (December 1999).

631 The mother's description of her experience implementing reparative therapy comes from Alix Spiegel's NPR report "Two families grapple with sons' gender preferences: Psychologists take radically different approaches in therapy," *All Things Considered*, May 7, 2008.

631 For the follow-up study of patients at Zucker's clinic, see Kelley D. Drummond et al., "A follow-up study of girls with gender identity disorder," *Developmental Psychology* 44, no. 1 (January 2008).

632 The mother who doubted that her adult daughter would outlive her is profiled in Hanna Rosin, "A boy's life," *Atlantic Monthly*, November 2008. Rosin reports Zucker's comparison of "young children who believe they are meant to live as the other sex to people who want to amputate healthy limbs, or who believe they are cats, or those with something called ethnic-identity disorder. 'If a fiveyear-old black kid came into the clinic and said he wanted to be white, would we endorse that?' he told me. 'I don't think so. What we would want to do is say, "What's going on with this kid that's making him feel that it would be better to be white?"'"

632 Zucker's characterization of transgender children as rigid and joyless is quoted in Stephanie Wilkinson, "Drop the Barbie! If you bend gender far enough, does it break?," *Brain, Child: The Magazine for Thinking Mothers* (Fall 2001).

632 Zucker's characterization of belief in the immutability of gender dysphoria as "simple-minded biological reductionism" occurs on page 267 of Susan J. Bradley and Kenneth J. Zucker, "Children with gender nonconformity: Drs. Bradley and Zucker reply," *Journal of the American Academy of Child & Adolescent Psychiatry* 42, no. 3 (March 2003); and as "liberal essentialism" in Alix Spiegel's May 7, 2008, NPR report, "Q&A: Therapists on gender identity issues in kids."

632 Susan Coates's observations about creativity and anxiety in gender-dysphoric youth come from my interview with her in 2008 and subsequent communications.

633 This passage is based on my interview with Dolores Martinez and Tyler Holmes in 2009 and subsequent communications. All names in this passage are pseudonyms.

635 Amy Bloom discusses the contribution of parents to cross-gender identification on page 38 of *Normal: Transsexual CEOs, Crossdressing Cops, and Hermaphrodites with Attitude* (2002).

635 Heino Meyer-Bahlburg contends that GID cannot be categorized "on a purely scientific basis" on page 461 of his article "From mental disorder to iatrogenic hypogonadism: Dilemmas in conceptualizing gender identity variants as psychiatric conditions," *Archives of Sexual Behavior* 39, no. 2 (April 2010).

636 All quotations from Edgardo Menvielle come from my interview with him in 2009 unless otherwise specified.

636 The finding of a 1 percent rate of post-transition dissatisfaction is reported on page 211 of Mildred L. Brown and Chloe Ann Rounsley, *True Selves: Understanding Transsexualism* (1996).

636 Danielle Berry expresses her regret about her "jump off the precipice" in Lynn Conway, "A warning for those considering MtF sex reassignment surgery (SRS)" (2005, revised 2007), at http://ai.eecs.umich.edu/people/conway/TS/Warning.html.

636 The quotation from Sam Hashimi comes from Helen Weathers, "A British tycoon and father of two has been a man and a woman . . . and a man again . . .and knows which sex he'd rather be," *Daily Mail Online*, January 4, 2009.

637 All quotations and anecdotes from Kim Pearson come from my interviews with her between 2007 and 2012.

637 This passage is based on my interviews with Scott Earle, Lynn Luginbuhl, Morris Earle, and Charlie Earle in 2007 and 2008. Though Lynn and Morris were happy to be quoted by name, Scott asked me to use a pseudonym, which I have done; Charlie's name is also a pseudonym.

639 For more on gayness among trans people, see Autumn Sandeen, who said on KRXQ on June 11, 2009, that "fifty-three percent of transgender women identify as lesbian or bisexual, and ten to thirty percent of transmen are gay." For their book in development, *Understanding Transgender Lives*, Brett Genny Beemyn and Sue Rankin at http://www.umass.edu/stonewall/uploads/listWidget/9002/Understanding%20Transgender%20Lives.pdf describe a survey in which "one third of respondents (32%, n = 1,120) reported that their sexual orientation is bisexual, and 30% (n = 1,029) identified as heterosexual. Sixteen percent (n =567) identified 'Other,' which include but are not limited to 'a mix of asexual, gay, and heterosexual,' 'ambivalent,' 'attracted to genderqueer people,' 'autobisexual,' 'bisexual when dressed in female clothes otherwise heterosexual,' 'pansexual,' 'queer,' and 'transgender lesbian.' Twelve percent identified as lesbian, four percent identified as gay, and five percent identified as asexual. One percent of respondents (n = 26) did not respond to the question."

641 This passage is based on my interview with Kim, John, and Shawn Pearson in 2007 and subsequent communications.

644 This passage is based on my interview with Shannon and Keely Garcia in 2009 and subsequent communications.

645 According to a 2011 survey sponsored by the National Center for Transgender Equality and the National Gay and Lesbian Task Force, "Fifty-seven percent (57%) faced some rejection by their family and 43% were accepted"; see page 101 of Jaime M. Grant et al., *Injustice at Every Turn* (2011).

645 Cris Beam's description of the mother's wish that her transgender child would die of AIDS occurs on page 36 of *Transparent: Love, Family, and Living the T with Transgendered Teenagers* (2007).

645 The excerpt from the outraged mother's letter to her transgender child is taken from pages 175–76 of Mildred L. Brown and Chloe Ann Rounsley, *True Selves* (1996).

646 The transphobic drive-time shock-jock harangue and its aftermath was chronicled in the *Sacramento Bee*; see Carlos Alcala, "Radio segment on transgender kids raises hackles," *21Q: A Bee Entertainment Blog*, June 2, 2009; Carlos Alcala, "Under fire, radio host says transgender comments were 'a joke,'" *Sacramento Bee*, June 4, 2009 (source of quotations from the show); Matthew Keys, "Local radio show takes heat, loses advertisers over transgender comments," *Sacramento Press*, June 5, 2009; Bill Lindelof, "Transgender controversy," *Sacramento Bee*, June 9, 2009; Carlos Alcala, "On-air controversy: Radio show back today with transgender advocates," *Sacramento Bee*, June 11, 2009; and Bill Lindelof, "Broadcasters apologize on air for transgender remarks," *Sacramento Bee*, June 12, 2009.

646 This passage is based on my interview with Hailey Krueger and Jane Ritter in 2009. All names in this passage are pseudonyms.

650 See the National Center for Transgender Equality and the National Gay and Lesbian Task Force study *Injustice at Every Turn: A Report of the National Transgender Discrimination Survey* (2011); and for similar findings among youth, Michael Bochenek and A. Widney Brown's report for Human Rights Watch, *Hatred in the Hallways: Violence and Discrimination against Lesbian, Gay, Bisexual, and Transgender Students in U.S. Schools* (2001).

650 Statistics on homelessness and prostitution among transgender youth come from Nicholas Ray's 2007 report to the National Gay & Lesbian Task Force, "Lesbian, gay, bisexual and transgender youth: An epidemic of homelessness"; and David Kihara, "Giuliani's suppressed report on homeless youth," *Village Voice*, August 24, 1999.

650 The quotation from the transgender sex worker ("I like the attention; it makes me feel loved") comes from Corey Kilgannon, "After working the streets, bunk beds and a Mass," *New York Times*, May 2, 2007.

650 This passage is based on my interview with Albert Cannon, Roxanne Green, and Dante Haynes in 2009.

652 Teish Green's murder and Dwight DeLee's trial were thoroughly chronicled by the *Syracuse Post-Standard*; for an index of all coverage, search http://www.syracuse.com for *Moses Cannon*. Articles consulted for this passage include Matt Michael, "Syracuse man was killed for being gay, police say," *Syracuse*

Post-Standard, November 16, 2008; Jim O'Hara, "Syracuse man indicted on hate-crime murder charge," *Syracuse Post-Standard*, April 3, 2009; and Jim O'Hara, "Dwight DeLee gets the maximum in transgender slaying," *Syracuse Post-Standard*, August 18, 2009.

653 The quotation from Michael Silverman about Dwight DeLee's trial comes from my interview with him in 2009.

653 Statistics on murders of transgender people come from Gwendolyn Ann Smith's informational website, Remembering Our Dead, http://www.gender.org/remember. For discussion of proposals to extend hate-crime protection to transgender people, see David Stout, "House votes to expand hate-crime protection," *New York Times*, May 4, 2007. See also http://www.transgenderdor.org/.

654 Carsten Balzer refers to the international incidence of murder of transgender people, and the frequent murder of minors, on pages 156–57 of his report "Preliminary results of Trans Murder Monitoring Project," *Liminalis* 3 (July 2009); on page 157, Balzer cites Thomas Hammarberg's account of the Portuguese incident in "Discrimination against transgender persons must no longer be tolerated," Office of the Commissioner for Human Rights, 2009.

654 Contemporary news reports on murders of transgender people: Krissy Bates: Abby Simons, "'The killing of one of our own,'" *Minneapolis Star Tribune*, January 22, 2011; and Abby Simons, "Man guilty of murdering transgender victim," *Minneapolis Star Tribune*, November 24, 2011. Tyra Trent: Jessica Anderson, "Vigil remembers transgender murder victim," *Sun*, March 5, 2011. Marcal Camero Tye: Jeannie Nuiss, "FBI may investigate dragging death as hate crime," *Commercial Appeal*, March 20, 2011. Nate Nate: Dale Lezon, "HPD releases suspect sketch in cross-dresser's killing," *Houston Chronicle*, June 14, 2011. Lashai Mclean: Pat Collins, "Transgender person slain in northeast," *NBC Washington*, July 21, 2011. Camila Guzman: Steven Thrasher, "Camila Guzman, transgender murder victim, remembered in East Harlem Vigil," *Village Voice*, August 12, 2011. Gaurav Gopalan: Trey Graham, "The final days of Gaurav Gopalan," *Washington City Paper*, September 21, 2011. Shelley Hilliard: Gina Damron, "Mom waits for answers in transgender teen's death," *Detroit Free Press*, November 12, 2011.

654 This passage is based on my interview with Anne O'Hara, Marshall Camacho, Glenn Stevens, and Kerry Adahy in 2009. All names in this passage are pseudonyms.

659 The quotation from Judith Butler ("One might wonder what use 'opening up the possibilities' finally is . . .") occurs on page viii of the revised edition of her book *Gender Trouble: Feminism and the Subversion of Identity* (1999).

660 This passage is based on my interview with Bridget and Matt McCourt in 2009. All names in this passage are pseudonyms.

661 This passage is based on my interview with Nicole, Ben, and Anneke Osman in 2009.

662 This passage is based on my interview with Vicky Pearsall in 2007 and subsequent communications. All names in this passage are pseudonyms.

663 Emmy Werner's comment about children who are gender-flexible comes from an interview with Robin Hughes on the episode "Resilience" of the Australian radio show *Open Mind*, broadcast April 29, 1996.

663 The quotations from Renee Richards disapproving of gender fluidity come from Debra Rosenberg, "Rethinking gender," *Newsweek*, May 21, 2007; and Maureen Dowd, "Between torment and happiness," *New York Times*, April 26, 2011.

664 Justin Vivian Bond's remark about "nurturing your nature" comes from Mike Albo, "The official Justin Bond," *Out*, April 11, 2011.

664 This passage is based on my interview with Eli, Joanna, and Kate Rood in 2007 and subsequent communications, as well as Eli's blog at http://translocative.blogspot.com/.

666 The quotation from Kate Rood ("Eli is soon to be rendered infertile . . .") comes from her article "The sea horse: Our family mascot," *New York Times*, November 2, 2008.

666 The closing quotation from Eli Rood comes from his essay "Not quite a beginning," *Eli's Coming*, February 3, 2006, http://translocative.blogspot.com/2006/02/not-quite-beginning.html.

666 See David Smith, "Gender row athlete Caster Semenya wanted to boycott medal ceremony," *Guardian*, August 21, 2009.

666 IOC Medical Commission chairman Arne Ljungqvist admitted, "There is no scientifically sound lab-based technique that can differentiate between man and woman," in Debra Rosenberg, "Rethinking gender," *Newsweek*, May 21, 2007.

666 Caster Semenya declared, "I accept myself," in the cover story of a September 2009 issue of the South African magazine *YOU*, as reported in the *Independent Online*, September 8, 2009.

667 This passage is based on my interview with Shannon Minter in 2009.

667 The full text of the decision in the case, *In re the marriage of Michael J. Kantaras v. Linda Kantaras* (Case 98-5375CA, Circuit Court of the Sixth Judicial Circuit in and for Pasco County, Florida, February 2003), is available online at http://www.transgenderlaw.org/cases/kantarasopinion.pdf; the quotation from the judge ("Transsexualism is a massively complex and difficult problem deserving of the highest respect and sympathy . . .") occurs on page 774.

668 Genesis 5:2: "Male and female he created them."

668 This passage is based on my interviews with Carol McKerrow, Don Harriot, Kim Reed, and other members of their families in 2009 and subsequent interviews and communications, as well as Kim's film *Prodigal Sons* (2009) and Kim and Carol's appearance on *Oprah* in 2010.

672 See Martin J. Kidston, "Helena prodigal son returning as woman," *Independent Record*, September 24, 2009; see also Kidston's report on the film showing two days later, "250 pack church for transgender documentary," *Independent Record*, September 26, 2009.

674 The lines by Alfred, Lord Tennyson come from "In memoriam A.H.H." (1849), on page 155 of *The Complete Works of Alfred Lord Tennyson* (1891).

675 My book about Russian art is *The Irony Tower: Soviet Artists in a Time of Glasnost* (1991).

679 The quotations from Bree Walker and the talk-show hosts ("It was shocking to me ..." and "Is it fair ...") come from Daniel Corone, "Bree Walker blasts KFI's *Baby Talk*," *Los Angeles Times*, August 17, 1991.

679 The second quotation from Bree Walker ("I felt that my pregnancy had been terrorized ...") comes from Steven A. Holmes, "Radio talk about TV anchor's disability stirs ire in Los Angeles," *New York Times*, August 23, 1991; the third and fourth ("The darkest moment of my life" and "Tossed the coin ...") come from her interview with ABC News, "Medical mystery: Ectrodactyly," broadcast on January 29, 2007.

679 The quotation from Bill Holt ("For anyone to determine that Bree Walker should not have children ...") comes from Daniel Corone, "Bree Walker blasts KFI's *Baby Talk*," *Los Angeles Times*, August 17, 1991.

679 All quotations from Joanna Karpasea-Jones come from her article "Daring disabled parenting," *Mothering*, November–December 2007.

680 The quotation from Adrienne Asch ("Chronic illness and disability are not equivalent to acute illness or sudden injury ...") comes from pages 1650–51 of her article "Prenatal diagnosis and selective abortion: A challenge to practice and policy," *American Journal of Public Health* 89, no. 11 (November 1999). It has been condensed.

680 See Laura Rothenberg, *Breathing for a Living* (2004), and my article "The Amazing Life of Laura," *Glamour*, July 2003.

681 The reference to "made-to-order babies" comes from Lindsey Tanner, "Physicians could make the perfect imperfect baby," *Los Angeles Times*, December 31, 2006.

681 For the survey finding that 3 percent of PGD clinics have selected *for* disability, see Susannah Baruch, David Kaufman, and Kathy L. Hudson, "Genetic testing of embryos: Practices and perspectives of US in vitro fertilization clinics," *Fertility & Sterility* 89, no. 5 (May 2008).

681 Robert J. Stillman's comment ("... Dwarfism and deafness are not the norm") occurs in Darshak Sanghavi, "Wanting babies like themselves, some parents choose genetic defects," *New York Times*, December 5, 2006.

681 The quotation from Michael Bérubé ("The question is whether we will maintain a social system that makes allowance for unpredictability ...") occurs on page 86 of his memoir, *Life as We Know It: A Father, a Family and an Exceptional Child* (1996).

681 The Human Fertilisation and Embryology Act 2008 represented an amendment and updating of legislation enacted in 1990; for the full text, see http://www.legislation.gov.uk/ukpga/2008/22/contents. The controversy over its provisions pertaining to disability was described in Steven D. Emery, Anna Middleton, and Graham H. Turner, "Whose deaf genes are they anyway?: The Deaf community's challenge to legislation on embryo selection," *Sign Language Studies* 10, no. 2 (Winter 2010). The comment by pseudonymous blogger Mishka Zena comes from the post "Eugenics too close to home: Tomato Lichy, U.K. activist," *Endless Pondering*, March 10, 2008, at http://www.mishkazena.com/2008/03/10/eugenics-too-close-to-home-tomato-livy-uk-activist.

682 Sharon Duchesneau and Candace McCullough tell their story in Liz Mundy, "A world of their own," *Washington Post Magazine*, March 31, 2002. For a scholarly article about this case, see Humphrey-Dirksen Bauman, "Designing deaf babies and the question of disability," *Journal of Deaf Studies & Deaf Education* 10, no. 3 (Summer 2005).

682 See Wendy McElroy, "Victims from birth: Engineering defects in helpless children crosses the line," FOX News, April 9, 2002.

682 John Sproston's letter to the editor expressing dismay at Sharon Duchesneau and Candace McCullough's desire to give birth to a deaf child ("That three people could deliberately deprive another person of a natural faculty ...") was published in the *Washington Post* on June 9, 2004, and is quoted in Judith F. Daar, "ART and the search for perfectionism: On selecting gender, genes, and gametes," *Journal of Gender, Race and Justice* 9, no. 2 (Winter 2005).

682 The quotation from John Corvino ("They could have chosen a different donor ...") comes from his article "Why Baby Gauvin is not a victim," *Gay & Lesbian Review Worldwide* 9, no. 6 (2002).

682 Patrick Boudreault's comment ("No one is talking, ever, about deliberately deafening a child born hearing") comes from a personal communication in 2008.

683 Sean Tipton's comment about the usual desire of parents to bring forth children who resemble them, and Sharon's and Candy's replies, come from Liza Mundy, "A world of their own," *Washington Post Magazine*, March 31, 2002.

683 Carina Dennis's observation ("Communication and the pursuit of intimacy are central to being human ...") occurs on page 894 of her article "Genetics: Deaf by design," *Nature* 431 (October 21, 2004).

683 See William Saletan, "Deformer babies: The deliberate crippling of children," *Slate*, September 21, 2006.

683 The Johns Hopkins survey of PGD clinics is described in Susannah Baruch, David Kaufman, and Kathy L. Hudson, "Genetic testing of embryos: Practices and perspectives of US *in vitro* fertilization clinics," *Fertility & Sterility* 89, no. 5 (May 2008).

683 See Gautam Naik, "A baby, please. Blond, freckles, hold the colic: Laboratory techniques that screen for diseases in embryos are now being offered to create designer children," *Wall Street Journal*, February 12, 2009.

683 See the University College London press release "First baby tested for breast cancer form BRCA1 before conception born in U.K.," January 9, 2009; and the CNN report "'Cancer-free' baby born in London," broadcast January 9, 2009.

683 The Los Angeles Fertility Institutes' plans to offer selection for gender, hair, and eye color were described in Gautam Naik, "A baby, please. Blond, freckles, hold the colic: Laboratory techniques that screen for diseases in embryos are now being offered to create designer children," *Wall Street Journal*, February 12, 2009.

684 Results of the Johns Hopkins survey of public opinion regarding genetic testing are reported in Aravinda Chakravarti et al., *Reproductive Genetic Testing: What America Thinks* (2004).

684 See Michael J. Sandel, *The Case Against Perfection* (2007).

684 The quotation from Marc Lappe ("It would be unthinkable and immoral ...") comes from his pioneering paper on genetic selection, "How much do we

want to know about the unborn?," *Hastings Center Report* 3, no. 1 (February 1973).

684 Patricia Bauer's observation that "prenatal testing is making your right to abort a disabled child more like your duty to abort a disabled child" comes from her article "The abortion debate no one wants to have," *Washington Post*, October 18, 2005.

685 The statement "American mobility is exceptional; where we stand out is our limited mobility from the bottom" comes from Scott Winship, "Mobility impaired," *National Review*, November 14, 2011.

686 See Gurinder Osan, "Baby with two faces born in North India," Associated Press/MSNBC, April 9, 2008. All quotations come from this report.

686 Lali's death from a heart attack was reported on the BBC Channel 4 program *Body Shock*, broadcast September 16, 2008.

687 New Haven's arboreal tragedy and the city's recovery efforts are described in Charlotte Libov, "New Haven holding on to 'Elm City' nickname," *New York Times*, April 24, 1988; Bruce Fellman, "The Elm City: Then and now," *Yale Alumni Magazine*, September/October 2006; and David K. Leff, "Remaining elms hint at tree's elegant past," *Hartford Courant*, October 27, 2011.

688 Our journey and that of other gay parents who seek to create a family through assisted reproductive technology is described in Emma Brockes, "Gay parenting: It's complicated," *Guardian*, April 20, 2012. I wrote about our experiences in "Meet My Real Modern Family," *Newsweek*, January 30, 2011.

698 Roger Penrose discusses the anthropic principle on pages 433–34 of *The Emperor's New Mind: Concerning Computers, Minds, and the Laws of Physics* (1989).

701 The quotation from William Dean Howells ("what the American public always wants is a tragedy with a happy ending") occurs on page 147 of Edith Wharton's autobiography, *A Backward Glance* (1934).

701 Compare, for example, the insight-oriented approach advocated by psychologists such as Erik H. Erikson (see his 1959 anthology, *Identity and the Life Cycle*) with the cognitive techniques described by Martin Seligman in *Learned Optimism* (1991).

參考書目｜BIBLIOGRAPHY

這份參考書目包含了本書直接引用的引言出處，以及影響我想法並有助於我理解書中主題的著作，還有某些學者讓我引用其未發表的筆記。完整的參考書目請見：http://www.andrewsolomon.org/far from the-tree/bibliography

Abbott, Douglas A., and William H. Meredith. "Strengths of parents with retarded children." *Family Relations* 35, no. 3 (July 1986): 371–75.

Abbott, Jack Henry. *In the Belly of the Beast: Letters from Prison.* New York: Random House, 1981.

Abi-Dargham, Anissa, et al. "Increased baseline occupancy of D2 receptors by dopamine in schizophrenia." *Proceedings of the National Academy of Sciences* 97, no. 14 (July 2000): 8104–9.

Ablon, Joan. "Dwarfism and social identity: Self-help group participation." *Social Science & Medicine* 15B (1981): 25–30.

—. *Little People in America: The Social Dimension of Dwarfism.* New York: Praeger, 1984.

—. *Living with Difference: Families with Dwarf Children.* New York: Praeger, 1988.

—. "Personality and stereotype in osteogenesis imperfecta: Behavioral phenotype or response to life's hard challenges?" *American Journal of Medical Genetics* 122A (October 15, 2003): 201–14.

Abraham, Willard. *Barbara: A Prologue.* New York: Rinehart, 1958.

Abrahams, Brett S., and Daniel H. Geschwind. "Advances in autism genetics: On the threshold of a new neurobiology." *Nature Review Genetics* 9, no. 5 (May 2008): 341–55.

Abramsky, Sasha, and Jamie Fellner. *Ill-Equipped: U.S. Prisons and Offenders with Mental Illness.* New York: Human Rights Watch, 2003.

Accardo, Pasquale J., Christy Magnusen, and Arnold J. Capute, eds. *Autism: Clinical and Research Issues.* Baltimore: York Press, 2000.

Adelson, Betty M. *Dwarfism: Medical and Psychosocial Aspects of Profound Short Stature.* Baltimore: Johns Hopkins University Press, 2005.

—. *The Lives of Dwarfs: Their Journey from Public Curiosity Toward Social Liberation.* New Brunswick, NJ: Rutgers University Press, 2005.

Adelson, Betty, and Joe Stramondo. Unpublished letter to the editor of the *New York Times*, 2005.

Adoption.com Forums. "Children born of rape." Public discussion. Mesa, AZ: Adoption Media, 2004–06.

Advanced Bionics. "The Reason to Choose AB." Valencia, CA: Advanced Bionics, 2009.

——. "Hear Your Best." Valencia, CA: Advanced Bionics, 2011.

Advertising Standards Authority. "ASA adjudication on the Option Institute and Fellowship." Complaint Reference 104067. London: Advertising Standards Authority, March 3, 2010.

Affleck, Glenn, and Howard Tennen. "Appraisal and coping predictors of mother and child outcomes after newborn intensive care." Journal of Social & Clinical Psychology 10, no. 4 (1991): 424–47.

Affleck, Glenn, Howard Tennen, and Jonelle Rowe, eds. Infants in Crisis: How Parents Cope with Newborn Intensive Care and Its Aftermath. New York: Springer, 1991.

African Commission on Human and Peoples' Rights International Work Group for Indigenous Affairs. Report of the African Commission's Working Group on Indigenous Populations/Communities: Research and Information Visit to the Republic of Gabon, 15–30 September 2007. Copenhagen: International Work Group for Indigenous Affairs, 2010.

Agnew, Robert, and Sandra Huguley. "Adolescent violence toward parents." Journal of Marriage & the Family 51, no. 3 (August 1989): 699–711.

Akter, K., et al. "A review of the possible role of the essential fatty acids and fish oils in the aetiology, prevention or pharmacotherapy of schizophrenia." Journal of Clinical Pharmacy & Therapeutics 37, no. 2 (April 2012): 132–39.

Alatzoglou, Kyriaki S., and Mehul T. Dattani. "Genetic causes and treatment of isolated growth hormone deficiency: An update." Nature Reviews Endocrinology 6, no. 10 (October 2010): 562–76.

Albo, Mike. "The official Justin Bond." Out, April 11, 2011.

Alcala, Carlos. "Radio segment on transgender kids raises hackles." 21Q: A Bee Entertainment Blog, June 2, 2009. http://www.sacbee.com/static/weblogs/ticket/archives/2009/06/radio-segment-o.html.

——. "Under fire, radio host says transgender comments were 'a joke.'" Sacramento Bee, June 4, 2009.

——. "On-air controversy: Radio show back today with transgender advocates."Sacramento Bee, June 11, 2009.

Alexander Graham Bell Association. "The cost of cochlear implants." Washington, DC: Alexander Graham Bell Association, 2011. http://nc.agbell.org/page.aspx?pid=723.

Alisky, Joseph M., and Kenneth A. Iczkowski. "Barriers to housing for deinstitutionalized psychiatric patients." Hospital & Community Psychiatry 41, no. 1

(January 1990): 93–95.
Allan, Clare. "Misplaced pride." Guardian, September 27, 2006.
Allanson, Judith E., and Judith G. Hall. "Obstetric and gynecologic problems in women with chondrodystrophies." Obstetrics & Gynecology 67, no. 1 (January 1986): 74–78.
Allday, Erin. "UCSF, Stanford autism study shows surprises." San Francisco Chronicle, July 5, 2011.
Allen, Ann Taylor. "The kindergarten in Germany and the United States, 1840–1914: A comparative perspective." History of Education 35, no. 2 (March 2006):173–88.
Allen, Arthur. "Sound and fury." Salon, May 24, 2000. http://www.salon.com/health/feature/2000/05/24/cochlear.
Allen, Woody. The Complete Prose of Woody Allen. New York: Random House, 1991.
Allison, Rebecca. "Does a cleft palate justify an abortion? Curate wins right to challenge doctors." Guardian, December 2, 2003.
Allport, Susan. A Natural History of Parenting: A Naturalist Looks at Parenting in the Animal World and Ours. New York: Three Rivers Press, 1997.
Amador, Xavier Francisco. I Am Not Sick, I Don't Need Help! How to Help Someone with Mental Illness Accept Treatment. Peconic, NY: Vida Press, 2007.
American Academy of Pediatrics Policy Committee on Children with Disabilities. "Auditory integration training and facilitated communication for autism." AAP Policy Committee on Children with Disabilities 102, no. 2 (1998): 431–33.
American College of Obstetricians and Gynecologists. "New recommendations for Down syndrome: Screening should be offered to all pregnant women." Press release. Washington, DC: American College of Obstetricians and Gynecologists, January 2, 2007.
——. "Screening for fetal chromosomal abnormalities." ACOG Practice Bulletin 77 (January 2007): 1–11.
American Medical Association. "Pregnancy from rape does not justify abortion." Journal of the American Medical Association 43 (August 6, 1904): 413.
——. "AMA policy regarding sexual orientation." Chicago: American Medical Association, 2007.
American Psychiatric Association. "Position statement on therapies focused on attempts to change sexual orientation (reparative or conversion therapies)." Washington, DC: American Psychiatric Association, 2000.
American Psychological Association Task Force on Appropriate Therapeutic Responses to Sexual Orientation. "Insufficient evidence that sexual orientation change efforts work, says APA." Press release. Washington, DC: American Psychological Association, August 5, 2009.
Ames, Jonathan, ed. Sexual Metamorphosis: An Anthology of Transsexual Memoirs. New York: Vintage, 2005.
Amir, Menachem. Patterns in Forcible Rape. Chicago: University of Chicago Press, 1971.
Amnesty International. "Liberia: No impunity for rape." New York: Amnesty International, 2004.
Anderson, Jenny. "Fidelity is fined $8 million over improper gifts." New York Times, March 6, 2008.
Anderson, Jessica. "Vigil remembers transgender murder victim." Sun, March 5, 2011.
Ando, Yoichi, and Hiroaki Hattori. "Effects of intense noise during fetal life upon postnatal adaptability (statistical study of the reactions of babies to aircraft noise)." Journal of the Acoustical Society of America 47, no. 4, pt. 2 (1970): 1128–30.
Andreasen, Nancy C. "Schizophrenia: The characteristic symptoms." Schizophrenia Bulletin 17, no. 1 (1991): 27–49.
——. Brave New Brain: Conquering Mental Illness in the Era of the Genome. Oxford and New York: Oxford University Press, 2001.
——. The Creating Brain: The Neuroscience of Genius. New York: Dana Press, 2005.
Andrews, Nigel. "Glowing wonder of an Anatolian epiphany." Financial Times, March 15, 2012.
Andrews, Suzanna. "Arthur Miller's missing act." Vanity Fair, September 2007.
Angier, Natalie. "Short men, short shrift: Are drugs the answer?" New York Times, June 22, 2003.
Ani, Cornelius, Sally Grantham-McGregor, and David Muller. "Nutritional supplementation in Down syndrome: Theoretical considerations and current status." Developmental Medicine & Child Neurology 42, no. 3 (March 2000): 207–13.
Anonymous parents of Ashley X. "The 'Ashley treatment.'" Blog. Established January 2, 2007; last updated May 18, 2008. http://ashleytreatment.spaces.live.com.
Ansara, Y. Gavriel, and Peter Hegarty. "Cisgenderism in psychology: Pathologising and misgendering children from 1999 to 2008." Psychology & Sexuality 2 (2011): 1–24.
Ansberry, Clare. "Parents devoted to a disabled child confront old age." Wall Street Journal, January 7, 2004.
Antonovsky, Aaron. Health, Stress, and Coping. San Francisco: Jossey-Bass, 1980.
Apajasalo, M., et al. "Health-related quality of life of patients with genetic skeletal dysplasias." European Journal of Pediatrics 157, no. 2 (February 1998): 114–21.
Applebaum, Samuel. The Way They Play. Neptune, NJ: Paganiniana Publications, 1984.
Arana-Ward, Marie. "As technology advances, a bitter debate divides the deaf." Washington Post, May 11, 1997.
Arguello, P. Alexander, and Joseph A. Gogos. "Cognition in mouse models of schizophrenia susceptibility genes." Schizophrenia Bulletin 36, no. 2 (March 2010): 289–300.
Arisi, Elena, et al. "Cochlear implantation in adolescents with prelinguistic deafness." Archives of Otolaryngology—Head & Neck Surgery 142, no. 6 (June 2010): 804–8.
Aristotle, and Jonathan Barnes, ed. The Complete Works of Aristotle: The Revised Oxford Translation. Oxford and New York: Oxford University Press, 1984.
——. The New Aristotle Reader. Princeton, NJ: Princeton University Press, 1987.
Arndt, Tara L., Christopher J. Stodgell, and Patricia M. Rodier. "The teratology of autism." International Journal of Developmental Neuroscience 23, nos. 2–3

(April–May 2005): 189–99.

Arnone, Danilo, et al. "Magnetic resonance imaging studies in bipolar disorder and schizophrenia: Meta-analysis." British Journal of Psychiatry 195, no. 3 (September 2009): 194–201.

Arnos, S. Kathleen, et al. "A comparative analysis of the genetic epidemiology of deafness in the United States in two sets of pedigrees collected more than a century apart." American Journal of Human Genetics 83, no. 2 (August 2008): 200–207.

Arthur, Joyce. "Psychological aftereffects of abortion: The rest of the story." Humanist 57, no. 2 (March–April 1997): 7–9.

Asarnow, Robert F., and Joan Rosenbaum Asarnow. "Childhood-onset schizophrenia: Editors' introduction." Schizophrenia Bulletin 20, no. 4 (October 1994): 591–97.

Asch, Adrienne. "Prenatal diagnosis and selective abortion: A challenge to practice and policy." American Journal of Public Health 89, no. 11 (November 1999): 1649–57.

——. "Disability equality and prenatal testing: Contradictory or compatible?" Florida State University Law Review 30, no. 2 (Winter 2003): 315–42.

Ashliman, D. L. "Changelings." Folklore & Mythology Electronic Texts. University of Pittsburgh, 1997. http://www.pitt.edu/~dash/changeling.html.

Asperger, Hans. "'Autistic psychopathy' in childhood." Trans. Uta Frith. In Autism and Asperger Syndrome, ed. Uta Frith, 37–92. Cambridge: Cambridge University Press, 1991.

Atkinson, Rebecca. "'I hoped our baby would be deaf.'" Guardian, March 21, 2006. Autism Every Day. Documentary film. Directed by Lauren Thierry. New York: Autism Speaks/Milestone Video, 2006.

"'Autism left me hollow,' says mother accused of murder." Associated Press, June 6, 2007.

Autism Speaks. "Autism Speaks and Cure Autism Now Complete Merger." Press release. February 5, 2007.

Autistic Self Advocacy Network. "An urgent call to action: Tell NYU Child Study Center to abandon stereotypes against people with disabilities." Washington, DC: Autistic Self Advocacy Network, December 7, 2007. http://www.autisticadvocacy.org/modules/smartsection/print.php?itemid=21.

Auyeung, Bonnie, et al. "Foetal testosterone and autistic traits in 18- to 24-month-old children." Molecular Autism 1, no. 11 (July 2010): 1–8.

Aviv, Rachel. "God knows where I am: What should happen when patients reject their diagnosis?" New Yorker, May 30, 2011.

——. "No remorse: Should a teenager be given a life sentence?" New Yorker, January 2, 2012.

Axtman, Kris. "Baby case tests rights of parents." Christian Science Monitor, March 27, 2003.

Aylward, Elizabeth H., et al. "Cerebellar volume in adults with Down syndrome." Archives of Neurology 54, no. 2 (February 1997): 209–12.

Ayres, Chris. "Death of a sacrificial lamb." Times, August 29, 2003.

Ayres, Chris, and Chris Lackner. "Father defends decision to stunt disabled girl's growth." Ottawa Citizen, January 4, 2007.

Ba, Amadou Hampate. The Fortunes of Wangrin. Introduction by Aina Pavolini Taylor. Bloomington: Indiana University Press, 1999.

Babel, Isaac. The Complete Works of Isaac Babel. Trans. Cynthia Ozick. New York: Norton, 2002.

"Babies with made-to-order defects?" Associated Press, December 21, 2006.

Bachem, A. "Absolute pitch." Journal of the Acoustical Society of America 27, no. 6 (1955): 1180–85.

Backlar, Patricia. The Family Face of Schizophrenia: Practical Counsel from America's Leading Experts. New York: Putnam, 1994.

Baek, Kwan-Hyuck, et al. "Down's syndrome suppression of tumour growth and the role of the calcineurin inhibitor DSCR1." Nature 459 (June 25, 2009): 1126–30.

Bagenstos, Samuel R. "The future of disability law." Yale Law Journal 114, no. 1 (October 2004): 1–84.

Baggs, Amanda. Autism Demonized. February 12, 2006. http://web.archive.org/web/20060628231956/http://autismdemonized.blogspot.com/.

——. "The original, literal demons." Autism Demonized, February 12, 2006.

Bailey, Anthony, et al. "Autism as a strongly genetic disorder: Evidence from a British twin study." Psychological Medicine 25 (1995): 63–77.

Baio, Jon. "Prevalence of autism spectrum disorders: Autism and Developmental Disabilities Monitoring Network, 14 sites, United States, 2008." Morbidity & Mortality Weekly Report, March 30, 2012.

Baird, Gillian, et al. "Prevalence of disorders of the autism spectrum in a population cohort of children in South Thames: The Special Needs and Autism Project(SNAP)." Lancet 368, no. 9531 (July 15, 2006): 210–15.

Baker, Al, and Leslie Kaufman. "Autistic boy is slashed to death and his father is charged." New York Times, November 23, 2006.

Baker, Bruce L., and Jan Blacher. "Out-of-home placement for children with mental retardation: Dimensions of family involvement." American Journal on Mental Retardation 98, no. 3 (November 1993): 368–77.

——. "Out-of-home placement for children with retardation: Family decision making and satisfaction." Family Relations 43, no. 1 (January 1994): 10–15.

——. "For better or worse? Impact of residential placement on families." Mental Retardation 40, no. 1 (February 2002): 1–13.

Ball, Robert H., et al. "First- and second-trimester evaluation of risk for Down syndrome." Obstetrics & Gynecology 110, no. 1 (July 2007): 10–17.

Ballock, R. Tracy. "Chondrodysplasias." Current Opinion in Orthopedics 11, no. 5 (October 2000): 347–52.

Balzer, Carsten. "Preliminary results of Trans Murder Monitoring Project." Liminalis 3 (July 2009): 147–59.

Ban, Thomas A. "Fifty years chlorpromazine: A historical perspective." Neuropsychiatric Disease & Treatment 3, no. 4 (August 2007): 495–500.

Bard, Bernard, and Joseph Fletcher. "The right to die." Atlantic Monthly, April 1968.

Barnes, Colin, and Geof Mercer. Disability. Cambridge, UK: Polity Press, 2003.

Barnes, Colin, Geof Mercer, and Tom Shakespeare, eds. Exploring Disability: A Sociological Introduction. Cambridge, UK: Polity Press, 1999.

Barnett, W. Steven, and Glenna C. Boyce. "Effects of children with Down syndrome on parents' activities." American Journal on Mental Retardation 100, no. 2 (September 1995): 115–27.

Barnoski, Robert. Washington State's Implementation of Functional Family Therapy for Juvenile Offenders: Preliminary Findings. Olympia: Washington State Institute for Public Policy, 2002.
——. Outcome Evaluation of Washington State's Research-Based Programs for Juvenile Offenders. Olympia: Washington State Institute for Public Policy, 2004.
Baron-Cohen, Simon. Mindblindness: An Essay on Autism and Theory of Mind. Cambridge, MA: MIT Press, 1995.
——. "The extreme male brain theory of autism." Trends in Cognitive Science 6, no. 6 (June 2002): 248–54.
——. "The hyper-systemizing, assortative mating theory of autism." Progress in Neuropsychopharmacology & Biological Psychiatry 30, no. 5 (July 2006): 865–72.
——. "Autism: The empathizing-systemizing (E-S) theory." Annals of the New York Academy of Sciences 1156 (March 2009): 68–80.
——. "Empathizing, systemizing, and the extreme male brain theory of autism."Progress in Brain Research 186 (2010): 167–75.
Barringer, Felicity. "Pride in a soundless world: Deaf oppose a hearing aid." New York Times, May 16, 1993.
Barrington, Daines. "Account of a very remarkable young musician." ("Reprinted from the LXth volume of the Philosophical Transactions for the year 1770.") In Miscellanies. London: J. Nichols, 1781. Repr., Malden, MA: Mozart Society of America, 2008.
Bartel, Paul. "The art of Susan Weinreich." Provocateur, February 1996.
Bartels, Lynn. "Klebold's father to give deposition." Denver Rocky Mountain News, July 30, 2003.
——. "Columbine parents outraged: Families of victims lash out at Klebolds'interview comments." Denver Rocky Mountain News, May 17, 2004.
Bartollas, Clemens. Voices of Delinquency. Boston: Allyn & Bacon, 2003.
Barton, Cole, et al. "Generalizing treatment effects of functional family therapy: Three replications." American Journal of Family Therapy 13, no. 3 (Fall 1985): 16–26.
Barton, Russell. Institutional Neurosis. Bristol: Wright, 1959.
Baruch, Susannah, David Kaufman, and Kathy L. Hudson. "Genetic testing of embryos: Practices and perspectives of US in vitro fertilization clinics." Fertility & Sterility 89, no. 5 (May 2008): 1053–58.
Baruzzini, Michael, "Justice or comfort?: Conservatives and the rape exception."Catholic Lane, June 16, 2011, http://catholiclane.com/justice-or-comfort-conservatives-and-the-rape-exception.
Bat-Chava, Yael, Daniela Martin, and Joseph G. Kosciw. "Longitudinal improvements in communication and socialization of deaf children with cochlear implants and hearing aids: Evidence from parental reports." Journal of Child Psychology & Psychiatry 46, no. 12 (December 2005): 1287–96.
Bateson, Gregory, et al. "Toward a theory of schizophrenia." Behavioral Science 1, no. 4 (1956): 251–64.
Bauer, Patricia. "The abortion debate no one wants to have." Washington Post, October 18, 2005.
Bauman, Humphrey-Dirksen. "Audism: Exploring the metaphysics of oppression."Journal of Deaf Studies & Deaf Education 9, no. 2 (Spring 2004): 239–46.
——. "Designing deaf babies and the question of disability." Journal of Deaf Studies & Deaf Education 10, no. 3 (Summer 2005): 311–15.
——, ed. Open Your Eyes: Deaf Studies Talking. Minneapolis: University of Minnesota Press, 2008.
Baxter, Arla J., and Edward P. Krenzelok. "Pediatric fatality secondary to EDTA chelation." Clinical Toxicology 46, no. 10 (December 2008): 1083–84.
Bayer, Ronald. Homosexuality and American Psychiatry: The Politics of Diagnosis. New York: Basic Books, 1981.
Baynton, Douglas C. Forbidden Signs: American Culture and the Campaign Against Sign Language. Chicago: University of Chicago Press, 1996.
Baynton, Douglas, Jack R. Gannon, and Jean Lindquist Bergey. Through Deaf Eyes: A Photographic History of an American Community. Washington, DC: Gallaudet University Press, 2001.
Bazelon, Emily. "Is there a post-abortion syndrome?" New York Times Magazine, January 21, 2007.
Bazzana, Kevin. Lost Genius: The Curious and Tragic Story of an Extraordinary Musical Prodigy. New York: Carroll & Graf, 2007.
Beals, Rodney K., and Greg Stanley. "Surgical correction of bowlegs in achondroplasia."Journal of Pediatric Orthopedics 14, no. 4 (July 2005): 245–49.
Beam, Cris. Transparent: Love, Family, and Living the T with Transgendered Teenagers. New York: Harcourt, 2007.
Bear, Mark F., Kimberly M. Huber, and Stephen T. Warren. "The mGluR theory of fragile X mental retardation." Trends in Neurosciences 27, no. 7 (July 2004): 370–77.
Beck, Martha Nibley. Expecting Adam: A True Story of Birth, Rebirth and Everyday Magic. New York: Times Books, 1999.
Beemyn, Brett Genny, and Sue Rankin. Understanding Transgender Lives. New York: Columbia University Press, forthcoming.
Behrman, Andy. "Mental health recovery: A personal perspective." About.com, December 29, 2011.
Bell, Alexander Graham. "Memoir upon the formation of a deaf variety of the human race." Paper presented to the National Academy of Sciences, November 13, 1883. Memoirs of the National Academy of Sciences (1884): 1–86.
——. "Historical notes concerning the teaching of speech to the deaf." Association Review 2 (February 1900): 33–68.
Bell, Sonya. "Dwarf-tossing: Controversial event at Windsor strip club draws 1,000 fans." Toronto Star, January 29, 2012.
Belluck, Pam. "Living with love, chaos and Haley." New York Times, October 22, 2006.
Bellus, Gary A. "Achondroplasia is defined by recurrent G380R mutations of FGFR3."American Journal of Human Genetics 56 (1995): 368–73.
Belzner, Kate A., and Brenda C. Seal. "Children with cochlear implants: A review of demographics and communication outcomes." American Annals of the Deaf 154, no. 3 (Summer 2009): 311–33.
Bender, Lauretta. "Childhood schizophrenia." Nervous Child 1 (1941): 138–40.
——. "Childhood schizophrenia." American Journal of Orthopsychiatry 17, no. 1 (January 1947): 40–56.
Bender, Ruth E. The Conquest of Deafness: A History of the Long Struggle to Make Possible Normal Living to Those Handicapped by Lack of Normal Hearing. Cleveland, OH: Press of Case Western Reserve University, 1970.

Benderly, Beryl Lieff. Dancing Without Music: Deafness in America. Washington, DC: Gallaudet University Press, 1990.

Benes, Francine M. "Amygdalocortical circuitry in schizophrenia: From circuits to molecules." Neuropsychopharmacology 35, no. 1 (January 2010): 239–57.

Benjamin, Melanie. The Autobiography of Mrs. Tom Thumb: A Novel. New York: Delacorte, 2011.

Bennett, Allyson, et al. "Early experience and serotonin transporter gene variation interact to influence primate CNS function." Molecular Psychiatry 7, no. 1 (2002): 118–22.

Beresford, Bryony A. "Resources and strategies: How parents cope with the care of a disabled child." Journal of Child Psychology & Psychiatry 35, no. 1 (January 1994): 171–209.

Bergen, Raquel Kennedy. Wife Rape: Understanding the Response of Survivors and Service Providers. Thousand Oaks, CA: Sage Publications, 1996.

——. "Studying wife rape: Reflections on the past, present, and future." Violence Against Women 10, no. 12 (December 2004): 1407–16.

Bergen, Raquel Kennedy, and Elizabeth Barnhill. Marital Rape: New Research and Directions. Applied Research Forum of the National Network on Violence Against Women. Harrisburg, PA: National Resource Center on Domestic Violence, February 2006.

Bergey, Jean Lindquist, and Jack R. Gannon. "Creating a national exhibition on deaf life." Curator 41, no. 2 (June 1998): 82–89.

Berkowitz, Ivor D., et al. "Dwarfs: Pathophysiology and anesthetic implications."Anesthesiology 7, no. 4 (October 1990): 739–59.

Berr, Jonathan. "Sex change surgery is now tax deductible." Time, November 10, 2011.

Berreby, David. "Up with people: Dwarves meet identity politics." New Republic, April 29, 1996.

Bertling, Tom. A Child Sacrificed to the Deaf Culture. Wilsonville, OR: Kodiak Media Group, 1994.

Bettelheim, Bruno. The Empty Fortress: Infantile Autism and the Birth of the Self. New York: Free Press, 1967.

——. The Uses of Enchantment: The Meaning and Importance of Fairy Tales. New York:Knopf, 1976.

Berube, Michael. Life as We Know It: A Father, a Family and an Exceptional Child. New York: Pantheon, 1996.

"Biden praises Special Olympic athletes." Spokesman-Review, February 19, 2009.

Biklen, Douglas. Communication Unbound: How Facilitated Communication Is Challenging Traditional Views of Autism and Ability/Disability. New York: Teachers College Press, 1993.

Birenbaum, Arnold, and Herbert J. Cohen. "On the importance of helping families. Policy implications from a national study." Mental Retardation 31, no. 2 (April 1993): 67–74.

Bishop, Dorothy V., et al. "Autism and diagnostic substitution: Evidence from a study of adults with a history of developmental language disorder." Developmental Medicine & Child Neurology 50, no. 5 (May 2008): 341–45.

Bishop, Elizabeth. Questions of Travel. New York: Farrar, Straus & Giroux, 1965.

Bishop, Michele, and Sherry L. Hicks, ed. Hearing, Mother Father Deaf. Washington, DC: Gallaudet University Press, 2009.

Blacher, Jan, ed. Severely Handicapped Young Children and Their Families: Research in Review. Orlando, FL: Academic Press, 1984.

——. "Sequential stages of parental adjustment to the birth of a child with handicaps: Fact or artifact?" Mental Retardation 22, no. 2 (April 1984): 55–68.

——. When There's No Place Like Home: Options for Children Living Apart from Their Natural Families. Baltimore: Paul H. Brookes, 1994.

Blacher, Jan, and Bruce L. Baker. "Out-of-home placement for children with retardation: Family decision making and satisfaction." Family Relations 43, no. 1 (January 1994): 10–15.

——. "Family involvement in residential treatment of children with retardation: Is there evidence of detachment?" Journal of Child Psychology & Psychiatry 35, no. 3 (March 1994): 505–20.

——, eds. Families and Mental Retardation: The Best of AAMR. Thousand Oaks, CA: Sage Publications, 2002.

Blacher, Jan, Bruce L. Baker, and Kristin Abbott Feinfield. "Leaving or launching? Continuing family involvement with children and adolescents in placement."American Journal on Mental Retardation 104, no. 5 (September 1999): 452–65.

Blacher, Jan, et al. "Depression in Latino mothers of children with mental retardation: A neglected concern." American Journal on Mental Retardation 101, no. 5 (September 1997): 483–96.

Black, Edwin. War Against the Weak: Eugenics and America's Campaign to Create a Master Race. New York: Thunder's Mouth Press, 2004.

Blacking, John. How Musical Is Man? Seattle: University of Washington Press, 1973.

Blanchard, Ray. "Fraternal birth order and the maternal immune hypothesis of male homosexuality." Hormones & Behavior 40, no. 2 (September 2001): 105–14.

Bleuler, Eugen P. "Autistic thinking." American Journal of Insanity 69 (April 1913): 873.

Bloom, Amy. Normal: Transsexual CEOs, Crossdressing Cops, and Hermaphrodites with Attitude. New York: Random House, 2002.

Blum, Robert W., et al. "The effects of race/ethnicity, income, and family structure on adolescent risk behaviors." American Journal of Public Health 90, no. 12 (December 2000): 1879–84.

Blume, Harvey. "Neurodiversity." Atlantic Monthly, September 30, 1998. Board of Education v. Rowley. 458 US 176 (1982).

Bochenek, Michael, and A. Widney Brown. Hatred in the Hallways: Violence and Discrimination Against Lesbian, Gay, Bisexual, and Transgender Students in U.S. Schools. New York: Human Rights Watch, 2001.

Bonvillian, John D., Michael D. Orlansky, and Lesley Lazin Novack. "Developmental milestones: Sign language acquisition and motor development." Child Development 54, no. 6 (December 1983): 1435–45.

Bornstein, David. "For some with autism, jobs to match their talents." New York Times Opinionator, June 30, 2011. http://opinionator.blogs.nytimes.com/2011/06/30/putting-the-gifts-of-the-autistic-to-work.

Borthwick, Chris. "The proof of the vegetable." Journal of Medical Ethics 21, no. 4 (August 1995): 205–8.

Boswell, John. The Kindness of Strangers: The Abandonment of Children in Western Europe from Late Antiquity to the Renaissance. Chicago: University

of Chicago Press, 1998.
Boudreault, Patrick, et al. "Deaf adults' reasons for genetic testing depend on cultural affiliation: Results from a prospective, longitudinal genetic counseling and testing study." Journal of Deaf Studies & Deaf Education 15, no. 3 (Summer 2010): 209–27.
Bowen, Murray, Robert H. Dysinger, and Betty Basamania. "The role of the father in families with a schizophrenic patient." American Journal of Psychiatry 115, no. 11 (May 1959): 1017–20.
Bowlby, John. Maternal Care and Mental Health. WHO Monograph Series, no. 2. Geneva: World Health Organization, 1952.
Bowlby, John, Margery Fry, and Mary D. Salter Ainsworth. Child Care and the Growth of Love. Baltimore: Penguin Books, 1965.
——. Separation: Anxiety and Anger. Vol. 2, Attachment and Loss. New York: Basic Books, 1973.
——. Loss: Sadness and Depression. Vol. 3, Attachment and Loss. New York: Basic Books, 1980.
——. Attachment. 2nd ed. Vol. 1, Attachment and Loss. New York: Basic Books, 1982.
Boyd, Ralph F. Investigation of Nevada Youth Training Center, Elko, Nevada. US Department of Justice, Civil Rights Division, May 2005.
Boylan, Jennifer Finney. She's Not There: A Life in Two Genders. New York: Broadway, 2003.
Bradford, William. Of Plymouth Plantation, 1620–1647. Ed. Samuel Eliot Morison. New Brunswick, NJ: Rutgers University Press, 1957.
Bradley, Susan J., and Kenneth J. Zucker. "Gender identity disorder: A review of the past 10 years." Journal of the American Academy of Child & Adolescent Psychiatry 36, no. 7 (July 1997): 872–80.
——. "Children with gender nonconformity: Drs. Bradley and Zucker reply."Journal of the American Academy of Child & Adolescent Psychiatry 42, no. 3 (March 2003): 266–68.
Bragg, Lois, ed. Deaf World: A Historical Reader and Primary Sourcebook. New York: New York University Press, 2001.
Bramlett, Matthew D., Laura F. Radel, and Stephen J. Blumberg. "The health and well-being of adopted children." Pediatrics 119, suppl. 1 (February 1, 2007): S54–S60.
Brasel, Kenneth E., and Stephen P. Quigley. "Influence of certain language and communication environments in early childhood on the development of language in Deaf individuals." Journal of Speech & Hearing Research 20, no. 1 (March 1977): 95–107.
Braslow, Joel T. "History and evidence-based medicine: Lessons from the history of somatic treatments from the 1900s to the 1950s." Mental Health Services Research 1, no. 4 (December 1999): 231–40.
Bray, Isabelle C., and David E. Wright. "Estimating the spontaneous loss of Down syndrome fetuses between the times of chorionic villus sampling, amniocentesis and live birth." Prenatal Diagnosis 18, no. 10 (October 1998): 1045–54.
Bregani, P., et al. "Emotional implications of limb lengthening in adolescents and young adults with achondroplasia." Life-Span & Disability 1, no. 2 (July–December 1998): 6.
Breggin, Peter Roger. Psychiatric Drugs: Hazards to the Brain. New York: Springer, 1983.
Breslau, Naomi, et al. "Siblings of disabled children: Effects of chronic stress in the family." Archives of General Psychiatry 44, no. 12 (December 1987): 1040–46.
Brickman, P., D. Coates, and R. Janoff-Bulman. "Lottery winners and accident victims: Is happiness relative?" Journal of Personal & Social Psychology 36, no. 8 (August 1978): 917–27.
Brigande, John V., and Stefan Heller. "Quo vadis, hair cell regeneration?" Nature Neuroscience 12, no. 6 (June 2009): 679–85.
Brill, Stephanie, and Rachel Pepper. The Transgender Child: A Handbook for Families and Professionals. San Francisco: Cleis Press, 2008.
Brindley, Madeleine. "Fears over fertilisation and embryology bill clause." Western Mail, April 7, 2008.
Brink, Susan. "Is taller better?" Los Angeles Times, January 15, 2007.
——. "When average fails to reach parents' expectations." Los Angeles Times, January 15, 2007.
Brinkmann, G., et al. "Cognitive skills in achondroplasia." American Journal of Medical Genetics 47, no. 5 (October 1993): 800–804.
Brison, Susan J. Aftermath: Violence and the Remaking of a Self. Princeton, NJ: Princeton University Press, 2002.
Brocke, Emma. "Gay parenting: It's complicated." Guardian, April 20, 2012.
Broder, John M. "Dismal California prisons hold juvenile offenders." New York Times, February 15, 2004.
Brody, Jane E. "Cochlear implant supports an author's active life." New York Times, February 26, 2008.
Bronson, Peter. "For deep-end families, lack of hope can kill." Cincinnati Enquirer, October 9, 2005.
Brooks, David. "The Columbine killers." New York Times, April 24, 2004.
——. "Columbine: Parents of a killer." New York Times, May 15, 2004.
——. "Genius: The modern view." New York Times, May 1, 2009.
Brown, Alan S. "The environment and susceptibility to schizophrenia." Progress in Neurobiology 93, no. 1 (January 2011): 23–58.
Brown, Alan S., and Ezra S. Susser. "In utero infection and adult schizophrenia." Mental Retardation & Developmental Disabilities Research Reviews 8, no. 1 (February 2002): 51–57.
Brown, B. Bradford, and L. Steinberg. "Academic achievement and social acceptance: Skirting the 'brain-nerd' connection." Education Digest 55, no. 7 (1990): 55–60.
Brown, Barbara. "Mother begins trial for death of her son: Johnny Churchi was 13, autistic, and found strangled in his family apartment Oct. 2001." Hamilton Spectator, May 5, 2003.
Brown, Brooks, and Rob Merritt. No Easy Answers: The Truth Behind Death at Columbine. New York: Lantern Books, 2002.
Brown, Kevin D., et al. "Incidence and indications for revision cochlear implant surgery in adults and children." Laryngoscope 119, no. 1 (January 2009): 152–57.

Brown, Mildred L., and Chloe Ann Rounsley. True Selves: Understanding Transsexualism. San Francisco: Jossey-Bass, 1996.

Brown, Patricia Leigh. "Supporting boys or girls when the line isn't clear." New York Times, December 2, 2006.

Brown, Peter, et al. "A new small-bodied hominin from the Late Pleistocene of Flores, Indonesia." Nature 431, no. 7012 (October 27, 2004): 1055–61.

Brownmiller, Susan. Against Our Will: Men, Women, and Rape. New York: Simon & Schuster, 1975.

Brust, James S., et al. "Psychiatric aspects of dwarfism." American Journal of Psychiatry 133, no. 2 (February 1976): 160–64.

Buber, Martin. I and Thou. New York: Scribner, 2000.

Buchanan, Robert W., et al. "Recent advances in the development of novel pharmacological agents for the treatment of cognitive impairments in schizophrenia." Schizophrenia Bulletin 33, no. 5 (2007): 1120–30.

Buck v. Bell. 274 US 200 (1927).

Bullock, Penn, and Brandon K. Thorp. "Christian right leader George Rekers takes vacation with 'rent boy.'" Miami New Times, May 4, 2010.

Bunyan, John. The Miscellaneous Works of John Bunyan. Ed. Richard L. Greaves and Robert Sharrock. Oxford, UK: Clarendon Press, 1979.

Burch, Rebecca, and George Gallup. "Perceptions of paternal resemblance predict family violence." Evolution & Human Behavior 21, no. 6 (November 2000): 429–35.

Burch, Susan. Signs of Resistance: American Deaf Cultural History, 1900 to World War II. New York: New York University Press, 2004.

Burke, Phyllis. Gender Shock: Exploding the Myths of Male and Female. New York: Anchor, 1996.

Burkhart, Alan. "The Ashley treatment." Burkhart's Blog, January 6, 2007. http://alanburkhart.blogspot.com/2007/01/ashley-treatment.html.

Burns, Elizabeth. Tilt: Every Family Spins on Its Own Axis: A Novel. Naperville, IL: Sourcebooks, 2003.

Burton, David L., George Stuart Leibowitz, and Alan Howard. "Comparison by crime type of juvenile delinquents on pornography exposure: The absence of relationships between exposure to pornography and sexual offense characteristics." Journal of Forensic Nursing 6, no. 3 (September 2010): 121–29.

Burton, Sally L., and A. Lee Parks. "Self-esteem, locus of control, and career aspirations of college-age siblings of individuals with disabilities." Social Work Research 18, no. 3 (September 1994): 178–85.

Busnel, Marie-Claire, Carolyn Granier-Deferre, and Jean-Pierre Lecanuet. "Fetal audition." Annals of the New York Academy of Sciences 662 (October 1992): 118–34.

Butler, Judith. Gender Trouble: Feminism and the Subversion of Identity. London and New York: Routledge, 1999.

Byrd, A. Dean, and the NARTH Scientific Advisory Committee. "Gender identity disorders in childhood and adolescence: A critical inquiry and review of the Kenneth Zucker research." Encino, CA: National Association for Research and Therapy of Homosexuality, March 2007.

Byrne, Rhonda. The Secret. New York: Atria Books, 2006.

Byrom, Brad. "Deaf culture under siege." H-Net Reviews, March 2003.

Cahill, Brigid M., and Laraine Masters Glidden. "Influence of child diagnosis on family and parental functioning: Down syndrome versus other disabilities." American Journal on Mental Retardation 101, no. 2 (September 1996): 149–60.

Calhoun, George, et al. "The neophyte female delinquent: A review of the literature." Adolescence 28, no. 110 (Summer 1993): 461–71.

Calmels, Marie-Noelle, et al. "Speech perception and speech intelligibility in children after cochlear implantation." International Journal of Pediatric Otorhinolaryngology 68, no. 3 (March 2004): 347–51.

Campbell, Daniel B., et al. "Distinct genetic risk based on association of MET in families with co-occurring autism and gastrointestinal conditions." Pediatrics 123, no. 3 (March 2009): 1018–24.

Campbell, Jacquelyn C., and Peggy Alford. "The dark consequences of marital rape." American Journal of Nursing 89, no. 7 (July 1989): 946–49.

Campbell, Jacquelyn C., et al. "The influence of abuse on pregnancy intention." Women's Health Issues 5, no. 4 (Winter 1995): 214–22.

Canfield, Jack, et al. Chicken Soup for the Soul: Children with Special Needs: Stories of Love and Understanding for Those Who Care for Children with Disabilities. Deerfield Beach, FL: Health Communications, 2007.

Canguilhem, Georges. The Normal and the Pathological. Introduction by Michel Foucault. Trans. Carolyn R. Fawcett and Robert S. Cohen. New York: Zone Books, 1991.

Cantor, Rita M., et al. "Paternal age and autism are associated in a family-based sample." Molecular Psychiatry 12 (2007): 419–23.

Cantor-Graae, Elizabeth, and Jean-Paul Selten. "Schizophrenia and migration: A meta-analysis and review." American Journal of Psychiatry 162, no. 1 (January 2005): 12–24.

Caplan, Arthur. "Is 'Peter Pan' treatment a moral choice?" MSNBC, January 5, 2007. http://www.msnbc.msn.com/id/16472931/ns/health-health_care/t/peter-pan-treatment-moral-choice/.

Carbone, Vincent J., and Emily J. Sweeney-Kerwin. "Increasing the vocal responses of children with autism and developmental disabilities using manual sign mand training and prompt delay." Journal of Applied Behavior Analysis 43, no. 4 (Winter 2010): 705–9.

Cardno, Alastair G., et al. "Heritability estimates for psychotic disorders: The Maudsley twin psychosis series." Archives of General Psychiatry 56, no. 2 (February 1999): 162–68.

Carey, Benedict. "Mixed result in drug trial on pretreating schizophrenia." New York Times, May 1, 2006.

——. "New definition of autism will exclude many, study suggests." New York Times, January 19, 2012.

Carey, Rea. "Testimony of the National Gay and Lesbian Task Force Action Fund, Rea Carey, Executive Director, Committee on Health, Education, Labor, and Pensions, United States Senate, November 5, 2009." Washington, DC: National Gay and Lesbian Task Force Action Fund, 2009.

Caron, M. J., et al. "Cognitive mechanisms, specificity and neural underpinnings of visuospatial peaks in autism." Brain 129, no. 7 (July 2006): 1789–802.

Carothers, Carol. "Juvenile detention centers: Are they warehousing children with mental illnesses?" Statement of Carol Carothers on behalf of the National Alliance on Mental Illness before the Governmental Affairs Committee, United States Senate on Juvenile Detention Centers, July 7, 2004. Richmond,

VA: National Alliance for Mental Illness, 2004.
Carpenter, R. Charli. "War's impact on children born of rape and sexual exploitation: Physical, economic and psychosocial dimensions." Paper presented at the Impact of War on Children Conference, University of Alberta, Edmonton, April 2005.
——. Born of War: Protecting Children of Sexual Violence Survivors in Conflict Zones. Sterling, VA: Kumarian Press, 2007.
Caspi, Avshalom, et al. "Role of genotype in the cycle of violence in maltreated children." Science 297, no. 5582 (August 2002): 851–54.
Cassidy, Jude, and Phillip R. Shaver, eds. Handbook of Attachment: Theory, Research, and Clinical Applications. New York: Guilford Press, 1999.
Castells, Salvador, and Krystyna E. Wiesniewski, eds. Growth Hormone Treatment in Down's Syndrome. New York: John Wiley & Sons, 1993.
Cazador, Jenifer Ann. "Lost souls of polygamy central." The Wrecking Machine, April 2008.
Chakravarti, Aravinda, et al. Reproductive Genetic Testing: What America Thinks. Washington, DC: Genetics & Public Policy Center, 2004.
Chamberlin, Judi. On Our Own: Patient-Controlled Alternatives to the Mental Health System. New York: Hawthorn Books, 1978.
Champion, Dean John. The Juvenile Justice System: Delinquency, Processing, and the Law. 4th ed. New Jersey: Pearson Prentice Hall, 2004.
Champoux, Maribeth, et al. "Serotonin transporter gene polymorphism, differential early rearing, and behavior in rhesus monkey neonates." Molecular Psychiatry 7,no. 10 (2002): 1058–63.
Chancellor, Alexander. "Guide to age." Guardian, November 6, 2004.
Chapman, Paul. "Mom who strangled autistic child tried to get her to jump off bridge." Vancouver Sun, July 11, 1998.
Cheek, D. B. Human Growth. Philadelphia: Lea and Febiger, 1968.
Chekhov, Anton. The Cherry Orchard. Trans. David Mamet. New York: Grove Press,1987.
Chemers, Michael M. "Le freak, c'est chic: The twenty-first century freak show as theatre of transgression." Modern Drama 46, no. 2 (Summer 2003): 285–304.
——. "Jumpin' Tom Thumb: Charles Stratton Onstage at the American Museum."Nineteenth Century Theatre & Film 31 (2004): 16–27.
Chen, Wei, et al. "Human fetal auditory stem cells can be expanded in vitro and differentiate into functional auditory neurons and hair cell-like cells." Stem Cells 2, no. 5 (May 2009): 1196–1204.
Chen, Zu-Pei, and Basil S. Hetzel. "Cretinism revisited." Best Practice & Research Clinical Endocrinology & Metabolism 24, no. 1 (February 2010): 39–50.
Cheng, Andre K., et al. "Cost-utility analysis of the cochlear implant in children." Journal of the American Medical Association 274, no. 7 (August 2000): 850–56.
Chew, Kristina. "I don't have a title for this post about Katherine McCarron's mother."Autism Vox, June 8, 2006. http://archive.blisstree.com/feel/i-dont-have-a-title-for-this-post-about-katherine-mccarrons-mother/.
"Child prodigy's time to 'do something great,' Mom says." Washington Post, March 20, 2005.
Children of Rape. Documentary film. Featuring Phil Donahue. Princeton, NJ: Films for the Humanities & Sciences, 1994.
Chinen, Nate. "Gabriel Kahane, Where Are the Arms." New York Times, September 19, 2011.
Chisholm, Dan, et al. "Schizophrenia treatment in the developing world: An interregional and multinational cost-effectiveness analysis." Bulletin of the World Health Organization 86, no. 7 (July 2008): 542–51.Chorost, Michael. Rebuilt: My Journey Back to the Hearing World. New York: Mariner Books, 2006.
Chow, Robert. "Barrios' rivalry began with sports, cars." Orange County Register, August 6, 1990.
Christiansen, John B., and Irene W. Leigh. Cochlear Implants in Children: Ethics and Choices. Washington, DC: Gallaudet University Press, 2002.
——. "Children with cochlear implants: Changing parent and deaf community perspectives." Archives of Otolaryngology——Head & Neck Surgery 130, no. 5 (May 2004): 673–77.
Christiansen, John B., and Sharon N. Barnartt. Deaf President Now! The 1988 Revolution at Gallaudet University. Washington, DC: Gallaudet University Press, 2003.
Church of Jesus Christ of Latter Day Saints. "The law of chastity." Gospel Principles, 2012, http://www.lds.org/library/display/0,4945,11-1-13-49,00.html.
Cicchetti, Dante, and Marjorie Beeghly, eds. Children with Down Syndrome: A Developmental Perspective. Cambridge, UK, and New York: Cambridge University Press, 1990.
City of Cleburne v. Cleburne Living Center. 473 US 432 (1985).
Clairmont, Susan. "'Sending you to heaven' said mom: She put a belt around Johnny's neck and then held a pillow over his face." Hamilton Spectator, May 6, 2003.
Clark, Sarah, et al. "Fluoxetine rescues deficient neurogenesis in hippocampus of the Ts65Dn mouse model for Down syndrome." Experimental Neurology 200, no. 1 (July 2006): 256–61.
Cloud, John. "Are we failing our geniuses?" Time, August 16, 2007.
Cocchi, Guido, et al. "International trends of Down syndrome, 1993–2004: Births in relation to maternal age and terminations of pregnancies." Birth Defects Research Part A: Clinical & Molecular Teratology 88, no. 6 (June 2010): 474–79.
Coco, Adrienne Phelps. "Diseased, maimed, mutilated: Categorizations of disability and an ugly law in late nineteenth-century Chicago." Journal of Social History 44, no. 1 (Fall 2010): 23–37.
Cohen, Elizabeth. "Disability community decries 'Ashley treatment.'" Cable News Network, January 12, 2007; updated March 12, 2008.
Cohen-Kettenis, Peggy T. "Psychosexual outcome of gender-dysphoric children." Journal of the American Academy of Child & Adolescent Psychiatry 47, no. 12 (December 2008): 1413–23.
Cohen-Kettenis, Peggy, H. A. Delemarre-van de Waal, and L. J. Gooren. "The treatment of adolescent transsexuals: Changing insights." Journal of Sexual Medicine 5, no. 8 (August 2008): 1892–97.

Cohn, Meredith. "Lupron therapy for autism at center of embattled doctor's case." Baltimore Sun, June 16, 2011.

Colangelo, Nicolas. A Nation Deceived: How Schools Hold Back America's Brightest Students. Iowa City: Institute for Research and Policy on Acceleration, University of Iowa, 2004.

Colapinto, John. "The true story of John/Joan." Rolling Stone, December 11, 1997.

—. As Nature Made Him: The Boy Who Was Raised as a Girl. New York: HarperCollins, 2000.

—. "Gender gap: What were the real reasons behind David Reimer's suicide?" Slate, June 3, 2004.

Coleman, Naomi. "Boys will be girls." Guardian, August 20, 2003.

Columbia University. National Center on Addiction and Substance Abuse. Criminal Neglect: Substance Abuse, Juvenile Justice and the Children Left Behind. New York: National Center on Addiction and Substance Abuse at Columbia University, 2004.

Colvin, Geoff. Talent Is Overrated: What Really Separates World-Class Performers from Everybody Else. New York: Portfolio, 2010.

Constantino, John N., et al. "Autism recurrence in half siblings: Strong support for genetic mechanisms of transmission in ASD." Molecular Psychiatry. Epub ahead of print, February 28, 2012.

Conway, Lynn. "A warning for those considering MtF sex reassignment surgery (SRS)." Ann Arbor, MI: Lynn Conway, April 9, 2005; updated March 16, 2007. http://ai.eecs.umich.edu/people/conway/TS/Warning.html.

—. "The numbers don't add: Transsexual prevalence." GID Reform Advocates, 2008.

Coole, Maria. "Report recommendations could put Pa. at forefront in autism services." Lancaster Intelligencer-Journal, April 23, 2005.

Cooper, Huw, and Louise Craddock. Cochlear Implants: A Practical Guide. 2nd ed. London: Whurr, 2006.

Cornell, Christoph U., et al. "Research in people with psychosis risk syndrome: A review of the current evidence and future directions." Journal of Child Psychology & Psychiatry 51, no. 4 (April 2010): 390–431.

Corone, Daniel. "Bree Walker blasts KFI's Baby Talk." Los Angeles Times, August 17, 1991.

Corvino, John. "Why Baby Gauvin is not a victim." Gay & Lesbian Review Worldwide 9, no. 6 (2002): 25.

Corwin, Jeffrey T. "Postembryonic production and aging in inner ear hair cells in sharks." Journal of Comparative Neurology 201, no. 4 (October 1981): 541–43.

—. "Postembryonic growth of the macula neglecta auditory detector in the ray, Raja clavata: Continual increases in hair cell number, neural convergence, and physiological sensitivity." Journal of Comparative Neurology 217, no. 3 (July 1983): 345–56.

—. "Perpetual production of hair cells and maturational changes in hair cell ultrastructure accompany postembryonic growth in an amphibian ear." Proceedings of the National Academy of Sciences 82, no. 11 (June 1985): 3911–15.

Costa, Albert C. S., Jonah J. Scott-McKean, and Melissa R. Stasko. "Acute injections of the NMDA receptor antagonist memantine rescue performance deficits of the Ts65Dn mouse model of Down syndrome on a fear conditioning test." Neuropsychopharmacology 33, no. 7 (June 2008): 1624–32.

Costello, Victoria. "Reaching children who live in a world of their own." Psychology Today, December 9, 2009.

Cotanche, Douglas A. "Regeneration of hair cell stereociliary bundles in the chick cochlea following severe acoustic trauma." Hearing Research 30, nos. 2–3 (1987): 181–95.

Council of State Governments. Criminal Justice / Mental Health Consensus Project. New York: Council of State Governments Eastern Regional Conference, 2002.

Courchesne, Eric, et al. "Evidence of brain overgrowth in the first year of life in autism." Journal of the American Medical Association 290, no. 3 (July 2003): 337–44.

Courchesne, Eric, Kathleen Campbell, and Stephanie Solso. "Brain growth across the life span in autism: Age-specific changes in anatomical pathology." Brain Research 1380 (March 2011): 138–45.

Cox, Catherine. The Early Mental Traits of Three Hundred Geniuses. Stanford, CA: Stanford University Press, 1926.

Coyle, Daniel. The Talent Code: Greatness Isn't Born, It's Grown. New York: Bantam, 2009.

Crandall, Richard, and Thomas Crosson, eds. Dwarfism: The Family and Professional Guide. Irvine, CA: Short Stature Foundation & Information Center, 1994.

Crews, David, and John A. McLachlan. "Epigenetics, evolution, endocrine disruption, health, and disease." Endocrinology 147, no. 6 (June 2006): S4–S10.

Crockett, Jean B., and James M. Kaufmann. The Least Restrictive Environment: Its Origins and Interpretations in Special Education. London and New York: Routledge, 1999.

Croen, Lisa A., et al. "The changing prevalence of autism in California." Journal of Autism & Developmental Disorders 32, no. 3 (June 2002): 207–15.

—. "Antidepressant use during pregnancy and childhood autism spectrum disorders." Archives of General Psychiatry. Epub ahead of print, July 4, 2011.

Crookshank, Francis Graham. The Mongol in Our Midst: A Study of Man and His Three Faces. New York: Dutton, 1924.

Csikszentmihalyi, Mihaly. Creativity: Flow and the Psychology of Discovery and Invention. New York: HarperCollins, 1996.

Cuajungco, Math P., Christian Grimm, and Stefan Heller. "TRP channels as candidates for hearing and balance abnormalities in vertebrates." Biochimica et Biophysica Acta (BBA)—Molecular Basis of Disease 1772, no. 8 (August 2007): 1022–27.

Cullen, David. "Inside the Columbine High investigation." Salon, September 23, 1999. http://www.salon.com/news/feature/1999/09/23/columbine/index.html.

—. "'Kill mankind. No one should survive.'" Salon, September 23, 1999. http://www.salon.com/news/feature/1999/09/23/journal/index.html.

—. Columbine. New York: Twelve, 2009.

Curlender v. BioScience Laboratories. 106 Cal. App. 3d 811, 165 Cal. Rptr. 477 (California, 1980).

Curran, L. K., et al. "Behaviors associated with fever in children with autism spectrum disorders." Pediatrics 120, no. 6 (December 2007): E1386–E1392.

Cutler, Eustacia. A Thorn in My Pocket: Temple Grandin's Mother Tells the Family Story. Arlington, TX: Future Horizons, 2004.
Cutter, Natela. "'Anne Smith': A rape victim found relief in the abortion." U.S. News & World Report 124, no. 2 (January 19, 1998): 29–30.
Daar, Judith F. "ART and the search for perfectionism: On selecting gender, genes, and gametes." Journal of Gender, Race & Justice 9, no. 2 (Winter 2005): 241–73.
Dahmer, Lionel. A Father's Story. New York: William Morrow, 1994.
Daley, Suzanne. "Mysterious life of a suspect from France." New York Times, September 21, 2001.
Damron, Gina. "Mom waits for answers in transgender teen's death." Detroit Free Press, November 12, 2011.
Daniel, Joana. "No man's child: The war rape orphans." Master's thesis, Ludwig Boltzmann Institute for Human Rights, Vienna, 2003.
D'Anna, Eddie. "Staten Island nightspot cancels dwarf-bowling event for Saturday."Staten Island Advance, February 27, 2008.
Darrow, Clarence S. "Closing argument for the defense in the Leopold-Loeb murder trial, Criminal Court of County, Chicago, Illinois, August 22, 23, and 25, 1924."In Famous American Jury Speeches: Addresses Before Fact-Finding Tribunals, ed. Frederick C. Hicks, 992–1089. St. Paul, MN: West Publishing, 1925.
Davey, Monica. "As town for deaf takes shape, debate on isolation re-emerges." New York Times, March 21, 2005.
David, Henry P., Jochen Fleischhacker, and Charlotte Hohn. "Abortion and eugenics in Nazi Germany." Population & Development Review 13, no. 1 (March 1988): 81–112.
Davidson, Jan, Bob Davidson, and Laura Vanderkam. Genius Denied: How to Stop Wasting Our Brightest Young Minds. New York: Simon & Schuster, 2004.
Davidson, Larry, and David Stayner. "Loss, loneliness, and the desire for love: Perspectives on the social lives of people with schizophrenia." Psychiatric Rehabilitation Journal 20, no. 3 (Winter 1997): 3–12.
Davidson, Lisa S., Ann E. Geers, and Christine A. Brenner. "Cochlear implant characteristics and speech perception skills of adolescents with long-term device use." Otology & Neurology 31, no. 8 (October 2010): 1310–14.
Davies, Paul. "Deaf culture clash." Wall Street Journal, April 25, 2005.
Davis, David. "Losing the mind." Los Angeles Times, October 26, 2003.
Davis, Lennard. Enforcing Normalcy: Disability, Deafness, and the Body. London: Verso, 1995.
——. My Sense of Silence: Memoirs of a Childhood with Deafness. Urbana: University of Illinois Press, 2000.
Day, Steven M., et al. "Mortality and causes of death in persons with Down syndrome in California." Developmental Medicine & Child Neurology 47, no. 3 (March 2005): 171–76.
Deacy, Susan, and Karen F. Pierce, eds. Rape in Antiquity. London: Duckworth, 2002.
Deafness Research Foundation. "The cochlear implant timeline." Deafness Research Foundation, 2009.
Dearth, Nona, and Families of the Mentally Ill Collective. Families Helping Families: Living with Schizophrenia. New York and London: W. W. Norton, 1986.
de Bruyn, Maria. Violence, Pregnancy and Abortion: Issues of Women's Rights and Public Health. 2nd ed. Chapel Hill, NC: Ipas, 2003.
de Courcy, G. I. C. Paganini the Genoese. Norman: University of Oklahoma Press, 1957.
Dekker, Thomas. The Honest Whore. London: Nick Hern Books, 1998.
de Manzano, Orjan, et al. "Thinking outside a less intact box: Thalamic dopamine D2 receptor densities are negatively related to psychometric creativity in healthy individuals." PLoS One 5, no. 5 (May 17, 2010): E10670.
De Marneffe, Daphne. Maternal Desire: On Children, Love and the Inner. New York: Little, Brown, 2004.
Dembo, R., et al. "Predictors of recidivism to a juvenile assessment center: A three year study." Journal of Child & Adolescent Substance Abuse 7, no. 3 (1998): 57–77.
Demuth, Stephen, and Susan L. Brown. "Family structure, family processes, and adolescent delinquency: The significance of parental absence versus parental gender." Journal of Research in Crime & Delinquency 41, no. 1 (February 2004): 58–81.
Dennis, Carina. "Deaf by design." Nature, October 20, 2004.
Derbyshire, David. "Lancet was wrong to publish MMR paper, says editor." Telegraph, February 21, 2004.
Des Forges, Alison Liebhafsky. "Leave None to Tell the Story": Genocide in Rwanda. New York: Human Rights Watch; Paris: International Federation of Human Rights, 1999.
DeSoto, Mary Catherine, and Robert T. Hitlan. "Sorting out the spinning of autism: Heavy metals and the question of incidence." Acta Neurobiologiae Experimentalis 70, no. 2 (2010): 165–76.
Dettman, Shani J., et al. "Communication development in children who receive the cochlear implant younger than 12 months: Risks versus benefits." Ear & Hearing 28, suppl. no. 2 (April 2007): 11S–18S.
de Unamono, Miguel. The Tragic Sense of Life in Men and Nations. Princeton, NJ: Princeton University Press, 1977.
Deutsch, Diana, et al. "Absolute pitch among American and Chinese conservatory students: Prevalence differences, and evidence for a speech-related critical period." Journal of the Acoustical Society of America 199, no. 2 (February 2006): 719–22.
——. "Absolute pitch among students in an American music conservatory: Association with tone language fluency." Journal of the Acoustical Society of America 125, no. 4 (April 2009): 2398–403.
Devor, Holly. FTM: Female-to-Male Transsexuals in Society. Bloomington and Indianapolis: Indiana University Press, 1997.
Diagnostic and Statistical Manual of Mental Disorders, DSM-IV-TR. 4th ed. Arlington, VA: American Psychiatric Association, 2000.
Diament, Michelle. "Down syndrome takes center stage on Fox's 'Glee.'" Disability Scoop, April 12, 2010.

Dickinson, Emily. The Complete Poems of Emily Dickinson. Boston: Little, Brown, 1960.
Di Domenico, Marina, et al. "Towards gene therapy for deafness." Journal of Cellular Physiology 226, no. 10 (October 2011): 2494–99.
Ditton, Paula. Mental Health and Treatment of Inmates and Probationers. Washington, DC: US Department of Justice, Office of Justice Programs, Bureau of Justice Statistics, 1999.
Doerr, Adam. "The wrongful life debate." Genomics Law Report, September 22, 2009.
Dolnick, Edward. "Deafness as culture." Atlantic Monthly, September 1993.
Dominus, Susan. "Remembering the little man who was a big voice for causes." New York Times, May 1, 2010.
Douglas, John E., et al. Crime Classification Manual: A Standard System for Investigating and Classifying Violent Crimes. San Francisco: Jossey-Bass, 1992.
Dowd, Maureen. "Between torment and happiness." New York Times, April 26, 2011.
Down, John Langdon H. "Observations on an ethnic classification of idiots." London Hospital, Clinical Letters & Reports 3 (1886): 259–62. Reprinted in Mental Retardation 33, no. 1 (February 1995): 54–56.
Drake, Stephen. "Disability advocates call for restraint and responsibility in murder coverage." Press release. Forest Park, IL: Not Dead Yet, June 22, 2006.
Dreger, Alice Domurat. One of Us: Conjoined Twins and the Future of Normal. Cambridge, MA: Harvard University Press, 2004.
——. "Lavish dwarf entertainment." Hastings Center Bioethics Forum, March 25, 2008.
——. "Womb gay." Hastings Center Bioethics Forum, December 4, 2008.
——. "Gender identity disorder in childhood: Inconclusive advice to parents." Hastings Center Report 39, no. 1 (January–February 2009): 26–29.
——. "Attenuated thoughts." Hastings Center Report 40, no. 6 (November–December 2010): 3.
——. "Trans advocates (at least where genderqueer kids are concerned)." The Stranger (The Queer Issue: You're Doing It Wrong), June 21, 2011.
Dreger, Alice, Ellen K. Feder, and Anne Tamar-Mattis. "Preventing homosexuality (and uppity women) in the womb?" Hastings Center Bioethics Forum, June 29, 2010.
Driscoll, Deborah A., and Susan J. Gross. "Screening for fetal aneuploidy and neural tube defects." Genetic Medicine 11, no. 11 (November 2009): 818–21.
Drummond, Kelley D., et al. "A follow-up study of girls with gender identity disorder." Developmental Psychology 44, no. 1 (January 2008): 34–45.
Duckworth, Angela Lee, and Martin E. P. Seligman. "Self-discipline outdoes IQ in predicting academic performance of adolescents." Psychological Science 16, no. 12 (December 2005): 939–44.
Dufresne, Chris. "Amazing feat: Toledo's Wallace began life in pain and braces because of club feet, but his mother's 'miracle' made it a Gump-like success story." Los Angeles Times, October 8, 1997.
Dumaret, Annick-Camille, et al. "Adoption and fostering of babies with Down syndrome: A cohort of 593 cases." Prenatal Diagnosis 18, no. 5 (May 1998): 437–45.
Durkin, Maureen S., et al. "Advanced parental age and the risk of autism spectrum disorder." American Journal of Epidemiology 168, no. 11 (December 2008): 1268–76.
"Dwarf left paralysed after being thrown by drunken Rugby fan." Telegraph, January 12, 2012.
"Dwarf tossing ban challenged." United Press International, November 29, 2001.
Dwarfs: Not a Fairy Tale. Documentary film. Produced and directed by Lisa Abelow Hedley and Bonnie Strauss. New York: HBO Home Video, 2001.
D.W., et al. v. Harrison County, Mississippi. Case 1:2009cv00267. US District Court for the Southern District of Mississippi, filed April 20, 2009.
Dykens, Elisabeth M. "Psychopathology in children with intellectual disability." Journal of Child Psychology & Psychiatry 41, no. 4 (May 2000): 407–17.
——. "Psychiatric and behavioral disorders in persons with Down syndrome." Mental Retardation & Developmental Disabilities Research Reviews 13, no. 3 (October 2007): 272–78.
East Community. "Family and friends." Salem, OR: Early Assessment and Support Team, 2003. http://www.eastcommunity.org/home/ec1/smartlist_12/family_and_friends.html.
Easteal, Patricia Weiser, and Louise McOrmond-Plummer. Real Rape, Real Pain: Help for Women Sexually Assaulted by Male Partners. Melbourne, Victoria, Australia: Hybrid, 2006.
Eaton, Leslie, Daniel Gilbert, and Ann Zimmerman. "Suspect's downward spiral." Wall Street Journal, January 13, 2011.
Eaton, Lynn. "France outlaws the right to sue for being born." British Medical Journal 324, no. 7330 (January 19, 2002): 129.
Eberly, Susan Schoon. "Fairies and the folklore of disability: Changelings, hybrids and the solitary fairy." Folklore 99, no. 1 (1988): 58–77.
Eckert, Richard Clark. "Toward a theory of deaf ethnos: Deafnicity ≈ D/deaf (Hómaemon • Homóglosson • Homóthreskon)." Journal of Deaf Studies & Deaf Education 15, no. 4 (Fall 2010): 317–33.
Egan, Timothy. "Idaho governor vetoes measure intended to test abortion ruling." New York Times, March 31, 1990.
Egley, Arlen, Jr., James C. Howell, and John P. Moore. "Highlights of the 2008 National Youth Gang Survey." Washington, DC: US Department of Justice, Office of Justice Programs, Office of Juvenile Justice & Delinquency Prevention, March 2010.
Ehninger, Dan, et al. "Reversal of learning deficits in a Tsc2+/- mouse model of tuberous sclerosis." Nature Medicine 14, no. 8 (August 2008): 843–48.
"81 Words." Radio broadcast. Ira Glass and Alix Spiegel, correspondents. This American Life, WBEZ Chicago/National Public Radio, January 18, 2002. http://www.thisamericanlife.org/radio-archives/episode/204/81-Words.
Einhorn, Bruce. "Listen: The sound of hope." BusinessWeek, November 14, 2005.
Elbert, Thomas, et al. "Increased cortical representation of the fingers of the left hand in string players." Science 270, no. 5234 (October 13, 1995): 305–7.
Eldridge, Sherrie. "Unexpected rejection: The subject no one wants to talk about." Jewel Among Jewels Adoption News, Winter 1999.
Elgar, Frank J., et al. "Attachment characteristics and behavioural problems in rural and urban juvenile delinquents." Child Psychiatry & Human Development 34, no.1 (Fall 2003): 35–48.

Ellis, Bob. "South Dakota abortion task force studies rape exceptions." Dakota Voice, January 20, 2006.

——. "Rape and the abortion question: Should children conceived of rape be treated differently than other children?" Dakota Voice, August 2, 2006.

Emery, Steven D., Anna Middleton, and Graham H. Turner. "Whose deaf genes are they anyway?: The Deaf community's challenge to legislation on embryo selection." Sign Language Studies 10, no. 2 (Winter 2010): 155–69.

Engeler, Amy. "I can't hate this baby." Redbook 192, no. 4 (February 1999): 108–12.

English, Rebecca. "After World Cup shame, a [illegible]25,000 fine and humiliation for Tindall (and Zara's face says it all)." Daily Mail, January 12, 2012.

Ensalaco, Mark, and Linda C. Majka, eds. Children's Human Rights: Progress and Challenges for Children Worldwide. New York: Rowman & Littlefield, 2005.

Epel, Elissa, et al. "Accelerated telomere shortening in response to life stress."Proceedings of the National Academy of Sciences 101, no. 49 (December 2004): 17312–15.

Ericsson, K. Anders, Ralph T. Krampe, and Clemens Tesch-Romer. "The role of deliberate practice in the acquisition of expert performance." Psychological Review 100 (1993): 363–406.

Ericsson, K. Anders, Michael J. Prietula, and Edward T. Cokel. "The making of an expert." Harvard Business Review, July–August 2007.

Ericsson, K. Anders, Roy W. Roring, and Kiruthiga Nandagopal. "Giftedness and evidence for reproducibly superior performance." High Ability Studies 18, no. 1 (June 2007): 3–56.

Erikson, Erik. Identity and the Life Cycle: Selected Papers. New York: International Universities Press, 1959.

Essex, Elizabeth Lehr, et al. "Residential transitions of adults with mental retardation: Predictors of waiting list use and placement." American Journal of Mental Retardation 101, no. 6 (May 1997): 613–29.

"Ethicist in Ashley case answers questions." Television news report. Amy Burkholder, correspondent. Cable News Network, January 11, 2007. http://www.cnn.com/2007/HEALTH/01/11/ashley.ethicist/index.html.

Evans, Kathy. "Kuwait's rape children offer bitter reminder." Guardian, July 29, 1993.

Evans, Nicholas. Dying Words: Endangered Languages and What They Have to Tell Us. New York: Wiley-Blackwell, 2009.

Evans, Nicholas, and Stephen C. Levinson. "The myth of language universals: Language diversity and its importance for cognitive science." Behavioral & Brain Sciences 32 (2009): 429–92.

Evelyn, Just. "Mom, I Need to Be a Girl!" Imperial Beach, CA: Walter Trook, 1998.

Eyman, Richard K., et al. "Survival of profoundly disabled people with severe mental retardation." American Journal of Diseases of Childhood 147, no. 3 (March 1993): 329–36.

Fadiman, Clifton. The Little, Brown Book of Anecdotes. New York: Little, Brown, 1985.

Fairchild, Tierney. "Rising to the occasion: Reflections on choosing Naia." Leadership Perspectives in Developmental Disability 3, no. 1 (Spring 2003). Waltham: Developmental Disabilities Leadership Forum, Shriver School of the University of Massachusetts Medical School, 2003.

——. "The choice to be pro-life." Washington Post, November 1, 2008.

Fallon, James B., Dexter R. F. Irvine, and Robert K. Shepherd. "Cochlear implants and brain plasticity." Hearing Research 238, nos. 1–2 (April 2008): 110–17.

Faludi, Gabor, and Karoly Mirnics. "Synaptic changes in the brain of subjects with schizophrenia." International Journal of Developmental Neuroscience 29, no. 3 (May 2011): 305–9.

Farrington, David P. "The development of offending and antisocial behavior from childhood: Key findings from the Cambridge Study in Delinquent Development." Journal of Child Psychology & Psychiatry 36, no. 6 (September 1995): 929–64.

"Federal judge throwing dwarf-tossing lawsuit out of court." Florida Times-Union, February 26, 2002.

"Feet, dollars and inches: The intriguing relationship between height and income." Economist, April 3, 2008.

Feinberg, Irving. "Schizophrenia: Caused by a fault in programmed synaptic elimination during adolescence?" Journal of Psychiatric Research 17, no. 4 (1982–83): 319–34.

Feldman, David Henry, and Lynn T. Goldsmith. Nature's Gambit: Child Prodigies and the Development of Human Potential. New York: Teachers College Press, 1991.

Fellman, Bruce. "The Elm City: Then and now." Yale Alumni Magazine, September/October 2006.

Feminist Response in Disability Activism. "Feminist Response in Disability Activism (FRIDA) to lead 'Ashley Treatment Action' at the American Medical Association Headquarters." Press release, January 10, 2007. http://fridanow.blogspot.com/2007/01/for-immediate-release-january-10-2007.html.

Fernald, Anne. "Four month olds prefer to listen to motherese." Infant Behavior & Development 8 (1985): 181–95.

Fernald, Anne, and Patricia Kuhl. "Acoustic determinants of infant preference for motherese speech." Infant Behavior & Development 10 (1987): 279–93.

Fernandes, Jane K., and Shirley Shultz Myers. "Inclusive Deaf studies: Barriers and pathways." Journal of Deaf Studies & Deaf Education 15, no. 1 (Winter 2010): 17–29.

Fernandez, Ellen Highland. The Challenges Facing Dwarf Parents: Preparing for a New Baby. Tamarac, FL: Distinctive Publishing, 1989.

Ferrall, John A. "Floating on the wings of silence with Beethoven, Kitto, and Edison."Volta Review 23 (1921): 295–96.

Ferster, Charles B. "Positive reinforcement and behavioral deficits of autistic children."Child Development 32 (1961): 437–56.

Ferster, Charles B., and Marian K. DeMyer. "The development of performances in autistic children in an automatically controlled environment." Journal of Chronic Diseases 13, no. 4 (April 1961): 312–14.

"Fiddler Paganini's ways: Stories and facts in the great man's life." New York Times, July 27, 1891.

Fidler, Deborah J. "Parental vocalizations and perceived immaturity in Down syndrome." American Journal on Mental Retardation 108, no. 6 (November 2003):425–34.

Fight Crime: Invest in Kids. "Investments in children prevent crime and save money." Washington, DC: Fight Crime: Invest in Kids, 2005. http://www.fightcrime.org/reports/CostBenefit.pdf.

Fillat, Cristina, and Xavier Altafaj. "Gene therapy for Down syndrome." Progress in Brain Research 197 (2012): 237–47.

Finkelhor, David, and Kersti Yllo. License to Rape: Sexual Abuse of Wives. New York: Holt, Rinehart & Winston, 1985.

Firestone, David. "Deaf students protest new school head." New York Times, April 27, 1994.

—. "Chief executive to step down at deaf center." New York Times, June 22, 1994.

Fitzgerald, Michael. The Genesis of Artistic Creativity: Asperger's Syndrome and the Arts. London: Jessica Kingsley Publishers, 2005.

Fitzgibbons, Richard, Jr., and Joseph Nicolosi. "When boys won't be boys: Childhood Gender Identity Disorder." Lay Witness, June 2001.

Fleischer, Doris Zames, and Frieda Zames. The Disability Rights Movement: From Charity to Confrontation. Philadelphia: Temple University Press, 2001.

Fleischmann, Carly. "You asked, she answered: Carly Fleischmann, 13, talks to our viewers about autism." ABC News, February 20, 2008, http://abcnews.go.com/Health/story?id=4320297.

Flynn, Maureen A., and Richard M. Pauli. "Double heterozygosity in bone growth disorders: Four new observations and review." American Journal of Medical Genetics 121A, no. 3 (2003): 193–208.

Fost, Norman. "Offense to third parties?" Hastings Center Report 40, no. 6 (November–December 2010): 30.

Foucault, Michel. Madness and Civilization: A History of Insanity in the Age of Reason. New York: Vintage, 1988.

—. Politics, Philosophy, Culture: Interviews and Other Writings, 1977–1984. London:Routledge, 1988.

—. The History of Sexuality, Vol. 1: An Introduction. New York: Vintage, 1990.

—. Abnormal: Lectures at the College de France, 1974–1975. London: Verso, 2003.

Fox, Douglas. "The insanity virus." Discover, June 2010.

Fox, James Alan. Uniform Crime Reports: Supplementary Homicide Reports, 1976–1994. Data from Federal Bureau of Investigation Uniform Crime Reporting Program. Ann Arbor: Institute for Social Research, University of Michigan, 1996.

Fox, James Alan, and Marianne W. Zawitz. "Homicide trends in the United States."Washington, DC: US Department of Justice, Bureau of Justice Statistics, 2007.

Francomano, Clair A. "The genetic basis of dwarfism." New England Journal of Medicine 332, no. 1 (January 5, 1995): 58–59.

Francomano, Clair A., et al. "Localization of the achondroplasia gene to the distal 2.5 Mb of human chromosome 4p." Human Molecular Genetics 3, no. 5 (May 1994): 787–92.

Frank, Arthur W. "Emily's scars: Surgical shapings, technoluxe, and bioethics." Hastings Center Report 34, no. 2 (March/April 2004): 18–29.

Frankel, Susannah. "Body beautiful: Alexander McQueen asked some of fashion's leading designers to dress people with physical disabilities. His aim? Not to change the world, but to challenge our perceptions of beauty." Guardian, August 29, 1998.

Frankfurt, Harry G. The Reasons of Love. Princeton, NJ: Princeton University Press, 2004.

Franklin, Jennifer. Persephone's Ransom. Georgetown, KY: Finishing Line Press, 2011.

FRAXA Research Foundation. "Clinical trials of three experimental new treatments for Fragile X are accepting participants." Press release, March 22, 2012.

Freud, Anna. The Harvard Lectures. Madison, CT: International Universities Press, 1992.

Freud, Sigmund. Mourning and Melancholia. In The Standard Edition of the Complete Psychological Works of Sigmund Freud. Trans. Joan Riviere. Ed. James Strachey. Vol. 14, 1914–1916. London: Hogarth Press, 1955.

—. On Narcissism: An Introduction. In The Standard Edition of the Complete Psychological Works of Sigmund Freud. Trans. Joan Riviere. Ed. James Strachey. Vol. 14, 1914–1916. London: Hogarth Press, 1955.

—. The Ego and the Id. In The Standard Edition of the Complete Psychological Works of Sigmund Freud. Trans. Joan Riviere. Ed. James Strachey. Vol. 19, 1923–1925. New York: Norton, 1960, 1989.

Friedman, Alfred S., et al. Psychotherapy for the Whole Family: Case Histories, Techniques, and Concepts of Family Therapy of Schizophrenia in the Home and Clinic. New York: Springer, 1965.

Friedman, Jan Marshall, S. A. Rasmussen, and Q. Yang. "Racial disparities in median age at death of persons with Down syndrome: United States, 1968–1997."Morbidity & Mortality Weekly Report 50, no. 22 (June 8, 2001): 463–65.

Friedman, Lawrence J. Identity's Architect: A Biography of Erik H. Erikson. London: Free Association Books, 1999.

Friedman, Lilach M., and Karen B. Avraham. "MicroRNAs and epigenetic regulation in the mammalian inner ear: Implications for deafness." Mammalian Genome 20, nos. 9–10 (September–October 2009): 581–603.

Friedman, Richard C. Male Homosexuality: A Contemporary Psychoanalytic Perspective. New Haven, CT: Yale University Press, 1990.

Frith, Christopher, and Eve Johnstone. Schizophrenia: A Very Short Introduction. Oxford, UK, and New York: Oxford University Press, 2003.

Frith, Uta, ed. Autism and Asperger Syndrome. Cambridge, UK: Cambridge University Press, 1991.

—. Autism: Explaining the Enigma. 2nd ed. Oxford, UK, and Malden, MA: Blackwell, 2003.

Fritz, Thomas, et al. "Universal recognition of three basic emotions in music." Current Biology 19, no. 7 (April 2009): 573–76.

Fromm-Reichmann, Frieda. "Notes on the development of treatment of schizophrenics by psychoanalytic psychotherapy." Psychiatry 11, no. 3 (August 1948): 263–73.

Fukuyama, Francis. Our Posthuman Future: Consequences of the Biotechnology Revolution. New York: Farrar, Straus & Giroux, 2002.

Furey, Eileen M., James M. Granfield, and Orv C. Karan. "Sexual abuse and neglect of adults with mental retardation: A comparison of victim characteristics."Behavioral Interventions 9, no. 2 (April 1994): 75–86.

Furey, Eileen M., and Jill J. Niesen. "Sexual abuse of adults with mental retardation by other consumers." Sexuality & Disability 12, no. 4 (1994): 285–95.

Fusar-Poli, Paolo, and Pierluigi Politi. "Paul Eugen Bleuler and the birth of schizophrenia (1908)." American Journal of Psychiatry 165, no. 11 (2008): 1407.
Gallaudet Research Institute. Regional and National Summary Report of Data from the 1999–2000 Annual Survey of Deaf and Hard of Hearing Children and Youth. Washington, DC: Gallaudet University Press, 2001.
Galton, Francis. Hereditary Genius. London: Macmillan, 1869.
Gannon, Jack. The Week the World Heard Gallaudet. Washington, DC: Gallaudet University Press, 1989.
Ganz, Michael. "The lifetime distribution of the incremental societal costs of autism." Archives of Pediatric & Adolescent Medicine 161, no. 4 (April 2007): 343–49.
Garcia, Joseph. Signing with Your Baby: How to Communicate with Infants Before They Can Speak. Seattle: Northlight Communications, 2002.
Gardner, R. J. M. "A new estimate of the achondroplasia mutation rate." Clinical Genetics 11, no. 1 (April 2008): 31–38.
Garfias, Robert. "Thoughts on the process of language and music acquisition." Music and Child Development: Proceedings of the 1987 Biology of Music Making Conference. Ed. F. Wilson and R. Roehmann. St. Louis: MMB Music, 1989.
Gath, Ann, and Dianne Gumley. "Retarded children and their siblings." Journal of Child Psychology & Psychiatry 28, no. 5 (September 1987): 715–30.
Geers, Ann E. "Speech, language, and reading skills after early cochlear implantation."Archives of Otolaryngology—Head & Neck Surgery 130, no. 5 (May 2004): 634–38.
Geertz, Hildred, and Clifford Geertz. Kinship in Bali. Chicago: University of Chicago Press, 1975.
Geller, Andy. "Docs' designer defect baby: Disabled by choice." New York Post, December 22, 2006.
Gernsbacher, Morton Ann, et al. "Infant and toddler oral- and manual-motor skills predict later speech fluency in autism." Journal of Child Psychology & Psychiatry 49, no. 1 (2008): 43–50.
Gernsbacher, Morton Ann, Heather M. Geye, and Susan Ellis Weismer. "The role of language and communication impairments within autism." In Language Disorders and Developmental Theory, ed. P. Fletcher and J. F. Miller, 73–93. Amsterdam, Netherlands: John Benjamins, 2005.
Gershman, Carl. "Psychiatric abuse in the Soviet Union." Society 21, no. 5 (July 1984): 54–59.
Geschwind, Daniel H. "Autism: Many genes, common pathways?" Cell 135, no. 3 (October 31, 2008): 391–95.
——. "The genetics of autism spectrum disorders." Trends in Cognitive Sciences 15, no. 9 (September 2011): 409–16.
Geschwind, Daniel H., and Pat Levitt. "Autism spectrum disorders: Developmental disconnection syndromes." Current Opinion in Neurobiology 17, no. 1 (February 2007): 103–11.
Geschwind, Norman. "The biology of cerebral dominance: Implications for cognition."Cognition 17, no. 3 (August 1984): 193–208.
Geschwind, Norman, and Albert M. Galaburda. Cerebral Lateralization. Cambridge, MA: MIT Press, 1987.
Ghaziuddin, Mohammad. "A family history study of Asperger syndrome." Journal of Autism & Developmental Disorders 35, no. 2 (2005): 177–82.
——. "Should the DSM V drop Asperger syndrome?" Journal of Autism & Developmental Disorders 40, no. 9 (September 2010): 1146–48.
"Giants and dwarfs." Strand Magazine 8 (July–December 1894): 432–38.
Gibbs, Nancy. "Pillow angel ethics." Time, January 7, 2007.
Gibbs, Nancy, and Timothy Roche. "The Columbine tapes." Time, December 20, 1999.
Gil, Ana Milena, Ana Maria Jaramillo, and Bertha Ortiz. "Pregnancy resulting from rape: Breaking the silence of multiple crises." Women's Health Collection, January 1, 2001.
Gilbert, Daniel. Stumbling on Happiness. New York: Knopf, 2006.
Gillam, Lynn. "Prenatal diagnosis and discrimination against the disabled." Journal of Medical Ethics 25, no. 2 (April 1999): 163–71.
Gillberg, Christopher, and E. Billstedt. "Autism and Asperger syndrome: Coexistence with other clinical disorders." Acta Psychiatrica Scandinavica 102, no. 5 (November 2000): 321–30.
Giordano, Simona. "Lives in a chiaroscuro: Should we suspend the puberty of children with gender identity disorder?" Journal of Medical Ethics 34, no. 8 (August 2008): 580–85.
Giuliano, Ryan J., et al. "Native experience with a tone language enhances pitch discrimination and the timing of neural responses to pitch change." Frontiers in Psychology 2, no. 146 (August 2011): 1–12.
Gladwell, Malcolm. Outliers: The Story of Success. New York: Little, Brown, 2008.
Glascher, Jan, et al. "Lesion mapping of cognitive abilities linked to intelligence."Neuron 61, no. 5 (March 2009): 681–91.
Glaser, Gabrielle. "'Mad pride' fights a stigma." New York Times, May 11, 2008.
Glessner, Joseph T., et al. "Autism genome-wide copy number variation reveals ubiquitin and neuronal genes." Nature 459 (May 28, 2009): 569–73.
Global Justice Center. The Right to an Abortion for Girls and Women Raped in Armed Conflict. New York: Global Justice Center, 2011.
Goffman, Erving. "The insanity of place." Psychiatry: Journal of Interpersonal Relations 32, no. 4 (November 1969): 357–87.
——. Stigma: Notes on the Management of Spoiled Identity (1963). New York: Simon & Schuster, 1986.
"Golden Globes: Peter Dinklage cites Martin Henderson case." Los Angeles Times, January 16, 2012.
Goleman, Daniel. "Left vs. right: Brain function tied to hormone in the womb." New York Times, September 24, 1985.
——. "The wrong sex: A new definition of childhood pain." New York Times, March 22, 1994.
Gollust, Sarah E., et al. "Living with achondroplasia in an average-sized world: An assessment of quality of life." American Journal of Medical Genetics 120A, no. 4 (August 2003): 447–58.
Goode, Erica. "What provokes a rapist to rape?: Scientists debate notion of an evolutionary drive." New York Times, January 15, 2000.
Goodman, Peter. "Sparks fly from his fingertips." Newsday, October 2, 1990.
Goodstein, Laurie. "Vatican declined to defrock U.S. priest who abused boys." New York Times, March 25, 2010.

——. "Words of a victim." New York Times, March 26, 2010.
Goodstein, Laurie, and David Callender. "For years, deaf boys tried to tell of priest's abuse." New York Times, March 27, 2010.
Gooren, Louis J., Erik J. Giltay, and Mathijs C. Bunck. "Long-term treatment of transsexuals with cross-sex hormones: Extensive personal experience." Journal of Clinical Endocrinology & Metabolism 93, no. 1 (January 2008): 19–25.
Gotkin, Janet, and Paul Gotkin. Too Much Anger, Too Many Tears: A Personal Triumph over Psychiatry. New York: HarperPerennial, 1992.
Gottlieb, Jennifer, and Corinne Cather. "Cognitive behavioral therapy (CBT) for schizophrenia: An in-depth interview with experts." San Francisco: Schizophrenia.com, February 3, 2007.
Gottschall, Jonathan A., and Tiffani A. Gottschall. "Are per-incident rape-pregnancy rates higher than per-incident consensual pregnancy rates?" Human Nature: An Interdisciplinary Biosocial Perspective 14, no. 1 (March 1, 2003): 1–20.
Gourevich, Philip. We Wish to Inform You That Tomorrow We Will Be Killed with Our Families: Stories from Rwanda. New York: Picador, 1999.
Grady, Denise. "Gene identified as major cause of deafness in Ashkenazi Jews." New York Times, November 19, 1998.
Graham, Trey. "The final days of Gaurav Gopalan." Washington City Paper, September 21, 2011.
Grandin, Temple. Thinking in Pictures: And Other Reports from My Life with Autism. New York: Doubleday, 1995.
Grant, Jaime M., et al. Injustice at Every Turn: A Report of the National Transgender Discrimination Survey. New York: National Center for Transgender Equality, 2011.
Grealy, Lucy. Autobiography of a Face. Boston: Houghton Mifflin, 1994.
Green, Joanne. "The reality of the miracle: What to expect from the first surgery." Wide Smiles, 1996.
Green, Kevin M. J., et al. "Cortical plasticity in the first year after cochlear implantation." Cochlear Implants International 9, no. 2 (2008): 103–17.
Green, Michael Foster. Schizophrenia Revealed: From Neurons to Social Interactions. New York and London: W. W. Norton, 2001.
Green, Richard. The "Sissy Boy" Syndrome and the Development of Homosexuality. New Haven, CT: Yale University Press, 1987.
Green, Richard, and John Money. Transsexualism and Sex Reassignment. Baltimore: Johns Hopkins University Press, 1969.
Green, Saul. "Chelation therapy: Unproven claims and unsound theories." Quackwatch, July 24, 2007. http://www.quackwatch.org/01QuackeryRelatedTopics/chelation.html.
Green, Wayne H., Magda Campbell, and Raphael David. "Psychosocial dwarfism: A critical review of the evidence." Journal of the American Academy of Child Psychiatry 23, no. 1 (January 1984): 39–48.
Greene, Arin K., et al. "Risk of vascular anomalies with Down syndrome." Pediatrics 121, no. 1 (January 2008): 135–40.
Greenspan, Stanley I., and Serena Weider. Engaging Autism: Using the Floortime Approach to Help Children Relate, Communicate, and Think. New York: Da Capo, 2006.
Greenwald, Brian H., and John Vickrey Van Cleve, eds. A Fair Chance in the Race of Life: The Role of Gallaudet University in Deaf History. Washington, DC: Gallaudet University Press, 2010.
Greenwood, Peter W., et al. Diverting Children from a Life of Crime: Measuring Costs and Benefits. Santa Monica, CA: RAND, 1996.
Grelotti, David J., et al. "fMRI activation of the fusiform gyrus and amygdala to cartoon characters but not to faces in a boy with autism." Neuropsychologia 43, no. 3 (February 2005): 373–85.
Grieg, Kai. The War Children of the World. Bergen, Norway: War and Children Identity Project, 2001.
Grinker, Roy Richard. Unstrange Minds: Remapping the World of Autism. New York: Basic Books, 2007.
Grisso, Thomas, and Robert G. Schwartz, eds. Youth on Trial: A Developmental Perspective on Juvenile Justice. Chicago: University of Chicago Press, 2000.
Groce, Nora Ellen. Everyone Here Spoke Sign Language: Hereditary Deafness on Martha's Vineyard. Cambridge, MA: Harvard University Press, 1985.
Groopman, Jerome. "Hurting all over." New Yorker, November 13, 2000.
Groskop, Viv. "My body is wrong." Guardian, August 14, 2008.
Gross, Jane, and Stephanie Strom. "Autism debate strains a family and its charity." New York Times, June 18, 2007.
Gross, Miraca. Exceptionally Gifted Children. London and New York: Routledge, 1993.
Grossman, Frances Kaplan. Brothers and Sisters of Retarded Children: An Exploratory Study. Syracuse, NY: Syracuse University Press, 1972.
"Groundbreaking exhibition charts 'History Through Deaf Eyes.'" USA Today, February 2006.
Gubbels, Samuel P., et al. "Functional auditory hair cells produced in the mammalian cochlea by in utero gene transfer." Nature 455, no. 7212 (August 27, 2008): 537–41.
Guernsey, Diane. "Autism's angels." Town & Country, August 1, 2006.
Gumley, Andrew, et al. "Early intervention for relapse in schizophrenia: Results of a 12-month randomized controlled trial of cognitive behavioural therapy." Psychological Medicine 33, no. 3 (April 2003): 419–31.
Gunther, Daniel F., and Douglas S. Diekema. "Attenuating growth in children with profound developmental disability: A new approach to an old dilemma." Archives of Pediatric & Adolescent Medicine 260, no. 10 (October 2006): 1013–17.
Gur, Raquel E., and Ann Braden Johnson. If Your Adolescent Has Schizophrenia: An Essential Resource for Parents. Oxford, UK, and New York: Oxford University Press, 2006.
Gureje, Oye, and Rotimi Bamidele. "Thirteen-year social outcome among Nigerian outpatients with schizophrenia." Social Psychiatry & Psychiatric Epidemiology 34, no. 3 (March 1999): 147–51.
Gurewitsch, Matthew. "Early works of a new composer (very early, in fact)." New York Times, August 13, 2006.
Gustafson, Paul. "Gang member found not guilty of St. Paul killing." Minneapolis Star Tribune, May 6, 2004.
——. "Doubts about witness lead to acquittal in murder case." Minneapolis Star Tribune, July 24, 2004.

——. "Gang member sentenced for shooting death of rival." Minneapolis Star Tribune, August 20, 2004.
Gutek, Gerald Lee. The Montessori Method: The Origins of an Educational Innovation: Including an Abridged and Annotated Edition of Maria Montessori's The Montessori Method. Lanham, MD: Rowman & Littlefield, 2004.
Habib, Mirette B., et al. "Speech production intelligibility of early implanted pediatric cochlear implant users." International Journal of Pediatric Otorhinolaryngology 74, no. 8 (August 2010): 855–59.
Hagan, John, and Holly Foster. "Youth violence and the end of adolescence." American Sociological Review 66 (December 2001): 874–99.
Hagerman, Randi, et al. "Fragile X syndrome and targeted treatment trials." Results & Problems in Cell Differentiation 54 (2012): 297–335.
Hagerman, Randi, Gry Hoem, and Paul Hagerman. "Fragile X and autism: Intertwined at the molecular level leading to targeted treatments." Molecular Autism 1, no. 12 (September 2010): 1–14.
Hakak, Yaron, et al. "Genome-wide expression analysis reveals dysregulation of myelination-related genes in chronic schizophrenia." Proceedings of the National Academy of Sciences 98, no. 8 (April 2001): 4746–51.
Hakim, Danny. "At state-run homes, abuse and impunity." New York Times, March 12, 2011.
Hakim, Danny, Thomas Kaplan, and Michael Barbaro. "After backing gay marriage, 4 in G.O.P. face voters' verdict." New York Times, July 4, 2011.
Halbfinger, David M. "Care of juvenile offenders in Mississippi is faulted." New York Times, September 1, 2003.
Hall, Jeremy, et al. "Hippocampal function in schizophrenia and bipolar disorder." Psychological Medicine 40, no. 5 (May 2010): 761–70.
Hall, Will. Harm Reduction Guide to Coming Off Psychiatric Drugs. New York and Northampton, MA: Icarus Project & Freedom Center, 2007.
Hallmayer, Joachim, et al. "Genetic heritability and shared environmental factors among twin pairs with autism." Archives of General Psychiatry 68, no. 11 (November 2011): 1095–102.
Hambleton, Else L. Daughters of Eve: Pregnant Brides and Unwed Mothers in Seventeenth-Century Massachusetts. London and New York: Routledge, 2004.
Hammarberg, Thomas. "Discrimination against transgender persons must no longer be tolerated." Strasbourg, France: Council of Europe, Office of the Commissioner for Human Rights, 2009.
Hanneman, Robert, and Jan Blacher. "Predicting placement in families who have children with severe handicaps: A longitudinal analysis." American Journal on Mental Retardation 102, no. 4 (January 1998): 392–408.
Hansen, Robin L. "Regression in autism: Prevalence and associated factors in the CHARGE study." Ambulatory Pediatrics 8, no. 1 (January 2008): 25–31.
Hanson, Marci J. Teaching Your Down's Syndrome Infant: A Guide for Parents. Baltimore: University Park Press, 1977.
——. "Twenty-five years after early intervention: A follow-up of children with Down syndrome and their families." Infants & Young Children 16, no. 4 (November–December 2003): 354–65.
Haraway, Donna. Simians, Cyborgs, and Women: The Reinvention of Nature. New York: Routledge, 1991.
Hare, Lauren, et al. "Androgen receptor repeat length polymorphism associated with male-to-female transsexualism." Biological Psychiatry 65, no. 1 (January 2009):93–96.
Harmon, Amy. "How about not 'curing' us, some autistics are pleading." New York Times, December 20, 2004.
——. "The problem with an almost-perfect genetic world." New York Times, November 20, 2005.
——. "The DNA age: Prenatal test puts Down syndrome in hard focus." New York Times, May 9, 2007.
——. "Nominee to disability council is lightning rod for dispute on views of autism." New York Times, March 28, 2010.
Harrington, Tom. "FAQ: Helen Keller quotes." Washington, DC: Gallaudet University Library, 2000. http://www.gallaudet.edu/library/research_help/research_help/frequently_asked_questions/people/helen_keller_quotes.html.
——. "American Sign Language: Ranking and number of users." Washington, DC:Gallaudet University Library, 2004. http://libguides.gallaudet.edu/content.php?pid=114804&sid=991835.
Harrington, Tom, and Sarah Hamrick. "FAQ: Sign languages of the world by country." Washington, DC: Gallaudet University Library, no date. http://library.gallaudet.edu/Library/Deaf_Research_Help/Frequently_Asked_Questions_%28FAQs%29/Sign_Language/Sign_Languages_of_the_World_by_Country.html.
Harris, Jeffrey P., John P. Anderson, and Robert Novak. "An outcomes study of cochlear implants in deaf patients: Audiologic, economic, and quality-of-life changes." Archives of Otolaryngology—Head & Neck Surgery 121, no. 4 (April 1995): 398–404.
Harris, Judith Rich. The Nurture Assumption: Why Children Turn Out the Way They Do. New York: Free Press, 1998.
Harris, Laura W., et al. "Gene expression in the prefrontal cortex during adolescence: Implications for the onset of schizophrenia." BMC Medical Genomics 2 (May 2009): 28.
Harris, Lynn. "Who you calling a 'midget'?" Salon, July 16, 2009. http://www.salon.com/life/feature/2009/07/16/m_word/index.html.
Harrison, Paul J. "Schizophrenia susceptibility genes and neurodevelopment." Biological Psychiatry 61, no. 10 (2007): 1119–20.
Harrison, Paul J., and Daniel R. Weinberger. "Schizophrenia genes, gene expression, and neuropathology: On the matter of their convergence." Molecular Psychiatry 10, no. 1 (January 2005): 40–68.
Hart, Carol. "Who's deficient, who's just plain short? Despite advances, growth hormone decision tough." AAP News 13, no. 6 (June 1997): 14–15.
Hartson, Merrill. "Juvenile court system too soft on criminals, U.S. official says." Associated Press, September 4, 1985.
Hasle, H., I. H. Clemmensen, and M. Mikkelsen. "Risks of leukemia and solid tumors in individuals with Down's syndrome." Lancet 355 (2000): 165–69.
Hastbacka, Johanna, et al. "The diastrophic dysplasia gene encodes a novel sulfate transporter: Positional cloning by fine-structure linkage disequilibrium mapping." Cell 78, no. 6 (September 23, 1994): 1073–87.
Hastings, Richard P., and Tony Brown. "Functional assessment and challenging behaviors: Some future directions." Journal of the Association for Persons with

Severe Handicaps 25, no. 4 (Winter 2000): 229–40.
Hastings, Richard P., et al. "Factors related to positive perceptions in mothers of children with intellectual disabilities." Journal of Applied Research in Intellectual Disabilities 15, no. 3 (September 2002): 269–75.
Hatfield, Agnes B., and Harriet P. Lefley. Surviving Mental Illness: Stress, Coping, and Adaptation. New York: Guilford Press, 1993.
Hatzfeld, Jean. Machete Season: The Killers in Rwanda Speak. New York: Farrar, Straus & Giroux, 2005.
Hawkins, Keith A., et al. "Neuropsychological course in the prodrome and first episode of psychosis: Findings from the PRIME North America Double Blind Treatment Study." Schizophrenia Research 105, nos. 1–3 (October 2008): 1–9.
Hawkins, Larry, and Judy Brawner. "Educating children who are deaf or hard of hearing: Total Communication." ERIC Digest 559. Reston, VA: ERIC Clearinghouse on Disabilities and Gifted Education, Council for Exceptional Children, 1997.
Hay, William. Deformity: An Essay. London: Printed for R. and J. Dodsley, and sold by M. Cooper, 1754.
Hecht, Jacqueline T., et al. "Mortality in achondroplasia." American Journal of Human Genetics 41, no. 3 (September 1987): 454–64.
—. "Obesity in achondroplasia." American Journal of Medical Genetics 31, no. 3 (November 1988): 597–602.
—. "Mutations in exon 17B of cartilage oligomeric matrix protein (COMP) cause pseudoachondroplasia." Nature Genetics 10, no. 3 (July 1995): 325–29.
Heckers, Stephan. "Neuroimaging studies of the hippocampus in schizophrenia." Hippocampus 11, no. 5 (October 2001): 520–28.
Hedley, Lisa Abelow. "A child of difference." New York Times Magazine, October 12, 1997.
Heffernan, Virginia. "The challenges of a oversized world." New York Times, March 4, 2006.
—. "Narrow-minded." New York Times, May 25, 2008.
Heller, Tamar, and Alan Factor. "Permanency planning for adults with mental retardation living with family caregivers." American Journal on Mental Retardation 96, no. 2 (September 1991): 163–76.
Heller, Tamar, Alison B. Miller, and Alan Factor. "Adults with mental retardation as supports to their parents: Effects on parental caregiving appraisal." Mental Retardation 35, no. 5 (October 1997): 338–46.
Hembree, Wylie C., et al. "Endocrine treatment of transsexual persons: An Endocrine Society clinical practice guideline." Journal of Clinical Endocrinology & Metabolism 94, no. 9 (September 2009): 3132–54.
Henderson, Helen. "Earthly injustice of 'pillow angels.'" Toronto Star, June 27, 2009.
Henderson, Nick. "Attack on wife: Mental health system blamed; man avoids jail after 'tragic' case." Advertiser, October 13, 2006.
Herbert, Martha R., et al. "Localization of white matter volume increase in autism and developmental language disorder." Annals of Neurology 55, no. 4 (April 2004):530–40.
—. "Autism and environmental genomics." NeuroToxicology 27, no. 5 (September 2006): 671–84.
Her Majesty's Young Offender Institution. HMYOI Castington and Oswald Unit. "Summary of questionnaires and interviews." Acklington, Northumberland: HMYOI Castington and Oswald Unit, February 16, 2010.
Hershenson, Roberta. "Playing piano recitals and skipping fifth grade." New York Times, July 9, 2009.
Hershey, Laura. "Choosing disability." Ms. Magazine, July 1994.
Herszenhorn, David M. "House approves broad protections for gay workers." New York Times, November 8, 2007.
Hertzberg, Hendrik. "The Narcissus survey." New Yorker, January 5, 1998.
Hickock, Gregory, et al. "Discourse deficits following right hemisphere damage in deaf signers." Brain & Language 66 (1999): 233–48.
Hickock, Gregory, Tracy Love-Geffen, and Edward S. Klima. "Role of the left hemisphere in sign language comprehension." Brain & Language 82, no. 2 (August 2002): 167–78.
Hikida, Takatoshi, et al. "Dominant-negative DISC1 transgenic mice display schizophrenia-associated phenotypes detected by measures translatable to humans." Proceedings of the National Academy of Sciences 104, no. 36 (September 4, 2007): 14501–6.
Hilarski, Carolyn. "Victimization history as a risk factor for conduct disorder behaviors: Exploring connections in a national sample of youth." Stress, Trauma & Crisis 7 (2004): 47–59.
Hilsum, Lindsey. "Rwanda's time of rape returns to haunt thousands." Guardian, February 26, 1995.
—. "Don't abandon Rwandan women again." New York Times, April 11, 2004.
Hines, Stefani, and Forrest Bennett. "Effectiveness of early intervention for children with Down syndrome." Mental Retardation & Developmental Disabilities Research Reviews 2, no. 2 (1996): 96–101.
Ho, Eugenia, et al. "Initial study of rh-IGF1 (Mecasermin [DNA] injection) for treatment of Rett syndrome and development of Rett-specific novel biomarkers of cortical and autonomic function (S28.005)." Neurology 78, meeting abstracts 1 (April 25, 2012).
Hockenberry, John. Moving Violations: War Zones, Wheelchairs and Declarations of Independence. New York: Hyperion, 1996.
Hodapp, Robert M., and Diane V. Krasner. "Families of children with disabilities: Findings from a national sample of eighth-grade students." Exceptionality 5, no. 2 (1995): 71–81.
Hoek, Hans W., Alan S. Brown, and Ezra S. Susser. "The Dutch famine and schizophrenia spectrum disorders." Social Psychiatry & Psychiatric Epidemiology 33, no. 8 (July 1998): 373–79.
Hoffman Baruch, Elaine, Amadeo F. D'Adamo, and Joni Seager Jr., eds. Embryos, Ethics and Women's Rights: Exploring the New Reproductive Technologies. New York: Harrington Park Press, 1988.
Hollander, Julia. "'Why is there no one to help us?'" Guardian, May 28, 2003.
—. When the Bough Breaks: A Mother's Story. London: John Murray, 2008.
—. "'I had to give my baby away'—a mother's moving story of caring for her disabled child." Daily Mail, March 1, 2008.

——. "A tale of two mothers." Guardian, March 8, 2008.

Holmes, Amy S., Mark F. Blaxill, and Boyd E. Haley. "Reduced levels of mercury in first baby haircuts of autistic children." International Journal of Toxicology 22, no. 4 (July–August 2003): 277–85.

Holmes, Melissa M., et al. "Rape-related pregnancy: Estimates and descriptive characteristics from a national sample of women." American Journal of Obstetrics & Gynecology 175, no. 2 (August 1996): 320–25.

Holmes, Steven A. "Radio talk about TV anchor's disability stirs ire in Los Angeles." New York Times, August 23, 1991. "The homosexual in America." Time, January 21, 1966.

Hoover-Fong, Julie E., et al. "Weight for age charts for children with achondroplasia."American Journal of Medical Genetics Part A 143A, no. 19 (October 2007): 2227–35.

Hor, Kahyee, and Mark Taylor. "Suicide and schizophrenia: A systematic review of rates and risk factors." Journal of Psychopharmacology 24, no. 4 suppl. (November 2010): 81–90.

Horton, Richard. "A statement by the editors of The Lancet." Lancet 363, no. 9411 (March 2004): 820–21.

Horton, William. "Recent milestones in achondroplasia research." American Journal of Medical Genetics 140A (2006): 166–69.

Horton, William A., Judith G. Hall, and Jacqueline T. Hecht. "Achondroplasia." Lancet 370 (July 14, 2007): 162–72.

Howe, Michael J. A., Jane W. Davidson, and John A. Sloboda. "Innate talents: Reality or myth?" Behavioural & Brain Sciences 21, no. 3 (June 1998): 399–442.

Howe, Samuel Gridley. Report Made to the Legislature of Massachusetts, Upon Idiocy. Boston: Coolidge & Wiley, 1848.

Howell, James C. Youth Gang Programs and Strategies. Washington, DC: US Office of Juvenile Justice and Delinquency Prevention, 2000.

——. Preventing and Reducing Juvenile Delinquency: A Comprehensive Framework. Thousand Oaks, CA: Sage Publications, 2003.

——. Gangs in America's Communities. Thousand Oaks, CA: Sage Publications, 2011.

Howell, James C., et al. "U.S. gang problem trends and seriousness." National Gang Center Bulletin 6 (May 201R1): 1–23.

Howells, John G., and Waguih R. Guirguis. The Family and Schizophrenia. Madison, CT: International Universities Press, 1985.

Hoyt, Clark. "Consistent, sensitive and weird." New York Times, April 18, 2009.

Hrdy, Sarah Blaffer. Mother Nature: Maternal Instincts and How They Shape the Human Species. New York: Ballantine Books, 1999.

Huet, Marie-Helene. Monstrous Imagination. Cambridge, MA: Harvard University Press, 1993.

Human Rights Watch. "Sexual violence and its consequences among displaced persons in Darfur and Chad." New York: Human Rights Watch, 2005.

Hunt, Linda. Letter in response to "A child of difference" by Lisa Abelow Hedley (October 12, 1997). New York Times Magazine, November 2, 1997.

Hunt, Nigel. The World of Nigel Hunt: The Diary of a Mongoloid Youth. New York: Garrett Publications, 1967.

Hunter, Alasdair G. W. "Some psychosocial aspects of nonlethal chondrodysplasias, I: Assessment using a life-styles questionnaire." American Journal of Medical Genetics 78, no. 1 (June 1998): 1–8.

——. "Some psychosocial aspects of nonlethal chondrodysplasias, II: Depression and anxiety." American Journal of Medical Genetics 78, no. 1 (June 1998): 9–12.

——. "Some psychosocial aspects of nonlethal chondrodysplasias, III: Self-esteem in children and adults." American Journal of Medical Genetics 78 (June 1998): 13–16.

Hurley, Dan. "A drug for Down syndrome." New York Times, July 29, 2011.

Hutt, Corinne, et al. "Arousal and childhood autism." Nature 204 (November 28, 1964): 908–9.

Huttunen, Matti O., and Pekka Niskanen. "Prenatal loss of father and psychiatric disorders." Archives of General Psychiatry 35, no. 4 (1978): 429–31.

Ikezuki, Yumiko, et al. "Determination of bisphenol A concentrations in human biological fluids reveals significant early prenatal exposure." Human Reproduction 17, no. 11 (November 2002): 2839–41.

"I Love My Baby Who Was Conceived by Rape." Documentary film. Sioux Falls, SD: Vote Yes For Life, 2006.

"Implants help child emerge from silent world." Casper Star-Tribune, April 24, 2006.

Inglis, Angela, Catriona Hippman, and Jehannine C. Austin. "Views and opinions of parents of individuals with Down syndrome: Prenatal testing and the possibility of a 'cure'?" Abstract in Courtney Sebold, Lyndsay Graham, and Kirsty McWalter. Presented abstracts from the Twenty-Eighth Annual Education Conference of the National Society of Genetic Counselors (Atlanta, Georgia, November 2009)." Journal of Genetic Counseling 18, no. 6 (November 2009): 622–91.

In My Language. Documentary film. Directed by Amanda Baggs. Privately produced, January 14, 2007. http://www.youtube.com/watch?v=JnylM1hI2jc.

Innes, Stephanie. "Meet Josie, 9: No secret she's transgender." Arizona Star, July 25, 2010.

In re the marriage of Michael J. Kantaras v. Linda Kantaras. Case no. 98-5375CA, Circuit Court of the Sixth Judicial Circuit in and for Pasco County, Florida, February 2003.

"Interview with Leslie Van Houten." Television news report. Larry King, correspondent. Larry King Weekend, Cable News Network, June 29, 2002. http://transcripts.cnn.com/TRANSCRIPTS/0206/29/lklw.00.html.

Iossifov, Ivan, et al. "De novo gene disruptions in children on the autistic spectrum."Neuron 74, no. 2 (April 2012): 285–99.

Iozzio, Mary Jo. "Genetic anomaly or genetic diversity: Thinking in the key of disability on the human genome." Theological Studies 66, no. 4 (December 2005): 862–81.

Irving, Claire B., Roger Mumby-Croft, and L. A. Joy. "Polyunsaturated fatty acid supplementation for schizophrenia: Intervention review." Cochrane Library 9 (January 20, 2010): 1–64.

Isaac, Rael Jean, and Virginia Armat. Madness in the Streets: How Psychiatry and the Law Abandoned the Mentally Ill. New York: Free Press, 1990.

Isaacson, Rupert. The Horse Boy: A Father's Quest to Heal His Son. New York: Little, Brown, 2009.

Ishizuka, Koko, et al. "Evidence that many of the DISC1 isoforms in C57BL/6J mice are also expressed in 129S6/SvEv mice." Molecular Psychiatry 12, no. 10 (October 2007): 897–99.
Ismail, Zahra. "Emerging from the shadows: Finding a place for children born of war." Thesis, European University Center for Peace Studies, Stadtschlaining, Austria, 2008.
Itard, Jean Marc Gaspard. The Wild Boy of Aveyron. Trans. George and Muriel Humphrey. New York: Meredith, 1962.
Iversen, Portia. Strange Son: Two Mothers, Two Sons, and the Quest to Unlock the Hidden World of Autism. New York: Riverhead Books, 2006.
Jablow, Martha Moraghan. Cara: Growing with a Retarded Child. Philadelphia: Temple University Press, 1982.
Jacobs, Patricia, et al. "The somatic chromosomes in mongolism." Lancet 1, no. 7075 (April 1959): 710.
Jaeger, Paul T., and Cynthia Ann Bowman. Understanding Disability: Inclusion, Access, Diversity, and Civil Rights. Westport, CT: Praeger, 2005.
Jalāl al-Dīn Rūmī (Maulana). The Essential Rumi. Versions by Coleman Barks and John Moyne. New York: HarperCollins, 1995.
James, William. The Varieties of Religious Experience: A Study in Human Nature. London: Longmans, Green, 1905.
Janicki, Matthew P., et al. "Mortality and morbidity among older adults with intellectual disability: Health services considerations." Disability & Rehabilitation 21, nos. 5–6 (May–June 1999): 284–94.
Jankowski, Katherine A. Deaf Empowerment: Emergence, Struggle, and Rhetoric. Washington, DC: Gallaudet University Press, 1997.
Jardine, Cassandra. "I love my baby, but I had to give her up." Telegraph, May 19, 2004.
——. "GMC brands Dr Andrew Wakefield 'dishonest, irresponsible and callous.'" Telegraph, January 29, 2010.
Jeffrey, Susan. "APA 2009: DSM-V on track for 2019, but difficult decisions lie ahead." Medscape Medical News, May 26, 2009.
Jochle, Wolfgang. "Coitus-induced ovulation." Contraception 7, no. 6 (1973): 527–64.
Johns Hopkins Medical Institution. "Hopkins research shows nature, not nurture, determines gender." Press release, May 12, 2000.
Johnson, Ann Braden. Out of Bedlam: The Truth About Deinstitutionalization. New York: Basic Books, 1990.
Johnson, C. Plauche, Scott M. Meyers, and the Council on Children with Disabilities. "Identification and evaluation of children with autism spectrum disorders." Pediatrics 120, no. 5 (November 2007): 1183–215.
Johnson, Kristen L. Ideology and Practice of Deaf Goodbyes. PhD dissertation, Department of Anthropology, University of California at Los Angeles, 1994.
Johnson, M. H., ed. Brain Development and Cognition. Cambridge, MA: Blackwell, 1993.
Johnson, Michael. "The dark side of piano competitions." New York Times, August 8, 2009.
Jones, Allison K. "Born different: Surgery can help children with craniofacial anomalies, but it can't heal all of the pain." Telegram & Gazette, May 23, 1995.
Jones, R. B. "Parental consent to cosmetic facial surgery in Down's syndrome." Journal of Medical Ethics 26, no. 2 (April 2000): 101–42.
Joseph, Robert M., et al. "Why is visual search superior in autism spectrum disorder?" Developmental Science 12, no. 6 (December 2009): 1083–96.
Joshi, Gagan, et al. "The heavy burden of psychiatric comorbidity in youth with autism spectrum disorders: A large comparative study of a psychiatrically referred population." Journal of Autism & Developmental Disorders 40, no. 11 (November 2010): 1361–70.
Jost, Alison. "Mad pride and the medical model." Hastings Center Report 39, no. 4 (July–August 2009): 49.
Joynt, Jen, and Vasugi Ganeshananthan. "Abortion decisions." Atlantic Monthly, April 2003.
Judge, Timothy A., and Daniel M. Cable. "The effect of physical height on workplace success and income: Preliminary test of a theoretical model." Journal of Applied Psychology 89, no. 3 (2004): 428–41.
"Judge allows forced medication for Arizona shooting suspect." New York Times, August 28, 2011.
Kahneman, David, et al. "Would you be happier if you were richer? A focusing illusion." Science 312 (June 30, 2006): 1908–10.
Kaiser, Jocelyn. "Blood test for mom picks up Down syndrome in fetus." ScienceNOW Daily News, October 6, 2008.
Kalasky, Denise (pseud.). "Accomplices in incest." Post-Abortion Review 2, no. 1 (Winter 1993).
Kalb, Claudia. "Erasing autism." Newsweek, May 25, 2009.
Kalichman, Miriam A. "Replies to growth-attenuation therapy: Principles for practice." Letter to the editor. Pediatrics, June 18, 2009. http://pediatrics.aappublications.org/content/123/6/1556/reply.
Kamil, Amos. "Prep-school predators: The Horace Mann School's secret history of sexual abuse." New York Times Magazine, June 6, 2012.
Kandel, Eric. "Interview: Biology of the mind." Newsweek, March 27, 2006.
Kanner, Leo. "Autistic disturbances of affective contact." Nervous Child 2 (1943): 217–50. Reprinted in Leo Kanner. Childhood Psychosis: Initial Studies and New Insights, New York: Wiley, 1973, 1–43.
——. "Problems of nosology and psychodynamics in early childhood autism." American Journal of Orthopsychiatry 19, no. 3 (July 1949): 416–26.
——. Childhood Psychosis: Initial Studies and New Insights. Washington, DC: V. H. Winston & Sons, 1973.
Kanner, Leo, and Leon Eisenberg. "Early infantile autism, 1943–1955." American Journal of Orthopsychiatry 26 (1956): 55–65. Reprinted in Leo Kanner, Childhood Psychosis: Initial Studies and New Insights, New York: Wiley, 1973, 91–103.
Kant, Emmanuel. Critique of Judgment. Trans. Werner S. Pluhar. Indianapolis, IN: Hackett Publishing, 1987.
Kaplan, Karen. "Some Down syndrome parents don't welcome prospect of cure." Los Angeles Times, November 22, 2009.
Karoutzou, G., H. M. Emrich, and D. E. Dietrich. "The myelin-pathogenesis puzzle in schizophrenia: A literature review." Molecular Psychiatry 13, no. 3 (March 2008): 245–60.
Karpasea-Jones, Joanna. "Daring dis-abled parenting." Mothering, November–December 2007.
Katz, Abram. "The bionic ear: Cochlear implants: Miracle or an attack on 'deaf culture'?" New Haven Register, March 18, 2007.
Katz, Nancie L. "Guilty in autistic's drowning." New York Daily News, February 19, 2005.
Kaufman, Barry. Son-Rise. New York: Harper & Row, 1976.

——. Son-Rise: The Miracle Continues. Tiburon, CA: H. J. Kramer, 1995.
Kaufman, David. "Tensions between black and gay groups rise anew in advance of antigay marriage vote in N.C." Atlantic Monthly, May 4, 2012.
Kaufman, Joanne. "Campaign on childhood mental illness succeeds at being provocative." New York Times, December 14, 2007.
——. "Ransom-note ads about children's health are canceled." New York Times, December 20, 2007.
Kaufman, Marc. "FDA approves wider use of growth hormone." Washington Post, July 26, 2003.
Kaufman, Scott Barry. "The truth about the Termites." Psychology Today, September 2009.
Kawabata, Maik. "Virtuosity, the violin, the devil . . . what really made Paganini 'demonic'?" Current Musicology, March 22, 2007.
Kawamoto, Kohei, et al. "Math1 gene transfer generates new cochlear hair cells in mature guinea pigs in vivo." Journal of Neuroscience 23, no. 11 (June 2003): 4395–400.
Kazak, Anne E., and Robert S. Marvin. "Differences, difficulties and adaptation: Stress and social networks in families with a handicapped child." Family Relations 33, no. 1 (January 1984): 67–77.
Kazdin, Alan E. "Treatment of antisocial behavior in children: Current status and future directions." Psychological Bulletin 102 (September 1987): 187–203.
——. Parent Management Training: Treatment for Oppositional, Aggressive, and Antisocial Behavior in Children and Adolescents. Oxford, UK, and New York: Oxford University Press, 2005.
Kazerouni, N. Neely, et al. "Triple-marker prenatal screening program for chromosomal defects." Obstetrics & Gynecology 114, no.1 (July 2009): 50–58.
Keehner, Madeleine, and Susan E. Gathercole. "Cognitive adaptations arising from nonnative experience of sign language in hearing adults." Memory & Cognition 35, no. 4 (June 2007): 752–61.
Keenan, Julian Paul, et al. "Absolute pitch and planum temporale." Neuroimage 14, no. 6 (December 2001): 1402–8.
Keiper, Glenn L., Jr., Bernadette Koch, and Kerry R. Crone. "Achondroplasia and cervicomedullary compression: Prospective evaluation and surgical treatment."Pediatric Neurosurgery 31, no. 2 (August 1999): 78–83.
Kellendonk, Christoph, Eleanor H. Simpson, and Eric R. Kandel. "Modeling cognitive endophenotypes of schizophrenia in mice." Trends in Neurosciences 32, no. 6 (June 2009): 347–58.
Kelley, Matthew W., et al. "The developing organ of Corti contains retinoic acid and forms supernumerary hair cells in response to exogenous retinoic acid in culture." Development 119, no. 4 (December 1993): 1041–53.
Kelsell, David P., et al. "Connexin 26 mutations in hereditary non-syndromic sensorineural deafness." Nature 357, no. 6628 (1997): 80–83.
Kemp, Joan. "Abortion: The second rape." Sisterlife, Winter 1990.
Kendler, Kenneth S., et al. "The Roscommon Family Study. I. Methods, diagnosis of probands, and risk of schizophrenia in relatives." Archives of General Psychiatry 50, no. 7 (July 1993): 527–40.
Kennedy, Dan. Little People: Learning to See the World Through My Daughter's Eyes. Emmaus, PA: Rodale, 2003.
Kenneson, Claude, ed. Musical Prodigies: Perilous Journeys, Remarkable Lives. New York: Amadeus Press, 1993.
Kenney, Susan. "A marshmallow and a song." General Music Today 22, no. 2 (January 2009): 27–29.
Kent, Raymond D., ed. The MIT Encyclopedia of Communication Disorders. Cambridge, MA: MIT Press, 2004.
Kern, Robert S., et al. "Psychosocial treatments to promote functional recovery in schizophrenia." Schizophrenia Bulletin 35, no. 2 (March 2009): 347–61.
Kevles, Daniel J. In the Name of Eugenics: Genetics and the Uses of Human Heredity. New York: Knopf, 1985.
Keys, Matthew. "Local radio show takes heat, loses advertisers over transgender comments." Sacramento Press, June 5, 2009.
Khashan, Ali S., et al. "Higher risk of offspring schizophrenia following antenatal maternal exposure to severe adverse life events." Archives of General Psychiatry 65, no. 2 (2008): 146–52.
Khoshnood, Babak, et al. "Advances in medical technology and creation of disparities: The case of Down syndrome." American Journal of Public Health 96, no. 12 (December 2006): 2139–44.
Kidder, Cynthia S., and Brian Skotko. Common Threads: Celebrating Life with Down Syndrome. Rochester Hills, MI: Band of Angels Press, 2001.
Kidston, Martin J. "Helena prodigal son returning as woman." Independent Record, September 24, 2009.
——. "250 pack church for transgender documentary." Independent Record, September 26, 2009.
Kiessling, Rebecca. "Conceived in Rape: A Story of Hope." Snowflake, AZ: Heritage House, no date.
Kihara, David. "Giuliani's suppressed report on homeless youth." Village Voice, August 17, 1999.
Kilgannon, Corey. "After working the streets, bunk beds and a Mass." New York Times, May 2, 2007.
Kim, Yunjung, et al. "Schizophrenia genetics: Where next?" Schizophrenia Bulletin 37, no. 3 (May 2011): 456–63.
King, Marissa, and Peter Bearman. "Diagnostic change and the increased prevalence of autism." International Journal of Epidemiology 38, no. 5 (October 2009): 1224–34.
King, Rachel. Don't Kill in Our Names: Families of Murder Victims Speak Out Against the Death Penalty. New Brunswick, NJ: Rutgers University Press, 2003.
——. Capital Consequences: Families of the Condemned Tell Their Stories. New Brunswick, NJ: Rutgers University Press, 2005.
——. "The impact of capital punishment on families of defendants and murder victims." Judicature 89, no. 5 (March–April 2006): 292–96.
Kingsep, Patrick, Paula Nathan, and David Castle. "Cognitive behavioural group treatment for social anxiety in schizophrenia." Schizophrenia Research 63, nos. 1–2 (September 2003): 121–29.
Kingsley, Emily Perl. "Welcome to Holland." Essay, privately published, 1987.
Kingsley, Jason, and Mitchell Levitz. Count Us In: Growing Up with Down Syndrome. New York: Harcourt, Brace, 1994.
Kinney, Dennis K., et al. "Prenatal stress and risk for autism." Neuroscience & Biobehavioral Reviews 32, no. 8 (October 2008): 1519–32.

Kirby, David. Evidence of Harm: Mercury in Vaccines and the Autism Epidemic. New York: St. Martin's Press, 2005.

Kirby, Emma Jane. "Appeal for 'dwarf-tossing' thrown out." British Broadcasting Corporation, September 27, 2002.

Kirov, G., et al. "Support for the involvement of large copy number variants in the pathogenesis of schizophrenia." Human Molecular Genetics 18, no. 8 (April 2009): 1497–503.

Kitson, Robert. "Mike Tindall defended by England after incident at 'dwarf-throwing' bash." Guardian, September 15, 2011.

Kittay, Eva Feder. "Discrimination against children with cognitive impairments?" Hastings Center Report 40, no. 6 (November–December 2010): 32.

Kivy, Peter. The Possessor and the Possessed: Handel, Mozart, Beethoven, and the Idea of Musical Genius. New Haven, CT: Yale University Press, 2001.

Kjellberg, Heidrun, Martin Beiring, and Kerstin Albertsson Wikland. "Craniofacial morphology, dental occlusion, tooth eruption, and dental maturity in boys of short stature with or without growth hormone deficiency." European Journal of Oral Sciences 108, no. 5 (October 2000): 359–67.

Klebold, Susan. "I will never know why." O, The Oprah Magazine, November 2009.

Klin, Ami, et al. "Defining and quantifying the social phenotype in autism." American Journal of Psychiatry 159, no. 6 (June 2002): 895–908

——. "Visual fixation patterns during viewing of naturalistic social situations as predictors of social competence in individuals with autism." Archives of General Psychiatry 59, no. 9 (September 2002): 809–16.

Knoll, Carrie. "In parents' eyes, the faintest signs of hope blur the inevitable." Los Angeles Times, October 28, 2002.

Knowlson, James R. "The idea of gesture as a universal language in the XVIIth and XVIIIth centuries." Journal of the History of Ideas 26, no. 4 (October–December 1965): 495–508.

Kogan, Michael D., et al. "Prevalence of parent-reported diagnosis of autism spectrum disorder among children in the U.S., 2007." Pediatrics 124, no. 5 (November 2009): 1395–403.

Kolbert, Elizabeth. "On deadline day, Cuomo vetoes 2 bills opposed by Dinkins." New York Times, July 24, 1990.

Komesaroff, Linda R. Surgical Consent: Bioethics and Cochlear Implantation. Washington, DC: Gallaudet University Press, 2007.

Kopits, Steven E. "Orthopedic complications of dwarfism." Clinical Orthopedics & Related Research 114 (January–February 1976): 153–79.

Korbel, Jan O., et al. "The current excitement about copy-number variation: How it relates to gene duplication and protein families." Current Opinion in Structural Biology 18, no. 3 (June 2008): 366–74.

Korman, Cheryl. "Judge: Autistic's mom to serve 10 years for 'torture of her vulnerable child.'" Tucson Citizen, September 19, 2008.

Kozinn, Allen. "Recital by Yevgeny Kissin, a young Soviet pianist." New York Times, October 2, 1990.

Krauss, Marty Wyngaarden, Marsha Mailick Seltzer, and S. J. Goodman. "Social support networks of adults with mental retardation who live at home." American Journal on Mental Retardation 96, no. 4 (January 1992): 432–41.

Kreytak, Steven. "Tickets issued for dwarf-tossing." Newsday, March 11, 2002.

Kristiansen, Kristjana, Simo Vehmas, and Tom Shakespeare, eds. Arguing About Disability: Philosophical Perspectives. London and New York: Routledge, 2009.

Kristof, Nicholas. "It's time to learn from frogs." New York Times, June 27, 2009.

——. "Chemicals and our health." New York Times, July 16, 2009.

Kroeber, Alfred Louis. Configurations of Culture Growth. Berkeley: University of California Press, 1944.

Kron, Josh. "Resentment toward the West bolsters Uganda's anti-gay bill." New York Times, February 29, 2012.

Krueger, Mary M. "Pregnancy as a result of rape." Journal of Sex Education & Therapy 14, no. 1 (1988): 23–27.

Kumpfer, Karol L. Strengthening America's Families: Exemplary Parenting and Family Strategies for Delinquency Prevention. Washington, DC: US Department of Justice, Office of Juvenile Justice and Delinquency Prevention, 1999.

Kumpfer, Karol L., and Rose Alvarado. "Family-strengthening approaches for the prevention of youth problem behaviors." American Psychologist 58, nos. 6–7 (June–July 2003): 457–65.

Kunc, Norman, and Michael F. Giangreco. "The stairs don't go anywhere! A disabled person's reflections on specialized services and their impact on people with disabilities." Burlington: University of Vermont, September 7, 1995.

Kupperman, Miriam, et al. "Beyond race or ethnicity and socioeconomic status: Predictors of prenatal testing for Down syndrome." Obstetrics & Gynecology 107, no. 5 (May 2006): 1087–97.

Kusters, Annelies. "Deaf utopias? Reviewing the sociocultural literature on the world's 'Martha's Vineyard situations.'" Journal of Deaf Studies & Deaf Education 15, no.1 (January 2010): 3–16.

Lacey, Mark. "After being removed from court, Loughner is ruled incompetent." New York Times, May 25, 2011.

——. "Lawyers for defendant in Giffords shooting seem to be searching for illness." New York Times, August 16, 2011.

Ladd, Paddy. Understanding Deaf Culture: In Search of Deafhood. Clevedon, Avon, UK: Multilingual Matters, 2003.

Ladd, Paddy, and Mary John. Constructing Deafness: Social Constructions of Deafness: Deaf People as a Minority Group——the Political Process. Milton Keynes, Buckinghamshire, UK: Open University, 1992.

LaFraniere, Sharon. "A miniature world magnifies dwarf life." New York Times, March 3, 2010.

Laing, Ronald David. The Divided Self. New York: Pantheon, 1960.

——. The Politics of Experience. New York: Pantheon, 1967.

——. The Politics of the Family and Other Essays. New York: Pantheon, 1971.

Laing, Ronald David, and A. Esterson. Sanity, Madness and the Family. New York: Basic Books, 1964.

Lainhart, Janet, et al. "Autism, regression, and the broader autism phenotype." American Journal of Medical Genetics 113, no. 3 (December 2002): 231–37.

Lakin, K. Charlie, Lynda Anderson, and Robert Prouty. "Decreases continue in outof- home residential placements of children and youth with mental retardation."Mental Retardation 36, no. 2 (April 1998): 165–67.

——. "Change in residential placements for persons with intellectual and developmental disabilities in the USA in the last two decades." Journal of Intellectual & Developmental Disability 28, no. 2 (June 2003): 205–10.

LaMothe, John D. Controlled Offensive Behavior: USSR. Report ST-CS-01-169-72. Washington, DC: Defense Intelligence Agency, 1972.

Lancet, editors of. "Retraction—ileal-lymphoid-nodular hyperplasia, non-specific colitis, and pervasive developmental disorder in children." Lancet 375, no. 9713 (February 2010): 445.

Land, Kenneth C. "Influence of neighborhood, peer, and family context: Trajectories of delinquent/criminal offending across the life course." Durham, NC: Department of Sociology, Duke University, 2000.

Lane, Harlan. "Cultural and infirmity models of deaf Americans." Journal of the American Academy of Rehabilitative Audiology 23 (1990): 11–26.

——. The Mask of Benevolence: Disabling the Deaf Community. New York: Alfred A. Knopf, 1992.

——. "Do deaf people have a disability?" Sign Language Studies 2, no. 4 (Summer 2002): 356–79.

——. "Ethnicity, ethics and the deaf-world." Journal of Deaf Studies & Deaf Education 10, no. 3 (Summer 2005): 291–310.

Langan, Patrick A., and David J. Levin. "Recidivism of prisoners released in 1994."Bureau of Justice Statistics Special Report NCJ 193427. Washington, DC: US Department of Justice, Bureau of Justice Statistics, 2002.

Lang Lang and David Ritz. Journey of a Thousand Miles: My Story. New York: Spiegel & Grau, 2008.

Lang Lang and Michael French. Lang Lang: Playing with Flying Keys. New York: Delacorte Press, 2008.

Lang Lang and Yuanju Liu / 郎朗和劉元舉 . Ba ba de xin jiu zhe mo gao: Gang qin tian cai Lang Lang he ta de fu qin (Dad's Aspirations Are So High) / 爸爸的心就這麼高：鋼琴天才郎朗和他的父親 . Beijing: 作家出版社 (Zuo jia chu ban she), 2001. Private translation.

Lankester, Benedict J. A., et al. "Morquio syndrome." Current Orthopaedics 20, no. 2 (April 2006): 128–31.

Lappe, Marc. "How much do we want to know about the unborn?" Hastings Center Report 3, no. 1 (February 1973): 8–9.

Larkin, Ralph. Comprehending Columbine. Philadelphia: Temple University Press, 2007.

LaSasso, Carol, and Jana Lollis. "Survey of residential and day schools for deaf students in the United States that identify themselves as bilingual-bicultural programs."Journal of Deaf Studies & Deaf Education 8, no. 1 (January 2003): 79–91.

Lathrop, Anthony. "Pregnancy resulting from rape." Journal of Obstetric, Gynecologic & Neonatal Nursing 27, no. 1 (January 1998): 25–31.

Lawrence, Susan. "Solving big problems for little people." Journal of the American Medical Association 250, no. 3 (July 15, 1983): 323–30.

Lawson, Karen L. "Perceptions of deservedness of social aid as a function of prenatal diagnostic testing." Journal of Applied Social Psychology 33, no. 1 (January 2003): 76–90.

Lawson, Karen L., and Sheena A. Walls-Ingram. "Selective abortion for Down syndrome: The relation between the quality of intergroup contact, parenting expectations, and willingness to terminate." Journal of Applied Social Psychology 40, no. 3 (March 2010): 554–78.

Leaming, Colgan. "My brother is not his disability." Newsweek Web Exclusive, June 1, 2006. http://www.thedailybeast.com/newsweek/2006/05/31/my-brother-is-not-his-disability.html.

Lee, Brendan, et al. "Identification of the molecular defect in a family with spondyloepiphyseal dysplasia." Science, n.s., 244, no. 4907 (May 26, 1989): 978–80.

Leete, Esso. "The treatment of schizophrenia: A patient's perspective." Hospital & Community Psychiatry 38, no. 5 (May 1987): 486–91.

——. "How I perceive and manage my illness." Schizophrenia Bulletin 15, no. 2 (1989): 197–200.

Lefebvre, Philippe P., et al. "Retinoic acid stimulates regeneration of mammalian auditory hair cells." Science 260, no. 108 (April 30, 1993): 692–95.

Leff, David K. "Remaining elms hint at tree's elegant past." Hartford Courant, October 27, 2011.

Lehrer, Jonah. "Don't! The secret of self-control." New Yorker, May 18, 2005.

Leiby, Michele L. "Wartime sexual violence in Guatemala and Peru." International Studies Quarterly 53, no. 2 (June 2009): 445–68.

Leigh, Irene. A Lens on Deaf Identities. Oxford and New York: Oxford University Press, 2009.

Leigh, Irene W., et al. "Correlates of psychosocial adjustment in deaf adolescents with and without cochlear implants: A preliminary investigation." Journal of Deaf Studies & Deaf Education 14, no. 2 (Spring 2009): 244–59.

Lejeune, Jerome, et al. "Etude des chromosomes somatiques de neuf enfants mongoliens." Comptes rendus hebdomadaires des seances de l'Academie des sciences 248, no. 11 (1959): 1721–22.

Leshin, Len. "Nutritional supplements for Down syndrome: A highly questionable approach." Quackwatch, October 18, 1998. http://www.quackwatch.org/01QuackeryRelatedTopics/down.html.

Leung, Rebecca. "Prodigy, 12, compared to Mozart." CBS News, February 18, 2009. http://www.cbsnews.com/2100-18560_162-657713.html.

Leve, Leslie D., and Patricia Chamberlain. "Female juvenile offenders: Defining an early-onset pathway for delinquency." Journal of Child & Family Studies 13, no. 4 (December 2004): 439–52.

Levinson, Douglas F., et al. "Copy number variants in schizophrenia: Confirmation of five previous findings and new evidence for 3q29 microdeletions and VIPR2 duplications." American Journal of Psychiatry 168, no. 3 (March 2011): 302–16.

Levitin, Daniel J. "Absolute memory for musical pitch: Evidence from the production of learned melodies." Perception & Psychophysics 56, no. 4 (1994): 414–23.

——. This Is Your Brain on Music: The Science of a Human Obsession. New York: Dutton, 2006.

Levitin, Daniel J., and Susan E. Rogers. "Absolute pitch: Perception, coding, and controversies." Trends in Cognitive Sciences 9, no.1 (January 2005): 26–33.

Levy, Dan, et al. "Rare de novo and transmitted copy-number variation in autistic spectrum disorders." Neuron 70, no. 5 (June 2011): 886–97.

Lezon, Dale. "HPD releases suspect sketch in cross-dresser's killing." Houston Chronicle, June 14, 2011.

Li, Hongli, and Lei Chang. "Paternal harsh parenting in relation to paternal versus child characteristics: The moderating effect of paternal resemblance belief."Acta Psychologica Sinica, 39, no. 3 (2007): 495–501.

Li, Huawei, et al. "Generation of hair cells by stepwise differentiation of embryonic stem cells." Proceedings of the National Academy of Sciences 100, no. 23 (November 11, 2003): 13495–500.

Liberman, Robert Paul, et al. "Operational criteria and factors related to recovery from schizophrenia." International Review of Psychiatry 14, no. 4 (November 2002):256–72.

Libov, Charlotte. "New Haven holding on to 'Elm City' nickname." New York Times, April 24, 1988.

Lidz, Ruth Wilmanns, and Theodore Lidz. "The family environment of schizophrenic patients." American Journal of Psychiatry 106 (November 1949): 332–45.

Lieberman, Jeffrey A. "A beacon of hope: Prospects for preventing and recovering from mental illness." NARSAD Research Quarterly 2, no. 1 (Winter 2009): 23–26.

Lieberman, Jeffrey A., and T. Scott Stroup. "The NIMH-CATIE schizophrenia study: What did we learn?" American Journal of Psychiatry 168, no. 8 (August 2011): 770–75.

Lieberman, Jeffrey A., et al. "Science and recovery in schizophrenia." Psychiatric Services 59 (May 2008): 487–96.

Life Goes On: The Complete First Season. Television series. Directed by Michael Braverman. Performances by Bill Smitrovich, Patti LuPone, Kellie Martin, Chris Burke. Burbank, CA: Warner Home Video, 2006 (originally broadcast 1989–90).

Lindelof, Bill. "Transgender controversy: Radio hosts to respond to critics on air Thursday: Letter from DJ says remarks were 'hateful.'" Sacramento Bee, June 9, 2009.

——. "Broadcasters apologize on air for transgender remarks." Sacramento Bee, June 12, 2009.

Lindgren, Kristin A., Doreen DeLuca, and Donna Jo Napoli, eds. Signs and Voices: Deaf Culture, Identity, Language, and Arts. Washington, DC: Gallaudet University Press, 2008. "The little boy who was neglected so badly by his mother that he became a dwarf."Daily Mail, August 28, 2010.

Little People of America. "Little People of America on pre-implantation genetic diagnosis." Tustin, CA: Little People of America, 2005.

Lively, Scott. Redeeming the Rainbow: A Christian Response to the "Gay" Agenda. Springfield, MA: MassResistance, 2009.

Lobaugh, Nancy J., et al. "Piracetam therapy does not enhance cognitive functioning in children with Down syndrome." Archives of Pediatric & Adolescent Medicine 155, no. 4 (April 2001): 442–48.

LoBue, Vanessa, and Judy S. DeLoache. "Pretty in pink: The early development of gender-stereotyped colour preferences." British Journal of Developmental Psychology 29, no. 3 (September 2011): 656–67.

Locke, John. Some Thoughts Concerning Education. Cambridge, UK: Printed for A. & J. Churchill, 1695.

——. The Works of John Locke, Esq., in Three Volumes. London: Printed for Arthur Bettesworth et al., 1727.

Loeber, Rolf, and David P. Farrington, eds. Serious and Violent Juvenile Offenders: Risk Factors and Successful Interventions. Thousand Oaks, CA: Sage Publications, 1998.

——, eds. Child Delinquents: Development, Intervention, and Service Needs. Thousand Oaks, CA: Sage Publications, 2001.

Loeber, Rolf, and Dale F. Hay. "Developmental approaches to aggression and conduct problems." In Development Through Life: A Handbook for Clinicians, ed. Michael Rutter and Dale F. Hay, 488–515. Oxford, UK: Blackwell Scientific Publications, 1994.

Lombroso, Cesare. The Man of Genius. London: Walter Scott Publishing, 1888.

Longinus. On the Sublime. Trans. Thomas R. R. Stebbing. Oxford, UK: Shrimpton, 1867.

Lorch, Donatella. "Rape used as a weapon in Rwanda: Future grim for genocide orphans." Houston Chronicle, May 15, 1995.

Lord, Catherine, et al. "Trajectory of language development in autistic spectrum disorders." In Developmental Language Disorders: From Phenotypes to Etiologies, ed. Mabel L. Rice and Steven F. Warren, 7–30. New York: Taylor & Francis, 2004.

Lord, Catherine, and James McGee, eds. Educating Children with Autism. Washington, DC: National Academies Press, 2001.

Losh, Molly, et al. "Neuropsychological profile of autism and the broad autism phenotype." Archives of General Psychiatry 66, no. 5 (May 2009): 518–26.

Lothell Tate v. State of South Carolina. South Carolina Supreme Court, April 13, 1992.

Louise. "My story of partner rape." Minneapolis, MN: Aphrodite Wounded/Pandora's Aquarium, 2006.

Lovaas, O. Ivar. "Behavioral treatment and normal educational and intellectual functioning in young autistic children." Journal of Consulting & Clinical Psychology 55, no. 1 (February 1987): 3–9.

——. "The development of a treatment-research project for developmentally disabled and autistic children." Journal of Applied Behavior Analysis 26, no. 4 (Winter 1993): 617–30.

Lovaas, O. Ivar, Benson Schaeffer, and James Q. Simmons. "Building social behavior in autistic children by use of electric shock." Journal of Experimental Research in Personality 1 (1965): 99–105.

Lowyck, Benedicte, et al. "Can we identify the factors influencing the burden familymembers of schizophrenic patients experience?" International Journal of Psychiatry in Clinical Practice 5 (2001): 89–96.

Luciano, Phil. "Case doesn't make sense." Peoria Journal Star, May 17, 2006.

——. "Helping everyone but herself." Peoria Journal Star, May 18, 2006.

——. "'This was not about autism.'" Peoria Journal Star, May 24, 2006.

Lucretius. On the Nature of Things. London: H. G. Bohn, 1851.

Luke, Sunny, Swati Gandhi, and Ram S. Verma. "Conservation of the Down syndrome critical region in humans and great apes." Gene 161, no. 2 (1995): 283–85.

Luzadder, Dan, and Kevin Vaughan. "Journey into madness." Denver Rocky Mountain News, December 12, 1999.

——. "Amassing the facts: Bonded by tragedy, officers probe far, wide for answers." Denver Rocky Mountain News, December 13, 1999.
——. "Biggest question of all: Detectives still can't fathom teen-age killers' hatred." Denver Rocky Mountain News, December 14, 1999.
Lydgate, Chris. "Dwarf vs. dwarf: The Little People of America want respect——and they're fighting each other to get it." Willamette Week, June 30, 1999.
Lynn, Richard. Eugenics: A Reassessment. Westport, CT: Praeger, 2001.
Lyons, Demie, et al. Clinical Practice Guideline: Report of the Recommendations: Down Syndrome Assessment and Intervention for Young Children (Age 0–3 Years). Albany: New York State Department of Health, 2005.
Lysiak, Matthew, and Lukas I. Alpert. "Gabrielle Giffords shooting: Frightening, twisted shrine in Arizona killer Jared Lee Loughner's yard." New York Daily News, January 10, 2011.
MacGregor, John M. Metamorphosis: The Fiber Art of Judith Scott: The Outsider Artist and the Experience of Down's Syndrome. Oakland, CA: Creative Growth Art Center, 1999.
Mack, Julian. "The juvenile court." Harvard Law Review 23 (1909): 104–22.
MacNaughton, M. "Ethics and reproduction." American Journal of Obstetrics & Gynecology 162, no. 4 (April 1990): 879–82.
"'Mad Pride' activists say they're unique, not sick." Television news report. I. A. Robinson and Astrid Rodrigues, correspondents. ABC News, August 2, 2009. http://abcnews.go.com/Health/story?id=8382903.
Maess, Burkhard, et al. "Musical syntax is processed in Broca's area: An MEG study."Nature Neuroscience 4, no. 5 (May 2001): 540–45.
Mainwaring, George. Memoirs of the Life of the Late George Frederic Handel. New York: Da Capo, 1980.
Malaspina, Dolores, et al. "Acute maternal stress in pregnancy and schizophrenia in offspring: A cohort prospective study." BMC Psychiatry 8 (2008): 71.
Mall, David, and Walter F. Watts, eds. The Psychological Aspects of Abortion. Washington, DC: University Publications of America, 1979.
Mallon, Gerald P. Social Services with Transgendered Youth. Binghamton, NY: Harrington Park Press, 1999.
Mallon, Gerald P., and Teresa DeCrescenzo. "Transgender children and youth: A child welfare practice perspective." Child Welfare 85, no. 2 (March–April 2006): 215–42.
"Man gets five years in prison for killing autistic son." Associated Press, September 8, 1999.
Manning, Anita. "The changing deaf culture." USA Today, May 2, 2000.
"Man pleads guilty to lesser charge." Aiken Standard, August 7, 2003.
Mansfield, Caroline, Suellen Hopfer, and Theresa M. Marteau. "Termination rates after prenatal diagnosis of Down syndrome, spina bifida, anencephaly, and Turner and Klinefelter syndromes: A systematic literature review." Prenatal Diagnosis 19, no. 9 (September 1999): 108–12.
——. "New prenatal tests offer safer, early screenings." Wall Street Journal, June 28, 2011.
Mardell, Danny. Danny's Challenge: The True Story of a Father Learning to Love His Son. London: Short Books, 2005.
Marsaja, I Gede. Desa Kolok: A Deaf Village and Its Sign Language in Bali, Indonesia. Nijmegen, Netherlands: Ishara Press, 2008.
Marschark, Marc, and Patricia Elizabeth Spencer, eds. Oxford Handbook of Deaf Studies, Language & Education. Oxford, UK, and New York: Oxford University Press, 2003.
Marshall, Max, and John Rathbone. "Early intervention in psychosis." Cochrane Library 15, no. 6 (June 2011): 1–161.
Martin, Daniela, et al. "Peer relationships of deaf children with cochlear implants: Predictors of peer entry and peer interaction success." Journal of Deaf Studies & Deaf Education 16, no. 1 (January 2011): 108–20.
Martin, Francois, and Jennifer Farnum. "Animal-assisted therapy for children with pervasive developmental disorders." Western Journal of Nursing Research 24, no. 6 (October 2002): 657–70.
Masri, Bernard, et al. "Antagonism of dopamine D2 receptor/beta arrestin 2 interaction is a common property of clinically effective antipsychotics." Proceedings of the National Academy of Sciences 105, no. 36 (September 9, 2008): 13656–61.
Masten, Ann S. "Ordinary magic: Resilience processes in development." American Psychologist 56, no. 3 (March 2001): 227–38.
Matherne, Monique M., and Adrian Thomas. "Family environment as a predictor of adolescent delinquency." Adolescence 36, no. 144 (Winter 2001): 655–64.
Mayberry, Rachel I., et al. "Age of acquisition effects on the functional organization of language in the adult brain." Brain & Language 119, no. 1 (October 2011): 16–29.
Mayhew, James F., et al. "Anaesthesia for the achondroplastic dwarf." Canadian Anaesthetists' Journal 33, no. 2 (March 1986): 216–21.
Maynard, Joyce. "Prodigy, at 13." New York Times, March 4, 1973.
McAllester, Matt. "The hunted." New York, October 4, 2009.
McAuliffe, Kathleen. "How your cat is making you crazy." Atlantic, March 2012.
McCarthy, Jenny. Louder Than Words: A Mother's Journey in Healing Autism. New York: Dutton Adult, 2007.
——. Mother Warriors: A Nation of Parents Healing Autism Against All Odds. New York: Dutton Adult, 2008.
McClure, Harold M., et al. "Autosomal trisomy in a chimpanzee: Resemblance to Down's syndrome." Science 165, no. 3897 (September 5, 1969): 1010–13.
McCullough, Marie. "Abortion, rape debate." Chicago Tribune, September 26, 1995.
McDaniel, Jobeth. "Chris Burke: Then and now." Ability Magazine, February 2007.
McDonald, Anne. "The other story from a 'pillow angel': Been there. Done that. Preferred to grow." Seattle Post-Intelligencer, June 15, 2007.
McDonnell, John J., et al. Introduction to Persons with Severe Disabilities: Educational and Social Issues. New York: Allyn & Bacon, 1995.
McElroy, Wendy. "Victims from birth: Engineering defects in helpless children crosses the line." FOX News, April 9, 2002. http://www.foxnews.com/story/0,2933,49849,00.html.
McGee, Robert W. "If dwarf tossing is outlawed, only outlaws will toss dwarfs: Is dwarf tossing a victimless crime?" American Journal of Jurisprudence 38

(1993): 335–58.
McGlashan, Thomas H., et al. "Randomized, double-blind trial of olanzapine versus placebo in patients prodromally symptomatic for psychosis." American Journal of Psychiatry 163, no. 5 (May 2006): 790–99.
McGlashan, Thomas H., and Ralph E. Hoffman. "Schizophrenia as a disorder of developmentally reduced synaptic connectivity." Archives of General Psychiatry 57, no. 7 (July 2000): 637–48.
McGlashan, Thomas, and Scott Woods. "Early antecedents and detection of schizophrenia: Understanding the clinical implications." Psychiatric Times 28, no. 3 (March 2011).
McGorry, Patrick D., et al. "Randomized controlled trial of interventions designed to reduce the risk of progression to first-episode psychosis in a clinical sample with subthreshold symptoms." Archives of General Psychiatry 59, no. 10 (October 2002): 921–28.
McGovern, Cammie. "Autism's parent trap." New York Times, June 5, 2006.
McGuire, Dennis Eugene, and Brian A. Chicoine. Mental Wellness in Adults with Down Syndrome: A Guide to Emotional and Behavioral Strengths and Challenges. Bethesda, MD: Woodbine House, 2006.
McGurk, Susan R., et al. "A meta-analysis of cognitive remediation in schizophrenia." American Journal of Psychiatry 164, no. 12 (2007): 1791–802.
McKelvey, Robert. The Dust of Life: America's Children Abandoned in Vietnam. Seattle: University of Washington Press, 1999.
McKenzie, John. "Autism breakthrough: Girl's writings explain her behavior and feelings." ABC News, February 19, 2008. http://abcnews.go.com/Health/story?id=4311223.
McKusick, Victor Almon. "Ellis–van Creveld syndrome and the Amish." Nature Genetics 24 (March 2000): 203–4.
McKusick, Victor Almon, et al. "Dwarfism in the Amish: The Ellis–van Creveld syndrome." Bulletin of the Johns Hopkins Hospital 115 (1964): 307–36.
McLaughlin, Janice. "Screening networks: Shared agendas in feminist and disability movement challenges to antenatal screening and abortion." Disability & Society 18, no. 3 (2003): 297–310.
McPheeters, Melissa L., et al. "A systematic review of medical treatments for children with autism spectrum disorders." Pediatrics 127, no. 5 (May 2011): E1312–E1321.
Mead, Margaret. "The gifted child in the American culture of today." Journal of Teacher Education 5, no. 3 (1954): 211–14.
Mead, Rebecca. "Eerily composed: Nico Muhly's sonic magic." New Yorker, February 11, 2008.
Meadow, Kathryn P. "Early manual communication in relation to the deaf child's intellectual, social, and communicative functioning." Journal of Deaf Studies & Deaf Education 10, no. 4 (Fall 2005): 321–29.
"Medical mystery: Ectrodactyly." Interview with Bree Walker. Jim Jensen, correspondent. ABC News, January 29, 2007. http://abcnews.go.com/Health/story?id=2832319.
Mehler, Jacques, et al. "A precursor of language acquisition in young infants." Cognition 29, no. 2 (July 1988): 143–78.
Mehler, Mark F., and Dominick P. Purpura. "Autism, fever, epigenetics and the locus coeruleus." Brain Research Reviews 59, no. 2 (March 2009): 388–92.
Menen, Aubrey. "The rapes of Bangladesh." New York Times, July 23, 1972.
Menuhin, Yehudi. Unfinished Journey. New York: Knopf, 1977.
Menvielle, Edgardo J. "Parents struggling with their child's gender issues." Brown University's Child & Adolescent Behavior Letter 20, no. 7 (July 2004): 2–4.
Menvielle, Edgardo J., Ellen Perrin, and Catherine Tuerk. "To the beat of a different drummer: The gender-variant child." Contemporary Pediatrics 22, no. 2 (May 2005): 38–46.
Mercer, David. "Mom convicted in autistic girl's death." Associated Press, January 17, 2008.
Mercer, Jean. "Coercive restraint therapies: A dangerous alternative mental health intervention." Medscape General Medicine 7, no. 3 (August 9, 2005): 3.
Mesko, Bertalan. "Dr. Steven E. Kopits, a modern miracle maker." Science Roll, January 27, 2007. http://scienceroll.com/2007/01/27/dr-steven-e-kopits-a-modern-miracle-maker.
Metro Gang Strike Force. 2008 Annual Report. Report 09-0568. New Brighton, MN: Metro Gang Strike Force, 2009.
Meyer-Bahlburg, Heino F. L. "Gender identity disorder of childhood: Introduction." Journal of the American Academy of Child Psychiatry 24, no. 6 (November 1985): 681–83.
—— "From mental disorder to iatrogenic hypogonadism: Dilemmas in conceptualizing gender identity variants as psychiatric conditions." Archives of Sexual Behavior 39, no. 2 (April 2010): 461–76.
Meyerding, Jane. "Thoughts on finding myself differently brained." Privately published, 1998. http://www.planetautism.com/jane/diff.html.
Miami-Dade County Grand Jury. Investigation into the Death of Omar Paisley and the Department of Juvenile Justice Miami-Dade Regional Juvenile Detention Center.
Miami: Circuit Court of the Eleventh Judicial Circuit of Florida in and for the County of Miami-Dade, January 27, 2004.
Micali, Nadia, et al. "The broad autism phenotype: Findings from an epidemiological survey." Autism 8, no. 1 (March 2004): 21–37.
Michael, Matt. "Syracuse man was killed for being gay, police say." Syracuse Post-Standard, November 16, 2008.
Michalko, Rod. The Difference That Disability Makes. Philadelphia: Temple University Press, 2002.
Michigan Legislature. House Bill 4770 (now Public Act 297 of 2011), the Public Employee Domestic Partner Benefit Restriction Act. Effective December 22, 2011. http://www.legislature.mi.gov/mileg.aspx?page=getobject&objectname=2011-HB-4770.
Midgette, Anne. "Pinch-hitting at Caramoor: Young pianist and Rachmaninoff." New York Times, June 25, 2007.
——. "A star who plays second fiddle to music." New York Times, December 15, 2007.
——. "Kissin is dexetrous but lacking in emotion." Washington Post, March 2, 2009.
Miles, Judith. "Autism spectrum disorders: A genetics review." Genetics in Medicine 13, no. 4 (April 2011): 273–362.

Miles, M. "Hittite deaf men in the 13th century B.C." Stockholm, Sweden: Independent Living Institute, 2008.
Miller, Alice. Prisoners of Childhood: The Drama of the Gifted Child. New York: Basic Books, 1981.
Miller, Katrina. "Population management strategies for deaf and hard-of-hearing offenders." Corrections Today 64, no. 7 (December 2002): 90–95.
Miller, Lisa. "He can't forgive her for killing their son but says spare my wife from a jail cell." Daily Telegraph, May 26, 2004.
Miller, Rachel, and Susan Elizabeth Mason. Diagnosis Schizophrenia: A Comprehensive Resource for Patients, Families, and Helping Professionals. New York: Columbia University Press, 2002.
Miller, Tandy J., et al. "The PRIME North America randomized double-blind clinical trial of olanzapine versus placebo in patients at risk of being prodromally symptomatic for psychosis II: Baseline characteristics of the 'prodromal'sample." Schizophrenia Research 61, no. 1 (March 2003): 19–30.
Miller v. HCA, Inc. 118 S.W.3d 758 (Texas, 2003).
Mills, Steve, and Patricia Callahan. "Md. autism doctor's license suspended." Baltimore Sun, May 4, 2011.
Milne, A. A. The House at Pooh Corner. New York: Dutton, 1961
Minorities Under Siege: Pygmies Today in Africa. Nairobi: IRIN News Service, April 2006.
Minshew, Nancy J., and Timothy A. Keller. "The nature of brain dysfunction in autism: Functional brain imaging studies." Current Opinion in Neurology 23, no. 2 (April 2010): 124–30.
Mischel, Walter, E. B. Ebbesen, and A. R. Zeiss. "Cognitive and attentional mechanisms in delay of gratification." Journal of Personality & Social Psychology 21, no. 2(February 1972): 204–18.
Mischel, Walter, Yuichi Shoda, and Philip K. Peake. "The nature of adolescent competencies predicted by preschool delay of gratification." Journal of Personality & Social Psychology 54, no. 4 (April 1988): 687–96.
"The mistreatment of Ashley X." Family Voyage, January 4, 2007. http://thefamilyvoyage.blogspot.com/2007/01/mistreatment-of-ashley-x.html.
Mitchell, Jonathan. "Neurodiversity: Just say no." Los Angeles: Jonathan Mitchell, 2007. http://www.jonathans-stories.com/non-fiction/neurodiv.html.
Mitchell, Juliet. Mad Men and Medusas: Reclaiming Hysteria. New York: Basic Books, 2000.
Mitchell, Ross E., and Michael A. Karchmer. "Chasing the mythical ten percent: Parental hearing status of deaf and hard of hearing students in the United States." Sign Language Studies 4, no. 2 (Winter 2004): 138–63.
——. "Demographics of deaf education: More students in more places." American Annals of the Deaf 151, no. 2 (2006): 95–104.
Mithen, Steven. The Singing Neanderthals: The Origins of Music, Language, Mind and Body. Boston: Harvard University Press, 2006.
Miyake, Nobumi, et al. "Presynaptic dopamine in schizophrenia." CNS Neuroscience & Therapeutics 17, no. 2 (April 2011): 104–9.
Moffitt, Terrie E. "Genetic and environmental influences on antisocial behaviors: Evidence from behavioral-genetic research." Advances in Genetics 55 (2005): 41–104.
Molloy, Charlene, et al. "Is traumatic brain injury a risk factor for schizophrenia? A meta-analysis of case-controlled population-based studies." Schizophrenia Bulletin (August 2011): epub ahead of print.
Money, John, and Anke Ehrhardt. Man and Woman, Boy and Girl. Baltimore: Johns Hopkins University Press, 1972.
Montgomery, Cal. "A defense of genocide." Ragged Edge Magazine, July–August 1999. http://www.raggededgemagazine.com/0799/b799ps.htm.
Mookherjee, Nayanika. "'Remembering to forget': Public secrecy and memory of sexual violence in the Bangladesh war of 1971." Journal of the Royal Anthropological Institute 12, no. 2 (June 2006): 433–50.
Moon, Christine, Robin Panneton Cooper, and William P. Fifer. "Two-day-olds prefer their native language." Infant Behavior & Development 16, no. 4 (October–December 1993): 495–500.
Moorman, David. "Workshop report: Fever and autism." New York: Simons Foundation for Autism Research, April 1, 2010.
Moran, Mark. "Schizophrenia treatment should focus on recovery, not just symptoms."
Psychiatric News 39, no. 22 (November 19, 2004): 24.
"More insight on Dylan Klebold." Interview with Nathan Dykeman. Charles Gibson, correspondent. Good Morning America, ABC News, April 30, 1999.
Morris, Jan. Conundrum. New York: New York Review of Books, 2006.
Morris, Joan K., and Eva Alberman. "Trends in Down's syndrome live births and antenatal diagnoses in England and Wales from 1989 to 2008: Analysis of data from the National Down Syndrome Cytogenetic Register." British Medical Journal 339 (2009): B3794.
Morris, Joan K., N. J. Wald, and H. C. Watt. "Fetal loss in Down syndrome pregnancies."Prenatal Diagnosis 19, no. 2 (1999): 142–45.
Morrison, Richard. "The prodigy trap." Sunday Times, April 15, 2005.
Morton, David L., Jr. Sound Recording: The Life Story of a Technology. Baltimore: Johns Hopkins University Press, 2006.
Morwood, Michael J., et al. "Archaeology and age of a new hominin from Flores in eastern Indonesia." Nature 431, no. 7012 (October 27, 2004): 1087–91.
Mosher, Loren R. "Schizophrenogenic communication and family therapy." Family Processes 8, no. 1 (March 1969): 43–63.
Moss, Kathryn. "The 'Baby Doe' legislation: Its rise and fall." Policy Studies Journal 15,no. 4 (June 1987): 629–51.
Moss, Stephen. "At three he was reading the Wall Street Journal." Guardian, November 10, 2005.
Mosse, Hilde L. "The misuse of the diagnosis childhood schizophrenia." American Journal of Psychiatry 114, no. 9 (March 1958): 791–94.
Mottron, Laurent, et al. "Enhanced perceptual functioning in autism: An update, and eight principles of autistic perception." Journal of Autism & Developmental Disorders 36, no. 1 (January 2006): 27–43.
Movius, Kate. "Autism: Opening the window." Los Angeles, September 2010.
Mowen, Thomas J., and Ryan D. Schroeder. "Not in my name: An investigation of victims' family clemency movements and court appointed closure." Western Criminology Review 12, no. 1 (January 2011): 65–81.
Mozart, Wolfgang Amadeus. The Letters of Wolfgang Amadeus Mozart. London: Hurd & Houghton, 1866.

Mueller, Gillian. "Extended limb-lengthening: Setting the record straight." LPA Online, 2002. http://www.lpaonline.org/library_ellmueller.html.

Mukhopadhyay, Tito Rajarshi. The Mind Tree: A Miraculous Child Breaks the Silence of Autism. New York: Arcade, 2003.

Mulligan, Kate. "Recovery movement gains influence in mental health programs."Psychiatric News 38, no. 1 (January 2003): 10.

Mundy, Liza. "A world of their own." Washington Post Magazine, March 31, 2002.

Munoz, Alfredo Brotons. "Mas que un prodigio." Levante EMV, May 7, 2007.

Munro, Janet C., et al. "IQ in childhood psychiatric attendees predicts outcome of later schizophrenia at 21 year follow-up." Acta Psychiatrica Scandinavica 106, no.2 (August 2002): 139–42.

Munson, Ronald, ed. Intervention and Reflection: Basic Issues in Medical Ethics. Belmont, CA: Wadsworth, 2000.

"Murder accused at 'end of her tether.'" Evening Post, July 14, 1998.

Murfitt, Nikki. "The heart-breaking moment I realised my mother had cut me off forever, by violin virtuoso Vanessa Mae." Daily Mail, August 7, 2008.

Murray, Mrs. Max A. "Needs of parents of mentally retarded children." American Journal of Mental Deficiency 63 (1959): 1078–88

"Music: Prodigies' progress." Time, June 4, 1973.

Mutton, David, et al. "Cytogenetic and epidemiological findings in Down syndrome, England and Wales, 1989 to 1993." Journal of Medical Genetics 33, no. 5 (May 1996): 387–94.

Myers, Beverly A., and Siegfried M. Pueschel. "Psychiatric disorders in a population with Down syndrome." Journal of Nervous & Mental Disease 179 (1991): 609–13.

Myers, Shirley Shultz, and Jane K. Fernandes. "Deaf studies: A critique of the predominant U.S. theoretical direction." Journal of Deaf Studies & Deaf Education 15, no. 1 (Winter 2010): 30–49.

Naik, Gautam. "A baby, please. Blond, freckles, hold the colic: Laboratory techniques that screen for diseases in embryos are now being offered to create designer children." Wall Street Journal, February 12, 2009.

Nance, Walter J., and Michael J. Kearsey. "Relevance of connexin deafness (DFNB1) to human evolution." American Journal of Human Genetics 74, no. 6 (June 2004): 1081–87.

National Association of the Deaf. "NAD position statement on cochlear implants."Silver Spring, MD: National Association of the Deaf, 1993.

—. "NAD position statement on cochlear implants." Silver Spring, MD: National Association of the Deaf, 2000.

National Center for Transgender Equality. "Understanding Transgender: Frequently Asked Questions About Transgender People." Washington, DC: National Center for Transgender Equality, 2009.

National Dissemination Center for Children with Disabilities. "Severe and/or multiple disabilities." Washington, DC: National Dissemination Center for Children with Disabilities, no date. http://www.nichcy.org/Disabilities/Specific/Pages/SevereandorMultipleDisabilities.aspx.

National Down Syndrome Society. "Cosmetic surgery for children with Down syndrome." Position paper. New York: National Down Syndrome Society, no date. http://www.ndss.org/index.php?option=com_content&view=article&id=153&limitstart=6.

National Youth Gang Center. National Youth Gang Survey Analysis. Tallahassee, FL:National Gang Center, 2011.

Natoli, Jaime L., et al. "Prenatal diagnosis of Down syndrome: A systematic review of termination rates (1995–2011)." Prenatal Diagnosis 32, no. 2 (February 2012):142–53.

Naudie, Douglas, et al. "Complications of limb lengthening in children who have an underlying bone disorder." Journal of Bone & Joint Surgery 80, no. 1 (January 1998): 18–24.

Nazeer, Kamran (pseud. Emran Mian). Send in the Idiots: Stories from the Other Side of Autism. London: Bloomsbury, 2006.

Need, Anna C., et al. "A genome-wide investigation of SNPs and CNVs in schizophrenia." PLoS Genetics 5, no. 2 (February 2009): e1000373.

Ne'eman, Ari. "Dueling narratives: Neurotypical and autistic perspectives about the autism spectrum." 2007 SAMLA Convention, Atlanta, GA, November 2007. ttp://www.cwru.edu/affil/sce/Texts_2007/Ne'eman.html.

Neihart, Maureen, et al. The Social and Emotional Development of Gifted Children: What Do We Know? Waco, TX: Prufrock Press, 2002.

Nelson, Barry. "Born with just a little difference." Northern Echo, December 2, 2003.

Nelson, Karin B., and Margaret L. Bauman. "Thimerosal and autism?" Pediatrics 111, no. 3 (March 2003): 674–79.

Netzer, William J., et al. "Lowering β-amyloid levels rescues learning and memory in a Down syndrome mouse model." PLoS One 5, no. 6 (2010): E10943.

Neuffer, Elizabeth. The Key to My Neighbour's House: Seeking Justice in Bosnia and Rwanda. London: Bloomsbury, 2002.

Neugeboren, Jay. Imagining Robert: My Brother, Madness, and Survival: A Memoir. New Brunswick, NJ: Rutgers University Press, 2003.

Neville, Helen, and Daphne Bavelier. "Human brain plasticity: Evidence from sensory deprivation and altered language experience." Progress in Brain Research 138 (2002): 177–88.

Newman, Aaron J., et al. "A critical period for right hemisphere recruitment in American Sign Language processing." Nature Neuroscience 5, no. 1 (January 2002): 76–80.

Newton, Isaac. The Correspondence of Isaac Newton. Vol. 3. Cambridge, UK: Cambridge University Press, 1961.

New York State Department of Health, Division of Family Health, Bureau of Early Intervention. The Early Intervention Program: A Parent's Guide. Albany: New York State Department of Health, no date.

Nichelle v. Villa Grove Community Unit School District No. 302, Board of Education 302. Appellate Court of Illinois, Fourth District, decided August 4, 2010. http://caselaw.findlaw.com/il-court-of-appeals/1537428.html.

Ni Chonghaile, Clar. "Uganda anti-gay bill resurrected in parliament." Guardian, February 8, 2012.

Nickel, Regina, and Andrew Forge. "Gap junctions and connexins: The molecular genetics of deafness." In Encyclopedia of Life Sciences (ELS). Chichester, UK: John Wiley & Sons, 2010.

Nicolosi, Joseph, and Linda Ames Nicolosi. A Parent's Guide to Preventing Homosexuality. Downer's Grove, IL: InterVarsity Press, 2002.
Nielsen, Diane Corcoran, Barbara Luetke, and Deborah S. Stryker. "The importance of morphemic awareness to reading achievement and the potential of signing morphemes to supporting reading development." Journal of Deaf Studies & Deaf Education 16, no. 3 (Summer 2011): 275–88.
Nimura, Janice P. "Prodigies have problems too." Los Angeles Times, August 21, 2006.
Nisse, Jason. "SEC probes dwarf-tossing party for Fidelity trader." Independent, August 14, 2005.
Nix, Robert L. "Preschool intervention programs and the process of changing children's lives." Prevention & Treatment 6, no. 1 (December 2003): Article 33.
Noble, Vicki. Down Is Up for Aaron Eagle: A Mother's Spiritual Journey with Down Syndrome. New York: HarperCollins, 1993.
Noll, Richard. "The blood of the insane." History of Psychiatry 17, no. 4 (December 2006): 395–418.
Noll, Steven, and James W. Trent Jr., eds. Mental Retardation in America: A Historical Reader. New York: New York University Press, 2004.
Nordstrom, Annika, Lars Dahlgren, and Gunnar Kullgren. "Victim relations and factors triggering homicides committed by offenders with schizophrenia." Journal of Forensic Psychiatry & Psychology 17, no. 2 (June 2006): 192–203.
Nordstrom, Annika, and Gunnar Kullgren. "Victim relations and victim gender in violent crimes committed by offenders with schizophrenia." Social Psychiatry & Psychiatric Epidemiology 38, no. 6 (June 2003): 326–30.
Norquay, Kevin. "Autism: Coping with the impossible." Waikato Times, July 17, 1998.
Norris, W. Virginia, et al. "Does universal newborn hearing screening identify all children with GJB2 (Connexin 26) deafness?: Penetrance of GJB2 deafness." Ear & Hearing 27, no. 6 (December 2006): 732–41.
Not Dead Yet. "NDY Fact Sheet Library: Pete Singer." http://www.notdeadyet.org/docs/singer.html.
Not Dead Yet, et al. "Brief of amici curiae in support of respondents." Miller v. HCA, Inc. Civil Action No. 01-0079 (Supreme Court of Texas, filed March 21, 2002). http://www.notdeadyet.org/docs/millerbrief.html.
Nowrojee, Binaifer. Shattered Lives: Sexual Violence during the Rwandan Genocide and Its Aftermath. New York: Human Rights Watch, 1996.
Noy, Pinchas. "The development of musical ability." Psychoanalytic Study of the Child 23 (1968): 332–47.
Nuiss, Jeannie. "FBI may investigate dragging death as hate crime." Commercial Appeal, March 20, 2011.
Oberman, Lindsay M., et al. "EEG evidence for mirror neuron dysfunction in autism spectrum disorders." Cognitive Brain Research 24, no. 2 (July 2005): 190–98.
Oberti v. Board of Education of Borough of Clementon School District. 995 F.2d 1204 (Third Circuit Court of Appeals, May 28, 1993).
O'Connor, John J. "TV: Willowbrook State School, 'the Big Town's leper colony.'" New York Times, February 2, 1972.
O'Driscoll, Bill. "Turning the tables." Pittsburgh City Paper, March 29, 2007.
Oestreich, James. "The violin odyssey of an all-American boy: Joshua Bell, a prodigy who became a star, takes on some unusual projects." New York Times, August 31, 1998.
Offit, Paul A. Autism's False Prophets: Bad Science, Risky Medicine, and the Search for a Cure. New York: Columbia University Press, 2008.
——. "Vaccines and autism: The Hannah Poling case." New England Journal of Medicine 358, no. 20 (May 15, 2008): 2089–91.
O'Hara, Jim. "Syracuse man indicted on hate-crime murder charge." Syracuse Post-Standard, April 3, 2009.
——. "Dwight DeLee gets the maximum in transgender slaying." Syracuse Post-Standard, August 18, 2009.
O'Keefe, Ed. "Congress declares war on autism." ABC News, December 6, 2006. http://abcnews.go.com/Health/story?id=2708925.
Olbrisch, Rolf R. "Plastic and aesthetic surgery on children with Down's syndrome." Aesthetic Plastic Surgery 9, no. 4 (December 1985): 241–48.
Oldham, John, et al. "How budget cuts affect the mentally ill." Letter to the editor. New York Times, June 25, 2011.
Oliver, Michael. Understanding Disability: From Theory to Practice. New York: St. Martin's, 1996.
Olshansky, Simon. "Chronic sorrow: A response to having a mentally defective child." Social Casework 43, no. 4 (1962): 190–94.
Ordonez, Anna E., and Nitin Gogtay. "Phenomenology and neurobiology of childhood onset schizophrenia." Current Psychiatry Reviews 2, no. 4 (November 2006): 463–72.
Osan, Gurinder. "Baby with two faces born in North India." Associated Press, April 9, 2008.
"Oscar Pistorius hopes to have place at London Olympics." British Broadcasting Corporation, March 17, 2012.
"Oscar Pistorius: the 'Blade Runner' who is a race away from changing the Olympics." Associated Press, May 15, 2012.
Ospina, Maria B., et al. "Behavioural and developmental interventions for autism spectrum disorder: A clinical systematic review." PLoS One 3, no. 11 (November 2008): E3755.
Owens, Sarah E., et al. "Lack of association between autism and four heavy metal regulatory genes." NeuroToxicology 32, no. 6 (December 2011): 769–75.
Padden, Carol, and Tom Humphries. Deaf in America: Voices from a Culture. Cambridge, MA: Harvard University Press, 1988.
——. Inside Deaf Culture. Cambridge, MA: Harvard University Press, 2005.
Pagels, Elaine H. Beyond Belief: The Secret Gospel of Thomas. New York: Random House, 2003.
Palencia, Elaine Fowler. Taking the Train: Poems. Middletown, KY: Grex Press, 1997.
Palmer, Greg. Adventures in the Mainstream: Coming of Age with Down Syndrome. Bethesda, MD: Woodbine House, 2005.
Pantelis, Christos, et al. "Structural brain imaging evidence for multiple pathological processes at different stages of brain development in schizophrenia." Schizophrenia Bulletin 31, no. 3 (July 2005): 672–96.
Papineni, Padmasayee. "Children of bad memories." Lancet 362, no. 9386 (September 6, 2003): 825–26.
Pardo, Carlos A., and Charles G. Eberhart. "The neurobiology of autism." Brain Pathology 17, no. 4 (October 2007): 434–47.
Parens, Erik, ed. Surgically Shaping Children: Technology, Ethics, and the Pursuit of Normality. Baltimore: Johns Hopkins University Press, 2006.
Parens, Erik, and Adrienne Asch, eds. Prenatal Testing and Disability Rights. Washington, DC: Georgetown University Press, 2000.

Park, Clara Claiborne. The Siege. New York: Harcourt, Brace & World, 1967.

Park, Hui-Wan, et al. "Correction of lumbosacral hyperlordosis in achondroplasia."Clinical Orthopaedics & Related Research 12, no. 414 (September 2003): 242–49.

Parker, Rozsika. Torn in Two: The Experience of Maternal Ambivalence. London: Virago, 1995, 2005.

Parnes, Aaron, and Nechama Parnes. "Celebrating the miracle of the cochlear implant: Recount of Cochlear Celebration 2007." Brooklyn, NY: Hearing Pocket, 2007. http://www.hearingpocket.com/celebration1.shtml.

Parr, Jeremy R. "Clinical evidence: Autism." Clinical Evidence Online 322 (January 2010).

Parr, Jeremy R., et al. "Early developmental regression in autism spectrum disorder: Evidence from an international multiplex sample." Journal of Autism & Developmental Disorders 41, no. 3 (March 2011): 332–40.

Paterniti, Michael. "Columbine never sleeps." GQ, April 2004.

Patterson, David. "Genetic mechanisms involved in the phenotype of Down syndrome." Mental Retardation & Developmental Disabilities Research Reviews 13, no. 3 (October 2007): 199–206

Pauli, Richard M., et al. To Celebrate: Understanding Developmental Differences in Young Children with Achondroplasia. Madison: Midwest Regional Bone Dysplasia Clinic, University of Wisconsin, Madison, 1991.

Peek, Charles W., Judith L. Fischer, and Jeannie S. Kidwell. "Teenage violence toward parents: A neglected dimension of family violence." Journal of Marriage & the Family 47 (1985): 1051–58.

Penrose, L. S. "The blood grouping of Mongolian imbeciles." Lancet 219, no. 5660 (February 20, 1932): 394–95.

—. "On the interaction of heredity and environment in the study of human genetics (with special reference to Mongolian imbecility)." Journal of Genetics 25, no. 3 (April 1932): 407–22.

—. "Maternal age, order of birth and developmental abnormalities." British Journal of Psychiatry 85, n.s., 323, no. 359 (1939): 1141–50.

Penrose, Roger. The Emperor's New Mind: Concerning Computers, Minds, and the Laws of Physics. Oxford, UK: Oxford University Press, 1989.

People First. People First Chapter Handbook and Toolkit. Parkersburg: People First of West Virginia, 2010.

Peres, Judy. "In South Dakota, abortion the issue: Referendum on ban roils low-key state." Chicago Tribune, October 21, 2006.

Peretz, Isabelle, and Robert J. Zatorre. "Brain organization for music processing."Annual Review of Psychology 56 (February 2005): 89–114.

Perry, Ronen. "It's a wonderful life." Cornell Law Review 93 (2008): 329–99.

Persico, Nicola, Andrew Postlewaite, and Dan Silverman. "The effect of adolescent experience on labor market outcomes: The case of height." Journal of Political Economy 112, no. 5 (2004): 1019–53.

Pickstone-Taylor, Simon. "Children with gender nonconformity: Author's reply."Journal of the American Academy of Child & Adolescent Psychiatry 42, no. 3 (March 2003): 266–68.

Pierce, Bradford Kinney. A Half Century with Juvenile Delinquents: The New York House of Refuge and Its Times. New York: D. Appleton, 1869.

Pilkington, Ed. "Frozen in time: The disabled nine-year-old girl who will remain a child all her life." Guardian, January 4, 2007.

"'Pillow angel' parents answer CNN's questions." Television news report. Cable News Network, March 12, 2008. http://www.cnn.com/2008/HEALTH/conditions/03/12/pillow.QA/index.html.

Pinker, Steven. "Why they kill their newborns." New York Times, November 2, 1997.

Pinter, Joseph D., et al. "Neuroanatomy of Down's syndrome: A high-resolution MRI study." American Journal of Psychiatry 158, no. 10 (October 2001): 1659–65.

Piven, Joseph, et al. "Broader autism phenotype: Evidence from a family history study of multiple-incidence autism families." American Journal of Psychiatry 154 (February 1997): 185–90.

Piven, Joseph, and Pat Palmer. "Psychiatric disorder and the broad autism phenotype: Evidence from a family study of multiple-incidence autism families." American Journal of Psychiatry 156, no. 14 (April 1999): 557–63.

Plann, Susan. A Silent Minority: Deaf Education in Spain, 1550–1835. Berkeley: University of California Press, 1997.

Ploeger, Annemarie, et al. "The association between autism and errors in early embryogenesis: What is the causal mechanism?" Biological Psychiatry 67, no. 7 (April 2010): 601–7.

Plotkin, Stanley A. "Rubella eradication?" Vaccine 19, no. 25–26 (May 2001): 3311–19.

Plotkin, Stanley, Jeffrey S. Gerber, and Paul A. Offit. "Vaccines and autism: A tale of shifting hypotheses." Clinical Infectious Diseases 48, no. 4 (February 15, 2009):456–61.

Plum, Frederick. "Prospects for research on schizophrenia. 3. Neurophysiology:Neuropathological findings." Neurosciences Research Program Bulletin 10, no. 4 (November 1972): 384–88.

Pollack, Andrew. "Blood tests ease search for Down syndrome." New York Times, October 6, 2008.

Pompili, Maurizio, et al. "Suicide risk in schizophrenia: Learning from the past to change the future." Annals of General Psychiatry 6 (March 16, 2007): 10.

Popenoe, Paul. The Child's Heredity. Baltimore: Williams & Wilkins, 1930.

Praetorius, Mark, et al. "Adenovector-mediated hair cell regeneration is affected by promoter type." Acta Otolaryngologica 130, no. 2 (February 2010): 215–22.

Preski, Sally, and Deborah Shelton. "The role of contextual, child, and parent factors in predicting criminal outcomes in adolescence." Issues in Mental Health Nursing 22 (March 2001): 197–205.

Prodigal Sons. Documentary film. Directed by Kim Reed. Produced by Humanities Montana, Catherine S. Campbell, and Montana Human Rights Network. Helena, MT: Big Sky Film Productions, 2009.

Prouty, Robert W., et al., eds. "Residential services for persons with developmental disabilities: Status and trends through 2004." Research and Training Center on Community Living Institute on Community Integration/UCEDD College of Education and Human Development, University of Minnesota, July 2005.

Przybylski, Roger. What Works: Effective Recidivism Reduction and Risk-Focused Prevention Programs. Denver: Colorado Division of Criminal Justice, 2008.

Pueschel, Siegfried M., L. A. Monteiro, and Marji Erickson. "Parents' and physicians'perceptions of facial plastic surgery in children with Down syndrome." Journal of Mental Deficiency Research 30, no. 1 (March 1986): 71–79.

——. "Facial plastic surgery for children with Down syndrome." Developmental Medicine & Child Neurology 30, no. 4 (August 1988): 540–43.

Punch, Renee, and Merv Hyde. "Social participation of children and adolescents with cochlear implants: A qualitative analysis of parent, teacher, and child interviews."Journal of Deaf Studies & Deaf Education 16, no. 4 (Fall 2011): 474–93.

Puzzanchera, Charles. Juvenile Arrests 2007. OJJDP: Juvenile Justice Bulletin NCJ-225344. Washington, DC: US Department of Justice, Office of Justice Programs, Office of Juvenile Justice and Delinquency Prevention, April 2009.

Puzzanchera, Charles, and Melissa Sickmund. Juvenile Court Statistics 2005. OJJDP: Juvenile Justice Bulletin NCJ-224619. Washington, DC: Bureau of Justice Assistance, Office of Juvenile Justice and Delinquency Prevention, 2008.

Qaisar, Sultana. "IDEA 1997—'Inclusion is the law.'" Paper presented at the Annual Convention of the Council for Exceptional Children, Kansas City, MO, April 18–21, 2001.

"Q&A: Therapists on gender identity issues in kids." Radio interview with Dr. Ken Zucker and Dr. Diane Ehrensaft. Alix Spiegel, correspondent. Washington, DC: National Public Radio, May 7, 2008. http://www.npr.org/templates/story/story.php?storyId=90229789.

Quart, Alissa. Hothouse Kids: The Dilemma of the Gifted Child. New York: Penguin, 2006.

Quartararo, Anne T. "The perils of assimilation in modern France: The Deaf community, social status, and educational opportunity, 1815–1870." Journal of Social History 29, no. 1 (Autumn 1995): 5–23.

Quinn, Justin. "For mother and son, life lessons as death nears: Woman ravaged by cervical cancer prepares autistic son for her passing." Lancaster Intelligencer Journal, August 20, 2003.

——. "Local parents get scholarships to attend conference on autism." Lancaster Intelligencer Journal, July 30, 2004.

Quinn, William H., and David J. Van Dyke. "A multiple family group intervention for first-time juvenile offenders: Comparisons with probation and dropouts on recidivism." Journal of Community Psychology 32, no. 2 (February 2004): 177–200.

Qureshi, Irfan A., and Mark F. Mehler. "Genetic and epigenetic underpinnings of sex differences in the brain and in neurological and psychiatric disease susceptibility."Progress in Brain Research 186 (2010): 77–95.

Rabin, Roni. "Screen all pregnancies for Down syndrome, doctors say." New York Times, January 9, 2007.

Radiguet, Raymond. Count d'Orgel's Ball. Trans. Annapaola Cancogni. Introduction by Jean Cocteau. New York: New York Review Books, 1989.

Raine, Adrian. "Biosocial studies of antisocial and violent behavior in children and adults: A review." Journal of Abnormal Child Psychology 30, no. 4 (August 2002): 311–26.

Rankin, Joseph H., and Roger Kern. "Parental attachments and delinquency."Criminology 32, no. 4 (November 1994): 495–515.

Raphael-Leff, Joan. "Psychotherapy and pregnancy." Journal of Reproductive & Infant Psychology 8, no. 2 (April 1990): 119–35.

Rapoport, Judith L., and Nitin Gogtay. "Childhood onset schizophrenia: Support for a progressive neurodevelopmental disorder." International Journal of Developmental Neuroscience 29, no. 3 (May 2011): 251–58.

Rashad, Inas. "Height, health and income in the United States, 1984–2005." W. J. Usery Workplace Research Group Paper Series. Working Paper 2008-3-1. Atlanta: Andrew Young School of Policy Studies, Georgia State University, 2008.

Ray, Nicholas. "Lesbian, gay, bisexual and transgender youth: An epidemic of homelessness." Washington, DC: National Gay & Lesbian Task Force, January 30, 2007.

Reagan, Leslie J. When Abortion Was a Crime: Women, Medicine, and Law in the United States, 1867–1973. Berkeley: University of California Press, 1997.

Reardon, David C. "Rape, incest and abortion: Searching beyond the myths." Post- Abortion Review 2, no. 1 (Winter 1994).

Reardon, David C., Julie Makimaa, and Amy Sobie, eds. Victims and Victors: Speaking Out About Their Pregnancies, Abortions, and Children Resulting from Sexual Assault. Springfield, IL: Acorn Books, 2000.

Rehn, Elisabeth, and Ellen Johnson Sirleaf. Women, War and Peace: The Independent Experts' Assessment on the Impact of Armed Conflict on Women and Women's Role in Peace-Building. New York: UNIFEM, 2002.

Reich, Nancy B. Clara Schumann: The Artist and the Woman. Ithaca, NY: Cornell University Press, 1985.

Reichenberg, Abraham, et al. "Advancing paternal age and autism." Archives of General Psychiatry 63, no. 9 (September 2006): 1026–32.

Reid, Cheryl S., et al. "Cervicomedullary compression in young patients with achondroplasia: Value of comprehensive neurologic and respiratory evaluation."Journal of Pediatrics 110, no. 4 (April 1987): 522–30.

Reiner, William G. "Gender identity and sex-of-rearing in children with disorders of sexual differentiation." Journal of Pediatric Endocrinology & Metabolism 18, no. 6 (June 2005): 549–53.

Reiner, William G., and John P. Gearhart. "Discordant sexual identity in some genetic males with cloacal exstrophy assigned to female sex at birth." New England Journal of Medicine 350, no. 4 (January 22, 2004): 333–41.

Rekers, George A., and O. Ivar Lovaas. "Behavioral treatment of deviant sex-role behaviors in a male child." Journal of Applied Behavior Analysis 7, no. 2 (Summer 1974): 173–90.

Remnick, David. "The Olympian: How China's greatest musician will win the Beijing Games." New Yorker, August 4, 2008.

Renoir, Jean. Renoir: My Father. New York: New York Review of Books, 2001.

"Resilience." Radio broadcast. Robin Hughes, correspondent. Interviews with Henry Szeps and Emmy Werner. Open Mind, Radio National, Australian Broadcasting Corporation, April 29, 1996. http://www.abc.net.au/rn/talks/8.30/helthrpt/hstories/hr290401.htm.

Resnick, Phillip J. "Child murder by parents: A psychiatric review of filicide." American Journal of Psychiatry 126, no. 3 (September 1969): 73–82.

Revesz, Geza. The Psychology of a Musical Prodigy. New York: Harcourt, Brace, 1925.

Reynolds, Arthur J., et al. "Long-term effects of an early childhood intervention on educational achievement and juvenile arrest: A 15-year follow-up of low-income children in public school." Journal of the American Medical Association 285, no. 18 (May 9, 2001): 2339–46.

Reynolds, Dave. "Who has the right to decide when to save the sickest babies?"Inclusion Daily Express, June 14, 2002. http://www.inclusiondaily.com/news/advocacy/sidneymiller.htm.

—. "Sidney Miller 'wrongful life' case overturned by state Supreme Court."Inclusion Daily Express, October 1, 2003. http://www.inclusiondaily.com/archives/03/10/01.htm.

Reynolds, Tim. "The triple test as a screening technique for Down syndrome: Reliability and relevance." International Journal of Women's Health 9, no. 2 (August 2010): 83–88.

Ricci, L. A., and Robert M. Hodapp. "Fathers of children with Down's syndrome versus other types of intellectual disability: Perceptions, stress and involvement."Journal of Intellectual Disability Research 47, nos. 4–5 (May–June 2003): 273–84.

Rice, Catherine, et al. "Changes in autism spectrum disorder prevalence in four areas of the United States." Disability & Health Journal 3, no. 3 (July 2010): 186–201.

Richardson, Guy P., Jacques Boutet de Monvel, and Christine Petit. "How the genetics of deafness illuminates auditory physiology." Annual Review of Physiology 73 (March 2011): 311–34.

Richardson, John. In the Little World: A True Story of Dwarfs, Love, and Trouble. New York: HarperCollins, 2001.

Ridley, Matt. Nature via Nurture: Genes, Experience, and What Makes Us Human. New York: HarperCollins, 2003.

Rimer, Sara. "Unruly students facing arrest, not detention." New York Times, January 4, 2004.

Rimland, Bernard. Infantile Autism: The Syndrome and Its Implications for a Neural Theory of Behavior. New York: Appleton-Century-Crofts, 1964.

Rimland, Bernard, et al. "Autism, stress, and ethology." Science, n.s., 188, no. 4187 (May 2, 1975): 401–2.

Rimmer, Susan Harris. "'Orphans' or veterans? Justice for children born of war in East Timor." Texas International Law Journal 42, no. 2 (Spring 2007): 323–44.

Rimoin, David Lawrence. "Limb lengthening: Past, present, and future." Growth, Genetics & Hormones 7, no. 3 (1991): 4–6.

Ringen, P. A., et al. "The level of illicit drug use is related to symptoms and premorbid functioning in severe mental illness." Acta Psychiatrica Scandinavica 118, no. 4 (October 2008): 297–304.

Risdal, Don, and George H. S. Singer. "Marital adjustment in parents of children with disabilities: A historical review and meta-analysis." Research & Practice for Persons with Severe Disabilities 29, no. 2 (Summer 2004): 95–103.

Roan, Shari. "Medical treatment carries possible side effect of limiting homosexuality."Los Angeles Times, August 15, 2010.

Robert, Amanda. "School bars autistic child and his service dog." Illinois Times, July 23, 2009.

Roberts, Genevieve. "Brain-damaged girl is frozen in time by parents to keep her alive." Independent, January 4, 2007.

Robison, John Elder. Look Me in the Eye: My Life with Asperger's. New York: Crown, 2007.

Rochester Institute of Technology. "Bilingual bicultural deaf education." Rochester, NY: Rochester Institute of Technology, no date. http://library.rit.edu/guides/deaf-studies/education/bilingual-bicultural-deaf-education.html.

Roesel, Rosalyn, and G. Frank Lawlis. "Divorce in families of genetically handicapped/mentally retarded individuals." American Journal of Family Therapy 11, no. 1 (Spring 1983): 45–50.

Rogers, John G., and Joan O. Weiss. My Child Is a Dwarf. Owatonna, MN: Little People of America Foundation, 1977.

Rogers, Paul T., and Mary Coleman. Medical Care in Down Syndrome: A Preventive Medicine Approach. New York: Marcel Dekker, 1992.

Rogers, Sally J. "Developmental regression in autism spectrum disorders." Mental Retardation & Developmental Disabilities Research Review 10, no. 2 (May 2004): 139–43.

Rohan, Tim. "Oscar Pistorius fails to meet qualifying time for Olympics." New York Times, June 29, 2012.

—. "Pistorius will be on South Africa's Olympic team." New York Times, July 4, 2012.

Roizen, Nancy J. "Complementary and alternative therapies for Down syndrome."Mental Retardation & Developmental Disabilities Research Reviews 11, no. 2 (April 2005): 149–55.

Roloff, Matt. Against Tall Odds: Being a David in a Goliath World. Sisters, OR: Multnomah Publishers, 1999.

Rondal, Jean A., Alberto Rasore-Quartino, and Salvatore Soresi, eds. The Adult with Down Syndrome: A New Challenge for Society. London: Whurr, 2004.

Rondal, Jean A., et al. Intellectual Disabilities: Genetics, Behaviour and Inclusion. London: Whurr, 2004.

Rood, Eli. "Not quite a beginning." Eli's Coming, February 3, 2006. http://translocative.blogspot.com/2006/02/not-quite-beginning.html.

Rood, Kate. "The sea horse: Our family mascot." New York Times, November 2, 2008.

Rosa, Shannon des Roches, et al. The Thinking Person's Guide to Autism. New York: Deadwood City Publishing, 2011.

Rose, David. "Lancet journal retracts Andrew Wakefield MMR scare paper." Times, February 3, 2010.

Rosenbaum, Jill Leslie. "Family dysfunction and female delinquency." Crime & Delinquency 35, no. 1 (January 1989): 31–44.

Rosenberg, Debra. "Rethinking gender." Newsweek, May 21, 2007.

Rosenberg, Howard. "There's more to 'Life' than ratings." Los Angeles Times, April 18, 1992.

Rosenbluth, Susan L. "Help for Jewish homosexuals that is consistent with Torah principles." Jewish Voice & Opinion 13, no. 4 (December 1999).

Rosin, Hanna. "A boy's life." Atlantic Monthly, November 2008.

Ross, Alan O. The Exceptional Child in the Family: Helping Parents of Exceptional Children. 5th printing. New York & London: Grune & Stratton, 1972.

Rotem, Michael. "Mother found guilty of killing her autistic son." Jerusalem Post, February 22, 1991.

——. "Mother who killed autistic son sent to prison for one year." Jerusalem Post, March 22, 1991.

Roth, Philip. The Human Stain. Boston: Houghton Mifflin, 2000.

Rothenberg, Laura. Breathing for a Living: A Memoir. New York: Hyperion, 2003.

Rothstein, Edward. "Connections: Myths about genius." New York Times, January 5, 2002.

Rowitz, Louis, ed. Mental Retardation in the Year 2000. New York: Springer, 1992.

Roy, Alec, and Maurizio Pompili. "Management of schizophrenia with suicide risk." Psychiatric Clinics of North America 32, no. 4 (December 2009): 863–83.

Royte, Elizabeth. "The outcasts." New York Times Magazine, January 19, 1997.

Rozbruch, S. Robert, and Svetlana Ilizarov. Limb Lengthening and Reconstructive Surgery. Boca Raton, FL: CRC Press, 2007.

Ruben, Robert J. "A time frame of critical/sensitive periods of language development." Acta Otolaryngologica 117, no. 2 (March 1997): 202–5.

Rubin, Lorry G., and Blake Papsin. "Cochlear implants in children: Surgical site infections and prevention and treatment of acute otitis media and meningitis." Pediatrics 126, no. 2 (August 2010): 381–91.

Rubinstein, Arthur. My Young Years. New York: Knopf, 1973.

Rudacille, Deborah. The Riddle of Gender: Science, Activism and Transgender Rights. New York: Pantheon, 2005.

Russell, Diana E. H. Rape in Marriage. Bloomington and Indianapolis: Indiana University Press, 1990.

Russell, Diane E. H., and Rebecca M. Bolen. The Epidemic of Rape and Child Sexual Abuse in the United States. Thousand Oaks, CA: Sage Publications, 2000.

Rutter, Michael, et al. "Are there biological programming effects for psychological development? Findings from a study of Romanian adoptees." Developmental Psychology 40, no. 1 (2004): 81–94.

Ryback, Timothy. Hitler's Private Library. New York: Random House, 2010.

Ryff, Carol, and Marsha Mailick Seltzer, eds. The Parental Experience in Midlife. Chicago: University of Chicago Press, 1996.

Rzucidlo, Susan F. "Welcome to Beirut." Privately published, no date. http://www.bbbautism.com/beginners_beirut.htm.

Sacks, Oliver. Seeing Voices: A Journey into the World of the Deaf. Berkeley: University of California Press, 1989.

——. An Anthropologist on Mars: Seven Paradoxical Tales. New York: Alfred A. Knopf, 1995.

Safire, William. "On language: Dwarf planet." New York Times, September 10, 2006.

St. Clair, David, et al. "Rates of adult schizophrenia following prenatal exposure to the Chinese famine of 1959–1961." Journal of the American Medical Association 294, no. 5 (2005): 557–62.

Saks, Elyn R. Refusing Care: Forced Treatment and the Rights of the Mentally Ill. Chicago: University of Chicago Press, 2002.

——. The Center Cannot Hold: My Journey Through Madness. New York: Hyperion, 2007.

Salehi, Ahmad, et al. "Restoration of norepinephrine-modulated contextual memory in a mouse model of Down syndrome." Science Translational Medicine 1, no. 7 (November 2009): 7ra17.

Saletan, William. Bearing Right: How Conservatives Won the Abortion War. Berkeley: University of California Press, 2003.

——. "Deformer babies: The deliberate crippling of children." Slate, September 21, 2006. http://www.slate.com/id/2149854.

Salkever, David S., et al. "Measures and predictors of community-based employment and earnings of persons with schizophrenia in a multisite study." Psychiatric Services 58, no. 3 (March 2007): 315–24.

Samson, Fabienne, et al. "Enhanced visual functioning in autism: An ALE metaanalysis." Human Brain Mapping (April 4, 2011): epub ahead of print.

Sandel, Michael J. "The case against perfection." Atlantic Monthly, April 2004.

——. The Case Against Perfection: Ethics in the Age of Genetic Engineering. Cambridge, MA: Harvard University Press, 2009.

Sanders, Stephen, et al. "De novo mutations revealed by whole-exome sequencing are strongly associated with autism." Nature 485, no. 7397 (May 10, 2012): 237–41.

Sandler, Allen G., and Lisa A. Mistretta. "Positive adaptation in parents of adults with disabilities." Education & Training in Mental Retardation & Developmental Disabilities 33, no. 2 (June 1998): 123–30.

Saner, Emine. "It is not a disease, it is a way of life." Guardian, August 7, 2007.

Sanghavi, Darshak. "Wanting babies like themselves, some parents choose genetic defects." New York Times, December 5, 2006.

Santos, Fernanda. "Life term for gunman after guilty plea in Tucson killings." New York Times, August 7, 2012.

Sara, Sally. "For people with Down syndrome, longer life has complications." New York Times, June 1, 2008.

Sato, Mitsumoto, Yohtaro Numachi, and Takashi Hamamura. "Relapse of paranoid psychotic state in metamphetamine model of schizophrenia." Schizophrenia Bulletin 18, no. 1 (1992): 115–22.

Saunders, Debra J. "Children who deserve to die." San Francisco Chronicle, September 23, 1997.

Schaller, Susan. A Man Without Words. Berkeley: University of California Press, 1995.

Schiavetti, Nicholas, Robert L. Whitehead, and Dale Evan Metz. "The effects of Simultaneous Communication on production and perception of speech." Journal of Deaf Studies & Deaf Education 9, no. 3 (June 2004): 286–304.

Schlaug, Gottfried, et al. "In vivo evidence of structural brain asymmetry in musicians." Science, n.s., 267, no. 5198 (February 3, 1995): 699–701.

Schoeneman, Deborah. "Little people, big biz: Hiring dwarfs for parties a growing trend." New York Post, November 8, 2001.

Schonberg, Harold C. "Russian soul gets a new voice at the keyboard." New York Times, October 7, 1990.

Schopenhauer, Arthur. Essays of Schopenhauer. London and New York: Walter Scott, 1897.

——. The World as Will and Representation. Trans. E. F. J. Payne. New York: Dover, 1958.

Schopler, Eric, Stella Chess, and Leon Eisenberg. "Our memorial to Leo Kanner." Journal of Autism & Developmental Disorders 11, no. 3 (September 1981): 257–69.

Schreibman, Laura Ellen. The Science and Fiction of Autism. Cambridge, MA: Harvard University Press, 2005.

Schultz, Robert T., et al. "Abnormal ventral temporal cortical activity during face discrimination among individuals with autism and Asperger syndrome." Archives of General Psychiatry 57, no. 4 (April 2000): 331–40.

Schweinhart, Lawrence J., Helen V. Barnes, and David P Weikart. Significant Benefits: The High/Scope Perry Preschool Study Through Age 27. Ypsilanti, MI: High Scope Press, 1993.

Schweinhart, Lawrence J., et al. Lifetime Effects: The HighScope Perry Preschool Study Through Age 40. Ypsilanti, MI: High Scope Press, 2005

Scocca, Tom. "Silly in Philly" Metro Times, August 9, 2000. http://www2.metrotimes.com/archives/story.asp?id=277

Scorgie, Kate, and Dick Sobsey. "Transformational outcomes associated with parenting children who have disabilities." Mental Retardation 38, no. 3 (June 2000): 195–206.

Scott, Joyce. EnTWINed. Oakland, CA: Judith Scott Foundation, 2006.

Sea, Scott. "Planet autism." Salon, September 27, 2003. http://dir.salon.com/story/mwt/feature/2003/09/27/autism/index.html.

Sebat, Jonathan. "Relating copy-number variants to head and brain size in neuropsychiatric disorders." Press release. New York: Simons Foundation Autism Research Initiative, no date. http://sfari.org/funding/grants/abstracts/relating-copy-number-variants-to-head-and-brain-size-in-neuropsychiatric-disorders.

Sebat, Jonathan, et al. "Strong association of de novo copy number mutations with autism." Science 316, no. 5823 (April 20, 2007): 445–49.

Sechehaye, Marguerite. Autobiography of a Schizophrenic Girl: The True Story of "Renee." New York: Grune & Stratton, 1951.

Seeman, Philip, et al. "Dopamine supersensitivity correlates with D2High states, implying many paths to psychosis." Proceedings of the National Academy of Sciences 102, no. 9 (March 2005): 3513–18.

Segal, David. "Financial fraud is focus of attack by prosecutors." New York Times, March 11, 2009.

Seguin, Edouard. Idiocy and Its Treatment by the Physiological Method. Originally published in 1866. Reprint, New York: Columbia University Educational Reprints, 1907.

Seidel, Kathleen. "Evidence of venom: An open letter to David Kirby." Neurodiversity.com, May 2005. http://www.neurodiversity.com/evidence_of_venom.html.

Seligman, Martin E. P. Learned Optimism. New York: Knopf, 1991.

Selten, Jean-Paul, Elizabeth Cantor-Graae, and Rene S. Kahn. "Migration and schizophrenia." Current Opinion in Psychiatry 20, no. 2 (March 2007): 111–15.

Seltzer, Marsha Mailick, and Marty Wyngaarden Krauss. "Quality of life of adults with mental retardation/developmental disabilities who live with family." Mental Retardation & Developmental Disabilities Research Reviews 7, no. 2 (May 2001):105–14.

"Semenya: I accept myself." Independent Online, September 8, 2009.

Seroussi, Karyn. Unraveling the Mystery of Autism and Pervasive Developmental Disorder: A Mother's Story of Research and Recovery. New York: Simon & Schuster, 2000.

Sessions, Laura. "New study questions teen risk factors." Washington Post, November 30, 2000.

Sewell, R. Andrew, Mohini Ranganathan, and Deepak Cyril D'Souza. "Cannabinoids and psychosis." International Review of Psychosis 21, no. 2 (April 2009): 152–62.

Sex, Lies and Gender. Documentary film. Directed by David Elisco. Washington, DC: National Geographic Television, 2010.

Shadish, William R., et al. "Effects of family and marital psychotherapies: A metaanalysis." Journal of Consulting & Clinical Psychology 61, no. 6 (December 1993): 992–1002.

Shakespeare, Tom, Michael Wright, and Sue Thompson. A Small Matter of Equality: Living with Restricted Growth. Yeovil, Somerset, UK: Restricted Growth Association, May 2007.

Shapiro, Danielle. "Mothers in Congo get help in raising children of rape." Christian Science Monitor, May 9, 2010.

Shapiro, Joseph P. No Pity: People with Disabilities Forging a New Civil Rights Movement. New York: Times Books, 1993.

Shawn, Allen. Twin: A Memoir. New York: Viking, 2010.

Shearer, A. Eliot, et al. "Deafness in the genomics era." Hearing Research 282, nos. 1–2 (December 2011): 1–9.

Sherer, Michelle R., and Laura Schreibman. "Individual behavioral profiles and predictors of treatment effectiveness for children with autism." Journal of Consulting & Clinical Psychology 73, no. 3 (June 2005): 525–38.

Sherman, Stephanie L., et al. "Epidemiology of Down syndrome." Mental Retardation & Developmental Disabilities Research Reviews 13, no. 3 (October 2007): 221–27.

Shiang, R., et al. "Mutations in the transmembrane domain of FGFR3 cause the most common genetic form of dwarfism, achondroplasia." Cell 78, no. 2 (July 29, 1994): 335–42.

Shin, Mikyong, et al. "Prevalence of Down syndrome among children and adolescents in 10 regions." Pediatrics 124, no. 6 (December 2009): 1565–71.

Shirley, Eric D., and Michael C. Ain. "Achondroplasia: Manifestations and treatment." Journal of the American Academy of Orthopedic Surgeons 17, no. 4 (April 2009):231–41.

Shockley, Paul. "Grabe gets life in son's murder." Daily Sentinel, March 31, 2010.

Shoda, Yuichi, Walter Mischel, and Philip K. Peake. "The nature of adolescent competencies predicted by preschool delay of gratification." Journal of Personality & Social Psychology 54, no. 4 (1988): 687–96.
——. "Predicting adolescent cognitive and self-regulatory competencies from preschool delay of gratification: Identifying diagnostic conditions." Developmental Psychology 26, no. 6 (1990): 978–86.
Shonkoff, Jack P., and Samuel J. Meisels, eds. Handbook of Early Childhood Intervention. Cambridge, UK: Cambridge University Press, 2000.
Shorter, Edward. The Kennedy Family and the Story of Mental Retardation. Philadelphia: Temple University Press, 2000.
Shrestha, Laura B. "Life expectancy in the United States." Washington, DC: Congressional Research Service, 2006.
Shriver, Eunice Kennedy. "Hope for retarded children." Saturday Evening Post, September 22, 1962.
Shufeit, Lawrence J., and Stanley R. Wurster. "Frequency of divorce among parents of handicapped children." ERIC Document Reproduction Service No. ED 113 909. Washington, DC: National Institute of Education, 1975.
Shulman, Robin. "Child study center cancels autism ads." Washington Post, December 19, 2007.
Sickmund, Melissa. "Juveniles in court." National Report Series Bulletin. Rockville, MD: Office of Juvenile Justice and Delinquency Prevention, June 2003.
Siebers, Tobin. Disability Theory. Ann Arbor: University of Michigan Press, 2008.
Siegel, Bryna. The World of the Autistic Child. New York: Oxford University Press, 1996.
——. Helping Children with Autism Learn: Treatment Approaches for Parents and Professionals. Oxford, UK, and New York: Oxford University Press, 2003.
Silberman, Steve. "The geek syndrome." Wired, December 2001.
Simons, Abby. "'The killing of one of our own': More than 200 honored Krissy Bates, hours after a Blaine man was charged in her killing." Minneapolis Star Tribune, January 22, 2011.
——. "Man guilty of murdering transgender victim." Minneapolis Star Tribune, November 24, 2011.
Simonton, Dean Keith, and Anna V. Song. "Eminence, IQ, physical and mental health, and achievement domain: Cox's 282 geniuses revisited." Psychological Science 20, no. 4 (April 2009): 429–34.
Sinclair, Jim. "Don't mourn for us." Our Voice 1, no. 3. Syracuse, NY: Autism Network International, 1993. http://www.autreat.com/dont_mourn.html.
——. "Why I dislike 'person-first' language." Syracuse, NY: Jim Sinclair, 1999. http://web.archive.org/web/20030527100525/http://web.syr.edu/~jisincla/person_first.htm.
Singal, Daniel. "The other crisis in American education." Atlantic Monthly, November 1991.
Singer, George H. S., and Larry K. Irvin, eds. Support for Caregiving Families: Enabling Positive Adaptation to Disability. Baltimore: Paul H. Brookes, 1989.
Singer, Judy. "Why can't you be normal for once in your life: From a 'problem with no name' to a new kind of disability." In Disability Discourse, eds. M. Corker and S.French. Maidenhead, UK: Open University Press, 1999.
Singer, Peter. "Sanctity of life or quality of life?" Pediatrics 72, no. 1 (July 1983): 128–29.
——. Practical Ethics. 2nd ed. Cambridge, UK: Cambridge University Press, 1993.
——. Rethinking Life and Death: The Collapse of Our Traditional Ethics. New York: St. Martin's Griffin, 1994.
——. "A convenient truth." New York Times, January 26, 2007.
Sisk, Elisabeth A., et al. "Obstructive sleep apnea in children with achondroplasia: Surgical and anesthetic considerations." Archives of Otolaryngology—Head & Neck Surgery 120, no. 2 (February 1999): 248–54.
Skotara, Nils, et al. "The influence of language deprivation in early childhood on L2 processing: An ERP comparison of deaf native signers and deaf signers with a delayed language acquisition." BMC Neuroscience 13, no. 44 (provisionally published May 3, 2012).
Skotko, Brian. "Mothers of children with Down syndrome reflect on their postnatal support." Pediatrics 115, no. 1 (January 2005): 64–77.
——. "Prenatally diagnosed Down syndrome: Mothers who continued their pregnancies evaluate their health care providers." American Journal of Obstetrics & Gynecology 192, no. 3 (March 2005): 670–77.
Skotko, Brian, and Susan P. Levine. "What the other children are thinking: Brothers
and sisters of persons with Down syndrome." American Journal of Medical Genetics, Part C: Seminars in Medical Genetics 142C, no. 3 (August 2006): 180–86.
Slenczynska, Ruth, and Louis Biancolli. Forbidden Childhood. New York: Doubleday, 1957.
Sloboda, John. "Musical ability." In Ciba Foundation Symposium 178: The Origins and Development of High Ability, 106–18. New York: John Wiley & Sons, 1993.
Sluming, Vanessa, et al. "Broca's area supports enhanced visuospatial cognition in orchestral musicians." Journal of Neuroscience 27, no. 14 (April 4, 2007): 3799–806.
Smiley, Lauren. "Girl/boy interrupted: A new treatment for transgender kids puts puberty on hold so that they won't develop into their biological sex." SF Weekly, July 11, 2007.
Smith, David. "Gender row athlete Caster Semenya wanted to boycott medal ceremony." Guardian, August 21, 2009.
Smith, Dylan M., et al. "Happily hopeless: Adaptation to a permanent, but not to a temporary, disability." Health Psychology 28, no. 6 (November 2009): 787–91.
Smith, Gwendolyn Ann. Remembering Our Dead. Informational website. Gender Education & Advocacy, 2005. http://www.gender.org/remember.
Smith, Helena. "Rape victims' babies pay the price of war." Observer, April 16, 2000.
Smith, Joel. "Murder of autistics." This Way of Life, no date. http://www.geocities.com/growingjoel/murder.html.
Smith, Merrill D. Sex without Consent: Rape and Sexual Coercion in America. New York: New York University Press, 2001.

——, ed. Encyclopedia of Rape. Westport, CT: Greenwood Press, 2004.

Smith, Nicholas A., and Mark A. Schmuckler. "Dial A440 for absolute pitch: Absolute pitch memory by non-absolute pitch possessors." Journal of the Acoustical Society of America 123, no. 4 (April 2008): 77–84.

Smith, Richard J. H., et al. "Deafness and hereditary hearing loss overview." GeneReviews (Internet) (1999–2012): 1–22.

Smith, Russell. "The impact of hate media in Rwanda." BBC News, December 3, 2003. http://news.bbc.co.uk/2/hi/africa/3257748.stm.

Smith, Yolanda L. S., Stephanie H. M. van Goozen, and Peggy T. Cohen-Kettenis. "Adolescents with gender identity disorder who were accepted or rejected for sex reassignment surgery: A prospective follow-up study." Journal of the American Academy of Child & Adolescent Psychiatry 40, no. 4 (April 2001): 472–81.

Smith, Yolanda L. S., et al. "Sex reassignment: Outcomes and predictors of treatment for adolescent and adult transsexuals." Psychological Medicine 35, no. 1 (January 2005): 89–99.

Snyder, Howard, and Melissa Sickmund. Juvenile Offenders and Victims: 2006 National Report. Bureau of Justice Statistics Special Report NCJ 212906 Washington, DC: US Department of Justice, Office of Justice Programs, Office of Juvenile Justice & Delinquency Prevention, 2006.

Snyder, Sharon, and David T. Mitchell. Cultural Locations of Disability. Chicago:University of Chicago Press, 2006.

Sobsey, Dick. "Altruistic filicide: Bioethics or criminology?" Health Ethics Today 12, no. 1 (November 2001): 9–11.

Solinger, Rickie, ed. Abortion Wars: A Half Century of Struggle, 1950–2000. Berkeley: University of California Press, 1998.

——. Wake Up Little Susie: Single Pregnancy and Race Before Roe v. Wade. London and New York: Routledge, 2000.

——. Beggars and Choosers: How the Politics of Choice Shapes Adoption, Abortion, and Welfare in the United States. New York: Hill & Wang, 2001.

Solnit, Albert J., and Mary H. Stark. "Mourning and the birth of a defective child." Psychoanalytic Study of the Child 16 (1961): 523–37.

Solomon, Andrew. The Irony Tower: Soviet Artists in a Time of Glasnost. New York: Knopf, 1991.

——. "Defiantly deaf." New York Times Magazine, August 29, 1994.

——. "Questions of genius." New Yorker, August 26, 1996.

——. "The amazing life of Laura." Glamour, July 2003.

——. "The pursuit of happiness." Allure, September 2004.

——. "The autism rights movement." New York, May 25, 2008.

——. "Meet my real modern family." Newsweek, January 30, 2011.

Solomon, Maynard. Mozart: A Life. New York: HarperCollins, 1996.

Solomon, Olga. "What a dog can do: Children with autism and therapy dogs in social interaction." Ethos 38, no. 1 (March 2010): 143–66.

Someya, Shinichi, et al. "Age-related hearing loss in C57BL/6J mice is mediated by Bak-dependent mitochondrial apoptosis." Proceedings of the National Academy of Sciences 106, no. 46 (November 17, 2009): 19432–37.

Sommerville, Diane Miller. Rape and Race in the Nineteenth-Century South. Chapel Hill: University of North Carolina Press, 2004.

Sontag, Deborah. "A schizophrenic, a slain worker, troubling questions." New York Times, June 17, 2011.

Soper, Kathryn Lynard. Gifts: Mothers Reflect on How Children with Down Syndrome Enrich Their Lives. Bethesda, MD: Woodbine House, 2007.

Southern Poverty Law Center. "SPLC sues Mississippi county to stop 'shocking'abuse of children at detention center." Press release. Montgomery, AL: Southern Poverty Law Center, April 20, 2009. http://www.splcenter.org/get-informed/news/splc-sues-mississippi-county-to-stop-shocking-abuse-of-children-at-detention-cente.

Spack, Norman. "An endocrine perspective on the care of transgender adolescents."Journal of Gay & Lesbian Mental Health 13, no. 4 (October 2009): 309–19.

Speake, Jennifer, ed. The Oxford Dictionary of Proverbs. Oxford, UK, and New York: Oxford University Press, 2009.

Spitzer, Walter. "The real scandal of the MMR debate." Daily Mail, December 20, 2001.

Spurbeck, Jared. "NY senator's grandkids made him realize 'gay is OK.'" Yahoo! News, June 26, 2011.

"Standing tall: Experts debate the cosmetic use of growth hormones for children."Television news report. Jamie Cohen,.correspondent. ABC News, June 19, 2003. http://abcnews.go.com/Health/story?id=116731.

Startup, Mike, M. C. Jackson, and S. Bendix. "North Wales randomized controlled trial of cognitive behaviour therapy for acute schizophrenia spectrum disorders: Outcomes at 6 and 12 months." Psychological Medicine 34, no. 3 (April 2004): 413–422.

Startup, Mike, et al. "North Wales randomized controlled trial of cognitive behavior therapy for acute schizophrenia spectrum disorders: Two-year follow-up and economic evaluation." Psychological Medicine 35, no. 9 (2005): 1307–16.

State v. Peter James Gifran von Kalkstein Bleach et al. (Purulia arms dropping case).

Sessions Trial No. 1, Calcutta Court of Session, judgment issued June 1997.

Steadman, Henry J., et al. "Violence by people discharged from acute psychiatric inpatient facilities and by others in the same neighborhoods." Archives of General Psychiatry 55, no. 5 (May 1998): 393–401.

Stefanatos, Gerry A. "Regression in autistic spectrum disorders." Neuropsychology Review 18 (December 2008): 305–19.

Stefanatos, Gerry A., and Ida Sue Baron. "The ontogenesis of language impairment in autism: A neuropsychological perspective." Neuropsychology Review 21, no. 3 (September 2011): 252–70.

Stefansson, Hreinn, et al. "Large recurrent microdeletions associated with schizophrenia." Nature 455, no. 7210 (September 11, 2008): 232–36.

Stein, Allen. "Stoughton cop resigns after he left beat to see dwarf porn star." Enterprise News, July 20, 2010.

Stein, Rob. "New safety, new concerns in tests for Down syndrome." Washington Post, February 24, 2009.

Steinberg, Laurence, and Elizabeth Cauffman. "Maturity of judgment in adolescence: Psychosocial factors in adolescent decision making." Law & Human

Behavior 20, no. 3 (June 1996): 249–72.
Stephens, Ronald D., and June Lane Arnette. "From the courthouse to the schoolhouse: Making successful transitions." OJJDP: Juvenile Justice Bulletin NCJ-178900. Washington, DC: US Department of Justice, Office of Justice Programs, Office of Juvenile Justice & Delinquency Prevention, 2000.
Stevens, Wallace. The Collected Poems of Wallace Stevens. New York: Vintage, 1990.
Stewart, Felicia H., and James Trussell. "Prevention of pregnancy resulting from rape: A neglected preventive health measure." American Journal of Preventive Medicine 19, no. 4 (November 2000): 228–29.
Stiglmayer, Alexandra, ed. Mass Rape: The War Against Women in Bosnia-Herzegovina. Trans. Marion Faber. Lincoln: University of Nebraska Press, 1994.
Stokes, Dennis C., et al. "Respiratory complications of achondroplasia." Journal of Pediatrics 102, no. 4 (April 1983): 534–41.
Stokoe, William. Sign Language Structure: An Outline of the Visual Communication Systems of the American Deaf. Studies in Linguistics, Occasional Papers, No. 8. Buffalo, NY: University of Buffalo Department of Anthropology and Linguistics, 1960. Reprinted in Journal of Deaf Studies & Deaf Education 10, no. 1 (Winter 2005):3–37.
Stone, Carole. "First person: Carole Stone on life with her schizophrenic brother."Guardian, November 12, 2005.
Stoneman, Zolinda. "Supporting positive sibling relationships during childhood."Mental Retardation & Developmental Disability Research Reviews 7, no. 2 (May 2001): 134–42.
Stoneman, Zolinda, and Phyllis Waldman Berman, eds. The Effects of Mental Retardation, Disability, and Illness on Sibling Relationships. Baltimore: Paul H. Brookes, 1993.
Stoneman, Zolinda, and John M. Crapps. "Mentally retarded individuals in family care homes: Relationships with the family-of-origin." American Journal on Mental Retardation 94, no. 4 (January 1990): 420–30.
Stoneman, Zolinda, et al. "Childcare responsibilities, peer relations, and sibling conflict: Older siblings of mentally retarded children." American Journal on Mental Retardation 93, no. 2 (September 1988): 174–83.
——. "Ascribed role relations between children with mental retardation and their younger siblings." American Journal on Mental Retardation 95, no. 5 (March 1991): 537–50.
Stopper, Michael J., ed. Meeting the Social and Emotional Needs of Gifted and Talented Children. London: David Fulton, 2000.
Stores, R., et al. "Daytime behaviour problems and maternal stress in children with Down's syndrome, their siblings, and non-intellectually disabled and other intellectually disabled peers." Journal of Intellectual Disability Research 42, no. 3 (June 1998): 228–37.
Stout, David. "Supreme Court bars death penalty for juvenile killers." New York Times, March 1, 2005.
——. "House votes to expand hate-crime protection." New York Times, May 4, 2007.
Stratton, Charles Sherwood. Sketch of the Life: Personal Appearance, Character and Manners of Charles S. Stratton, the Man in Miniature, Known as General Tom Thumb, and His Wife, Lavinia Warren Stratton, Including the History of Their Courtship and Marriage, With Some Account of Remarkable Dwarfs, Giants, & Other Human Phenomena, of Ancient and Modern Times, Also, Songs Given at Their Public Levees. New York: Samuel Booth, 1874.
Strauss, David, and Richard K. Eyman. "Mortality of people with mental retardation in California with and without Down syndrome, 1986–1991." American Journal on Mental Retardation 100, no. 6 (May 1996): 643–51.
Stuckless, E. Ross, and Jack W. Birch. "The influence of early manual communication on the linguistic development of deaf children." American Annals of the Deaf 142, no. 3 (July 1997): 71–79.
Sullivan, Patrick F., Kenneth S. Kendler, and Michael C. Neale. "Schizophrenia as a complex trait: Evidence from a meta-analysis of twin studies." Archives of General Psychiatry 60, no. 12 (December 2003): 1187–92.
Summers, Carl R., K. R. White, and M. Summers. "Siblings of children with a disability: A review and analysis of the empirical literature." Journal of Social Behavior & Personality 9, no. 5 (1994): 169–84.
"Suspended jail term for French mother who killed autistic son." BBC Monitoring International Reports, March 2, 2001.
Susser, Ezra S., and Shang P. Lin. "Schizophrenia after prenatal exposure to the Dutch Hunger Winter of 1944–1945." Archives of General Psychiatry 49, no. 12 (December 1992): 983–88.
Susskind, Yifat. "The murder of Du'a Aswad." Madre, May 22, 2007.
Suwaki, Hiroshi, Susumi Fukui, and Kyohei Konuma. "Methamphetamine abuse in Japan." In Methamphetamine Abuse: Epidemiologic Issues and Implications, ed. Marissa J. Miller and Nicholas J. Kozel, 84–98. Research Monograph 115. Washington, DC: National Institute on Drug Abuse, 1991.
Swaab, Dick F. "Sexual differentiation of the brain and behavior." Best Practice & Research Clinical Endocrinology & Metabolism 21, no. 3 (September 2007): 431–44.
Swiller, Josh. The Unheard: A Memoir of Deafness and Africa. New York: Macmillan, 2007.
Swoyer, Chris. "The linguistic relativity hypothesis." In The Stanford Encyclopedia of Philosophy, ed. Edward N. Zalta. Stanford, CA: Stanford University, 2003.
"Syracuse: Woman who killed autistic son is freed." New York Times, May 12, 2005.
Szasz, Thomas Stephen. The Myth of Mental Illness: Foundations of a Theory of Personal Conduct. New York: Harper & Row, 1974.
——. Insanity: The Idea and Its Consequences. New York: Wiley, 1987.
Szigeti, Joseph. Szigeti on the Violin. New York: Dover, 1979.
Tai, Sara, and Douglas Turkington. "The evolution of cognitive behavior therapy for schizophrenia: Current practice and recent developments." Schizophrenia Bulletin 35, no. 5 (September 2009): 865–73.
Takeuchi, Annie H., and Stewart H. Hulse. "Absolute pitch." Psychological Bulletin 113, no. 2 (1993): 345–61.

Tanner, Lindsey. "Physicians could make the perfect imperfect baby." Los Angeles Times, December 31, 2006.

Tarin, Juan J., Toshio Hamatani, and Antonio Cano. "Acute stress may induce ovulation in women." Reproductive Biology & Endocrinology 8 (May 26, 2010): 53.

Tarkan, Laurie. "New study implicates environmental factors in autism." New York Times, July 4, 2011.

Taylor, Louise. "'We'll kill you if you cry': Sexual violence in the Sierra Leone conflict." New York: Human Rights Watch, 2003.

Taylor, William, and Clive Jones. "William Hay, M.P. for Seaford (1695–1755)." Parliamentary History 29, suppl. s1 (October 2010): lxi–lxxxvii.

Tekin, Mustafa. "Genomic architecture of deafness in Turkey reflects its rich past." International Journal of Modern Anthropology (2009): 39–51.

Tekin, Mustafa, Kathleen S. Arnos, and Arti Pandya. "Advances in hereditary deafness." Lancet 358 (September 29, 2001): 1082–90.

Temple Grandin. Feature film. Santa Monica, CA: HBO Films, 2010.

Temple-Raston, Dina. Justice on the Grass. New York: Free Press, 2005.

Tennyson, Alfred. The Complete Works of Alfred Lord Tennyson. London: Frederick Stokes, 1891.

Teplin, Linda A., et al. "Psychiatric disorders in youth in juvenile detention." Archives of General Psychiatry 59, no. 12 (2002): 1133–43.

Tereszcuk, Alexis. "The little couple slam dwarf tossing." Radar Online, March 20, 2012.

Terman, Lewis M. "A new approach to the study of genius." Psychological Review, 29, no. 4 (1922): 310–18.

——. Genetic Studies of Genius. Vol. 1. Mental and Physical Traits of a Thousand Gifted Children. Stanford, CA: Stanford University Press, 1926.

——. The Gifted Group at Mid-Life: Thirty-Five Years Follow-Up of the Superior Child. Stanford, CA: Stanford University Press, 1959.

Tevenal, Stephanie, and Miako Villanueva. "Are you getting the message? The effects of SimCom on the message received by deaf, hard of hearing, and hearing students." Sign Language Studies 9, no. 3 (Spring 2009): 266–86.

Tharinger, Deborah, Connie Burrows Horton, and Susan Millea. "Sexual abuse and exploitation of children and adults with mental retardation and other handicaps." Child Abuse & Neglect 14, no. 3 (1990): 301–12.

"Therapy to change 'feminine' boy created a troubled man, family says." Television news report. Scott Bronstein and Jessi Joseph, correspondents. Cable News Network, June 8, 2011. http://edition.cnn.com/2011/US/06/07/sissy.boy.experiment/.

Thompson, Sue, Tom Shakespeare, and Michael J. Wright. "Medical and social aspects of the life course for adults with a skeletal dysplasia: A review of current knowledge." Disability & Rehabilitation 30, no. 1 (January 2008): 1–12.

Thomson, Rosemarie Garland. Extraordinary Bodies: Figuring Physical Disability in American Culture and Literature. New York: Columbia University Press, 1997.

Thornberry, Terence P. Violent Families and Youth Violence. Fact Sheet 21. Washington, DC: US Department of Justice, Office of Justice Programs, Office of Juvenile Justice and Delinquency Prevention, 1994.

Thornhill, Randy, and Craig T. Palmer. A Natural History of Rape: Biological Bases of Sexual Coercion. Cambridge, MA: MIT Press, 2000.

Thrasher, Steven. "Camila Guzman, transgender murder victim, remembered in East Harlem vigil." Village Voice, August 12, 2011.

Through Deaf Eyes. Documentary film. Directed by Lawrence Hott and Diane Garey. Washington, DC: WETA TV/Florentine Films/Hott Productions in association with Gallaudet University, 2007.

Tinbergen, Elisabeth A., and Nikolaas Tinbergen. "Early childhood autism. An ethological approach." Advances in Ethology, Journal of Comparative Ethology, suppl. no. 10 (1972): 1–53.

Tjaden, Patricia, and Nancy Thoennes. Full Report of the Prevalence, Incidence, and Consequences of Violence Against Women: Findings from the National Violence Against Women Survey. Report NCJ 183781. Washington, DC: National Institute of Justice, 2000.

Tolan, Patrick, ed. Multi-Systemic Structural-Strategic Interventions for Child and Adolescent Behavior Problems. New York: Haworth, 1990.

Tolan, Patrick, et al. "Family therapy with delinquents: A critical review of the literature." Family Processes 25, no. 4 (December 1986): 619–50.

Tolan, Patrick, and Peter Thomas. "The implications of age of onset for delinquency risk II: Longitudinal data." Journal of Abnormal Child Psychology 23, no. 2 (April 1995): 157–81.

Tolstoy, Leo. Anna Karenina. Trans. Constance Garnett. New York: Spark Educational Publishing, 2004

Tomaselli, Sylvana, and Roy Porter, eds. Rape: An Historical and Cultural Enquiry. Oxford, UK: Blackwell, 1986.

Tommasini, Anthony. "A showman revs up the classical genre." New York Times, November 10, 2003.

——. "Views back (and forward) on an outdoor stage." New York Times, July 17, 2008.

Toppo, Greg. "10 years later, the real story behind Columbine." USA Today, April 14,2009.

Torgovnik, Johnathan. Nowhere to Go: The Tragic Odyssey of the Homeless Mentally Ill. New York: Harper and Row, 1988.

——. Out of the Shadows: Confronting America's Mental Illness Crisis. New York: Wiley, 1997.

——. Surviving Schizophrenia: A Manual for Families, Patients and Providers. 5th ed.New York: HarperCollins, 2006.

——. Intended Consequences: Rwandan Children Born of Rape. New York: Aperture, 2009.

Torrey, E. Fuller, et al. "Paternal age as a risk factor for schizophrenia: How important is it?" Schizophrenia Research 114, nos. 1–3 (October 2009): 1–5.

Toyota Motor Manufacturing v. Williams. 534 US 184 (2002).

"Transgender children face unique challenges." Television news report. Produced by Joneil Adriano. Barbara Walters, correspondent. 20/20, ABC News, April 27, 2007. http://abcnews.go.com/2020/story?id=3091754.

"Transgender person slain in northeast." Television news report. Pat Collins, correspondent. NBC Washington, July 21, 2011. http://www.nbcwashington.com/news/local/Transgender-Person-Slain-in-Northeast-125919853.html.

Travis, John. "Genes of silence: Scientists track down a slew of mutated genes that cause deafness." Science News, January 17, 1998.

"Treatment keeps girl child-sized." Television news report. BBC News, January 4, 2007. http://news.bbc.co.uk/2/hi/americas/6229799.stm.

"Treatment not jail: A plan to rebuild community mental health." Sacramento Bee, March 17, 1999.

Treffert, Darrold A. "The savant syndrome: An extraordinary condition." Philosophical Transactions of the Royal Society, pt. B 364, no. 1522 (May 2009): 1351–57.

Trent, James W., Jr. Inventing the Feeble Mind: A History of Mental Retardation in the United States. Berkeley: University of California Press, 1995.

Tretter, Anne E., et al. "Antenatal diagnosis of lethal skeletal dysplasias." American Journal of Medical Genetics 75, no. 5 (December 1998): 518–22.

Trotter, Tracy L., Judith G. Hall, and the American Academy of Pediatrics Committee on Genetics. "Health supervision for children with achondroplasia." Pediatrics 116, no. 3 (2005): 771–83.

Truman, Jennifer L. Criminal Victimization, 2010. Bureau of Justice Statistics Special Report NCJ 235508. Washington, DC: US Department of Justice, Bureau of Justice Statistics, 2011.

Trumball, Robert. "Dacca raising the status of women while aiding rape victims." New York Times, May 12, 1972.

Tsai, Luke. "Comorbid psychiatric disorders of autistic disorder." Journal of Autism & Developmental Disorders 26, no. 2 (April 1996): 159–63.

Tsouderos, Trine. "'Miracle drug' called junk science." Chicago Tribune, May 21, 2009.

Tucker, Bonnie Poitras. "Deaf culture, cochlear implants, and elective disability." Hastings Center Report 28, no. 4 (July 1, 1998): 6–14.

Turkel, Henry. "Medical amelioration of Down's syndrome incorporating the orthomolecular approach." Journal of Orthomolecular Psychiatry 4, no. 2 (2nd quarter 1975): 102–15.

Turnbull, Ann P., Joan M. Patterson, and Shirley K. Behr, eds. Cognitive Coping, Families, and Disability. Baltimore: Paul H. Brookes, 1993.

Turnbull, H. Rutherford, III, Doug Guess, and Anne P. Turnbull. "Vox populi and Baby Doe." Mental Retardation 26, no. 3 (June 1988): 127–32.

Turner, David M., and Kevin Stagg, eds. Social Histories of Disability and Deformity: Bodies, Images and Experiences. London and New York: Routledge, 2006.

Turpin v. Sortini, 31. Cal.3d 220, 643 P.2d 954 (California, 1982).

"Two families grapple with sons' gender preferences: Psychologists take radically different approaches in therapy." Radio broadcast. Alix Spiegel, correspondent. All Things Considered, National Public Radio, May 7, 2008. http://www.npr.org/templates/story/story.php?storyId=90247842.

Uddin, Lucina Q., et al. "Neural basis of self and other representation in autism: An fMRI study of self-face recognition." PLoS One 3, no. 10 (2008): E3526.

UK Health Protection Agency. "Measles notifications and deaths in England and Wales, 1940–2008." London: Health Protection Agency, 2010.

UK Parliament. "Human Fertilisation and Embryology Act 2008." Enacted November 13, 2008. http://www.opsi.gov.uk/acts/acts2008/ukpga_20080022_en_1.

Unforgotten: Twenty-Five Years After Willowbrook. Documentary film. Directed by Danny Fisher. Includes "Willowbrook: The last great disgrace," documentary film by Geraldo Rivera for ABC News (1972). New York: City Lights Pictures, 2008.

UNICEF Innocenti Research Centre. Birth Registration and Armed Conflict. Siena: Innocenti Research Centre, 2007.

United Nations Human Rights Committee. Views of the Human Rights Committee Under Article 5, Paragraph 4, of the Optional Protocol to the International Covenant on Civil and Political Rights, Seventy-Fifth Session, Communication No. 854/1999, Submitted by Manuel Wackenheim. Geneva: United Nations Human Rights Committee, July 15, 2002.

United Nations Office for the Coordination of Humanitarian Affairs. "Our bodies, their battleground: Gender-based violence in conflict zones." IRIN News, September 1, 2004.

University College of London. "First baby tested for breast cancer form BRCA1 before conception born in U.K." Press release, January 9, 2009.

University of California, Los Angeles. "Drug reverses mental retardation in mice." Press release. Los Angeles: University of California Health Sciences Center, June 20, 2008. http://www.newswise.com/articles/view/541960.

University of Miami School of Medicine. "Costs associated with cochlear implants." Miami: University of Miami, 2009. http://cochlearimplants.med.miami.edu/implants/08_Costs%20Associated%20with%20Cochlear%20Implants.asp.

US Congress. Americans with Disabilities Act (42 USC § 12101). http://www.law.cornell.edu/usc-cgi/get_external.cgi?type=pubL&target=101-336.

——. US Rehabilitation Act of 1973 (29 USC § 701). http://www.law.cornell.edu/uscode/text/29/701.

——. Senate Committee on the Judiciary. Drugs in Institutions. Hearings Beforethe Subcommittee to Investigate Juvenile Delinquency of the Committee on the Judiciary, July 31 and August 18, 1975. Washington, DC: US Government Printing Office, 1977.

——. House Committee on Education and the Workforce. Subcommittee on Education Reform. Individuals with Disabilities Education Act (IDEA): Guide to Frequently Asked Questions. Washington, DC: US Government Printing Office, February 2005.

US Department of Health and Human Services, Agency for Healthcare Research and Quality. Preventing Violence and Related Health-Risking Social Behaviors in Adolescents. National Institutes of Health State-of-the-Science Conference Statement, October 13–15, 2004. Rockville, MD: Agency for Healthcare Research and Quality, 2004.

US Department of Health and Human Services, Centers for Disease Control and Prevention. "Sexual Assault Awareness Month, April 2005." Morbidity & Mortality Weekly Report 54, no. 12 (April 1, 2005): 311.

——. "Down syndrome cases at birth increased." Atlanta, GA: US Centers for Disease Control and Prevention, 2009. http://www.cdc.gov/features/dsdownsyndrome/.

US Department of Health and Human Services, National Institute of Mental Health. Schizophrenia. NIH Publication No. 06-3517. Washington, DC: National Institute of Mental Health, 2007. http://www.nimh.nih.gov/publicat/schizoph.cfm.

US Department of Health and Human Services, National Institute of Neurological Disorders and Stroke. Autism Fact Sheet. NIH Publication No. 09-1877. Bethesda, MD: National Institute of Neurological Disorders and Stroke, April 2009.

——. Newborn Hearing Screening. Washington, DC: National Institutes of Health, 2010.

—. "Quick statistics." Bethesda, MD: National Institute on Deafness and Other Communication Disorders, 2010.

US Department of Health and Human Services, Office of the Surgeon General. Youth Violence: A Report of the Surgeon General. Washington, DC: Office of the Surgeon General, 2001.

US Department of Health and Human Services, Substance Abuse and Mental Health Services Administration. Drug and Alcohol Treatment in Juvenile Correctional Facilities: The DASIS Report. Rockville, MD: Substance Abuse and Mental Health Services Administration, 2002.

—. Results from the 2008 National Survey on Drug Use and Health: National Findings. Rockville, MD: Substance Abuse and Mental Health Services Administration, 2008.

Van, John. "Little people veto a miniaturized village." Chicago Tribune, June 16, 1989.

Van Buren, Abigail. "A fable for parents of a disabled child." Chicago Tribune, November 5, 1989.

Vandenburg, Martina, and Kelly Askin. "Chechnya: Another battleground for the perpetration of gender based crimes." Human Rights Review 2, no. 3 (April 2001): 140–49.

Van Dyke, Don C., et al., eds. Medical and Surgical Care for Children with Down Syndrome: A Guide for Parents. Bethesda, MD: Woodbine House, 1995.

Van Etten, Angela Muir. "Dwarf tossing and exploitation." Huffington Post, October 19, 2011. http://www.huffingtonpost.com/angela-van-etten/dwarf-tossing_b_1020953.html.

van Gulden, Holly. "Talking with children about difficult history." Oakland, CA: Pact, An Adoption Alliance, 1998. http://www.pactadopt.org/press/articles/diffhis.html.

van Os, Jim, and Jean-Paul Selten. "Prenatal exposure to maternal stress and subsequent schizophrenia: The May 1940 invasion of The Netherlands." British Journal of Psychiatry 172, no. 4 (April 1998): 324–26.

Vargas Barreto, Bernardo, et al. "Complications of Ilizarov leg lengthening: A comparative study between patients with leg length discrepancy and short stature." International Orthopaedics 31, no. 5 (October 2007): 587–91.

Vaughan, Kevin. "Questions for killers' families: In suit, Rohrboughs seeking to interview Harrises, Klebolds." Denver Rocky Mountain News, October 12, 2004.

Vaughan, Kevin, and Jeff Kass. "Columbine cover-up alleged: Released reports conclude officials hid damaging evidence." Denver Rocky Mountain News, September 16, 2004.

Verhovek, Sam Howe. "Parents defend decision to keep disabled girl small." Los Angeles Times, January 3, 2007.

Verstraeten, Thomas, et al. "Safety of thimerosal-containing vaccines: A two-phased study of computerized health maintenance organization databases." Pediatrics 112, no. 5 (November 2003): 1039–48.

Vickrey Van Cleve, John, ed. Deaf History Unveiled: Interpretations from the New Scholarship. Washington, DC: Gallaudet University Press, 1999.

Vidal, Gore. Matters of Fact and Fiction. London: Heinemann, 1977.

Virginia Fusion Center. Bloods Street Gang Intelligence Report. Richmond, VA: Commonwealth of Virginia Department of State Police, November 2008.

Vitruvius. The Ten Books on Architecture (De Architectura). New York: Dover, 1960.

Vollum, Scott, and Dennis R. Longmire. "Covictims of capital murder: Statements of victims' family members and friends made at the time of execution." Violence & Victims 22, no. 5 (October 2007): 601–19.

Volta, Alessandro. "On the electricity excited by the mere contact of conducting substances of different kinds." Philosophical Transactions of the Royal Society 90 (1800): 403–31.

von Rhein, John. "Bend the rules, but don't break the bond." Chicago Tribune, August 18, 2002.

Wahl, Otto F. Media Madness: Public Images of Mental Illness. New Brunswick, NJ: Rutgers University Press, 1995.

Wahlberg, Karl-Erik, et al. "Gene-environment interaction in vulnerability to schizophrenia: Findings from the Finnish Adoptive Family Study of Schizophrenia." American Journal of Psychiatry 154, no. 3 (March 1997): 355–62.

Wakefield, Andrew J., et al. "Ileal-lymphoid-nodular hyperplasia, non-specific colitis, and pervasive developmental disorder in children." Lancet 351, no. 9103 (February 28, 1998): 637–41.

Wakin, Daniel J. "Burned out at 14, Israeli concert pianist is back where he 'really belongs.'" New York Times, November 2, 2007.

Walker, Elaine, et al. "Schizophrenia: Etiology and course." Annual Review of Psychology 55 (February 2004): 401–30.

Walker, Elaine, Vijay Mittal, and Kevin Tessner. "Stress and the hypothalamic pituitary adrenal axis in the developmental course of schizophrenia." Annual Review of Clinical Psychology 4 (January 2008): 189–216.

Walker, Lou Ann. "Losing the language of silence." New York Magazine, January 13, 2008.

Wallace, Cameron, et al. "Serious criminal offending and mental disorder: Case linkage study." British Journal of Psychiatry 172, no. 6 (June 1998): 477–84.

Wallis, Claudia. "A powerful identity, a vanishing diagnosis." New York Times, November 2, 2009.

Walsh, Maryellen. Schizophrenia: Straight Talk for Family and Friends. New York: Quill/William Morrow, 1985.

Walsh, Michael, and Elizabeth Rudulph. "Evgeni Kissin, new kid." Time, October 29, 1990.

Waltzman, Susan B., et al. "Open-set speech perception in congenitally deaf children using cochlear implants." American Journal of Otology 18, no. 3 (1997): 342–49.

Wang, Shirley S. "NYU bows to critics and pulls ransom-note ads." Wall Street Journal Health Blog, December 19, 2007. http://blogs.wsj.com/health/2007/12/19/nyu-bows-to-critics-and-pulls-ransom-note-ads/.

Warman, Debbie M., and Aaron T. Beck. "Cognitive behavioral therapy." Arlington, VA: National Alliance on Mental Illness, 2003. http://www.nami.org/Template.cfm?Section=About_Treatments_and_Supports&template=/ContentManagement/ContentDisplay.cfm&ContentID=7952.

Warner, Judith. "The Columbine syndrome." New York Times, August 4, 2007.

Wax, Emily. "Rwandans are struggling to love children of hate." Washington Post, March 28, 2004.

Weathers, Helen. "A British tycoon and father of two has been a man and a woman . . .and a man again . . . and knows which sex he'd rather be." Daily Mail Online, January 4, 2009.

Weber, Wim. "France's highest court recognizes 'the right not to be born.'" Lancet 358, no. 9297 (December 8, 2001): 1972.

Weinberger, Daniel R. "A brain too young for good judgment." New York Times, March 10, 2001.

Weinreich, Susan. "Reflections on a childhood before the onset of schizophrenia." Mental Health News, Fall 2005.

Weintraub, Kit. "A mother's perspective." Crosswicks, NJ: Association for Science in Autism Treatment, 2007. http://www.asatonline.org/forum/articles/mother.htm.

Weiss, Meira. Conditional Love: Parents' Attitudes Toward Handicapped Children. Westport, CT: Bergin & Garvey, 1994.

Welborn, Larry. "Mom who drugged son gets deal: She pleads guilty to child endangerment for giving boy pills during suicide try." Orange County Register,May 24, 2003.

Welch, Killian A., et al. "The impact of substance use on brain structure in people at high risk of developing schizophrenia." Schizophrenia Bulletin 37, no. 5 (September 2011): 1066–76.

Welles, Elizabeth B. "Foreign language enrollments in United States institutions of higher education, Fall 2002." Profession (2004): 128–53.

Werker, Janet F. "Becoming a native listener." American Scientist 77, no. 1 (January–February 1989): 54–59.

——. "Infant-directed speech supports phonetic category learning in English and Japanese." Cognition 103, no. 1 (April 2007): 147–62.

Werker, Janet F., and Richard C. Tees. "Cross-language speech perception: Evidence for perceptual reorganization during the first year of life." Infant Behavior & Development 25, no. 1 (January–March 2002): 121–33.

Werner, Emily, and Geraldine Dawson. "Validation of the phenomenon of autistic regression using home videotapes." Archives of General Psychiatry 62, no. 8 (August 2005): 889–95.

Werner, Emmy, and Ruth Smith. Journeys from Childhood to Midlife: Risk, Resilience, and Recovery. Ithaca, NY: Cornell University Press, 2001.

Wharton, Edith. A Backward Glance. New York: D. Appleton-Century, 1934.

Wheeler, Alexandra, et al. "Cochlear implants: The young people's perspective." Journal of Deaf Studies & Deaf Education 12, no. 3 (Summer 2007): 303–16.

Wheeler, John. "Let's Talk About Conquering Deafness. Join the Dialogue: Introduction." Washington, DC: Deafness Research Foundation, 2000.

Wheeler, Patricia G., et al. "Short stature and functional impairment: A systematic review." Archives of Pediatric & Adolescent Medicine 158, no. 3 (March 2004): 236–43.

Whitaker, Robert. Mad in America: Bad Science, Bad Medicine, and the Enduring Mistreatment of the Mentally Ill. Cambridge, MA: Perseus, 2002.

Whitcher-Gentzke, Ann. "Dalai Lama brings message of compassion to UB." UB Reporter, September 21, 2006.

White, Richard. "Mike Tindall gropes blonde." Sun, September 15, 2011.

Whorf, Benjamin Lee. Language, Thought, and Reality: Selected Writings of Benjamin Lee Whorf. Cambridge, MA: MIT Press, 1956.

Widom, Cathy. The Cycle of Violence. National Institute of Justice, Research in Brief, NCJ 136607. Washington, DC: US Department of Justice, Office of Justice Programs, National Institute of Justice, September 1992.

Widom, Cathy, and Michael G. Maxfield. An Update on the "Cycle of Violence." National Institute of Justice, Research in Brief, NCJ 184894. Washington, DC: US Department of Justice, Office of Justice Programs, National Institute of Justice, February 2001.

Wiener, Norbert. Ex-Prodigy: My Childhood and Youth. New York: Simon & Schuster, 1953.

——. I Am a Mathematician: The Later Life of a Prodigy. Garden City, NY: Doubleday, 1956.

Wilbur, Richard. Collected Poems 1943–2004. Orlando, FL: Harcourt, 2004.

Wilbur, Ronnie B. "What does the study of signed languages tell us about 'language'?" Sign Language & Linguistics 9, nos. 1–2 (2006): 5–32.

Wilcox, Allen J., et al. "Likelihood of conception with a single act of intercourse: Providing benchmark rates for assessment of post-coital contraceptives." Contraception 63, no. 4 (April 2001): 211–15.

Wilfond, Benjamin S., et al. "Navigating growth attenuation in children with profound disabilities: Children's interests, family decision-making, and community concerns." Hastings Center Report 40, no. 6 (November–December 2010): 27–40.

Wilkinson, Stephanie. "Drop the Barbie! If you bend gender far enough, does it break?" Brain, Child: The Magazine for Thinking Mothers, Fall 2001.

Will, George. "Golly, what did Jon do?" Newsweek, January 29, 2007.

Willard, Tom. "N.Y. Times reports on proposed signing town." Deaf Weekly, March 23, 2005.

Williams, Katie R. "The Son-Rise Program intervention for autism: Prerequisites for evaluation." Autism 10, no. 1 (January 2006): 86–102.

Williams, Katie R., and J. G. Wishart. "The Son-Rise Program intervention for autism: An investigation into family experiences." Journal of Intellectual Disability Research 47, nos. 4–5 (May–June 2003): 291–99.

Williams, Katrina, et al. "Selective serotonin reuptake inhibitors (SSRIs) for autism spectrum disorders (ASD)." Evidence-Based Child Health: A Cochrane Review Journal 6, no. 4 (July 2011): 1044–78.

Williams, Lena. "College for deaf is shut by protest over president." New York Times, March 8, 1988.

Willoughby, Jennifer C., and Laraine Masters Glidden. "Fathers helping out: Shared child care and marital satisfaction of parents of children with disabilities." American Journal on Mental Retardation 99, no. 4 (January 1995): 399–406.

Winata, Sunaryana, et al. "Congenital non-syndromal autosomal recessive deafness in Bengkala, an isolated Balinese village." Journal of Medical Genetics 32 (1995): 336–43.

Wing, Lorna, Judith Gould, Christopher Gillberg. "Autism spectrum disorders in the DSM-V: Better or worse than the DSM-IV?" Research in Developmental Disabilities 32, no. 2 (March–April 2011): 768–73.

Wingerson, Lois. "Gender identity disorder: Has accepted practice caused harm?" Psychiatric Times, May 19, 2009.

Winner, Ellen. Gifted Children: Myths and Realities. New York: Basic Books, 1996.

Winnicott, Donald Woods. Through Paediatrics to Psycho-Analysis. London: Hogarth Press, 1958, 1975.

—. The Child, the Family, and the Outside World. Reading, MA: Addison-Wesley, 1987.

Winship, Scott. "Mobility impaired." National Review, November 14, 2011.

Winters, Kelly. "Issues of GID diagnosis for transsexual women and men." San Diego, CA: GID Reform Advocates, September 30, 2007.

Wisely, Dale W., Frank T. Masur, and Sam B. Morgan. "Psychological aspects of severe burn injuries in children." Health Psychology 2, no. 1 (Winter 1983): 45–72.

Wittgenstein, Ludwig. Tractatus Logico-Philosophicus. Trans. C. K. Ogden. London: Routledge & Kegan Paul, 1922.

Wolf, Ken. "Big world, little people." Newsday, April 20, 1989.

Wolin, John. "Dwarf like me." Miami Herald, January 24, 1993. The Woman Who Thinks Like a Cow. Documentary film. Directed by Emma Sutton. Interviews with Temple Grandin, Eustacia Cutler, Chloe Silverman, Douglas Hare, Bernard Rimland, Nancy Minshew, Francesca Happe. Horizon, originally broadcast June 8, 2006. London: British Broadcasting Corporation, 2006.

Wong, Sophia Isako. "At home with Down syndrome and gender." Hypatia 17, no. 3 (Summer 2002): 89–119.

Woolfenden, Susan R., Katrina Williams, and Jennifer K. Peat. "Family and parenting interventions for conduct disorder and delinquency: A meta-analysis of randomized controlled trials." Archives of Disease in Childhood 86, no. 4 (April 2002): 251–56.

World Professional Association for Transgender Health. Harry Benjamin International Gender Dysphoria Association's Standards of Care for Gender Identity Disorders. 6th version. Minneapolis: World Professional Association for Transgender Health, 2001. http://www.wpath.org/Documents2/socv6.pdf.

Writers Reading at Sweetwaters Anthology. Ann Arbor, MI: Word'n Woman Press, 2007.

Wu, Eric Q., et al. "The economic burden of schizophrenia in the United States in 2002." Journal of Clinical Psychiatry 66, no. 9 (September 2005): 1122–29.

Wyden, Peter. Conquering Schizophrenia: A Father, His Son, and a Medical Breakthrough. New York: Alfred A. Knopf, 1998.

Wynn, Julia, et al. "Mortality in achondroplasia study: A 42-year follow-up." American Journal of Medical Genetics 143A, no. 21 (November 2007): 2502–11.

Yang, Quanhe, et al. "Mortality associated with Down's syndrome in the U.S.A. from 1983 to 1997: A population-based study." Lancet 359 (2002): 1019–25.

Yang, Xia, et al. "Tissue-specific expression and regulation of sexually dimorphic genes in mice." Genome Research 16, no. 8 (August 2006): 995–1004.

Yeagle, Patrick. "Dog fight ends with hall pass." Illinois Times, September 9, 2010.

Yeh, Peter. "Accuracy of prenatal diagnosis and prediction of lethality for fetal skeletal dysplasias." Prenatal Diagnosis 31, no. 5 (May 2011): 515–18.

Young, Carl R., Malcolm B. Bowers Jr., and Carolyn M. Mazure. "Management of the adverse effects of clozapine." Schizophrenia Bulletin 24, no. 3 (1998): 381–90.

Zahn, Margaret A., et al. "Causes and correlates of girls' delinquency." US Department of Justice, Office of Justice Programs, Office of Juvenile Justice & Delinquency Prevention, April 2010.

Zammit, Stanley, et al. "Self reported cannabis use as a risk factor for schizophrenia in Swedish conscripts of 1969: Historical cohort study." British Medical Journal 325, no. 7374 (November 23, 2002): 1199.

Zeitler, Daniel M., Cameron L. Budenz, and John Thomas Roland Jr. "Revision cochlear implantation." Current Opinion in Otolaryngology & Head & Neck Surgery 17, no. 5 (October 2009): 334–38.

Zena, Mishka (pseud. Elizabeth Gillespie). "Eugenics too close to home: Tomato Lichy, U.K. activist." Endless Pondering, March 10, 2008. http://www.mishkazena.com/2008/03/10/eugenics-too-close-to-home-tomato-livy-uk-activist.

Zeng, Fan-Gang, et al. "Cochlear implants: System design, integration and evaluation." IEEE Review of Biomedical Engineering 1, no. 1 (January 2008): 115–42.

Zeng, Ling-Hui, et al. "Rapamycin prevents epilepsy in a mouse model of tuberous sclerosis complex." Annals of Neurology 63, no. 4 (April 2008): 444–53.

Zhao, Hong-Bo, et al. "Gap junctions and cochlear homeostasis." Journal of Membrane Biology 209, nos. 2–3 (May 2006): 177–86.

Zigler, Edward, and Sally J. Styfco. The Hidden History of Head Start. Oxford, UK, and New York: Oxford University Press, 2010.

Zimmerman, Andrew W. Autism: Current Theories and Evidence. Totowa, NJ: Humana Press, 2008.

Zimmerman, Andrew W., and Susan L. Connors, eds. Maternal Influences on Fetal Neurodevelopment. New York: Springer, 2010.

Zimmerman, Rachel. "Treating the body vs. the mind." Wall Street Journal, February 15, 2005.

Zimonjic, Peter. "Church supports baby euthanasia." Times, November 12, 2006.

Zirinsky, William. "Sam's story." Exceptional Parent, June 1997.

—. "Saying goodbye to our cherished boy, Sam Zirinsky." Crazy Wisdom Community Journal, May–August 2004.

—. "Life with my two little girls." Crazy Wisdom Community Journal, January–April 2006.

—. "If you could see her through my eyes: A journey of love and dying in the fall of 2007." Crazy Wisdom Community Journal, January–April 2008.

Zirkel, Perry A. "Does Brown v. Board of Education play a prominent role in special education law?" Journal of Law & Education 34, no. 2 (April 2005).

Zorn, Eric. "At 15, Lauren is coming forward for kids like her." Chicago Tribune, April 24, 2003.

Zucker, Kenneth J., and Susan J. Bradley. Gender Identity Disorder and Psychosexual Problems in Children and Adolescents. New York: Guilford Press, 1995.

Zuckoff, Mitchell. Choosing Naia: A Family's Journey. Boston: Beacon Press, 2002.

Zyman, Samuel. "New music from a very new composer." Juilliard Journal, May 2003.

名詞對照｜GLOSSARY

人名

第一章｜CHAPTER 1

大衛・哈登｜David Hadden
山姆｜Sam
比爾｜Bill Zirinsky
王蘇菲｜Sophia Isako Wong
卡拉・米勒｜Karla Miller
卡普蘭｜Arthur Caplan
古柏曼｜Jerome Groopman
伊芙・莫里斯｜Eve Morris
伊莫珍｜Imogen
伊蓮・帕倫西亞｜Elaine Fowler Palencia
伊蓮娜｜Elinor
安妮・麥唐諾｜Anne McDonald
安娜・佛洛伊德｜Anna Freud
安納斯｜George Annas
朱莉安娜｜Juliana
艾希莉｜Ashley
艾拉｜Ella
艾波特｜Susan Allport
艾波斯坦｜Julia Epstein
艾爸｜AD
艾莉克絲・莫里斯｜Alix Morris
佛雷德｜Fred Astaire
克里斯多夫・諾蘭｜Christopher Nolan
克拉拉｜Clara
克莉絲・唐諾文｜Cris Donovan
克雷敦｜Ellen Wright Clayton
莉莎｜Liza
肖恩｜Allen Shawn
辛格｜Peter Singer
妲妮雅・畢兒｜Tania Beale
尚恩｜Frank Shann
岡瑟｜Daniel Gunther
帕克｜Rozsika Parker
所羅門｜Judith Solomon
昆庫｜Norman Kunc
芭托莉｜Cecilia Bartoli
保羅・唐諾文｜Paul Donovan
威爾伯｜Richard Wilbur
約翰・莫里斯｜John Morris
迪科馬｜Douglas Diekema
茱莉亞｜Julia Hollander
茹絲｜Ruth Schekter
馬克思・辛格｜Max Singer
勒維特｜Sol LeWitt
曼戈爾德｜Robert Mangold
梅希｜Maisie
梨拉｜Leela
莎拉・哈登｜Sara Hadden
連恩｜Liam
傑・亞登｜Jay Arden
傑米｜Jamie
博威克｜Chris Borthwick
喬治｜Carol George
琴吉｜Ginger Rogers
愛瑞卡｜Erika Lundeen
溫布雷醫師｜Dr. Wienblatt
葛瑞塔｜Greta
路易・溫洛普｜Louis Winthrop
瑪妮夫｜Daphne de Marneffe
瑪維嘉｜Marvika
赫迪｜Sarah Hrdy
德雷格｜Alice Domurat Dreger
德維沃醫師｜Dr. Darryl De Vivo
歐山基｜Simon Olshanky
潔寧｜Jeannie
諾爾｜Carrie Knoll
戴洛・德維沃｜Darryl De Vivo
蕾克蕾｜Annie Leclerc
薇若妮卡｜Veronica
羅斯｜Alan O. Ross
羅賓斯｜Maggie Robbins
蘇珊娜｜Susanna

伯恩斯坦｜Leonard Bernstein
余峻承｜Marc Yu
克里恩斯｜Christiaan Kriens
克里斯丁・桑德斯｜Christian Sands
克拉拉・維克｜Clara Wieck
克勞德｜John Cloud
克魯伯｜Alfred Kroeber
利伯拉契｜Liberace
坎特爾｜Anna Pavlovna Kantor
李希特｜Sviatoslav Richter
辛格爾｜Daniel Singal
邦妮・哈維｜Bunny Harvey
里昂・佛萊雪｜Leon Fleisher
周善祥｜Kit Armstrong
孟倫｜Karen Monroe
帕茲｜Paul Pott
帕爾修斯｜Perseus
帕爾曼｜Itzhak Perlman
拉迪蓋｜Raymond Radiguet
拉維｜Ravi Prince
拉維尼亞｜Ravinia
拉賓｜Michael Rabin
拉赫曼尼諾夫｜Rachmaninoff
昂納克｜Erich Honecker
法蘭克・慕禮｜Frank Muhly
波利希｜Joseph Polisi
波特斯坦｜Leon Botstein
肯蒂・鮑康比｜Candy Bawcombe
芬妮・華特曼｜Fanny Waterman
金格｜Josef Gingold
阿巴斯｜Elisha Abas
阿胥肯納吉｜Vladimir Ashkenazy
保羅・賽門｜Paul Simon
哈姆蘭｜Charles Hamlen
柯瑞亞｜Chick Corea
洛克｜John Locke
約夏・貝爾｜Joshua Bell
約翰・亞當斯｜John Adams
范・克萊本｜Van Cliburn
范皇｜Hoang Pham
郎朗｜Lang Lang
郎國任｜Lang Guoren
韋恩｜Wayne
韋博拉｜Julian Whybra
修爾｜Lev Schorr
夏斯特｜Andrew Schast
娜塔莎・佩列姆斯基｜Natasha Paremski

第二章｜CHAPTER 2

丁名芳｜Mingfang Ting
大衛・華特曼｜David Waterman
小賈姬｜Jackie Evancho
山姆｜Sam Tao
山繆・奇曼｜Samuel Zyman
丹尼斯・巴林頓｜Daines Barrington
內田光子｜Mitsuko Uchida
巴別爾｜Issac Babel
巴倫波因｜Daniel Baremboim
戈爾・維達爾｜Gore Vidal
比利・泰勒｜Billy Taylor
加里米爾｜Felix Galimir
加塞特｜José Ortega y Gasset
卡拉揚｜Herbert von Karajan
卡普林斯基｜Veda Kaplinsky
卡漢｜Gabriel Kahane
古斯塔夫・馬勒｜Gustav Mahler
史洛波達｜John Sloboda
史蒂文斯｜Sufjan Stevens
尼可・慕禮｜Nico Muhly
尼可拉斯・霍奇斯｜Nicolas Hodges
尼爾曼｜Ari Ne'eman
尼慕拉｜Janice Nimura
布洛克爾｜Robert Blocker
布萊克｜John Blacking
布雷默｜Brandenn Bremmer
布魯克斯｜David Brooks
布魯貝克｜Dave Brubeck
布蘭德爾｜Alfred Brendel
伊戈爾｜Igor
伊瑟利斯｜Steven Isserlis
列維廷｜Daniel Levitin
夸斯朵夫｜Thomas Quasthoff
托馬西尼｜Anthony Tommasini
托斯卡尼尼｜Arturo Toscanini
朱利安｜Julian Fleisher
米克黑・佩列姆斯基｜Mikhail Paremski
米夏｜Misha
米基特｜Anne Midgette
米森｜Steven Mithen
米歇爾｜Walter Mischel
米德｜Margaret Mead
艾夫根尼・紀辛｜Evgeny Kissin
艾拉｜Alla
艾瑞克森｜K. Anders Erisson

葉分・布朗夫曼｜ Yefim Bronfman
葛史密斯｜ Lynn T. Goldsmith
葛拉夫曼｜ Gary Graffman
詹姆斯・李汶｜ James Levin
賈非亞｜ Robert Garfias
賈許溫德｜ Norman Geschwind
賈德｜ Terence Judd
達克沃思｜ Angela Lee Duckworth
雷諾瓦｜ Pierre-Auguste Renoir
嘉百利｜ Gabriel Kahane
嘉蕾莉克｜ Rhonda Garelick
爾文・尼爾哈齊｜ Ervin Nyiregyházi
瑪莎｜ Martha Kahane
瑪麗安・普林斯｜ Marion Prince
維克拉｜ Vikram Prince
維納｜ Norbert Wiener
蓋瑞・拉森｜ Gary Larson
齊克森米哈里｜ Mihaly Csikszentmihalyi
德魯｜ Drew
歐娜｜ Orna
魯道夫・塞爾金｜ Rudolf Serkin
魯賓斯坦｜ Arthur Rubinstein
盧克萊修｜ Titus Lucretius Carus
蕭克利｜ William Shockley
諾伊｜ Pinchas Noy
霍瑞修・愛爾傑｜ Horatio Alger
戴維森｜ Justin Davidson
蕾吉娜・史派克特｜ Regina Spektor
薇勒絲坦｜ Alisa Weilerstein
邁耶爾｜ Edgar Meyer
薩格斯基先生｜ Mr. Zagursky
瓊妮・蜜雪兒｜ Joni Mitchell
羅史斯坦｜ Edward Rothstein
羅托｜ Miyoko Lotto
羅伯・列文｜ Robert Levin
羅倫・哈蘭德｜ Lorin Hollander
羅斯｜ David Ross
麗莎｜ Lisa Matricardi
寶琳娜｜ Polina
蘇・彼得森｜ Sue Peterson
蘇蘭達・普林斯｜ Solanda Prince
蘭克福｜ Grace Ward Lankford
露西兒・鮑爾｜ Lucille Ball
露絲・史蘭倩絲卡｜ Ruth Slenczynska

第三章｜ CHAPTER 3

席洛塔｜ Robert Sirota
席維斯特｜ Sylvester Sands
朗基努斯｜ Longinus
格林柏格｜ Robert Greenberg
格羅斯｜ Miraca Gross
桑亞｜ Zhenya
桑德拉｜ Sondra Prince
泰瑞莎・馬勒｜ Thérèse Mahler
海飛茲｜ Jascha Heifetz
特曼｜ Lewis M. Terman
班傑明・布瑞頓｜ Benjamin Britten
祖克曼｜ Pinchas Zukerman
納伍・布朗夫曼｜ Naum Bronfman
馬沙利斯｜ Wynton Marsalis
高爾頓｜ Francis Galton
曼紐因｜ Yehuki Menuhin
梅｜ May Armstrong
梅湘｜ Olivier Messiaën
梅塔｜ Zarin Mehta
莉莉・克勞絲｜ Lili Kraus
許海慧｜ Chloe
許納貝爾｜ Artur Schnabel
野田健｜ Ken Noda
野田貴代｜ Takayo Noda
陳美｜ Vanessa-Mae
陶康瑞｜ Conrad Tao
麥卡蘿｜ Louise McCarron
傑・格林伯格｜ Jay Greengerg
傑弗瑞・卡漢｜ Jeffery Kahane
傑米｜ Jaime Floril
傑雷諾｜ Jay Leno
喬・彼得森｜ Joe Peterson
喬姆斯基｜ Noam Chomsky
喬納森・弗洛利爾｜ Jonathan Floril
喬許・葛洛班｜ Josh Groban
斯科特・法蘭科｜ Scott Frankel
普本諾｜ Paul Popenoe
萊茵｜ John von Rhein
費瑪｜ Fima
費德曼｜ David Henry Feldman
隆布羅梭｜ Cesare Lombroso
奧卓森｜ Nancy Audreasen
奧斯卡・皮特森｜ Oscar Peterson
奧爾｜ Leopold Auer
愛蜜莉亞｜ Emilia Kissina
溫納｜ Ellen Winner
溫萊特｜ Rufus Wainwright

威爾基｜J. C. Willke
柯拉貝兒｜Clarabel
柯斯｜Mary P. Koss
珂里娜｜Corinna
埃弗辛｜Alphonsine Mukamakuza
埃特拉｜Aethra
桑希爾｜Randy Thornhill
海神波塞頓｜Poseidon
班修夫｜Janet Benshoof
納達亞姆班傑｜Jean Damascene Ndayambaje
酒神戴奧尼修斯｜Dionysus
馬古斯｜Marcus
馬洛夫｜George E. Maloof
馬虹｜Sandra K. Mahkorn
高登｜Holly van Gulden
基思琳｜Rebecca Kiessling
強納森｜Jonathan Gottschall
敏蒂｜Mindy Woods
梅琳達｜Melinda Stephenson
理敦｜David C. Reardon
莉莎｜Lisa Boynton
雪莉｜Sherrie Eldridge
麥可歐蒙－普路瑪｜Louise McOrmond-Plummer
麥金儂｜Catharine MacKinnon
麥咪｜Mamie
麥薇塔｜Mirveta
傑佛瑞｜Jeffrey
凱｜Kay Ball
凱瑟琳｜Kathleen Leahy Koch
媞娜｜Tina Gordon
雅繆娜｜Amula James
塞佛特｜Ruth Seifert
奧拉｜Aura
愛莉莎｜Alicia
雷穆斯｜Remus
瑞奇・索林根｜Rickie Solinger
聖奧古斯丁｜Augustine
葛莉特｜Gretel
蒂芬妮｜Tiffani Gottschall
道契格｜Frederick J. Taussig
瑪琳娜・詹姆斯｜Marina James
瑪瑟琳｜Marcelline Niyonsenga
瑪麗安・穆卡瑪那｜Marianne Mukamana
瑪麗蘿絲｜Marie Rose Matamura
維克多・伯納姆｜Victor Burnham
維森特｜Vicente
蓋倫｜Galen
丹｜Dan O'Brien
天神宙斯｜Zeus
巴比｜Bobby
加貝卡佑｜Jeanne Muliri Kabekatyo
卡拉斯基｜Denise Kalasky
卡林巴｜Célestin Kalimba
史密斯｜Helena Smith
尼拉亞比瑪娜｜Alphonsine Nyirahabimana
布里森｜Susan Brison
布朗米勒｜Susan Brownmiller
布蘭達｜Brenda Henriques
弗戈維克斯馬克｜Vera Folnegovic ´ -Šmalc
弗雷德｜Fred Hughes
弗蘿拉｜Flora
伊莉莎｜Eliza
伊斯梅爾｜Zahra Ismail
伊蓮｜Elaine
吉迪恩｜Gideon
吉爾｜Ana Milena Gil
安德魯斯｜Cecil D. Andrus
艾希莉｜Ashley Green
艾蜜莉｜Emily Brett
克里絲汀｜Christine Uwamahoro
克萊曼絲｜Clémence Tuyisenge
利百加｜Rebecca Henriques
坎普｜Joan Kemp
妙廚貝蒂｜Miss Betty Crocker
希薇亞｜Sylvia
狄莉亞｜Delia
貝洛｜Carlos Belo
貝莉｜Sharon Bailey
邦尼特｜Catherine Bonnet
里默｜Susan Harris Rimmer
依佐｜Lee Ezell
奇普｜Chip Hofstadter
妮娜｜Nina James
尚德狄伍｜Jean-de-Dieu Ngabonziza
帕皮雷妮｜Padmasayee Papineni
帕爾默｜Craig T. Palmer
拉斐爾－雷夫｜Joan Raphael-Leff
林哥｜Ringo Smythe
芭芭拉｜Barbara Schmitz
金潔｜Ginger
阿卡耶素｜Jean-Paul Akayesu
阿米爾｜Menachem Amir
阿波羅｜Apollo
哈比亞利馬納｜Juvénal Habyarimana

亨德爾・威爾基｜ Tyndall Wilkie
保羅・豪登｜ Paul Van Houten
威廉・薛狄許｜ William R. Shadish
查克｜ Chuck
珊卓｜ Sondra
珍妮佛｜ Jennifer Stiles
迪倫・克萊伯德｜ Dylan Klebold
格蘭傑｜ Thomas Granger
泰隆｜ Tyrone
泰瑞・貝克｜ Terry Bach
茱蒂・哈里斯｜ Judith Harris
曼蒂｜ Mandy Stiles
麥蒂森｜ Madison
傑弗瑞｜ Jeffreys
傑克森・辛普森｜ Jackson Simpson
凱拉｜ Kayla
勞爾・米拉多｜ Raul Mirador
喬賽亞・麥費｜ Josiah McFeely
湯姆・克萊伯德｜ Tom Klebold
華圭永｜ Huaj Kyuhyun
萊昂納・達莫｜ Lionel Dahmer
萊恩・諾德史東｜ Ryan Nordstrom
萊斯莉｜ Leslie
費莉西｜ Felicity
雅修卡｜ Ashoka
奧德麗｜ Audery
瑞秋・金｜ Rachel King
葛利索｜ Thomas Grisso
賈馬・卡森｜ Jamaal Carson
賈斯｜ Jess M. McDonald
路克・馬亞｜ Luke Makya
路易｜ Luis Alberto Anaya
達利｜ Darius Stewart
達尚・馬康｜ Dashonte Malcolm
雷碧昂卡｜ Rosemary LaBianca
瑪肯姬｜ Mackenzies
瑪瑟拉｜ Marcella
蔻拉・奈森｜ Cora Nelson
諾艾・馬許｜ Noel Marsh
鮑比｜ John Bowlby
戴夫｜ Dave
賽薩｜ Cesar Marengo
羅伯特・施瓦茨｜ Robert G. Schwartz
蘇・克萊伯德｜ Sue Klebold
蘇菲亞・麥費｜ Sophia McFeely
蘿森邦｜ Jill L. Rosenbaum
齊柏斯基｜ Kay Zibolsky
德齊烏｜ Kathleen DeZeeuw
歐阿德涅｜ Euadne
歐羅巴｜ Europa
戰神馬爾斯｜ Mars
穆卡瑪那｜ Espérance Mukamana
賴瑞｜ Larry Foster
蕾貝卡｜ Rebecca
黛安娜・羅素｜ Diana E. H. Russell
羅慕路斯｜ Romulus
麗達｜ Leda
寶琳｜ Pauline
蘇瑟｜ Suzette
露易絲｜ Louise
露德｜ Lourdes
蘿莉｜ Lori Michaels

第四章｜ CHAPTER 4

丹・派特森｜ Dan Patterson
巴修｜ Basho
扎卡瑞・穆薩維｜ Zacarias Moussaoui
方特斯｜ Abe Fortas
卡利法諾｜ Joseph A. Califano Jr.
卡斯比｜ Avshalom Caspi
卡琳娜・羅培茲｜ Karina Lopez
卡蘿・馬洛伊｜ Carol Malloy
卡蘿瑟斯｜ Carol Carothers
史蒂夫｜ Steve Tompkins
布莉安娜・甘迪｜ Brianna Gandy
布莉雪兒｜ Breechelle
札維耶｜ Xavier
伊莉莎白・畢曉普｜ Elizabeth Bishop
伊森｜ Ethan Heinz
安潔拉｜ Angela
米特・艾巴｜ Mitt Ebbetts
艾倫・凱茲丁｜ Alan Kazdin
艾斯特｜ Esther Herman
艾瑞克・哈里斯｜ Eric Harris
艾瑪｜ Emma Lopez
艾樂莎｜ Alexa
克里希納・米拉多｜ Krishna Mirador
狄蒙納｜ Stephen DiMenna
尚普｜ Maribeth Champoux
林賽｜ Benjamin Lindsey
法林頓｜ David P. Farrington
法蘭克・巴克蘭｜ Frank Buckland

克萊兒・瓊恩｜ Claire Jone
克瑞格｜ Kraig
克雷｜ Clay
克蕾山卓｜ Teresa DeCrescenzo
希爾德加德｜ Hildegarde Boylan
狄里｜ Dwight DeLee
貝帖翰｜ Bettelheim
貝蒂娜・韋第｜ Bettina Verdi
亞伯・坎能｜ Albert Cannon
奈特奈特小姐尤金｜ Miss Nate Nate Eugene Davis
奈羅｜ William Narrow
妮可・歐斯曼｜ Nicole Osman
尚恩—德里・皮爾森｜ Shawn-Dedric Pearson
彼得・辛格｜ Peter Singer
拉希｜ Lashi Mclean
法蘭克｜ Barney Frank
芮妮・李察｜ Renée Richard
阿尼｜ Arnie States
南恩｜ Nan
哈蘭｜ Arthur Henry Hallam
柏克｜ Phyllis Burke
查特・皮爾索｜ Chet Pearsall
查爾斯｜ Charles
查德｜ Chad
柯克・墨菲｜ Kirk Murphy
柯林斯｜ Jim Collins
柯恩－凱蒂絲｜ Peggy Cohen-Kettenis
柯爾｜ Kristina Kohl
珊曼莎・凱恩｜ Samantha Kane
珍・李特｜ Jane Ritter
珍妮佛・鮑蘭｜ Jennifer Finney Boylan
約翰・賈西亞｜ John Garcia
迪亞哥｜ Diego
唐｜ Don
夏柯娜｜ Shakona
夏儂・敏特｜ Shannon Minter
夏儂・賈西亞｜ Shannon Garcia
席弗曼｜ Michael Silverman
格林｜ Richard Green
泰拉｜ Tyra Trent
泰勒・何姆斯｜ Tyler Holmes
海莉・克魯格｜ Hailey Krueger
班｜ Ben
祖克｜ Kenneth J. Zucker
茱莉雅・柴爾德｜ Julia Child
茱蒂斯・巴特勒｜ Judith Butler
馬克｜ Mark

第五章｜ CHAPTER 5

丁尼生｜ Tennyson
凡妮莎・洛莫羅｜ Venessia Romero
大衛・利馬｜ David Reimer
小薩爾瑟｜ Gisberta Salce Junior
山姆・哈許米｜ Sam Hashimi
丹・邦頓｜ Dan Bunten
丹妮兒・貝瑞｜ Danielle Berry
丹堤・海恩斯｜ Dante Haynes
切列｜ Domenico Di Ceglie
巴爾澤｜ Carsten Balzer
文特斯｜ Kelly Winters
比爾｜ Bill
加勒｜ Caleb
卡爾｜ Karl
卡蜜拉｜ Camila Guzman
卡蘿・麥凱羅｜ Carol McKerrow
古斯塔｜ Gustaf Prell
史考特・厄爾｜ Scott Earle
史派克｜ Norman Spack
史蒂芬妮・布莉爾｜ Stephanie Brill
布莉姬・麥考特｜ Bridget McCourt
布琳｜ Bryn Mawr
布萊恩｜ Bryan
布魯姆｜ Amy Bloom
布蕾瓦德｜ Aleshia Brevard
弗雷迪・強生｜ Freddie Johnson
皮爾森｜ Kim Pearson
伊恩｜ Ian Benson
休｜ Hugh
安・凱特｜ Ann Coulter
安妮・歐哈萊｜ Anne O'Hara
安娜可｜ Anneke
安傑羅｜ Michele Angello
安瑪麗｜ Anne-Marie
朵洛莉絲・馬第尼斯｜ Dolores Martinez
米雅・杭特曼｜ Mia Huntsman
艾弗林｜ Just Evelyn
艾利・路德｜ Eli Rood
艾咪・沃那｜ Emmy Werner
艾美｜ Amy Guarr
艾倫瑟｜ Diane Ehrensaft
艾莉西希・庫斯｜ Alexia Koos
艾瑪｜ Emma
克里斯・賓姆｜ Cris Beam
克莉絲汀娜｜ Kristina Kohl

圖蒂｜ Trudi
漢娜｜ Hannah
維琪・皮爾索｜ Vicky Pearsall
綺麗｜ Keely
德萊格｜ Alice Domurat Dreger
歐登・珊迪｜ Autumn Sandeen
蓮娜・蘭伯特｜ Leona Lambert
蔻茨｜ Susan Coates
魯德索｜ Deborah Rudacille
戴弗｜ Holly Devor
蕾堤・波葛賓｜ Letty Cottin Pogrebin
賽蓮娜｜ Serena
邁耶-巴爾伯格｜ Heino Meyer- Bahlburg
韓馬柏｜ Thomas Hammarberg
韓得利克・庫斯｜ Hendrik Koos
簡妮斯｜ Janice
簡恩｜ Jenn Burleton
羅伯｜ Rob Williams
羅珊娜・格林｜ Roxanne Green
羅倫・麥凱羅｜ Loren McKerrow
蘇｜ Sue O'Leary
蘿拉・鄧恩｜ Laura Dern

第六章｜ CHAPTER 6

比爾・霍特｜ Bill Holt
史力頓｜ William Saletan
布德侯｜ Patrick Boudreault
布蕾恩｜ Blaine Solomon
布麗・沃克｜ Bree Walker
艾德里恩・艾許｜ Adrienne Asch
李察｜ Richard
狄妮絲｜ Carina Dennis
貝呂貝｜ Michael Bérubé
拉佩｜ Marc Lappé
拉麗・辛格｜ Lali Singh
科爾維諾｜ John Corvino
約翰｜ John Habich Solomon
高文｜ Gauvin
雪倫・狄謝諾｜ Sharon Duchesneau
凱蒂斯・麥卡洛｜ Candace McCullough
喬安娜・卡帕西亞－瓊斯｜ Joanna Karpasea-Jones
喬治｜ George Solomon
提普頓｜ Sean Tipton
斯帝爾曼｜ Robert J. Stillman
華頓｜ Edith Wharton
奧利弗｜ Oliver Scher
馬寇｜ Marc
馬歇爾・卡馬丘｜ Marshall Camacho
馬薩爾｜ Marcal Camero Tye
高夫拉｜ Gaurav Gopalan
培珀｜ Rachel Pepper
基｜ Aiden Key
康居朗｜ George Canguilhem
康薇｜ Lynn Conway
曼尼｜ John Money
曼伏耶爾｜ Edgardo Menvielle
莉莉・馬克斯｜ Lily Marx
莉莉安｜ Lilian
莎里｜ Sari
莫里斯｜ Morris Earle
莫莉斯｜ Jan Morris
莫斯｜ Moses
莫琳｜ Maureen
陶德｜ Todd
雪莉｜ Shelley Hilliard
麥可・肯特拉｜ Michael Kantaras
麥倫｜ Gerald Mallon
麥特｜ Matt
傑登｜ Jayden
傑爾德｜ Jared
凱瑞・阿達西｜ Kerry Adahy
凱希｜ Krissy Bates
凱倫・巴特｜ Karen Butt
凱特｜ Kate
凱登絲｜ Cadence Case
喬安娜｜ Joanna
喬那・馬克斯｜ Jonah Marx
喬瑟夫・洛莫羅｜ Joseph Romero
湯尼・費拉約洛｜ Tony Ferraiolo
琳・露金柏｜ Lynn Luginbuhl
華特絲｜ Barbara Walters
費曼｜ Richard C. Friedman
愛麗莎・戴維斯｜ Alissa Davis
楊奎斯特｜ Arne Ljungeqvist
瑞克斯｜ George Rekers
瑟夢雅｜ Caster semenya
葛蘭・史提夫斯｜ Glenn Stevens
蒂沙｜ Teish
賈斯汀・薇薇安・邦德｜ Justin Vivian Bond
路易｜ Louie
達林・芬克｜ Darlene Fink
雷克斯・巴特｜ Rex Butt
雷納｜ William G Reiner

吉塔拉馬｜ Gitarama
吉塞尼｜ Gisenyi
波哥大｜ Bogotá
密爾瓦基｜ Milwaukee
普里斯提納｜ Pristina
塞拉耶佛｜ Sarajevo
奧馬哈｜ Omaha
蒲隆地｜ Burundi

第四章｜ CHAPTER 4

利特爾頓市｜ Littleton
杜魯斯｜ Duluth
南門｜ South Gate
埃弗里特｜ Everett
雅茅斯｜ Yarmouth
塔拉赫西｜ Tallahassee

第五章｜ CHAPTER 5

威奇托｜ Wichita
梅因萊恩區｜ Main Line
雪城｜ Syracuse

第六章｜ CHAPTER 6

榆城｜ Elm City

謝辭｜ ACKNOWLEDGEMENTS

德沙寇洛｜ Desa Kolok

組織機構

第一章｜ CHAPTER 1

大都會歌劇院｜ Metropolitan Opera
心智遲緩部｜ Department of Mental Retardation
卡內基音樂廳｜ Carnegie Hall
白人盎格魯撒克遜新教徒｜ White Anglo-Saxon Protestant (WASP)
西雅圖生長抑制與道德工作小組｜ Seattle Growth Attenuation and Ethics Working Group
亨特學院｜ Hunter College
希伯來特殊兒童學院｜ Hebrew Academy for Special Children

維諾｜ Vinod
豪威爾斯｜ William Dean Howells
潔安｜ Jehanne
潘洛斯｜ Roger Penrose
鮑爾｜ Patricia E. Bauer
邁可・桑德爾｜ Michael Sandel
譚美｜ Tammy
蘇希瑪｜ Sushma
露西｜ Lucy Scher
蘿拉・羅森柏格｜ Laura Rothenberg

謝辭｜ ACKNOWLEDGEMENTS

麗莎・赫德立｜ Lisa Hedley
賈姬・羅斯｜ Jackie Roth
伊・吉德・馬薩亞｜ I Gede Marsaja
貝蒂・阿德森｜ Betty Adelson
古德溫｜ Betsy Goodwin
格斯溫德｜ Daniel Geschwind
因塞爾｜ Thomas Insel
詹姆士・華生｜ James Watson
斯帝爾曼｜ Bruce Stillman
利柏曼｜ Jeffrey Lieberman
大衛・奈森｜ David Nathan
賽德｜ Kathleen Seidel

地名

第一章｜ CHAPTER 1

安娜堡｜ Ann Arbor
米德爾敦｜ Middletown
洛瑪角｜ Point Loma

第二章｜ CHAPTER 2

布魯明頓｜ Bloomington
克利本市｜ Cleburne
克里夫蘭市｜ Cleveland
沃斯堡｜ Fort Worth
帕薩迪納｜ Pasadena
紐哈芬市｜ New Haven

第三章｜ CHAPTER 3

吉佳利｜ Kigali

斯普拉格紀念廳｜ Sprague Hall
新英格蘭音樂學院｜ New England Conservatory of Music
達拉斯男聲合唱團｜ Dallas Male Chorus
嘉吉｜ Cargill
德州基督教大學｜ Texas Christian University
骷顱會｜ Skull and Bones
魯道夫．海夫特音樂學院｜ Rodolfo Halffter Conservatory

第三章｜ CHAPTER 3

安提亞克學院｜ Antioch College
切特尼克｜ Chetniks
全球正義中心｜ Global Justice Center
汙點公司｜ Stigma Inc.
艾略特機構｜ Elliott Institute
亞歷桑納大學公共衛生學院｜ Arizona College of Public Health
兒童保護服務中心｜ Child Protective Services (CPS)
性侵後生命聯盟｜ Life After Assault League
波爾州立大學｜ Ball State University
表演藝術中學｜ High School of Performing Arts
長春藤科技社區大學｜ Ivy Tech Community College
威卡教｜ Wiccan
美國法律協會｜ American Law Institute (ALI)
美國醫學會｜ American Medical Association
家庭計畫中心｜ Planned Parenthood
國際生命權利聯合會｜ International Right to Life Federation
國際刑事法院｜ International Criminal Court
國際戰犯法庭｜ war-crimes tribunal
華盛頓與傑弗遜學院｜ Washington & Jefferson College
路易斯安那州議會健康福利委員會｜ Louisiana Senate Committee on Health and Welfare
磁石學校｜ magnet school
種族屠殺遺孀協會｜ Association des Veuves du Genocide (AVEGA)
歐洲大學和平研究中心｜ European University Centre for Peace Studies
戰爭與兒童身分計畫｜ War and Children Identity Project
盧安達問題國際刑事法庭｜ International Criminal Tribunal for Rwanda
盧安達國立大學｜ National University of Rwanda
聯合國難民署｜ United Nations High Commission for Refugees
薩賓婦女｜ Sabine women
身心障礙社運女性主義觀點組織｜ Feminist Response in Disability Activism (FRIDA)
身心障礙權利教育與防護基金會｜ Disability Rights Education and Defense Fund
社會安全局｜ Social Security Administration
哈特福德障礙者協會｜ Hartford Association for Retarded Citizens (HARC)
皇家阿爾伯特音樂廳｜ Royal Albert Hall
英國國家歌劇院｜ English National Opera
范德堡大學｜ Vanderbilt University
紐約市哥倫比亞長老教會醫院｜ Columbia-Presbyterian
健康維護組織｜ Health Maintenance Organization (HMO)
國民保健署｜ National Health Service (NHS)
曼哈頓音樂學院｜ Manhattan School of Music
麻州眼耳醫院｜ Mass Eye and Ear
華盛頓保護與倡議系統｜ Washington Protection & Advocacy System
微軟全國廣播公司｜ MSNBC
腦性麻痺聯合協會｜ United Cerebral Palsy
瘋狂智慧書局｜ Crazy Wisdom bookstore
達維律師事務所｜ Davis Polk

第二章｜ CHAPTER 2

巴德學院｜ Bard College
布魯明頓交響樂團｜ Bloomington Symphony Orchestra
甘迺迪表演藝術中心｜ John F. Kennedy Center for the Performing Arts
安德里昂弦樂四重奏團｜ Endellion String Quartet
作曲家工會｜ Composer Union
作曲家聯誼廳｜ House of Composers
宓多里與朋友們｜ Midori & Friends
物理電機機構｜ Physics Engineering Institute
金賽研究院｜ Kinsey Institute
阿爾卡特－朗訊貝爾實驗室｜ Alcatel-Lucent the Bell Labs
柏林音樂學院｜ Berlin's Academy of Music
柯蒂斯音樂學院｜ Curtis Institute of Music
洛沙拉摩斯國家實驗室｜ Los Alamos National Laboratory
哥倫比亞藝術管理公司｜ Columbia Artists Management
格涅辛音樂學院｜ Gnessin School
茱莉亞音樂學院大學先修部｜ Juilliard's precollege division
草山音樂學院｜ Meadowmount School of Music

同志家屬親友會｜ Parents, Families, and Friends of Lesbians and Gays (PFLAG)
同志家屬親友會跨性別網絡｜ PFLAG Transgender Network
多倫多毒癮與精神健康中心｜ Centre for Addiction and Mental Health
克里夫蘭跨性家庭｜ TransFamily of Cleveland
兒童期性別認同計畫｜ Childhood Gender Identity Project
兒童與成人性別中心｜ Child and Adolescent Gender Center
性別光譜｜ Gender Spectrum
性別岔路｜ Genderfork
性別認同障礙改革倡權者｜ GID Reform Advocates
法庭電視臺｜ Court TV
哈弗福德學院｜ Haveford College
美人魚｜ Mermaids
美國醫學會｜ American Medical Association
家庭研究會｜ Family Research Council
國民健康服務｜ National Health Service,
國家兒童醫學中心｜ Children's National Medical Center
國際田徑總會｜ International Association of Athletics Federations (IAAF)
國際疾病傷害及死因分類標準｜ the International Statistical Classification of Diseases
國際奧林匹克委員會｜ International Olympic Committee
普萊茅斯公理教會｜ Plymouth Congregational
塔維斯托克診所｜ Tavistock Clinic
跨性別兒童紫色彩虹基金會｜ Transkids Purple Rainbow Foundation
跨性別者法律辯護與教育基金會｜ Transgender Legal Defense & Education Fund (TLDEF)
跨性別青少年家庭聯盟｜ TransYouth Family Allies (TYFA)
跨活｜ TransActive

第六章｜ CHAPTER 6

布魯金斯研究院｜ Brookings Institution
洛杉磯生育研究院｜ Fertility Institute
約翰霍普金斯大學基因與公共政策中心｜ Genetics and Public Policy Center
美國生殖醫學會｜ American Society of Reproductive Medicine
倫敦橋生殖診所｜ Bridge Centre fertility clinic
醫治非洲｜ HEAL Africa

第四章｜ CHAPTER 4

打擊犯罪：投資兒童｜ Fight Crime: Invest in Kids
五旬節基督神教會｜ Pentecostal Church of God in Christ
以馬內利會幕基督神教會｜ Emmanuel Tabernacle Church of God in Christ
加州大學洛杉磯分校｜ UCLA
加州大學美熹德分校｜ University of California, Merced
史提瓦特最高安全等級監獄｜ Stillwater maximum-security prison
血盟｜ Bloods
亨內平郡立家庭學校｜ Hennepin County Home School
佛格森幫｜ Fergusons
克斯丁頓少年監獄｜ Castington
狂徒幫｜ Vatos Locos
青年職訓局｜ Job Corps
南方幫｜ Sureños
哈伯庇護所｜ Harbor Shelter
科倫拜高中｜ Columbine High School
美國公民自由聯盟｜ American Civil Liberties Union (ACLU)
美國公共衛生署總署長｜ US Surgeon General
耶魯教養中心｜ Yale Parenting Center
哥倫比亞大學全國成癮暨藥物濫用中心｜ National Center on Addiction and Substance Abuse
窮困預防協會｜ Society for the Prevention of Pauperism
緬因精神疾病全國聯盟｜ National Alliance on Mental Illness Maine

第五章｜ CHAPTER 5

大都會社區教會｜ Metropolitan Community Church
中西部大學｜ Midwestern University
公民自由聯盟｜ American Civil Liberties Union (ACLU)
天主教教育資源中心｜ Catholic Education Resource Center
全國同性戀研究與治療協會｜ National Association for Research and Therapy of Homosexuality (NARTH)
全國男女同志工作組織｜ National Gay and Lesbian Task Force
全國跨性別平等中心｜ National Center for Transgender Equality
刑事資訊局｜ Bureau of Criminal Information
合一基督教會｜ Unity Church

椎間盤突出｜ herniated disc
殘廢化｜ mutilation
痙攣｜ seizure
發展障礙｜ developmental disability
意外生命｜ wrongful life
愛普格新生兒評分｜ Apgar scores
新生兒加護病房｜ neonatal intensive care unit (NICU)
新生兒特殊照護病房｜ SCBU
腦性麻痺｜ cerebral palsy
腦電波檢查｜ EEG
腸絞痛｜ colic
慢性悲傷｜ chronic sorrow
緊急安置｜ emergency placement
語言思考｜ verbal thought
鼻後孔閉鎖｜ atresia of the choanae
鼻胃管｜ nasal-gastric tube
過失致死｜ reckless manslaughter
親子依附｜ maternal attachment
貓眼｜ coloboma
靜止性腦部病變｜ static encephalopathy
嬰兒猝死症｜ SIDS
瞳孔擴大｜ enlarged pupil
髓鞘脫失｜ demyelination

第二章｜ CHAPTER 2

主音｜ keynote
史丹福－比奈智力量表｜ Stanford-Binet Intelligence Test
史特拉第瓦里｜ Stradivarius
肌張力不全症｜ dystonia
自閉症光譜障礙｜ autism-spectrum disorder
艾維理費雪職業大獎｜ Avery Fisher Career Grant
克隆氏症｜ Crohn's disease
李斯特鋼琴大賽｜ Liszt Piano Competition
狂飆突進｜ Sturm und Drang
里茲國際鋼琴大賽｜ Leeds Piano Competition
拉維尼亞音樂節｜ Ravinia Festival
非洲古巴爵士｜ Afro-Cuban jazz
垂憐經｜ kyrie
後調性｜ post-tonality
柔滑爵士｜ smooth jazz
迪吉里杜管｜ didgeridoo
重複使力傷害｜ repetitive stress injury
音階｜ scale
悖德症｜ moral insanity
柴可夫斯基國際青少年音樂大賽｜ International

謝辭｜ ACKNOWLEDGEMENTS

麥克林醫院｜ Mclean Hospital
美國監獄安全與濫權委員會｜ Commission on Safety and Abuse in America's Prisons
洛克斐勒基金會貝拉吉歐中心｜ Rockefeller Foundation Bellagio Center
優克洛斯基金會｜ Ucross Foundation
麥道爾藝術村｜ MacDowell Colony
雅多藝術村｜ Yaddo

專有名詞

第一章｜ CHAPTER 1

聯合畸形綜合症｜ CHARGE
人工電子耳｜ cochlear implants
子宮切除術｜ hysterectomy
丹迪－沃克症候群｜ Dandy-Walker syndrome
內在控制源｜ internal locus of control
內翻足｜ club foot
分流管｜ shunt
心臟缺陷｜ heart defects
去性化｜ desexualization
外在控制源｜ external locus of control
生長／發展障礙｜ retardation of growth/development
生長板｜ growth plates
生長抑制療法｜ growth attenuation
生殖系統／尿道異常｜ genital/urinary abnormalities
朱伯特症候群｜ Joubert Syndrome
耳朵異常和耳聾｜ ear abnormalities and deafness
完形治療｜ Gestalt therapy
抗驚厥劑｜ anticonvulsant
貝可芬｜ baclofen
乳蕾｜ breast buds
呼吸中止監測儀｜ apnea monitor
前腦發育畸形症｜ Holoprosencephaly
胃造口管｜ G-tube
胎心音監測器｜ fetal-heart monitor
重度多重障礙｜ multiple severe disability (MSD)
脊椎側彎｜ scoliosis
脊椎融合手術｜ total-spinal-fusion surgery
退化性神經代謝異常｜ degenerative neurometabolic disorder
移動能力｜ locomotion
喘息服務｜ respite

圖西族｜ Tutsi
慘痛回憶之子｜ les enfants de mauvais souvenir
聯功派｜ Interahamwe
羅控訴韋德案｜ Roe v. Wade
纖維肌痛｜ fibromyalgia

第四章｜ CHAPTER 4

人格解離｜ dissociation
利他能｜ Ritalin
注意力不足過動症｜ Attention deficit hyperactivity disorder (ADHD)
阿南達瑪迦｜ Ananda Marga
美國大學入學測驗｜ American College Testing
高中等同學力測驗｜ high school equivalency (GED)
高瞻培瑞托兒所方案｜ HighScope Perry Preschool Project
奧施康定｜ OxyContin
輕躁狂｜ hypomania
變態人格｜ psychopath

第五章｜ CHAPTER 5

DES 兒子網絡｜ DES Sons Network
乙狀結腸移植法｜ rectal sigmoid transfer
女轉男｜ female-to-male (FTM)
子宮切除術｜ hysterectomy
內分泌干擾素｜ endocrine disruptors (EDC)
生殖器整形手術｜ genitoplasty
合成雌激素己烯雌酚｜ diethylstilbestrol (DES)
亨利班傑明準則｜ Harry Benjamin Standard
卵巢切除術｜ oophorectomy
尿道成形術｜ Urethroplasty
男轉女｜ male-to-female (MTF)
依附疾患｜ attachment disorder
兒童性別認同計畫｜ Childhood Gender Identity Project
性別不安症｜ gender dysphoria
性別不協調｜ gender nonconformity
性別明暗變化｜ gender chiaroscuro
性別非典型｜ gender atypical
性別認同障礙｜ gender identity disorder (GID)
性別變異｜ gender variance
性腺激素釋放素抑制劑｜ GnRH inhibitors
青春期阻斷劑｜ puberty blockers
非典型性別認同｜ atypical gender identity
哈德遜河同志大遊行｜ Mid-Hudson Gay Pride Parade
後遺傳學｜ epigenetic

Tchaikovsky Competition for Young Musicians
馬林巴琴｜ marimba
唱本｜ liberto
強迫症｜ obsessive-compulsive disorder (OCD)
終止式｜ cadence
最閃亮鑽石｜ My Brightest Diamond
殘餘嗜睡症｜ vestigial somnolence
琶音｜ arpeggio
痛苦泉源｜ House of Pain
絕對音感｜ absolute pitch
集體農場｜ kibbutz
愛之死｜ Liebestod
極端平等主義｜ radically egalitarian
墓園三人組｜ Cypress Hill
徹爾尼｜ Czerny
德瑞博士｜ Dr. Dre
導音｜ leading note
檀格塢｜ Tanglewood
聯合皮質｜ association cortex
聯篇歌曲｜ song cycle
聲調語言｜ tonal language
藍草音樂｜ bluegrass
羅夫按摩療法｜ Rolfing
羅馬獎｜ Rome Prize
顫音｜ trill
顳葉平面｜ planum temporale

第三章｜ CHAPTER 3

子宮內避孕器｜ intrauterine device (IUD)
可待因｜ codeine
未成年性交罪｜ statutory rape
皮繩愉虐（綁縛、性調教、施虐與受虐）｜ bondag, discipline, sadomasochism (BDSM)
安全屋｜ safe house
性犯罪行為｜ criminal sexual conduct
性侵害｜ sexual assault
拉梅茲呼吸法｜ Lamaze
津貼媽媽｜ welfare mom
胡圖族｜ Hutu
唐氏症｜ Down syndrome
先鋒計畫｜ Head Start
強制受孕｜ forced pregnancy
強暴｜ rape
創傷後壓力症候群｜ Post-traumatic stress disorder (PTSD)
厭女傾向｜ misogyny

《重思生與死》｜Rethinking Life and Death
《神經學檔案》｜Archives of Neurology
《納尼亞王國》｜The Chronicles of Narnia
《紐約客》｜New Yorker
《接納每日快報》｜Inclusion Daily Express
《實踐倫理學》｜Practical Ethics
《撕裂》｜Torn in Two
《雙胞胎》｜Twin

第二章｜CHAPTER 2

《捕鼠器》｜Mouse Trap
《有教無類法案》｜No Child Left Behind Act
《坦伯頓全國捷進報告》｜Templeton National Report on Acceleration
《愛之死》｜Liebestod
《親愛的父親》｜O mio babbino caro
《覺醒》｜The Awakening
《蕭邦 E 小調圓舞曲》｜Chopin E Minor Waltz
《六十分鐘》｜60 Minutes
《小提琴的浪漫》｜Romance of the Violin
《今天》｜Today show
〈公主徹夜未眠〉｜Nessun dorma
《巴哈雙小提琴協奏曲》｜Bach Double Concerto
《母語》｜Mothertongue
《告示牌》｜Billboard
《村聲》｜Village Voice
《芝加哥論壇報》｜Chicago Tribune
《芭比的盛宴》｜Babette's Feast
《皇帝協奏曲》｜Emperor Concerto
《英國星光大道》｜Britain's Got Talent
《馬祖卡舞曲》｜mazurka
《凱莉的藍調》｜Kelly's Blues
《琴緣一生》｜Forbidden Childhood
《舒曼 - 李斯特：奉獻》｜Schumann/Liszt Widmung
《遺傳的天才》｜Hereditary Genius
《優雅莊園》｜Graceland
《藍色憂鬱》｜Blue
《擲地有聲》｜Speaks Volumes
《歡樂今宵》｜Bye Bye Birdie
《聽尼安德塔人唱歌》｜The Singing Neanderthals

第三章｜CHAPTER 3

《強暴後懷孕：希望的故事》｜Conceived in Rape: A Story of Hope
《日內瓦公約》｜Geneva Convention

柳培林｜Lupron
國際跨性別紀念日｜Transgender Day of Remembrance
陰莖內翻術｜penile inversion
陰莖成形術｜phalloplasty
陰道切除術｜vaginectomy
費城主幹道｜Philadelphia Main Line
順性別｜cisgender
電蝕除毛｜electrolysis
對立性反抗疾患｜oppositional defiant disorder
雌二醇｜estradiol
潛同性戀｜pre-gay
輸卵管切除術｜salpingectomy
雙乳切除｜double mastectomy

第六章｜CHAPTER 6

胚胎著床前基因診斷｜Preimplantation Genetic Diagnosis (PGD)
脊柱分裂｜spina bifida
軟骨發育不全｜achondroplasia
遺傳性運動感覺神經病變｜Hereditary Motor Sensory Neuropathy
雙面畸胎｜diprosopus/craniofacial duplication
難近母｜Durga
明尼蘇達州園遊會｜Minnesota State Fair
囊狀纖維化｜cystic fibrosis
人擇原理｜anthropic principle
擴大少年法院管轄權｜extended juvenile jurisdiction (EJJ)

出版品

第一章｜CHAPTER 1

〈哀悼與憂鬱〉｜Mourning and Melancholia
《小兒與青少年醫學期刊》｜Archives of Pediatrics & Adolescent Medicine
《不平凡的孩子》｜The Exceptional Child in the Family
《同村協力：建造孩童的快樂家園》｜It Takes a Village
《多倫多星報》｜The Toronto Star
《西雅圖郵訊報》｜Seattle Post-Intelligencer
《依附手冊》｜Handbook of Attachment
《非常父母》｜Exceptional Parent
《哈特福德報週刊》｜Hartford Courant Sunday magazine
《哈斯丁中心報告》｜Hastings Center Report

《精神疾病診斷與統計手冊》｜Diagnostic and Statistical Manual of Mental Disorders
《赫勒拿獨立紀錄報》｜Helena Independent Record
《晨間的羅伯、阿尼與唐》｜Rob, Arnie & Dawn in the Morning

第六章｜CHAPTER 6

《反對完美》｜The Case Against Perfection
《生命氣息》｜Breathing for a Living

謝辭｜ACKNOWLEDGEMENTS

《侏儒：非童話》｜Dwarfs: Not a Fairy Tale

《赫爾姆斯修正案》｜Helms Amendment
《懷孕與性侵》｜Pregnancy and Sexual Assault
《羅馬規約》｜Rome Statute
《受害者與勝利者》｜Victims and Victors
《金斯頓不列顛輝格報》｜The Kingston British Whig
《美國新聞與世界報導》｜U.S. News & World Report
《海德修正案》｜Hyde Amendment
《真實的強暴，真實的傷痛》｜Real Rape, Real Pain
《強暴自然史》｜A Natural History of Rape
《違背我們的意願：男人、女人和強暴》｜Against Our Will: Men, Women, and Rape
《觀察家報》｜Observer

第四章｜CHAPTER 4

《一位父親的故事》｜A Father's Story
《天才小麻煩》｜Leave it to Beaver
《吉姆爺》｜Lord Jim
《死刑結局》｜Capital Consequences: Families of the Condemned Tell Their Stories
《受審少年》｜Youth on Trial
《閃靈殺手》｜Natural Born Killer
《傑里・斯普林格秀》｜Jerry Springer Show
《賴瑞金現場》｜Larry King Live
《少年司法與犯罪預防法》｜The Juvenile Justice and Delinquency Prevention Act

第五章｜CHAPTER 5

《性別天生：一個性別實驗犧牲者的真實遭遇》｜As Nature Made Him: The Boy Who Was Raised as a Girl
《「娘娘腔氣質」與同性戀之發展》｜The "Sissy Boy Syndrome" and the Development of Homosexuality
《大西洋月刊》｜Atlantic Monthly
《正常》｜Normal
《我注定成為的女人》｜Woman I Was Born to Be
《回頭浪子》｜Prodigal Sons
《我的孩子們》｜All My Children
《性別之謎》｜The Riddle of Gender
《性別惑亂》｜Gender Trouble
《窈窕老爸》｜Transamerica
《教育法第一篇》｜Title I
《就業歧視禁止法》｜The Employment Non-Discrimination Act
《給自由孩子的故事》｜Stories for Free Children
《媽，我要當女生》｜Mom, I Need to Be a Girl
《跨性別兒童》｜The Transgender Child

背離親緣（下）

那些與眾不同的孩子、他們的父母，以及他們尋找身分認同的故事

FAR FROM THE TREE: PARENTS, CHILDREN AND THE SEARCH FOR IDENTITY

作者　安德魯・所羅門 | Andrew Solomon
譯者　簡萓靚
審訂　廖克煌

責任編輯　宋宜真
協力編輯　郭純靜
行銷企畫　陳詩韻
總編輯　賴淑玲

設計　井十二設計研究室
排版　謝青秀
校對　魏秋綢

出版者　大家出版／遠足文化事業股份有限公司
發行　遠足文化事業股份有限公司（讀書共和國出版集團）

住址　新北市 231 新店區民權路 108-4 號 8 樓
電話　02-2218-1417
傳真　02-8667-1851
劃撥帳號　19504465
戶名　遠足文化事業有限公司

法律顧問　華洋法律事務所／蘇文生律師

定價　新臺幣 520 元
初版　2016 年 1 月
初版 14 刷　2023 年 7 月
ISBN　978-986-6179-99-0

國家圖書館出版品預行編目 (CIP) 資料

背離親緣．下：那些與眾不同的孩子、他們的父母，以及他們尋找身分認同的故事 / 安德魯．所羅門 (Andrew Solomon) 著；簡萓靚譯．-- 初版．-- 新北市：大家出版：遠足文化發行，2016.01

面：　公分

譯自：Far From the Tree: Parents, Children and the Search for Identity

ISBN 978-986-6179-99-0（平裝）

1. 身心障礙者　2. 特殊兒童心理學　3. 親子　4. 認同

548.2　　104011288

Far From the Tree: Parents, Children and the Search for Identity
Copyright © 2012, Andrew Solomon
Traditional Chinese language edition
© 2016 by Common Master Press Published in agreement with e Wylie Agency (UK) Ltd.
All Rights Reserved
©Adam Fuss, courtesy Cheim and Read, New York. Used with permission.

有著作權・侵犯必究
本書如有缺頁、破損、裝訂錯誤，請寄回更換。